全 球 风 控 家

——中央对手方清算

彼得·诺曼（Peter Norman） 著

梁伟林 译

中国金融出版社

责任编辑：黄海清　张黎黎
责任校对：李俊英
责任印制：丁淮宾

北京版权合同登记图字 01－2013－5004
The Risk Controllers
Central Counterparty Clearing in Globalised Financial Markets
Peter Norman
ISBN 978－0－470－68632－4

图书在版编目（CIP）数据

全球风控家：中央对手方清算（Quanqiu Fengkongjia：Zhongyang Duishoufang Qingsuan）／［英］彼得·诺曼著；梁伟林译．—北京：中国金融出版社，2013.10
　　ISBN 978－7－5049－7097－8

　　Ⅰ．①全…　Ⅱ．①彼…　②梁…　Ⅲ．①国际结算—研究　Ⅳ．①F830.73

中国版本图书馆 CIP 数据核字（2013）第 200720 号

出版
发行　　**中国金融出版社**
社址　　北京市丰台区益泽路 2 号
市场开发部　（010）63266347，63805472，63439533（传真）
网 上 书 店　http：//www.chinafph.com
　　　　　　（010）63286832，63365686（传真）
读者服务部　（010）66070833，62568380
邮编　　100071
经销　　新华书店
印刷　　北京松源印刷有限公司
尺寸　　185 毫米×260 毫米
印张　　29.75
字数　　584 千
版次　　2013 年 10 月第 1 版
印次　　2013 年 10 月第 1 次印刷
定价　　80.00 元
ISBN 978－7－5049－7097－8/F.6657
如出现印装错误本社负责调换　联系电话（010）63263947

谨以此书

献给珍妮丝，并纪念弗兰克·诺曼

目 录

序 ……………………………………………………………………………… IX

致谢 ……………………………………………………………………………… XIII

译者序与致射 …………………………………………………………………… XVII

第一部分 处理危机

第1章 黑马英雄 ………………………………………………………………… 3

第2章 现代中央对手方清算所 ………………………………………………… 7

  2.1 中央对手方清算所的独特卖点 …………………………………………… 7

  2.2 交易场所和清算市场 ……………………………………………………… 8

  2.3 管理风险 …………………………………………………………………… 10

  2.4 证券及衍生品的清算 ……………………………………………………… 13

  2.5 中央对手方清算业务 ……………………………………………………… 15

  2.6 净额清算和开放权益 ……………………………………………………… 17

  2.7 美国的垂直和水平清算体系 ……………………………………………… 20

  2.8 欧洲：垂直模式与水平模式的对比 ……………………………………… 23

  2.9 风险和责任 ………………………………………………………………… 24

  2.10 危机化解 ………………………………………………………………… 26

第3章 历史上最大的破产案 …………………………………………………… 27

  3.1 不祥的开始 ………………………………………………………………… 27

  3.2 冲在前线的伦敦清算所 …………………………………………………… 29

  3.3 雷曼兄弟国际欧洲——艰难的违约 ……………………………………… 31

  3.4 聚焦掉期清算系统（SWAPCLEAR） …………………………………… 36

  3.5 巴黎的情形：伦敦清算所巴黎（LCH. Clearnet SA） ………………… 39

  3.6 其他地区的反应 …………………………………………………………… 42

  3.7 违约产生的直接损失 ……………………………………………………… 48

3.8 伦敦清算所集团经受住了考验 ……………………………………………… 51

第二部分 通往中央对手方清算的道路

第4章 早期的清算 …………………………………………………………… 57

4.1 早期的交易者和交易后服务 ……………………………………………… 57

4.2 荷兰的"黄金时代"的清算 ……………………………………………… 59

4.3 清算所的推广 ……………………………………………………………… 60

4.4 日本的堂岛大米市场 ……………………………………………………… 62

4.5 远期和期货 ………………………………………………………………… 64

4.6 利物浦的棉花交易和清算 ………………………………………………… 66

4.7 芝加哥的期货和清算市场 ………………………………………………… 68

4.8 美国的"反赌博"情绪 …………………………………………………… 73

第5章 欧洲的创新 …………………………………………………………… 75

5.1 勒阿弗尔的突破 …………………………………………………………… 75

5.2 勒阿弗尔清算所的作用 …………………………………………………… 78

5.3 欧洲效法勒阿弗尔 ………………………………………………………… 80

5.4 欧洲的"反赌博"情绪 …………………………………………………… 83

第6章 伦敦农产品清算所 …………………………………………………… 88

6.1 为营利而清算 ……………………………………………………………… 88

6.2 伦敦农产品清算所的建立 ………………………………………………… 89

6.3 伦敦农产品清算所:糖和德国的联系 …………………………………… 94

6.4 分隔的市场和清算竞争者 ………………………………………………… 95

6.5 伦敦农产品清算所和第一次世界大战 …………………………………… 100

6.6 伦敦农产品清算所尴尬的复苏 …………………………………………… 102

6.7 伦敦农产品清算所被剥夺活力和被迫出售 ……………………………… 105

第7章 北美的完整清算体系 ………………………………………………… 108

7.1 明尼阿波利斯清算协会 …………………………………………………… 108

7.2 明尼阿波利斯:被忽视的创新者 ………………………………………… 111

7.3 完整清算体系的逐渐推广 ………………………………………………… 113

7.4 芝加哥期货交易所的中央对手方清算 …………………………………… 118

7.5 芝加哥期货交易所清算公司 ……………………………………………… 122

7.6 繁荣与萧条 ………………………………………………………………… 123

7.7　补充说明：全球强弱分离 ··· 125

第三部分　发育成形的年代

第 8 章　布雷顿森林体系的垮台和金融期货的创造 ······················ 129

8.1　和平时期的归来以及经济的增长 ··· 129

8.2　伦敦农产品清算所恢复清算 ·· 130

8.3　新业务和计算机时代的到来 ·· 133

8.4　浮动利率货币和金融期货 ·· 135

8.5　期权、利率期货和现金结算 ·· 137

8.6　监管者的影响 ··· 141

8.7　美国证券清算的水平整合 ·· 144

8.8　金融期货在英国 ·· 146

8.9　中央对手方清算所经历的失败 ··· 152

第 9 章　1987 年股市崩盘、监管和中央对手方 ··························· 156

9.1　1987 年的股灾 ··· 156

9.2　美国的反应 ··· 162

9.3　交叉保证金、理论跨市保证金系统（TIMS）和风险标准组合
　　分析系统（SPAN） ·· 164

9.4　香港与灾难擦肩而过 ··· 167

9.5　巴林银行的倒闭 ·· 170

9.6　监管机构的反应 ·· 173

第 10 章　欧洲大陆——追随交易所的中央对手方清算 ················ 175

10.1　欧洲交易所的繁荣——名称缩写大泛滥 ····································· 175

10.2　欧盟、欧洲货币联盟以及欧洲单一市场 ····································· 177

10.3　三个交易所的领导者 ··· 180

10.4　法国的公司运作 ·· 184

10.5　欧洲期货交易所和清算所 ··· 186

第 11 章　用户和清算所 ··· 190

11.1　美国和英国的用户治理型中央对手方清算所 ······························ 190

11.2　英国：从国际商品清算所到伦敦清算所 ····································· 191

11.3　新产品：回购清算与掉期清算 ·· 196

11.4　美国集中存托清算公司的诞生 ·· 198

11.5　期权清算公司 ……………………………………………………… 203

第四部分　十年的繁荣和破灭

第 12 章　变革的塑造者 …………………………………………… 209

12.1　新千禧年的挑战 ………………………………………………… 209

12.2　用户要求更低的成本 …………………………………………… 212

12.3　金融基础设施公司的首次公开发行 …………………………… 213

12.4　欧洲交易后服务提供商的整合所导致的分化 ………………… 215

12.5　跨大西洋清算方案未出现 ……………………………………… 217

12.6　监管者的左右为难：金融市场安全与竞争力 ………………… 218

12.7　金融创新 ………………………………………………………… 221

12.8　清算会员群体的整合 …………………………………………… 226

第 13 章　芝加哥过山车 …………………………………………… 228

13.1　对电子盘交易者的共同清算 …………………………………… 228

13.2　草率结婚，闲来后悔 …………………………………………… 230

13.3　芝加哥期货交易所与芝加哥期货交易所清算公司分道扬镳 … 232

13.4　芝加哥商业交易所的崛起 ……………………………………… 236

13.5　商品期货交易委员会决策之后 ………………………………… 239

13.6　垂直合并和开放权益 …………………………………………… 243

第 14 章　风险和机遇 ……………………………………………… 246

14.1　化解风险的需要 ………………………………………………… 246

14.2　运营风险和"9·11"事件 ……………………………………… 247

14.3　中央对手方的国际标准 ………………………………………… 248

14.4　亚洲的冲突和创新 ……………………………………………… 251

14.5　安然公司、洲际交易所和柜台能源衍生品的清算 …………… 254

14.6　柜台交易的问题 ………………………………………………… 256

14.7　信用衍生品的一个中央对手方清算所 ………………………… 260

第 15 章　欧洲的跨境清算 ………………………………………… 265

15.1　证券的中央对手方 ……………………………………………… 265

15.2　清算所 Clearnet——欧洲第一家跨境中央对手方 …………… 267

15.3　伦敦清算所和清算所考虑联姻 ………………………………… 270

15.4　寻求一个单一的中央对手方 …………………………………… 273

15.5　伦敦清算所和清算所最终合并 ······················· 276

第 16 章　欧洲的交易后政策 ····························· 280

16.1　监管的隔裂：案例——伦敦清算所 ··················· 280

16.2　欧盟交易后政策的前期草案 ························· 282

16.3　欧洲中央银行系统——欧盟证券监管委员会（ESCB – CESR）标准　285

16.4　欧盟委员会走向立法 ······························· 286

16.5　马克里维推动行业解决方案 ························· 289

16.6　竞争监管当局反对垂直整合 ························· 290

16.7　欧洲统一清算所的黯然失色 ························· 294

16.8　操作互通计划 ····································· 296

16.9　行为准则 ··· 297

16.10　行为准则存在的问题 ······························· 301

第 17 章　伦敦清算所集团岌岌可危 ····················· 304

17.1　大卫·哈迪的离职 ································· 304

17.2　塔普克和里戴尔接受委任 ··························· 308

17.3　绿松石计划与欧洲中央对手方清算所 ················· 312

17.4　洲际交易所、伦敦国际金融期货交易所、彩虹计划和
伦敦证券交易所 ····································· 315

17.5　伦敦清算所向其他机构寻求安全 ····················· 321

17.6　垂直结构重要性的上升 ····························· 322

17.7　跨大西洋的视角 ··································· 326

第五部分　新范例——危机后的清扫

第 18 章　化解柜台交易市场风险 ······················· 331

18.1　大且关联到不能倒 ································· 331

18.2　清算成为高层政治 ································· 334

18.3　美联储纽约的积极行动 ····························· 336

18.4　大西洋范围和欧盟内部的不信任 ····················· 338

18.5　合作 ··· 341

18.6　通向立法的双轨道 ································· 342

18.7　匹兹堡共识 ······································· 344

18.8　设定界限 ··· 346

第 19 章　掉期合约的清算 ··· 350

19.1　新产品、新的竞争者、新的水平 ··· 350

19.2　信用衍生品清算 ·· 352

19.3　美国集中存托清算公司和伦敦清算所宣布合并计划 ···················· 357

19.4　"百合联盟"的逼近 ··· 360

19.5　伦敦清算所争夺战 ··· 362

19.6　敌意退去 ··· 364

19.7　掉期清算的竞争对手 ·· 367

19.8　对买方的保护 ··· 370

第 20 章　位置调换 ··· 373

20.1　竞争、增长与扩张 ··· 373

20.2　欧洲证券清算的费用下降 ·· 374

20.3　算法交易和高频交易的清算 ··· 377

20.4　欧洲的操作互通：进展与阻碍 ··· 379

20.5　纽交所—泛欧交易所设立欧洲清算所的计划 ······························ 383

20.6　挑战芝加哥商业交易所 ··· 385

20.7　伦敦证券交易所的清算：行业不断变化的征兆 ···························· 390

20.8　伦敦清算所的不同未来 ··· 392

第 21 章　前方的道路 ··· 394

21.1　《多德—弗兰克法案》 ·· 394

21.2　欧洲市场基础设施监管规则 ··· 399

21.3　巴塞尔协议Ⅲ和中央对手清算所 ·· 405

21.4　设想中央对手方违约 ·· 408

21.5　中央对手方清算在全球传播 ··· 413

21.6　集中清算的亚洲世纪 ·· 414

第 22 章　反思与结论 ··· 418

附录一　参考文献 ··· 425

附录二　词汇表 ··· 438

附录三　企业、行业组织和监督机构名称缩写 ·· 448

译者后记 ··· 453

序

　　这本关于中央对手方清算发展史及相关各方面陈述的著作，是我论述核心金融架构的第二部作品，内容涵盖了一个自雷曼兄弟破产以来成为众目焦点的行业。

　　实际上，《全球风控家》一书早在 2008 年金融大地震之前就开始酝酿。和我的上一部著作《管道工程师与预言家：证券结算和欧洲的金融市场》一样，这部也是三方通力合作的结晶：伦敦清算所前主席克里斯·塔普克（Chris Tupker），John Wiley & Sons 出版公司，以及我自己。

　　也和上一部著作相似，《全球风控家》的写作灵感可以追溯到一次偶然的午餐：那是 2008 年 3 月的事。当时我和克里斯正闲聊着各自经历——那些经历催生了几个月前第一本书《管道工程师与预言家：证券结算和欧洲的金融市场》的出版。他建议我为这默默无闻且又深奥难懂的中央对手方清算行业写一本大纲式的指导——在证券及衍生品市场上，即使交易双方其中有一方违约，中央对手方清算保证了整个交易会如约完成。

　　还是和上一部著作相似，克里斯满怀壮志，希望有一部著作能让更多的人了解金融市场中这个默默无闻而极其重要的部分——了解它如何运作、它的各方面的组成、它的管理和对它的监管都是如何随着时间发展而来的。我则有些犹豫，主要是因为清算行业对非专业人士们来说，实在是难懂。但我最终同意了。基于我们上一部著作的经验积累，《全球风控家》的写作相对来说容易了一些。

　　那是雷曼兄弟破产清算前的 6 个月，当时整个金融行业已经天翻地覆。然而清算行业却因此从后台角色被直接推到了公众的焦点。雷曼兄弟事件使得清算行业受到高度重视，但这也极大地增加了本书的写作难度。本书最终出版时比原来所设想的要丰富了许多——在第 3 章的第五部分增加了雷曼兄弟违约时伦敦清算所如何反应和处理这个案例，以此来说明清算所在金融危机之后该怎样在政治、监管和自身治理方面上发展，这将是未来几年金融行业改革的中心。本书覆盖时间范围到 2010 年 10 月中旬，并增加了截至 2011 年 3 月的最近更新，因此它的内容包括危机之后美国、欧洲和世界金融系统的立法改革。

尽管本书对近三年（译注：2008 年至 2011 年 3 月）的事件给予了高度关注，但原则上还是尽力维持了展示清算历史及各方面事实描述这一初衷。这也是为了向"国际金融市场的中央对手方清算"这一主题迈进。读者们会发现，中央对手方清算是一个复杂的行业，它深深植根于世界各地的历史之中。

到目前为止我可以说，这是多年来第一部描述清算发展史及相关各方面内容的著作。自 1880 年引入欧洲，清算在随后的 20 年时间里逐渐得到越来越多的关注。但是到了 20 世纪，由于两次世界大战和 20 世纪 30 年代的大萧条，清算所在这段时间里门庭冷落无人问津。80 年代早期，大量关于集中清算行业的文献涌现出来了，但它们中更多的是官方报告或者学术研究，并非全面的发展历史研究。

尽管我希望这本书也能吸引行业内专家的注意，但我更希望它能让更多读者了解中央对手方清算行业，包括那些对经济、金融或商业感兴趣的人士，也包括那些对清算如何与政策监管相结合并互动这一议题感兴趣的相关人士。

本书不能被称为中央对手方清算行业的考古文献——战争、技术进步以及迁址等因素阻碍了我们获取清算行业的完整记录。中央对手方清算行业同其他所有 IT 相关行业一样，无法提供它的所有出身和历史证明。根据个人经验，当空间不足或者办公迁址时，第一个迅速消失的东西就是公司档案。我相信在那些已被遗忘或等待整理的档案中，还藏着更多有待发现的清算发展史。有些公司，比如洲际交易所（ICE）加拿大公司把它在公司兼并中收到的档案资料捐献给了大学档案馆，这样的行动鼓舞人心。如果这些捐献行动或者说这本书，有幸能起到鼓舞大家重拾金融历史文献的模范作用，那真是再好不过。

一部著作往往是许多人共同辛勤耕作的结晶，尤其是这部《全球风控家》。帮助我完成这部著作的人和机构实在是太多了，在本书致谢感言部分，我会提到他们并表示感谢。

另外，对于本书的创作，一些朋友功不可没：我要特别感谢克里斯·塔普克（Chris Tupker），感谢他自始至终对我的耐心、鼓励和指导；同样特别感谢罗利·坎宁安（Rory Cunningham），是他帮助我理解了现代清算业系统的一些重要技术性问题；丹尼斯·杜特勒（Dennis Dutterer）无私地与我分享他关于交易清算公司董事会早期历史的私人收藏材料，这些资料为我提供了关于美国清算业的珍贵视角。此外，感谢迈克尔·玛驰（Michael March）、娜塔莎·德黑兰（Natasha de Teran）、罗利·坎宁安（Rory Cunningham）、艾德·沃兹（Ed Watts）、安卓·施勒佛（Andrea Schlaepfer）、彼得·迈凯轮（Peter McLaren）、大卫·怀特（David Wright）和本·诺曼（Ben Norman）拿出宝贵时间来读本书稿件部分，并提出有用的建议。总而言之，这本书中的任何错误之处，责任全在我们几个。

最后，感谢我的妻子珍妮丝（Janice），是她的耐心和幽默陪伴着我完成这次调研和写作，若非如此，就没有《全球风控家》这本书的问世。

彼得·诺曼

致　　谢

对许多帮助我做调研和写作准备的人们，我表示深深的谢意，他们中的一些我已经在序言中提到，但实际上有许多为这本书贡献了时间和智慧的人，他们通过邮件、电话、会议或者电话会议的形式与我交流，有一些很高兴在本书中被提及，而另外一些不愿意透露姓名。不管怎样，如果没有他们，就没有这本《全球风控家》。

把我最真诚的谢意献给各位：雅克·艾格兰（Jacques Aigrain）、威尔·阿克沃思（Will Acworth）、瓦莱丽·伯纳·图尔纳（Valerie Bannert – Thurner）、约翰·巴恩比（John Barneby）、罗伯特·巴恩斯（Robert Barnes）、简·巴特·德波尔（Jan Bart de Boer）、安东尼·本钱伯斯（Anthony Beichambers）、理查德·伯立安德（Richard Berliand）、吉姆·宾得（Jim Binder）、迈克尔·玻德森（Michael Bodson）、托马斯·布克（Thomas Book）、威廉姆·布罗德斯基（Bill Brodsky）、菲尔·布鲁斯（ Phil Bruce）、莫里斯·布吉斯曼（Maurice Buijsman）、约翰·伯克（John Burke）、迪迪尔·卡亨（Didier Cahen）、迈克尔·伊·卡希尔（ Michael E Cahill）、戴安娜·灿（Diana Chan）、伊格纳兹·库姆斯（Ignace Combes）、汤姆·科斯塔（Tom Costa）、约翰·达姆嘉德（John Damgard）、高德福莱·德·薇兹（Godfried De Vidts）、戴安娜·迪兹马雷斯库（Diana Dijmarescu）、安萨纳西奥斯·迪普拉斯（ Athanassios Diplas）、唐·多纳休（Don Donahue）、奥利弗·德鲁斯（Oliver Drewes）、韦恩·伊格尔（Wayne Eagle）、彼得·艾尔斯托布（Peter Elstob）、大卫·法勒（David Farrar）、鲁道夫·费斯卡（Rudolf Ferscha）、沃纳·弗雷（Werner Frey）、皮埃特·杰琼（Piet Geljon）、皮平德·吉尔（Phupinder Gill）、丹尼尔·吉斯勒（Daniel Gisler）、维克托里恩·戈德沙伊德（Victorien Goldscheider）、斯图尔特·德斯坦（Stuart Goldstein）、杰瑞米·格兰特（Jeremy Grant）、卡罗尔·格雷瓜尔（Carol Gregoir）、欧文·格

雷戈里（Owen Gregory）、凯瑟琳·格力（Catherine Gully）、克莱尔·哈尔索尔（Claire Halsall）、佛朗西斯盖·汉莫尼克（François Guy Hamonic）、约翰·哈尔丁（John Harding）、大卫·哈尔第（David Hardy）、朱迪丝·哈尔特（Judith Hardt）、蒂娜·哈森布斯（Tina Hasenpusch）、丹尼尔·海勒（Daniel Heller）、克里斯托弗·艾蒙（Christophe Hémon）、理查德·海曼（Richard Heyman）、迈克尔·霍夫曼（Michael Hofmann）、托马斯·尔塔斯（Thomas Huertas）、保罗·安德烈·杰克特（Paul – André Jacot）、汉斯奥利·约胡姆森（Hans – Ole Jochumsen）、克里斯托弗·琼斯（Christopher Jones）、亚历山大·贾思丹姆（Alexander Justham）、潘恩·坎特（Pen Kent）、雪莱特·克柔兹（Cherelt Kroeze）、雅克·德拉霍歇尔（Jacques de Larosière）、奥利弗·勒费布尔（Olivier Lefebvre）、罗娜·莱文（Lona Levine）、罗杰·利德尔（Roger Liddell）、凯利·吕弗勒（Kelly Loeffler）、沃尔特·卢肯（Walter Lukken）、韦恩·卢瑟琳肖森（Wayne Luthringshausen）、吉娜·麦克法登（Gina McFadden）、伊恩·麦克高（Ian McGaw）、约翰·麦克帕尔特兰德（John McPartland）、大卫·马绍尔（David Marshall）、杰勒·德·拉马丁尼耶尔（Gerard de la Martinière）、苏姗·米丽根（Susan Milligan）、詹姆斯·莫舍（James Moser）、玛丽奥·那瓦（Mario Nava）、约翰·诺斯（John Nordstrom）、帕特里克·皮尔森（Patrick Pearson）、罗伯特尼尔·佩尔松（Nils – Robert Persson）、德尼斯·彼得（Denis Peters）、马丁·普露伍斯（Martin Pluves）、马丁·鲍尔（Martin Power）、彼得·普拉埃特（Peter Praet）、埃尔伯托·普拉维多尼（Alberto Pravettoni）、沃尔·瑞奇（Wal Reisch）、多米尼克–皮埃尔·瑞纳德（Pierre – Dominique Renard）、斯科特·莱丽（Scott Riley）、丹妮拉·拉索（Daniela Russo）、乌尔里克·谢德（Ulrike Schaede）、海纳·塞德尔（Heiner Seidel）、约翰·塞罗科尔德（John Serocold）、马丁·司波罗克（Martin Spolc）、罗伯特·斯泰格沃德（Robert Steigerwald）、马尔科·思郡默（Marco Strimer）、保罗·斯万（Paul Swann）、金姆·泰勒（Kim Taylor）、马克·特鲁切特（Marc Truchet）、保罗·塔克（Paul Tucker）、史提芬·万·考温伯格（Steven Van Cauwenberge）、保罗·瓦特金斯（Paul Watkins）、马丁·惠特利（Martin Wheatley）、贾斯汀·威尔森（Justin Wilson）、科恩·伍德利（Cohn Woodley）、艾迪·威米尔希

（Eddy Wymeersch）以及马卡斯·力克沃夫（Marcus Zickwolff）。

　　本书创作面临的一个最大挑战就是：调研的同时要对现今发生的时事进行更新。因而参加一些重要行业会议，与清算专家、监管者和政策制定者交流对我帮助极大。我特别感谢金融创新研究中心（CSFI）、欧洲金融智囊团（Eurofi）、欧洲证券交易同盟（FESE）、美国期货业协会（FIA）、伦敦经济学院的金融市场研究组（The Financial Markets Group of the London School of Economics）、英国期权期货业协会（FOA）、欧洲论坛（Forum Europe）、国际商业信息中心（International Centre for Business Information，ICBI）、瑞士期货和期权协会（SFOA）、交易所研究公司蒙多威讯（Mondo Visione），感谢他们让我置身于金融世界中。

　　为完成这部清算所史书，我跑遍了各大图书馆和档案室。大英图书馆、国会图书馆、纽约和芝加哥公共图书馆提供了大量珍贵背景资料，伦敦Guildhall 图书馆则是伦敦农产品清算所（LPCH）资料的一个重要来源。另外一些机构十分友好地让我研究了他们手头的资料，包括：哈佛市政档案馆、英格兰银行、英国扎卡尼科（Czarnikow）公司、美国商品期货交易委员会（CFTC）、美国联邦交易委员会、美国金融博物馆、国家农业图书馆、伊利诺伊大学芝加哥分校的理查德·J. 达利（Richard J Daley）图书馆之特殊收藏馆和阿姆斯特丹的 Stichting Vereniging voor de Effectenhandel。

　　有些档案馆我虽然未亲自拜访，但他们的电子回信给了我很大帮助。特别感谢加拿大温尼伯的曼尼托巴大学的档案及特殊收藏部的布里安·哈伯纳（Brian Hubner）；圣保罗的明尼苏达历史社会图书馆的艾莉森·佩吉尔（Alison Purgiel）；明尼阿波利斯谷物交易所的丽塔·马罗妮（Rita Maloney）和埃里克·格罗佛（Eric Grover）；同样感谢堪萨斯市 Western Historical Manuscript Collection 的大卫·布特罗斯（David Boutros）和密苏里堪萨斯市的海尔瑟·帕克森（Healther Paxon）。

　　（1）我在新闻业有着 40 多年的人脉和经验积累，从中获得的观点意见在这本书的写作中起到很大作用。在我认识的新闻界人士中有许多是主写经济金融方面的，而我自己也有 22 年时间专注于欧洲市场。同时本书也受益于我在写作第一本书时积累的经验——我的《管道工程师与预言家：证券结算和欧洲的金融市场》一书已于 2007 年 12 月出版。

（2）网络是我进行本书调研工作时的一个重要手段。除了那些公司、监管者和政策制定者公开发布的印刷声明资料之外，我能通过网络获得大量的历史文献和档案资料。网络上有两大信息来源尤其有用：WorldCat 在线图书馆和旧金山的网络档案馆。

（3）为了写作《全球风控家》，我不得不学习某些新的技能：我要感谢伦敦清算所的维达·伊宏基（Vida Yirenkyi），是她在短时间内教会我如何用电脑作图；同样感谢克里斯·塔普克（Chris Tupker）的秘书凯特·麦克奥斯兰（Kate McAusland），她也给予我许多帮助。

最后，感谢这本书的出版商 John Wiley & Sons 公司。特别是艾米·迪本斯（Aimee Dibbens）、凯特林·康沃尔（Caitlin Cornish）、彼得·贝克（Peter Baker）、卫·威克汗姆（Viv Wickham）和洛里·巴顿（Lori Boulton），他们在本书的酝酿过程中给予我许多帮助和指导；特别感谢安迪·芬奇（Andy Finch），作为编辑，是她让此书达到了印刷的质量要求。

彼得·诺曼

译者序与致谢

金融市场是人之本性暴露最淋漓尽致的地方。在这里，有人诚信起家，也有人狡黠致富，有人雄心勃勃，也有人贪得无厌。各种宝贵品质和罪恶，在这里暴露无遗。

有人说，贪婪既可推动社会的发展，又可能带来灾难。风险控制，是一个在这二者中寻找平衡的挑战。《全球风控家》描述了过去 100 多年来中央对手方集中清算风控机制如何在应对这个挑战的过程中产生、发展、形成今天的全球格局，并仍在不断演变的环境中创新。

本书用翔实的语言，将中央对手方清算发展过程中交易群体、交易所和清算所股东、各国监管机构之间的纵横捭阖展现得栩栩如生，帮助读者不仅明晰今日中央对手方清算全球格局的由来，更对其未来发展方向有一个深刻的认识。

我和这本书的结缘，充满诸多的巧合。

2012 年 6 月初，天津市政府金融办和贵金属交易所人员一同拜访伦敦金属交易所（LME）和伦敦清算所（LCH）。在讨论了天津市建设清算所的设想之后，对方郑重赠送给我们一件礼物，就是这部《全球风控家》英文原著。

翻阅后我发现，作者彼得·诺曼（Peter Norman）先生曾在路透就职，是我在汤姆森路透（Thomson Reuters）10 多年职业生涯的前辈同事。书的推荐人之一理查德·伯立安德（Richard Berliand，大通摩根银行全球期货与期权业务前董事长），我们已相识多年，2007 年他邀请我加入大通摩根期货公司的董事会。

作为一名金融从业者，阅读这本书帮助我总结和提升了自己对交易和清算的理解，使我萌发了出版它的中文版、让同行们共同受益的想法。

我随即联系了两位，告诉他们我感觉这是一部对中国交易所和集中清算行业的发展有着重要借鉴和指导意义的著作，并准备将它译成中文版。彼得听了非常高兴并对我的想法表示支持。理查德当时刚退休，表示如果我们需要，他愿意到中国来和我的团队及朋友们见面探讨我们感兴趣的问题。

阅读这本书对我还是个充满回忆的经历，书中的很多角色我在职业生涯中都有过直接交往。

2012 年 1 月 12 日，天津贵金属交易所团队（于路、我和其他几位高管）在芝加哥商业交易所的总部和总裁皮平德·吉尔（Phupinder Gill）先生的会面给我印象深刻。这位不苟言笑的人在倾听我们谈话时，目光犀利、面色严峻。但是几分钟后一些随和从他冷峻的外表下流露了出来：他说自己的印度名字太难发音，让我像他的朋友们一样直呼他的姓 Gill 当做名字。谈到国内的"六部委联合清理整顿交易所运动"和交易平台的建设时，他把负责金属能源期货的副总裁也叫来参加。

会后当天下午我们就飞到纽约，和两个金融行业的主要参与者会面：国际掉期与衍生品协会（ISDA）是衍生品行业的一个主要的全球自律组织，会员包括全球 800 多家主要银行、交易所、券商等。汤姆森路透集团是一家有 160 多年历史的全球金融市场基础设施服务的主要提供商。

原计划十几天的行程，却因为"紧急召回"成为了"芝加哥—纽约"两天旋风之行，留下了一点小小的遗憾。和汤姆森路透集团纽约总部团队会面刚结束，交易所办公室来电通知我们：时任中国证监会郭树清主席两天后来天津视察并听取几个交易所的工作报告。当时我们就把后面的行程取消，赶回酒店取上行李直奔机场等位回国航班。这样拿到了当天的回程机票赶回天津。

书里的另外一个主要角色，欧盟委员会内部市场部委员查理·马克里维（Charlie McCreevy）2006 年 5 月参加中国—欧盟金融峰会时，当时在路透就职的我为他安排了"路透焦点人物"论坛，与北京 150 多位金融界人士见面。

初译工作是 2012 年 8 月启动的，学习金融市场和工商企业管理的十几位海归朋友们参与了翻译一部分初稿。补足初稿缺失的部分、翻译二稿、审定终稿，工作量比我想象的要大很多！推敲着每句每段，让我有时后悔开始了这项工程。

<u>是让译文尽量中文化，还是保留些洋味？</u>尽量中文化可以照顾到文字的通顺优雅，但完全中文化可能会失去外语原文的新鲜感，每天让我感到两难。

<u>是让表达尽量忠实原意，还是要把它梳理顺畅？</u>一部好的译著是"信、达、雅"之间的平衡。完全忠实原文的表达可能会让读者感觉阅读吃力；梳理舒畅可能会离开原文字面意思、却可使阅读不显得枯燥。译作的过程中我始终在三者之间反复游移。

<u>如何处理中文中还不存在的概念和专有名词？</u>衍生品和交易清算行业里机构众多，收购合并走马灯般变化更迭，很多概念和专有名词需要编创，很多译成中文后极为相近，极易混淆，我自己在日常工作中曾多年深受其苦！反复考虑但想不出很好的办法之后，我只好将原文名称保留在中译文后面的括号里；如同一个词在同节或同页反复出现，则尽量只在第一次时用括号标注，这样既易于读者阅读同时又避免重复。

本书前 22 章翻译工作的完成，是许多朋友共同努力的结果。彭苏楠、翟泉慧、张朋、石葳、刘嘉、任亚敏、魏华、张楠等，帮助进行了一部分内容的初译，天津贵金属交易所的于路给予了我可贵的支持与鼓励；孙少坚（Kenneth）为我提供了客观精辟的

参考意见；崔小如为初稿的完成付出了大量辛勤的工作；北京中期公司机构业务部的晓宇，以自己的智慧和丰富的金融市场知识，为完成初稿、审核二稿、确定终稿做了特别突出的贡献。我为能和出色的他们一起走过一段我非常珍惜的历程，并从他们身上获益良多而深感幸运！在此我向他们致以诚挚的感谢！没有他们辛勤耐心的参与和鼓励，我可能不会完成这项工作。

《全球风控家》英文版出版于 2011 年 4 月，书中讨论的许多内容在之后的这两年里都有演进。为使读者了解行业的最新变化，我计划在英文版译本之后续写"衍生品世界的风暴"。

梁伟林 Will Liang
2013 年 2 月于北京

第一部分
处理危机

第一部分

空室管理

第 1 章

黑 马 英 雄

正所谓时势造英雄，2008 年 9 月 15 日雷曼兄弟破产这个金融界的巨大危机也不例外。当美国雷曼兄弟申请破产保护时，几个专业金融机构挺身而出，正是这几个机构保证了世界证券及衍生品市场的正常运作。

首先是欧洲的，之后是全球的中央对手方清算所（Central Counterparty Clearing Houses，CCPs）纷纷介入，挽救了因雷曼兄弟倒台而面临违约的金额上万亿美元的交易。如果没有它们，这个具有 158 年悠久历史投行巨人的轰然倒地，必将引起全球金融业崩塌。正是这些默默无闻的机构在危机时刻成功履行了其担负的责任，在股票、债权及其他金融产品价格如同过山车剧烈变动的时刻处理了天量交易，使得世界金融及衍生品交易所得以正常运行。

雷曼兄弟的倒闭以很多方式改变了世界。当雷曼兄弟控股公司依照美国破产法第 11 章向纽约南部的联邦破产法庭提出破产保护请求时，这个逐渐升级的金融危机演变成为了世界性灾难。2007 年以来，美国房地产次级债券亏损引发的各种金融骚乱已逐渐显现，而雷曼兄弟破产事件立即让局面失去了控制。市场信心动摇，银行间借贷活动因此而几乎停滞。银行流动性断流，资金稀缺而借贷成本高涨。

美国联邦政府让雷曼兄弟倒下的决定，使广泛接受的所谓重量级国际性金融机构"大到不能倒"的观念立即破灭。然而在紧接着 24 小时之内，联邦政府却决定：救助陷入瘫痪的美国国际集团（AIG）。人们困惑了——救或不救的标准到底是什么？

这时人们意识到了"对手方风险"的重要性，即与一个金融机构进行交易，无论其市场地位如何，总会存在风险。

事件发生后的几周内，美国、英国和欧洲大陆的各国政府纷纷被迫出台了金额达数十亿美元、英镑和欧元的救援计划，来救助本国的银行和金融系统。接踵而来的是利率暴跌，财政赤字猛增，许多大型银行机构完全是依靠政府使用纳税人的资金注资才存活了下来。仅在惊慌失措的短短数周内，这些存在了 30 多年、曾威风于世的金融机构，要么倒塌、要么被并购、要么靠着政府救助。20 世纪 80 年代早期由美国传向世界的自由市场金融体系，现在却包括这些部分国有化或全部国有化的银行。

　　雷曼兄弟的破产清算，使它的分支机构和对手方所进行的金额上万亿美元的交易陷入困境——资产冻结、财务危机扩散，某些交易对手方甚至受到致命打击。要等到双方的破产清算机构弄清楚剩余财产如何处置，那意味着有至少数月甚至数年的时间，债权人对价值数十亿美元的资产分毫不能触动。

　　但是，对于那些场内证券及衍生品交易，甚至金融机构间双边协定的买方与买方之间（数量少但金额极为巨大）的交易来说，命运则完全不同。这些交易方有幸躲过了雷曼兄弟倒闭事件的冲击，因为它们的交易是由中央对手方清算所来清算的。这些中央对手方清算所在雷曼兄弟违约之后，作为每一个买方的卖方或每一个卖方的买方直接参与交易，保证了市场上所有交易的完成。

　　雷曼兄弟破产清算一周之内，它们手头的大多数开放头寸或被对冲或中和，这样就不会给债权人造成进一步损失，也不会再让眼下状况乱上加乱。

　　两周之内，雷曼兄弟名下多数客户的账户已被妥善转移到其他投资机构管理。到2008年10月底，全球主要金融市场里的中央对手方清算所，均宣告成功管理了金融史上这次最大的违约事件，并且未给自己的会员公司造成损失。

　　这次的成功让这些不引人注目的金融机构难得地爆发出了不少的成就感，而通常这个行业是崇尚低调谦逊的。纽约的美国集中存托清算公司（DTCC）的董事会主席兼首席执行官唐·多纳休（Don Donahue）报告："尽管遇到了史无前例的金融市场波动和信心丧失，集中存托清算公司成功化解了行业的风险并为可靠性提供了保证。"[1]

　　芝加哥商业交易所集团（CME Group）的执行主席特伦斯·A. 杜菲（Terrence A. Duffy）宣布："在雷曼兄弟破产清算事件中，没有一个客户蒙受哪怕一分钱的损失或者发生交易中断。""雷曼兄弟的巨大头寸被妥善清算或出售了，清算所没有受损，也没有引起市场混乱，这说明了我们的系统经得起金融市场风暴的考验，"杜菲如是告诉参议院委员会。[2]

　　伦敦清算所有限公司（LCH Clearnet Ltd.，伦敦清算所集团的运营子公司）在2008年9月15日开盘不久即宣布雷曼兄弟违约，集团主席克里斯·塔普克回忆道："雷曼兄弟宣布破产清算时，伦敦的所有交易所都通过我们清算，其他清算所大概从未见过这么繁杂和巨量的头寸。想想如果当时我们失败了，我不寒而栗。"[3]

　　伦敦清算所与其他清算所成功管理雷曼兄弟破产过程，使得伦敦及其他金融中心安然度过了全球经济危机中金融市场最暗无天日的时刻。多亏了这些清算所，现在全球证

---

　　① 这是2008年10月29日DTTC执行论坛上的发言。美国集中存托清算公司简称DTTC，是美国证券和其他金融市场的资金清算和交易后相关服务提供商。
　　② 2008年10月4日在美国参议院农业、营养暨林业委员会上发表的证言。
　　③ 2009年1月12日与作者谈话时的摘录。

券市场已经继续正常为企业融资，期货期权及其他衍生品市场也一如既往地继续为投资者、交易商和企业家们发挥着避险功能。

2008 年 9 月的这次重大事件，从根本上改变了中央对手方清算所在金融行业的地位，也改变了它们在政策制定者日程里所处的优先序列。多年沉默无闻之后，中央对手方清算所从这次事件的混乱动荡中脱颖而出，这背后的故事令人称奇。

本书正是在中央对手方清算所的历史发展背景下，详细讲述清算所在雷曼兄弟破产清算的危急时刻是如何发挥作用的。

本书第 3 章重点讲述了伦敦清算所集团（LCH Clearnet Group）如何成功应对雷曼兄弟事件，尽管它的伦敦和巴黎清算所遭遇了意料不到的严重困难。9 月 15 日，这家跨国清算机构第一个宣布雷曼兄弟违约，与其他清算所相比，它为更广范围和更多类别的资产进行清算。在利率掉期市场上，它创下了前所未有的头寸清算量纪录——这归功于它 10 多年间的专业清算服务系统掉期清算（Swap Clear）所积累的柜台交易工具清算方面的独特经验。

展现了中央对手方清算所在危急关头的重要性之后，本书将探讨中央对手方清算的发展历史以及它们如何从 19 世纪那个技术落后的时代的最初形态，发展成为现在被寄予厚望的清算机构。

本书第二部分将讲述在 19 世纪末 20 世纪初日益全球化的过程中，那些先驱清算机构的各不相同的治理和所有权结构，他们如何从非营利性组织变成了营利性机构和上市公司，以及面临对今天管理者来说已经很熟悉的挑战。与现今一样，当时的技术变革，尤其是通信领域里的巨大变革和政治上的进展，影响着他们的决策。

第三部分将讲述随着 20 世纪末局势动荡，现代中央对手方清算所的出现，以及他们与政策制定者和监管者的不断互动。

第四部分将讲述 2008 年 9 月雷曼兄弟违约事件的处理，以及经济全球化所带来的乐观如何让位于金融危机。

第五部分将讲述由于成功处理了雷曼兄弟破产事件危机，中央对手方清算得到政策制定者及监管者的高度重视，政策目标重要性急速上升；该部分还总结了一些从危机中得到的经验教训。

本书最后部分将回顾政府及金融行业如何利用中央对手方清算所来提高行业透明度和化解金融市场风险的一些建议，防止从 20 世纪 30 年代大萧条以来最严重的经济危机再度重演。这些措施包括确立中央对手方清算在衍生品柜台交易市场的核心角色，正是这些衍生品导致了美国国际集团的巨额损失——国际集团在雷曼兄弟倒闭之后随即得到联邦政府使用纳税人资金的救助。但与此同时又引申出另一个问题：是否人们对中央对手方集中清算寄予了过度的厚望，使它在化解金融系统风险的同时又集中了过多的风险。

在国际化的金融市场上，中央对手方清算行业是个不断演进的故事，有时甚至会因为没有通用的专业术语而令人费解。"清算"一词的含义在过去120多年里已然发生了变化，而"中央对手方清算"和"CCP"这些词汇是相对新近出现的，只在20世纪90年代早期才开始普遍使用。在对清算所历史及各方面的调研中，这本书内容上包括在"中央对手方清算"和"CCPS"出现之前就存在的那些起到类似清算作用的机构；同时书中研究了早期各种形式的清算，给中央对手方清算的最终出现提供了背景。但本书不是一本各种形式清算的完整史书。

具有中央对手方清算功能的机构最早出现在18世纪的日本，当时这些机构是大阪的堂岛大米市场的基础设施的一部分。但是今天的中央对手方清算所是由那些在19世纪欧洲期货市场为对手方风险提供担保的清算系统发展而来的。

19世纪80年代，在欧洲大陆和英国的传统贸易城市，今天清算概念的一些技术雏形已经出现，支持当时贸易商们已经在发展的期权和期货业务，用于管理农产品和原材料价格的季节性波动和投资周期风险。很快在北美，新型的清算方式出现了，这种"完整清算所"（Complete Clearing House）作为大宗商品交易所里所有买方的卖方和所有卖方的买方。它起初发展缓慢，后来为了抑制赌博的氛围，"完整清算"成为美国大宗商品交易所里的常规做法。在第一次世界大战和大萧条之间的十几年间，"完整清算"得以迅速发展。

中央对手方清算的重要性在过去40年里以指数速度增长。20世纪70年代，世界汇率体系向浮动汇率转变，这种人为的不确定性为国际衍生品交易提供了巨大动力，并延伸推动了中央对手方清算的发展。金融期货的出现，使得人们可以利用它来管理利率、货币和证券市场的内生风险。由此产生的市场规模，迅速超越了中央对手方集中清算原来所为之产生并服务的传统商品期货交易所。

计算机强大的运算能力为中央对手方清算提供了技术上的有力支持。另外一个具有重大影响的事件是1987年的华尔街风暴，它再次突出了中央对手方清算的重要地位和清算所汇聚的风险，使监管者随后越来越深入地参与对中央对手方清算的监管。同样重要的是，过去20年间人们意识到，中央对手方清算所在整个证券和期货交易从买方到卖方的链条中，有着增值的能力，这为清算所及其所依托的基础设施脱离交易所而独立存在提供了动力。

直到最近，中央对手方清算所公认只能为标准化的商品或金融工具提供服务，仍主要用于支持被监管的交易所内进行的债券、股票、期货和期权的交易。正像我们为柜台交易的信用工具设立集中清算的倡议所表明的，中央对手方清算所在金融市场的角色正在跨入一个新时代的门槛。

在深入研究中央对手方清算所过去、现在和未来的角色之前，以下章节帮助读者了解现代中央对手方清算所的概况、运作情况和特征，以及它在金融市场中的地位。

第 2 章
现代中央对手方清算所

2.1 中央对手方清算所的独特卖点

继雷曼兄弟破产之后，全球金融体系接近崩溃，市场和政策制定者的注意力重新聚焦到中央对手方清算所设立的初衷。

正像 19 世纪的现代中央对手方清算所前身出现的目的是为了抵消在大宗商品市场中的交易对手方风险，如今的中央对手方清算所的核心责任还是确保证券或者衍生品交易不会因为买方或卖方不能履约而失败。通过成为所有卖方的买方和所有买方的卖方，中央对手方清算所要确保在任何一方违约的情况下，交易都能达成。

交易可以在交易所、替代性电子交易平台，或通过场外交易的双边谈判达成。原本买卖双方是直接对接形成一个交易合约，但中央对手方清算所介入后分别成为买方和卖方的对手方，即相当于原来买方的卖方和原来卖方的买方。这样一来清算所与买方之间、清算所与卖方之间分别形成了两个交易合约，替代原来的买卖双方直接交易合约，一般称为"合约更替"。

由于技术的进步，为各大交易所进行清算的中央对手方清算所得以进行合约更替，并在交易执行的同时成为交易双方各自的对手方。在传统方式下——该方式在柜台交易中仍在使用——交易之后，原始合约的详细资料在经过验证匹配后由中央对方手清算所登记在案。"合约更替"发生在交易完成或者清算之前，并且在很多情况下这个过程是由另一机构来处理的。

雷曼兄弟倒闭之前的十五年间，很少有人关注金融市场的合约对手方风险。那时的用户可能更关注的是中央对手方清算所降低交易成本、通过轧差最大限度地提高效率以及提供匿名交易的能力。

如果说那时交易者重视中央对手方清算所的担保功能，那很可能是因为这一功能降低了他们的成本。根据国际公认的银行资本规则，拥有高信用评级的中央对手方清算所更替成为原合约的对手方之后，意味着原交易双方不必再为自己的开放头寸保留保证金（译者注：中央对手方同时也是较大型金融机构，可向原交易双方授信）。①

雷曼兄弟事件那个周末之前，中央对手方清算所顶多也就是个"值当的事儿"：这些默默无闻的机构不过是把银行、邮政局和保险公司各自的一些功用集合在了一起。事实上，当20世纪60年代计算机接过了登记、合约更替和轧差的流程之后，中央对手方清算所的能力在范围和规模上都呈指数型增加，以至于现在伦敦清算所集团一年能处理20亿笔以上的交易。②

得力于它们的强大技术和风险管理能力，中央对手方清算所就像一个断路器那样保护着我们的金融系统，避免了2008年9月15日那次危机演变成为全球经济整体崩塌。

2.2　交易场所和清算市场

现代金融市场中，各个机构、中间商和监管者之间相互影响作用，形成错综复杂的网络。在这个复杂的网络中，清算所作用至关重要。

"有了我们，伦敦夜里才能安眠，"克里斯曾经这样描述伦敦清算所和其他清算所的角色。这种情绪现在在全球金融市场上得到回应。

为了进行清算工作，中央对手方清算所必须和交易所、交易平台或其他交易场所保持紧密联系。根据合约，它们依据交易的"信息导入"（Data feed），将指定交易所中经买方和卖方认可的合约进行登记和合约更替。

中央对手方清算所为交易所用户中的一小群金融机构提供交易担保和轧差服务，大部分情形下，这些"清算会员"是大型投资银行或商业银行。经过中央对手方清算所批准的市场参与者才能成为清算所清算会员。

中央对手方清算所许可的交易对手方有两大类清算会员：一般清算会员（GCMs）和直接清算会员（DCMs）。一般清算会员有资格清算自营交易、客户交易和非清算会员的交易。非清算会员往往与一般清算会员（GCMs）在同一个交易场所交易，但无权在中央对手方清算所直接进行清算。

对直接清算会员的定义不那么明确，取决于不同的清算所或者交易所的规则。按照有些定义，直接清算会员只能对它的自营交易进行清算③。与此形成对比的是，在欧洲

---

① 详见2.5节。

② 2008年总共处理202 383 000笔交易，包括衍生品、能源、银行间利率互换、运费、证券、大宗商品、英镑和欧元债券，回购交易。

③ 该定义确实出现过，例如在国际清算银行（Bank for International Settlements）1997年3月"衍生品交易清算处理"的报告中。

期货交易所清算公司（Eurex Clearing AG），直接清算会员能在这家位于法兰克福的清算所清算会员的自营交易、会员客户的交易以及那些隶属于该直接清算会员的非清算会员（NCM）的客户的交易。

作为清算会员的银行或经纪商如果选择为其他公司清算，就成为一大群银行、经纪商和金融中介机构与清算所之间的一个桥梁——一些大的一般清算会员可能要为上百家金融机构充当桥梁。清算会员的客户可能进行自营交易，也可能代最终投资者进行证券或衍生品合约交易，这些交易也在中央对手清算所进行清算。

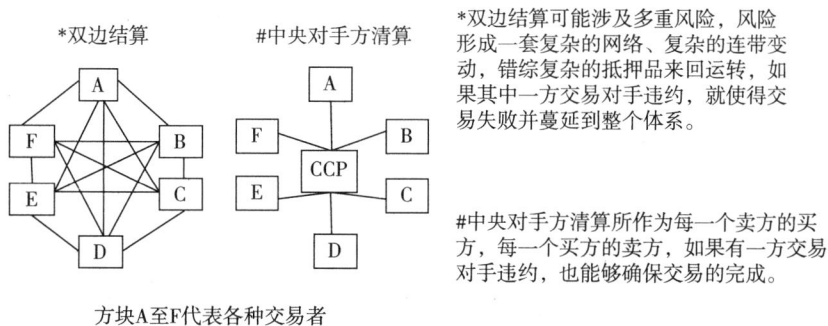

*双边结算可能涉及多重风险，风险形成一套复杂的网络、复杂的连带变动，错综复杂的抵押品来回运转，如果其中一方交易对手违约，就使得交易失败并蔓延到整个体系。

#中央对手方清算所作为每一个卖方的买方，每一个买方的卖方，如果有一方交易对手违约，也能够确保交易的完成。

方块A至F代表各种交易者

图 2.1　双边清算与中央对手方清算比较

随着时间的流逝，清算所的会员结构、会员的利益、投资者的利益都发生了重大的转变，这已经反映在中央对手方清算所的业务上。

从 20 世纪 70 年代开始，由于金融期货的爆炸性增长，银行和投资银行变成了清算会员的主要构成，甚至在大宗商品市场上，它们也取代了传统交易商和贸易商。21 世纪初，对冲基金作为清算会员的主要客户出现，随着他们的规模变大，有些对冲基金甚至凭借自身实力成为了清算会员。近年来，专家、算法交易商和信贷机构在交易层面并且作为清算会员的客户，变得越来越重要。

如果清算会员的客户发生违约，清算会员必须承担责任。但若客户违约的金额过大，以致清算会员也被迫违约，那么中央对手方清算所必须介入。因此在清算会员面临违约风险时，中央对手方清算所便是他们的后盾。也正因为中央对手方清算所管理和吸收了风险，在雷曼兄弟银行破产后，中央对手方清算所受到政策制定者和监管者的关注。

按英格兰银行金融稳定部执行董事安德鲁·霍尔丹（Andrew Haldane）的说法，中央对手方清算所可以有效防止金融危机蔓延，就如同疾病疫苗抑制流行病传播或森林的防火墙限制火灾蔓延那样有效。[①]

---

①　英格兰银行，2009 年 4 月"金融网络再思考"，演讲发布于阿姆斯特丹的金融学生会，演讲称全球金融是一个复杂紧密联系的系统，当损失发生时，这种复杂联系就变成了催化剂而非灭火器。

将生态学、流行病学、生物学和工程学的网络原理中得到的经验教训应用到金融领域，霍尔丹认为，中央对手方清算所能瞬间处理好因过度复杂导致的金融系统的脆弱性问题。中央对手方清算所介入所有的交易，构筑了一个"所有交易者与中央对手方清算所的直接双边网络"的中心辐射式（Hub－and－spokes）结构，取代原来的"各个交易方互相联系的多维度网络"，错综复杂的链路网被简化成单一链接网。在中央对手清算系统的可靠性没有问题的前提下，交易对手方不确定性被有效消除了。图 2.1 分别对这两种结构做了说明。

2.3 管理风险

中央对手方清算所通过消除违约导致连锁反应的威胁，降低市场的风险，但这样做的同时它们将风险集于自身，变为了金融体系中潜在的高风险"单一失败点"（Single Point of Failure）环节。

减少风险的同时又聚集了风险，这一"中央对手方清算悖论"意味着它们具有系统重要性、受到公共政策的高度关注、被置于非常严格的监管之下，并且随着政策制定者要求中央对手方清算在越来越多的金融市场里控制风险，监管会变得越加严格。

中央对手方清算所经手的交易额大得可以说是令人生畏。英国伦敦清算所集团的年报显示，截至 2009 年 12 月 31 日，清算会员们和该集团的伦敦和巴黎清算所清算过的交易额高达 4 190 亿欧元。根据会计双边记账法入账之后，资产负债表上显示这笔巨额资金同时是清算所集团对清算会员的欠款，也是清算会员对清算所的欠款——因为中央对手方清算所是所有卖方的买方也是所有买方的卖方。这 4 190 亿欧元相当于英国年度 GDP 中三个月的商品和服务的产出总额。

为有效中和对手方风险，清算所必须克服一切对其自身可能违约的猜疑。正如霍尔丹在另一场合所说：因为中央对手方清算所本身是金融系统的单一高风险环节，它自己必须牢不可破。[1] 要达到这一目标，需要清算会员的合作。清算会员中的一员违约时，其他清算会员们必须承担起中和由此引起的风险的责任，这是在缴纳交易所费用之外的责任。

清算会员必须帮助提供清算所进行风险管理所必要的财务、资源和或其他手段。为了在任何可能想象到的危急时刻保证自身的安全经营，中央对手清算所采用了一系列工具与措施，这些措施包括：

---

① 霍尔丹·安德鲁（2009 年 5 月 8 日），"大危机中的小教训"，美联储第 45 届年会上关于金融监管改革的发言。

- 盯市制度：每个交易日，甚至每个交易日日中，中央对手方清算所可以审查账户中交易的市值变化。
- 保证金制度：交易过程中买方和卖方必须缴纳交易金额的一定比例作为担保，以防止其中任何一方轻易违约。
- 设立会员财力标准：清算所会员必须有雄厚财务实力，以确保中央对手方清算所以及其所服务的所有金融市场能够正常运转。
- 制定清算会员严格管理条例：包含制裁和强制平仓，如发生违约，清算所可强制终止会员任何未平仓的交易。
- 审慎治理：例如，伦敦清算所的风险管理人员与业务部门完全分离，亦不接受其指示。
- 违约准备金：从清算会员中收取，当违约会员的保证金账户在头寸了结时被耗尽，中央对手方清算所可动用违约准备金。有时，清算所会和会员分担责任，向违约准备金作出资贡献，使自己在这其中有"切身利益"。[1]
- 特殊权力：授权中央对手方清算所可在违约发生时清算、转让或采取其他安全措施处理其风险敞口。
- 购买保险以防止损失扩大：虽然这种形式的保护现在不太普遍（因为提供此类保险服务的供应商越来越少）。
- 其他财务支持：例如从母公司获得担保，与会员签订协议，必要时可以要求会员增加资本。
- 自有资金：这是清算所的最终财务后盾。

出现违约时，保证金是中央对手方清算所的第一道防线。当清算所接受为一笔交易进行清算的责任时，清算会员需缴纳初始保证金或者交易金额的一定比例的资金，来预防交易对冲掉之前或完成之前的风险。保证金数量会随交易标的物、头寸开放时间长度以及清算所的保证金计算方法而变动，一般情况期货合约清算的初始保证金要高于证券清算的初始保证金，因为证券交易通常在成交之后 3 天内就了结。

中央对手方清算所还收取或支付变动保证金。顾名思义，变动保证金的数额随着清算所登记在案的开放头寸价值的变化而变化。变动保证金是用来弥补清算所的对手方在交易中的损失（或退还其盈利），防止任何对手方超越自身风险承受能力进行交易。每

---

[1] 例如像洲际交易所（ICE），这个交易所和清算所集团，对他自己的欧洲清算所集团（ICE Clear Europe）、伦敦清算公司（London-based CCP）、洲际交易所信托（ICE Trust）和信用掉期清算所缴纳了违约准备金。见 17.4 节和 19.2 节。

天根据市场波动情况，如果价格变动对清算会员们不利，清算所向清算会员加收变动保证金，且必须当天追加到位；相反地，如果市场价格变动对清算会员有利，清算所返还相应的变动保证金给会员。

价格波动大的时候，清算所也可以额外要求追加变动保证金，以防止交易日内剧烈价格走势突然不利。有时一个交易日内追加保证金的通知会频繁发出，未达要求的会员或投资者将受到严厉处罚。对于违约的会员，清算所会毫不犹豫地立即宣布将其开放头寸清算或者转移。同理，如果清算会员的客户无法及时追加保证金，清算会员也有权对客户采取同样的行动。

2008 年第四季度雷曼兄弟破产后，各中央对手方清算所追加保证金的次数剧增。反映在伦敦清算所集团就是，2008 年 10 月的平均管理资产激增至 480 亿欧元，而当年全年的平均值是 260 亿欧元。[①]

2010 年 11 月，伦敦清算所集团将爱尔兰政府债券交易（通过伦敦清算所的 Repo-Clear 平台清算）的保证金标准提高到 15%。这通追加保证金的电话无疑给欧元主权债务危机火上浇油。原本保证金只是金融专业人士感兴趣的，但它现在瞬间成了头条新闻。

为成为中央对手方清算所的会员，候选机构们必须证明自己具有支持业务经营不会违约的雄厚的资金实力和后台的技术能力。根据清算会员的业务所面临的风险程度，清算所会相应对资本金作出严格规定。例如一家从事证券交易的公司，由于证券一般在三天之内结算，它的资本金要求比那些经营利率掉期交易业务的公司的资本金要求要低许多。对于后者来说，暴露在风险中的头寸可能高达数千亿美元，而且交易头寸需好几个月或几年才到期。[②]

清算所对会员的交易头寸以及经营活动进行监督，以便能在第一时间尽早发现那些可能导致会员违约的风险。相应地，清算所必须保证其所提供的服务对会员有足够吸引力，会员们之间也通过竞争获取投资者的生意。在完成交易处理及保护交易场所不受对手方违约风险危及的同时，清算所尽其所能保证其会员的保证金与违约准备金款项安全，这也间接地保障了会员的客户即投资者的利益。

在雷曼兄弟破产案中，这家投资银行的分支机构是世界各地清算所的清算会员，而这些分支机构缴纳的保证金后来证明足够保护几乎所有这些中央对手方清算所免受雷曼

---

① 据 2008 年伦敦清算所集团年报所示。
② 国际清算银行的支付结算体系委员会在 2007 年 3 月 "关于 OTC 衍生品交易的清算与结算安排的新发展" 的报告要求 SwapClear 的结算会员一类资产需达到 50 亿美元以上，其一揽子掉期产品组合的价值需超过 1 万亿美元。而欧洲期货及衍生品交易所（Eurex）2008 年第四季度最新规定：申请成为法兰克福证券交易所一般结算会员的最低资本金要求是 2 500 万欧元。

兄弟违约的影响。下一章将会讨论，在此情形下仅有一个清算所——香港的一家中央对手方清算所——不得已动用了清算会员的违约担保基金。

2.4 证券及衍生品的清算

一又四分之一个世纪以来，中央对手方清算所历经演变，一直为期货和期权市场提供保障和透明度，对各交易所衍生品合约的安全与高效交易至关重要。得益于计算机技术发展，全球衍生品交易所的规模和数量剧增，投资者能够交易的合约品种暴涨，而中央对手方清算所在其中起着关键作用。

雷曼兄弟破产后，全世界的立法机构纷纷强制规定，中央对手方集中清算在柜台交易衍生品市场必须起到越来越重要的作用。①

尽管中央对手方清算在衍生品市场中广泛运用已久，但在现货证券市场如股票和债券，相对来说还是新生事物。20 世纪 70 年代，在金融市场一次重大改革后，中央对手方清算所正式确立了它在美国股票市场中的地位。而在欧洲，直到 90 年代开始巴黎股票交易市场引进股权交易的集中清算机制以后，它才真正在股票市场起重要作用。

如此不同的历史进程反映了衍生品与普通证券在本质、交易方式和清算过程方面的重要区别。

顾名思义，衍生品的价值是从其他产品比如某种资产或某种价格所衍生而来的，衍生品的基础资产极为广泛，可以是任何资产或金融工具，包括商品（例如石油和白糖）、外汇、公司股票、政府债券或表现为利率的资金成本等。

一个衍生品可以是一份期货合约，即以约定价格在未来某天买入或卖出特定数量某种资产的合法标准协议；它也可以是一份期权合同，给予期权买方未来某天以约定价格买入或卖出某种基础资产的权利，但并不负有必须买入或卖出的义务；衍生品还可以是掉期协议，即交易双方同意互相交换标的金额相同的两种不同的金融工具。② 衍生品也有可能是个混合体：期货期权合约。

衍生品的复杂程度千差万别。不过它们有一个共同特点：衍生品都是为满足某种需求所产生的合同，买卖双方关于义务细节达成一致。标准化的衍生品合约在交易所挂牌上市交易，双方谈判议价的衍生品在柜台市场中交易。衍生品合约的另一特点是，采用保证金交易制度，即在注册交易时，投资者只需要向清算所支付交易额的一定比例资金即可。

---

① 详见本书第五部分。

② 一个简单例子就是：根据固定利率和浮动利率得出的不同收入流的互换协议。

与股票（其交割结算及对应款项支付在短短几日完成）不同，衍生品合同可能要过几星期、几个月甚至几十年才会到期。[①]然而，极少有衍生品合同被持有直至到期交割，通常投资者会买入或卖出一个数量相等、方向相反的头寸来冲销先前的头寸。

通过登记并对对冲交易进行轧差，中央对手方清算所把衍生品合约提前了结，为衍生品投资者提供一个重要的功能：衍生品合约可以依照投资者意愿提前结束，套期保值策略和投机策略就可以更好地实施了。

衍生品的结算可以采取两种方式。现金结算：直接交易合约的净值，这对基础资产是无形的合约来说非常重要，比如利率期货和股指期货；衍生品基础资产的实际交割有可能会发生（例如证券和商品期货合约），但较少见。例如在欧洲期货交易市场（Eurex），大概只有2%的交易（按名义交易金额计算）根据约定价格发生实际交割。[②]

超长的到期期限、保证金交易机制和可交易品种繁多，使得衍生品极具魅力。衍生品为套期保值者提供了低成本保值的可能，也为同一市场上的投机商提供了通过杠杆获取暴利的机会。

这些特点也突出了中央对手方清算所介入交易的必要性和需要。假如没有中央对手方清算所来限制对手方风险和管理开放合同头寸，市场将会受限（译者注：不能吸引更多投资者进入，因不具备公平性和透明度）并缺乏流动性。

证券与衍生品区别很大。持有股票、公司债券或政府债券的投资者拥有这些金融工具发行者规定的所有权。一份股票代表对公司的一份所有权[③]，公司债券或政府债券则赋予投资者对特定期间内债权债务关系产生利息收入的所有权。证券交易是十分明确的所有权转移交易，一旦成交，就会尽早结算。

在过去的20年中，股票交易市场逐步形成了成交后第三天结算的国际惯例，俗称"T+3"制度。这种三天内结算的惯例大大降低了股票市场的风险。股票和债券的所有权转移及保管服务交由专门的金融基础设施提供商进行——可能是资金托管银行、中央证券存管机构（CSDs），或是国际中央证券存管机构（ICSDs）[④]。

欧洲的中央对手方清算所在它们的系统接收到股票交易指令的同时，即进行合约更

---

① 伦敦清算所于2010年5月宣布它的掉期清算系统完成了集团的第一笔50年期利率互换交易清算。此掉期清算系统可清算最长50年到期的美元、欧元、英镑利率互换合约，亦可清算最长30年到期的澳大利亚元、加拿大元、日元、瑞士法郎、瑞典克罗纳利率互换合约。

② 德意志集团（Deutsche Borse Group）2008年刊：《全球衍生品市场》基于2008年第一季度数据的简介。

③ stock一词根据上下文有多种意思，在美国stock指一只股票，stock exchange则表示股票交易所。然而在英国"loan stock"指一种债券（亦可在股票交易所交易）。除非特别指明，stock与bond在本书中将轮流通用。

④ 关于ICSDs和CSDs在金融市场发展的具体细节，详见本书作者的另一著作《管道工程师与预言家——证券结算与欧洲的金融市场》。

替。而在美国，只有在交易执行之后、开放头寸对冲结算之前，清算所才进行合约更替。历史上，中央对手方清算所担保闭市之后的证券交易，往往是在交易日的隔夜或更久之后。例如，美国证券行业的垄断清算方，国家证券清算公司（NSCC），负责对在隔夜达成的交易（在 T + 1 和 T + 2 之间）进行担保[1]。然而，随着算法交易和高频交易的剧增以及监管者对风险越来越多的关注，对结算时间提出了更苛刻的要求，并要求在交易发生之后更短的时间内进行合约更替。[2]

证券交易头寸开放的时间相对短，意味着证券中央对手方清算所在管理风险的方法上，与衍生品清算所非常不同。

尽管欧洲的中央对手方清算所，如伦敦清算所集团和欧洲期货交易所，从清算会员处收取保证金以覆盖证券交易的风险，但其所收取和持有的保证金金额明显低于衍生品清算的保证金金额。而在美国，国家证券清算公司没有直接收取保证金管理风险的规定，中央对手方清算所为证券交易的支付和交割提供担保，依托的是向每位清算会员收取的、按其各自每日业务量均值一定比例计算的清算资金。

在过去二十年中，中央对手方集中清算帮助股票市场从缺乏生气的交易俱乐部模式蜕变成一个竞争激烈、高科技推动的行业。通过成为所有买方和卖方的对手方，它们不但中和对手方风险，也为交易或者系列交易的参与者提供了保密性，这推广了电子交易平台的快速发展和广泛使用，让股票交易（往往是跨国交易）得以瞬间完成。

2.5 中央对手方清算业务

清算是有成本的。中央对手方清算所通过两个主要方式覆盖成本：对每一笔交易清算服务收取费用，以及获得其名下管理的保证金账户和违约准备金账户的资金利息收入。

两种收入来源各自的重要性，取决于市场条件和中央对手方清算所处在的市场类型。证券市场的中央对手方清算所可能更多依赖交易清算费用收入，因为证券交易的保证金水平更低，而且合约更替和结算之间的期限更短。因为清算所对每笔交易的清算收取费用，证券市场的清算所会因巨大的交易量而获益，尤其是在市场波动加剧时期。[3]

---

[1] 莫里斯·维吉尼亚 B（Morris, Virginia B）和古斯登·斯图亚特 Z（Goldstein, Stuart Z）（2009）《清算与结算指南：DTCC 介绍》（*Guide to Clearance &Settlement：An introduction to DTCC*）。

[2] 国家证券清算公司（NSCC）为股票、公司和政府债券交易提供清算服务。根据其 2009 年度报告，美国证券托管清算公司（DTTC，2010）的职责包含为全国证券清算公司（NSCC）、FICC（固定收益清算公司）和正在筹划的纽约投资组合清算公司（NYPC）提供交易日（T）认证。NSCC 对交易实行 T + 2 清算。

[3] 费用收入可能很复杂，而且每个中央对手方清算所情况不一样。在某些情况下，清算费用可能较低，但清算所也可通过对违约结算会员罚款来增加收入。对于违约的处理，各个清算所亦大有不同。

衍生品的清算所更依赖于保证金账户和会员质押资产（译者注：清算所接受会员用现金等价物，如债券或股票等，作为保证金或违约准备金）的净利息收入。一般来说，一家衍生品清算所管理的保证金要多于一家类似的证券清算所的保证金，反映了衍生品合约的长期限及其更高的保证金比例——除了一些流动性最高的衍生品合约以外。清算所从其名下管理的违约准备金、现金或者抵押物的保证金账户产生的利息收入和它给清算会员的支付之间的差额获利。

两种收入都可能骤然变化。费用收入可能因为市场对竞争开放而受到压力。2008—2010 年，欧洲证券市场因通过实施欧洲金融工具市场指令（MiFID）放开监管，引起了交易费收入和清算收入的锐减。[①]

利息收入容易受大的经济环境变化的影响。世界各国纷纷采取宽松金融政策以应对2008 年金融危机时，由此引起的利息率骤降大大影响了中央对手方清算所的收入。

很重要的一点，就是政府部门对中央对手方清算所经营模式的支持。银行的监管和监督部门在银行资本国际公约框架下，给予那些由清算会员经手的、中央对手清算所担保的交易以优惠待遇。

根据巴塞尔协议 II 的框架（Basel – II Framework），2004 年巴塞尔银行业监督委员会在国际清算银行（BIS）达成约定："有中央交易对手（如中央对手方清算所）作为保障的衍生品或证券融资交易（STFs）[②]，以及有中央对手方清算所保证的银行信用风险头寸，可以被视做第三方信用风险为零的交易头寸"。[③]

巴塞尔协议的这条规则并非自动赋予的权利，监管者可以要求（实际也是这么做的）交易各方对中央对手方清算所的头寸也必须维持一定的资本金。[④] 而且，在框架拟定时，巴塞尔银行监督委员会提出建议，要提高银行的那些"有中央对手方清算所保证的"信用风险头寸的资本金要求，在银行的盯市头寸及抵押品头寸上包括一个 1% ~ 3% 的温和风险权重，承认这些头寸并不是绝对无风险的。[⑤]

---

① 见 20.1 节和 20.2 节。

② STF 是证券融资交易（Securities financing transactions）。

③ 国际清算银行（2006 年 6 月），"资本度量和资本标准的国际公约：修改后的框架"，完整版，巴塞尔银行监督委员会。

④ 根据欧洲清算所协会（EACH）（2009 年 8 月 28 日），在 2009 年 7 月关于欧洲委员会沟通的评论："加强场外衍生品市场的弹性"。

⑤ 国际清算银行（2010 年 7 月 26 日），"理事会和监督委员会关于巴塞尔委员会的资本和流动性改革方案达成广泛协议"，见巴塞尔银行监督委员会、新闻稿外加附件。也见 21.3 节。

2.6　净额清算和开放权益

从前面章节可以看出，中央对手方清算所的功能并不单单是交易流程中的辅助者。清算会员按照中央对手方清算所要求承担的成本与义务可谓物有所值：清算所给会员和交易平台带来许多重大好处。

因服务于这个竞争激烈的行业，中央对手方清算所做好自身商业经营的压力也很大。在面临会员降低交易成本压力的期望的同时，清算所还需要维持它们的风险管理标准、需要覆盖自身的运营成本、准备必要的资金对计算机系统进行大量投入。

对会员来说，中央对手方清算为会员所提供的最有价值的服务便是对集中在清算所的头寸进行净额轧差。净额轧差很有吸引力，它使得市场更加安全、高效；它汇聚了市场流动性，降低了交易的复杂性，以及降低了股票交易的结算成本和衍生品交易的保证金成本。

净额业务不是中央对手方清算所独有的。任何与另一实体交易的实体都能通过净额轧差——将交易双方互相之间的收付往来轧出净差额，然后一方直接向另一方支付净差额，了结原先双方之间的各种收付。这样的双边净额在柜台交易市场上也是很常用的。

然而，与双边净额结算不同，作为众多交易的对手方，中央对手方清算所能够进行多边净额结算。为说明多边净额结算的好处，请看这个例子：市场上有 10 名交易者，互相之间进行交易，因而会形成 90 个交易对手方关系（译注：A 与 B 之间能形成 2 个对手方关系：A 对 B 和 B 对 A（2×1），A 与 B 与 C 之间能形成 6 个对手方关系（3×2），市场上 10 个参与者之间能形成 10×9 个对手方关系），中央对手方清算所介入之后，成为每一个交易者的对手方（译者注：经合约更替后每个交易者直接面对清算所），这样对手方关系就缩减到 10 个。

通过多边净额结算，中央对手方清算所将其对会员的欠款与会员对交易所的欠款进行抵消轧差，得到的净差额就是交易所对会员的净欠款或者会员对交易所的净欠款，成为清算所分别和会员之间的会计借贷标注项。净额结算减小了清算所和会员的风险头寸总量，也极大降低了会员的交易清算成本，降低了后台操作复杂性以及违约风险。

使用清算所的会员数量越多，中央对手方清算的好处越明显，或者极大降低衍生品交易对手方风险净头寸量，或者极大减少证券清算所证券交易的实际结算的交易笔数。

在证券交易清算中，中央对手方清算所的净额结算极大缩减了买卖双方之间的证券实际交割数量，甚至可将交割量减少99%。①

通过风险头寸互抵，净额结算可使衍生品中央对手方清算所显著减少要求会员提交的质押例如保证金，降低了会员们的成本并提升了交易所的流动性。

这些是清算所的核心优势所在。在同等条件下，业务规模大的清算所比那些小清算所更具有竞争性。在可以选择的情况下，流动性更趋于流向那些交易的规模和数量大、能进行各种长短头寸对冲的清算所。

中央对手方清算所资产负债表中的未平仓交易总额就是它的"开放权益"。从最早的中央对手方清算所出现以来的几十年间，开放权益是个无争议的数量，那时的市场和它的中央对手方清算所是相互拥有的，且常在一国境内形成垄断经营。"开放权益"后来引起人们注意，它成了一个被投资者用来判断一个市场或一种合约流动性的指标。

时至今日，开放权益也许是清算业务最重要的衡量指标，因为对于一个中央对手方清算所来说，其资产负债表中的开放权益数量决定了它能够进行多大范围的风险头寸轧差，直接影响清算会员需缴纳的保证金金额（译者注：拥有的会员数量和清算业务规模越大，清算所越能够在更广泛的市场内进行头寸轧差。例如A、B、C三家公司互相之间都有交易，如只有A和B为清算所会员，那么清算所只能对A和B的交易进行清算轧差，不能对C与任何对手方之间的业务进行轧差清算；但如果A、B、C三方同为清算所会员，则清算所可以对它们三者之间的任何交易进行轧差清算。其次，成熟的清算所具有业务规模效应。当清算所会员数较少时，为保障交易及应对违约，对每个会员收取的保证金水平会相对较高；当清算所会员较多时，由于风险分散，在较低的保证金水平亦足以控制风险）。

从20世纪90年代晚期开始，由于交易所从相互持有组织结构转变为营利性机构，且全球化引起交易所和其他交易市场的竞争加剧，开放权益对交易所的经营策略更加重要。尤其对于衍生品交易所来说，大家越来越意识到，资产负债表中的开放权益数量对保障交易所及股东的经济前景起着至关重要的作用。

衍生品中央对手方清算所积累的开放权益比股票清算所要大得多，因为一般来说，衍生品头寸敞开的时间要长很多。在期货市场中，一个成熟中央对手方清算所的账上的开放权益数量越大，则它所为之清算的交易的吸引力就越大，同时也对那些意图设立同类型交易所的"市场后来者"设置了进入壁垒。

举个例子：假设一个交易所通过一个开放权益很大的中央对手方清算所来进行结

---

① 根据美国集中存托清算公司（DTCC）的2009年度报告，其子公司报告说：2008年由于净额轧差引起的股票实际交割减少了99%，要求结算的交易价值从315.1万亿美元减少到2.9万亿美元。2009年，因此引起的股票实际交割减少了98%，即从209.7万亿美元减少到5万亿美元。

算，这个交易所能够从清算所的巨大开放权益中获得很大的竞争优势（译者注：通过与其开放权益之间的轧差降低交易和清算成本），只要它能够阻止其他进行交易的公司获得"它的"清算所的服务。这一点通常是通过建立"垂直筒仓"（Vertical Silos）的方式实现的（译注：即垂直整合，相对于同一类型机构间的水平整合）：一旦交易所和清算所合并，任何不在该交易所进行的交易都不得进入该清算所。

一个新的竞争者交易所要想通过复制类似产品合约来跟地位已经稳固的交易所竞争是很难的：新竞争者的头寸无法与老交易所联手的清算所账户上的开放权益进行对冲轧差。如想另辟蹊径建立另一个中央对手方清算所，就要从头开始向会员收取保证金，无法做到大范围头寸对冲轧差，不能为会员提供相对低的保证金水平，这样的清算所服务使用起来费用太高了。

这种情形对自由竞争的威胁显而易见。某交易所如果用一个成熟中央对手方清算所为其清算，该交易所里的交易群体将受益于成熟的规模效应带来的较低保证金水平。但是，因为交易所和清算机构的垄断地位，交易群体也面临这些机构滥用权力收取高额交易或清算手续费的风险。

这种担忧已经引发了一场激烈的争论：究竟谁"拥有"或"控制"中央对手方清算所的开放权益并从中受益？

是交易所吗？——交易发生在交易所？

还是清算所？——开放权益登记在清算所账上？

或者所有权及控制权应由中央对手方清算所及其会员之间的协议来约定？

这是一个关于开放权益的复杂而且相对新奇的论战。即使在英国，这个有几百年法律治理传统的成熟民主国家，似乎也没有法律明晰开放权益的所有权和控制权的问题。

一个合乎逻辑的说法是：由中央对手方清算所清算并登记在清算所的账簿的开放权益属于各个交易对手方（译者注：即衍生品或股票的交易者们）。这样一来，交易所或交易平台对发生的交易就没有所有权。

但期货交易所近年来曾两次证明，如果它们愿意，就可以克服现有中央对手方清算所的阻拦，将自己的开放权益转移到另一个清算所。

2003—2004 年，尽管已经由芝加哥期货交易所清算公司（BOTCC）进行清算已经80 多年了，芝加哥交易所（CBOT）却决定把开放权益及清算业务转移转到芝加哥商业交易所（CME）的清算分公司；2008 年，洲际交易所（ICE），这个总部位于亚特兰大的交易所和清算集团，把它的场外金融衍生品交易连同它在伦敦分所的能源期货交易的开放权益，从伦敦清算所转移到欧洲的洲际交易所欧洲清算公司（ICE Clearnet Europe），其总部位于伦敦。此举遭到了伦敦清算所的反对，亦遭到了（至少在一开始）

交易对手方（即各类衍生品和期货的交易者）的反对[1]。

两次交易所"迁徙"没有遭到立法当局或者竞争管理当局的反对，于是开创了期货交易所可以控制自己开放权益的先例。这些事件进一步强化了在过去 120 年中发展出来的、两种不同中央结算所体系的界限。这两种体系分别是：

1. 垂直结构中央对手方清算所：整合成为沿着整个交易到交割清算的链条提供服务的公司或集团的一部分。交易所和中央对手方清算所的垂直整合已成为世界各地期货交易所的主导模式，整合后的集团通常是营利性机构。

2. 水平结构中央对手方清算所：为多个市场提供服务，可能处理数种不同资产类别。水平式清算所与交易平台是相互独立的机构，今天的水平架构中央对手方清算所一般为用户所有和用户治理，对交易清算仅收取等于成本或约等于成本的费用。

垂直式清算和水平式清算体系的出现会在本书第二到第五部分反复讨论。这两种清算体系的划分对于理解中央对手方清算的业务和历史来说很重要。正因为如此，接下来的两节简要总结了垂直式和水平式清算在美国和欧洲的发展历史。

2.7 美国的垂直和水平清算体系

尽管中央对手方清算所的前身出现在 19 世纪 80 年代的欧洲，今天垂直式和水平式清算之间的明显界限，不仅归因于 20 世纪 70 年代的金融革命——当时金融期货在美国出现，还归因于监管者对其的反应。

在 1970 年芝加哥期货交易所（CBOT）和芝加哥商业交易所（CME）这对竞争对手发明金融期货之前，交易所和中央对手方清算所的垂直整合已经成为美国的商品期货交易所青睐的模式。它们采用了经实验行得通的方法来清算它们新的金融产品，这为衍生品在交易所的交易在全球范围内大规模扩张埋下了种子。当期货市场的监管者商品期货交易委员会（CFTC）在 1975 年正式承担起规范美国期货市场的责任时，垂直整合的模式已在运行。

芝加哥商业交易所集团模式的成功以及美国监管机构及其竞争当局对这种期货交易的"交易和清算一体式服务"的支持，强化了现在期货交易中这种垂直体系为主的局面。

芝加哥商业交易所集团（CME Group）自 1919 年其前身芝加哥商业交易所（CME）

---

① 详见 13.4 节和 17.4 节。

建立自己的清算分支机构时开始，一直是垂直整合的结构①。自从 2002 年芝加哥商业交易所股份化以来，美国司法部默许了该集团对竞争对手以及芝加哥和纽约的交易所的收购，以及由此形成的它对美国的期货行业的领导地位。

美国期货交易所的垂直清算模式使其能够保护自己的合约和开放权益。它们保护这个模式，认为这些合约是交易所创造的，包含其知识产权。芝加哥商业交易所集团指出，它的主要创新，如 20 世纪 70 年代发明金融期货，需要研究、开发和投资才能最终被市场接受。②

期货交易所例如芝加哥商业交易所还坚持强调其面临的竞争压力，因为全球其他国家的交易所在推出有竞争力的类似产品。

垂直清算体系的拥护者声称这种结构对用户更有利。举例来说，对于一体化的清算所和交易所来说，在董事会层面只有一套决策体系。在竞争日益激烈的环境中，交易所与清算所结合的垂直模式，相对于交易所与清算所不整合的水平模式来说，能更迅速地作出决定。垂直模式的交易所宣称，它们的中央对手方清算所可以帮助更快地把新的产品推向市场。而水平结构的中央对手方清算所由于不得不权衡和考虑不同交易所提出的优先项目要求及其服务的各种交易群体，决策速度相对要慢得多。

尽管美国竞争管理当局这些年通过批准芝加哥商业交易所集团的收购有效地支持了以上这些观点，垂直模式的成功并没有平息一些批评者的指责，他们认为垂直模式不利于公平竞争。

与此形成对照，在美国的制药行业对新药专利权的保护会随着时间的推移而消失。但对期货市场和中央对手方清算所的开放权益来说，没有法律规定一旦合约交易成熟并商品化后必须向竞争对手敞开市场和开放权益。

证券交易和清算基础结构的建设发展与商品市场的非常不同。按照美国国会 20 世纪 70 年代授权、由证券交易委员会（SEC）监管执行的框架，证券和证券期权交易由水平模式的中央对手方清算所处理，这些清算所同时为多个市场提供清算服务。

国家证券清算公司（NSCC）是美国集中存托清算公司（DTCC 总部设在纽约）的子公司，是为 50 多家交易所及其他现货权益和证券交易的平台提供清算服务的唯一一家中央对手方清算所；总部位于芝加哥的期权清算公司（OCC）为美国所有的股票期权

---

① 与芝加哥商业交易所（CME）的清算所不同，芝加哥期货交易所（CBOT）的清算所——交易所清算公司（BOTCC）不是交易所所有的。但尽管是一个独立的公司，20 世纪后交易所清算公司（BOTCC）与芝加哥期货交易所（CBOT）进行了有效的垂直整合。见 7.4 节和 7.5 节及第 13 章。

② 例如，克雷格·多纳休（Craig Donohue，CME 的首席执行官）第十届欧洲金融市场的"公约"会议上的讲话："高效的清算及结算系统：以市场为导向的解决方案"（CME 集团，2006 年 6 月），苏黎世。

市场提供中央对手方清算服务。[①]美国集中存托清算公司（DTCC）和期权清算公司（OCC）都是会员所有、会员治理的机构，仅收取一个等于或约等于成本的费用。他们是世界上最大的水平式中央对手方清算所。

这个结构——被称为"全国市场系统"（National Market System）——形成于1975年证券法修正案（Securities Act Amendments）之后，该修正案鼓励交易所和交易平台层面的竞争，同时确立一个高效、强健的全国范围的证券清算交割的基础设施系统。甚至在全国市场系统（NMS）正式运营以前，美国证监会已经通过期权清算公司撮合了一个水平模式的清算所，为美国证券期权交易进行清算。与此同时，在美国证监会强烈鼓励下，在20世纪最后25年间，国家证券清算公司通过竞争与整合，成为美国股票市场唯一的清算所[②]。

按照全国市场系统（NMS）的运作方式，任何一个交易所或中央对手方清算所都可以从证券的知识产权中赚取收入。一只股票或证券所代表的知识产权属于它的发行人。美国集中存托清算公司对清算结算服务收取的等于或约等于成本的费用，在竞争对手之间创造了一个互相比拼服务质量的公平竞争环境。由于证券可以在多个平台上交易，市场参与者可以跨市买卖操作。

美国的证券期权清算系统则稍有不同，因为股票期权合同的条款通常是由期权清算公司制定的。但效果是一样的：在一个交易所交易的期权合约也完全可以由在另一个交易所交易的合约替代。

美国各个交易所之间的股票和证券期权交易的这种可相互替代性，允许我们针对每个资产类别，都能将清算集中在一个中央对手方清算所进行清算。这种"可替代性"（Fungibility）是交易所激烈竞争文化的基石，它使价差缩窄和交易量飙升，使得投资者和那些在竞争中领先的交易所双双受益。

两种清算体系并驾齐驱，在近40年里一直没有重大摩擦，而且市场和资产类别方面的界限逐渐模糊，不光为美国不同监管体系的权力做了说明，同时也突出了竞争监管当局的无作为。

然而世纪之交以来，新交易平台曾几次试图挑战芝加哥商业交易所集团和其垂直一体化模式的统治地位。尽管没有成功，挑战者的前赴后继至少促进了芝加哥商业交易所集团的交易和清算费用的暂时性降低，说明期货领域里更多竞争的空间是存在的。

正当本书写作时，就出现了两个新挑战者：其中，ELX期货交易所正在试图使用芝加哥商业交易所集团的开放权益；另一个是纽交所—泛欧交易所（NYSE Euronext）和

---

① 根据OCC的2009年度报告（OCC, 2010），2009年底共有七个期权市场和五个期货交易所通过它清算。
② 详情参见8.6节和8.7节。

美国集中存托清算公司的合资企业，纽约投资组合清算公司（NYPC），它在试图跨越现货和期货市场的传统分界来为同时在两个市场交易的投资者提供服务，打破芝加哥商业交易所集团在美国国债交易的近乎垄断地位。[1]

2.8　欧洲：垂直模式与水平模式的对比

全球化的结果之一是，美国产生的垂直清算模式和水平清算模式影响了全世界的清算行业。但是由于不同地区监管体系的不同、竞争政策的错综复杂性、不同的资产类别、出现交易和清算结构的多样性，结果产生了一个规则不公平的交易清算"竞技场"，规则的变幻取决于中央对手方清算所的所在地点、是为衍生品交易还是股票交易提供清算、怎样监管以及由谁监管。

在这一点上没有其他地方比欧洲更典型，本书中所描述的多数情况都发生在这里。欧盟地区的垂直式和水平式清算体系之间的竞争最为激烈并且涉及范围最广，延伸到了衍生品和证券交易的清算。

金融期货在20世纪晚期姗姗迟来到欧洲，但还是在欧元的产生和"欧洲单一金融服务市场"计划的出台之前。

在欧洲国家，大多数新设立的期货交易所采用了芝加哥商业交易所的垂直模式。自其股份化以来芝加哥商业交易所集团在商业上的成功，让全球的竞争对手看到了垂直模式的吸引力。

欧洲的期货交易所的反应是设法确保它们的交易所产生的所有开放权益都归其全资控制的清算所所有或者是处于其"保护"之下。那些拥有自己清算所的期货交易所，不允许其他交易平台使用他们的清算所。当清算所并非交易所所有时，例如伦敦清算所，接受其清算服务的期货交易所现在都坚持一个立场：使用他们的开放权益要有协议保护，以防止竞争对手通过提供更好更便宜的服务，将流动性从现有的交易平台吸引走。

交易所拥有清算所的模式越来越普遍成为欧洲股票市场的常态。直到进入21世纪以后，欧洲国家才开始广泛建立股票清算所，而且往往是连接在已有的衍生品清算所上。虽然在美国，股票和证券期权的水平清算模式是植根于监管体系中的，欧洲的监管者们对清算模式还不甚了解，直到2006年欧盟委员会（European Commission）撮合出了一项行业行为准则（Code of Conduct），鼓励欧洲证券交易、清算和结算行业的竞争。

欧盟委员会允许水平式和垂直式结构共存，但对这两种结构在证券清算上的合作互通上做了规定。"准则"对规模更大、风险更高的衍生品市场不适用，从而使已有的垂

---

[1]　见第 20 章。

直清算模式清算所在衍生品市场上仍可以继续盈利。

该准则的合作互通条款证明实施起来很困难，特别是因为有些国家的中央对手方清算所的监管当局，如德国和意大利，采取了对自己国家的垂直结构的支持立场。

结果是，委员会提议，通过欧盟范围的立法来强化这一鼓励欧盟跨境证券交易清算竞争的步骤，但至少到 2014 年之前将不触动场内衍生品的交易与清算的垂直结构[①]。

在多种商业利益竞争和不同监管目标交错的洪流中占据独一无二地位的，是伦敦清算所集团，1880 年欧洲为给商品期货市场提供清算服务，建立了几个营利性的有限责任公司清算所，但伦敦清算所是唯一一个从那个时代开始一直延续存在至今的中央对手清算所。

伦敦清算所历经许多变革，目前是一家会员所有、会员治理的机构。由于它的跨国化和水平结构模式，并且不属于任一交易所或者结算集团，伦敦清算所为众多市场交易提供清算服务，包括股票、各交易所交易的衍生品、能源、运费、利率掉期、国债、回购（Repos）等。它与各个交易场所之间的关系各不相同：从与其他清算所分工互通协作，到在那些没有竞争对手的市场上的类似垂直运营模式，取决于伦敦清算所与各个交易所的合同内容约定以及交易所所在的市场监管环境。

伦敦清算所将在接下来章节中占据重要篇幅，它所经历过的挑战是整个清算行业中最复杂最典型的。

2.9　风险和责任

中央对手方清算体系的结构可能不同，它们肩负着的相同的责任将它们和其他金融机构区分开来。尽管它们是现代金融市场高科技基础设施体系的一部分，并且在条件允许的情况下相互之间也激烈地竞争，清算所与会员之间的互惠关系，在现代依然呼应那种直到 20 世纪 80 年代的金融市场中都一直非常重要的互惠传统。

清算所需要收取费用和保证金，会员对这些成本颇有微词。但是中央对手方清算所有必要存在，因为市场参与者意识到：通过共同承担化解风险的责任，自己得到的回报及好处要大得多——共同行动强于单独承担风险。

中央对手方清算所必须在成本与收益、风险与回报中寻找微妙平衡，这需要保持正直诚信的操守标准。会员交给清算所的违约准备金、清算费用和交易保证金是承担风险的，中央对手方清算所倾向于恪守严格的商业道德、不追逐媒体曝光。本书写作时我采访过的一些高管们把刻意的谦恭低调作为美德，他们所运营的这个责任重大的行业保证

---

① 见 21.2 节。

世界经济的成功平稳运行。

中央对手方清算所对自己设定的标准很高。在类似于雷曼兄弟破产事件这样的危机中，只要动用了后备措施（例如会员们缴纳的担保金或者违约准备金），无论损失有多小，都被它们自己算做是一次败笔。

尽管清算是一个竞争激烈的行业，但在保证金交易上"冲击底线"一直是行业的禁忌，至少至今如此。在雷曼兄弟破产这样的危机中，中央对手方清算所放下彼此之间传统的对立，联合起来战胜了金融市场的巨大威胁。

谦卑朴实以及危机面前互帮互助的传统，表明中央对手方清算所的运营非常靠近私人企业和公共政策之间的分界线。中央对手方清算所对于他们服务的市场负有强烈责任感和重要承诺，作为具有全局重要性的风险集中者，它们被严格监管以确保他们循规蹈矩。

伦敦清算所集团通过它在英国、法国、比利时、荷兰、葡萄牙的分支机构为市场提供清算服务，同时它也受到十多家监管机构的监管。它在支付体系中的角色受到英格兰银行（Bank of England）、欧洲中央银行（European Central Bank）和其他所在欧洲国家央行的监督。

到目前为止，严格的监管并不意味着管制。尽管中央对手方清算技术（译注：指清算方法）都很类似，但是在风险管理上没有统一的规则。有些国家，如德国和法国，坚持认为中央对手方清算所必须是银行，而且相应地需要像监管银行这样去监管它们。但是其他国家，例如英国，就没有这样的要求。

尽管国际监管机构，如国际证监会下的"支付结算体系委员会—国际证监会组织"（CPSS – IOSCO）或者欧盟证券监管委员会（Committee of European Securities Regulators—CESR）和欧洲中央银行系统（ESCB）[1]，提出了中央对手方清算所的行业行为准则建议，但到目前为止还没有充足的政治共识去制定一套有约束力的国际行为准则。

在这一点上能发生多大程度的改变，还有待进一步观察危机之后美国、欧盟和其他G20 的国家掀起的金融监管浪潮。

在正常情形时让客户高枕无忧，这让中央对手方清算所引以为傲。然而危机来临、个别清算会员违约时，中央对手方清算所就变成了一个交易员和拍卖商。中央对手方清算所必须以极快的速度作出反应，保护会员利益和社会利益，同时还需保护自己。

---

① CPSS – IOSCO 是国际清算银行下的支付结算体系委员会（CPSS）和国际证监会（IOSCO，总部位于马德里）下的技术委员会的结合；欧盟证券监管委员会（CESR）和欧洲中央银行系统（ESCB）负责提出欧盟提议。

2.10　危机化解

中央对手方清算所是如何在危机中完成这些任务的？伦敦清算所的巴黎分所为自己设定的以下四个运营目标为我们提供了一个答案：

1. 防止违约变得失控，给金融系统带来风险。

2. 任何因违约造成的损失，首先用该违约会员的保证金来弥补，减少甚至避免（这样最理想）动用其他会员缴纳的违约准备金和风险担保金。

3. 减小清算所清理违约会员的仓位的行动对市场产生的消极影响，比如价格的大幅波动。

4. 尽最大可能保全违约会员的客户的经济利益。保全客户利益这条不成文但相当重要的规矩，事关金融系统的名誉，同时也解释了危机发生时为什么清算所要竭尽全力把违约会员名下客户的头寸转移到另一会员名下。

2008 年 9 月 15 日，雷曼兄弟倒闭带来了金融市场上最大的违约，世界各地的中央对手方清算所虽历经磨炼，但从未经历过如此严峻的考验。伦敦清算所英国分支部门的客户管理部总管理查德·海曼（Richard Heyman）回忆当天的事件时说道："我们就是那些养兵千日终于走上战场的士兵"。"我们日复一日地重复着一些常规工作，保证所有业务正常进行。现在突然有了该交考卷的这么一天，我们交的考卷不错"。[1]

伦敦清算所和其他的中央对手方清算所是怎样交的这份"考卷"、保护世界经济使之免于证券和衍生品市场倒塌带来的灾难的呢？请看下一章。

---

① 2008 年 10 月 7 日，与本书作者的谈话。

第 3 章

历史上最大的破产案

3.1　不祥的开始

对于丹尼尔·吉斯勒（Daniel Gisler）来说，这是他的职业生涯最不幸一天的开始。在清算行业有 14 年经验、就职过欧洲主要中央清算所的职业经理人，这位伦敦清算所集团的风险与运营董事总经理，在这紧急时刻居然被拦在雷曼兄弟国际欧洲投资银行（LBIE）在英国伦敦金丝雀码头金融区的总部门外。

2008 年 9 月 15 日清晨，吉斯勒从清算所金丝雀码头的办公室被派往一座 150 米高的宏伟大厦，这座高楼直至今天早晨一直曾是雷曼兄弟欧洲投资银行业务的中心。伦敦清算所宣布雷曼兄弟违约后，吉斯勒和他的团队如同金融行业的消防队，赶到了 5.5 公里外的位于伦敦小曼哈顿的银行街 25 号。吉斯勒的主要工作是和雷曼兄弟员工一起处理和对冲数万亿美元的未平仓交易，以防止这家投资银行的倒闭演变成全球金融市场的灾难。但是，他们没有被迎入雷曼兄弟办公楼，吉斯勒和他的团队被挡在了门外——就在几小时前法院已委派破产管理人接管了雷曼兄弟。

这个戏剧性的混乱转变，一夜之间演变成一场严重的危机。雷曼兄弟控股公司依据美国破产法第 11 章申请破产保护的消息一传出，雷曼兄弟国际欧洲的董事得出结论：他们的公司——雷曼兄弟旗下主要的英国和欧洲交易公司，无法再继续经营。

9 月 15 日凌晨，他们任命破产清算专家——普华永道英国（PwC UK）的 4 名合伙人——作为雷曼兄弟的破产管理人。这 4 名合伙人和伦敦"魔术圈"里最优秀的律师事务所之一林克莱特事务所（Linklaters）的律师们一起，匆匆起草获得高等法院命令的文件，依据英国破产法对雷曼兄弟进行破产监督管理。早晨 7 点 56 分，就在伦敦金融市场开市几分钟前，一位整夜待命的法官，宣布对雷曼兄弟国际欧洲和其他三个集团公司进行破产监管①，由普华永道全面执行控制。

乍一看，美国破产法第 11 章和英国破产管理制度之间有很多相似之处。这两个法案都是为了保护受困公司资产和使受困公司价值最大化，使之能够继续运营。但是在雷曼兄弟案例中，英国法和美国法在一般原则和具体操作上有许多差别，这深刻影响了两国的中央对手方清算所对雷曼兄弟交易头寸的分别处理。

美国破产法第 11 章重点在于维持受困公司继续经营。与之成对比的是，英国破产管理人的主要职责在于保护和变现公司资产、为债权人利益负责，且对所有债权人一视同仁。破产法第 11 章的申请，只适用于雷曼兄弟控股公司，明确排除了在美国注册的经纪交易商和投资管理子公司，这些经纪交易商和投资管理子公司将通过美国和国外的其他清算所继续交易。

雷曼兄弟国际欧洲投资银行进入英国破产管理程序之日起，它的所有交易活动和其国外众多分公司及代表处的经营全都由普华永道全面执行控制。在英国法律下，存在一个更复杂情况：破产管理人机构的经手合伙人需对清算结果承担个人责任。

与雷曼兄弟在美国运营的公司不同，雷曼兄弟国际欧洲（LBIE）没有资源再维持交易。按照集团非常严格的现金管理制度，所有国外子公司的全部现金每晚需集中到雷曼兄弟纽约公司，第二天再发放出来。雷曼兄弟纽约管理公司决定寻求破产保护之后，就没有将上周末集中到美国的 80 亿美元发放回英国，而这 80 亿美元正是其伦敦分部周一开盘急需用到的②。

托尼·洛马斯（Tony Lomas）是高级破产清算执证从业者，由法院任命处理雷曼兄弟的案子，他后来提到："雷曼兄弟集团对现金流集中管理，所以每天早上，所有子公司都得靠美国那边发放的资金来应付当天的支出③。"9 月 15 日（当天是周一）这天早上，英国这边的公司需要对外支付 30 多亿美元，但手头没有资金。

在伦敦清算所集团，管理层已经听说了雷曼兄弟破产的流言。一旦雷曼兄弟国际欧洲进入破产管理程序，它以及旗下的雷曼兄弟特别金融机构（LBSF）将无法为周五的开放头寸缴纳保证金。英国的伦敦清算所于上午 9 点 15 分左右在伦敦宣布雷曼兄弟国际欧洲投资银行和雷曼兄弟特别金融机构违约。同一时间，巴黎的伦敦清算所宣布雷曼兄弟国际欧洲投资银行违约。

---

① 据普华永道英国（PwC UK）所述，另外三家分别是雷曼兄弟英国服务公司（Leman Bros Ltd.，the service company in UK），所有员工由它雇佣；雷曼兄弟控股股份有限公司（Leman Bros Holdings，PLC），即所有投行业务和资产管理分支机构的中间控股公司；雷曼兄弟英国房地产投资控股公司（LB UK RE Holdings Ltd.），一个以房地产投资工具为主的中间控股公司。

② 据安德鲁·高尔（Andrew Gowers）——前雷曼兄弟亚欧地区对接部总裁在《周末时报》上的文章，2008 年 12 月 21 日。

③ 在伦敦经济学院举办的一次会议上的评论讲话。

3.2　冲在前线的伦敦清算所

世界金融史上最大最复杂的破产案才刚刚开始。对于伦敦清算所来说，宣布违约意味着一场与时间疯狂赛跑的开始，去管理和对冲价值数十万亿美元的开放头寸。虽然美国以外的其他清算所也作出了同样的决定，但伦敦清算所是雷曼兄弟风险敞口最大、范围最广的中央对手方。除运费交易业务外，这家美国投行在伦敦清算所的所有业务都很活跃。

伦敦清算所有悠久的历史，它于 2003 年 12 月成立，由英国伦敦清算中心（London Clearance House of UK）和法国的清算所（France's Clearnet SA）合并创建，细说起来，它的前身可追溯到 1888 年的伦敦农产品清算所（London Produce Clearing House），当时是为了保证完成伦敦咖啡和糖市场的期货交易而成立。合并初期伦敦交易所经历了一段艰辛岁月，预期的协同优势（Synergies）并未实现。2006 年，在新清算系统上的数百万欧元投资宣告失败，总裁因此被迫辞职，新董事长和首席执行官就任。

伦敦清算所的客户也有所不满，他们开始抱怨高昂的收费，清算所集团业务在流失。最近的欧洲立法开放证券市场（译注：这里指对证券市场清算业务的开放）之后，一些小型单一目的的新型中央对手方清算所开始争夺欧洲证券清算业务。当雷曼兄弟事件阴云密布，洲际交易所（ICE①）这个总部位于亚特兰大的期货交易所和清算服务经营者，却准备将其能源期货市场的清算服务从伦敦清算所的伦敦业务机构转到它自己新成立的洲际交易所欧洲清算公司（ICE Clear Europe）。这在任何情况下都是一项棘手工作，而且这次转移是在当时石油市场极端动荡、原油期货眼看要跌破 100 美元/桶，至七个月来最低价格水平的大背景之下进行的。纽交所—泛欧交易所集团（NYSE Euronext）的国际衍生品业务机构伦敦国际金融期货市场（LIFFE）自 20 世纪 80 年代早期在伦敦成立以来，一直是伦敦清算所的客户及合作伙伴。如今纽交所—伦敦国际金融期货交易所（NYSE Liffe）也准备将其伦敦的合约清算转移出来，自营清算业务，而只将风险和保证金管理继续外包给伦敦清算所②。

伦敦清算所已经开始重新规划其未来的发展。他们在与美国集中存托清算公司——一家比自己大得多的美国交易后服务集团——就合并进行谈判，并达成临时协议，合并后集中存托清算公司占主导地位。意向协议于一个多月后的 2008 年 10 月 22 日宣布。

---

① 洲际交易所（Intercontinental Exchange，Inc.）的缩写。

② LIFFE 是伦敦国际金融期货交易所的缩写，自其被泛欧交易所（Euronext）收购之后，变为"Liffe"，2002 年 1 月生效。尽管为方便监管也还写作"LIFFE"，但泛欧交易所的国际衍生品市场将其称做"Euronext Liffe"。2007 年当泛欧交易所和纽约证券交易所合并以后，伦敦国际金融期货交易所又变为"NYSE Liffe"。

当雷曼兄弟国际欧洲进入破产管理程序时，伦敦清算所是否能够奋起应对挑战，它自己的未来和整个金融市场的未来都命悬一线。

伦敦清算所全副戒备进入危机处理状态。9月12日，雷曼兄弟即将破产的流言在全世界的各金融中心满天飞，伦敦清算所的资深风险经理们联系了在雷曼兄弟的同事，要到了重要雷曼兄弟员工的手机号码。第二天周六时，运营、风险管理和法务团队齐聚清算所的伦敦总部待命，他们已经把以前就计划好的将能源期货和场外衍生品的风险头寸转移到洲际交易所欧洲清算公司的工作暂停。

周末，英国监管机构金融服务管理局（FSA）也做好应对最坏局面的准备。周六，他们告知伦敦清算集团首席执行官罗杰·里戴尔（Roger Liddell），说对雷曼兄弟的生存表示严重担忧，并暗示雷曼兄弟下周一可能不能正常开业。同时，里戴尔联系了伦敦清算所风险管理总管克里斯托弗·琼斯（Christopher Jones），警告他情况"非常严重"。

第二天琼斯的风险管理经理们投入了的工作。"星期天我们有6个人来办公室，处理主要产品"，他后来说到[1]。这些人进入了平常演练过多次的流程。最多每隔一个季度，伦敦清算所的经理们就做一次某个主要对手方违约的演习，琼斯说道："内容包括压力测试、作战模拟之类的程序"。时间一分分过去，关于雷曼兄弟事件的报道和流言显示情形愈发严峻，琼斯的团队查阅了大量的图表和资料，从中提取并汇总了所有有用的信息，等待着……等待着……等待美国那边的通告。

与此同时，巴黎的伦敦清算所总裁克里斯托弗·艾蒙（Christophe Hémon）也做了相应的准备。周日，艾蒙、里戴尔与伦敦的清算所的风险控制部门和法务部门的同事们一起，召开了长时间的电话会议。"我们进行部署，做好了准备。"[2]

再看伦敦的情况，掉期清算（SwapClear）——伦敦清算所的一个专门服务系统——也已经在做最坏的准备。在世界所有清算系统里，伦敦清算所集团是独特的，它专门针对利率掉期提供清算服务。利率掉期是银行之间在柜台市场上双边谈判达成的数量小但金额巨大的一种金融工具。掉期清算体系的会员包括世界顶级银行和他们的交易商，还包含另外一个下设团体名为OTC DerivNet的公司共同进行治理。2008年9月，掉期清算体系中的20位会员里中包含雷曼兄弟。每位会员都与伦敦清算所签订了特殊协议，以防他们中的任何一个违约[3]。

一旦雷曼兄弟违约，伦敦清算所集团各地分支机构包括伦敦、巴黎、布鲁塞尔、

---

① 2008年10月7日与作者的谈话。
② 2008年12月9日与作者的谈话。
③ 危机过后SwapsClear系统和OTC DerivNet公司的会员数量都增长了，但相对来说还是少。见第19章。

阿姆斯特丹和里斯本的清算所，将负责管理雷曼兄弟集团的所有衍生品、债券、期权和股权开放头寸，这些分支机构是雷曼兄弟的交易对手方。与此形成对比的是，掉期清算体系（SwapClear）的违约管理程序需要它的其他 19 个 SwapClear 清算会员与伦敦清算所合作才能完成。周日晚些时候，伦敦清算所的经理们联系掉期清算系统的银行会员们，告知他们可能要启动这个违约管理程序，周一他们需要准备好派出经验丰富的交易员到伦敦清算所，对冲他们与雷曼兄弟特殊金融公司之间的 9 万亿美元的利率开放头寸。

周日下午 7 点左右，金融服务管理局（FSA）、伦敦清算所和欧洲清算中心达成协议，同意暂停洲际交易所的头寸的转移工作。周一，伦敦清算所继续对洲际交易所伦敦市场上的交易进行清算。这个迟到的决定，帮助伦敦清算所控制住了危机。其他一些在这个时间点还不可预料的情况，使得雷曼兄弟特殊金融公司开放头寸的处理比预期的更加困难。

3.3 雷曼兄弟国际欧洲——艰难的违约

琼斯（Jones）和同事们周日晚上熬到深夜，周一凌晨五点半就又开始了工作。雷曼兄弟的状况继续恶化，而其在美国的情况尚不明晰。雷曼兄弟集团在上午 7 点支付了之前拖欠巴黎的伦敦清算所的保证金（伦敦时间为上午 6 点）。但是，"市场上越来越多的声音在说：情况不对"，琼斯回忆道，"我们联系的那些银行说他们实际上不会付款"。

美国东部标准时间凌晨 2 点（伦敦时间上午 7 点），雷曼兄弟控股公司申请破产保护。伦敦清算所高管层作出决定：宣布雷曼兄弟国际欧洲和雷曼兄弟特殊金融公司违约，他们清楚，雷曼兄弟子公司的保证金既不会通过伦敦清算所的保护支付系统（PPS）汇进来，也无法从清算会员账户中直接划转过来。

因日本、中国香港、中国在那个周一是假日休市，欧洲承受了雷曼兄弟倒闭的全面冲击。接下来的两周，伦敦清算所如履薄冰，疯狂采取行动。在金融市场极端动荡和波动的背景下，并且华尔街危机像野火一样蔓延到保险和金融服务集团美国国际集团和其他美国银行，清算所管理层必须克服一切障碍和操作上的问题。没有任何演习能够训练他们应对如此局面。

一旦发生违约事件，中央对手方清算所的第一个教科书反应就是迅速行动确保受困机构的金融头寸不会恶化。清算者的第一职责是先用违约机构的担保品来平掉开放头寸，如果可能的话，将违约机构的客户账户转移到其他清算会员名下，从而最大限度地减少客户的损失。雷曼兄弟进入破产管理程序之时，伦敦清算所持有该投行缴纳的约

20 亿美元的初始保证金，可用来补偿清算所强平其头寸时的损失①。

处理违约并不是在真空里。在大规模金融危机的混乱中，无数其他公司不顾全局而努力自保。如果没有积极有效的管理，像雷曼兄弟这样规模的投行的账册中的风险资产，一夜之间就会翻成天文数字，今天数百万美元的规模到明天可能就是数十亿美元，因为所有对手方都会采取措施保护各自的头寸。

中央对手方清算所不自己聘请交易员。对清算所来说，违约后处理风险最好的办法就是与违约方的员工一起合作，降低风险。为方便中央对手方做到这一点，1989 年英国公司法第七部分关于破产的一般规定对清算所进行了豁免，清算所可以根据自己的违约办法来处理，包括对担保品的收集和变现。

然而，那个星期一在处理雷曼兄弟欧洲破产管理时，清算所发现雷曼兄弟的破产管理人普华永道并不合作，好像根本不知道公司法第七部分对清算所的支持规定。

在宣布违约前后，伦敦清算所一直未能与普华永道或雷曼兄弟国际欧洲的负责人取得联系。

虽然约 30 分钟后，吉斯勒团队获准进入银行街 25 号，但是他们不能与交易大厅的任何雷曼兄弟员工交谈。破产管理人命令雷曼兄弟员工不得透露任何信息。

约 5 小时后，吉斯勒可以亲自说明他们的理由了。他同琼斯、清算所的法律总顾问罗娜·莱文（Iona Levine）、伦敦清算所律师保罗·沃特金（Paul Watkins）一起在银行街 25 号的行政晚餐厅参加会议。参会者还有：迈克·真维斯（Mike Jervis，三位破产监管人之中的一个）、普华永道的达润·凯特林汉（Darren Ketteringham）、雷曼兄弟国际欧洲前合规负责人彼得·巴洛克立夫（Peter Barrowcliff）以及林克雷特律师事务所（Linklaters）的米歇尔·坎特（Michael Kent）。伦敦清算所律师保罗·沃特金（Paul Watkins）强烈要求破产管理人协助，这是立法规定的。清算所解释说只有获得这些信息才能做客户头寸转移工作，而且这不仅是为客户利益，也是为整个市场的利益。

一回到清算所办公室，团队发现他们仍然没有得到合作。那一天的挫折印刻在琼斯记忆中：

> 周一，我们花了很长时间和管理人谈话：请授予我们权限去访问交易员；他们拒绝了。我们要求获得权限查阅账户和资料，从而可以跟踪客户的交易，与客户一起减少头寸；我们被告知没有权限。我们去他们的办公室，解释破产法赋予我们的权力，我们是被破产法豁免的，然而他们置若罔闻。

---

① 据伦敦清算所总裁罗杰·里戴尔，对欧盟委员会众议院的讲话，2010 年 2 月 9 日。衍生品未来监管：欧洲在正轨上吗？

直到周二晚上 7 点，在金融服务管理局（FSA）代表清算所介入之后，普华永道才授予清算所访问客户交易记录的权限。如果不是这样（译注：普华永道和其他监管人阻拦），伦敦清算所通常这时早就应该控制住了类似雷曼兄弟的清算会员违约风险。而现在它不得不延长时间和临时上阵，给自己招致相当大的风险。与此同时，清算所还要处理当天异乎寻常大的业务量。

2008 年 9 月 15 日这一周，交易量巨大且价格疯狂扭曲。雷曼兄弟账上的衍生品业务的一些问题，更进一步加重了里戴尔、琼斯和清算所高管们所面临的挑战。这些问题，任何标准违约程序或者业务程序预演都没法应付。

问题集中在周末危机爆发前，雷曼兄弟提供的交易所衍生品的客户交易与自营交易记录上。雷曼兄弟国际欧洲的一些客户交易与自营交易混合在一起，这增加了交易所工作难度。当交易所在平掉雷曼兄弟自营账户时，有些客户账户也会不小心被平掉。

周一下午，伦敦清算所的管理层在查看雷曼兄弟账上列出的其在泛欧交易所—伦敦国际金融期货交易所、洲际交易所和伦敦金属交易所等期货市场的衍生品头寸的规模时，账户资金混合的问题浮出水面。

"我们感到吃惊，他们的客户交易账户看起来规模太小了。客户账户和自营账户的头寸悬殊如此巨大，警报马上四处响起！我们知道雷曼兄弟的客户交易业务和自营交易业务都非常庞大。但是我们看到二者极不平衡，我们开始觉得有问题。"伦敦清算所（伦敦）的客户管理负责人理查德·海曼（Richard Heyman）这样回忆道[1]。

一个根本问题在于美国和英国法律不同。在美国，清算会员必须将客户的和会员自营的资金账户与头寸账户分开来管理，称为"客户账户隔离"。这一规定是为了在清算会员破产事件中保护客户资产，方便将客户账户转到其他清算会员名下。而在英国，客户可选择不采用"客户资金规则"而将自己的头寸与会员公司的自营头寸混合在一起，以降低管理费用。

但是，当客户如此选择时，雷曼兄弟这类清算会员必须准确记录已隔离的和未隔离的客户头寸，并将未隔离客户的头寸放在一个特殊的综合账户中。伦敦清算所在雷曼兄弟国际欧洲的记录中发现了约 100 个未隔离账户，账户名称都是雷曼兄弟责任有限公司，但实际这是美国的分隔客户的业务（而非雷曼兄弟的自营业务）。

解开这堆乱麻需要大量调查工作。周二交易时间里，当被问及此事时，破产监管者继续拒绝给予清算所询问雷曼兄弟国际欧洲员工和查阅相关记录的权限。与此同时，伦敦清算所必须回答其他清算会员的有关询问，即关于如何处理将雷曼兄弟国际欧洲的客户头寸转移到他们那里。

---

[1] 2008 年 10 月 7 日与作者谈话。

根据规定，清算所可以毫不迟疑地清算掉雷曼兄弟国际欧洲名下的客户衍生品头寸。深思熟虑之后，里戴尔决定，用现有的保证金让雷曼兄弟国际欧洲的头寸继续交易，同时清算所员工们尽量找出哪些头寸是属于客户的。这一做法合乎实际，也考虑到了在英国违约管理中得到应用的一个原则——优先保护客户资产，会员的资本次之。

周二下午，这个暂停破产清理程序的决定的明智之处显露出来：伦敦清算所联系到雷曼兄弟的纽约机构（在美国破产法第 11 章的保护下，雷曼兄弟纽约仍在继续交易）。清算所终于搞清楚雷曼兄弟伦敦的那些混合账户里哪些是客户的头寸了，尽管这些交易名义上的对手方是伦敦的雷曼兄弟国际欧洲。

有了这些信息，里戴尔就开始应其他清算会员的要求把雷曼兄弟的客户头寸转移到这些会员名下。这样处理的过程会涉及一些法律风险，因为清算所无法独立核实清楚证明这些头寸转移的根据是什么。但是他认为，在这个剧烈动荡的市场上，转移这些头寸比将之抛售或冻结更明智。

与监管者之间的摩擦继续存在。到现在监管者居然要求伦敦清算所做出免责担保，作为获得访问客户记录授权的条件。清算所拒绝了。周二晚上，普华永道终于提供了数据，但它警告伦敦清算所说法律上的后果要清算所完全自己承担，这是在里戴尔和琼斯可承受范围内的。他们接受了"忠告"，并从雷曼兄弟欧洲的金丝雀码头金融区总部召回了那些正试图与普华永道管理者接洽的员工。

周二早些时候，得益于一个非常规的决定，清算所开始系统转移客户账户。"我们试图恢复系统联系，但雷曼兄弟后台的员工说基本上他们没有薪酬，正在经历巨大的不幸；他们已经失业，他们准备打开门离开。为了挽留住他们，我们提出：他们每留下工作一天每人可得到 1 000 英镑，他们留下了。"琼斯回忆说。"我们需要留住这些雷曼兄弟员工，这样客户就可以得到他们的记录、拿回他们的钱。"清算所共向雷曼兄弟员工支付了 18 000 英镑。

转移客户账户以避免增加清算所头寸，这是一个复杂的谜题，琼斯说。周三，清算所高管审查是否还可能进一步转移客户账户。自从雷曼兄弟倒闭以来，金融市场情况已经混乱，但是清算所的各资产类相关担保品和风险净头寸大致保持没有变。同时，它保护了那些雷曼兄弟国际欧洲的客户——主要是美国的基金经理——的头寸，他们（译者注：雷曼兄弟欧洲的客户）通过清算会员出面要求转移账户。经过审核之后，清算所决定加快客户账户转移的进度，清算所主动接触其他清算会员，看他们是否愿意接受转移的客户账户。

清算所遇到问题意味着在违约开始的前两天，雷曼兄弟头寸的风险只是略微降低了。但是至少风险降低的速度高于清算所持有的雷曼兄弟担保品减少的速度。

"周三，速度确实加快了，我们开始非常快地转移客户账户"，琼斯回忆说。"在接下来几天内，我想我们转移了 77 个客户账户到有偿付能力的清算会员。"一周结束，琼斯团队报告说只有很小比例的雷曼兄弟国际欧洲客户账户头寸仍待处理。

客户账户只是违约第一周内要处理的问题之一。清算所还得减小雷曼兄弟国际欧洲的自营交易账户风险。不同的资产类别需不同的处理方法。有时清算所觉得需要学习的东西很多。清算所的固定收益负责人约翰·伯克（John Burke）指出，公司在债券和证券买卖回购市场上，从未经历过如此"中规中矩"的违约"。[1]

风险经理们选择了与各种投资公司双向交易，以对冲雷曼兄弟债券投资组合市场敞口。回购投资组合[2]需要不同的处理方式。据琼斯说："我们通过进行一系列大额债券交易来管理回购组合的风险，然后我们再着手在另一阶段里单独管理远期交易的结算风险。"

违约后的周四，清算所的商务服务部牵头计划非记名拍卖雷曼兄弟在洲际交易所伦敦市场的能源投资组合和在伦敦国际金融期货市场（Liffe）交易的股权衍生品头寸。拍卖很成功，吸引了七八个主要交易者参与。因此琼斯报告，雷曼兄弟国际欧洲的自营交易和有担保的客户衍生品账户的风险头寸相对于担保品是"明显正面"的，对清算所有利。周五的时候——经过了五天的危机管理——两个账户中还有约 1 亿英镑仍面临风险，但清算所手中约有 5 亿英镑担保品。

对于伦敦清算所处理雷曼兄弟违约的运营和风险管理团队来说，这场危机意味着连续好几天每天工作十七八个小时。商务服务部同样全力投入，处理前台和后台联系，从风险和操作人员那里分担了一些与客户和对手方沟通的压力。主要员工住在了城市周边的酒店，以更好地应付大量的工作。

"到周四，不光各部门，整个公司都明显体力不支了"，琼斯回忆说，"我们必须大力减压。员工们难以置信的压抑和疲惫，这是前所未有的市场状况。我们需要的是精力充沛、整装待发的团队。"

琼斯开始让员工回家，这一决定使清算所员工得以重新充电充分休息，为雷曼兄弟倒闭后、席卷全球金融系统的金融海啸下一个阶段工作做准备。短短几天内，这危机眼看着要颠覆摩根士丹利和高盛这样的华尔街精英。

但是 9 月 23 日，雷曼兄弟违约的 8 天后，清算所可以宣布已成功控制住了违约，风险敞口缩小了 90% 以上，剩余的风险敞口在保证金覆盖范围内。几天后即 9 月 26 日，清算所向破产管理人普华永道支付第一次担保品。到此时为止，清算所员工已连续好几天尽力重建雷曼兄弟国际欧洲交易账户和记录。

---

[1]　2008 年 10 月 7 日与作者谈话。

[2]　买卖及回购协议。

3.4 聚焦掉期清算系统 (SWAPCLEAR)

虽然雷曼兄弟违约的规模和复杂性前所未有,但这并不是伦敦清算所第一次经历类似的违约。先前已经处理过 4 个违约事件,其中的两个具有重大国际意义,即 1990 年的德崇证券 (Drexel Burnham Lambent) 和 1995 年的巴林兄弟公司 (Baring Brothers & Co.) 的违约处理。

然而,2008 年 9 月 15 日之前,清算所集团从未处理过场外金融机构间交易的违约。雷曼兄弟违约是危机中对清算所的掉期清算系统的第一次考验,掉期清算系统建成于 1999 年,为银行间利率掉期提供中央对手方清算服务。

利率掉期产品种类包括各种规模、各种币种和各种期限。一个典型的利率掉期产品,目的是与对手方交换基于同一账面价值的两种不同基础资产的固定利率收入流和浮动利率收入流。这类掉期是个巨大市场,主要集中在大型银行间。雷曼兄弟破产时,掉期利率交易的金额超过 350 万亿美元[①]。

通过总部位于伦敦的掉期清算系统,伦敦清算所为 20 家大银行提供中央对手方服务,雷曼兄弟是其中之一。2007 年,掉期清算系统的头寸名义金额超过 100 万亿美元,涉及 14 个币种[②]。掉期清算系统约为全球一半的银行间柜台利率掉期市场清算。

雷曼兄弟特别融资公司是这一市场的重要参与者,像其他所有会员银行一样,它证明自己拥有数十亿美元资金,具有加入掉期清算系统的资格。雷曼兄弟特别融资公司通过掉期清算系统进行清算的价值 9 万亿美元的利率掉期投资组合,分布在 66 390 个交易、5 个主要币种上。这些交易的名义价值比雷曼兄弟场内交易的违约金额大许多。

缩小这么大的投资组合的风险并不容易。金额巨大暗示着巨大的经营风险。但是鉴于清算所与其所有的成员共担风险,掉期清算系统将自己与会员的合作提升到了一个新的高度。清算所和参与银行事先制定了一个法律效力强大的违约管理程序:首先,共同对冲掉期清算系统的违约会员的风险;然后将该违约会员的投资组合拍卖给其他的掉期清算系统会员。

尽管如此,雷曼兄弟违约后周一早上,克里斯·琼斯 (Chris Jones) 相当忐忑不安地在等待,看掉期清算系统的会员银行在危机中是否会遵循规则,派出经验丰富的交易员到伦敦清算所,帮助处理雷曼兄弟特别融资公司的资产组合账户,而不是只留在本银

[①] 根据国际清算银行 (BIS) 报告,截至 2008 年 6 月这一具体数额是 356.8 万亿美元。一万亿等于一百万个一百万。这些数字发布在世界银行的 "2007 年 6 月国际柜台衍生品市场头寸半年及季度报告" 中。

[②] 据 2007 年伦敦清算所年报。

行管理自家的头寸。

他无须担心。6 家掉期清算系统的银行，根据先前安排的人数和时间表派出了包括资深员工在内的交易员团队，帮助控制违约引起的风险。命运有其幸运的巧合：就在雷曼兄弟破产的前一周，清算所刚为掉期清算系统的违约处理举行过年度演练。来自巴克莱、瑞银、高盛、美林、汇丰和德意志银行的交易员们已经在与清算所的掉期清算系统团队的成员们合作。他们一起被派往特殊危机处理中心投入工作。

与处理雷曼兄弟场内衍生品交易的清算所员工不同，掉期清算系统的交易商与雷曼兄弟监管人的交涉没有困难。雷曼兄弟特别融资公司作为美国的经营实体，根据美国破产法第 11 章规定仍继续经营。交易员们迅速投入工作，用雷曼兄弟缴纳的保证金对冲掉了这个违约投资银行的掉期投资组合风险。"周二之后就差不多完成了"，琼斯回忆说，"你能看到风险急速下降，能给我们带来损失的仓位已经非常小了。"

负责监督这一对冲过程的是清算所利率产品的风险经理克里斯丁·里（Christian Lee）。他的工作是指导掉期清算系统的交易商们——都是富有个性、在市场上互相竞争的——学会彼此合作。

与此同时，约翰·伯克（Jone Burke）让交易员继续工作，临危不乱而极其机智幽默。约翰第一天通过电话与他们保持联系，周二下午 4 点他来到危机处理中心主动提供协助。在外卖餐盒和剩咖啡杯堆中，他感到"气氛非常紧张"。尽管全球金融市场几乎崩溃，伯克决定表现得冷静和处变不惊。这招见效了。

"开始时，市场有一定程度的兴奋、恐惧、眩晕甚至一点疯狂。但是我们的语气越是平稳单调、我们越是说到做到了，他们越是学会信任我们。整个事情平静下来花了 3 天时间。第三天，事情真的平静了。这点从资深员工打来的电话中也反映出来。"

周三，掉期清算系统的对冲操作差不多全部完成，违约管理组中的 6 个会员银行交易员暂停活动。

这时，伯克开始计划违约管理程序下一阶段：一个新的竞拍体系，将雷曼兄弟在掉期清算系统的投资组合出售给其他 19 个 SwapClear 成员。针对 5 个主要币种，他组织了 5 次拍卖，在 9 月 23 日到 10 月 3 日之间将雷曼兄弟头寸处理掉。跟对冲程序一样，其他 SwapClear 会员必须遵守系统规则确保拍卖成功。

2006 年时，SwapClear 会员已通过了一些规则，给予伦敦清算所在拍卖中的决定优势：在拍卖万一失败的情况下，清算所有权单方面决定将违约会员的投资组合按比例分配给其他 SwapClear 会员。这一规则旨在鼓励掉期清算系统会员在流动性偏紧时仍然要竞买他们可能暂时不想要的投资组合。这是掉期清算系统的协议思考缜密的例证之一，这条规定利用了市场的心理：会员通过主动竞价参与拍卖，他们还可以在投资组合的构成和价格上有一定控制权，总比被强行分配给他们的要好一些。

即便如此，拍卖机制还是费了一番工夫。伯克后来回忆说："这全是新的。"

"我们还没有准备任何细节，例如实际该怎么操作。我们安排19个交易员竞价，19个人在办公位上。我们从其他部门要来2个人，其中一个技术人员负责管理如电力和IT设备等支持报价的东西。我们依靠电子邮件和电话报价，所有这些都必须录入表单，以确保准确记录。我们从财务部要来一人，能冷静接收报价并记录在布告板上，这样就可以决定优先价格了。"

每次拍卖都需要约50名工作人员，操作本身需35人，IT和后台备份支持15人。

过程"必须非常精细控制"，伯克解释说。收到的竞标金额巨大，以数亿美元或欧元计。"买入卖出方向非常容易混淆，或者因为多少一个0而将万亿弄成十亿。我们需要一套机制保护员工不受自己的失误连累。这意味着必须例行公事地向竞价者重复读回他们的报价，发给我们的电子邮件必须按照规定格式，如果任何报价大幅超出市场正常水平要谨慎的双重检查，报价接收房内禁止任何让人分心的噪音。"

"我们不允许人们走动，因为走动时会发出噪音，可能分散正在与其他交易员打电话的员工的注意力。当接到报价单的人把报价写下来时，他就举起一只手。我们有3个步行送单者——不能用跑的（译者注：送单的人英语称为"跑差的——Runners"）——他们传递纸条到清算所会员的财务人员记录报价的房间，另有一个人将纸条送给所谓"大哥"办公室里的人，他将收到的报价写到表格上。"

伯克和员工们与每位交易员一起，为每次竞价做训练演习，以保证交易员们知道他们在竞标什么东西，竞价程序怎样运作，"不管是我们支付他们的，还是他们支付我们的"。一个错误可能引起巨大损失，不仅是每天竞标的资产金额变化，有些较大金额的资产组合——美元及欧元——从它们包含的交易数量来看真的非常巨大，甚至和一些竞价者的现有投资组合规模类似。

竞价分币种进行，按复杂程度排序，从最简单的开始。最早的两个分别是瑞士法郎和英镑的掉期清算投资组合，它们在9月24日（周三）到25日（周四）出售。日元、欧元和美元投资组合于下一个周一、周三和周五竞价出售。

有时压力巨大。违约管理集团中选出来去对冲雷曼兄弟的利率掉期组合的交易员们被要求对操作进行密切观察，以协助清算所工作人员判断报价是否正确反映了竞标者的真实意图。这引起了外面（投标）的企业的关注，他们担心竞争对手会发现竞标人的身份。"情况变得很紧张，整个合作开始很不稳定。"伯克承认，"但是，我们通过给报价银行和柜台分配号码顺利避开了（这一情况），每家投标银行和交易台每次投标都分配有不同号码，这运行得很完美。"

难免也有意外。例如9月30日，即SwapClear日元和欧元的两次拍卖中间的一天，一台挖掘机挖断了清算所在伦敦金融城总部办公室外的电缆。十多年来在集团工作伯克第一次遇到电源切断的情况，这意味着有几小时要把部分工作转移到备份地址中进行。

但是拍卖运作良好。只有一次，负责组织（译者注：拍卖程序）的清算所员工需要检查报价是否反映竞标者的真实意图。而实际也的确如此。伯克报告，19 个 SwapClear 会员中有 16 个参与竞标。他们所引发的热情反映在"每次拍卖收到的上百通来自全球各地的电话中"——SwapClear 系统的会员遍布全球。雷曼兄弟特别融资公司进入违约大概 3 周后，清算所宣布其和 OTC DerivNet 已成功处理雷曼兄弟的场外利率掉期投资组合①。

3.5　巴黎的情形：伦敦清算所巴黎（LCH. Clearnet SA）

对于伦敦清算所巴黎的首席执行官克里斯托弗·艾蒙（Christophe Hémon），雷曼兄弟在 9 月 15 日早晨的保证金追加可谓是喜忧参半的消息，他记得查看清算所在法兰西银行（Banque de France）的账户时的情景："看到了支付款，我们松了口气，但这也有些棘手：这时我们就无法宣布雷曼兄弟违约，因为他们支付了保证金②。"

随着伦敦宣布违约的消息传来，他的困境解除了。伦敦清算所巴黎（LCH. Clearnet SA，译者注：指伦敦清算所巴黎子公司，作者简称 SA，法文意为"公司"）和伦敦清算所在同一时刻宣布雷曼兄弟国际欧洲违约，清算所巴黎（SA）立即通知它巴黎和阿姆斯特丹的主要监管当局以及代表 10 个监管部门处理伦敦清算所全欧洲事务的"学院"③。

从理论上说，处理雷曼兄弟的违约，对于清算所巴黎本应相对简单，它只有一个雷曼兄弟对手方，即雷曼兄弟国际欧洲，并且它清算的合约要比伦敦清算所少很多。

但对于伦敦清算所伦敦而言，清算所巴黎不得不应对一个不合作的破产管理人，同时清算所的业务伙伴们所采取的行动又增加了平仓操作的复杂性。

艾蒙决定：清算所巴黎的公司章程应该优先于普华永道的顾虑。"我们的规则手册很清楚，"他后来说："我们需要确保清算所的利益、客户的利益以及整个市场的利益。"为此他开始组织拍卖以清算雷曼兄弟国际欧洲的头寸。"在那样的市场动荡和市场环境下，这是一次激动人心但是充满困难的操作，尤其是另有谣传美国国际集团翌日可能也会违约"。公司已经和它的银行合作伙伴就这一可能性进行过演练，但"那就像

---

① 伦敦清算所清算网络，2008 年 10 月 8 日，"成功解决了雷曼兄弟柜台交易 9 万亿美元的利率互换违约"。
② 本章中引用的艾蒙的话都来自与作者的谈话，2008 年 12 月 9 日。
③ 伦敦清算所集团和它分支机构的具体监管安排见 16.1 节。

是军事训练，可我们从没在真实环境里那样做过事"。

艾蒙和他的同事们首先从小型组合入手，从那些在 Powernext 系统上交易的能源市场（合约）以及商品合约开始，然后是证券类和指数衍生品组合。现货证券业务对中央对手清算所来说不是问题，因为雷曼兄弟国际欧洲已将它与清算所巴黎的清算业务分包给了法国的一家大银行——巴黎银行（BNP - Paribas），它是清算所巴黎的综合清算会员。

当涉及雷曼兄弟国际欧洲的债券和回购头寸时，理论和实践发生了分歧。这是雷曼兄弟业务在清算所巴黎中的最大一部分。该资产类别的商业模式与其他资产类型非常不同，尤其是意大利债务部分。清算所巴黎利用米兰的巴黎银行作为它意大利的清算机构，并且与意大利清算机构保持着合同关系和业务运营关系，这是中央对手方清算所之间互通的一个"清算所联盟"例子，交易是在意大利的中央证券存管机构 Monte Titoli 进行结算的。

每一实体都要根据自己的违约管理程序来处理违约，而这给市场带来了复杂性和混乱。例如，当中央证券存管中心 Monte Titoli 根据意大利违约管理规则撤销所有和雷曼兄弟业务相关的交易时，它导致了一个操作上的超负荷，加重了清算所巴黎的违约管理运营载荷。中央证券存管中心 Monte Titoli 的行为意味着清算所巴黎不能跟踪它在意大利市场的交易，因此不得不请巴黎银行的米兰分部将交易手动输入到系统之中以修复结算记录，之后清算所才能继续。

巴黎的清算所为雷曼兄弟国际欧洲清算了大量的意大利政府债务的交易，这些交易随后都在清算所巴黎在 Monte Titoli 的账户进行了结算。每笔交易的双边债务会在同一天内结算，但可能不是同一时刻，所以即使特定一天的净现金额为零，仍可能出现巨大的日内风险敞口变动。

在雷曼兄弟违约后非常困难的条件下，这些情况引起了清算所巴黎出现流动性短缺。"人们处于巨大压力之下，因为市场很糟。很多公司不确定在雷曼兄弟的交易中他们最终会如何了结，且市场监管者变得异常紧张，因为他们知道雷曼兄弟是一个非常大的客户，而且他们不知道整个过程是否会以彻底失败告终"，艾蒙赫曼后来说。

在周初清算的雷曼兄弟头寸必须在当周四和周五进行结算。清算所巴黎估算，它需要对净值为 10 亿欧元的证券进行结算，并且它知道，它得通过欧洲中央银行的大额支付系统 Target2 将资金划拨到它在 Monte Titoli 的账户中，来启动整个流程。

然而在周四，结算的高峰日，清算所巴黎需要 35 亿欧元来推进整个结算流程。这笔资金的约三分之二（即 20 亿欧元到 30 亿欧元）将用于完成从 Monte Titoli 的债券购买，这些是起初由雷曼兄弟或其客户发起购买的，但陷入了违约的多单。其余的将用于结算在法国欧洲清算系统（EuroClear France）的头寸，它是雷曼兄弟国际欧洲在法国债券业务上的中央证券存管机构中心。如艾蒙解释的："这是一笔数额巨大的资金，正常情况下我们不需要隔夜提供这么多资金，我们的困难就在于确保在当天结束时能收回资金"。

在欧洲清算系统的头寸并不是个严重的问题，"欧洲清算系统非常合作，因为我们与欧洲清算系统银行（EuroClear Bank——总部在布鲁塞尔的负责处理国际证券的国际中央证券存管中心即 ICSD）以及欧洲清算系统法国的关系很好，我们与欧洲清算系统法国的首席执行官达成协议：他将在他们的这部分业务上投入额外的资源。"

"Monte Titoli 的结算流程似乎与欧洲清算系统的非常不同"，艾蒙后来说，"我们的感觉是 Monte Titoli 首先结算我们所有的买进，在当天晚些再结算我们所有的卖出，这就是为什么我们需要这么多的资金，用于在危机模式中要么注入流动性，要么对结算先行融资。"

"我只举一个例子：我们需要在那天某一时点结算 13 亿欧元（的证券），我们需要注入 10 亿欧元来进行结算。这几乎是一对一，显然是一个非常昂贵的方式。"

艾蒙不得不采取前所未有的措施：

> 我们需要实地测试一个我们之前从未测试过的流程。我们在欧洲清算系统银行的账户中有大量的抵押品，以防万一我们将它转回到了法兰西银行，便于资金转移到意大利银行以结算交易。同时我们还从市场中借入，清算所巴黎几乎从没这样做过，因为中央对手方清算所是资金充足的机构。

如果没有这些紧急措施，清算所巴黎可能已经暴露在流动性短缺的风险之下。

现在回头看，清算所巴黎重要的一个教训就是保持随时可动用流动性的重要性。管理雷曼兄弟违约，使清算所巴黎按法国法律所要求的那样成为一家银行的优势体现了出来。中央对手方清算所可以向法兰西银行获取抵押品变现的资金，并且可以通过欧洲中央银行的大额支付系统 Target2 将资金快速转到意大利。

艾蒙后来承认：

> 在这种规模级别的危机之中，总有一些事情会按计划进行，而另一些未料到的事件则不会。这个违约的实例强调了我们必须快速获取流动性，我想象过如果这不可能，将会发生什么事情。

3.6　其他地区的反应

伦敦清算所集团并非处理雷曼兄弟违约事件的唯一一家欧洲清算所，雷曼兄弟国际欧洲的破产管理者普华永道（PwC）以及随后确认的其他三家中央对手方清算所也参与了与雷曼兄弟国际欧洲头寸的平仓[①]。这三家是被英国金融服务管理局认可的清算所，它们是：德意志交易所集团的中央对手方清算所（Eurex Clearing AG）、富通银行下属子公司欧洲多边清算机构（EMCF）[②]，以及美国集中存托清算公司的伦敦分支机构欧洲中央对手方清算所（Euro CCP）[③]。

2008 年 9 月底，欧洲期货交易所宣布，它也成功减少了自营交易头寸以及转移了雷曼兄弟国际欧洲倒闭时账上的客户头寸。像伦敦清算所一样，欧洲期货交易所是通过使用雷曼兄弟国际欧洲存入的抵押品来完成的这些操作，它完全不需要借助会员为保护它而提供的更深层次资产，例如违约基金。

清算所还处于巨大的时间压力之下，因为 9 月 19 日周五是大量合约的到期日，"和破产管理人讨论了好几次，才说服他们必须采取行动"，法兰克福的欧洲期货交易所系统设计部的执行董事和负责人马克·兹格沃夫（Marcus Zickwolff）回忆道[④]。

破产管理人在违约发生之后于周二晚上公布相关数据，之后欧洲期货交易所向雷曼兄弟位于金丝雀码头的办公区内派驻了一些员工。在那他们同雷曼兄弟国际欧洲的员工一同工作，雷曼兄弟员工协助他们减少自有头寸，并将客户账户结算到其他清算会员那里。

在欧洲证券市场中，违约为基础设施提供了一个早期测试，这些基础设施是为回应 2007 年 11 月生效的欧盟金融工具市场法规（Markets in Financial Instruments Directirve，MiFID）而建立的。欧盟金融工具市场法规的宗旨是将欧洲金融市场向更大的竞争开放，它批准了些新型交易平台——多边交易机制（MTFs）。其中的两个是在雷曼兄弟违约之前在伦敦建立的，并且每个都选出了新的服务提供竞争者来提供中央对手方清算服务：Chi – X 通过欧洲多边清算机构（EMCF）来清算它的交易；而在 8 月才开始交易证券的绿松石（Turquoise），选择使用欧洲中央对手方清算所，这是一家经历了数年"休眠"

---

① 交易所和清算所关于被监管的雷曼兄弟国际欧洲交流的布告。普华永道网站（www.pwc.co.uk），2008 年 9 月 25 日（2010 年 12 月 10 日进入）。

② 欧洲多边清算机构（European Multilateral Clearing Facility NV）。当时富通仍作为一个比利时—荷兰私营金融巨头在运营，几周后，富通不得不被荷兰、比利时和卢森堡政府救助，并随国界而分裂。荷兰部分拥有欧洲多边清算机构的大部分股权，后来被重组为阿姆斯特丹鹿特丹银行（ABN AMRO）。

③ 欧洲中央对手方公司（European Central Counterparty Ltd.）。

④ 与作者的谈话，2008 年 12 月 3 日。

后重启的清算机构。

证券市场的清算，要比那些处理衍生品的中央对手方清算所面临的难题少些。在证券上，交易的结算和完成都发生在交易后的三天（T + 3）。而对于期货和其他衍生品而言，一个合约的了结或结算可能发生在交易后的几个月甚至几年，产生了对处理这些业务的中央对手方清算所的复杂的保证金计算和风险管理系统的需求。

尽管如此，考虑到所处的环境，也许就可以理解为什么在违约发生之后的那天，欧洲多边清算机构的监事会主席简·巴特·德波尔（Jan Bart de Boer）脸上会露出满意的表情。

德波尔透露：欧洲多边清算机构在 9 月 16 日周二的早晨八点就平掉了雷曼兄弟的头寸。"我们通过了测试。雷曼兄弟是一家直接清算会员，确实有效。我们早晨通知了我们的清算会员：头寸已经处理掉，清算基金并没有受到打击，欧洲多边清算机构的业务如往常一样运转"[1]。

在那前一天，欧洲多边清算机构向雷曼兄弟国际欧洲发出了一份正式违约通知，它将采取行动平掉它的头寸。尽管规模要小得多，它的程序和伦敦清算所采用的相似。

"我们进行了拍卖，将头寸派给了几个经纪交易商"，德波尔回忆道。"我们拿到报价，选出最高的并将头寸卖给那个公司"，保证金远远足够了，余下的被转回到破产管理人那里。

欧洲多边清算机构曾演习过这样的事件，这帮上了忙。"周末我们做了准备，只是为预防不测"，德波尔解释道。"这是你每个月都要测试一次的东西，但通常所有这些关于违约的测试总是有些令人反感，直到它真正发生"。

将空头和多头进行合并后，雷曼兄弟欧洲与欧洲多边清算机构之间的头寸值约为 5 亿欧元，涉及了约 600 种到 700 种证券或国际证券编码（ISINs）[2]。"这是一笔大头寸，颇具规模"，他讲道。

因该清算所是相对新近成立的，欧洲中央对手方清算所需要了结的交易头寸相应地较少。根据美国集中存托清算公司所说，其子公司欧洲中央对手方清算所 9 月 15 日面对的雷曼兄弟的头寸值近 2 100 万美元、跨 12 个市场、涉及 6 个币种[3]。欧洲中央对手方清算所那日暂停了雷曼兄弟的新交易输入，但仍设法与雷曼兄弟的银行中介一起将约 500 万美元的交易转移到其他金融机构，9 月 16 日停止了为雷曼兄弟操作。接下来，欧洲中央对手方清算所让一家经纪商平掉了剩余的 1 600 万美元的交易，在 1 天的间隔内

---

① 与作者的谈话，2008 年 9 月 16 日。

② 国际证券编码全称为 "International securities identification number"，它是每只证券独有的 12 位数编号。

③ 集中存托清算公司（DTCC）（2008 年 10 月 30 日）"DTCC 成功处理了雷曼兄弟的破产"，新闻发布。

（T＋1）而非平时的 3 天结清。雷曼兄弟的保证金存款证明足以覆盖这些操作的成本。这个总部在伦敦的清算所不需要动用会员提供的担保基金。

欧洲中央对手方清算所涉及雷曼兄弟的违约规模，与美国集中存托清算公司集团所涉及的总体规模相比起来很小。尽管如此，它是一个测试。雷曼兄弟的破产就发生在欧洲中央对手方清算所正式全部运行之前的一周，欧洲中央对手方清算所不得不先于美国的中央对手方清算所之前几天了结它的雷曼兄弟头寸，包括它母集团的那些头寸。

雷曼兄弟在美国的经纪交易商并未进入违约，直到将它北美的投资银行业务卖给英国的巴克莱银行之后。这些发生在欧洲违约之后的那周，到那时之前美国的中央对手方清算所都能做准备。

"第一周的周末采取了措施，以确保经纪交易商将有足够的资金继续在美国运营，这为整个体系中注入了一些稳定性"，芝加哥的芝加哥商业交易所清算所（CME Clearing）的常务董事兼总裁金·泰勒（Kim Taylor）指出。雷曼兄弟控股公司在纽约申请破产保护之后十天，她详述了芝加哥商业交易所集团是如何"让一家清算会员在那一周履行其所有义务并运营的……我们从未经历过别人对我们违约，而我们也不得不宣告其违约，并用伦敦清算所那样的方式让他们破产的情况"[①]。

另一方面，处理雷曼兄弟的破产对于芝加哥商业交易所集团来说绝非易事。18 个月后有披露说，雷曼兄弟的破产迫使芝加哥商业交易所的清算部门在历史上首次强制出售一个清算会员的头寸。

细节在一份关于该投资银行倒闭的、长达 2200 页的报告里出现，作者是由美国信托（US Trustee）指派作为雷曼兄弟控股公司破产事件"检查员"的杰出律师安东·瓦卢卡斯（Anton Valukas）[②]。芝加哥商业交易所代表雷曼兄弟公司持有价值约 40 亿美元的保证金资金，这家公司是雷曼兄弟控股公司的主要运营子公司，同时也是芝加哥商业交易所的清算会员，它在芝加哥商业交易所集团交易所的开放头寸的担保人。这笔保证金存款是芝加哥商业交易所全体清算会员 950 亿美元保证金存款不小的一部分，由两部分组成：约 20 亿美元雷曼兄弟公司自营或"本家"头寸的抵押品，另 20 亿美元是雷曼兄弟公司客户头寸的。

在雷曼兄弟控股公司 2008 年 9 月 15 日进入破产程序后，芝加哥商业交易所决定雷曼兄弟公司的自营头寸应随时做足准备清算，并授权交易所的清算所部门批量售出或转移这些头寸。经雷曼兄弟的同意，交易所事先选择了六家公司为雷曼兄弟的自营头寸提

---

① 与作者的谈话，芝加哥，2008 年 9 月 25 日。
② 瓦卢卡斯·安东（Valukas Anton）（2010）"雷曼兄弟控股公司对美国纽约南部地区破产法庭的检查报告"，2010 年 3 月 12 日节选发布，2010 年 4 月 14 日非节选发布。

交报价。它还将雷曼兄弟公司自营头寸列为"仅限清算"的状态，意味着所有的雷曼兄弟公司的开放头寸都将被清算。然而并没为此设定截止日期。

"在随后两天中，雷曼兄弟公司的自营头寸不但没有清算，反而稍微增加了"。瓦卢卡（Valukas）报告说，这反映了"雷曼兄弟公司内部的混乱和一团糟"。同时芝加哥商业交易所的担忧在加剧。交易所认为，头寸的被迫清算只是个时间问题，而且担心摩根大通可能会与芝加哥商业交易所清算部门终止其作为雷曼兄弟公司结算银行的角色，这一情况（如果真的发生）会使得清算困难加大多。

9 月 17 日星期三晚上，芝加哥商业交易所从它之前曾就雷曼兄弟公司的自营头寸接洽过的六家公司中的五家寻求新的报价。雷曼兄弟公司的自营头寸有五个篮子，包括：能源衍生品、外汇衍生品、利率衍生品、证券衍生品和农产品以及可替代投资衍生品。五家被选中的竞标者为：巴克莱银行、高盛集团、摩根大通、城堡对冲基金（Citadel LP）和 DRW Trading 交易公司。

各方的竞价在周四早晨进行评估，自营头寸被批量转移至其中的三家公司：巴克莱银行、高盛集团和 DRW Trading 公司。根据瓦卢卡的报告，所有报价都会使雷曼兄弟公司承受巨大损失，体现在"与头寸相关的、在芝加哥商业交易所存放的绝大部分（在一些情况下是全部）保证金"的转移上。这一强制转移导致雷曼兄弟公司在与头寸相关的停业负债上损失了 12 亿美元以上。在瓦卢卡报告撰写之时，芝加哥商业交易所持有约 1.5 亿美元的前雷曼兄弟公司的保证金抵押品。

清算的财务细节以及成功竞价者的名单在 2010 年 3 月公布的瓦卢卡的节选版本报告中被隐去了。当一个月后破产法官准许披露未节选的报告时，博客和新闻报道[1]说参与竞价的公司从这个明显不透明的程序中以雷曼兄弟债权人的损失为代价赚取了巨额利润，这一说法引起了巨大骚动。

瓦卢卡的报告读起来让人并不舒服。它使公众注意到中央对手方清算所在处理一家大型清算会员违约时可能会面临的问题。尽管允许金融市场在雷曼兄弟倒闭后出现混乱，强制售出导致的损失引起了对芝加哥商业交易所拍卖程序效率的质问。中央对手方清算所并没有遭受损失，但是人们想知道，如果其他的重要市场参与者在那一周也被允许像雷曼兄弟一样违约，芝加哥商业交易所或其他中央对手方清算将会怎样？

可以肯定的是，雷曼兄弟业务的规模和范围使得它的交易清算对美国的中央对手方清算所来说是一个复杂的过程，对于美国集中存托清算公司也是这样，它不得不了结总值超过 5 000 亿美元的市场参与者敞口头寸，这是它历史上最大的此类操作。

9 月 22 日，集中存托清算公司宣布它将努力有序削减那些未被巴克莱银行买下的

---

① 例如路透（2010 年），"公司在雷曼兄弟拍卖中获取不当利益：督查员"，2010 年 4 月 14 日，及其他。

所有雷曼兄弟公司的开放头寸。五个多星期之后，它报告称头寸了结过程成功完成了，它没有动用会员公司提供的清算基金①。

在那段时间，股票、公司、市政、政府债券、抵押证券、货币市场工具和为场外衍生品提供清算、结算以及其他服务等方面的美国交易后巨头们，也连续四天处理了最高纪录的交易量。这些在 2008 年 10 月 10 日星期五到达了顶峰：金额约为 3.3 万亿美元的 193 亿股的股票交易。那天，集中存托清算公司的子公司国家证券清算公司创下了处理 2.094 亿个交易的纪录，超过 2007 年最高量的两倍还多，通过轧差后将它们减少了 98%，"仅剩下" 575 亿美元需要实际交割。

国家证券清算公司为美国的交易所和其他可选交易平台上交易的股票、市政债券和其他证券进行清算。集中存托清算公司下的存托公司为相同的这些市场提供证券结算服务。这一结构在雷曼兄弟破产案中带来了获益：国家证券清算公司不得不处理一个从雷曼兄弟继承过来的 58.5 亿美元的敞口头寸，在存托公司的帮助之下，它获得了作为抵押品存在银行的 19 亿美元证券，用来结清开放头寸。

和欧洲一些基础设施提供者一样，美国集中存托清算公司为最坏市场情况进行了场景假设方案。"然而，2005 年我们开始问自己：我们该怎样处理世界 10 强金融公司里的一家可能发生的违约呢？"集中存托清算公司的董事长和首席执行官唐·多纳休（Don Donahue）说道②。"那时我们开始了一个演练运营整个组织的项目，假设我们将要失去一个主要（会员）公司。我们问自己：会发生什么？我们如何处理它？哪些是问题所在？我们的系统能处理那样级别的问题么？"

演练显示：集中存托清算公司在破产清算事件中能处理的头寸上存在数量限制，因此促使它在 2006 年期间更换了它的系统。据唐多纳休说，结果就是：集中存托清算公司开始为最坏的情况做打算，使用了"完全可升级"的系统以应对"你能想到的最不可想象的场景"。

"所以，当雷曼兄弟破产时，对于接手价值 5 000 亿美元的开放头寸，我们完全不担心系统是否有能力处理那样级别的清算，"多纳休回忆道，"事实上，我们在此之前就已经准备好了我们需要做的事情"。

2008 年 9 月之前的 12 个月里，美国集中存托清算公司进行了两次内部演练，模拟一家大型公司或雷曼兄弟类型的公司倒闭发生时的情景。其中的第二次演练在 2008 年 6 月，真正地在场景中使用了雷曼兄弟的数据，并邀请了集中存托清算公司董事会成员和它的监管者代表参与。这种演练"在识别问题和寻找可能的解决方案方面是无比宝贵

---

① 集中存托清算公司（2008 年 10 月 30 日）。

② 与作者的谈话，伦敦，2009 年 1 月 12 日。

的"，多纳休评论道。"而且正因为那样，加之我们风险管理人员的能力，（危机之后的）那几周中清算工作进行得非常顺利"。

但是，一些随机应变的措施仍然是必要的。集中存托清算公司通过其子公司固定收益清算公司（FICC）为按揭抵押证券提供清算服务，但是在雷曼兄弟倒闭时这个市场里没有中央对手方清算机制。有一个正在建设中，目标完成日期在 2009 年中。

雷曼兄弟违约时，账上与美国集中存托清算公司的远期按揭抵押证券的金额达到一个令人生畏的 3 290 亿美元。正如多纳休随后告诉行业领导者们的那样[1]，集中存托清算公司的客户们和证券业与金融市场协会（SIFMA）共同建议有公司"扮演一天中央对手方清算所的角色"，同那些雷曼兄弟曾与之交易过的经纪商、银行和证券公司一起努力，降低雷曼兄弟的开放头寸。集中存托清算公司采纳了这个建议，它将按揭抵押证券市场上的远期头寸缩减到约 300 亿美元，并且正如多纳休所说的，此举"立即消除了许多（公司）资产负债表所带来的痛苦和忧虑"。

在雷曼兄弟倒闭后的几个月里，世界范围内的中央对手方清算所好像都处理好了雷曼兄弟违约的后果，而没有动用其会员缴纳的违约基金。但在 2008 年 12 月，香港交易所公布了 1.57 亿港元的损失[2]，包括香港证券清算公司（HK Securities Clearing Company—HSCC）因清算雷曼兄弟亚洲证券公司（LBSA）而产生的成本和费用。这一公布引起了强烈反响，因为大约在 21 年前，香港的期货交易所和它的相关清算安排曾导致过重大的损失[3]。

香港交易所称：这一损失和香港的监管者香港证券期货委员会的一个决定有关。香港证券期货委员会对雷曼兄弟亚洲证券公司发出了一个限制令，"实际上禁止雷曼兄弟亚洲证券公司在香港证券清算公司（HKSCC）的中央清算和交割系统（CCASS）上结算它的任何头寸以及完成和它客户的交割，除了向客户返还全额实缴的股票"[4]。

根据这一限制令，香港证券清算公司于 2008 年 9 月 16 日宣布雷曼兄弟亚洲证券公司违约，并根据清算公司的规则采取行动，了结了金额为 35 亿元港元的违约头寸[5]。根据中央对手方清算所 12（CCP12）和香港交易所公布的账目，香港证券清算公司在进场按市价买入时产生了损失，并如香港交易所所说，"在一个非常紧张的信用市场上填补 25 亿港元的资金缺口，以履行它作为中央对手方的结算义务"。

香港证券清算公司不得不在一个价格下行市场中大量出售证券，雷曼兄弟亚洲证券

---

[1] 在集中存托清算公司行政论坛上的演讲，2008 年 10 月 29 日。
[2] 以 9 月 15 日 1 美元兑 7.7937 港元的汇率折算，金额为 2 014 万美元。
[3] 见 9.4 节。
[4] 香港交易所（2009 年 1 月），《交易所》。
[5] CCP12（2009 年 4 月），中央对手方违约管理和雷曼兄弟倒闭。

公司提供的抵押品的金额相对较少。香港证券清算公司此前仅要求交易参与者在开放头寸相对其流动资金过高时才增加抵押品，而不是强制要求抵押品覆盖证券市场清算参与者未平仓头寸的潜在价格风险。

香港证券清算公司宣布，它将寻求从雷曼兄弟的破产清算者那里以及动用其他资源包括其担保基金中的3.94亿元港元，用于弥补平仓给它造成的损失。为保护自身和它的担保基金免受其他类似雷曼兄弟违约事件的损失，香港证券清算公司继而向它最活跃的清算会员要求更高额的抵押品，比例是每个交易参与者日内总多头或总空头二者之中较大值的10%。它还表示将出台一个"长期综合解决方案"以应对2008年下半年出现的问题。

3.7 违约产生的直接损失

尽管大多数中央对手方清算所成功处理了史上最大的金融危机，雷曼兄弟的破产案不可避免地为我们留下了许多教训。

一个突出的问题——其影响延伸远超本书的范围——就是类似雷曼兄弟这样由世界各地2 985个实体公司组成①，涉及了大量的公司间资产负债关系的集团，其生命跨越国界，而其终结却发生在各个不同国家。雷曼兄弟业务所在的各个司法管辖区内有着不同的破产制度，意味着集团的子公司落在不同的破产管理人手中，他们依照各自的法律法规行事，首要目标在于满足本土债权人的要求。

在美国，第11章破产保护法使得雷曼兄弟的运营子公司得以继续运行，直到大部分资产的买家到位。而在英国，中央对手方清算所却遇到严重挑战，危机引发了对破产制度在投资银行违约上的适用性的怀疑。英国的破产制度认为金融公司和一家工厂没有区别，如伦敦清算所的克里斯·琼斯评论的那样："工厂可以关掉生产线。当破产管理者准备好时，它们打开开关重新开始生产就行了。但是对投资银行不能这样做，这样做意味着毁掉拯救这个事情的任何希望"。

伦敦清算所别无选择，只能宣布雷曼兄弟国际欧洲和雷曼兄弟特别金融公司违约，并尝试掌控局面。"美国的清算者有能力管理过程降低风险，并且用一个比我们更有序的方式转移客户"，琼斯评论道。

雷曼兄弟国际欧洲无论如何都在一个脆弱的处境，因为在英国缺乏对大型国际银行维持最低流动性资产的监管要求。雷曼兄弟在纽约的集团财务部门可以毫无障碍地对其子公司持有的现金进行夜间"横扫"（译者注：各国的子公司需将隔夜的现金归拢到其

---

① 根据欧盟证券监管委员会（2009年3月23日），"雷曼兄弟违约：对市场冲击的一个评估"。

纽约总部）。只有在雷曼兄弟倒闭后，英国的金融监管委员会才制定了流动性资产要求。

一个更深的问题涉及客户的合并账目（译者注：当时的做法是将不同客户的保证金放在同一个账户里）。部分错误归于雷曼兄弟和它子公司的财务记账做法，但现在回过头来看，英国摒弃了美国式的自营账户与客户账户的分离制度，很有可能是又一个错误的选择。

对于1989年英国公司法第七章通过破产法案给予清算所的豁免，如果雷曼兄弟国际欧洲的破产管理人理解更到位的话，那么这一区别可能无关紧要，但是实际上恰恰相反。在违约发生后的最重要的头两天中，管理人对于清算所操作的阻碍在本已极为严峻的形势上更增添了具有潜在破坏性的混乱。

可以肯定的是，英国以及世界各地的破产管理人面临了前所未有的挑战。之前从没有发生过像雷曼兄弟这样大的公司倒闭。普华永道的重组和清算部门的负责人当时被指派来管理雷曼兄弟清算，他之前所处理过的大破产清算是一家汽车公司。"我时刻谨记，我不是一个投资银行家"，托尼·罗马斯（Tony Lomas）四个月后对金融家及学者听众说道，"我上一次处理的重大破产事件是罗浮汽车（MG Rover）"[①]。

罗马斯和他的同事必须在得到通知后立即采取行动。"周六晚上我们接到这些电话，周日早晨出席了董事会会议，第三天早晨就被任命"，2009年1月他在同一会议上这样讲述道。

> 我们基本上只有半天时间，而且公司没有处理这种意外的紧急预案……我处理过大量棘手的情况，但是按常规情形总会有预先警告，可以让我做计划。可是半天的时间实在太短了。处理安然公司在英国的破产时，我们至少有两周的窗口期可以计划。

雷曼兄弟国际欧洲的未结算交易的结构，可能也分散了破产管理者的注意力。破产管理者们没有接受伦敦清算所和其他中央对手方清算所的要求，对他们在1989年英国《公司法案》第七章之下所享有的权利给予尊重。

普华永道后来估计：在它被指定为破产管理人时，将近142 000个未平仓证券交易都是以雷曼兄弟国际欧洲为对手方[②]，这些当中有83 500个交易将要在欧洲结算，45 000个在亚洲，12 500个在美国。根据普华永道所说，欧洲的大部分未平仓现货交易

[①] 2009年1月19日在一个伦敦金属交易所组织的伦敦会议上的评论。
[②] 普华永道（2008年11月7日），"未平仓交易——市场更新"，关于雷曼兄弟欧洲（被监管中）的交流讨论。

都在场外执行。尽管约有 65% 是通过丹麦、法国、意大利、挪威、瑞士、英国的结算系统，加上布鲁塞尔的欧洲清算系统来完成的，只有"少量"是在交易所执行并通过中央对手方清算所清算的。

破产管理人必须对自己所做的决定承担个人责任，导致了他们宁可错在过度谨慎上。2008 年 12 月，一项由伦敦市长委托、由高水平专家组进行的、由鲍勃·威格里（Bob Wigley，当时美林银行欧洲、中东及非洲的主席）牵头组织的研究，指出了英国破产法里的这一奇事，研究得出结论：

> 英国政府必须紧急审核英国的破产管理法，以重建对海外公司在伦敦的金融子公司的信心。雷曼兄弟英国子公司的破产管理人所遵守的程序，以及他们承担个人责任的这一事实，与快速向债权人释放资产和清算（的要求）不一致，阻碍了破产清算的快速解决。

根据威格里的专家组所说，卷入雷曼兄弟破产清算中的全球公司，其英国业务比在其他金融中心遭遇更多实质性损失①。

但是，在与破产管理人建立联系，以及雷曼兄弟破产后立即取得准确的客户头寸数据方面，伦敦清算所和其他中央对手方清算所所经历的那些困难是无法躲避的。这些问题，在危机期间与金融监管委员会（FSA）有时很激烈的电话会议中，以及在中央对手方清算所完成他们的任务后与监管者的"教训总结会"中都被提出来过②。

"事后，我们与伦敦清算所一起都说：如果我们的破产管理人有衍生品基本知识，那将会有帮助的"，欧洲期货交易所的马克斯·兹格沃夫（Marcus Zickwolff）评论道。

英格兰银行也极为重视程序的完善，几个月后当它向雷曼兄弟国际欧洲的破产管理人（译者注：普华永道）传达一个几乎毫不掩饰的指责时，这一点变得清楚了。

2009 年 4 月，英格兰银行写的评论说：围绕雷曼兄弟违约的事件"强调了市场参与者清楚理解系统的重要性"，他们要了解涉及的所有类型交易及敞口的违约安排，包括对相关法律保护措施的理解，例如 1989 年公司法案第七章以及 1999 年英国金融市场以及破产（清算）最终监管规则③。

---

① 美林银行欧洲公司（2008 年 12 月 12 日），"伦敦：在一个变化世界中取胜——伦敦金融中心的竞争的回顾"。
② 本书作者一直尽量在讲述破产管理人对 1989 年公司法案第七章的处理时保持公正。在文中提到的伦敦证券交易所会议上他曾找过托尼·罗马斯做一个采访，罗马斯先生答应了这一请求。然而，在对后续邮件和电话的答复中，罗马斯先生的办公室给出的信息是"他无法承诺见面"。本书作者进一步邮件要求见面，没有得到回复。
③ 英格兰银行（2009 年 4 月 b），"支付系统监察报告 2008"，第 5 号发行。

在英格兰银行和金融监督委员会的支持之下，在英国被认可的清算所和破产程序从业者们于 2009 年开始起草一个文件，建立"合作指引"以减少在应用公司法案第七章时的冲突。

这一指引将是非强制性的，这在草案进行意见征询时成为了问题。对于非强制性协议在未来类似雷曼兄弟的危机中到底有多少效力，清算所存在根深蒂固的疑虑，草案未能缓解这一疑虑。鉴于到 2010 年夏天仍没有进展迹象，清算所专家们越来越支持改变法律，以提供法律上的确定性：在 1989 年公司法案第七章下，清算所违约处理法规将优先于破产管理人的破产清算程序。

3.8　伦敦清算所集团经受住了考验

雷曼兄弟提供的 20 亿美元初始保证金里，伦敦清算所仅用了 35% 来处理违约[①]，就能克服最初几天的障碍、处理好雷曼兄弟欧洲的自营和客户头寸，而没有动用雷曼兄弟缴纳的违约基金或者其他清算会员的基金。这归功于它的结构。

伦敦清算所的多资产类清算模式给了首席执行官罗杰·里戴尔策略运作的自由空间，使他在违约发生后的头两天抑制住了对雷曼兄弟欧洲客户头寸的匆忙清算，同时清算所人员在徒劳地敲着破产管理人的大门试图解决未分隔客户账户的难题。

正当公司清算其他仓位时，为预防风险而按日持有的超出保证金（覆盖金额——amount of cover）的部分增加了。随着在险金额的减少，清算所一天天变得更安全。因此里戴尔可以放心地再三做出决定，设法转移未分隔头寸，否则它们已经被清算了：

> "我们总以为，拥有普通违约基金是作为多资产类中央对手方清算所的主要好处"，里戴尔后来回忆道。事实上，在雷曼兄弟破产事件期间，更主要、更有价值的发现是：每一市场的初始保证金是完全互通的。就我们账面上的所有风险而言，我们受益于资产组合效应所带来的好处。当负相关存在时，价格在一个市场上朝一个方向而在其他市场中朝另一个方向变动，由于我们处理一些组合时比其他机构快很多，这意味着一些（组合）被清算后留下的保证金足够用于覆盖别处的风险，这是个巨大的好处。
>
> 在任何垂直筒仓结构中，我们都不会出现保证金用尽的情况，这意味着我们时刻都有一个更大的保护垫，而这一大保护垫的效用就是我们在识别客户头寸时可以

---

① 根据罗杰·里戴尔 2010 年 2 月 9 日对欧盟上议院委员会的证言（上议院，2010）。

更尽职。我们没有那种要立即清理掉所有东西的急切需求①。

"这是一个已完全得到了验证的模式",伦敦清算所集团董事长克里斯·塔普克（Chris Tupker）后来讲道，"这个模式是在一个清算所中拥有许多资产类别，从而来自一个用户的抵押品可分散到大范围的资产上，而所有的抵押品也可以都分配在同一种资产类别上"。

伦敦清算所的多资产类模型帮助克里斯·琼斯和他的团队在市场极端波动的情况下管理风险：

我们知道，因为我们是如此的多样化，如果我们在石油上亏损，却在天然气上盈利，在证券上亏损，而在回购中盈利，那么我们资产组合的账上不会出现大的亏损。我们有能力平衡好这些东西，从而为自己换来一些时间。部分是依靠运气、部分是依靠判断。

如果在雷曼兄弟寻求第十一章破产保护前的那个周末，石油期货从伦敦清算所转移到洲际交易所欧洲清算公司的计划继续进行，那么伦敦清算所将没有那么多运筹的空间。

事实上，伦敦清算所拥有经验丰富的人员和联络安排来处理雷曼兄弟违约后出现的紧急状况。当雷曼兄弟的未分隔客户账户的问题出现时，经验和架构安排成为主要依靠。因为集团为广泛的资产类别提供清算，公司可以赢得时间，延迟对雷曼兄弟欧洲客户头寸的清算，否则这些头寸被很快出售，可能会对保值头寸带来潜在的巨大破坏，并且过程中会对全球投资者对伦敦金融城的信心造成不可修复的损害。

在伦敦清算所巴黎，克里斯托弗·艾蒙有理由回顾另一段好运气。尽管雷曼兄弟违约让清算所巴黎经历了迄今最大的公司破产事件，但雷曼兄弟欧洲并不是它技术程度最复杂的客户实体。艾蒙后来问到一个问题：如果雷曼兄弟欧洲在自营交易和为客户交易的同时，还是一家综合清算会员（GCM，即通过中央对手方清算所为其他金融机构交易提供清算服务的那些银行中的一个），那么这家中央对手方清算所的结果将如何？

在雷曼兄弟违约的两周后，当富通银行（Fortis）这个比利时—荷兰的银行遭遇投资者信心崩塌而不得不接受比利时、荷兰、卢森堡三国政府救助时，这个问题变得尖锐了。尽管救助只是漫长戏剧过程中的第一步，其中牵扯到多个法律行动并引起了比利时一个政府的倒台，政府的行动消除了富通银行违约的风险。这样倒也不错：富通银行不仅是伦敦清算所巴黎的衍生品清算服务的大客户，作为一家综合清算会员，这个集团还为 120 家交易会员进行清算。

---

① 与作者的谈话，2009 年 12 月 22 日。

根据艾蒙所说，那是个庞大的业务：

> 并且这一压力不仅仅是在我们身上，转移这些头寸将是一项非常庞大的工作，要把它们转移到另一实体或者一个全球清算会员名下，这给市场带来很大压力，因为如果周末出现了富通银行的情形，那么周一这些公司将不能交易或者冲平头寸，而转移过程将仍在继续。如果这一情景真的发生，这将影响纽交所—伦敦国际金融期货交易所的欧洲市场，例如市场波动将非常之大[①]。

富通银行的事件警告了中央对手方清算所，它们必须准备好应对任一类型的危机。"当你考虑一个类似雷曼兄弟这样的大型客户，或者像富通银行这样的综合清算会员时，其影响是完全不同的，中央对手方清算所在违约流程上要进行相应调整"。

监管者也从违约中吸取了教训。在雷曼兄弟破产案 3 个月后召开的关于违约的事后分析会议上，四方讨论了清算所巴黎和意大利的中央证券存管中心之间的流动性困难，这四个参与方包括这两家公司以及法兰西银行和意大利银行。

这一小插曲看起来证实了中央对手方清算所拥有银行地位，且在各个层面与它的国家央行保持非常紧密关系的一些好处。清算所巴黎的法国银行业执照让它能获得央行资金。正如艾蒙赫蒙随后报告的：

> 清算所巴黎本周不得不面对一场流动性危机。那时因为市场上所有的银行都非常小心翼翼，在日终时这些银行都有巨大余额，但它们宁可把钱留在法兰西银行，而不借给其他的银行。所以能直接使用央行资金是有帮助的，并且作为一家银行，清算所巴黎还能直接使用欧洲中央银行的资金。

可以使用欧洲中央银行资金，意味着清算所巴黎可以使用 Target2 大额快速支付系统，将资金转到有需求的意大利。

但是，如果意大利中央证券存管中心的终端安装在清算所巴黎的办公室内，允许中央对手方清算所追踪证券的动向，并且预测出需要多少资金，那么这些问题可能会得到较好监控。自那以后，作为改进危机中的流动性操作的几项措施之一，清算所安装了电子屏。

清算所巴黎还采取了以下措施：
- 在国际中央证券存管机构增加信用额度。

---

① 引用艾蒙（Hémon）的话，出自他与作者的谈话，2008 年 12 月 9 日。

- 与伦敦清算所伦敦建立互惠信用额度。

- 安排使用欧洲中央银行系统（European System of Central Banks）的"中央银行代理模式"（CCBM），允许参与者使用国外证券作为抵押品从他们本国的银行获得资金。

- 与中央证券存管机构和国际中央证券存管机构建立流程，在半天时间内返还证券，并利用法国央行的名为3G（Gestion Globale de Garanties——抵押品全球管理）的系统将它们变现。

在金融危机的管理方面，雷曼兄弟破产的故事证明：对于大西洋两岸的财政部长和金融政策制定者来说，中央对手方清算所已经变成了"必须拥有"的辅助工具。

伦敦清算所的掉期清算系统成功地了结了数万亿美元的场外利率掉期交易，美国集中存托清算公司通过它"一天的中央对手方清算所"操作把美国市场的按揭抵押证券的远期头寸成功减少，特别展现了在紧急情况下中央对手方清算所如何在场外市场高效运作，尤其是当它们驾驭市场参与者的专业技能时。

伦敦清算所集团和其他清算所在雷曼兄弟破产浩劫中取得的成功，使得场外交易的清算成为了政策制定者努力从危机汲取的最重要的教训。本书将在第五部分回到政策制定者的需求、行业的反应，以及中央对手方清算的发展上来。

雷曼兄弟倒闭后的几周使中央对手方清算所经受了最严酷的考验。中央对手方清算如何发展，才能使现代中央对手方清算所能应对这些挑战，是本书第二部分、第三部分和第五部分的主题。

第二部分
通往中央对手方清算的道路

第 4 章

早期的清算

4.1 早期的交易者和交易后服务

在现代中央对手方清算出现的几个世纪之前，人类已开创出了一些技术方法，这些技术后来成为交易清算惯例的一部分。

人类学研究发现，最早的期货期权交易出现在公元前 1750 年左右，它发生在美索不达米亚古城（译者注：位于亚洲西南部）。一旦 3 个或 3 个以上的人集结起来进行货物或服务交易时，大家需要对达成的交易本身和相互收支的关系理解透彻。有位作家推测：古时候的庙宇辅助了今天伊拉克一带地区的交易活动，其作用就如同 4 000 年前的清算所①。

根据这位作家的观察，关于在亚述帝国的城邦之间进行的早期交易后活动，还没有学者能从古代陶制桌上描绘交易、银行活动和会计规则等的骨文推断出来一个清晰画面。然而再向前推几个世纪，已经有了现代中央对手集中清算的技术和交易惯例的基因出现的证据。

古时就有了对净额结算的认知。罗马法律中的补偿（Compensatio）原则，认可在结清借贷双方之间交易的冲突时，使用对冲抵消。西罗马帝国没落和消亡后，这项原则被重新启用，并构成了中世纪欧洲的结算体系的法律基础。

中世纪的欧洲商人发展出了复杂的净额结算技术，用于处理汇票。汇票一直到 20 世纪以前都是商人们之间非现金支付的主要工具。这种票据使得商人们克服了远程交易中同一货币缺失以及盗贼横行的风险问题。欧洲的交易集会吸引世界远近各地的商人，创造了商人之间结算交易的汇票体系。

---

① 斯旺·爱德华（Swan Edward, 2000），建立全球市场：衍生品的 4 000 年历史。关于新兴沃土上的城市的发展，见莱克·格温多林（Leick, Gwendolyn, 2002）的《美索不达米亚——城市的起源》。

　　"香槟集会"从 12 世纪开始每年不同时间在不同地区举行。集会交易完成后留出了时间对参与者之间的账户进行结算。来自弗兰德、英国、德国和法国其他地区的交易商聚在一起，使用早期的汇票（法语为 Lettre de Foire）来进行交易。在它的鼎盛时期，每次集会持续 49 天，第一周专门收货，接下来的四周交易，最后的两周进行账户间结算。当时已经存在的解决争端的商业"公平法庭"，表明了这种复杂的金融结构[①]。

　　到 15 世纪时，"香槟集会"的活动开始减少，因被英法"百年大战"所破坏。1463 年，大约战争结束 10 年后，法国国王路易十一批准每年在里昂举行 4 次交易集会，来填补"香槟集会"留下的空白。每次集会后的第一天用来结算，商人们出示各种汇票、结算账务、并对汇票进行清算。里昂的结算方法运用了净额结算法则，允许交易商用现金了结交易差额，据经济学史家分析，这些交易很少发生实际交割[②]。

　　净额结算降低了成本，使集会成了商人之间贸易往来的魅力十足的场所，同时帮助里昂发展成为金融、商业和工业中心。

　　在 16 世纪末 17 世纪初之间，里昂一直是决定欧洲各国货币汇率的中心。在那之后，汇票清算的创新中心转到了意大利北部的城市。其中最有名的是热那亚，该市的圣乔治银行（Banco di San Giorgio）就通过特殊的"汇票集会"（意大利语：Cambi）专为票据清算提供服务。

　　银行的清算活动在 1580 年到 1630 年之间开始繁荣发展，促进了商业贸易、贷款和远程交易支付的非现金结算，降低了现金长途运输的风险。通过挖掘该银行的档案历史，两位学者基斯普·费罗尼（Giuseppe Felloni）和吉都·劳拉（Guido Laura）清晰描述了当时每季度不同地区的汇票集会的结算活动[③]。

　　汇票集会持续八天，在此期间参与者可以接受在其他城市发行的、集会结束时即到期的汇票，也可以就新的汇票进行谈判，并且通过互偿方式及现金支付来了结之前的交易头寸净额。

　　整个过程遵循一套规则：第一天对参与者和到期的交易单据进行登记；第二天计算出参与者借方金额和贷方金额之差，并加总；第三天，借贷双方之间的金额被相互冲销后，确定剩余所欠的净头寸支付金额，协议达成，并对这些差额及收付款总额进行核实；之后的一天，其他城市的汇率被确定下来，新汇票被发行和销售，参与者的头寸得

---

　　① 泰威尔斯（Teweles）、理查德 J（Richard J）、哈尔罗（Harlow）、查尔斯 V（Charles V）和斯通（Stone）、哈伯特 L（Herbert L.）（1974），商品期货的博弈。

　　② 科南特，查尔斯 A.（1905），货币银行学原理，第二卷。

　　③ 包括皮亚琴察（Piacenza）、诺威·利古雷（Novi Ligure）和塞斯提·利凡特（Sestrie Levante）：基斯普·费罗尼（Giuseppe Felloni）和吉都·劳拉（Guido Laura）（2004）著作《热那亚的金融史：一系列的第一？》（在 www. giuseppefelloni. it，2010 年 12 月 3 日）。他们的作品集见博兰·文森特（Boland Vincent，2009）的"银行：第一章"，发表于金融时报周末杂志，2009 年 4 月 18 日至 19 日。

到更新。所有这些活动的结果被汇总到一张"收支平衡表"中，记录所有参与者之间的应收或应付的净额。在进一步核实确认后，收支平衡表由各家银行对签，并且上交给一个称做"集会领事"的官方机构，由其加盖封印保存，整个集会宣告结束。

尽管其节奏不甚严谨，但圣乔治银行使用的程序，包括登记、匹配、核实和净额结算，对今天的结算所经理人来说非常熟悉。

4.2 荷兰的"黄金时代"的清算

尽管热那亚"汇票集会"在商业汇票清算方面很专业，交易后服务却在荷兰得到迅速发展，方便了本身具有高投机性的投资活动。

17 世纪的荷兰可谓是金融创新的温床，这段时间是荷兰的"黄金时代"。尽管 1636—1637 年荷兰的"郁金香狂热"堪称史上最离奇的投机泡沫，狂热者及投机家将还生长在地里的郁金香球茎炒至天价，这同时也推动了清算业的发展。

以旅馆为所在地的交易俱乐部出现了，为郁金香球茎的交易提供清算。根据两位荷兰经济历史学家的阐述，清算环节组织得非常紧凑：

"进入旅馆后，想要参加交易的人需先对记录人介绍自己，之后记录人将写有他们名字的牌子给他们，以便参与竞价。记录人会将交易记入分类账中，供每晚交易结束后的清算过程中结算交易使用。[①]"

经过冲销轧差之后的净额才需要结算，交易者之间只需互相支付净额，即对买方或卖方的差额即可。价差主要是由交易过程中不同的成交价格造成的。服务费是按售价的一定比例收取，以覆盖成本。

那时的交易俱乐部就像是一个国家里清算所的雏形。这个国家产生了世界上第一个吸引了大量个人投资者的大公司。荷兰东印度公司[②]（VOC），成立于 1602 年 3 月，被荷兰政府授权垄断对亚洲贸易市场的活动。从 1641 年起，它是唯一一家得到日本许可进行贸易往来的欧洲公司，其贸易活动以长崎的出岛为基地。

荷兰东印度公司的股票在阿姆斯特丹证券交易所进行交易，并且因股息波动较大成

[①] 杰德布伦·奥斯卡（Gelderblom Oscar）和琼克·久斯特（Jonker Joost，2005），"阿姆斯特丹——现代期货和期权交易的摇篮"。还可以见长斯勒·爱德华（Chancellor Edward，1999），落后者遭殃（Devil Take the Hind-most）。

[②] VOC 是荷兰东印度公司的荷兰语 Verenigde Oost - Indische 的缩写。

为投机者的最爱①。17 世纪晚期，商人兼诗人约瑟芬·德拉维加（Joseph de la Vega）写了一本名为《乱中之乱》（*Confusion de Confusiones*）的书，里面叙述了荷兰东印度公司股票的交易方式，这是第一本关于股票市场交易的书籍②，德拉维加的这本书完成于 1688 年，正巧是在 VOC 股价崩盘三个月之前，书中描述了股票的清算和交割过程。

全额支付的 VOC 普通股是在每月的 20 日交割，在 25 日支付。但是由于股票在月内会被交易数次，交割和支付就有些让人感觉很乱。如同德拉维加描述的那样：混乱、无序、沮丧已经充斥着结算过程，因为投资人可以不履行交割或支付义务。一些特殊经纪商（或重新估价者）站出来解决这个问题，他们的业务就是平衡市场，支付或者接受买卖双方之间的净差额。

德拉维加同时也描述了一种活跃的小面额拆分股票的交易，高价值股票的所有者将持有的股票十等分，创造出了小面额股票，给了小资金投资者一个参与机会。小面额拆分股票交易具有相当高的投机性，吸引了男女老少各种人群，形成了一个"既混乱又灵敏"的市场。

小面额股票拆分的交易由一个总出纳官方机构（General Cashier）负责清算，它将交易登记在册，从买卖双方收取部分佣金。每月第一天，时钟敲响下午 1:30 时，他会根据东印度公司股票的交易价值计算出小额拆分股票的价格，这样开放头寸就可以通过现金了结。

这些程序预示了后来的清算操作。通过提供净差额的计算和安排支付，荷兰私人交易俱乐部和德拉维加的重新估价者所起到的作用，就类似于 19 世纪的第一批商品交易清算所。在固定的时间，小额拆分股票交易的清算机构总出纳提供一个参考价格，这是清算过程至关重要的一部分。

4.3 清算所的推广

阿姆斯特丹证券交易所（ASE）是为了满足荷兰东印度公司对资本的巨大胃口而出现的，16 世纪，北欧城市的商业和金融交易的固定见面场所陆续演变成为了交易所，阿姆斯特丹证券交易所（ASE）也随后成立。1531 年，一个交易所在安特卫普成立，1567 年伦敦皇家交易所（LRE）也跟着成立。

一旦交易商在某个地方集中活动，清算体系最终就会跟着出现。第一所明确为人所

---

① 丹·黑杰·汉克（Den Heijer, Henk, 2002），荷兰东印度公司和交易所。

② 作者借鉴了在 1996 年由 John Wiley&Sons 出版商出版的《乱中之乱》的"商业书"版本：书中将德拉维加的文章内容翻译和查尔斯·麦凯（Charles Mackay）的《非凡的大众幻想和疯狂的人群》编辑版本放在一起。1957 年以来的这个版本，包括赫尔曼·凯伦本茨（Hermann Kellenbenz）写的一个对德拉维加著作的非常有用的介绍。

知道的清算所大楼叫做"交易公寓"（法语：Loge des Changes），1630 年左右建于法国里昂。

正是在伦敦，随着 18 世纪其银行体系的繁荣，在清算所里进行的清算活动成为了每天都进行的日常业务。1773 年，银行家们在伦巴底街（Lombard Street）旁边的五钟旅店（Five Bells Tavern）租了一间房，专门供银行职员们见面以交换纸币、支票、账单以及结清银行之间的债务①。

这一做法使银行互相之间不必再派遣员工到对方的办公地点去收取债务。最初，伦敦清算所②渐渐有名，它看上去像一个私人俱乐部那样在运转。1821 年，一个银行家常务委员会成立起来，监管清算所的经营活动。经过两次搬迁到更大的经营场所之后，1833 年它的第一座大楼正式建成。

多年来，位于伦巴底街邮政大楼（Post Office Court）的交易所的会员资格仅限于伦敦市的私人银行家。经过 20 年的抵制，1854 年它接受了伦敦市的公司所有制银行作为会员，四年后，即 1858 年，它开始为英国的地方银行提供支票清算服务。

1854 年，英格兰银行也成为了它的会员，因此所有参与银行之间的账户差额都可以通过在中央银行的账户进行转账结清。这个做法标志着清算所体系的组织结构的一次重大进步，预示商业银行和中央银行在清算过程中所起的积极角色。这种角色延续至今。

19 世纪 70 年代，经济学家和哲学家威廉·斯坦利·杰翁（William Stanley Jevons）访问伦敦交易所时，票据成为了英国及其清算所大部分业务流程里最受欢迎的支付手段③。

杰翁发现伦巴底街的大楼一个朴素的长圆形房间里每天进行着三次清算。清算所对全市 26 个主要银行间的相互债权关系进行清算，每天将近 2 000 万英镑的债务被清算，却"不动用一张纸钞或硬币"。一些参与银行会派遣多达 6 位员工去交易所，来处理工作的压力，据杰翁所说，压力是蛮大的。

他的担忧是显而易见的，他所描述的状况，让人联想起现代伦敦金融城的交易室：

> "员工们用于做账记账操作的设施确实很好，但是由于工作强度高且时间紧迫，在一点都不纯净的环境里，在混乱和一个员工冲房间另一头的员工大声喊话纠正错误的嘈杂声中，压力是巨大的，脑部疾病自然也会偶然发生。"

---

① 根据来自支票及信用卡清算公司（Cheque & Credit Clearing Company）的信息：www. chequeandcredit. co. uk，（2010 年 12 月 3 日访问）。

② 同样的，不要与 20 世纪名字相同、现在成为伦敦清算所的一部分的公司相混淆。

③ 威廉·斯坦利·杰翁（1875），《货币交换机制》。杰翁举了一些例子显示：支票和汇票占银行支付交易的 68% ~ 97%。

英国其他城市也蓬勃兴起了支票与付款（译者注：指类似支票的支付工具）的清算所。在伦敦经验的基础上，纽约清算所协会（New York Clearing House）在 1853 年 10 月成立，规范了纽约市 57 个银行间混乱的支付交割程序，随着美国的城市化向西部推进，一个又一个城市把它当做银行间清算的规范模式。

杰翁指出，清算不是只限于银行业。无论在哪里，当一群交易者互相之间存在大量债权关系时，他们就倾向于建立清算所。一个这样的例子就是 1842 年成立的铁路清算所。它的清算工作比银行间的清算所工作要更加复杂多样，因为 19 世纪初有大量的英国铁路运营公司互相在各自拥有的铁轨上运营。伦敦"尤斯顿广场（Euston Square）的大房子"里面坐满了会计师，他们对不同铁路公司管辖地区下的各站之间乘客乘车和货物运输的发票，进行清算和调整[1]。

1847 年，伦敦证券交易所为其经纪商们建立了一个清算所，用杰翁的话说就是"他们清算的不是资金，而是巨量股票"。因为交易所的经纪商每两星期结清一次他们的账户，英国政府担保证券每月结清一次，而期间他们可能多次买卖相同的股票。清算所的存在，消除了大量的股票双边转移，取而代之的是规定每位会员出具一纸单据，说明他[2]在每只股票上对每位其他会员所承担收取或支付的净额，然后清算所经理会引导债务人将必要的股票转给债权人来结束所有交易。这种转让发生在经纪人与经纪人之间，而不是经纪人对清算所。最终的效果是轧差了交易转让的总次数——实际发生转让的交易量不超过所有被清算的交易量的 10%，大大减少了在到期日的付款数量。

杰翁在他的书中曾提到，利物浦的棉花经纪人协会采用了清算机制来简化棉花远期交易的结算。这在当时是英国清算业中的最新创新。然而，杰翁有所不知，在地球的另一端，一个从 1640 年开始就在经济、文化、外交方面与欧洲隔绝的国度里，一个世纪以来清算所已经在期货交易中扮演了重要的角色。这个国家就是日本。

4.4 日本的堂岛大米市场

1730 年，代表天皇、并通过世袭军事主管来统治国家的日本幕府颁布了一项法令，把大阪的堂岛大米市场[3]转变为官方交易所。

---

① 铁路清算所的记录保存良好，因其很快受到英国议会的警惕关注，并被 1850 年铁路清算所法案监管。

② 99 年之后，即 1973 年 3 月 26 日，证券交易所才接受女性（作为交易员）。

③ 因地处堂岛河地区而得名。不要与日本长崎的出岛混淆，那是 1641 年荷兰东印度公司在日本的基地（见 4.2 节），出岛曾是外界进入日本的唯一通道。堂岛清算所是否从出岛的荷兰交易商那里借鉴任何东西，这点无从得知。

日本几乎与外界完全隔绝，当时的社会里，农村地区的封建武士阶层享有威望，然而随着社会逐渐进入货币经济时代，城镇的商人和工匠逐渐富强起来。

大米是主要农作物。日本的土地主和封建贵族每年从他们的佃农那里收取一定比例的农作物作为租金和税。因为他们需要资金购买物资、武器以及维持自己在宫廷里的存在，他们将富余的大米运往大阪和江户（现在的东京）变成现金。针对储藏于农村或城镇的大米，土地主开始卖出票据或仓库发票（CHO－AI－MAI）来快速筹集现金。由于季节气候的变幻莫测、收获的波动以及贵族们常有的入不敷出的生活方式，武士贵族阶层很快就寅吃卯粮，用未来交割大米的仓库发票支撑当时的生活。这些发票被交易，催生了一个以大阪为中心的未来大米交割市场。

1730 年的法令规定了大米仓库发票（cho－ai－mai－kaisho）的交易规则，类似于现代的期货交易所规则，其中也包含了清算所作为市场基础结构的必要构成①：

- 合约应该有固定期限；
- 合约条款应当标准化；
- 对每一合约期限，应统一大米的（质量）等级；
- 不允许任何合约结转到下一合约期内（交易）。

此外，所有交易的清算需通过清算所进行，每个交易者都要与清算所有一定的信用额度。

这样构建之后，交易者和生产商能利用市场对头寸进行保值，这可以说是个成功。截至 1732 年，在堂岛大米市场登记注册的有 1 300 名交易者，其中 500 多家是批发商，另 800 名是经纪商②。有 50 至 60 家清算所、1 000 多从业人员对大米买家和经纪商之间的交易进行清算③。

据加利福尼亚大学圣地亚哥分校副教授奥莱克·沙诶德（Ulrike Schaede）所说，清算所的存在最初是为了把大米换成现金，补充大米商人的现金存款。但是随着交易所业务增长，他们开始对交易进行清算。清算所不允许用自己的账户交易，然而他们对开

---

① 伯伊塔·杰佛瑞（Poitras, Geffrey, 2000），金融经济的早期史，1478—1776。泰威尔斯（Teweles）、理查德 J（Richard J）、哈罗（Harlow）、查尔斯 V（Charles V）和（斯通（Stone）、哈伯特 L（Herbert L.）（1974）：商品期货的博弈，其中有关于堂岛大米市场规则的类似描述。

② 伯伊塔（Poitras, 2000）。

③ 清算活动规模的数据来自伯伊塔（Poitras, 2000），以及米亚摩托·马涛（Miyamoto, Matao, 1999）"堂岛大米交易所——世界上最早的商品期货交易所"，日本贸易及工业日志；以及美国芝加哥联邦储蓄银行的主席兼 CEO 莫斯科·迈克 H（Moscow Michael H）的评论，发表于一个关于中央对手方集中清算主题的欧洲央行与美国芝加哥联邦储蓄银行的联合会议上。

放头寸收取服务费和保证金，收取保证金的同时还承担了保证合约履行的义务。因此沙诶德说道，"商人在清算所清算他们的头寸就可以了，不必考虑最终对手方的商誉如何①。"

19 世纪，堂岛大米市场陷入了困境。清算所的数量剧减到四家：沙诶德认为，可能是因为清算所的劳动密集程度很高，因而相应地遭受了损失。1830 年到 1843 年间，日本经历了一次经济衰退，收成不好导致大米市场骚乱和债务增加。沙诶德讲述了在那段时间内，清算所如何提高佣金和保证金要求，来减小其保证（期货合同）履约的风险。

1853 年 7 月 8 日，美国海军准将马修·佩里（Matthew Perry）的"黑船"进入东京湾，日本闭关锁国政策终于结束。幕府政权的衰落和日本的对外开放的巨变，扰乱了堂岛大米市场。它一直存活到1869 年，当时天皇通过"明治维新"运动重新夺回日本控制权，天皇政府认为仅从价格差中获利的合约交易是赌博行为②并对它进行压制。

日本政府下令关闭所有的交易所，但仍然允许大米的现货交易。两年后，堂岛大米市场重新开放，但其辉煌时代已经结束。虽然固定条款交易已经合法化，但条件是在结算时货物必须实际交割。

然而，基于现有的证据，看起来是大阪的大米市场创造了清算所，通过承担交易参与者的对手风险和保证开放交易完成，它们扮演了现代中央对手方清算所的角色。这种情况不为西方资本主义社会所知，直到 1853 年日本开放的 30 年之后。

然而，随着"即将到货"的合约（远期交易）逐渐出现，商品交易在英国、欧洲其他地区和美国都发生了变化，紧跟着出现了期货。这些发展在一个时期以后都促进了清算的进步。

4.5 远期和期货

19 世纪中期的英国是"世界工厂"。作为第一个工业化的国家，它越来越多地依赖于进口原材料和食品，用于其作坊、工厂以及城市劳动力的扩张。此时美国成为了一个新兴的经济力量，随着移民和经济生活的向西推进，她生产了各种各样的商品包括粮食、棉花、黄金和（后来的）石油，供给美国东海岸的城市和工厂，并出口到了英国

---

① 奥莱克·斯嘉德（1983），"日本德川时代的远期和期货：堂岛大米市场新视角"，银行及金融业杂志。斯米克达·迈克（Smitka Michael, 1998）也曾提到过，"日本德川时代的经济，1600—1868。对日本大米市场及清算体系进行研究的斯嘉德教授，同时也是日本银行的货币和经济研究院的访问研究员，她在与作者的邮件中提供了更深入的视角。

② 萨诺·仲萨古（Sano, Zensaku）和尤拉·圣塔罗（Iura Sentaro, 1931）"日本的大宗商品交易"，美国政治和社会科学学科编年史。这里的仅以赚取价差为目的而不交割的交易，和之前 17 世纪荷兰的私人交易俱乐部的例子中描述的那种根据轧差结果来结清交易净差额的交易有一些细微差别。

和其他地方。

在欧洲，工业化革命和城镇的快速增长从英国开始向外蔓延，首先是比利时，然后再到其他国家。商品需求在增长，广大乡村里的农产品社区对价格的敏感度也增强了，而大宗商品的价格正是容易大幅波动的。

在技术和通信进步对交易技术带来改变之前，确实花了一些时间来应对这些挑战。甚至直到进入 19 世纪之后一段时间，大多数大宗商品和原材料的交易还是现货形式的，商品换手最常用的方法是拍卖①。

运输的不可靠和货物质量的差异，成为了提前购买的障碍。此外供应链——从农民开拓者们把美国中西部的余粮运送到美国东海岸，或者从美国内战前南方的棉花种植园到英格兰西北部的制衣工厂——供养了大量各样的商人以及在其中有既得利益的中间人群。

但是，远期交易——当时也称为"即将到货"——的商品的销售和购买，逐渐变得更成熟，并在过了一段时间之后，也促进了更多有组织的期货市场和清算所的产生。

欧洲和美国的经济出现远期交易的原因，和 18 世纪日本的堂岛大米市场出现的原因几乎一样。农产品的生产者和购买者想通过套期保值来应对价格变化，从而摆脱农产品的季节限制。

大宗商品的远期交易是市场发展的一个过渡阶段，从只能发生货物易手的拍卖市场到期货市场，标准化合约的买卖带来了价格发现和风险规避的经济效益以及大量的投机机会，而交易参与者不必交割任何商品。

随着远期市场的发展，商人学会了使用它们，就像他们后来运用期货那样：通过进行一个与现货交易方向相反的抵消交易来保护头寸，从而抵御价格的波动。然而，这些市场的存在亦有弊端。远期市场是为批量商品的最终交割而设计的，合约的标准化程度有限，因而市场流动性相对较差。此外，远期交易容易被操纵。经常存在"垄断"和"意图垄断"的情况，即某个交易商买入现有某种商品的所有库存，用于勒索其他所有参与者——他们不得不从垄断者手中买现货来了结交易。

期货市场则基于更为标准化的产品和普遍的合约，且由日益完善的规则管理。期货市场有时也被称为"承诺"的市场，它比远期市场流动性高，使交易者能够更容易地解除因买入或卖出某一到期日合约而产生的义务——通过对同一到期日的合约进行一个相反方向的操作即可。一旦有了清算所的支持，期货市场的流动性进一步得到提高。

交通运输业的进步，推动了期货市场的发展，这意味着投资者对所买卖的商品的交割变得更有信心。铁路、内燃机轮船及邮电服务的迅速发展，使样品领先于船运货物到

---

① 里斯·格拉汗 L.（Rees Graham L.，1972），英国大宗商品市场。

达——这也比以前的航海运货要快许多，买家再也不必在购买前去货物到达地仔细查验托运货物。电报服务也缩短了市场和生产商之间相互介绍产品所用的时间，1866 年跨大西洋电缆铺设好之后，这一时间缩短到了以小时计算。

在 19 世纪的最后 25 年，期货市场从大西洋两岸的远期市场进化出来，并逐渐超越了它们。

关于早期期货市场的出现和他们的清算实践的信息相对较少。但是 19 世纪的两个市场——英国利物浦的棉花市场和芝加哥期货交易所的谷物交易——已经留下了足够多的材料，即关于清算所是如何发展以满足市场需求的。在各种情形下，相关机构所采用的方法并没有达到中央对手方类型清算所的程度，但它们突出了一点：清算所的出现是对有组织的期货市场非常重要的支持。而期货市场是第一个中央对手方发展起来的地方。

4.6　利物浦的棉花交易和清算

在英国，19 世纪下半期，利物浦棉花交易行业率先发展了从现货、远期到期货的交易技巧，部分得益于清算所的建立。对于交易及清算系统如何出现的了解，我们主要是通过一个名叫托马斯·艾里森（Thomas Ellison）的市场参与者的著作得到的[①]。

直到美国南北战争（1861—1865 年）之前，英国利物浦的棉花交易主要涉及的是已经抵港的货物。交易运作是根据一个大家都清楚的、约定俗成的规矩。棉花的进口商通过卖方经纪商出售棉花，同时兰开夏郡的纺织业者们通过经纪商购进棉花。经纪商很少充当买家和卖家。从 19 世纪 80 年代向前回顾，艾里森记载道，在美国内战之前利物浦很少交易"即将到货"的棉花。

南北战争扰乱了那些闹独立的美国的州和英国之间的棉花现货交易，引起剧烈的价格变动。这鼓励了"即将到货"——或者说远期市场的发展，提供给进口商一个保护自己头寸的办法。在极大的不确定性和投机性的环境里，远期市场蓬勃发展。战争结束时，根据艾里森所说，"远期交易几乎彻底取代了棉花的现货投机性交易"。

然而，远期合约的固有局限性妨碍了远期交易的发展，而期货合同则使棉花进口商的交易保值操作更加有效。促使利物浦发展出期货市场的是那些已经发展成熟的买方和卖方群体，他们已有了足够大的投机兴趣，可为进口商的保值活动提供对手方。

对于投机者来说，期货交易的吸引力之一是能够设法规避任何买入或卖出实际货物的承诺（译者注：即无须交割）。但这种交易意味着进口商和投机者一样，通常会因他

---

① 托马斯·艾里森。

们买卖的合同价格差异而欠或者被欠一个差额，而这一差额只是市场参与者之间要了结的众多差额之一。

理清这些差额是一个重要的问题。合约经过多次转手，还必须在整个交易链条的原参与者之间清算。这种双边清算系统造成了延误和不便，或正如艾里森说，"争吵、揪心"和"诅咒"。其结果是一场市场改革运动，由当地著名经纪人约瑟夫·B 摩根（Joseph B Morgan）领导，他提出了清算所的想法。这个想法遇到了阻力，一些人担心它可能导致过度投机。其他人担心清算所管理人员能清晰洞察所有参与公司的业务情况。但摩根有自己的办法，棉花清算所在 1876 年得以成立。

每天，清算所委员会的成员都会收到购买棉花的应付款方的全部现金"差额"，拿到这些钱后，他们接着支付现金"差额"给那些有应收款项的会员。清算所的构建方式，杜绝了清算所委员会的成员洞悉其他公司的任何经营活动。艾里森写道："除了发生错误外——这非常罕见，而且一旦出现会立即被发现——钱柜在每天结束时和开始时一样空空如也。"

随着清算所的建立，其他基础设施也发展起来。1878 年 4 月 14 日，棉花经纪商银行开门营业。这是摩根的另一个想法：银行消除了每天持有￡100 000～￡150 000 市场溢出的现金差额的风险。

根据艾里森所说，一个需做几笔支付的买方经纪商，将全部资金总额存入英格兰银行利物浦分行的经纪商账户①。然后买方经纪商给相应卖方经纪商发放信用券。卖方经纪商会将这些信用券存入棉花银行。这些存款，卖方经纪商既可以用来发放新信用券来支付其他交易商，也可以在清算结束时将它变成一张英格兰银行的支票。因为一个经纪商发出的信用券是可以在一天之内多次流转，并对许多账户结算，所以减少了现金使用。在一天结束时，英格兰银行利物浦分行剩下的现金将通过支票转移到最后一个信用券持有者名下。

该系统经过延伸，纺织商和其他棉花最终用户也可以付款给英国银行曼彻斯特分行，款项再转入到利物浦分行的经纪人账户，使得他们在利物浦的买方经纪商能发放信用券给卖方经纪商，从而削减曼彻斯特和利物浦之间的现金转移需求。清算所和棉花经纪商银行最终合并，根据艾里森所说："清算柜台上的所有和'期货'相关联的支付都是通过银行，并通过'信用券'分发，而非现金。"

清算所带来了广泛的影响。利物浦的商人们曾管理着棉花现货合约的供应链，但跨大西洋的电缆铺设完毕后，生意开始流向那些经纪商，他们通过一个电报就能跟美国直

---

① 艾里森连续提到"Brokers' account"，撇号在 Brokers 的"s"字母之后，意味着英格兰银行为所有经纪商开了一个账户。

接交易。清算所带来了经纪人收费的下降，并加剧了经纪商和商人之间的竞争。在艾里森报告里描述道，当所有"期货"都必须通过清算所，以及当只有棉花经纪商协会的会员才有权使用清算所时，商人们是如何被进一步逼入劣势境地。

进口商若想对交易进行保值，需对经纪商支付 1% 的佣金。他们的反应是建立一个竞争对手机构：1881 年成立的利物浦棉花交易所。非常令人吃惊的是：原本势不两立的两个交易群体之间注定通常会有持久的纠纷，但经纪商协会和商人们的交易所居然在一年后结束纷争，共同组成了利物浦棉花协会，其中两类交易商都有参与。

通过引入在固定日期结算合约的规定，棉花协会进一步改善了利物浦清算和结算系统。开始时是每两周一次，后来是每周一次。这一规定于 1882 年 12 月由 60 个经纪商和商人公司自发组成的清算协会率先提出，在经过几次投机导致的经营失败后于 1884 年被棉花协会采纳。

按照利物浦清算所最初的规定，只有合约到期后才对经纪商收取"费用"和"差额"，而到那时投机者可能已经积累较大的负债。通过将合约的结算周期限定为一周以及引入官方结算价格，这个新的"定期结算"体系意味着每周盯市一次。官方结算价格使得会员可以针对开放或已平仓头寸的合约细节作出声明。协会会员们在清算前一天把这些合同的声明传给对方，通过这一方法，对开放头寸贴了"标签"，以避免交易风险过大。

利物浦清算体系标志着向控制对手方风险的现代清算所迈进的重要一步，当然仍旧有些遗漏：没有体系保证对买方或卖方合同的执行。虽然定期结算可以大概了解"差额"情况，给市场上的投机者头寸带来了一定的透明度，却比保证金提供的保护要少。然而，利物浦的体系还是可以看做是向中央对手方清算迈进的过渡步伐。

4.7　芝加哥的期货和清算市场

美国内战促进了利物浦的棉花远期交易，并且也极大地推动了美国中西部地区到北方各州的谷物和其他农产品诸如猪肉的交易发展。

美国东西部之间的贸易已经在急速增长。在 19 世纪 20 年代和美国内战之间，随着国家的强大，前线向西推进，交易所和远期市场在美国北部和南部地区出现。一个重大事件便是 1825 年伊利运河完工，它通过哈德森河将布法罗的五大湖与纽约市连接在一起，加速了阿巴拉契亚山脉以西谷物种植的传播。

运河把纽约州的西部从一个蛮荒之地变成了繁荣的农业区，在 20 年里它一直是美国的小麦生产和加工中心。运河把五大湖变成了纽约市的腹地，这一过程中把中西部北方一些州的商业活动从密西西比和南部转移到了别处①。同样重要的，运河为那些东部地区和国外的移民们开拓了一条途径，可以到达五大湖地区及更深的西部肥沃平原。到19世纪50年代，大概400万人口或将近全美人口的五分之一居住在美国的北部中心地区。

伊利运河的成功引起了五大湖区其他运河的开凿热潮，铁路建设跟随着运河开凿，在19世纪50年代，这把草原对移民和谷物进一步打开了，新的金融和商业基础设施在运河和铁路所到之处发展了起来。

1844年②，在纽约州的布法罗成立了一个"贸易委员会"或者说交易所，进行谷物交易。它似乎在三年内成为了远期交易的中心。随着粮食种植的西迁，其他交易所分别在交通枢纽如克利夫兰、底特律、芝加哥和密尔沃基设立，其中最重要的是1848年成立的芝加哥期货交易所（Chicago Board of Trade—CBOT）。

1837年，芝加哥建市时，它的人口总数略超过4 000人。虽然芝加哥建立在沼泽之上，但是地理位置已经注定了它的壮大。城市位于密歇根湖区，密西西比河的支流和五大湖水系的短途运输末端。芝加哥市成立一年后，第一艘装满谷物的货船从芝加哥出发，取道五大湖航线到了布法罗。19世纪50年代后期，当芝加哥与伊利诺伊中央铁路和东部的航线连通之后，它成为中西部地区最大的粮食枢纽。1860年，芝加哥城市人口超过了十万，同时每年向东部运输约2 000万蒲式耳的粮食③。

中西部的各个交易所都承担多种功能，它们最初的重点是解决当地商业纠纷，但是很快就建立了一个等级、标准和检验的系统，这个系统使谷物储藏变得可替代。这是远期，最终也是期货交易发展的一个重要先决条件。

第一个知名的芝加哥"时间合约"可以追溯到1851年3月13日，当时达成了一个3 000蒲式耳的玉米交易，按照合同将在6月以低于现货价一美分的价格送到芝加哥④。1859年，监管市场的重要一步到来了：伊利诺伊州承认芝加哥期货交易所是国家特许的私人协会，这就意味着它可以制定商业行为规则，像巡回法庭一样仲裁和解决纠纷⑤。

---

① 截至1836年，从布法罗的五大湖通过运河送到密西西比至新奥尔良的东部的谷物，要比南部的多。据圣托斯·约瑟夫（Santos, Joseph, 2008）所述。"美国的期货交易历史"，EH Net百科全书，威颇斯，R.（ed）http：//eh. net/encyclopaedia/article/Santos. futures（2010年12月3日）。

② 莫瑟·詹姆斯 T（Moser, James T, 1994）"现代交易清算所的起源"，手稿系列，金融监管问题。

③ 蒂斯特勒维特·弗兰克（Thistlethwaite, Frank, 1955），伟大的实验。

④ 泰威尔斯（Teweles）、理查德 J（Richard J）、哈尔罗（Harlow）、查尔斯 V（Charles V）和（斯通（Stone）、哈伯特 L（Herbert L）（1974）。

⑤ 卢丽·强娜森（Lurie, Jonathan, 1979），芝加哥期货交易所，1859—1905。作者感激丹尼斯·杜特勒（Dennis Dutterer）指出了芝加哥期货交易所的程序作为自律监管概念（融入了美国的法律）的先驱常常被引用。

1863 年 3 月，芝加哥期货交易所的会员们采纳了第一个远期交易的规则，其中包括如未能遵守合约条款则会被暂停交易。在随后的几年中，芝加哥期货交易所推出更多的措施以防止对手方违约。这些措施包括 1865 年 5 月开始的保证金要求，当时还不是强制性的[①]。1873 年出了一个规定，即任何违约的会员必须"对董事会坦白告知他的财务状况"并且会被协会开除。

这些都是将远期"即将到货"的合约转变成标准化的、可称为期货合约的重要步骤。芝加哥的发展恰逢铁路、电报通信和谷物储存的进步。虽然在学术界关于美国第一个期货合约出现的日期有争议，但是一个共识就是：19 世纪 70 年代中期，芝加哥商业交易所可以被看做一个期货交易所。

然而，芝加哥期货交易所缺乏一个期货交易所最关键的支持，即一个有效的清算系统。1883 年 9 月情况发生了转变：一个大的合约纠纷之后，交易所要求参与交易的公司每天出一份结算报告，报告中要列明交割的头寸以及交易各方需结清的款项、支付或收取的差额。这样，芝加哥期货交易所创建了一个清算所，保证交易对手方无论实现盈利或遭遇亏损，都能够收到应收或付出应付的金额。

芝加哥期货交易所的清算所并非今天的中央对手方清算的先驱，它与第 5 章和第 6 章所述的欧洲结算所，以及后面第 7 章涵盖的美国"完整清算所"不同。芝加哥期货交易所没有股票资产或任何一种资产。期货合约到期时，它并不参与商品的实物交割的任何环节。它是芝加哥期货交易所的一个部门，并且一些评论者认为它不过是一个"邮局"，处理着交易所会员之间的支票和保证金证明的交换[②]。

但是，它便利了轧差、清算和冲销交易。在最简单的层面上它提供了一个"直接结算"的基础架构：其中两个会员在一天的交易结束后，会发现在相反的头寸上（即对相同数量的相同合约）他们互为买方和卖方。在这种情况下，作为清算所的会员，他们可以利用清算所来结算交易中因价格差异而造成的任何应收或应付的资金差额。

清算所的存在也鼓励了"环形清算"的发展，即三个或更多的清算所会员之间，如果对相同数量的同种合约他们互为买家和卖家，他们就可以利用清算所来支付或者收取互相的应付或应收资金差额。

如果一个交易链上的买方和卖方能够形成循环回路，交易环就形成了。在闭市后交易商雇佣的一系列结算人员将买卖方聚在一起，这些结算人员记录买卖数量，在和买卖方的公司核对之后，第二天早上再聚合成喧闹的小组，找出相对冲的头寸以及应结清的差额。差额需要根据一个参考价格计算，该参考价格是每天交易临近结束时由芝加哥期

---

① 见 7.1 节。
② 伯乐·詹姆斯·恩宁斯特（Boyle, James Ernest, 1920），投机和芝加哥期货交易所。

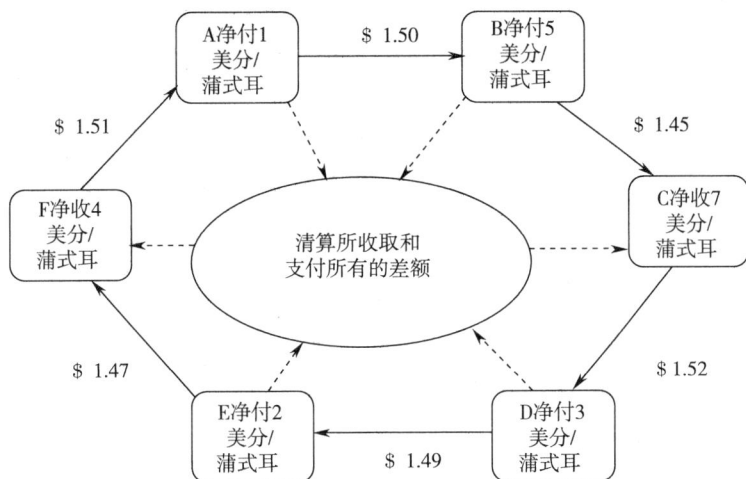

注：A，B，C，D，E 和 F 代表清算所的会员公司。图中的美元数是清算所会员的单位卖价，或单位买价。清算所的支付和应收款项参照虚线。

资料来源：联邦交易委员会 1920 年谷物交易报告。

图 4.1 芝加哥的环形结算

货交易所的秘书官确立的并明显告示在交易大厅。各个不同环的应收和应付金额将被报告到清算所，清算所将收到所有会员的资金差额，然后为每个会员做借记或者贷记，应付的款项由一笔付款结清①。

交易环是完全志愿的团体，一些公司选择不参加。那些参与的企业实际一天之内会形成很多交易环。一个环内清算的交易可能已经敞开了很多天，同样也有可能只是前一天刚达成的。因此，交易所里某一天清算的总额与当天进行的交易量之间是没有关系的。

交易环在芝加哥期货交易所（CBOT）很受欢迎。与清算所协调进行的环清算，减少了交易公司个体之间对每一个差额资金的支票收付，因为它们能广泛地冲销合约，交易环的建立避免了交易中必须提供保证金②。但是，一个成功的交易环依赖于交易对手方能够利用相同合约去替代和抵消相互之间的头寸，从而减少那些结算差额所需的支付次数。而环形系统和芝加哥期货交易所的清算所都未能化解交易对手方风险。

即便如此，清算所很快证明了其价值所在。一个直接结果就是——支付交易的急剧下降。芝加哥论坛报（The Chicago Tribune）报道：前 14 周清算所处理了 26 986 张支票，而先前估计需要处理的量是 26 万张。不止如此：在前九个月中清算所处理了 76

---

① 联邦交易委员会（Federal Trade Commission，1920），联邦交易委员会粮食贸易报告，第 5 卷。
② 联邦交易委员会（Federal Trade Commission，1920）。

500 张支票, 原来体系下需处理 74 万张左右[1]。

1884 年, 清算所承担了交易登记的责任, 这个任务在交易执行时完成, 而非以前那样晚一天完成。

尽管这样的创新增加了市场效率并降低了成本, 但是交易环形系统也存在缺陷。在环中所有买方和卖方里最薄弱环节, 就是整个链条的最薄弱环节。1902 年, 芝加哥期货交易所的会员乔治·菲利普斯 (George Philips) 的破产, 冲击了芝加哥期货交易所的 748 个成员的账户, 或者说交易所 42% 以上的会员[2]。

环形清算在当时是大多数美国的商品交易所采用的清算方法。它在菲利普斯案例中的失败, 凸显了替代性方法的益处。一个替性代方法便是 "完整清算", 即一个拥有足够资金的清算所介入交易过程里, 以每个卖方的买方及每个买方的卖方的身份进行交易, 保护所有交易商, 从而消除了对手方违约可能给交易者带来损失的风险, 同时建立保证金制度来保护清算所免受违约影响。

完整清算被认为是今天的中央对手方清算。它在美国的正式启用时间, 比欧洲的清算所通过担保交易规避对手方风险 (与美国清算所起着相同的功能) 要晚几年。

正如第 7 章所述, 完整清算在美国的开始是低调而非大张旗鼓的。1891 年, 明尼阿波利斯市的商会即是该市的谷物交易所, 商会的人们成立了一个独立于交易所的清算协会。之后在北美, 清算在同一时代的交易所中缓慢且不经意地传播: 为处理谷物交易, 其他清算协会也在各地陆续建立——1899 年在密苏里州堪萨斯城, 1901 年在加拿大温尼伯, 以及 1909 年在明尼苏达州的德卢斯。

表 4.1　　　美国期货市场的主要谷物交易: 估计值, 百万蒲式耳, 五年一期

年份	芝加哥	明尼阿波利斯	堪萨斯城	圣路易斯	其他
1884—1888	108 500	n. a.	500	1 100	7 900
1889—1893	81 000	500	600	700	7 000
1894—1898	98 000	2 000	800	500	6 300
1899—1903	81 900	3 000	1 500	1 200	9 600
1904—1908	72 200	5 500	2 200	1 500	13 000
1909—1913	65 000	5 000	2 900	1 600	5 300
1914—1918	83 400	4 900	3 300	1 200	4 200

资料来源: 联邦交易委员会 (FTC, 1920) 联邦交易谷物交易委员会的报告, 华盛顿特区。

这些交易所比芝加哥期货交易所要小, 后者的业务量占了美国期货交易的 80%。

---

[1] CCorp (2006), 一个历史: 信任, 成长, 领导, 结算。

[2] 莫舍 (Moser, 1994)。

芝加哥期货交易所直到 1926 年才启用了现代的中央对手方清算，一个原因是担心完整清算可能触犯伊利诺伊州严格的反赌博法案。

4.8 美国的"反赌博"情绪

19 世纪末期在欧洲和美国，赌博是一个有争议和充满情绪的政治问题。尽管道德改革者的反赌博（运动）没有赢得普遍支持，但是它在逐渐增长的受教育和被解放阶层、踌躇满志的工人和中产阶级中激起了足够的共鸣，成为了一个强大的政治力量，在经济困难时期出现在美国、德国和英国。

芝加哥是一个喧闹的城市。但是中西部的大部分地区居住的是敬畏上帝的人们——来自北欧的新教徒和新英格兰的清教徒。他们以及许多由他们选举出来的公职人员，都用怀疑的眼光看着芝加哥的期货市场。

垄断市场的企图很多。1868 年爆出谷物市场不止七次被垄断或被试图垄断。臭名昭著的猪油市场垄断事件，引发了 1883 年芝加哥期货交易所的改革，最终带来了环形清算。在交易所的影子下投机对赌商大批出现，他们是用交易所报价进行非法聚众对赌，却没有意向收取或交割所买卖的产品。在信息传输被允许加密之前，总有不择手段的赌徒试图通过贿赂电报系统和跨大西洋电缆运营者，从而获取信息并操纵市场。

许多芝加哥腹地的农民，作为个人是否讨厌投机，这值得怀疑。但是国内商品交易所的赌博是困扰他们许多问题的根源，这一点在农业社区中是不证自明的。西部农民长期背负的债务重担，因 19 世纪 80 年代的粮价下滑和美国 90 年代严重的经济萧条而变得更糟。价格的狂跌被一致归因于"投机家"在国内谷物交易所中的疯狂活动。

《农民之声》——一家伊利诺伊州布鲁明敦的报纸，1896 年 3 月 21 日在其版面上记录下了这种情绪：说我们的商品交易所是这个国家最烂的赌窝一点也不过分，他们是这个国家最狡猾的、最诡计多端的一群人、最大胆的打劫农民的强盗①。

对美国期货交易的敌对情绪，反映在反复多次却未成功的努力上。美国国会和伊利诺伊州多次尝试通过"反赌博法"立法，规定所有不以实物交收为目的的交易都属非法，但这些尝试均未成功。

伊利诺伊州的法案加剧了对芝加哥期货交易所环形清算的合法性的恐惧。人们担心法院可能将环形清算当做"仅仅是用差额进行赌博的一种形式"的证据。只要环形清算体系处于乌云下，占上风的看法就是完整清算在芝加哥不可能存在和发展。

---

① 被埃尔德雷的斯坦利勋爵（Lord Stanley of Alderley）于 1896 年 5 月 1 日在不列颠上议院关于期货市场的辩论中引述，并由汉萨德（Hansard）同一日期报告。

在 1905 年 5 月，芝加哥期货交易所的清算所成立 20 多年之后，期货交易和清算的合法性被提到美国最高法院的面前——起因是一个"交易所控告克里斯蒂谷物与仓储公司"的案子。

经多数通过，法院认可了期货合约和芝加哥的环形清算模型是一种合法的商业行为。作为多数人的发言人，法官奥利弗·温戴尔·厚姆斯（Oliver Wendell Holmes）非常镇定坦然：有着善意交割意向的期货合约，也可能会被平仓并通过差价支付来结清。他写道："尽管如此，一份具有合法和有用目的严肃的商业合约，只要不需要或者不被要求交割，就可以在交割日期前冲销。"他强调，"（合约）对冲拥有与交割一样的全部功效。环形清算只不过是一种更复杂些的同类情形。"[①]

尽管期货合约被认定为不同于赌博，但还是再经过了 20 年、芝加哥期货交易所会员的 5 次投票表决以及美国联邦政府的巨大压力，芝加哥期货交易所才最终引入了中央对手方清算机制。

这些失败的投票表决，反映了会员们的担忧顾虑：完整清算可能会导致商业机密被泄露给竞争对手，同时他们也感觉（将运营）维持在一个被最高法院明确认可的体系内更安全。甚至在 1926 年 1 月 4 日交易所清算公司开始运营之后，伊利诺伊州的反赌博法案仍然影响着芝加哥的这些交易所和清算所的活动，直至 20 世纪 80 年代。

在 19 世纪末繁荣和凋敝经常轮番的情况下，反赌博的情绪也给欧洲很多国家新生的期货市场及他们的清算所造成了难题。

法国的顾忌比其他地方少些。自 19 世纪 70 年代起，咖啡和棉花的期货交易在法国港口城市勒阿弗尔迅速发展起来，1882 年那里建立了一个清算所，履行着和今天的中央对手方一样的风控职能。

---

① 交易所控告克里斯蒂谷物与仓储公司，198 US 236，1905 年 5 月 8 日判决。

第 5 章

欧洲的创新

5.1 勒阿弗尔的突破

1882 年 11 月，商品事务清算所（法语：Caisse de Liquidation des Affaires en March-andises）在勒阿弗尔的成立标志着一个革命性的开端——清算开始被作为一种商业活动来运营和管理。

商品事务清算所的建立是为了支持该市新近成立的商品期货市场，通过对其登记的合约进行保障，勒阿弗尔的清算所成了所有欧洲竞争对手的领先者。十年之内，欧洲西北部的其他主要商业中心被迫效仿勒阿弗尔，创建用于支持期货交易所的、带有保障功能的清算所，并且经常要面对已有交易利益团体的激烈反对。

19 世纪 80 年代，世界所处的发展阶段与一个世纪之后相似。在产业化、国际贸易和更快更有效的通信带动下，世界的主要经济体正在经历一个全球化的早期形式。1871 年到 1914 年之间欧洲没有发生什么大的战争，这有助于该阶段的发展。

勒阿弗尔是一个高速成长、繁忙的港口[①]。巴黎盆地是其直接腹地，且它已经与美洲和太平洋地区发展出了密切的贸易联系。它是欧洲领先的咖啡进口商之一，反映了第一次世界大战前法国作为世界第三大咖啡消费国的地位。它也是欧洲大陆进口美国棉花的主要港口——法国在美国独立战争时帮助美国出口商逃避英国禁运做法的遗留产物。到 19 世纪 30 年代，勒阿弗尔棉花进口占美国棉花年产量的 15% 左右。

但是从 19 世纪中期开始，对于这个港口的紧密抱团的商人团体来说——包括进口商们以及那些从他们那里买货然后销售给内陆的消费者的经纪商们——现有这些商品的进口方法变得越来越有问题。这些问题引导他们发展出了期货交易和革命性的清算方法。

---

① 该市的人口从 1853 年的 56 500 人增加了 1 倍多，1901 年变为 130 200 人。

传统上，勒阿弗尔的进口商从银行贷款，用于支付他们从巴西和海地的商人那里购买的咖啡。到19世纪60年代，这一做法开始承受压力。为了满足法国消费者的胃口，咖啡进口量的上升需要更大的资金保证。此外，价格变得更加动荡：通讯的改善所带来商品信息流的极大增长，投机者对此作出了更快速反应。这些发展情况使进口商暴露在更大的风险中。

港口的咖啡进口商采用的解决方案之一是：让出口国的商人接受一个"即将到港"的固定价格的远期合约。进口商希望进行获利交割，或者是在咖啡抵达勒阿弗尔之前将这些"即将到货"的合同卖出以减少对自己不利的价格变动风险。大约在19世纪70年代，这些"即将到货"的合同变得足够标准而被认为是期货。这类可交易期货合约的出现，使法国的进口商可以在出口国再一次买咖啡，对其在勒阿弗尔购进的咖啡进行保值，从而将不利的价格变动的风险转移给投机者。

再看棉花的情形，美国南北战争使得勒阿弗尔商人们与他们利物浦的竞争对手一样面对大幅度的价格波动，导致了许多交易商社和纺纱厂的毁灭。

与利物浦的情形一样，勒阿弗尔棉花进口商通过采用"即将到货"合同来对价格波动提供一些保护，并开始交易这些合同。但是，他们立刻就遇到了质量的问题。

不同"即将到货"合同项下的棉花的质量等级相差太大，无法为纺纱厂保证一致的质量。因此商家和纺纱厂不愿意建立过于精确的标准，害怕会造成（相对于一种合同的）市场过窄及流动性太差。19世纪70年代，他们克服了这个困难——通过一个标准棉花质量作为期货交易的基础，并制定一套差价来补偿所交割的等级不同的棉花。

经过这些变化，这两种未来交割商品的交易量增长了，棉花的情形又得益于法国在1877年通过的第一套期货市场的规则。该规则规定每张合约的数量是50包，从而向可替代性或"可互换"合同的方向迈出了一步。

到1880年，勒阿弗尔商人和经纪人在寻求如何加强这个城市期货交易的方法。他们想出了一个主意：设立清算所来保证合同履行。1882年11月6日，商品事务清算所注册成立为有限责任公司，注册资本200万法郎，其所有者包括许多港口的主要交易商。

到底为什么是勒阿弗尔在这方面进行开创，目前还不十分清楚。鉴于在金融创新方面的悠久历史和在清算机制演变过程中的角色，一般人们会以为这些创新会在伦敦或阿姆斯特丹首先出现。而实际正相反，这些城市的商人们和贸易商们被迫对这个法国港口城市的发展作出反应，就像他们在巴黎、马赛、安特卫普和鹿特丹的同行们一样，19世纪80年代，这些城市创建了新型的清算所。

根据罗伯特·拉孔布（Robert Lacombe）所述——他在第二次世界大战前写了一部

关于勒阿弗尔的期货市场及清算所的历史的书——清算所（Caisse）是由勒阿弗尔的主
要交易商之一、勒诺芒（Le Normand）先生在去美国访问之后回法国创立的，对美国纽
约咖啡交易所的访问使勒诺芒（Le Normand）大受启发。纽约咖啡交易所于 1882 年成
立，并且有一个清算所。勒诺芒回到法国后，就有了清算所的成立，这是"一个甚至比
当时美国的类似机构更完美的组织"，据拉孔布（Lacombe）说①。

19 世纪 80 年代和 90 年代初，几位欧洲的评论家写道，纽约咖啡交易所清算所起到
一种担保功能②。然而有很强的证据表明情况并非如此③。本作者的研究表明，直到
1916 年，完整清算机制才在纽约的咖啡交易中被采用。

如果美国不是勒阿弗尔清算所的知识来源，那么这一灵感可能来自日本么？有间接
证据——但说服力并不强——给出了这样的假设：堂岛大米市场的清算方式可能影响了
勒阿弗尔的期货交易和清算所的建立。

在美国迫使日本对外开放后，日本和法国之间的关系变得紧密。在 1858 年 10 月，
法国和日本之间签署了"和平、友谊和商务"条约。

随着美国陷入内战，19 世纪 60 年代，法国对日本的影响力比其他任何外国势力更
大④。在幕府的晚期，法国给予了它军事支持，而且在明治维新后，法国设法维持住了
其有影响力的地位。

经济联系蓬勃发展。法国成为日本丝绸最大的进口国，并在一场疫病破坏了它的
丝绸生产之后依赖日本的蚕来重振它的产业。日本参加了 1867 年的巴黎世界博览会，
幕府首领的弟弟加入了访问团。经济联系在 19 世纪 70 年代继续增长，法国的纺织机
出口到日本，而日本参展 1878 年的巴黎世界博览会。此外，日本艺术影响了法国印
象派。

在这种情形下，清算所技术从日本渗透到法国的可能性是不能排除的，虽然同样
的，勒阿弗尔的交易商也可能是在没有外部提示的情况下，想出了为当时通行做法增加
担保功能的主意。

无论它从哪里起源，勒阿弗尔的清算所成了一个巨大的成功。它对咖啡和棉花期货
的特别的清算机制，催生了新规则和法律，这些规则和法律为市场带来了更大程度的标
准化和法律确定性。

① 罗伯特·拉孔布（1939）勒阿弗尔的商品交易所（棉花和咖啡市场）。拉孔布（Lacombe）是法兰西银行
驻勒阿弗尔的官员，他的结论不仅出自个人经验，更是来源于大量文献，但它们没能逃过战争期间德国及联合军队
对城市几乎 80% 的毁坏。拉孔布之书的一个版本保存于勒阿弗尔城市档案馆。
② 至少金融时报在其很早期的版面（1888 年 2 月 13 日）的头版文章"脆弱外表下的油印机"中不是那样
的。
③ 见 7.3 节。
④ 斯多瑞·理查德（Storry Richard, 1960），现代日本的历史。

1883 年 1 月，勒阿弗尔的棉花交易商同意，确定每个合约对应重量 11 000 磅的棉花。同年 8 月，第一批用于桑托斯咖啡豆的期货合约的规则建立了，海地咖啡的期货交易规则在 15 个月后发布。

1885 年 3 月通过的一项法案，给予了期货交易及清算所强有力的支持，该法案规定期货合约不受法国民法典第 1965 条的反赌博条款的约束。国民法典禁止法庭执行从赌博或赌注产生的债务。新法案规定，所有有组织的证券或农产品交易所都被认为是合法的，并进一步说明："任何个人不得援用民法典 1965 条来逃避这种在交易所产生的义务，哪怕这种义务仅仅是由两种价格之间的差额所确定的①。"

另外，法国的终级上诉法院——最高法院（the Cour de Cassation），在 1898 年规定：禁止法官质询参与交易各方的意图，所有在有组织的交易所中的投机活动，都应视为合法。

5.2　勒阿弗尔清算所的作用

在勒阿弗尔成立的清算所与它所服务的市场密切相关，但理论上是独立的。作为一家私营有限责任公司，它从其登记并担保的合约中收费而获得收入。它不在期货合约的谈判和缔结中扮演任何角色。没有强制性的规定让交易商在清算所注册其交易，同样，清算所也可以自由拒绝向它申请注册的合约。

该系统与现代的中央对手方清算所有类似的效果，其运作如下：清算所将合同进行登记，记录下所有的细节，在这一时点它从买家、同样也从卖家接受定金，这相当于一个现代中央清算所的初始保证金。这些定金被存入清算所以交易商的名字开立的银行账户中。开户后，交易商根据清算所的要求将定金转账存入到账户，管理委员会可以决定改变定金金额。一旦最初的定金被接受，这个合约将得到清算所的担保。清算所将登记和担保文件的复印件发给交易商，作为它对该交易承担责任的证明。

为了保护自己，清算所坚持任何想要开立账户的个人或公司，必须在这个城市的商会（Chamber of Commerce）注册并获得清算所管理委员会（Managing Board）的批准。管理委员会有权要求某些交易商支付高于标准比例的初始定金。

为进一步保护清算所免于风险，它可以责令持仓亏损的交易商逐日追加保证金，追加的保证金反映了交易商认可的价格与交易所发布的官方价格之间的差额。虽然清算所可以通过这种方式收取相当于变动保证金（Variation Margin）的资金，但它没有义务以现金返还那些持仓盈利的交易商。

---

① 德·拉文尼尔 A（De Lavergne，A.，1931）"法国的商品交易所"，美国政治社会科学学院年鉴。

对于买卖同一月份合约来进行对冲操作的交易商，清算所不收取初始定金。对于买卖同一商品的不同交割月份的合约的交易商，清算所降低初始保证金。对于在不同商品之间进行套利（在一种商品中处于多头，另一个商品处于空头）的交易商，清算所不允许保证金互抵。

原则上，清算所期望保证金以现金形式支付。但是，在拉孔布所描述的清算所的历史中，其管理委员会可以允许将上市的证券按其价值的 75% 折算作为抵押品（来充当保证金）。它也准备好了接受经过清算所背书的、用于交割的商品仓单，尽管在这种情况下，它保留随时要求兑换现金的权利。

拥有同种商品、交割月份相同的多头和空头合约的交易商，在合约到期之前可以随时向清算所支付一笔费用将这些合约平掉，从而实现获利或止损。

当合约到期，合约的卖方将一份转让文件背书给清算所，清算所在其账册中寻找该商品本月交割的买家，直到找到一个想要提货的（货物的买方几乎肯定不会是在最初的期货交易中的买方），之后会与卖方取得联系以安排交割。清算所的担保将一直生效，直到这个交割操作结束，交货与付款完成。

此时，另一家机构——勒阿弗尔的商务仲裁庭（Chamber of Arbitration）——可能参与其中，在发生争议或交付的货物与合同标的质量有偏差的情况下，它需要进行货款的调整。在极端情况下，如果卖方提供的货物达不到要求，清算所可能不得不自己提供货物。同样，如果货物的买家没有资金来支付交割，清算所可能会作为买方介入并将货物收入自己的仓库。

表 5.1　　　　　　　圣托斯咖啡的运输（每袋 60 公斤）

年份	至汉堡	至勒阿弗尔
1876—1881	321 200	181 900
1881—1885	359 500	520 900
1886—1891	649 000	489 600

资料来源：布洛克汉斯百科全书，第 14 版，1892~1895 页。

如果发生违约事件，清算所在不需要任何其他手续和没有任何延误的情况下可能清算该违约者的全部头寸。如有必要，它可以扮演违约管理者的角色，管理违约者在勒阿弗尔甚至海外的事务，以减少其负债及清算其头寸。

在法律上，清算所没有把自己看做是每一个卖方的买方及每一个买方的卖方，在这方面，它与之后的美国清算所是不同的。据拉孔布报道，清算所的章程规定：它自身并不替代交易的对手方。相反，尽管其在违约事件中拥有广泛的权力，它仅把自己看做是客户的代理人或第三方中介。

清算所早期的成功鼓励了 1884 年一个竞争机构在该市的成立①。令清算所的股东高兴的是，这个企业存活短暂，不久就与清算所合并。合并后的清算所只是稍微改变了它的名字，变成了勒阿弗尔商品事务清算所（法语 Caisse de Liquidation des Affaires en Marchandises au Harvre）（译注：为方便起见，本书此后继续称其为"清算所"）。

1883 年，即清算所运营的第一年，它登记了 18 500 万法郎的合约②。四年后，即 1887 年，其登记的合约有 24.78 亿法郎，并且资本增加了一倍至 400 万法郎。

到此时为止，勒阿弗尔模式的清算所被整个西欧的不同交易中心纷纷模仿复制。勒阿弗尔创新的清算所和期货交易所帮助这个城市取代汉堡，成为了 19 世纪 80 年代③好几年时间里欧洲最主要的咖啡市场（另见表 5.1），并成为欧洲大陆大部分地区的咖啡供应商。这个地位一直维持到第一次世界大战④。在此期间，清算所也清算其他商品如靛蓝、羊毛、胡椒和铜等。

5.3 欧洲效法勒阿弗尔

大约五年时间过后，欧洲其他中心城市成立了各自版本的"勒阿弗尔式的清算所"（Caisse de Liquidation），这时竞争对手快速并大量出现。

巴黎于 1887 年创建了自己的清算所对期货市场的交易提供担保，尤其侧重糖市场。同年，马赛、安特卫普也相继成立类似的清算所，用于担保那里的咖啡期货交易。汉堡的新式清算所（德语 Warenliquidationskasse）也早在 1888 年开始对菜糖进行清算。

1888 年 2 月，伦敦农产品清算所（LPCH—伦敦清算所（LCH）的前身）成立。同年 5 月 1 日它开始清算咖啡期货，11 周后它开始清算白糖合约。伦敦农产品清算所成立的当天，阿姆斯特丹清算所（ALK）也同时开业。

阿姆斯特丹和鹿特丹之间的长期商业竞争注定了荷兰将有两个新式的清算所，尽管它们名字的功能部分拼写不同。就在 1888 年 5 月 1 日阿姆斯特丹清算所清算了它的第一份咖啡合约的两个星期后，鹿特丹清算所（Rotterdarnsche Likwidatiekas）亦开业。

1889 年 9 月，德国马格德堡的第二大食糖市场跟随汉堡的步伐也成立了自己的现代清算所，其股本金为 300 万马克。

---

① 这可能是基于一个先前的清算所，成立于 1867 年，目的是为了在期货交易出现之前，登记和记录这个城市的现货农产品市场上发生的棉花及其他商品的交易。
② 第一次世界大战前那些年，25 法郎对应 1 英镑，英镑当时为主要的国际贸易货币。
③ 贝克·犹苏拉（Becker, Ursula, 2002）咖啡集中：咖啡的汉萨贸易同盟的组织和发展。
④ 胡夫那什·查哈勒（Rufenacht, Charles, 1955）咖啡及必需品重要市场。

从留存下来的证据来看①，19 世纪 80 年代后期建立的、用于保护交易免受对手方风险的各种欧洲清算所，采用的技巧似乎与那些在勒阿弗尔发展起来的清算所没有什么区别。伦敦农产品清算所早期的章程与规则是以法国的清算所及汉堡的清算所（Waren-liquidationskasse）为蓝本的。伦敦农产品清算所收费的同时为那些它登记了的合约提供担保。

尽管欧洲各地新的清算所大致运作方式相同，但是创建它们的动机不同，其所有权结构和治理也不同。大多数清算所，包括伦敦农产品清算所和汉堡的清算所（Warenliq-uidationskasse）在内，其创建是为了应对勒阿弗尔的竞争威胁——当后者被证明是成功的之后。与此形成对照的是，成立马格德堡清算所（Magdeburger Liquidationskasse）的决定是在 1889 年夏天的投机价格泡沫破灭后做出的，这个泡沫的破灭毁掉了许多公司②，"马格德堡糖市崩溃"促使这个城市的幸存经纪商转向清算所，以寻求更大的防范风险的屏障。

新型清算所并非受所有交易商的欢迎。例如，在阿姆斯特丹和汉堡，期货市场与清算所的支持者们必须克服来自现有贸易商和贸易组织的阻力。

阿姆斯特丹清算所是在它的创始人与该市新近成立的咖啡交易商协会的多数成员分裂后才得以建立的③。1887 年 12 月 22 日，交易商协会拒绝了成立期货市场和新型清算所的建议。该计划的主要推动者是一个充满活力的名叫恩斯特·亚历山大·邦奇（Ernst Alexander Bunge）的商人，他毫不气馁，在圣诞节前夕对 22 个志同道合的交易商们发出通知，邀请他们参加 12 月 29 日的一个会议，在一个知名旅店（Tot Nut van't Algemeen）举行。即使在圣诞与新年的节日中间，他还是能够凝聚足够多的支持来重新启动这个项目——建立一个独立于咖啡协会的、独立注资的、以盈利为目的咖啡期货市场的清算所。

阿姆斯特丹清算所于 1888 年 4 月正式成立，名义资本 100 万弗罗林（译注：英国于 1849 年至 1971 年流通的两先令银币），其中 30 万弗罗林主要是由其创始董事们投入。阿姆斯特丹清算所和咖啡协会之间的关系迅速修复。该清算所很快开始清算其他商

---

① 清算所规则章程给了一个了解 19 世纪末的欧洲清算所经营的最佳视角。伦敦农产品清算所的咖啡期货交割业务规则（1888 年 5 月），以及里约咖啡的期货交割规则（1893 年 7 月）的版本保存至今。清算所以及汉堡清算所的方法记录在 1896 年一部美国作品中：美国的证券及农产品交易所中的投机，为亨利·克鲁斯比·艾米利（Henry Crosby Emery）所著，以及记录在德国的布洛克汉斯百科全书第 14 版，1892 ~1895 页。

② 爱波哈格·约格（Eberhardt, Jorg）和梅若弗·托马斯（Mayrhofer, Thomas, 2002）"马格德堡交易所的发展"，in Jahresbericht, Studentischer Borsenverein Magdeburg e V. 2001 -2002。

③ 杰琼 P A（Geljon, P. A, 1988）" Termijnhandel in Nederland"，发表于" Termijnhandel en termijnmarkten"，Deventer, Kluter. 关于荷兰的清算所发展的记录来源于 2009 年 6 月 4 日与杰琼 P A 的通话，以及以下的文献：1937 年阿姆斯特丹的清算所的第 50 期年报；1987 年的 Mees &HopeN V. 银行年报。杰琼 P A 针对 1887—1888 年的事件写了一个总结来纪念阿姆斯特丹和鹿特丹清算所的一百周年诞辰，这两者后来合并成了 Mees & Hope 银行集团。

品：1890 年棉花，1891 年锡以及 1892 年胡椒，并发展出更大的志向。

相对它的邻居鹿特丹清算所（Rotterdamsche Likwidatiekas）而言，阿姆斯特丹清算所从一开始就展示了一个独立且强烈的创业特征。前者是由鹿特丹商品贸易协会倡议成立的。

鹿特丹清算所避免了与该国银行的竞争。与之形成对照的是，阿姆斯特丹清算所1894 年允许交易商用它来透支，并开始提供贷款。事实证明，这是阿姆斯特丹清算所向成为一个专注于商品清算融资的专业银行迈出的第一步。1895 年，阿姆斯特丹清算所缴足了 50 万弗罗林的股本，第二年又将其实缴股本增加一倍到 100 万弗罗林。随后注册资本又进一步增加[①]。

阿姆斯特丹和鹿特丹的例子表明，当地法律和环境的不同，会引起这些新欧洲清算所的经营手法在小范围内的变化。

然而所有这些新的清算所拥有某些共同特性。它们都需要相对雄厚的资金后盾，因为他们身处一个提供保障以防范风险的行业。他们还需要与相关市场及市场上的交易商之间建立有明确界定的合同关系。在一般情况下，清算所只会对相关市场上被授权了的经纪商的交易提供登记服务。反过来，经纪商通常有义务只在该清算所清算其所有的交易。

许多建立已久的交易商发现这种情况很麻烦。据同时代的作品描述，汉堡原有的保守咖啡贸易商们相当不乐意地接受了一个由清算所进行担保交易的期货市场[②]。

但他们觉得别无选择。19 世纪 80 年代勒阿弗尔式的清算公司在欧洲的蔓延，反映出竞争者们已经意识到：通过由清算所从期货交易商那里接过交易对手风险，这个法国港口已建立起了一个强大的竞争优势。勒阿弗尔的咖啡期货市场——在清算所的支持下——运营第一年的营业额增加的速度，让汉堡的交易商感到担心：自己的市场可能会沦为区区一个咖啡货物转运中心。

其他人发现，支持这些新型清算所的经济论据让人无可抗拒。1894 年，德国政治经济学家和社会学家马克斯·韦伯（Max Weber）在一篇文章中描述了这些保证交易免于对手风险的清算公司如何引发了增长的良性循环[③]。据韦伯的说法，去除了投机者交易对手风险后，期货交易量和参与投资者数量方面出现了"市场巨大扩张"。期货交易的增加反过来促进了以期货市场为基础的金融中心的增长，为这些中心吸引了更多的实

---

① 阿姆斯特丹清算所的股本从 1895 年的 50 万弗罗林增加到 1912 年的 300 万弗罗林，再到 1926 年的 600 万弗罗林。尽管之后它为其他产品清算，最终它还是演变成了一个银行。1940 年在第二次世界大战德国占领荷兰、相关荷兰商品市场关闭之后，其名字变更为 Amsterdamsche Goederen 银行。

② 贝克（Becker, 2002）。

③ 马克斯·韦伯（Max Weber, 1988），"交易所" 在 Gesammelte Aufsatze zur Soziologie und Sozialpolitik 中。

物商品或基础证券的现货交易。最后，这些金融中心的增长强化了他们所在国的政治影响力，从而削弱了那些尚未接受由新型清算所支持的期货市场的竞争对手。

需要记住的是，韦伯是在困难的政治环境下证明他的这些主张的：他是在与所谓的"时代精神"对抗，生活在一个容易出现繁荣和萧条轮回的社会里——"马格德堡糖市崩溃"就是证明。

韦伯的文章发表两年后，期货市场及清算所被指控滋长了赌博和过度投机，该指控在德国获得了足够的政治势力支持，导致了管制面很大的交易所法（德语 Borsengesetz）的通过，其中包括对谷物和面粉期货市场的禁令。1896 年的交易所法在 20 世纪一直是德国关于交易所立法的基石，它的一些限制性规定被执行了 90 多年。

5.4 欧洲的"反赌博"情绪

正如在美国那样，反对赌博的各种罪恶和危害的运动，在 19 世纪后期的欧洲政治家和群众中激起了的极大劲头。

在荷兰，在大众心目中期货交易是与 17 世纪 30 年代的"疯狂郁金香"以及后来 18 世纪的过度投机（被称为 Windhandel）挂钩的，恩斯特·亚历山大·邦吉（Ernst Alexander Bunge）的期货市场及清算所计划引发了一些明显敌对的新闻评论。当时的知名期刊经济学家（De Economist）攻击他的提议，说"期货交易用最简单的说法表示，归根结底就是一场赌博"，在这赌场里一个屠夫赌咖啡将要上涨、一个理发师赌咖啡会下跌。它对国王发出呼吁，以这是"对基本礼德的侵犯"为由不批准邦吉的新合资公司[①]，但呼吁没有成功。

19 世纪 90 年代在邻国德国，一个关注此事的公民和充满敌意的农民组成了特设联盟，它维护了国会大厦（德国议会）对严苛的交易所法的批准。

当时德意志帝国是一些重要期货市场的所在地，包括汉堡的咖啡和糖市场。但是，那时就如现在一样，在德国人们用怀疑的眼光看待那些市场，特别是对柏林的谷物期货市场。1871 年的国家统一后，紧跟着是一个强劲的金融繁荣，然后农业进入一个长期的不景气。

德国政治地位强大的谷物种植者——普鲁士的容克家族——遭受了价格下跌的痛苦。他们在国会大厦和广大民众中掀起了对于期货市场特别是柏林的谷物市场的道德关注，他们认为，在战争时期如果价格下降，可能会威胁到国家养活和武装自己的能力。荒谬的是，在 19 世纪 90 年代初因粮食歉收以及德国经济衰退引起价格飙升之后，他们

---

① 正如 Mees & Hope NV 银行 1987 年的年报所记录。

的运动赢得了额外的支持。其结果是 1896 年 6 月 22 日交易所法的颁布，禁止粮食和面粉的期货交易，禁止采矿业、制造业企业及公司的股票的远期交易①，并禁止资本少于2 000 万马克的公司进行交易。

为任何商品期货交易进入交易所设置的障碍：大宗商品进入交易所首先要经过一个利益相关者的听证会，之后经过帝国总理以上的批准，才能获得最终许可进入交易所。只有注册过的专业人员被允许在德国的期货市场交易。所有涉及未注册对手方的合同都是无效的②。

德国法律迫使很多期货交易进入无管制的渠道，阻碍了清算基础结构的发展③。它没有对农产品价格起到任何支持作用。该禁令在 1908 年被部分解除，但很多限制仍然留存了下来④。虽然德国的咖啡和食糖市场在 1914 年之前的几年里有所恢复，但之后大多数重振德国期货市场的尝试都被证明是短命的，因为两次世界大战、政治和经济的动荡让它们付出了代价。直到 1989 年波恩政府修订了德国交易所法，允许现代期货市场和清算基础结构作为德国金融服务部门现代化计划的一部分。

英国的政治及国家利益与德国或美国大不相同。英国在 1846 年接受了自由交易，废除了谷物法（Corn Law）。作为世界第一工业化强国，英国在低廉的粮食和原料价格中有既得利益。尽管德国和美国在迅速工业化，英国的城镇人口比例远比德国和美国高⑤。但英国对期货交易还是普遍怀有疑虑，根深蒂固地觉得这就是赌博。正如已经指出的那样，对利物浦棉花市场投机活动的担忧，是 1882—1824 年该市场结算改革的因素之一。

1896 年 5 月 1 日，柏林国会通过交易所法前不久，英国国会的上议院对期货交易和清算展开辩论。奥德利（Alderley）的斯坦利（Stanley）勋爵站出来谴责"小麦、棉花、羊毛、白银、咖啡和其他农产品价格（原文）"的下跌，归咎于"期权和期货的国际交易体系和它所代表的虚构或不存在的农产品⑥"。

在指出美国每蒲式耳小麦的平均价格已经从 1881 年的 119 美分跌到了 1893 年的 53美分后，他抱怨说，八年前成立的伦敦农产品清算所压抑了英国小麦的价格。但是，作

---

① 巴和林·本底特（Baehring，Berndt，1985），Borsen – Zeiten。

② 艾米利·亨利·格鲁斯比（Emery, Henry Crosby, 1896）美国农产品交易所及证券的投机，经济和公共法，第 7 版，22 号。亦包含了关于交易所法的清晰描述。

③ 举个例子，马格德堡清算所（Magdeburger Liquidationskasse）——服务于马格德堡的糖市场——的现金余额，从 1895 年的 550 万马克跌落到 1903 年的 130 万马克：艾波哈特和梅若佛（Eberhardt and Mayrhofer, 2002）。

④ 限制包括一条规定：涉及个人投资者的期货合约都视做赌博，意味着他们的债务是无效的。德意志联邦银行（2003）"利率衍生品的重要性和角色"月报。

⑤ 1890 年英国的城市人口为 1 120 万，占总人口的 29.9%；美国的城镇居民为 960 万，占总人口的 15.3%；德国的城镇人口为 560 万占总数的 11.3%。来自肯尼迪·鲍尔。

⑥ 汉萨德（Hansard），1896 年 5 月 1 日。

为一个名声古怪的无党派人士,他未能说服英国的保守党政府支持他的立场。在给斯坦利勋爵的答复中,英国贸易委员会秘书(Secretary to the UK Board of Trade)达德利伯爵(the Earl of Dudley)援引专家的意见"此交易期货的体系价格非但不会让价格恶化,反而是促使价格平衡并抵消必然存在的价格波动"。

期货商品合约是否违反英国赌博法案的问题,在19世纪被好几次呈上到英国法院面前,判决都是在支持和反对之间摇摆。虽然在1880年,案例法支持了这种因未来发生的事情可能使对手方获利或受损的交易,直到1925年英国上诉法院才裁定,期货交易是与真正的对手方进行的真实的交易,只在松散的意义上或口语中才被称为赌博①。

这些情况帮助解释了为什么当一群商人、经纪商和银行于1888年2月22日注册伦敦农产品清算所这家股份制公司时,其行动挑起了英国媒体上敌意评论的爆发。批评的人们中很多有德国血统(见5.1栏)。

5.1栏 伦敦农产品清算所(LRCH)的担保人②	
• André, Reiners and Co.	贸易商
• Arbuthnot, Ewert and Co.	东印度贸易商
• Arbuthnot, Latham and Co.	贸易商
• Baring Brothers and Co.	贸易商
• Blyth, Greene, Jourdain	贸易商
• Wm Brandts Sons and Co.	贸易商
• Carey and Browne	东印度及殖民地经纪商
• Chalmers, Guthrie and Co.	贸易商及银行
• W. H. Cole and Co.	贸易商
• C. Czarnikow	殖民地经纪商
• Fruhling and Goschen	贸易商
• Antony Gibbs and Sons	贸易商
• C. J. Hambro and Sons	贸易商
• Hardy Nathan and Sons	贸易商
• Fred. Huth and Co.	贸易商

---

① 克兰斯通·若斯(Cranston, Ross, 2007)"实践中的法律:伦敦和利物浦商品市场 c. 1820—1975"。

② 这些公司的排序是根据1888年在伦敦邮局目录上的记录。由凯利(Kelly)发布,以及巴林兄弟和以私人银行身份出现在1888年银行年鉴上的 N. M. Rothschild。这些公司当中有一些,像汉布鲁斯和施罗德,更多地被认为是银行。

• Ed. Johnston Son and Co.	贸易商
• Kleinworth, Son and Co.	贸易商
• Knowles and Foster	贸易商
• Maclaine, Watson and Co.	贸易商
• Megaw and Norton	巴西贸易商
• Rosing Bros and Co.	贸易商
• N. M. Rothschild & Sons	贸易商
• I. A. Rucker and Bencraft	茶叶、咖啡、可可、糖、树皮和殖民地农产品经纪商
• J. Henry Schroder and Co.	贸易商
• A Tesdorpf and Co.	贸易商
• Wallace Bros	贸易商和东印度中介
• Wogau and Co.	贸易商

英国每日新闻（Daily News）承认，伦敦城里的一些名人也支持该项目，但是这蕴含着的任何钦佩之情，都被对清算所建立的目的的厌恶和猜疑抵消了，因为伦敦农产品清算所"必将拥有最强力的投资支持"，该报纸以几乎嗤之以鼻语调写道：

二十多家公司，其中包含伦敦最老牌的一些商号，都情愿意作为"创始人"或"担保人"写在招股说明书上，下星期他们将向公众提供50万英镑股本。巴林银行，罗斯柴尔德家族，弗吕林和戈申、汉布罗斯、御氏及施罗德等都包含其中，这一系列名字如雷贯耳，就如同支持一个外国国家或者奠基一个啤酒厂的名单那般[1]。

该报纸的言下之意是：清算所非但不能带来好处，还会削弱伦敦民辛巷（Mincing Lane）的历史悠久的商品交易商号："新公司的真正功能在于，让利益相关者进行一场赌博。它被设计用来拿民辛巷的市场将街上的人、俱乐部的无业游民、城市酒馆的常客等各色人等吸引过来，包括任何一个拿得出一张五英镑钞票的人。"

虽然避免了《每日新闻》的排外情绪，《金融时报》——在当时还是英国报业的新

---

[1]　每日新闻的引用来自于"ICCH 100 周年"重新发布的剪报。该手册发表于 1988 年，为纪念伦敦农产品清算所 100 周年。作者感谢伦敦清算所的迈克·马驰（Michael March）告知他这些评论出现于 1888 年 2 月期间的每日新闻。

军——走得更远：新公司将把农产品市场和民辛巷变成一个"巨大的赌场"。《金融时报》在其 1888 年 2 月 25 日头版头条"农产品赌博"中评论道，尽管清算所的支持者声名显赫——对他们我们显然是敬重的——但这难以消除我们的信念：伦敦农产品清算所将是对投机者有益的"赌博公司"，但"会不折不扣地伤害他人"，"在许多方面损害广大市民的最终利益"。

　　直到 1888 年 5 月 1 日伦敦农产品清算所开业的这天，《金融时报》也没有软化它的语气，它的评论说，清算所新近出台的咖啡期货市场规则"证实了我们对其赌博精神的所有预测，该企业是这样预谋的，并且也将这样经营"①。

---

① 少数以正常语调报道伦敦农产品清算所成立计划的报纸之一，就是《利物浦水星》。毫无疑问代表了该城市对期货交易的经验看法，在 1888 年 2 月版面上它评论道："伦敦农产品市场的清算所，对于那些对这种交易感兴趣的人来说，已经被期盼了许久。"

第 6 章

伦敦农产品清算所

6.1 为营利而清算

19 世纪 80 年代，伦敦城的民辛巷（Mincing Lane）流露着宁静的气息。然而在那之后以及接下来的几十年，它却变成了伦敦大宗商品交易的中心。

狭窄的街道避开了声名显赫或狼藉。金融时报在它的第一期报道中描述道：民辛巷是"伦敦最不装腔作势的商业中心之一"，然而它有一股"它自己独有的稳固的气息"。[①]

但就像当时报纸中所说的，1888 年初民辛巷相当躁动不安，因为有人计划要设立伦敦农产品清算所。[②]

有人警告说这个场所将会便利"那些只想纯粹赌博的人"，金融时报饶有兴趣地报道："民辛巷老牌的和领头的公司们会起来抵制任何这样的提案"。该报记者建议，如果计划向前推进的话，读者们"可以寻点儿乐子"。

对于民辛巷的一些老牌交易商们而言，建立伦敦农产品清算所的主意并不是乐子。他们所担心的并不是赌博，而是伦敦农产品清算所的商业计划将会改变他们数十年来的交易商品的方式。

---

① 金融时报（1888 年 2 月 13 日），民辛巷：以微弱的形式提出创新。

② 追溯伦敦农产品清算所的早期历史并不是一件容易的事。它早期的信息都是拼凑而成的。1888 年到 1932 年的五卷董事会会议纪要都被保留下来了并被收藏在伦敦市政厅博物馆。同时被收藏的还有伦敦农产品清算所在伦敦证券交易所上市后到 1950 年这段时期的年报。然而这些仅有的资料和数字确很有用。伦敦农产品清算所的招股说明书和公司 1888 年 2 月设立的公司章程的微缩版也保留在市政厅图书馆。纪要显示了 1930 年 10 月董事会如何处理截止到 1914 年的所有旧书和论文。2008 年，两个老账本和早期的登记簿在公司内部被发现。账目的边缘被烧焦了，表明其经历了第二次世界大战时的伦敦大轰炸。另外，一些早期的规章也被留了下来。大英图书馆收藏了其中一个咖啡期货交割生意规章（1888 年 5 月）的复印件，被记录在会议纪要里的期货交割规章（1893 年 7 月）和"88 度"甜菜糖规章（1913 年 6 月）。

清算所采用了在勒阿弗尔开创的方式，它计划作为一个企业性的、营利性的场所，担保多种大宗商品的期货合约的完成，从咖啡和糖开始做起。

伦敦农产品清算所的股票将会向广大公众销售，在伦敦证券交易所（London Stock Exchange）上市，从一开始公司就明确承诺给股东派发股息。

与之前那些服务于利物浦棉花期货交易的清算设施不同，伦敦农产品清算所在那些它所服务的期货市场建立以前就已经建立起来。

勒阿弗尔的清算所（Caisse in Le Harvre）在 19 世纪 80 年代末期就已经很受那个城市的商品交易商们的支持。伦敦农产品清算所则不同，与"旧"民辛巷相比，它显然是代表了一种"新"版本。

相对已根深蒂固的交易利益团体而言，它的地位和汉堡的清算所（Warenliquida-tionskasse）以及阿姆斯特丹的阿姆斯特丹清算所很相似。尽管阿姆斯特丹清算所在后来演变成了一个银行时证明比伦敦农产品清算所更加商业化，但荷兰的这个清算所不避劳烦地去修复与阿姆斯特丹咖啡交易商协会的融洽关系，并同鹿特丹的鹿特丹结算所（Likwidatiekas）合作。相对之下，很多年来伦敦农产品清算所与部分伦敦糖交易行业的关系并不融洽。

6.2 伦敦农产品清算所的建立

伦敦农产品清算所股票的承销商们展示了他们这个欧洲大陆类型的清算所，作为一个营利企业，它会带来更广泛的收益。"勒阿弗尔的清算所和汉堡新近成立的一个类似机构都被证明是盈利极好的企业，同时给当地交易带来重要和安全的发展"。1888 年 2 月 27 日，伦敦农产品清算所的公开募集招股说明书中宣布道：

> 对这样一个系统的需求，导致了相当一部分英国的生意被转移到国外市场，因国外有更安全的方法。而且这种交易转移在迅速增长，它将损害英国的商业，并给交易者带来沉重的费用——因为增长的佣金和随之出现的中间商。

如果伦敦农产品清算所的计划继续推进，它期许的成功"必然会促进其他方面生意的扩大，也会促进进口的实质性增长，从而有利于伦敦的交易、航运和码头生意。"就像招股说明书中说的："任何一种商品的中心集散地都会落在交易量巨大的地方，何况在分销方面伦敦本身还有着巨大的优势。"

承销商以 100 万英镑账面资本（译者注：原文为 nominal capital 名义资本，实应为"authorized capital 法定资本"——已经作者同意在中文版中做此更正）启动伦敦农产品清算所的公开发行，按每股 10 英镑共发行 99 900 股普通股，另外清算所的董事们和幕后支持者们以每股 10 英镑全部内部认购了 100 股创始人股，首次发行的 50 000 股普通股由公众认购，每股实缴 2 英镑 10 先令（＝£ 2.5/股）[1]。

股票发行很容易就募集到 £ 12.6 万的资本（译注：50 000 普通股 × £ 2.5/股 + 1 000 创始人股 × £ 10/股 = £ 126 000；£ 10/股 – £ 2.5/股 = £ 7.5/股、相当于其资本结构中法定资本与实缴资本之间的未实缴部分，被作为保证金缓冲，在需要时由股东缴纳）。普通股得到大众的超额认购，并且看起来分布很零散。很多个人只买了价值 5 英镑的股票。公司的股份登记表明大部分小额持股者见利即抛，即在 1888 年 5 月或者 6 月卖掉了他们刚买到的股票。

在未来的几年里，伦敦农产品清算所的资本构架中有很多的可动用资本（见上面译者注），可以平抑公司股票的价格。这种构架的原因在于清算所当时没有违约基金，投资者（译注：指股权所有者以其所承诺的股本金的形式）承担大量不可撤回的义务，这是向客户保证它能处理"最可怕的极端状况"的一种方式[2]。

直到"最可怕的极端状况"到来之前，投资者们还是会得到回报的。伦敦农产品清算所是为了给股东赢利的，招股说明书承诺普通股股东会至少会在其实缴资本上得到的 6% 的累积分红，此后剩余的利润中原始股东们可以得到 25%，再之后普通股又有权得到红利。

1888 年 2 月 25 日，金融时报批评伦敦农产品清算所是"农产品的赌博"，当天清算所的 10 位董事在民辛巷临时租借的办公室里召开了第一次董事会会议。

那天会议的纪要里，对于媒体对三天之前他们注册成立的公司的敌意，并没有记录显示公司董事们是否感到丝毫不安。相反地，他们成立了委员会来制定咖啡和糖期货交易的担保规定，并且选举了公司的主要银行的一位董事弗朗西斯·J. 约翰斯通（Francis J. Johnston）作为董事长，卡萨·扎尼科（Caesar Czarnikow）作为副董事长[3]。

在这两个人中，卡萨·扎尼科对于清算所的发展起了更大的作用。他是一名杰出的糖经纪人，像他的许多创立者同伴们一样，他出生在德国，1861 年取得了英国国籍，

---

① 英国一直运行双十进制货币体系直到 1971 年 2 月 15 日。1 英镑等于 20 先令，1 先令又等于 12 便士。因此，1 英镑等于 240 便士。

② 金融时报（1914 年 1 月 31 日）。

③ 根据在 1888 年至 1932 年之间幸存下来的伦敦农产品清算所董事会会议纪要。其他的董事会成员是弗朗西斯·奥古斯汀（Francis Augustin）、布朗恩·亚历山大（Browne, Alexander）帕特里克·卡梅隆（Patrick Cameron）赫曼·佛拉吉（HermannFortlage）、查尔斯·赛通·辛可来·古斯里（Charles Seton Sinclair Guthrie）、亨利·约翰·约旦（Henry John Jourdain）、爱德华·奥古斯特·卢克（Edward Augustus Rucker）、罗伯特·莱利（Robert Ryrie）和本杰明·迪克松·泰伯（Benjamin Dixon Tabor）。

同年他创办了扎尼科（Czarnikow & Co.）公司。

如果放在今天，扎尼科（Czarnikow）就是现在伦敦金融城里经理人的公式化形象。人们记得他矮小但健壮，爱抽古巴雪茄。根据一位传记作者的记载，他是一个独裁、冲动、脾气很差的生意人，完全有能力在一天之内"将同一名员工先解雇然后再雇用"[1]。

扎尼科好斗的一面，被他对花草鱼虫的强烈兴趣所调和了，他曾饲养过猴子、麋鹿、鹰，甚至熊[2]。1909 年当他去世时，在他家乡苏里郡爱芬加姆（Effingham，Surrey）的葬礼上，送葬者有来自伦敦动物协会的会长，摄政公园动物园的秘书长，六个动物园的管理员，以及四个克兰沃特（Kleinworts）、一个胡思（Huth），以及其他几位来自德国的英国银行财团家族的朋友[3]。

扎尼科自称是一个"殖民经纪商"，但直到他死去，他的公司一直保持着明确的德国风格。也正是从德国，扎尼科和伦敦农产品清算所的其他创始人为新的伦敦清算所招来了人才。

在伦敦农产品清算所注册成公司不久后，扎尼科和另一个董事赫曼·福特拉吉（Hermann Fortlage）去了汉堡。在那，正如他们在 1888 年 3 月 28 日写给董事会的报告中说的那样，他们聘用了两个"熟悉汉堡农产品清算所的日常工作"的职员。他们同时也和威廉·舒尔兹（Wilhelm Schultz）谈判，让他成为伦敦农产品清算所第二号经理人物。三周后，4 月 18 日，舒尔兹受聘，接受了 800 英镑的年薪并享有不低于 2.5% 的净利分成。董事会同时批准在民辛巷 21 号租借办公室，位于伦敦大宗商品交易的核心地带。

几个月后，在 11 月 1 日，舒尔兹被任命为经理，首届任期 3 年，年薪 1 000 英镑[4]，以及净利在 50 000 英镑以内部分的 5%、超出部分的 2.5% 分红。另一个德国人赫曼·舒曼（Hermann Schumann）被任命为公司的董事会秘书，年薪 500 英镑以及 1% 的净利分红。舒曼只在公司待了很短的时间，而舒尔兹直到第一次世界大战一直是伦敦农产品清算所经理。

虽然伦敦农产品清算所的员工和技术都来自汉堡，但是它的合约清算方法却同法国勒阿弗尔的清算所非常相似，这意味着汉堡的清算所也照搬了法国的模式。

与勒阿弗尔清算所（它的方法在第 5 章有描述）一样，伦敦农产品清算所通过注册

---

① 奥贝尔·约翰（Orbell John，2004），"扎尼科（居里尔斯）·卡萨（Czarnikow，（Julius）Caeser）（1838—1909）"，牛津名人词典。

② 熊仅在扎尼科（Czarnikow）的动物园里待了很短时间。1877 年左右被捕获，在和主人去伦敦桥的途中咬了四轮车的门因此失宠，后很快被卖掉，Janes，Hurford 和 Sayers，H. J.（1963），Czarnikow 的故事。

③ 金融时报，1909 年 4 月 21 日。

④ 根据英国央行的计算，相当于 2007 年底的 93 670 英镑。

登记和发放担保的过程，履行它对伦敦期货的买方和卖方的义务。这套做法在《咖啡期货交割业务规章》中采用，该规章发布于 1888 年 5 月伦敦农产品清算所开始对咖啡期货进行清算的时候。仅做过稍微改动之后，这个规章就被运用到其他合约上，直到 20 世纪 60 年代计算机化。

当其接受并登记合同以便做出担保时，伦敦农产品清算所就要收取存款或初始保证金，并且在账面价值下跌时要求追加保证金。但是，伦敦农产品清算所并非法律上任何交易的对手方。例如，当发生会员违约事件时，它会要求另一个会员将该违约者的合约全部或部分平掉，以此来担保履约。如果清算所没有足够的存款或保证金来覆盖违约者的平仓头寸，它将蒙受损失。

起初，伦敦农产品清算所有两类会员：普通会员和授权经纪商。普通会员类似于今天中央对手方清算所中的非清算会员。所有会员的准入"绝对由董事会把握"[①]，并且会议纪要显示董事会对这一职责严肃认真，确实拒绝了一些申请人。除此之外，会员公司必须在伦敦金融城有办公机构或经营场所。

当开始咖啡期货业务时，伦敦农产品清算所"准备接受一些经适当授权的经纪人作为会员"，仅这些会员有权在交易所登记期货合约[②]。这些经授权的经纪人相当于现在的综合清算会员，而普通会员则通过这些会员单位进行合约登记和保证。

普通会员每年会员费不少于一个基尼（英国旧金币，价值 1 镑 1 先令或者 1.05 英镑），同时授权经纪人需（在普通会员基础上）另多交不少于 5 个基尼的会员费。经纪人必须由董事会选出，并需接受一些特殊条款和义务。例如，授权经纪人或优先经纪人不得参与任何"委托人不在英国"的咖啡期货交易。如果经纪人的客户（必须是伦敦农产品清算所的会员）注册地在清算所一英里以外，经纪人则要承担所有委托人的义务和责任。特殊经纪人对"五大经纪人委员会"的服务负有责任，该委员会在伦敦农产品清算所经理的监督下，确定每日用于设置保证金的价格。

到 1888 年 4 月底，伦敦农产品清算所接受了第一批 59 名会员，就在 5 月 1 日开始登记和担保咖啡的远期合约之前不久。会员数量迅速增长，在 5 月 16 日的董事会会议上，它接受了第 50 号咖啡授权经纪人的申请，并开始审核第 244 号到第 256 号的普通会员申请。

伦敦农产品清算所的成立初期的确是有一些"摸着石头过河"，特别是在尝试建立适当水平的交易对手风险控制机制上。1888 年 5 月，其咖啡期货规章规定：清算所只"为那些注册地位于伦敦的、距离清算所方圆 1 英里之内的公司和清算所会员"提供合

[①] 伦敦农产品清算所（1888 年 4 月），《初步的关于会员的一般规定》。
[②] 伦敦农产品清算所（1888 年 4 月），《关于允许授权经纪人参与 LPCH 的咖啡期货交易的初步规定》。

约登记。这明显过于苛刻，并很快被修改成"为一个或多个伙伴是注册地距离清算所方圆 1 英里之内的清算所会员"的公司提供合约登记。[①]该条款被放入 1888 年 7 月的糖期货规章中，但后来看来依然是太过严苛了。五年以后这条规定被废除。

随着时间的流逝，伦敦农产品清算所在观念上变得越来越国际化。1896 年，它接受了很多位于英国之外的股东。董事会会议纪要显示，在 19 世纪 90 年代到 20 世纪初之间，越来越多的国外公司成为伦敦农产品清算所的会员。1896 年——德国交易所法（börsengesetz）颁布的那年——几个德语名字的公司也被接受为伦敦农产品清算所的会员[②]。仅 1908 年 6 月，新批准的会员中就包括了 3 个在布拉格、2 个在汉堡、2 个在安特卫普和 1 个在阿姆斯特丹的公司。

然而总的来说，伦敦农产品清算所在成立几个月后制定的规章绝大部分几乎没有改动过，直到 1913 年 6 月。包含登记、担保以及（如果有必要时）交割规定的"88 度"甜菜根糖规则被扩展，增加了一个关于英、德之间可能爆发战争的条款。

20 世纪 80 年代，随着金融期货交易进入英国，伦敦农产品清算所开始采用美国机制——在规章中清算所被描述为每个买方的卖方以及每个卖方的买方。从清算所和其他欧洲清算所发展而来的担保机制就此终结。

虽然有所不同，但是这两种方法对化解交易对手风险都有相同的效果。当伦敦农产品清算所的一个交易对手方想要同时作为买方和卖方去了结两个交割日期相同的合约时，这两种方法几乎一致，当时这家交易商向交易所出示了两个担保证书，而伦敦农产品清算所编制了账户、对冲并了结了合约，将应付差额支付给合约方。在这个案例中，根据伦敦农产品清算所糖期货清算规章 1913 年版第 13 条规定，"相应合约的各方所有的权利与义务"被转移给伦敦农产品清算所。可是，与美国 1891 年后逐渐采用的"完整清算"系统相比，伦敦农产品清算所并没有成为两个交易中其他参与者的对手方。实际情况是：按伦敦农产品清算所登记的数字顺序，开放合约最初的买方和卖方，替代了那些被清算了的合约的交易对手方位置。

这些细微之处很容易被忽略。1916 年，英国法院在描述伦敦农产品清算所功能时，就将它的清算方法同美国的清算方法混为一体。它还使用了清算词汇中的"（合约）更替"一词来描述清算所对最初对手方义务的替代，而当时伦敦农产品清算所只是在向商

---

① 根据一个 1888 年 5 月 16 日的董事会会议纪要的修订。
② 该会议纪要也显示伦敦农产品清算所在 1896 年已经有相当多的会员。1896 年 3 月，Fr Meyer's Sohn 公司的麦尔（Myer）先生被接批准为 707 号会员。Fr Lehmann 是一个白银经纪人，1896 年 7 月成为第 719 号会员；C. W. Engelhardt 是一个糖经纪人，1896 年 10 月成为第 725 号会员。

品期货合约的交易双方提供担保证明书①。

在"锥格（Jager）控告托姆·朗吉（Tolme & Runge）和伦敦农产品清算所"的案例中（关于第一次世界大战对糖期货合约的影响的一个案子），英国法院说道：按照规则和制度，糖的买卖双方都要与伦敦农产品清算所登记合约，随后进行（合约）更替，清算所成为卖方的买方和买方的卖方②。

6.3　伦敦农产品清算所：糖和德国的联系

当汉堡在1887—1888年间设立了咖啡和糖的期货市场和清算所后，伦敦会马上效仿是合乎逻辑的。咖啡是国际贸易中重要的大宗商品，而糖在喝茶成风的英国是一个大行业。1888年春，伦敦农产品清算所开始与伦敦糖交易商代表们进行谈判，并于1888年7月16日开始处理糖的合约。

1914年以前英国在世界糖交易中占据独一无二的地位。直到现在，英国人仍被认为是最喜欢吃甜食的人群，人均糖消费量比世界任何其他地方要高③。德国迎合了这种需求，大约从伦敦农产品清算所成立到1914年，德国一直是英国唯一的最大糖供应国。

18世纪，德国发明了从甜菜中提炼糖的技术，促使糖提炼工业迅速在欧洲大陆崛起，同时德国移民们在英国糖提炼工业扮演了重要角色，直到进入19世纪。欧洲大陆的甜菜糖提炼工业蓬勃发展，部分归因于英国政府的行动和政策：包括在拿破仑战争时期英国对欧洲的封锁，另外19世纪初英国废除了奴隶交易制度（这导致西印度的糖生产经济的动荡），以及英国的自由贸易政策规定从1874年开始取消糖税。直到20世纪初，欧洲大陆的生产还一直受益于法国和德国的出口补贴政策。

直到19世纪末，甜菜糖占据了世界糖产量的三分之二，两个最大的糖市场分别位于汉堡和马格德堡，邻近德国北部的平原地带的甜菜根种植地区。

英国人并不种植甜菜。相反的，在忠于自由贸易理想的英国，粗糖和精炼糖全靠进口，严重依赖德国和德国的盟国奥匈帝国的供应。

当然，依赖是相互的。英国糖进口占德国产量的份额从1875年的3%迅速攀升到了1903年的65%，随后到1910年降到了33%。19世纪末，英国吸收了将近一半的德国

---

① "更替"看起来不被伦敦农产品清算所使用，直至1921年，当7月25日董事会会议讨论白糖市场的新规则时。会议纪要指出：条款中"更替"一词被通过。

② 泰晤士报法律报道，1916年2月5日。

③ 在1899—1900年，英国公民每人约消耗91.65磅糖，根据德国白糖公司F. O. Licht的数据显示，《糖行业笔记》。接下来次高的是美国，人均消耗65.21磅。最大的19个主要消耗国的平均消耗量为每人33磅。

糖出口量，并在 1907 年达到 77% 之多①。1911 年到 1913 年，英国共进口了 199 万公吨糖，其中 76.72 万吨来自德国，30.23 万吨来自奥匈②。

甜菜根糖非常适合进行期货交易。它是一个标准化的产品，因为它的质量很容易科学地测定。汉堡的糖市场提供了一个国际价格标杆，反映了该港口作为欧洲最大糖生产国的主要交易中心的地位。伦敦糖期货交易合约的单位是 500 袋，品级为 88 度白甜菜糖，汉堡离岸价。

在 1888 年伦敦农产品清算所的创立者们看来，伦敦糖期货合约的交易和担保前景一定是一片光明的。公司有卡萨·扎尼科作为公司的副董事长，是伦敦和国际糖交易里的主要人物。在英国民辛巷的庞大德国糖商群体，可以依赖汉堡的经验来建设一个"由清算所支持的期货市场"。

但是，尽管伦敦农产品清算所的咖啡期货生意看起来顺利推出，糖期货的清算遇到了种种问题，贯穿了清算所最初的二十年。

6.4　分隔的市场和清算竞争者

伦敦农产品清算所董事会的会议纪要显示，在起初的几个月里清算所受到行业组织机构伦敦甜菜糖协会的诉讼威胁：它被起诉在采用的合约形式上侵害了版权。两个机构之间的关系一直处于紧张状态，直到 1893 年分歧才解决。

与此同时，就在伦敦农产品清算所开始营运几周之后，在谁有权在清算所登记糖期货合约的问题上，扎尼科和其他董事们之间爆发了争吵。

会议记录只提到了争执的一部分，但显然它是非常激烈的，争论的核心在于扎尼科反对一项提议：只有经纪人才能在伦敦农产品清算所登记糖期货合约。当时只有经纪人才能和清算所登记咖啡期货合约，而董事会大多数人想将这一相同规定应用在糖期货交易中。扎尼科处于少数地位，尽管其他董事们对于不得不反对公司副董事长表达了"极度的遗憾"，他们还是多次强迫他回避。

1888 年 6 月 27 日，当董事会以多数票通过，将与咖啡经纪人相同的条款运用到糖经纪人身上时，扎尼科和另一个董事会成员表示反对。

这次争执很快得以解决。两周以后董事会规定："授权经纪人"③ 的所有的交易必须通过清算所清算。从 1888 年秋开始扎尼科再次主持董事会会议，一直到 1909 年他突

---

① 查明·菲利普（Chalmin, Philippe, 1990），塑造白糖巨人。

② 瑞斯·格拉汉姆 L（Ress, Graham L, 1972），英国大宗商品市场。

③ 授权代理人的明确身份在会议纪要中并没有表明。然而，1889 年 3 月，持不同意见的经纪人指出他们很有可能代表大的贸易公司。

然去世，享年 72 岁。

但糖这个生意还是纷争不断。伦敦农产品清算所的董事会可能在 1889 年 2 月偏向了扎尼科这边——清算所成立了一个特殊授权的糖经纪商和代理人团体，他们拥有在清算所登记合约的独家权利。作为交换，这些授权经纪人的所有的交易必须通过伦敦农产品清算所进行清算，同时确保他们在国外市场的交易都通过英国的商人或代理机构进行清算，并将他们之间的所有交易在伦敦农产品清算所登记。

新的规定无疑是想防止企业将糖期货交易国际化，并阻止交易流向汉堡等国外交易中心。但是它们却给伦敦市场带来了麻烦。1889 年 3 月，代表小企业的、持不同意见的经纪人和会员向伦敦农产品清算所提交了一个"备忘录"，对糖行业接受这些授权经纪人表示抗议。他们成立了一个经纪人协会以组织"协调行动"来和伦敦农产品清算所对抗。

尽管如此，伦敦农产品清算所的业务在不断壮大。1888 年 5 月交易的第一周后，董事会被告知，清算所的客户存款和保证金金额为 8 435 英镑 7 先令 6 便士。到同年 10 月底，清算所持有 46 520 英镑现金，及客户的价值 38 065 英镑的证券作为初始存款和保证金。一年以后，即 1889 年 10 月底，清算所会员账户的现金攀升到了 94 016 英镑，作为初始存款和保证金的客户证券价值为 191 655 英镑。[1]

当他们公布伦敦农产品清算所截至 1889 年 4 月 30 日的第一年年报时，董事会非常乐观，"清算所在提供销售设施和合约安全性保障方面给交易带来了好处，从而为伦敦招来了生意，这一点每天都得到进一步认可"，他们说道。虽然经营的第一年"很大程度上只是刚开始"，但是公司已经开始壮大：1888 年到 1889 年伦敦农产品清算所担保和清算的 227 万袋咖啡的一半以上，以及 128 万袋糖的三分之二，都是在该经营年度的最后 4 个月登记的。在年报发布的同时，清算所已经开始茶叶清算，并在谈判对其他进口商品的清算。1888 年到 1889 年度，它报告的净利润是 5 742 英镑，并继续发扬光大。

伦敦农产品清算所公布了第二份截至 1889 年底的 8 个月的年报后[2]，董事会的乐观看来是对的。8 个月里公司共登记了 451 万袋糖的合约——远超过了 1888—1889 年全年的合约数，还登记了 259 万袋咖啡。同时，伦敦农产品清算所开始对茶叶、丝绸、小麦和玉米进行清算[3]。到年末，公司的资产负债表显示总资产和负债是 222 761 英镑（这相当于 2007 年年底的 2 063 万英镑）。董事会报告，去除费用后的净利润为 14 785 英镑，同时宣布向 50 000 股本金没有完全交齐的普通股发放每股 5 便士（0.25 英镑）的

---

① 数据来自伦敦农产品清算所的董事会会议纪要。
② 8 个月的记账期被记入伦敦农产品清算所的年报。
③ 1889 年 5 月 1 日至 1889 年 12 月 31 日清算了 2 960 箱茶叶，2 660 捆丝绸，13 750 吨小麦和 750 吨玉米。

红利。该公司实缴资本的其他组成部分——100 位原始股东的股份——这时还无权分享红利。

但是，对于公司糖生意的担忧继续在董事会会议上浮现出来。1895 年董事会担心伦敦的糖交易会输给德国的竞争对手。在看到一份特殊委托调查报告后，董事们的担忧在一定程度上得到缓解，这份报告显示，在 19 世纪 90 年代初伦敦农产品清算所在登记和担保数量上已经超越马格德堡，但仍居于世界领先的糖交易中心汉堡之后（详见表6.1）。问题依然潜伏在家门口。

表 6.1		三大主要糖市场合约数				单位：袋	
	1892 年	份额%	1893 年	份额%	1894 年	份额%
伦敦	4 382 500	27	8 288 500	34	4 452 000	27
汉堡	7 503 000	46	10 291 500	42	8 510 000	52
马格德堡	4 357 500	27	5 906 500	24	3 492 000	21
总计	16 243 000	100	24 486 500	100	16 454 000	100

资料来源：1895 年 4 月伦敦农产品清算所董事会会议记录——糖期货市场特殊报告。市场份额由作者计算，小数点精确到个位。

在 1896 年德国交易所法对期货市场实施更加严格的监管后，伦敦农产品清算所和它的许多会员公司同德国的联系应该有助于清算所的业务开拓。19 世纪 80 年代的利物浦棉花交易商和阿姆斯特丹的阿姆斯特丹清算所在各自市场上达成了和解，但是伦敦农产品清算所却不同，它没能治愈分裂的伦敦糖市场。在很多年里，英国糖提炼商更喜欢与汉堡或者马格德堡直接交易[1]。因持续不满，有人在 1897 年初向伦敦农产品清算所董事会提交了一项建议，目的是建立一个所谓"开放的糖市场"，按周缴纳保证金。董事会对此予以否决。

1897 年 6 月，清算所的一个竞争对手——合约协会（The Contract Association）以50 000 英镑资金成立，登记和清算"殖民地的和其他产品"。报道说该协会将开始清算甜菜糖交易，《每日新闻》披露：协会董事中有五位是来自"民辛巷的领头交易商号"，每家出资 5 000 英镑[2]。

同伦敦农产品清算所一样，新清算公司的会员中也有德国的公司，合约协会"每周追加一次保证金，而不是每日"，而且看起来他们比伦敦农产品清算所少些逐利性。在新清算公司成立的 1897 年，伦敦农产品清算所登记的糖合约量在大幅减少，如图 6.1所示。

---

① 查明·菲利普（Chalmin, Philippe, 1990）。

② 1897 年 6 月 25 日。

百万袋

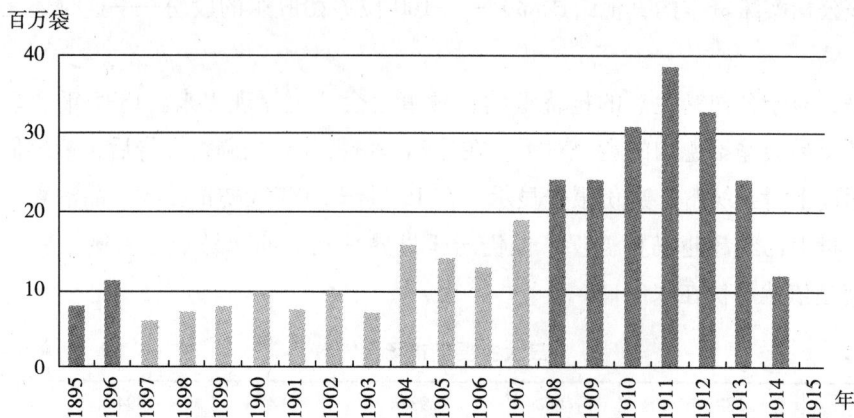

注：1895—1915 年伦敦糖期货登记量（合约单位：500 袋，88 度白色甜菜糖，汉堡到岸价）。1897—1907
年合约协会也对伦敦糖期货进行清算。

资料来源：伦敦农产品清算所数据，在 Rees, G. L.（1972）中重新整理得出，英国大宗商品市场，Paul
Elek 书，伦敦。

图 6.1 伦敦农产品清算所

为了应对合约协会的竞争，伦敦农产品清算所设法扩大它清算的合约的范围，但是
收效甚微。伦敦农产品清算所的丝绸清算一直持续到 1898 年。靛蓝是另一个非常"短
命"的冒险尝试，仅仅从 1900 年持续至 1905 年。伦敦农产品清算所还有过断断续续的
谷物合约清算的历史。从 1889 年开始，对小麦期货合约的清算进行了 5 年，对玉米合
约的清算仅仅进行了 3 年。尽管伦敦谷物行业说服伦敦农产品清算所于 1897 年重新开
始对小麦和玉米期货进行清算，这项业务仅在 8 年以后就停止了。随着德国交易所法颁
布，德国粮食期货市场不得不关闭，利物浦的谷物交易所成为了最主要的受益者。谷物
交易协会最终接管了伦敦的谷物合约清算业务。

新世纪的头几年对商品交易商和他们的清算所来说并不是特别容易。巴黎的糖交
易市场遭遇了由旱灾引起的投机泡沫，泡沫于 1905 年破裂。这导致一个当地的知名
投机商自杀，伦敦农产品清算所糖期货注册量也发生轻微下滑，市场上谣传扎尼科也
遭受了约 25 万英镑的巨大损失[1]。这使得欧洲大宗商品市场缺乏严谨的名声进一步恶
化。

1907—1908 年世界经济受到当时重大金融危机的钳制，与 2007 年开始的金融危机

---

[1] 那个时期的一个大数目。当被一名记者问起关于损失的传闻时，扎尼科回应说他仍然可以用一张 5 英镑支
票来点带有他自己公司商标的雪茄。实际的损失最后被披露为"少于 55 000 英镑"：珍·胡弗（Janes, Hurford）和
赛尔（Sayers, H. J.）（1963）。

有些相似①。在大宗商品市场，产出国开始质疑工业化世界的市场对于它们产品的定价机制。1906—1907 年，紧随着创纪录的咖啡产量，巴西政府开始购买期货并囤积现货咖啡以支撑价格。它的干预政策使得勒阿弗尔比其他欧洲中心收益更多。

然而，伦敦农产品清算所的命运在 1907 年出现了转机：由清算所最勤奋的董事赫曼·福特拉吉（Hermann Fortlage）发起和撮合②，它将合约协会（Contract Association）善意收购，从而统一了伦敦糖市场。伦敦农产品清算所为竞争对手支付了 62 500 英镑，得到 25 000 份非全额支付的普通股。这使投资者手中的普通股增加到了 75 000 份，合约协会的两位董事加入到伦敦农产品清算所的董事会中③。如图 6.1 所示的，1907 年以后伦敦农产品清算所的糖期货合约的年登记量迅速增加。大约此时，伦敦糖期货的交易量超过了汉堡。

虽然伦敦农产品清算所对该市的咖啡和糖交易很重要，但是它几乎不能被看做伦敦金融城的主导力量，特别是以它最初的远大目标来衡量。清算所仍严重依赖于甜菜糖的交易。1913 年，最后一年完整的和平时光，它清算的其他产品仅包括咖啡、砂糖、胡椒和白银。

然而，公司仍然持续年复一年地发放股利。它对董事们的奖励相当好，多年来每人每年 200 英镑，反过来董事们也尽心尽力地出席董事会会议，虽然每周例行的董事会会议从 1897 年 2 月开始变成了两周一次。

清算所的工作方式产生大量的纸文本和重复，有时看起来几乎接近满负荷运转。于是 1910 年 10 月，当董事会讨论员工超时工作的问题时，董事们同意员工有权获得加班费：在工作日晚 7 点以后 1 先令 6 便士、8 点半以后 3 先令；周六下午 4 点以后 1 先令 6 便士、5 点半以后 3 先令。

J. P. 基明斯（J. P. Kimmins），一位 1923 年 3 月 17 日 22 岁时进入公司的登记员，记录了在爱德华时代在伦敦农产品清算所工作的情形。在接受某一刊物纪念清算所成立一百周年的采访时，基明斯回忆起亨利·普特（Henry Pute）④。第一次世界大战前，普

① 1909 年 2 月，扎尼科在伦敦农产品清算所年度会议上关于"美国金融危机的远期影响"的评论在一个世纪之后仍是恰当的。1909 年 2 月 12 日泰晤士报在评论"关于货币贬值刺激复苏的失败"时报道，扎尼科指出"其对信用的冲击实在是太严重了"以及"资本开始明显厌恶投向哪怕包含最低限度的风险性项目"。

② 福特拉吉（Fortlage）是伦敦农产品清算所自成立以来最活跃的董事会会员。他在 1888 年同扎尼科一起协商招聘斯库兹，同时也是他俩合作在民辛巷申请到伦敦农产品清算所的第一个办事处。1913 年 2 月，福特拉吉开始申请休假，同时解释他因健康问题被要求出国，之后他的休假又被延长了好几次。1915 年 8 月，董事会接受福特拉吉的辞职信，并要求主席写信给福特拉吉。直到现在也不清楚福特拉吉在伦敦农产品清算所任董事期间是否是一个德国公民。

③ 约翰·朗赛·德拉克（John Ramsay Drake）和查尔斯·赫曼·朗吉（Charles Herman Runge）。在 1907 年，佛朗西斯·约翰斯通（Francis J. Johnston）辞去了伦敦农产品清算所主席的职务。

④ 国际大宗商品结算所（1988）ICCH 的 100 年。ICCH 是 1973 年伦敦农产品清算所改名而来的。

特是威廉·舒尔兹（Wilhelm Schultz）手下的登记员，后来晋升为公司秘书长。

普特曾将他早期的工作岁月描述为纪律严明，工作时不能讲话，到五点时把外衣和礼帽放在他们的高桌子上准备好回家。时钟敲响五点时，舒尔兹会走出来说："晚安，先生们"，这表明我们可以走了。

1914年第一次世界大战爆发后，董事会会议记录显示：公司从底层登记员到经理舒尔兹共23人，这些差事都是一辈子的。当1930年"老好人"丘伯森（Culbertson）作为公司秘书长退休时，他已经在伦敦农产品清算所工作了40年。1937年10月，第一次世界大战后接手成为了公司经理的威廉·马特（William Matt），在工作49年半之后退休。

伦敦农产品清算所的清算方法和工作流程历经两次世界大战幸存了下来，直到20世纪50年代。而在第一次世界大战中无法幸存的，是公司强烈日耳曼特征的章程，以及英—德糖行业之间的紧密联系。

6.5   伦敦农产品清算所和第一次世界大战

1913年新年第一天，《泰晤士报》发表了一篇关于伦敦农产品清算所的特别报道，着重提到了从19世纪末开始它的持续盈利和可观的股利发放。文章富有诗意地写道："在一条安静的、不起眼的商业小道上，不受股市暴涨暴跌的影响，存在着一些公司，在没有高调的鼓吹、没有财务刺激的情况下创造着巨大而稳定的利润。"报纸评论道"伦敦农产品清算所或许是唯一一家不曾有过坏账的公司"。单凭这方面，它就在伦敦所有的股份制企业中独树一帜①。

然而，泰晤士报的这位记者没有报道一段时间以来不断聚集的战争阴云。伦敦农产品清算所的会议记录表明：早在1910年6月，公司董事会就开始考虑该如何应对"欧洲可能爆发的战争"。

1912年8月，伦敦农产品清算所特别召开了一个董事会会议，一致同意修改清算所的规则，以"应对德国和英国之间可能出现的战争紧急状况"，他们应该加入一条"战争条款"，当官方通知或宣布战争爆发时，清算所可以对所有登记的合约强行清算，每个交割月份的合约只适用一个价格，对卖方和买方都一样。

1913年1月18日，伦敦农产品清算所对外公布，在糖和其他期货合约的规则中加

---

① 泰晤士报，1913年1月1日。

入战争条款，明确指出德国很可能会发动战争入侵：

> 在德国与英国、法国、俄罗斯、澳大利亚其中任何一方发生战争的情况下，除非合约在此之前已了结，否则在官方公告进入此战争状态时，未了结合约将被认定为以公告日前六个工作日的官方价格均价平仓……在合约对手方之间将建立账户，而对手方必须接受此全部最终结算，所有由此产生的差额将立即结清。

董事会于 1914 年 8 月 4 日召开了会议，当天英国卷入第一次世界大战；到 8 月 14 日之前又召开了两次会议，启动措施清算咖啡和糖期货合约的开放头寸。

尽管预见性地制定了战争条款，但战争刚开始时，还是导致了对伦敦农产品清算所可能蒙受巨大损失的混乱和担心。8 月 17 日，当时伦敦农产品清算所的分部经理威廉·马特（William Matt）告知董事会将发生"巨大危险"，因为大宗商品"开盘做多操作"，清算所 9 月 1 日可能会接收交割一大批咖啡交易。两天后伦敦农产品清算所发表公告，市场将保持关闭状态，清算所不接受任何新的交易，直到另行通知"。

然而，公司对糖期货清算的依赖是个大问题。8 月 31 日，伦敦农产品清算所董事长写信给泰晤士报，催促它澄清在战争开始之前汉堡就已存在的未平仓糖合约的情况。"对于那些战争开始之前就已经登记的、却在战争状态公告之后到期的大量合约来说……关于各方的义务普遍存在巨大的疑惑。鉴于目前的普遍状况，这些合约将无法执行"，他写道。在 1914 年 8 月之前伦敦农产品清算所就接受德国糖仓单，用于担保在清算所登记的远期售出。糖仓单的问题在战后一些年仍反映在清算所的资产负债表上。

9 月 28 日，董事会听闻某些白胡椒期货合约上发生违约。两周以后，战争结束了威廉·舒尔兹（Wilhelm Schultz）的职业生涯——在他担任伦敦农产品清算所经理的 26 年里，他似乎一直保留着德国公民的身份。会议记录表明，10 月 12 日的董事会同意舒尔兹的职位"从今日起被终止"，做这个会议记录的无论是谁，都经过了再三思考，因为"终止"一词被划去并换上了"决定"。会议后舒尔兹应该获得半年的工资补偿，以表示对他工作的认同，但是"任何关于给予退休金的问题将留待以后商讨"。

舒尔兹的名字在董事会会议记录中出现过两次，两次都是在战争结束之后。1920 年 2 月，董事会上宣读了 1 月 4 日舒尔兹写给马特信件的摘录，且他"同意目前什么都不做"。舒尔兹是否一直在要求退休金呢？如果是这样，那这就成了学术问题——不久之后他便去世了。1921 年 4 月 7 日董事会同意，将战争期间暂停的一笔德国马克交易产生的利润——7 808 英镑佣金"划转到已去世的舒尔兹的账户"。

战争迫使伦敦农产品清算所开始紧缩裁员。1914 年 12 月，在已经裁员 7 人之后，公司制定了 1915 年紧缩预算。减薪和裁员帮助公司把工资支出从 1914 年的 7 154 英镑减少到 1915 年的 3 281 英镑，其中舒尔兹——他挣得比任何其他员工的两倍还多——离职就节省了公司 2 130 英镑。

敌对状态引起了糖交易量的灾难性下滑，英国政府控制了糖的供应量。1915 年伦敦农产品清算所只登记了 9 500 袋糖，并在剩下的战争时期里就再没有了。1917 年 2 月，伦敦农产品清算所撤销了它关于特权糖经纪人的规定，因为此时糖期货的交易在伦敦实际已经停止。

1917 年，在英国糖成为第一个被限额供给的食品物资。记录显示伦敦农产品清算所在战争期间清算了一些咖啡交易，但是交易很不稳定且容易中断。1915 年 7 月伦敦农产品清算所暂停了股利发放。董事会会议越来越少，1916 年 3 月以后大约一月一次，1918 年全年只开过四次会。

汉堡糖交易所在战争期间也关闭了。然而欧洲商品市场的关闭给美国带来了商机。1914 年纽约咖啡市场开始交易糖，且交易量持续攀升，以至于 1916 年该市场将名字改为"纽约咖啡和糖交易所"。虽然当美国加入战争时纽约市场在 1917 年也关闭，但是 1920 年 2 月它重新开业，时间上早于伦敦和汉堡。后两者在 1921 年和 1925 年分别重新开业。到这时，紧邻美国的古巴已经成为世界上最大的糖生产国。

纽约市场不久就变成了世界上最重要的糖交易所，这仅仅是第一次世界大战引起世界经济力量从旧世界向新兴国家转移的众多标志之一。

6.6　伦敦农产品清算所尴尬的复苏

战争摧垮了长久以来建立的贸易关系。战争还破坏了 1914 年前打造的全球化经济早期版本框架的金本位国际货币体系，资金不再自由地在欧洲流通，市场也开始变得越来越国内化，贸易保护主义滋生，国家采取措施鼓励大宗商品尽可能国内生产。经济复苏因此相应地脆弱和不平衡。1929 年华尔街的崩溃和随之而来的衰退，更使得市场和清算所处境艰难。

伦敦农产品清算所在战争结束前就调低了它的远大目标。1918 年的夏天，董事会决定减少公司的未缴股本。1919 年，公司向最高法院要求，把公司 99 900 股普通股的每股面值从 10 英镑减少到 5 英镑，从而把总授权的发行股本从之前的 100 万英镑减少到 500 500 英镑，已发行的普通股仍保留 75 000 股，部分缴付每股 2/10/0 英镑。

1919 年，伦敦农产品清算所的资产和负债总额为 326 089 英镑，其中包括价值 106 000 英镑的证券投资。但是在资产负债表上，有 151 058 英镑是借给德国客户的借款（包括累计利息），有德国控制下的抵押品作担保。另外，英国客户还欠着清算所 58 571 英镑，部分代表了战前的借款，由存在德国的糖作担保。

1919 年底，伦敦农产品清算所董事会决定，对德国客户的债权需通过伦敦的一个对外追索食糖协会来了结。但在 1921 年 4 月，董事会会议纪要记载：马特接替舒尔兹成为经理后去到柏林，促成了清算所与战前德国领先的行业合作伙伴 Mittledeutsche 私人银行的债权了结。20 世纪 20 年代初期，马特因债务谈判而多次到访柏林和汉堡。这些年里，为追讨其他公司欠款的法律诉讼反复出现在董事会的讨论议题中。

1921 年当伦敦的糖批发市场重新开张时，伦敦农产品清算所也恢复了些许正常。但糖交易行业已经变化得面目全非，期货合约已经不再基于"88 度甜菜根糖"的汉堡离岸价，合约单位变成为 50 吨白糖、伦敦保税仓库出库价。这一年伦敦农产品清算所清算了 61 050 吨左右的白糖合约。

战争期间英国已经扩大了其自身的甜菜糖产量，而且用其他领地和殖民地的，主要是甘蔗糖的供应商弥补了 1914 年以后德国留下的缺口。由于战争期间的配额限制和市场关闭，英国糖提炼商们的地位与民辛巷的交易商们相比显现强势，力量的转移在 1926 年得到巩固，泰莱（Tate & Lyle）公司的一位知名度高的董事鞠琉·约瑟夫·朗吉（Julius Joseph Runge）加入了伦敦农产品清算所董事会[1]。

然而，战争似乎带来了其他机会。它大幅增加了对机动车辆的使用，结果引起了对橡胶需求暴增。1913 年鹿特丹推出了天然橡胶期货的交易，并取得了一些成功。战争期间交易暂停，1919 年鹿特丹和阿姆斯特丹重新开始了橡胶的交易，鹿特丹清算所（Rotterdamsche Likwidatiekas）和阿姆斯特丹清算所负责清算合约。

伦敦农产品清算所就没那么成功。1921 年 11 月 1 日伦敦农产品清算所开始登记橡胶期货合约，留住了此前一年遭受惨重投机损失的橡胶经纪商[2]。但这被证明是一个短暂的多样化尝试，因为伦敦橡胶交易协会（Rubber Trade Association）大约在同一时间设立了一个与之竞争的清算机制。

伦敦农产品清算所宣布了 1921 年的盈利并对每份非全额支付普通股派息 6 先令，这是自 1915 年以来的它第一次分红。1922 年 1 月，董事会将马特和公司秘书约翰·科伯森（John Culbertson）的年薪提高到 750 英镑/年，并给他们每人发放了 300 英镑奖金。这使他们的薪资大约提升回到了 1914 年的水平，但他们的收入包括奖金却远远低于战前舒尔兹的水平。

伦敦农产品清算所的职员们也不得不接受这种不宽裕的状态。当 1923 年 J. P. 基明斯（J. P. Kimmins）这位年轻人加入伦敦农产品清算所的时候，他的年薪是 120 英镑，

---

[1] 朗吉（Runge）最初创立了糖交易公司汤姆和朗吉（Tolme&Runge），他在第一次世界大战期间担任了英国皇家糖交易协会的秘书和总经理。1921 年，他加入了糖提炼公司亚伯·莱和森（Abram Lyle&Sons），随后这个公司同亨利·泰和森（Henry Tate&Sons 合并成了泰莱（Tate&Tyle）。

[2] 1923 年 10 月 25 日泰晤士报，LPCH 在 1922 年清算了 495 吨橡胶，第二年 450 吨。

低于 1914 年的水平。

根据基明斯 1988 年出版的回忆录，他指出这仍然是一个男性统治的职场世界，并且年复一年的几乎没有任何改变：

> 每天的工作从 9:30 开始，通常大约 5:30 结束。全天工作节奏非常快，我们不得不手工撰写和誊抄所有东西。合约由经纪人准备好，每周六我们需要回办公室来检查一周的工作。
>
> 20 世纪 20 年代很少看到女士在这里工作。我们的办公室里都是男性，这情形直到最近都没有改变；从 1923 年到 1950 年工作常规几乎没变过。

大事一件接一件地发生着。1926 年大罢工那周，基明斯骑车从其思维克（Chiswick）到民辛巷工作，额外得到了 5 英镑的奖励。他三年后回忆说："当时生意并没有怎么受到大崩溃的影响。我们几乎保持着同样的营业额，尽管我们职员们受苦了！"可是经理宣称"员工们一文不值"，并且下令降薪。

从 20 世纪 20 年代初期往后，伦敦农产品清算所填补了金融城的一个稳定但量不大的纵深市场。到 1926 年，德国的问题已成为历史。它的主营业务就是清算糖期货市场交易的合约，从 1928 年到 1931 年，粗糖合约已经逐渐替代了白糖合约。

经过一个短暂的战后复苏，圣托斯（Santos）咖啡交易量下降了，在 1927 年已慢慢停止，因为巴西政府控制了咖啡产品的营销。作为替代，伦敦农产品清算所从 1928 年开始清算可可期货。以资产负债表来衡量，伦敦农产品清算所的规模从 1926 年大罢工那年到 1930 年一直在 70 万英镑上下浮动。

公司的五名成员组成的董事会决定，从 1925 年开始常规性地对每只普通股发放 7.5 先令（15%）的股息，并从 1926 年开始对每股面值为 10 英镑的那 100 只创始人股发放每股 56 英镑 5 先令股息。1927 年 3 月，公司的第四十次年度会议上说，所有 6% 的累计欠发股息款已经全部支付给了股东。这个对伦敦农产品清算所 187 500 英镑的实缴普通资本、及面值 1 000 英镑的创始人股本派发的 15% 和 56/5 英镑的股息，无论年景好坏都没有改变过，直到 1940 年。1939 年公司把的派息比例分别降到了 10% 和 25 英镑。

伦敦农产品清算所在战争期间仍维持着 188 500 英镑的名义实缴资本不变，尽管其条件调整了两次。1930 年，所有普通股无论已发行和未发行的，均被赋予每股 2 英镑 10 先令的票面价值，变成全额缴付。1937 年，187 500 英镑的实缴普通股被转换成了 187 500 份贷款债券（Loan Stock），每份票面价值 1 英镑，承诺每年至少 6% 的利息回报。

第一次世界大战之前，伦敦农产品清算所一直依赖未缴资本来支持它在危机中的担保业务。战争期间，一个稳健的分红政策使得它能够积累投资作为非正式的担保基金。1939 年底这笔基金价值 488 810 英镑。

在 20 世纪 30 年代的大部分时间，伦敦农产品清算所清算的产品只有粗糖和可可。1931 年因经济大萧条来袭，清算量急剧下降，且 1935 年再次下滑。1936 年 2 月，公司年度大会（AGM）报告"几乎所有产出国都对生产和消费进行政府干预，它扼杀了投机交易"。

交易活动在 1937 年突然上升，在它的 50 周年纪念前夕，伦敦农产品清算所清算了 393 万吨粗糖和 352 250 吨可可的合约，比之前任何一年都多。

在第二次世界大战前夕，市场又开始下滑，尽管此时清算所已经开始处理其他产品的交易。1937 年，随着投机者们意图垄断市场，伦敦农产品清算所帮助建立了一个新的胡椒期货市场。1938 年 2 月，它维持了支付"稳定和适当股息"的政策，理由是它希望扩张，手头需要资金。

然而战争扰乱了它的计划。1939 年 9 月英国正式向德国宣战，伦敦农产品清算所仅为粗糖、可可、清漆以及少量的白胡椒和黑胡椒的期货交易进行登记和清算（见表 6.2）。

表 6.2　　　　　　　　　1939 年的伦敦农产品清算所登记的合约量

粗糖：1 221 300 吨（1938 年为 2 690 700 吨）
可可：80 280 吨（1938 年为 226 160 吨）
白胡椒：30 吨（1938 年为 85 吨）
黑胡椒：50 吨（1938 年为 35 吨）
清漆：23 250 袋或桶

公司总算是从它 1918 年的萧条状态恢复了一些，但是在两次世界大战之间它从未达到过第一次世界大战前的盛况[1]。

6.7　伦敦农产品清算所被剥夺活力和被迫出售

第二次世界大战对伦敦农产品清算所的影响要远比第一次世界大战更激烈。英国政

---

[1]　1939 年底伦敦农产品清算所的资产负债表显示总资产为 461 123 英镑，与 2007 年的 2 172 万英镑相当。其实这个数字还不如 50 年前伦敦农产品清算所成立两年时的市值。折合成 2007 年的价值，1918 年价值 1 270 万英镑，1913 年为 4 949 万英镑，1889 年为 2 063 万英镑；伦敦农产品清算所的投资组合同样折合成 2007 年的价值，1913 年大约为 1 434 万英镑，1918 年为 423 万英镑，1939 年为 2 114 万英镑。

府控制了经济体系，关闭了大宗商品市场，并终止了伦敦农产品清算所的清算业务。

伦敦农产品清算所基本上勉强坚持。它继续在投资上获取利息和股息，并且在战争期间仍然每年向普通股股东们派发大约6%的股息。董事们的精力投入到了战争上，1944年的清算所年报显示，他们中的两名获得了十字勋章（The Military Cross）。

1945年初公布的1944年年报，摒除了公司先前沉默寡言的传统方式，并公布了董事长杰佛瑞·斯旺（Geoffrey Swann）充满着希望的简短声明。他说，"董事们都在热切等待着那么一天，农产品市场重新开放交易，并且公司可以恢复正常运营，支持并担保交易和大宗商品的批发"。

战后的英国劳工党政府置若罔闻，仍然继续实行配额和管制，拒绝开放市场，依靠中央集权的代理机构从国外购买大宗商品。到1949年，政府的政策给伦敦农产品清算所带来了真正的麻烦：交易的持续不活跃加上不断上涨的利润税，迫使它1948年的年度派息降至5%。

1949年2月11日，董事会致信股东，他们在认真考虑公司的未来。通过每年留存一部分盈利，公司已经建立了121 954英镑的大量公积金，并且有大约价值157 934英镑的盈余——316 402英镑的账面投资额与这些投资市值474 336英镑之间的差额①。

然而他们并不确定公司股票的价值，尤其是在盈余分配时或清算所清盘的情况下创始人股票的价值。董事们并不知道创始人股票的持有人是否有权得到比其10英镑票面价值更多。于是他们提出了3种假设，对创始人股票的估值分别为10英镑、23英镑和654英镑，而伦敦农产品清算所的普通股估值分别为2.36英镑、2英镑和1英镑。每种类型股票持有者的指定代表人都被邀到委员会，参与考虑该问题。

一年过去了，委员会毫无进展，清算业务仍然停滞不前，同时投资者的收入下跌，因为对分配利润的税收提高了。1949年5%的股利派发仍没有变，这使伦敦农产品清算所对普通股拖欠了累积2%的股息。唯一的亮点就是下议院的评估委员会（House of Commons Select Committee on Estimates）提议重新开放英国的茶、可可和谷物市场，从而振兴英国的港口贸易和无形收入。斯旺悲观地评论道："五年社会主义政府的政策引起的破坏，只有在国外城市抢占了伦敦和利物浦的位置之后才被人们注意到。"

1950年5月，董事们决定将伦敦农产品清算所出售。在给股东们的信中，公司报告道：可可市场仍然在政府的管制之下，"尽管它期盼可能很快变得自由些，但对糖市场操作的控制至少要持续五年"。由于糖是伦敦农产品清算所的战前的主要业务，没有了它董事们看不到任何交易盈利的前景。

---

① 相当于2007年的1 243万英镑。

　　董事会收到了一个快速增长的金融公司联合多米诺信托（United Dominions Trust）发出的要约收购，它对伦敦农产品清算所每只普通股的报价为 2 英镑 1 先令 3 便士，而当时它在伦敦证券交易所的价格为 1 英镑 16 先令 3 便士。联合多米诺信托还提出支付一个过渡股息以替代 1948 年到 1949 年的欠息，并对创始人股支付每股 313 英镑。

　　1950 年 6 月 1 日，伦敦农产品清算所报告说有 90% 的股东接受了联合多米诺信托的要约，它作为独立的上市公司而存在的历史从此结束了。然而仍不能确定的是，作为联合多米诺信托的下属公司，它是否还能够（或是否还会）重新开展它的清算所业务。

第 7 章

北美的完整清算体系

7.1 明尼阿波利斯清算协会

就在 1888 年伦敦农产品清算所正式开业的三周之后，它接到了来自大西洋彼岸的接洽。董事会被告知：明尼阿波利斯的主要磨坊主们写信建议美国的面粉合约通过在伦敦新建的清算所进行清算①。

赫尔曼·佛特雷吉（Hermann Fortlage）和本杰明·泰伯（Benjamin Tabor）——伦敦农产品清算所的董事——与来自明尼苏达州的磨坊主代表刚特·圣特·克拉考斯（Gunther de Ste Croix）开始了磋商。虽然会谈没有达成共识，但却体现了 19 世纪末期世界全球化的背景下，有关清算操作的信息是如何在洲与洲之间迅速传播的。

尽管进行了接洽，但是在勒阿弗尔率先创立，并由伦敦农产品清算所实践运行的欧洲式的合同担保方法，却没能在美国站住脚。据 1896 年的一份记录，纽约咖啡交易所屡次考虑采用欧洲的方法，但每次都否决了："人们曾不止一次地试图将这种清算所引进入纽约咖啡交易所，但这个提议在管理委员会层面就被否决"，艾米利·亨利·克鲁斯比（Emery, Henry Crosby）说道。②

然而在 1891 年，明尼阿波利斯商会——这个城市的谷类交易所——建立了属于自己的清算所，用一种新的方法来为交易者化解对手方风险。

到 1890 年之前，明尼阿波利斯已经取代了布法罗成为美国第一面粉加工中心，并且它也是重要的区域性银行业中心和信心十足的企业家聚集区，它自身可以为处于金融

---

① 伦敦农产品清算所 1888 年 5 月会议记录。与圣特·克拉考斯（Ste Croix）的谈话似乎结束于 6 月中旬。

② 艾米利·亨利·克鲁斯比（Emery, Henry Crosby, 1896），美国农产品交易所和证券交易所的投机。在他的经典作品中，描述了法国清算所（Caisse de Liquidation）及德国清算所（Liquitationskasse）如何承担合同履约的责任，并在一脚注中描述道："它在美国交易所的出现一点也不惋惜。"如第 5 章所述，纽约咖啡交易所的清算方法是被勒阿弗尔的勒诺曼（Le Normand）先生在其 1882 年在美国发现的，在清算所成立之前。

创新前沿而骄傲。当地对于金融创新方面的热情，部分反映出他们不愿意让本地的经济被位于东南方向 350 英里的芝加哥主导，同时也是他们消除地理劣势的一个尝试努力：克服与五大湖区深水港口和廉价运输机会相隔离所带来的不利，以及由此带来的、对于使用铁路向东部运送谷类和面粉的依赖。紧抓着铁路价格问题不放，是 19 世纪 80 年代和 90 年代的该城市商会年度报告中反复出现的问题。

商会自身也于 1881 年公司化了，为的是给附近生产的谷物交易提供一个市场。它原本主要是个现货市场，正因为如此，在 1886 年磨坊主们决定用这一市场取代他们自己的协会来采购小麦之后，这一市场的重要性大大提高了①。商会的第一份期货合约——硬红春小麦——于 1883 年 1 月上市②，然而在整个 19 世纪 80 年代，期货交易量非常低③。但是商会的董事会在 1891 年夏天决定，任命一个由三人构成的委员会，制定一个建立开放交易清算所的计划④。他们的目标似乎已经变成：提高明尼阿波利斯地区种植的小麦品种的交易保值机会。

委员会赞成仿照芝加哥期货交易所的模式建立一个清算所。8 月，董事会及时批准了一项对于交易所章程的修正草案，修正草案由 23 个段落构成，交由会员讨论表决⑤。然而，1891 年 9 月 2 日，在特别召开的会员会议上，这项参考芝加哥模式建立清算所的计划被否决了，66 票反对，62 票赞成。根据当地媒体报道，多数人希望新建的清算所能够从商会中独立出来⑥。

建立清算所的计划超出了交易所的控制，几周之后，多数人的想法得到了实现。1891 年 9 月 28 日，商会清算协会成立，资本为 50 000 美元，分成 1 000 份即每股 50 美元，在发行时全部实缴。在公司章程中，其业务被描述为："各种粮食的购买、销售、储存和处理，包括对委员会相同业务的处理，以及各种形态的地产物业和个人财产的购买、出售、出租及抵押⑦。"

清算协会在明尼苏达州法律下作为一个公司建立起来，创造了一个可以在交易所里代替交易对手方的法律实体。章程中提到的谷物的"购买、销售、储存和处理"，表明了该组织就是后来我们了解的完整清算所——是"每一个买方的卖方"和"每一个卖

---

① 肯尼·达福（Kenny，Dave，2006）谷物商人：明尼波利斯谷物交易所的证明历史。

② 据明尼波利斯谷物交易所网站 www. mgex. com（2010 年 12 月 6 日）所述。商会 1947 年将其名字变更为明尼波利斯谷物交易所。

③ 联邦交易委员会（FTC 1920）"联邦交易委员会的谷物交易报告"见表 4.1。

④ 明尼波利斯论坛（1891 年 7 月 24 日）"谷物交易所"。

⑤ 1891 年 8 月 24 日商会董事会会议记录，MGEX 友善地提供给作者一份。

⑥ 圣保罗每日国际新闻（1891 年 12 月 3 日"他们投票否决了它"；明尼波利斯论坛（1891 年 12 月 3 日）"他们不要它"：商会的清算所计划夭折了。

⑦ 原文件的影印版由明尼波利斯历史协会向作者友善提供。

方的买方"。因此，它是现代中央对手方清算所或者说 CCP 的祖先。

1891 年 10 月 6 日，商会赋予了清算协会独家权利，为在交易所的交易进行清算。10 月 12 日，交易所给清算所提供了为期一年的办公场地[①]。

不幸的是，关于明尼阿波利斯清算所如何运营的更多详细证据似乎已不复存在。因此历史学家和作家，包括本书作者，依赖于美国谷物交易的大量报告，这些报告是由联邦交易委员会（FTC）于 1920 年（大约 29 年之后）编写的，进一步证明了明尼阿波利斯商会清算协会是 1891 年美国第一个推出完整清算的清算所，并记录了它的操作细节[②]。

根据联邦交易委员会（FTC）所述，清算协会的会员必须同时也是商会交易所的会员，但并非所有交易所会员都必须成为清算所的会员。明尼阿波利斯交易所的期货经纪公司只有通过认购清算所董事批准的股份后才能成为清算协会的会员。当一个会员遇到困难发生付款违约时，清算所可以购买或出售相关合约以避免自身遭受损失。

明尼阿波利斯清算所不同于在芝加哥的结构，它并不是交易所的一部分。它的保证金政策也不同。在完整清算系统下，清算所的管理者必须让交易各方交付必要保证金以避免清算所受到损失，直至交易完结。

在芝加哥，交易的对手方互相之间要交付一定的保证金，并且将这笔资金存放在双方事先约定的地方，通常是由交易所的财务部门指定或者是芝加哥期货交易所认可的银行。按照交易所的规定，芝加哥的保证金不是强制性的[③]。1911 年关于芝加哥期货交易所，一位时事评论员写道："在许多会员间的交易中，如果双方对于彼此的财务状况都有着完全的信心，保证金就没有必要，并且经常被忽视。合约交易中很少注意这个问题[④]。"

---

① 信息来自商会的董事会会议记录，由 MGEX 提供给作者。

② 作者无法追溯到明尼波利斯清算协会的任何早期的规则和章程，以确证它从建立就如一个完整清算所那样运转。据网络图书馆服务商 World Cat 所说，"在贝尔茨维尔和马里兰的美国国家农业图书馆藏有明尼阿波利斯市的商会清算协会的建立和大致章程的早期文献"，但当作者第一次联系并希望拜访以期研究它时，该文献已经丢失。

从 1920 年，FTC 就开始编写篇幅为 7 卷的报告"联邦交易委员会的谷物交易报告"，由华盛顿的政府印刷办公室出版。在第二卷 146 页以及第五卷 228 页中，FTC 引用了明尼波利斯清算协会规则五中的第一部分的总规则，来证明这种新型的清算如何运作。

规则说："所有日内的谷物交易必须通过清算所清算，由交易各方同意的除外。经这类交易的管理者接受，清算所将作为此类交易中每一买方的卖方以及每一卖方的买方，将最后结算价格作为合约价格。第二句不在明尼波利斯商会协会董事会在 1891 年 8 月 24 日通过的规则草案的第一节中，该草案意欲建立一个芝加哥期货交易所（CBOT）式的清算所，10 日之后被交易所会员否决。FTC 报告中的一个暗示就是：完整清算的规则是在 1891 年 12 月 2 日——反对 CBOT 方式的投票，以及 1891 年 10 月 12 日——交易所提供给清算协会办公场地，这段时间迅速策划的。

③ "这些保证金可能有时在合约日期之时或者之后被要求，如果一方认为有必要得到充分保护的话。"出自 CBOT 的 1865 年规则并被 FTC1920 年的报告的第五卷 28 页引用（原书作者的斜体字）。

④ 海利·西贝尔（Harris, Siebel, 1911），"谷物作物的市场方法"，美国政治社会学科学院年鉴，p. 38。

明尼阿波利斯的方法——据联邦交易委员会的所说——需要"每天将开放交易用市场收盘价来衡量"。作为明尼阿波利斯清算协会的会员，他们有责任在下午的某一固定时间向清算所报告所有交易的细节①。这些会员将支付或者收到清算所支票，支票体现了他们开放交易的账面损失或利润。

完整清算使市场参与者感到更加方便，并且它比芝加哥的清算方法更加安全。然而，在进行交易清算或者交付保证金时，明尼阿波利斯清算协会的会员需与清算所发生业务往来。强制性缴纳保证金的要求获得了小型交易公司的支持，他们觉得芝加哥期货交易所的酌情而定（是否缴纳保证金）的方式是一种更有利于大企业的体制。

明尼阿波利斯清算所的规则允许会员在没有清算所参与的情况下，也能进行双边交易结算。但是联邦交易委员会认为，完整清算系统带来的便利意味着所有的交易都该通过清算所清算。

尽管如此，清算协会的发展比其创始人所预期的要慢。联邦交易委员会 1920 年编制的研究报告说，"清算协会的会员总数正好是商会的 100 多家会员，再没有其他"。并且，"截止到 1918 年它的流通股本约为 25 000 美元"，也就是说，在经过了 27 年的经营后，清算所只发行了 1918 年被授权发行的股票数量的一半②。

7.2　明尼阿波利斯：被忽视的创新者

明尼阿波利斯采用的清算方法是一项重大创新，但建立起来之后，却几乎没得到关注。

然而勒阿弗尔的清算所成为了法国国内和国外媒体热烈讨论的主题③，被学术作品广泛讨论，并不断被欧洲领先的交易中心所效仿。而明尼阿波利斯清算协会似乎在当时少有人问津。

当地的一家报纸——明尼阿波利斯论坛——在清算所建立五周之后才提到了这个主题，它热烈报道清算所如何"处于世界领先地位"，并称其显然优于芝加哥的模式。虽然文章详细介绍了保证金系统，却并没有提及清算所如何作为中央对手方运作的细节④。

商会在 1891 年的年度报告中没有涉及关于清算协会建立的信息。在随后的年度报

---

① 周中是 2:30PM 而周六是 1:00PM。
② 联邦交易委员会（FTC，1920），联邦交易委员会谷物交易报告，华盛顿 D. C. 政府印刷办公室，卷 2 第 146 页。
③ 例如金融时报和利物浦水星报。
④ 明尼阿波利斯论坛（1891 年 12 月 2 日）"一个完美的清算所：商会建立的清算所完美运行"。

告中，也仅简单地将其归列为交易所的大约 550 个会员之一。在接下来的二十年里，美国的报纸、书籍和学术期刊谈到明尼阿波利斯的这个创新做法时，都是说它在一个独立的"清算协会"中建立了自己的清算所。但是清算所的角色，以及它的效仿者们作为"每一个买方的卖方"和"每一个卖方的卖方"的角色，被评论家和学者们忽视了近三十年。

亨利·克鲁斯比·艾米利（Henry Crosby Emery）在其 1896 年的著作《美国农产品及股票交易所的投机》中，并没有提及明尼阿波利斯清算协会是一家完整清算的清算所。除了这一点忽略，这部著作还是很详尽的。然而，克鲁斯比做了特别注解：这家清算所同别家不一样，它引导了谷物的实际交割。1911 年，美国政治和社会学科学院在其第 38 期年报出版了一系列关于美国商品交易所的文章，它将明尼阿波利斯商会清算协会描述为"国内同类组织的先驱者"，但还是没有提到它作为"每一个买方的卖方和每一个卖方的卖方"提供了完整的清算功能[1]。

如果报纸报道有任何指导性意义的话，加拿大温尼伯格 1904 年开始运营的清算所（在英文书的第 122 页描述到）至少在 20 世纪 20 年代中期的芝加哥是与明尼波利斯的清算协会齐名的。当 1925 年芝加哥期货交易所苦苦思索是否采纳完整的清算体系时，芝加哥商业日报（Chicago Journal of Commerce）将完整清算描述为"在温尼伯格以及一些较小的国内'合约市场'盛行的体系"[2]。

媒体对它缺少评论，可能是因为清算协会不愿意追名逐利。1991 年的第 38 期年报关于交易所和清算所的报告，将清算协会的经理描述为"无疑是整个组织中口风最紧的人"。也可能是因为明尼阿波利斯创造的完整清算体系在美国区域性谷物市场的传播速度非常缓慢，大多数这些市场并不是投机交易中心，或者并不专注于期货交易。

当联邦交易委员会撰写其 1920 年谷物交易的报告时，在 1 000 名芝加哥本地谷物交易商中，有 639 名（占比 64%）主要从事期货交易，将这座城市作为最突出的美国期货交易中心的形态勾画了出来。相比之下，在明尼阿波利斯 464 名粮食贸易商中，只有35 名（7.5%）交易商从事期货交易。而对于 1899 年建立清算所的堪萨斯和密苏里来说，在交易所的总共 169 名本地谷物交易商中，只有 17 名（10.1%）从事期货交易。

第一份关于明尼阿波利斯商会清算协会，以及它作为美国第一家完整清算所的角色

---

① 多个作者（1911）明尼阿波利斯、德鲁斯、堪萨斯、密苏里州、奥马哈、布法罗、费城、密尔沃基、多兰多交易所，美国政治社会学科学院年鉴。

② 芝加哥商业日报（1925 年 8 月 25 日），"董事会再次关于清算方式投票"，在 1925 年 7 月 30 日版面上，商业日报有一篇标题为"清算所建立计划受阻"的文章，讲述了芝加哥期货交易所改革者们如何想要"建立一个在温尼伯格运作的清算所"。

的详细描述出现在第一次世界大战之后，这也许绝非偶然①。那时联邦政府正在推广完整清算体系，以此作为对芝加哥谷物期货市场进行改革的一种方法，就如同 2008 年到 2009 年期间其后继者将中央对手方清算所作为化解场外交易衍生品市场风险的方法一样。联邦交易委员会的报告可能是联邦政府努力"大肆宣传"完整清算优势的举措的一部分。

20 世纪初期的美国，是一个任何商业创新都会被快速"曝光"的社会，而关于明尼阿波利斯清算系统的评论却缺失，这令人感到好奇。然而，联邦交易委员会 1920 年关于美国的完整清算体系的描述，在其编写完成直到今天，都没有人提出过异议。尽管本书作者尝试过，但是并没有发现有其他不同事件发生的证据。

相比之下，现代对于明尼阿波利斯清算协会兴趣的缺失可能仅仅表明了一个事实：在第一次世界大战以前，比起欧洲国家的合同登记和保障制度的推广，美国的完整清算体系的推广速度要慢得多。

7.3　完整清算体系的逐渐推广

为全面了解早期的美国清算所如何运作和管理进行，我们有必要看一下美国西南部密苏里州的堪萨斯城和美国边境以北的曼尼托巴省的温尼伯格（清算所模式）。

在明尼阿波利斯清算模式建立七年多后，堪萨斯市交易委员会（Kansas City Board of Trade）参照其清算模式于 1899 年 3 月成立了交易所清算公司（Board of Trade Clearing Company）。关于堪萨斯城清算公司的一些细节还能被后人得知，多亏了 1911 年美国科学院年报中的一份简要记录。但是，这份记录没有提及清算所作为"卖方的买方和买方的卖方"这一角色。

与明尼阿波利斯一样，创始人的目的在于发展期货交易，并结束交易商依赖芝加哥来对当地种植的冬小麦、玉米和燕麦进行保值这一局面。

他们似乎成功了。通过向交易委员会的会员发行 100 股每股 50 美元的股票，清算所实现了 5 000 美元的初始资本化。1902 年，清算所以每股 175 美元的价格额外卖出了 100 股股票，使得股票发行值翻了一倍。根据 1911 年年报，那时清算所的会员数量达到 110 家，而每股的价值达到 350 美元。任何个人持有的股票数量最高限制为 20 股。每年定期支付每股 20 美元的分红，并且清算费用也从 3 美分/1 000 蒲式耳调低至 2 美分/1 000 蒲式耳。

---

① 1920 年看来似乎是明尼阿波利斯的清算系统以及完整细节获得广泛承认的一年。见："伯乐·詹姆斯·恩宁（1920），投机与芝加哥交易所，以及联邦交易委员会（1920），联邦交易委员会的谷物交易。

工作仅在交易委员会大楼的一个办公室里进行，从上午 8 点一直持续到下午 4 点。交易日为周一到周五以及周六的上午半天，最繁忙的工作集中在每个交易日的下午 1 点 15 分收盘后。清算所的营运成本只有 5 000 美元/年。

到 1911 年，第 38 期年报显示，堪萨斯城的清算模式已被圣路易斯的商人交易所复制，并且被纳什维尔、奥马哈、威奇塔和新奥尔良纷纷采用。

和在堪萨斯城一样，加拿大的温尼伯格清算所建立的初衷，是使该市交易商和磨坊主可以比在芝加哥期货交易所更有效地对粮食收购进行保值。

1901 年 3 月 19 日，23 家本地粮商和磨坊主之间达成一致，同意成立温尼伯格谷物和农产品交易所清算协会（Winnipeg Grain and Produce Exchange Clearing Association），目的是购买、销售、储存、接收和交割各种谷物以及为温尼伯格谷物及农产品交易所的会员进行的所有未来交割的谷物交易进行结算、调整和清算处理[1]。

1901 年 7 月，清算协会公司化。初始资本为 25 000 加元，分为 500 股，每股 50 加元。清算所有 22 个创始股东，每位股东认购了 5 股，各自实缴初始资本 250 加元，总共约为整体股权的 10%[2]。

协会的组织建立花费了很多时间。但清算所自从 1904 年 2 月 1 日开始正式运营之后，一直稳定发展。它是会员所有、会员治理以及互惠互利的机构。经由董事会接受之后，新会员也认购五股股票，同创始人一样。

温尼伯清算协会是一个完整清算所。同在明尼阿波利斯一样，并非所有的交易所会员都是清算协会的会员，但清算协会的所有会员必须是交易所的会员。清算所实行强制性的保证金规定。清算协会的章程规定[3]：一旦谷物交易被清算所的经理所接受，清算所当即成为买方的卖方和卖方的买方，它同时也负责期货交易的按时交割。

清算业务充分增长。到 1907 年底，协会决定增发 500 股股票（每股 50 加元），从而把资本扩大一倍。但不是平价发行，清算所将每股新股定价在 300 加元，以帮助协会建立公积金，并在一定程度上限制会员的数量。

如图 7.1（a）和图 7.1（b）所示，温尼伯清算协会的股票发行价格在随后几年中大幅提高，而其清算费用在此期间却降低了，直至 1916 年这一费用达到最低点 0.4 美分/1 000 蒲式耳。1916 年的低收费标准仅持续了 4 年，这反映了在 1914 年实施的一项政策，清算协会的年度会议决定停止支付股息，但是尽量接近"按照成本"向会员

---

① 温尼伯格谷物和农产品交易所清算协会（1901 年 3 月）"协议和入会清单"。温尼伯格谷物和农产品交易所清算协会的档案藏于温尼伯格的曼尼托巴大学，该大学的档案馆和特别收藏部门应本作者要求友善地提供了（该资料的）影印版。

② 温尼伯格谷物和农产品交易所（1901 年 6 月 28 日）"公司成立证明"。

③ 协会总章程和规则的章程 13 的第一部分。

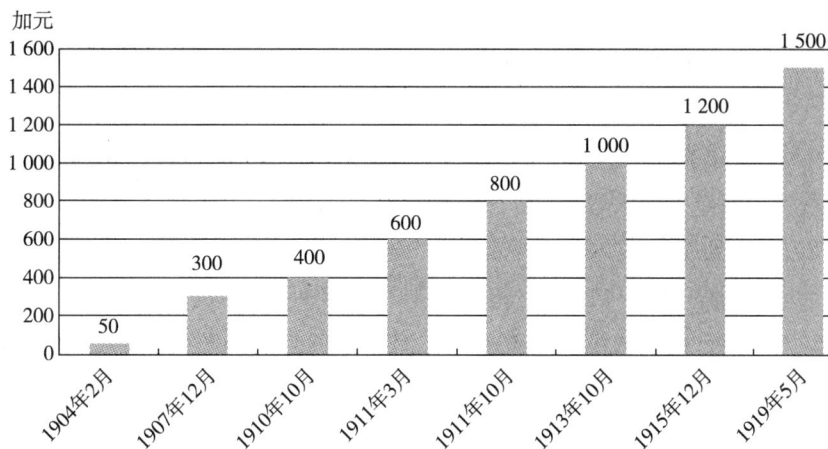

图 7.1（a）　1904—1919 年温尼伯格清算协会股票

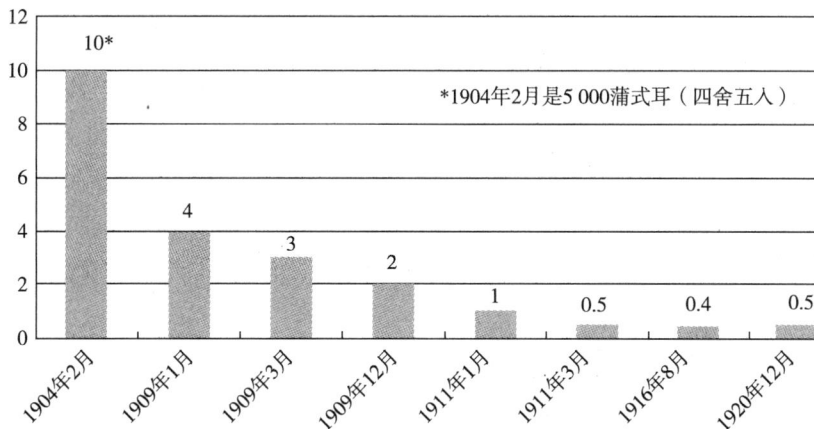

图 7.1（b）　温尼伯格谷物清算（成本为加元美分/1 000 蒲式耳）

提供清算服务。这似乎是有记录以来第一个清算所实行按成本价提供服务的案例。在第一次世界大战以前协会只宣布了两次年度分红：1913 年 2 月宣布的 10%，1914 年 3 月宣布的 12%。

　　到 1921 年，温尼伯格清算所的名义资本为 30 750 加元，共 123 名会员持有其全部 615 股股票。此外，该协会还拥有近 293 000 加元的公积金。同年，清算所前 20 年的管理回顾会议总结说这一清算系统是"出奇地令人满意"，尽管它也承认协会"蒙受过一次损失，为 30 580.43 加元左右①"。

温尼伯并不是唯一一个建立公积金的北美清算所。纽约农产品交易所是一个非常著名的机构，其起源可以追溯到 1861 年。但其 1904 年成立的清算所却开启了一个先河：建立了一个担保基金，每个会员必须存入 1 000 美元以应对"任何一位清算会员违约对协会造成的的损失或破坏"②。如果担保基金不足，清算所会通知清算会员进一步缴纳，缴纳比例按照此前四个月内各个会员接受清算的合同数量进行计算，上限为 5 000 美元。

纽约农产品交易所的清算规则似乎是一种传统和现代的结合。虽然担保基金是一种创新，但对"对持仓的初始保证金要求"却是酌情而定的，取决于董事们的意见。

纽约咖啡交易所（New York Coffee Exchange）的清算制度以一种类似新旧结合的方式为特征。咖啡交易所最初建立于 1882 年，但 1885 年按照纽约州的一个法案进行了公司化，并于 1886 年制定了自己的第一套交易所章程——后来被称为场内规则。正如艾米利（Emery）在 1896 年所说的，交易所拒绝采用勒阿弗尔的清算方法③。相反，后来多次修改了的场内交易规则表明，它依靠的是环形清算模式④。

1916 年，咖啡交易所更名为纽约咖啡和糖类交易所（New York Coffee and Sugar Exchange）。这时交易所修订了规则，实行完整清算。一年后一个清算协会开始运营，却正巧是在交易所因美国参加第一次世界大战而不得不暂时关闭之前。但是，是否要继续使用清算所作为"每一个买方的卖方和每一个卖方的买方"则由会员来决定⑤。直到 1927 年，交易所一直使用环形结算和完整清算两种体系对咖啡和糖类的合约进行清算。

近三十年来，在北美建立起来的完整清算所纷纷效仿明尼阿波利斯，成为了公司实体，既独立于他们所服务的，以及他们的会员所隶属的交易所，同时又与之保持紧密的联系。

1919 年，芝加哥有一个不显眼的交易所专门从事黄油和鸡蛋交易，它将完整清算

---

① 根据关于该协会历史的一个描述，名为"组织的本质和历史"，1921 年 7 月 12 日，藏于协会的档案馆。不幸的是它也没有给出损失的细节或解释。但可能是源于 1908 年的事件，那是个温尼伯格市场动荡的年代。迫于一个敌意农业社区的压力，营利性的温尼伯格谷物和农产品交易所被迫停止交易几个月，重组并更名为温尼伯格谷物交易所，作为一个自发的非营利性组织。协会董事会 1908 年 7 月的会议记录提到过一次因错误燕麦交易引起的重大损失。损失似乎没有阻碍当时清算协会的管理人弗兰克·佛拉（Frank Fowler）的职业道路。他担任温尼伯格议员 14 年，1922 年曾任市长，据乐维娜·阿兰（Levine Allan，1987），交易所：温尼伯格百年谷物交易。

② 联邦交易委员会（1920），"联邦交易委员会谷物交易报告"第 231 页。

③ 艾米利（Emery，1896）。

④ 在 1885 年的交易所规则以及后续 1894 年，1902 年和 1914 年的修订中有关于环形清算的描述。纽约咖啡交易所以及后来的纽约咖啡和糖交易所的规则的微缩影片保存在纽约公共图书馆。

⑤ 从 1916 年开始，纽约咖啡和糖交易所规则的第 88 章包括了以下文字："……会员们可以向纽约咖啡清算协会提供合约以供清算（所有清算协会的会员亦是交易所会员），协会将成为替代一方取代会员位置……"（作者斜体字）。

划入了自己的公司内部结构。同年 10 月，芝加哥黄油和鸡蛋交易所（Chicago Butter and Egg Board）更名为芝加哥商业交易所（Chicago Mercantile Exchange，CME），并于 12 月 1 日开始交易黄油和鸡蛋期货。名称的变化象征着这个相互持有（译者注：指会员与清算所之间）的机构怀抱着日后开展其他期货交易的远大理想，而支撑这些理想的是一家新的完整清算所，它"在交易所的规则之下存在和运作，目的是清算交易所会员之间所有的期货交易"[①]。

"清算所规则"的第一条阐明了清算所跟交易所及会员的关系："不管这些章程赋予了清算所权利还是让清算所承担了义务，这些权利或义务都被视为是交易所的权利或义务，由芝加哥商业交易所执行或服从。"

在芝加哥商业交易所，清算所替代了"每一个买方的卖方和每一个卖方的买方"，但是担保交易完成的责任由交易所承担。因此对于那些选择成为清算所会员的交易所会员来说，他们的财务责任也相应地严格。

清算所的会员，不论是个人、商号的合伙人或者公司的董事，对他们名下的通过清算所清算的所有交易，都必须担保履行经济责任。每一个清算会员都需要在清算所预存 500 美元以保护清算所和会员。一个清算所委员会将初始保证金定为："无论任何情况下"不小于标的商品价值的 5%，如果市场条件需要，清算所的管理者或清算委员会主席可以决定收取额外的保证金，"在提出保证金要求后的下一个银行工作小时内缴付到账户"，如果没有按时缴纳，清算所可以停止拖欠保证金的会员的交易活动，并向其账户追索相应损失。

清算所规则还明确指出：作为经纪商的交易所会员"必须要求他们的客户存入相当于合同价值 10% 的保证金"，清算会员的责任是"在任何时刻"，无论市场如何波动，客户账户的保证金都维持在 10% 的水平。任何没有达到要求的会员都会"被认为违反商业道德，可以被暂停营业或被除名"。

芝加哥商业交易所的清算所规则详细规定了用于弥补损失的资源顺序。第一道防线是违约清算会员的保证金，之后则是清算所的风险保证基金，再之后就是（其他）清算会员缴纳的违约保证金额（这是按照各个会员在此前三个月内向清算所支付服务费的比例来收取的）。为了确保清算会员缴纳的 500 美元资金、会员的保证金、清算所的保证金，以及交易所收入和支出不会相混淆，规则要求芝加哥商业交易所在三家或三家以上的芝加哥银行保有至少五个不同的账户，每家银行都要在交易所有一位代表，该代表具有会员资格。

---

① 芝加哥商业交易所（1921 年 6 月 15 日）"机构，章程和清算所规则"，由纽约伊萨卡岛的康纳尔大学图书馆向本书作者提供。

那时芝加哥商业交易所的清算所极少得到关注。不过，在芝加哥上演了另一个戏剧：芝加哥期货交易所受到了来自会员和华盛顿联邦政府的巨大压力，要求该交易所实行现代化的治理结构和清算安排。就在芝加哥商业交易所选择建立内部清算所的六年之后，芝加哥期货交易所采用了一个"独立与公平"版的"明尼阿波利斯模式"。1919年突然崛起的芝加哥商业交易所选择了不同的清算方式，以及1925年芝加哥期货交易所的成立，对于两家交易所后来的命运起到了至关重要的作用，80年之后作为竞争对手，他们为抢夺美国期货市场的领导地位而展开争斗。

7.4 芝加哥期货交易所的中央对手方清算

20世纪20年代早期，芝加哥的谷物期货市场仍不通过中央对手方进行清算，这一做法已经开始显得异样。尽管美国86%的谷物期货交易是在芝加哥期货交易所进行的，但交易所仍然使用环形清算制度。直到美国联邦政府采取了措施，芝加哥期货交易所才改变了自己的想法。

事实上，芝加哥期货交易所会员的意见是不一致的。1902年飞利浦集团（Phillips）的破产促使一些交易所的会员提出了要求，希望尽早在1903年建立一个完整中央对手清算系统，作为"每一个买方的卖方和每一个卖方的买方"。

表 7.1 CBOT 会员推进完整清算的投票（1917—1925 年）

投票日期	赞成会员数	反对会员数
1917 年 12 月 20 日	272	528
1920 年 10 月 4 日	228	502
1922 年 1 月 27 日	418	423
1923 年 12 月 28 日	136	551
1925 年 12 月 3 日	601	281

资料来源：P. W. 马克米兰（P. W. MacMillan）——CBOT 的华盛顿代表写给詹姆斯·J. 峰——CBOT 秘书的信（James J. Fones），1925 年 9 月 5 日。

虽然未成功，但这一诉求是将中央对手方清算引入芝加哥期货交易所的众多尝试中的第一次。1911 年，芝加哥期货交易所的会员针对规则变化进行了投票，如果获得通过，这些规则将引入完整清算的部分机制，尽管缺少担保履约这一环节[①]。但是，这个提议被绝大多数人否决。

---

① 莫舍·詹姆斯 T（Moser, James T, 1994），现代交易清算所的起源。

6 年以后，发生了一个更具实质意义的、推动芝加哥期货交易所引进中央对手方制度的尝试。这是由芝加哥期货交易所的一个特殊清算所委员会推动的，它认为芝加哥的商品交易已经落后于整体世界水平。在 1917 年 7 月 17 日的信函中，委员会宣称：完整清算体制"在美国和国外的任何一家重要交易所都取得了成功，令人满意"。①

改革取得了进展。1917 年 7 月 19 日，芝加哥期货交易所的会员以 446 票对 324 票赞成通过了委员会的建议，并起草一个详细计划将"现有的落后清算模式转变为最现代的清算方法"。但是当这一详尽的"交易委员会清算所"计划连同交易规则和公司章程在两个月之后会员们再次投票中，竟被三分之二的多数投票反对（见表 7.1）。

会员们反对中央对手方清算的主要原因有两个：有些会员认为，现有体制已经通过了美国最高法院的核准，可以更好更安全地抵御立法方面的不利风险；其他会员则担心，清算所的人员可以深入洞悉交易活动的机密细节。

这样的担心在 1917 年之后就不那么有根据了。几个因素鼓舞了芝加哥期货交易所努力在 20 世纪 20 年代早期引进中央对手方清算机制：

- 法院作出的关于其他市场的决定，支持了芝加哥交易所建议成立的完整清算体系。

- 谷物期货管理委员会（Grain Futures Administration）在 1922 年谷物期货法下建立了起来，将芝加哥期货交易归到美国政府监管之下，监管规则包括：保留交易记录、向联邦监管者报告开放头寸、交付印花税。如果没有中央对手方清算机构，交易商就需要自己做交易记录、自己进行独立报告、自行对全部交易纳税。中央对手方清算的介入，可以使得交易商在多边净额轧差的基础上履行这些责任，减少了后台办公费用和税金。

- 芝加哥商业交易所以芝加哥为中心，运营着一个完整清算所。

然而，农业社区和华盛顿的政客对芝加哥期货交易所的不满情绪快速蔓延，这一情况下需要来自美国农业部部长威廉·贾第纳先生（William M. Jardine）施加压力，从而打破平衡，获取对谷物期货交易的清算所的支持。

第一次世界大战引发了谷物和其他食品的价格飙升。1916 年，玉米价格达到了美国内战以来的最高点；接下来的一年，小麦价格达到了有史以来最高点。1917 年美国

---

① 在 1917 年 7 月 17 日芝加哥期货交易所清算协会写给交易委员会会员的信中。作者感谢丹尼斯·杜特勒（Dennis Duterrer）——1985 年至 2005 年担任交易所清算公司的高管及前任 CEO——慷慨提供了他收藏的这封信及其他与 BOTCC 相关的资料复印件。

参战以后，政府暂停了小麦、糖、棉籽和棉籽油的期货交易，对有军事需求的大宗商品实行价格控制。价格继续上涨直至 1920 年，政府中断了战争时期的价格担保，随后价格大幅下跌。到 1921 年 5 月，谷物价格跌到了 1920 年 6 月价格的三分之一。

价格的剧烈波动，重新燃起了人们对芝加哥期货交易所是一个赌博巢穴的指控，并号召在 1922 年法案下剥夺它作为指定"合约市场"的资格，从而让其不能进行期货交易。

贾第纳希望结束这种他称为"灾难性的价格波动"，但是他并不想剥夺芝加哥期货交易所的运营。贾第纳认为中央对手方清算机制会解决谷物价格过大波动的问题，因为（不论他正确与否），他将它视为抑制小型专业投机群体过度投机的手段。

通过 1925 年夏天一系列引人注目的演讲，贾第纳寻求将芝加哥期货交易所变成自己所希望的那样，并且他表明，已经准备在必要时动用联邦政府的力量。

"据我看来，这个国家的谷物交易所发挥了一个非常有用的功能——至少现在我们还没有找到更好的市场模式，" 1925 年 7 月 4 日贾第纳这样对农场主们说道[1]，但是他同时直言警告：如果谷物价格在一天内的波动超过了 12 美分到 13 美分，就确实有问题了，谷物交易所应该负责改变这种情况：

"他们必须认识到，他们已经很大程度上失去了人们的信任，只有通过彻底整顿交易所，才能重获人们的信任。如果他们没有主动采取适当措施，那么我的目标就是：最大程度地运用现行法律赋予我的权利，要求他们这样做。"

贾第纳在交易所的支持者众多。但是过程中也存在问题。1925 年 7 月末，芝加哥期货交易所的董事们拒绝对会员提出的建立完整清算体系的要求进行投票，理由是"该主题已经向会员群体提出过好几次，每次都被否决了，最后的一次是被压倒性多数否决的"。一个记者在报道该否决决定时将其描述为是一次"晴天霹雳"，特别是华盛顿对中央对手方清算也寄予了希望，而且芝加哥期货交易所主席佛兰克·L. 克拉利（Frank L. Clary）也支持该计划[2]。

中央对手方清算制度的支持者们当即发起了一场新的诉求，号召建立完整清算所。与此同时，华盛顿的政治气氛也在升温。在措手不及之时，J. C. 木瑞（J. C. Murray）和 L. F. 盖兹（L. F. Gates）、谷物交易所立法委员会的芝加哥会员，以及一家华盛顿游说集团，在 8 月 29 日私下给芝加哥期货交易所的现任和前任管理者们写了一封信，他们说得毫不留情。

---

① 1925 年 7 月 4 日，对达科他北部的曼丹农场主的讲话。引用法隆·威廉 D（Falloon, William D., 1998）的"造市商：芝加哥期货交易所 150 周年回顾"。

② 芝加哥商业日报（1925 年 7 月 30 日）"清算所计划遭遇阻碍"。

"少数人意识到了我们面临的危机，目前的状况是交易所历史上最严重的"，他们
开始写道。

信中强调了"在华盛顿的政策制者中有一种不断上升的情绪，他们认为农业部长对
于芝加哥期货交易所"过于宽容"，"尤其是在芝加哥期货交易所的董事们拒绝了其关
于建立清算所的提议之后"。一边渲染他们的主题、一边使用大写字母来强调他们的观
点，两位官员曾这样阐述强烈要求：在谷物期货法案下，"农业部长应取消芝加哥期货
交易所作为合同市场的指定资格①"，并且称："芝加哥的事务在大多数会员掌控之中，
他们既没有意识到现状究竟如何，也不承认有任何改变的必要。"

"我们最强烈地提请你注意芝加哥改革的重大迫切性，否则农业部长或者国会可能
采取极端措施。"两位官员指出。"警告非常直白，时间非常重要，每过一小时都会平
添一分危险，"他们号召每一位"前任和现任的管理者"支持交易所会员对改革方案进
行赞成投票。

他们和其他改革者的努力终于获得了回报。1925 年 9 月 3 日，芝加哥期货交易所的
一项新规则——第 XXXIV 号规则——以 601 票赞成、281 票反对和 4 票弃权获得了通
过。会员们以 320 票的优势赞成建立一家"清算公司"，一旦建立，该清算所就在所有
商品交易中替代成为"每一个买方的卖方和每一个卖方的买方"。

与 1919 年建立的芝加哥商业交易所清算部门不同，新建立的清算所不会成为芝加哥
期货交易所的一部分。芝加哥期货交易所清算公司于 1925 年 10 月 5 日正式建立。尽管是
一个独立的实体，但是交易所清算公司与芝加哥期货交易所之间保持着非常密切的联系。

根据第 XXXIV 号规则，交易所清算公司是在"芝加哥期货交易所董事会的监管下
组建运营的"。交易所董事会需对"章程、规则和清算公司的监管制度以及相关的制度
修改"进行审批。XXXIV 规则还明确强调：一旦交易所清算公司担当了"每一个卖方
的买方和每一个买方的卖方"这一角色，所有它处理的合约必须同时遵守芝加哥期货交
易所的，以及清算所自身的规则和管理制度。

此外，尽管这两个机构相互交织，芝加哥期货交易所的会员们对于新清算公司的承
诺并不那么坚决。规则的修改赋予了芝加哥期货交易所的董事们这样的权力："如果中
央对手方清算被证实是损害了大多数交易所会员利益的，那么董事们只要有 12 名赞成
投票，就可以选择老式的环形交易清算模式或者其他的清算模式"。

据清算公司的前任首席执行官丹尼斯·杜特勒（Dennis Dutterer）——所说：从来
没有任何正式的合同来定义芝加哥期货交易所和交易所清算公司之间的清算安排②，二

① 原信中运用的大写部分。原文件的复印件由丹尼斯·杜特勒（Dennis Dutterer）友情提供。
② 2009 年 1 月 23 日与作者谈话。

者之间的关系是由这两个机构的交易规则和公司章程来约定的。

芝加哥期货交易所和交易所清算公司之间在公司治理层面的安排，将在75年之后对芝加哥的清算安排和期货市场的重塑起到重要作用。

7.5　芝加哥期货交易所清算公司

1925年11月初，据宣布有141家公司认购了期货交易所清算公司的680份股票，实缴资本不到160万美元。三周之后，管理人霍沃德 S. 罗伯（Howard S. Robb）被派到清算公司。1926年1月4日交易所清算公司正式运行，交易开始向新系统转移，1926年1月30日这个周六，转移过程完成，交易所清算公司接过了所有小麦的交易，这是该交易所交易量最大的产品。

交易所清算公司在特拉华州登记注册，其股本资本为1 000股，无股票面值[1]。其规章中明确规定：清算所股票的所有权必须和清算所的使用紧密结合[2]。尽管如此，交易所清算公司的章程文件中规定的年度大会时的投票安排，保证了"那些选择成为BOTCC清算会员的"这一小部分交易商能拥有超过他们股份比例的决定权。

清算公司的股份由其使用者（同时也是芝加哥期货交易所的会员）认购。除了3～4家之外，所有芝加哥期货交易所前清算所的会员都认购了交易所清算公司的股份，而且新增了12个左右的名字[3]。

每个股东持有股票的数量都应"大致等于该股东的清算规模在清算所整体清算规模中所占的比例"。如果董事会认定某位股东的持股比例超过了该会员在之前六个月里的清算规模对应的比例，可以要求他撤出超出的部分股权，交易所清算公司有权以账面价格购买该部分股权。相反地，如果股东的股权比例低于其清算业务规模所占比例，董事会可以剥夺该股东的清算权力。

董事会的职责之一就是时常为新的申请者确定股票价格。公司的第一套规章中约定：每股价格为2 500美元，认购必须与估计清算规模成比例，但不得少于1股或者超过12股。

交易所清算公司的董事会有权决定是否从清算业务的盈余或净利润派发股息。但是公司规章强烈提示：它应该首先决定是否从交易所清算公司的累积利润中留出流动资金或是应急备用金。

---

① 交易所清算公司的成立证明，由芝加哥的伊利诺伊州大学的达利图书馆提供给本书作者。
② 交易所清算公司的章程，由芝加哥的伊利诺伊州大学的达利图书馆提供给本书作者。
③ 1925年9月3日CBOT的特殊清算所协会给CBOT董事会的信。由丹尼斯·杜特勒提供。

　　章程规定：公司可以通过规章，赋予董事会决定接受谁成为清算公司股东的权力。另一项条款规定在股东大会上每个股东"拥有与其所持股权比例大小无关的一票投票权"上述权力及条款给予了"那些选择成为交易所清算公司清算会员的"芝加哥期货交易所的小交易商们非常大的权力。

　　1934 年到 1935 年，当明尼阿波利斯的谷物行业巨人嘉吉公司（Cargill）申请成为交易所清算公司的清算会员时，芝加哥期货交易所小交易商们在交易所清算公司事务上的决定权极明显地显现出来。交易所清算公司的董事会将此事交给了芝加哥期货交易所董事会，听取他们的意见，因为交易所的规则手册中仍包含了对于交易所清算公司在接受公司会员资格方面的限制。

　　最终的结果是：芝加哥期货交易所的董事们拒绝嘉吉公司（Cargill）成为交易所清算公司的清算会员，尽管这家位于明尼阿波利斯的谷物公司的 60% 以上的谷物期货交易在芝加哥进行。芝加哥期货交易所董事会的决定使得嘉吉公司和交易所之间的关系恶化并且持续数年。这一事件也彰显了芝加哥期货交易所的小交易商们和交易所清算公司清算会员的权力，并且在 20 世纪的余下时间里，这一权力是这两个机构治理中的一个因素。

7.6　繁荣与萧条

　　交易所清算公司成立的时间，恰好处于两次世界大战之间的一段繁荣时期。美国经济在 20 世纪 20 年代中期以 7% 的年增长率在增长，并且 1926 年失业率降到了 2% 以下。

　　据当时的一位农业市场的著名学者詹姆斯·伊·伯乐（James E. Boyle）所说，20世纪 20 年代后期的相对繁荣引起了从 1924 年到 1929 年的 5 年期间"美国和欧洲兴建商品和股权交易所的热潮"[①]。在美国，新交易所（诸如 1926 年建立的纽约橡胶交易所）促进了完整清算体系的传播。

　　但双边清算和环形清算并没有消失。就像 1916 年之后，环形清算与完整清算体系并行、为纽约咖啡和糖类交易所进行清算一样，新奥尔良的棉花交易所在 1925 年推出了棉籽油合约后也提供了几种清算方法的选择。正如伯乐指出的，"合约可以通过棉花交易所的清算所进行清算，或者在会员之间进行对冲，或者通过环形清算轧差后只支付所欠净差额。"[②]

　　交易所清算公司并不是在所有情况下都充当中央对手方的角色的。自 1930 年以来，

---

　　① 伯乐·詹姆斯·伊（Boyle James E.，1931b）"纽约粗麻和黄麻交易所"，美国政治社会科学院的年报。伯乐是纽约伊萨卡岛的康纳尔大学纽约州立农业学院的农村经济的教授。

　　② 伯乐·詹姆斯·伊（Boyle James E.，1931a）"棉籽油交易所"，美国政治社会科学院的年报。

交易所清算公司在芝加哥期货交易所开始清算一些数量有限的股票后，也进行了证券和债券的清算。这些股票包括：美国氰胺（American Cynamid）、装甲公司（Armour & Co）、福特汽车（Ford Motor Co.），印第安纳标准石油公司（Standard Oil Co. of Indiana）、通用公司（Studebaker Corporation）以及威廉箭牌（William Wrigley）。

1930 年交易所清算公司通过新规章，其中关于清算股权和债券的部分强调："清算所不会被用来替代任何证券交易的另一方，而仅仅是作为会员的一个共同代理来便利合约的交割[①]。在这一层面，交易所清算公司与其他美国证券市场的清算系统没有什么不同。

美国的股票交易清算有着古老的血统，早于芝加哥期货交易所清算所。第一家美国股票清算和结算体系于 1870 年在费城股票交易所建立。但和期货清算比起来，股票清算还是显得平淡无奇，并且很多年一直这样。美国早期的股票清算所方便了净额结算，正如芝加哥期货交易所所做的那样，并且在结算之前把交易商之间交易的细节清晰化。与芝加哥期货交易所的清算所不同的是，他们在必要时引导市场参与者向其他指定方交付股票[②]。1892 年纽约证券交易所成为最后一家采用清算体系的主要交易所，但它仅仅是对一些交易活跃的股票采用[③]。

交易所清算公司的股票清算业务在一个不幸的时间推出，因而没能成为其业务的重要部分。芝加哥期货交易所的证券业务在 1929 年华尔街危机后没有呈现繁荣发展。1931 年交易量达到了顶峰——交易的股票量达到 167 万股。但从 1935 年起芝加哥期货交易所上市的证券数量缩水[④]，市场于 20 世纪 50 年代最终关闭。

在最初的 50 年里，交易所清算公司的命运是与芝加哥期货交易所农产品期货紧密相连的。清算公司最初清算的不可避免都是农产品合约：小麦、黑麦、排骨、燕麦、猪油、棉花、谷物和猪腩。

然而交易所清算公司诞生得太晚了，没有为芝加哥期货交易所 1925 年的历史最高纪录交易量 540 万手合约做清算，这个记录一直保持到 1963 年。芝加哥期货交易所的成交量在 1929 年后的"大萧条"期间大幅下降。到 1942—1943 年，其交易量低于 100 万手[⑤]，战争时期实行的配给制和价格管制给他们带来了损失。

---

① 交易所清算公司章程，第 7 章第 200 节：交易所清算公司清算证券的章程，由芝加哥的伊利诺伊州大学的达利图书馆提供给本书作者。

② 艾米利（Emery, 1896）。

③ 据艾米利（Emery, 1896）所述，1896 年 8 月为 43 只股票。

④ 在剩下的上市股票中，每年退出交易的股票数量都在增加。1952 年 CBOT 证券市场的总股票销售只剩下太平洋石油公司的 35 股股票，市值仅 73.75 美元。在 1954 年和 1955 年完全没有证券交易，之后市场关闭。

⑤ 吉代尔·苏姗·阿伯特（Gidel, Susan Abbot, 2000）"期货交易 100 年：从国内农业到世界金融"，期货行业杂志。

交易所清算公司在"大萧条"和第二次世界大战间存活了下来。它后来报告说，即便在这些艰难的时刻，"也没有客户因为清算会员违约而蒙受损失"，"交易所清算公司的经济责任总是被及时履行"①。

7.7 补充说明：全球强弱分离

20 世纪 30 年代见证了第一次世界大战前经济全球化时代最后的繁荣，这种繁荣被大萧条、保护主义、欧洲和日本的独裁主义的扩散一扫而空。战争于 1939 年 9 月在欧洲爆发，这距离第一次世界大战停战协议的签订还不到 21 年。1941 年 12 月 7 日，日本偷袭珍珠港事件将美国卷入了战争中，突然打破了美国 20 多年不参与国际事务的局面。

如果交易条件对于美国和英国的期货市场和清算所来说是困难的，那么对欧洲大陆的清算所来说就更困难了。第一次世界大战后的几年欧洲笼罩在一系列阴影中：革命的动荡和德国的恶性通货膨胀、奥匈帝国、俄罗斯和土耳其帝国覆灭后的效应、苏联的共产主义，以及战后出现的许多新兴民族国家存在的不稳定。

一个新问题就是货币的不稳定性。1922 年在受到德国马克贬值的打击后，荷兰的阿姆斯特丹清算所作出了它历史上首次停止支付股息的决定。

对于勒阿弗尔的清算所（Caisse in Le Havre）和荷兰的两家清算所来说，国家主义和保护主义问题特别严重，这些清算所早在 1914 年之前就建立了国际业务，但被迫更多地依赖国内市场。

一些清算所的进展比其他的要好。勒阿弗尔继续拥有重要的咖啡期货市场，源于法国大量的咖啡消费需求②以及它和巴西政府的紧密联系。1937 年，清算所（Caisse de Liquidation）报告称它拥有 1 100 万法郎的公积金和 600 万资金，体现了其较强的财务状况。

尽管 1934 年阿姆斯特丹清算所再次决定不分派股息，并且 20 世纪 30 年代的利润与 20 年代相比大幅下滑，该清算所仍于 1938 年庆祝了其作为一家独立的、以营利为目的的公司的成立 50 周年纪念日。相比之下，鹿特丹清算所（Rotterdamsche Likwidatiekas）在 1929 年大危机后遭遇了财务困难，1934 年被 R Mees & Zoonen 银行集团收购。

由于国家控制了大宗商品进口，交易和期货市场遭受了损失，民主制国家也和独裁国家一样易于采取这种方式。阿姆斯特丹清算所 1927 年的年度报告记录了在斯堪得纳维亚国家的政府和捷克斯洛文尼亚政府管制下的大宗商品进口的情况。从 1933 年开始，

① 根据信任、发展、领导、清算：一个历史。册子由交易所清算公司在 2002 年到 2003 年出版。
② 第一次世界大战期间法国取代德国成为继美国之后的世界第二大咖啡消费国。

希特勒的德国政府减少了通过国外港口的咖啡进口，因而 1937 年没有咖啡从勒阿弗尔或伦敦进入德国，只有很少的量通过阿姆斯特丹和鹿特丹进口①。

从 1938 年 9 月向前回顾 24 年的白糖交易（自第二次世界大战之初开始），伦敦的扎尼科指出：这一时期世界糖消费量增长了 1 000 万吨。但是，这个消费的增长已经被国内行业的扩张和新建的企业所满足，而我们的交易——通常被世界市场上的价格决定——并不比 1913 年的交易量多②。

20 世纪 30 年代是弱者和强者的分水岭。但很快，欧洲大陆的市场或清算所的强弱已经不重要，因为所有活动都在第二次世界大战爆发后停止，并耽搁很长时间之后才得以恢复。

战争终结了一些清算所的所有活动。其中一个就是勒阿弗尔的清算所（Caisse de Liquidation），1939 年它停止了经营活动。就和市中心的其他所有东西一样，1944 年 9 月这一机构只剩下残垣断壁。

在美国，第二次世界大战期间的政府干预对国家的谷物市场（包括明尼阿波利斯的谷物市场）产生了极富戏剧性的影响。明尼阿波利斯市成为了世界上最大的谷物现货市场。但是期货交易却大幅下降③。

明尼阿波利斯中央对手方清算的领先地位发生了变化。1943 年 7 月商会关于谷物期货市场的规则、章程和规定，首次提及了清算协会（Clearing Association）④。鉴于缺少相反的证据，我们有理由假设就是在这一时刻，明尼阿波利斯的中央对手方清算获得了现在的位置，成为谷物交易所的一个"部门"。虽然清算所在形式上仍是明尼苏达州正式注册的公司，商会却变成了中央对手方清算所的所有者，并且清算所的业务纳入了交易所的管理中。

在世界大战的背景下，北美第一个完整清算所采用了芝加哥商业交易所 1919 年推出的清算所结构，这一决定是一个微不足道的事件，但它标志了一个趋势。

20 世纪末，当金融市场迎接 100 年以来的第二次全球化时，芝加哥商业交易所模式的、交易所持有的清算所，变成了世界期货市场的标准样本，而不是明尼阿波利斯创立的、以交易所清算公司为典型的独立清算所模式。

---

① 贝克·尤舒拉（Becker, Ursula, 2002），咖啡贸易。

② 扎尼科公司（C Czarnikow Ltd.）（1938 年 9 月 15 日）"周度价格新闻"，尽管公司以其创立者扎尼科（C Czarnikow）来命名，但扎尼科去世后，整个家族立即不再持有该公司股份。

③ 肯尼·达福（Kenney, Dave, 2006）谷物商人：明尼阿波利斯谷物交易所的见证历史。

④ 相比之下，在商会的 1902 年、1915 年、1917 年、1920 年、1922 年、1926 年及 1934 年出版的章程中没有提及清算协会，由贝兹维尔的国家农业部图书馆（NAL）留存。

第三部分
发育成形的年代

第 8 章

布雷顿森林体系的垮台和金融期货的创造

8.1　和平时期的归来以及经济的增长

　　第二次世界大战后，期货市场以及清算活动的复兴是一个循序渐进的过程。美国的一些商品市场在战争期间关闭了，例如：黄豆期货交易在 1943 年 3 月到 1947 年 7 月之间停止了。其他市场上，交易活动也减少到了"涓涓细流"的程度：土豆期货（珍珠港事件之前一个星期刚刚引进纽约商品交易所（NYMEX））1945 年只交易了 80 份合同。一些市场受到战争期间技术进步的影响。鸡蛋期货（芝加哥商业交易所在 1898 年作为芝加哥黄油和鸡蛋交易所成立时的基础合同）的重要性减少了，因为现在养殖场的温度控制设备可使母鸡在整年而不是只在春天可以产蛋。[①]

　　到 1948 年，美国的市场开始恢复并且被部分欧洲大陆再次效仿。但是恢复过程并不顺畅，且受限于政府及其他机构对资本流动的控制。在英国，政府直到 1951 年才放松了对商品市场的管制，而食物配额制在这之后还持续了数年。1954 年，在法国勒阿弗尔城市的重建中，咖啡期货市场在一个临时场所里再次开业，该市场以及新的清算所——勒阿弗尔商品交易清算所（Caisse de Compensation des Affaires en Marchandises au Havre）的重要性，与战前相比已经大幅减弱了。市场为纯粹的国内市场，它以及新的清算所的活动受限制于价格控制、交易所控制和政府在投机方面的限制[②]。

　　但有一点没发生变化：清算所结构的跨大西洋的划分仍然保留下来。当清算所再次在欧洲出现时，他们仍然像在 19 世纪 80 年代那样担保期货合约，而不是将自己替代到交易中成为每一个买方的卖方和每一个卖方的买方。与之形成对比，美国的清算所则成

---

　　① 吉代尔·苏姗·阿伯特（Gidel, Susan Abbot, 2000）"期货交易 100 年：从国内农业到国际金融"，期货行业杂志。

　　② 鲁法那什·查尔斯（Rufenacht, Charles, 1955），咖啡及重要生活物资市场。

为每一个买方的卖方和每一个卖方的买方，不管它们是归交易所所有的、与交易所的管理整合在一起的机构，例如像芝加哥商业交易所那样；或者是独立的公司，例如像芝加哥期货交易所清算公司那样。

就交易和清算的长期历史来说，重要的是战后的政治和经济框架。世界被意识形态所划分，"铁幕"从北极向南到地中海区域贯穿了四分五裂的欧洲，苏联是"铁幕"以东的支配力量，它对东欧以及本国广大领土施加强制命令和经济控制。在更远的东方中国，在1948年中国国民党势力被打败之后，毛泽东推崇了另一种形式的共产主义。

在西方资本主义世界（包括日本），民主国家在美国对自由市场原则的核保护伞下重建了它们的经济，这些原则包括不同程度的社会保护。

在工业化的民主国家里，开明的国际主义支持了繁荣的逐渐回归。自由贸易的承诺，以及1944年在新罕布什尔的布雷顿森林制定的国际货币体系政策支持了经济的增长，该政策规定只有在极端特殊情况下才允许固定汇率的浮动调整。布雷顿森林体系（Bretton Woods System）与1947年的关税贸易总协定（GATT）[①] 一起，目的是废除20世纪30年代的以邻为壑的保护主义政策。这些保护主义政策伴随并加重了大萧条，而且在一定程度上导致了1939年世界走向全面灾难性的战争。

布雷顿森林产生的国际货币制度，是以美元为核心建立的，美元有一个固定价值：35美元等于一盎司黄金。其他所有货币的价值以黄金的美元价格为单位来表示，这样所产生的货币平价只允许两侧有小幅波动。这个系统的可靠性取决于其他国家的货币当局是否能把他们的美元储备以35美元/盎司的价格兑换为黄金。这种"黄金兑换窗口"是在美国的黄金储备远远超过其他国家央行的美元持有量的情况下设立的。开始时很成功，但是在20世纪60年代，战后的经济和金融系统开始陷入困境：美国的经常账户赤字、全球支付失衡、通货膨胀的压力破坏了美元的中枢地位以及支撑它的外汇管制。

加速了布雷顿森林体系最终垮台的，是计算机能力的迅猛发展，它大幅增加了金融市场交易的规模和增长速度。这些发展交织在一起，会为期货市场带来新的机会，也会给清算所带来新的挑战。

8.2 伦敦农产品清算所恢复清算

可可批发市场是战后第一个开放的英国商品市场，J. P. 基明斯（J. P. Kimmins）在伦敦农产品清算所负责交易的清算。"我接到战后市场重新开业时的第一个电话"，多

---

① 关税贸易总协定（GATT）是世界贸易组织（WTO）的前身。

年之后他这样说①，"那是在 1951 年 1 月，关于可可（交易）的。那一天，在民辛街上一个我们从扎尼科糖业公司租借的小房间里，我们登记了 51 份（合约）。"

清算程序在被迫闲置了 10 多年后恢复，这些与基明斯 1923 年早期作为伦敦农产品清算所登记员时所做的没有什么不同。又过了多年这些还一直保持不变，如彼得·麦克劳伦（Peter McLaren）证实过的那样②。

麦克劳伦在 1954 年服完义务兵役后加入了伦敦农产品清算所，并且一直就职于此直到 1992 年退休。他成为国际商品清算所（International Commodities Clearing House, ICCH）的执行董事——这正是 1973 年以后广为人知的清算所。麦克劳伦这样回想他进入伦敦农产品清算所时的情景：

> 唯一进行清算的市场只有可可和羊毛，保证金的计算，毫不夸张，直接就在信封背后进行计算，没有计算器更别说是电脑的帮助。
>
> 当我开始任职的时候，伦敦农产品清算所的情形与基明斯先生在 20 世纪 20 年代所经历的一样。我与四个在 1939 年之前就被伦敦农产品清算所雇佣过的人一起工作。他们告诉我，当战后公司决定恢复经营时，它只是把战前的那个系统捡起来继续使用。
>
> 清算所以很传统的方式执行严格的纪律，办公室里直到下午 3 点之前不允许抽烟（而当时的社会里大多数人都抽烟），因为在来办公室递交上一工作日交易合约的那些清算会员们面前，抽烟被认为是很不职业化的。工作时间有时很长，直到晚上 9 点或 10 点，没有加班费。然而作为补偿我们的年终分红会慷慨，这种做法在商品交易行业中惯用，清算所也用它来与交易行业争夺员工。与 20 世纪 20 年代一样，50 年代初也没有妇女被雇佣。

清算会员与清算所之间的关系从伦敦农产品清算所的初期几年以来，几乎没有什么变化。交易所的正式会员、联席会员和海外会员都可成为清算所的会员。联席会员和海外会员的合约须由正式会员（得到授权的或者享有特权的经纪人的继任者们）提交给伦敦农产品清算所，尽管合约是直接登记在联合会员或者海外会员的账户下。

联合多米诺信托（United Dominions Trust）在 1950 年接管伦敦农产品清算所的时候，承诺了（业务的）连续性。它还保留了清算所的一些董事包括杰欧弗雷·斯旺

---

① 在《伦敦农产品清算所 100 年》（1988）中记载，由国际商品清算所（ICCH）出版，为纪念伦敦农产品清算所成立 100 周年。

② 在 2008 年 12 月和 2009 年 3 月给作者的邮件中所述。

（Geoffrey Swann——伦敦农产品清算所的前主席），他后来成为了清算所董事会的一员。联合多米诺信托也保留了安东尼·吉百公司（AntonyGibbs and Sons），这是个在19世纪早期"鸟粪繁荣"时期发展起来的伦敦金融城里的公司，它为清算所提供公司秘书服务和管理服务直到20世纪70年代早期。

在主席约翰·吉百森·亚维（John Gibson Jarvie）能量充沛的领导下，联合多米诺信托是一家有活力的企业。他是自由市场的公开维护者，在1922年帮助创立了公司并领导公司直至1963年。安东尼·吉百斯提出清算所应当探索新的发展可能性，并且如果需要的话，应该帮助建立新的期货市场，他得到了亚维的支持，而亚维同时还是伦敦农产品清算所董事会的主席。

在联合多米诺信托（UDT）的完全并表全资子公司——伦敦农产品清算所的积极鼓励下，20世纪50年代见证了很多商品市场在伦敦开业（或重新开业）。1953年4月29日羊毛批发市场开业。1956年伦敦农产品清算所为新成立的伦敦虫胶批发市场提供担保和清算服务。1957年在中断了将近18年后，糖的交易恢复了，由伦敦农产品清算所清算合同。1958年咖啡期货也恢复交易——在中断30多年之后。

一些市场比另一些市场要成功。虫胶期货市场没能繁荣发展，部分原因是印度政府干预了虫胶交易，另外部分原因是对于高顶丝质礼帽（它们的闪亮来自于用这种树脂材料做成的漆）和78转/分钟老式胶质唱片的需求量下降。

另一个由于政府干预而倒霉的伦敦农产品清算所的倡议，是关于伦敦鱼粉批发市场。鱼粉是一种高蛋白的鸡饲料成分。这个市场在1967年4月开业，为这一价格极易波动的商品提供期货合约。但是鱼粉的主要来源地秘鲁的政府立刻采取措施稳定住了价格，这个市场在沉寂了一段时期之后于1970年6月关闭。

羊毛期货市场就成功许多。1957年8月向联合多米诺信托的年度会议报告时，亚维宣布伦敦农产品清算所在前4年里登记了4.1亿英镑的羊毛期货合约，占了自从被联合多米诺信托收购以来清算所所有注册的合约数31%。到1960年8月，羊毛交易超过了10亿英镑，两年之后达到了14.5亿英镑。

这些增长促使伦敦农产品清算所进行多样化经营并且向国外扩展。它成立了一个子公司"羊毛检测服务（WTS）"公司用来检测羊毛的质量。而"羊毛检测服务"反过来收购了伦敦纺织品测试厂，后者是一个为制造商、政府部门和公共大众提供所有天然或人造纤维的构成和质量测试服务的机构。[①]

到这时，联合多米诺信托已经在整个英国设立了办事处，并且在一些英联邦国家设立了子公司。伦敦农产品清算所的羊毛测试子公司也成立了海外联系机构，正如伦敦农

---

① 根据联合多米诺信托1965年的年度报告。

产品清算所一样。在接到一些在悉尼进行交易的公司的联系后，伦敦农产品清算所开始跟进，在 1969 年为悉尼含脂羊毛期货交易所清算，并且在悉尼成立了分公司。

8.3 新业务和计算机时代的到来

伦敦农产品清算所并不是唯一一家探索新业务的公司。美国的交易所也在发展新的期货市场。但是尽管在合约的交易量上有所恢复，增长还远称不上是壮观。根据期货行业协会的数据，直到 20 世纪 60 年代美国期货行业的交易数量才超过每年 1 000 万手[①]。1973 年芝加哥期货交易所的交易席位的价格才达到 62 500 美元，这是在 1929 年就曾达到过的水平。小一些的期货交易所的交易活动日渐惨淡，原本交易活跃的时间段就寥寥无几，现已经演变成了交易员大部分时间坐在交易所台阶上看报纸的情形。

为了提高营业额，芝加哥期货交易所在 20 世纪 60 年代通过发展易腐产品合约开辟了新天地。它首先交易肉类期货，从 1961 年的冻猪腩开始，之后是活畜。其他的美国交易所发展了另一些易腐产品的期货交易，例如冷藏的橙汁，或者金属期货的交易，包括铂、银和钯等。

但是这一时期真正驱动清算未来发展的动力，来自交易场地之外。其中的一个就是计算机能力的发展，这在 20 世纪的最后 25 年改变了清算所以及许多其他行业的视野；另一个就是汇率以固定为主、极少变动的布雷顿森林体系的逐渐垮台。

1963 年计算机在大西洋两岸的清算所首度亮相。两年之后，芯片制造商英特尔公司的联合创始人高登·摩尔（Gordon Moore）宣布了摩尔定律的第一个版本，大意为计算机的性能大约每 18 个月就翻一倍。

1963 年芝加哥的芝加哥期货交易所清算公司购买了第一台计算机，来处理不断增长的交易量并加快交易核记的速度。结果，那一年清算成本下降到每个合约 5 美分[②]。

1963 年在伦敦，伦敦农产品清算所将一个 1960 年安装的打卡系统装入计算机，来进行与合约登记相关的文书处理和会计工作。打卡技术是在 1956 年的自动化尝试失败后引进的，在 32 年之后这被基明斯不经意地描述为"混乱"，"这个打卡系统我们跌跌撞撞地用了一段时间，然后不得不把所有事情再转回人工方式来收拾那个烂摊子！"这是他对那段插曲的描述。

刚引进时，打卡系统被认为是自 1888 年以来伦敦农产品清算所现存人工处理程序

---

① 以买卖相加或者交易合约乘以 2 来计算。

② "信任、增长、领导和清算：一个历史"，由芝加哥期货交易所清算公司大致在 2003 年出版，与 1941 年的每个合约 25 美分的清算成本相比，1963 年的清算成本是每个合约 5 美分。

上的第一个重大进步。清算所推行了每日交易的结算单，列示每个会员进行的交易，这成为会员们交易业务的正式依据。结算单使得会员不再需要准备递呈合约给伦敦农产品清算所以用来检查和匹配，并且代替了原来写在布纹纸上的担保证明。伦敦农产品清算所用电子手段检查每日的买入和卖出，以保证买入合约与卖出合约的数量和价值是相等的。

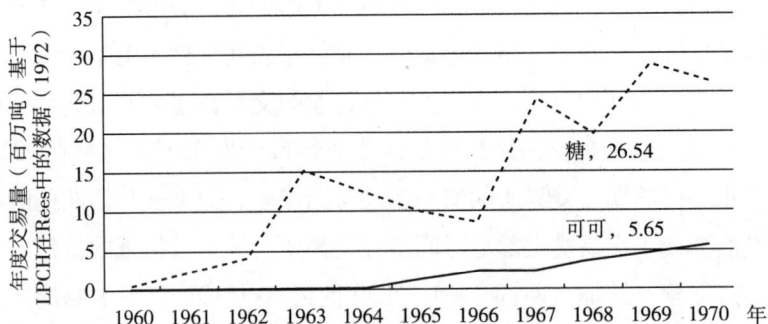

资料来源：根据伦敦农产品清算所在 Ree，GrahamL（1972），计算的数据。英国商品市场，伦敦：保罗·埃里克出版物（Paul Elek Books）。

图8.1　伦敦 20 世纪 60 年代白糖和可可期货

这些创新省去了很多重复操作和合同准备工作，减轻了伦敦农产品清算所以及会员后台办公室的工作压力。1965 年，伦敦农产品清算所将计算机从打卡系统升级到了由磁带储存器支持的系统，并且建立了一个"资产计算机服务"的独立公司，为伦敦金融城提供 24 小时昼夜不停的服务[1]。ICT 1902 机器使得它可以每晚进行约 500 000 个未平仓合约和保证金要求的更新。因此，如图 8.1 所示的那样，伦敦糖和可可批发市场的交易在 20 世纪 60 年代增长了约 20 倍[2]。

计算机不仅仅改善了流程，它还带来了自伦敦农产品清算所成立以来清算操作上的第一次重大改革。20 世纪 60 年代，逐日盯市系统被推行，用于决定保证金。20 世纪 60 年代末，清算所整合了会员在所有市场上交易的头寸，从而能以一个市场上的利润抵消另一个市场的损失。这些进步在报纸中都有提到。在"一项支付涵盖一切"的大标题下，时代杂志在 1969 年 12 月报道：1963 年来伦敦农产品清算所持续的电脑系统升级意味着活跃于不同市场的经纪商只需要通过一次现金支付，就可以涵盖不同市场的结算净额。对计算机的投资也为外地客户和海外清算操作降低了通讯成本[3]。

---

① 联合多米诺信托年度会议上的报告，1966 年 8 月。
② 在 Rees, Graham L.（1971），英国商品市场。
③ 时代杂志，1969 年 12 月 4 日报道。

1971 年 11 月，伦敦农产品清算所决定以每年 65 000 英镑的价钱租用 IBM370/135 电脑，1973 年 1 月交付使用[1]。伦敦农产品清算所接着发展了 Intercom 系统[2]，这是一个能把视频显示终端引入到经纪人办公室、能够实时确认交易和头寸的计算机系统。这套系统在那时比多数 IBM 提供的软件要先进。

伦敦商品期货市场创新高的交易活动是使用新计算机的一个重要原因：当订单下达时，伦敦的商品期货市场每天交易 29 000 多份合约，大大超过了两年前每天交易 21 000 份合约的纪录。

另一个原因是预期交易活动的增加，因为英国即将加入欧洲经济共同体。1972 年 6 月，伦敦农产品清算所和巴黎的商品事务清算所（Caisse de Liquidation des Affairs en Marchandises，CLAM）达成协议，伦敦农产品清算所可以在商品事务清算所开立账户，用来登记伦敦农产品清算所的会员在巴黎糖和可可市场上的交易。伦敦农产品清算所希望这种安排可以把单一支付和保证金冲销的优势推向国际商品交易市场，就像 20 世纪 60 年代为伦敦会员们带来的变化那样。在民辛街上甚至有"在伦敦农产品清算所管理下的国际清算系统"的讨论，时代杂志认为这可能是"英国为促进西欧工业和商业一体化做的贡献"[3]。

1972 年夏天，伦敦农产品清算所的资金从 100 万英镑增长到了 250 万英镑，增资的部分中多米诺联合信托提供了 125 万英镑，其余 25 万英镑来自于伦敦农产品清算所自己的公积金，新的资本将用来支持国际清算活动的发展。

到此时为止，伦敦农产品清算所的名字与公司向海外扩张的雄心极不相符。因此董事会组织了一个内部取名竞赛，设计一个更能反映公司在澳洲、巴黎以及其他各国的计划的名字。1973 年 5 月 14 日，伦敦农产品清算所更名为国际商品清算所（ICCH）。

8.4　浮动利率货币和金融期货

1972 年，伦敦农产品清算所/国际商品清算所清算的伦敦和悉尼的期货交易额创造了一个新纪录。1963 年到 1982 年期间，商品期货市场的特征是日益增长的投机活动以及动荡而活跃的交易状况。如本书后来所描述[4]，1974 年，巴黎的白糖期货市场动荡如此剧烈以至于引发了一场危机，导致了国际商品清算所的一家中央对手方清算所合作伙伴——商品事务清算所（CLAM）——的倒闭。

---

① 时代杂志，1971 年 11 月 3 日报道。
② 商品市场的国际查询反应系统（International Enquiry Response System）。
③ 泰晤士报，1972 年 5 月 16 日报道。《泰晤士报》是英国 20 世纪 70 年代早期强烈亲欧洲的报纸。
④ 见 8.9 节。

尽管技术进步促进了交易活动的剧增，但商品市场上的混乱是一个征兆，预示战后布雷顿森林国际货币体系逐渐瓦解将引起大动荡。

布雷顿森林体系承受的第一次重大压力出现在 1963 年，当时美国总统肯尼迪为阻止美元外流而提出了"利息平衡税"（Interest Equalization Tax）。更进一步的打击是 1967 年 11 月英镑对美元的 14.3% 的货币贬值。1969 年 8 月，法国将它的法郎贬值，在布雷顿森林体系的棺材上又钉了一颗钉子。两年后，美国给了固定汇率制度致命的一击，同时为期货市场的新时代铺平了道路，根本上改变了为这个市场服务的清算所。

1971 年 8 月 15 日，尼克松总统突然暂停了黄金美元之间的兑换，实际上让美元和其他货币的汇率浮动。不久之后，约翰·康纳利（John Connally）——一位直率的得克萨斯州人、尼克松总统的财政部长——做了他那个著名的总结，他对心急如焚的欧洲财政部长们概括了美元的新状况："这是我们的货币，但是是你们的问题。"

在芝加哥，全球货币系统的巨变对一些人来说意味着机会。里奥·梅拉梅德（Leo Melamed），芝加哥商业交易所的董事长，一个身高虽然不高但卓有远见、活力四射和无限热情宣传自己和他的交易所的人，可以当之无愧被称为金融期货的创始人之一。

到 20 世纪 60 年代，芝加哥商业交易所严重依靠肉类期货交易。在 1987 年的一次访谈中[1]，梅拉梅德回忆了 1969 年他是如何"万分恐惧"成为一个单一农产品交易所的董事长的。

他在货币市场上找到了业务多元化的办法。1971 年时存在着一个远期货币市场，但它被限制在银行间或者它们的国际客户间，个人客户既不能对货币敞口保值，也不能进行货币投机。1971 年当米尔顿·弗里德曼（Milton Friedman）——芝加哥的货币主义者、后来的诺贝尔奖获得者——试图做空英镑时，银行拒绝了他的这笔生意，说他没有必要的商业利益去进行外汇交易。

继 1971 年 8 月尼克松关闭了黄金兑换窗口后，梅拉梅德向前推进了他的外汇期货市场的计划。1971 年 12 月 20 日星期一，芝加哥的报纸首次对该计划进行了报道，引用了梅拉梅德的话——周末十国集团财政部长达成协议后，他被迫提前公开他的计划[2]。

史密森协议（以此次华盛顿会议召开的所在地史密森研究院命名）试图把布雷顿森林体系以一种"矮胖子似"（Humpty – Dumpty – Like）的形式修好复活起来，让美元贬值到 38 美元兑换一盎司黄金并且其他货币重新排列。市场对货币期货有需求，梅拉梅

---

[1] 里奥·梅拉梅德（Leo Melamed，1987 年 6 月）"过去的路——口传历史"，机构投资者杂志。
[2] 当时这个金融上最重要的 10 个国家的组成里，非常令人费解地包括了 11 个国家：比利时、加拿大、法国、西德、意大利、日本、荷兰、瑞典、瑞士、英国和美国。

德对此有信心。他的信心在 1973 年春天得到了证实：随着大部分欧盟国家和日本采用了浮动汇率制度，史密森协议崩溃。随后的多年里外汇市场一直混乱。

到这时，"国际货币市场（IMM）"已经运行了将近一年。在芝加哥期货交易所庇护下，国际货币市场作为一个独立的金融交易所在 1971 年 12 月正式成立，并自 1972 年 5 月 16 日开始一直活跃，通过推出七种货币的期货合约，它开创了金融衍生品和风险管理的一个新时代。[①]

在早期，国际货币市场面临了伦敦农产品清算所在 1888 年创立时同样遭遇的敌意。纽约的一个外汇专家的话曾被广泛引用："我很惊讶，一群猪腩的赌博者竟然莽撞地认为，自己可以在世界上最精明的交易者的游戏中打败他们"。但是芝加哥的交易者们真的就这样做了。几年以后，"赌博者"的评论转而被用来攻击对早期国际货币市场持批判态度的人们，并且一次又一次出现在芝加哥商业交易所的公开材料中。

然而在那之前，金融期货的确立费了一些时间。国际货币市场在 1972 年交易了 144 000 份合约，直到 1977 年前后交易量都不高。交易活动在 1977 年那一年开始活跃，1979 年，全球六家交易所交易了近 2 600 万份金融期货合约。1981 年，国际货币市场的交易量约为 1 460 万份合约，是开业第一年总量的 100 倍。

2009 年在国际清算银行监控下，场内金融期货和期权的合约交易总量达到了 94.5 亿份，名义本金金额为 1 659 万亿美元。那一年还另外有 20 亿份商品交易合约[②]。

8.5 期权、利率期货和现金结算

建立国际货币市场不仅仅是为了交易外汇期货。"我们相信国际货币市场比单独的货币期货范围更广"，1972 年芝加哥商业交易所年度报告说道。"并且，相应地我们希望这一开端能带来其他许多与货币问题相关的合约以及商品，对货币期货经济进行补充。

然而，这个角色被其他的美国交易所占据了。他们很快接受了金融期货，以及包括期权在内的相关创新。

早在新闻曝出芝加哥商业交易所的国际货币市场计划之前，芝加哥期货交易所已经在探索新的交易可能性。它在 20 世纪 30 年代和 40 年代之间曾交易过股票和债券，现在想要交易股票期货，因为这可以作为农产品期货的平衡，并且可以减少交易商们对干

---

① 英国英镑、加拿大元、德国马克、法国法郎、日本日元、墨西哥比索和瑞士法郎。
② 国际清算银行，2010 年 3 月，"国际银行业及金融市场发展，以及附加数据"，国际清算银行季度回顾。商品衍生品合约交易的账面价值信息无法取得。

旱、洪涝以及其他自然现象的依赖。但是这个想法遭到了监管部门证券交易委员会（SEC）的反对。

1969 年，约瑟夫·沙利文（Joseph Sullivan）（前华尔街日报的记者后被芝加哥期货交易所的董事长亨利·威尔森聘任为助理）提出建立股票期权的交易场所。美国是规模有限的股票期权交易的发源地，但这还只是一个很浅的场外市场。在提出这个想法两年后，证券交易委员会给了沙利文一些鼓励，他开始将想法变成现实。

1973 年 4 月 26 日，芝加哥期权交易所开业，沙利文作为其创始总裁。在证券交易委员会允许的 16 种看涨期权中，它仅交易了可怜的 911 份合约。芝加哥期权交易所与芝加哥期货交易所是独立的，因为后者的会员作为商品期货的交易者，不想与证券交易委员会的监管者有关联。

尽管芝加哥期权交易所从酝酿到建成都与芝加哥期货交易所保持独立，但是它保留了芝加哥期货交易所的很多基因。它的交易系统与芝加哥期货交易所的相似，将标准期权合约像期货那样放在场内交易。该交易所的中央对手方清算所是期权合约所有卖方的买方和所有买方的卖方。这样，期权保值和投机的二级市场就形成了。跟期货一样，投资者可以通过对已有头寸建立相反方向的头寸来平仓。

在芝加哥期权交易所成立后的几周内，经济学家费舍尔·布莱克（Fischer Black）和麦伦·斯科尔斯（Myron Scholes），在第三位经济学家罗伯特·密特朗（Robert Merton）的支持下，在美国《政治经济学杂志》上发表了一篇论文，包括一个为看涨期权决定公平市场价值的模型[①]。这个布莱克—斯科尔斯模型给了交易者们一个便捷的价格公式。它带来了新交易所的巨额交易量增长。1973 年，芝加哥期权交易所交易了 100 多万份合约，1979 年交易量增长到了 3 500 多万份。

另一个大的创新领域是利率期货。美元利率在 20 世纪 60 年代晚期由于堆积的经济问题而变得不稳定。到 1972 年，在首席经济学家理查德·桑德尔（Richard Sandor）的带领下，芝加哥期货交易所的研究部门进行了利率期货合约的具体工作。理查德·桑德尔同时也是金融期货的另一个始祖。

研究者们到处寻找一个合适的支付利息的证券，作为建立合约的基础（资产）。他们选择了一个被称为转移凭证（Pass Through Certificate）的工具，由国民政府抵押贷款协会（GNMA 或者 Ginnie Mae）发行，并由国民政府抵押贷款协会担保的房屋抵押贷款组合构成。

证券交易委员会与利率期货无关，所以曾经影响过芝加哥期货交易所会员对期权态

---

① 费舍尔·布莱克和麦伦·斯科尔斯（Fischer Black and Myron Scholes，1973），"期权及公司负债定价"，政治经济学杂志。

度的那些保留顾虑，这次荡然无存。1975 年 10 月，芝加哥期货交易所引进了一个以国民政府抵押贷款凭证（GNMA Certificates）为基础的期货合约，结果获得了成功。其他利率期货相继推出。国际货币市场 1976 年 1 月开始交易三个月期的国库券合约，也引起了强烈的投资者兴趣。这些进步鼓励芝加哥期货交易所在 1977 年引进了长期国债期货，在交易量增长和投资者参与方面该产品很快超越了所有其他金融期货合约。

国债期货的成功部分反映出，与不太熟悉的国民政府抵押贷款债券期货相比，投资者对于国债有更高程度的认知。但是真正总体上确立了国债期货合约和利率期货地位的，是美国国内货币政策的改革，它如同当年尼克松总统关闭黄金兑换窗口一样对国际货币关系造成了重要影响。

20 世纪 70 年代对资本主义世界来说是一个困难时期，它伴随着反复的汇率动荡、原油价格冲击、通胀飙升和时不时袭来的经济衰退。1979 年秋天，美国面临美元的急剧贬值和两位数通胀率的双重打击。

肩负解决这次危机任务的是保罗·沃尔克（Paul Volcker），他在 1979 年 8 月初被任命为联邦储备委员会主席。沃尔克下定决心要解决通胀，他在 1979 年 10 月 6 日星期六发表了一个声明，将联邦货币政策的重点从制定利率转移到货币供给目标。

沃尔克的政策变动引起了利率的剧烈波动。1979 年 11 月美国主要利率增长到了15.75%，以对抗 13% 的通胀率。新的政策在债券市场上引发了一场大革命，因为利率的剧烈波动引起了债券价格的反方向变动。债券从谨慎投资者青睐的工具，变成了华尔街以及其他地方投机、频繁交易、产生巨额利润和损失的工具。

沃尔克的政策转变也被证明是利率期货的分水岭。它在一夜之间创造了一个对冲行业。1979 年 10 月，所罗门兄弟——IBM 的 10 亿美元债券的主要承销商之一——利用国债期货对其发行的部分债券进行保值。IBM 的债券价格在沃尔克决策的余波中下跌，但是所罗门能够冲销这个重大损失。接着金融期货市场维持了十年的指数型增长。

进一步的创新推动了增长。当芝加哥期货交易所把长期债券市场归功于自身时，国际货币市场以其 1981 年推出的欧洲美元合约（Eurodollar Contract）在短期利率市场获得比分。这个 90 天期限的利率合约在美国市场开辟了新天地——它是第一个允许以现金结算代替交割的合约①。

1981 年 12 月由美国期货监管者"商品期货交易委员会"（CFTC）批准的现金结算，绕过并取代了伊利诺伊州法院的（将没有计划进行最终产品交割的期货合约均等同为赌博）判决。它通过构建期货市场和银行之间的利益一致性，将金融改革带到了新的

---

① 这是美国的第一个。但是悉尼期货交易所可以自称为是在 1980 年第一个引入美元期货合约的现金清算方式的交易所，由国际商品清算所负责清算。

阶段。

正如当时的联邦储备委员会主席艾伦·格林斯潘（Alan Greenspan）2002 年 5 月 16 日在国际货币市场（IMM）成立 30 周年庆祝会上所说的：

> 在欧洲美元期货合约之前，很多人不愿意交易一种不能最终通过基础资产的实物交割来进行结算的合约。并且在欧洲美元期货合约之前，极少有银行认为金融期货有用。欧洲美元期货发行 20 年后，大多数金融期货和掉期头寸是用现金结算的，银行成了欧洲美元期货的最大用户以及掉期市场的主要参与者。

现金结算，用梅拉梅德的话说，成了通往指数市场的大门[1]。1982 年 2 月，商品期货交易委员会通过了第一个基于股票指数的期货合约，即堪萨斯城期货交易所（KCBOT）的平均价值线指数期货（Value Line Index Average）。两个月后，芝加哥商业交易所成立了一个新的交易分支"指数期权市场（IOM）"，以交易广为熟悉的标准普尔 500 期货合约，这个股票指数期货成了该交易所最受欢迎的合约。

20 世纪 80 年代，美国期货市场总共推出了 89 个新合约，几乎达到了自从 1850 年以来推出的产品总数量[2]。回首 1986 年，另一个诺贝尔经济学奖得主莫顿 H. 米勒（Merton H. Miller）称金融期货为"最近 20 年以来最伟大的金融改革"[3]。它们将期货行业从一个专注于农业农产品的、不为人知的闭塞市场推到了全球金融舞台的中心。

根据比尔·布罗德斯基（Bill Brodsky，芝加哥期权交易所后来的主席和首席执行官）所说：

> 芝加哥的人们不知道害怕。他们相信：你可以拿基本上是用来保值和投机的、有中央对手方清算的结构期货农产品合约，把它应用到其他概念上，这才是真正有持久力的[4]。

这次金融改革也大力得益于计算机化。1982 年推出的、功能等同于 1960 年占据一整个房间的大型主机的台式个人电脑，验证了"摩尔定律"，这对于提高效率、减少清算劳动强度，以及优化其他后台办公室的功能有持续性的影响。

---

[1] 里奥·梅拉梅德（Leo Melamed, 1988），"国际货币市场改革"，凯透杂志。
[2] 吉代尔（Gidel, 2000）。
[3] 米勒·莫顿（Miller Merton），"金融创新：最近 20 年及接下来"。
[4] 与作者的谈话，在第 30 届瑞士期货和期权协会（SFOA）比肯施托克会议上，因特拉肯，瑞士，2009 年 9 月 10 日。

交易的录入——把指令输入到清算系统的过程——是一个很恰当的例子：交易录入传统上是一个交易公司运营中劳动量最大的环节，在 20 世纪 70 年代这日渐成为一个突出的问题。清算会员后台办公室的员工的压力随着交易增多而加重。例如，在芝加哥期货交易所清算公司"会员们每天要产生成千上万的打卡条，并且由人工插入清算公司的系统"[1]。

1981 年，芝加哥期货交易所清算公司（BOTCC）发明了 OTIS——在线交易信息系统，用来录入、编辑和发布交易信息。这个系统可以不间断地对交易录入进行匹配、帮助发现和改正错误、加速变动保证金（Variation Margin）的收取和支付。它还能帮助处理更加复杂的金融工具，例如在 1982 年美国市场上出现的期货期权。

但是要在一些年之后，清算所和交易所（它们拥有或使用清算所的服务）才开始将中央对手方清算所视为一个战略性资产或具有重要功能。20 世纪 80 年代早期的清算仍然被看做"只是一个后台办公室的死气沉沉的操作"，芝加哥商业交易所的总裁皮平德·吉尔（Phupinder Gill）这样说道[2]。清算是一个单独批量的流程，在每天的交易结束后进行。据吉尔所说，普遍的态度是："如果它能匹配上，就匹配咯！如果匹配不成，那就明天再说了。"

"自那以后，时限缩短了那么多，技术带来了这么高的效率"，吉尔补充道。"但是那时是打卡条、读卡器和单一批量文件，如果它们对不上，那你就得回到当天一开始重新再试一次。"

这样的态度是不能无限持续下去的。至少在美国，监管者开始对服务于证券和期货交易所的清算基础结构感兴趣。由于市场活动的增加，清算所相关事故的数量也在增长。

8.6 监管者的影响

当里奥·梅拉梅德（Leo Melamed）计划成立国际货币市场时，芝加哥商业交易所的法律顾问向他保证：没有必要征求政府对交易场所的许可。梅拉梅德预防性地试探高级政府官员的口气，包括乔治·舒尔兹（George Shultz），他在国际货币市场（IMM）成立后不久成为美国财政部长。但是在 1972 年，货币期货合约的上市不必由联邦法律或者机构来批准[3]。

---

[1]　CCorp（2006）。

[2]　与作者的一次谈话，芝加哥，2008 年 9 月 26 日。

[3]　里奥·梅拉梅德（Leo Melamed, 1988）。

三年后，情况变了。美国的监管者开始对金融市场施以越来越重的影响。他们对清算所的介入，导致处理证券和衍生品的两类中央对手方清算所采用了两种非常不同的系统。

1975 年 4 月 21 日，一个新的机构"商品期货交易委员会（CFTC）"接管了美国期货市场的监管任务。商品期货交易委员会代替了农产品交易管理局（Commodity Exchange Authority, CEA），后者于 1947 年成立，仅用来监管农产品商品，其血缘可以追溯到 1922 年的谷物期货管理委员会（Grain Futures Administration）。

农产品交易管理局是一个众所周知的无实权的机构。比尔·布罗德斯基（Bill Brodsky）在与作者的谈话中回忆道："农产品交易管理局就算是有一点点监管吧，但是我们经常拿它来调侃，说它不过是在农业部地下室里拿着羽毛笔戴遮光眼罩的家伙。"

尽管美国商品期货交易委员会诞生于公众对农产品交易管理局的各种缺点的抱怨中，但它比美国证券交易委员会明显灵活许多，尽管后者从 1934 年就开始监管证券市场。

美国商品期货交易委员会发展成了一个基于原则（Principles – based）的监管者，关注那些以发现价格和化解风险为经济目标的市场。而美国证券交易委员会是在大萧条时期及 1929 年华尔街股灾之后通过的 1933 年证券法案的基础上产生的，并曾经一直是一个基于规则（Rules – based）的机构，其员工主要是律师，主要关注保护私人投资者。

这两个监管者归于不同的国会监督机制。监督期货行业和美国商品期货交易委员会的是参、众两院的农业委员会（Agriculture Committee of House and Senate），而证券交易委员会是由参议院的银行、住房和城市事务委员会（Senate Banking, Housing and Urban Affairs Committee）监督核查，向众议院金融服务委员会（House Committee on Financial Services）报告的。在 20 世纪 80 年代，证券交易委员会是对众议院商业委员会负责的。

国会赋予了商品期货交易委员会对所有期货合约的管辖权，包括多类证券或指数的合约以及外汇期货期权，除了在国家的证券交易所里进行交易之外。交易所里的交易则是由证券交易委员会监管，这与它监管所有美国证券市场（包括股票期权）的职责保持一致。

芝加哥的期货行业，尤其是芝加哥商业交易所，一直在不停地游说美国商品期货交易委员会，反过来监管者亦不遗余力地支持着行业内的期货交易与清算的纵向整合，不论是像芝加哥商业交易所那样通过一个内部清算机构的方式，还是像那时芝加哥期货交易所和芝加哥期货交易所清算公司那样，通过一个与交易所关系密切到没有什么区别的清算所的方式。期货的交易和清算是单一交易产品的不同部分，这一观念已经牢牢植入美国商品期货交易委员会对期货业务的理解里。

美国证券交易委员会的看法却不同。当金融期货在商品期货交易委员会监管下的垂直结构交易所里开始交易时,证券交易委员会正在对付一场在 1960 年使华尔街陷入瘫痪的文案工作危机,忙于建立一个交易、清算和结算三者分离的美国证券基础设施。

到 20 世纪 60 年代,华尔街的后台办公室系统已无法跟上交易量的增长。它的人工系统被压倒,引起了程序处理阻塞、文件大量堆积以及全面僵局。吉尔·布罗德斯基(Gill Brodsky)记得在 1968 年 8 月他到华尔街的第一天,他是如何"被市场在周三关闭的消息震惊。为什么呢?因为后台办公室文案工作跟不上",交易的清算和结算在一个"笼子"里进行,在一个密不通风的大楼深处,年轻的布罗德斯基(Brodsky)亲眼看见员工在一个栅栏窗户后面筛选凭证和剪切息票。

在那一年,纽约证券交易所和纽约一些主要的银行率先一步创造出了一个带有账簿登记程序的无纸化存款系统,通过财务贷记程序持有和转移美国的证券。股票清算方面的一个重要技术进步就是 1974 年全美证券交易商协会(National Association of Securities Dealers,NASD)引进了连续净额结算(Continuous Net Settlement),使经纪商能够把大量的交易轧差成一次性结算义务。1975 年,作为对 60 年代危机的迟来的反应,国会通过了证券法修正案,以促进一个在交易、清算和结算方面统一的美国市场,并责成证券交易委员会保证这些目标的实现。

证券交易委员会认定,经纪商之间有竞争是非常可取的,为此它以一种方式废除了固定佣金制度,该方式后来被英国 1986 年"金融大爆炸"复制。同时,该机构决定,一个鼓励竞争的高效、强健的基础结构应该是清算和结算方面的优先考虑,并且把这个目标纳入了它的"国家市场系统"(National Market System)的计划内,以促进证券行业的现代化。

作为对证券法修正案的回应,证券交易委员会要求股票市场清算所和专业化的证券结算机构——中央证券存管机构(Central Securities Depositories,CSDs)——作为清算机构在它那里登记注册,从而第一次把这些机构纳入监管之下。

证券交易委员会(SEC)通过强制将不同地区基础设施之间的、被监管的免费接口作为通向国家市场系统(NMS)的通道,建立了后来大家所知道的交易后基础设施的"操作互通"(Interoperability)。证券交易委员会还通过其他方式支持交易后服务的全国系统,例如,在 20 世纪 70 年代中期发布的一个报告中,它强调了清算所的合并会给证券市场带来成本节约。

证券交易委员会还有其他动作,它介入了芝加哥新建立的股票期权交易市场,让市场对它的预期目标有所了解。

当芝加哥商业交易所试探证券交易委员会对于它的期权交易场地计划的口气时,证券交易委员会裁定:期权是证券。结果,根据 1933 年证券法规定,期权市场的清算所——芝加哥期权交易所清算公司——归由证券交易委员会监管。

在美国证券交易所（AMEX）宣布它也计划从 1974 年开始交易期权后，证券交易委员会提前抓到了一个机会实施它的"国家市场系统（NMS）"的概念。尽管它的法律权威性令人怀疑，这个监管机构拒绝批准美国证券交易所开始交易这种工具，并且禁止芝加哥期权交易所扩大其交易活动，直到这两个交易所就一个期权清算系统达成一致为止。

韦恩·卢瑟琳肖森（Wayne Luthringshausen）是期权清算公司（Options Clearing Corporation，OCC）的董事长兼首席执行官，那时掌管着芝加哥期权交易所清算公司。"证券交易委员会很有一套，它把清算作为批准这些新发展的条件，并且提供了两个选择：要么选择操作互通，要么就选择一个期权市场的单一的清算设施①。"

交易所选择了单一清算设施。1975 年，芝加哥期权交易所同意向美国证券交易所出售期权交易所清算公司一半的股份，将它的名字变更为期权清算公司（Options Clearing Corp.）。同年晚些时候，费城股票交易所（Philadelphia Stock Exchange）开始交易期权，1976 年太平洋交易所（Pacific Exchange）紧随其后。两个交易所都成为了期权清算公司的股东，这样美国就建立了一个针对多个期权交易市场的单一中央"水平式"清算所体系。

8.7　美国证券清算的水平整合

证券交易委员会 1975 年实施的证券法修订案很快就对美国股票市场的清算基础格局产生了影响。大的交易所例如纽约证券交易所和美国证券交易所之间有许多共同的会员，因而在该修订法案实施之前，市场参与者们就探讨过将清算集中起来的可能性。在 1976 年和 1977 年，纽约证券交易所、美国证券交易所和全国证券交易协会（NASD）的清算所合并，形成了国家证券清算公司（NSCC）。

与此同时，附属于个人股票交易所的各中央证券存管机构通过相互开立账户关联起来，形成了一个全国体系，股票可以通过账面记录从一个所有者转到另一个所有者名下。处于这个中央证券存管机构网络核心的是存托公司，它是 1973 年由纽约证券交易所、美国证券交易所和全国证券交易协会为应对文书工作危机而共同成立的，旨在保管股票和债券证明以及处理权益转移。

国家证券清算公司采用了全国证券交易协会开发的持续净额结算系统（Continuous Net Settlement，CNS）。持续净额结算系统的会员被要求在存托公司开立客户账户。正是

---

① 与作者谈话，芝加哥，2009 年 10 月 20 日。

通过这些账户，以及国家证券清算公司在存托公司的账户，由国家证券清算公司清算的证券业务的交付和接收才可以操作，并且国家证券清算公司和存托公司才相互交织在了一起。

在 1977 年和 1997 年间，美国地区性证券交易所陆续退出了清算及交割业务，它们的清算所和中央证券存管机构分别由国家证券清算公司和存托公司吸收，建立起了两个独立的机构来为整个国家的证券行业服务。

到 1987 年即华尔街崩盘的那一年，国家证券清算公司和存托公司为太平洋交易所、辛辛那提交易所和波士顿股票交易所提供结算及交收服务。1995 年，它们吸收了芝加哥的中西部清算公司（Midwest Clearing Corporation）和中西部证券信托公司（Midwest Securities Securities Trust Company）。1997 年，国家证券清算公司和存托公司分别并购了费城股份清算公司（Stock Clearing Corporation of Philadelphia）和费城存托公司（Philadelphia Depository Trust）后，它们完成了各自的全国网络构建。

这两个水平结构的交易后服务机构，使得美国相比欧洲拥有了单一证券市场的竞争优势，欧洲的交易后基础设施是沿着国界线发展的，导致跨国证券交易的清算和交割的成本高昂。

水平结构得益于美国仅有一种货币、一种语言以及本质上只有一个法律体系，因而有足够的政治意愿去克服各州法律的差别。根据美国证券交易协会所说，其他共同支持美国证券交易委员会追求国家市场系统（NMS）的三个因素为[①]：

- 证券交易委员会是唯一的监管者，有追求其目标的巨大权力。
- 国家证券清算公司和存托公司成立时，证券交易所和基础设施供应商是典型的非营利性、用户所有的机构，因此被作为市场公益机构来持有和治理。例如，存托公司并未将中央证券存管机构的基础设施角色和商业银行服务结合在一起。
- 只有一个主导的市场中心——纽约。

纽约的交易后基础设施供应商受益于规模经济，帮助他们吸收地区性中央对手方清算所和中央证券存管机构，使得国家层面上的整合更容易。他们提供了服务和操作模式，推进了全美标准化。众多来自全美的股票在纽约上市，使得国家证券清算公司和存托公司运作的法律变更在全国范围内得以复制。整合的过程得益于一个运营委员会，在

---

① 在一个关于美国市场的清算、交割的组织的背景说明中有解释：由证券行业协会欧洲委员会的跨境小组委员会准备，2005 年 5 月。

里面来自证券业不同部分的代表能够一起解决问题。

然而，美国制度的建立也不是没有争议的。证券交易委员会的监管方式必须在法庭上克服一个法律挑战。尽管银行和经纪商支持合并，但交易所反对合并它们的中央对手方清算所，因为清算所带来了交易所收入的很大一部分。在达成协议对每笔交易收费以弥补中央对手方清算所收入损失之后，纽约的几家交易所才同意了创立国家证券清算公司。[①]

然而到了 20 世纪 80 年代后期，全国市场系统已经达到足够的临界规模，将剩余的地区性基础设施最终合并起来只是个时间问题。在整个整合时期，国家证券清算公司和存托公司利用规模经济的优势扩大和商品化了它们的服务，削减了成本和费用。

8.8　金融期货在英国

金融期货从美国传播至全世界经历了一段时间。布雷顿森林体系里有一个部分没有随着它的汇率制度一起崩溃，那就是在资本流动方面对于国家管制的依赖。在英国，1939 年第二次世界大战开始时引入的外汇管制体制的修改版，在战后的 30 多年仍在起着作用。

20 世纪 70 年代晚期，受困的工党政府在高通胀、国际货币基金组织要求的紧缩政策、严重的劳工抗议活动的背景下，仍紧抓权力。但包括国际商品清算所在内的一些金融机构开始探讨：如果一个政府的更迭导致外汇管制的移除，金融期货在伦敦的前景会如何。自从成为联合多米诺信托集团的一部分，清算所在调研、发展和开拓新市场上有很好的记录。到 20 世纪 70 年代末，它已经超越大宗商品这一传统领域而觊觎其他市场，并清楚地知道芝加哥的期货和期权（即将问世）。

1978 年，国际商品清算所开始作为伦敦期权清算所（London Options Clearing House）的管理代理人，为新开放的伦敦交易期权市场（London Traded Options Market）清算合约[②]。第二年 10 月，美国之外的首个金融期货市场在悉尼开放，合约清算和担保在国际商品清算所进行——它从 1969 年开始就为悉尼清算商品合约。

1978 年，国际商品清算所委任一位在芝加哥的英国人，曾为全球大宗商品经纪商

---

① 根据 SEC 员工 1976 年 10 月 19 日对美国证券交易委员会的报告，由中央对手方清算所产生的收入占交易所收入的比例在 1976 年第一季度是：美国证券交易所 11.49％；波士顿证券交易所 41.32％；中西部证券交易所 11.28％；全美证券交易商协会 42.01％；纽约证券交易所 15.81％；太平洋证券交易所 24.05％；费城证券交易所 52.66％。细节引自欧洲证券论坛（2000 年 12 月 2 日），"欧洲中央对手方清算所：欧洲共同体的单一泛欧中央对手方的蓝图"。

② 伦敦交易期权市场（LTOM）处在欧洲期权交易所的阴影下显得极为无足轻重，欧洲期权交易所是欧洲的第一个期权交易所，是 1978 年由阿姆斯特丹证券交易所发起的。

孔蒂金融（Conti Financial）工作过的约翰·哈丁（John Harding）制作一个如何以及为何要在伦敦发展金融期货市场的"美国视图"。清算所还邀请罗伯特·米勒（Robert Miller，伦敦经济事务自由市场协会的一位经济学家）研究为什么这对英国是有益的。

两人一起撰写了名为《金融期货在伦敦?》的报告①，出版于 1979 年 11 月末。国际商品清算所借用它来表明：伦敦应该拥有短期和长期的最高政府信用债券、英镑存单，甚至可能欧洲美元存单这一短期附息工具的期货市场。

这份报告着重于化解利率风险的工具，让市场启动并运行将是伦敦金融城专家们的工作。在放松管制之前的时期，这意味着要去争取各个不同机构的潜在市场参与者，包括贴现所、货币经纪商、商业银行、股票自营商、股票经纪人、清算银行和大宗商品经纪商。该报告预测，一旦金融城专家们证明了金融期货市场有足够的流动性，企业和金融机构客户会用它来对冲风险。

在这之前，英国在远期金融产品交易上有一段不愉快的经历。1972 年存在一个交易未来交割的英镑存单的市场，一个共同基金（苏格兰合作社）在市场里遭受了惨重损失，不得不接受纾困。遭受这个打击后，这个英国的远期存单市场就不复存在了。

但是，正如国际商品清算所指出的，远期英镑存单市场没有清算所，也没有保证金，因此没有任何准则来创建一个框架，使投机者和对冲保值者可以在其中共存。这些缺陷反而强化了国际商品清算所在伦敦建设一个由清算所支持的金融期货市场的依据。

《金融期货在伦敦?》敦促市场的清算会员资格"应当被广泛扩展以包括那些被清算组织认同的（公司）"，它提议建立一个基于芝加哥模式的公开叫价市场，因为它"鼓励高水平的流动性，提供透明性和广泛分布的价格信息，带来了非常窄的买/卖价差"。

"这真是个低预算，"哈丁后来回忆说，"国际商品清算所开始在全伦敦金融城赚吃喝。我去过一两次（英国）。"哈丁记得拜访过该清算所当时位于伦敦金融城的克拉奇·福莱尔（Cratched Friars）街的总部。是一个非常小的维多利亚式建筑，还有一点罗马时代的墙壁被保存在他们的地下室——它实际上形成了他们餐厅的一面墙。②

不管预算高低与否，这份报告很及时，它的发布正好在沃尔克对美国的货币政策"大动刀"后的几周，又在英国最近当选的、以玛格丽特·撒切尔（Margaret Thatcher）为首的保守党政府于 1979 年 10 月 23 日突然取消外汇管制后的不到一个月。

媒体给了哈丁·米勒报告一个相当谨慎的欢迎。泰晤士报指出，金融期货可能意味

---

① 哈丁·约翰（Harding, John）和米勒·罗伯特（Miller, Robert）（1979 年 11 月 21 日），"金融期货在伦敦?"由国际商品清算所委托撰写的一份报告。

② 与作者谈话，芝加哥，2008 年 9 月 23 日。

着英国的货币控制和监管发生改变。还有"投机的问题",国际商品清算所(ICCH)将"不得不非常有说服力地证明投机的正面效益"[①]。

但是英格兰银行已经开始向金融期货倾斜。一个借调到国际货币基金组织的英格兰银行高级职员潘·肯特(Pen Kent),在 1979 年 9 月为英格兰银行撰写了一份金融期货报告,受到广泛赞许。金融城内知名人物们也反应良好,包括金融公司贸易所(Mercantile House)的董事长约翰·巴克沙(John Barkshire),他后来成为国际商品清算所的董事长。

金融期货市场的想法可追溯到 1980 年的一个工作组,国际商品清算所在其中也有代表。它和银行紧密联系。从一开始,国际商品清算所就被视为一个虚无缥缈的交易所的合约担保及清算业务的竞争者:它处于一个非他莫属的地位、运营正常、为英格兰银行所熟悉。大约是这时候,国际商品清算所正式把自己的角色调整成为每一个卖方的买方和每一个买方的卖方,与国际中央对手方清算所接轨。然而,还有一个问题:它的所有权。

联合多米诺信托是一个认真谨慎的母公司,但曾遭遇过困难。它被卷进了 1973—1974 年的次级银行业危机,当时突然的信贷紧缩导致了一些所谓的"边缘银行"的损失,它们通过对不稳定的投资提供长期贷款而迅速扩张,而通过短期借款来支持长期贷款。

联合多米诺信托要求英格兰银行安排"救生船"支持,以拯救危机的受害者。

不管怎样,对于伦敦金融期货市场是否应该由一个被单一金融公司所拥有的清算所来进行清算,市场上存在着疑问。1981 年,一个曾有远大志向而反应迟缓的共同机构信托储蓄银行并购了联合多米诺信托,这时这些担忧加剧了。

信托储蓄银行在获得联合多米诺信托对于并购竞标的支持的同时,承诺只要可行就尽快出售国际商品清算所[②]。同时,英格兰银行支持一个由英国的清算银行组成的财团持有国际商品清算所。这就是 1981 年 3 月初,达成伦敦于 1982 年开放金融期货市场的协议时的情形。

1981 年 9 月,英格兰银行授权信托储蓄银行开始谈判将国际商品清算所出售给清算银行财团的事宜。许多评论家预计谈判不过是"走过场",但三个星期后,《泰晤士报》报道说:"关于出售国际商品清算所的谈判,正变得像市场中清算所自己要处理的一些交易文件那样困难而棘手。"[③] 报纸报道说:信托储蓄银行的总经理汤姆·布莱恩(Tom Bryans)出售国际商品清算所的要价是 8 000 万英镑。

---

① "有意思的期货",《泰晤士报》,1979 年 12 月 3 日。
② "联合多米诺信托支持储蓄银行的竞标",《泰晤士报》,1981 年 1 月 31 日。
③ "处理国际商品清算所是困难而棘手的,《泰晤士报》,1981 年 10 月 12 日。

仅在 9 个月前，同一家报纸报道说，信托储蓄银行同意对整个联合多米诺信托出价 1.1 亿英镑。银行财团反对，僵局随之而来。

随着 1982 年临近，组建新期货交易所的金融城名人委员会扬言要建立他们自己的清算所，除非在 1982 年 1 月底前达成将国际商品清算所转让给银行财团的协议。交易所的推动者希望效仿芝加哥商业交易所，拥有它自己整合的中央对手方清算所。

英格兰银行也加入了辩论，表示不赞同并对清算银行财团施压。最后，信托储蓄银行出售国际商品清算所获得了约 5 600 万英镑，银行财团同意为该清算所支付 5 100 万英镑。财团中巴克莱（Barclays）、劳埃德银行（Lloyds）、米德兰（Midland）和国家西敏斯特（National Westminster）各贡献购买价格的 20%，而渣打银行（Standard Chartered）以及威廉姆斯和格林银行（Williams and Glyns）① 各自购买 10%。作为交易的一部分，信托储蓄银行同时从国际商品清算所的留存利润中获得 490 万英镑的特别股息。

银行是不满的，它们感觉自己被"压榨"了。在积极的方面，截至 1981 年 6 月的一年里，国际商品清算所的税前利润是 920 万英镑。在常务董事伊恩·马克高（Ian McGaw）（从 1978 年 7 月开始任职）的领导下，它一直强劲增长。1981 年它开始为伦敦的国际原油交易所提供清算；它正帮助香港建立一个金融期货市场；它已经重新建立和巴黎大宗商品市场的联系，这一关系曾在 1974 年巴黎糖市场危机后破裂。但所有这些商业活动都涉及风险。国际商品清算所的利润可能会不稳定，例如在 1978 年曾跌至 160 万英镑。自 1973 年从伦敦农产品清算所变身为国际商品清算所以来，该清算所对新资本的胃口就变得相当大：20 世纪 70 年代期间，它分六步从 50 万英镑增资到 1 500 万英镑。

回顾过去，大卫·哈迪（David Hardy，1985 年从巴克莱商业银行借调到国际商品清算所并在两年后成为其清算部门的常务董事）说，银行财团为国际商品清算所支付的金额是"绝对荒谬的"，② 作用肯定是适得其反的，"它使得银行从那以后处于劣势地位"，他解释道，"他们反对付那么多钱，他们是一群不高兴的股东。"

当伦敦国际金融期货交易所（LIFFE）1982 年 9 月 30 日开业时，国际商品清算所的新股东认为这是一个通过高收费来收回投资的机会。国际商品清算所设计了一个被哈迪描述为"不同寻常的"交易，为伦敦国际金融期货交易所的合约交易带来了高成本，其中只有五分之一给交易所，剩下的归清算所。

不久后，伦敦国际金融期货交易所开始抱怨。1984 年这个费用结构就改了，变成有益于伦敦国际金融期货交易所。大约在 1986 年末哈迪负责管理国际商品清算所和伦

---

① 从 1985 年 9 月开始是苏格兰皇家银行的一部分。

② 与作者的谈话，2008 年 7 月 9 日。

敦国际金融期货交易所的关系之后，这有了进一步改变。"和伦敦国际金融期货交易所的关系非常糟糕"，哈迪承认：

> 伦敦国际金融期货交易所不认为清算所效率很高，或者它的服务物有所值。某种程度上他们是对的。用于管理会员头寸和保证金之类的计算机系统在 20 世纪 70 年代刚部署时是极先进的，被称为 Intercom，毫无疑问它领先于时代。问题是国际商品清算所没有对它进行更新。

费尔·布鲁斯（Phil Bruce）是 1983 年加入伦敦国际金融期货交易所的，他记得这两家公司的思路不一致：

> 国际商品清算所处于强势地位，并且在伦敦商品市场从事清算业务已有 100 年左右。然而这个叫做伦敦国际金融期货交易所的新家伙一来就提新要求……我们（在伦敦国际金融期货交易所）感觉都是我们在把清算所和我们拉到一起做事。此外——这是我们当时没有意识到的事——清算所有别的客户，我们并不了解那些客户们正在做什么。另外，国际商品清算所的现金并不多①。

伦敦国际金融期货交易所管理者们被他们在芝加哥的所见深深影响。"清算所违背它所服务的交易所的意愿而做事，这样的想法是绝不可想象的"。布鲁斯解释道。

伦敦国际金融期货交易所是公开叫价的交易所，而那时国际商品清算所正利用它的 IT 专长来为金融市场开发电子基础设施。国际商品清算所为伦敦的豆粕合约推出了电子盘交易，使用的是英国邮政局的快速电视电话咨询（Prestel）的"可视数据"（Viewdata）服务。

在一个几年后掉头困扰国际商品清算所的事件中，该集团的澳大利亚分公司 1985 年初在新西兰成立了一个全自动的期货和期权市场。交易、清算、保证金计算和全额客户记账都在交易所会员的办公室终端上办理，避开了新西兰的主要城市之间无法就公开叫价交易大厅的场地达成一致的问题。国际商品清算所悉尼分公司的这一创新性系统背后的策划者是沃尔·瑞斯（Wal Reisch），他于 1986 年被任命为集团公司的 IT 战略家，并且搬到了伦敦。

---

① 与作者的谈话，2008 年 8 月 14 日。在撰写本文的时候，布鲁斯（Bruce）是纽交所—泛欧交易所（NYSE Eurex）旗下伦敦国际金融期货交易所（LIFFE）的高级战略顾问，在他早期的职业生涯中，他穿梭于交易所和清算机构之间，包括伦敦结算所，即国际商品清算所的继任组织。

但是，当伦敦国际金融期货交易所希望国际商品清算所与它一道投资新技术以提高清算能力时，国际商品清算所置之不理。因此，伦敦国际金融期货交易所继续开发了一个自己的系统，几乎能实时对大厅里的交易进行撮合。

1987 年 9 月，伦敦国际金融期货交易所把交易登记系统（Trade Registration System）引进到期权交易中，一年后将之应用于所有合约。根据布鲁斯（Phil Bruce）的说法，"交易登记系统更加精密"。交易者可以在半小时内看到是否有交易被撮合。交易登记系统还包含了一个叫做"放弃"的功能，它允许交易者向第三方分配交易，由该第三方会主张（索要）交易，并且通过该第三方的清算会员清算，从而节约资本。这个放弃功能优于国际商品清算所的 Intercom 系统，也满足了持有大量头寸的对冲基金和其他机构的要求，否则这些机构可能要担心自己对某一特定清算会员的信用风险暴露问题。这些投资者会使用放弃功能把成千上万的交易分配给不同清算会员，从而摊开信用危险，同时激发市场更多的流动性。

"交易登记系统变成了一个实时撮合系统、一个实时放弃系统。可是我们还不停将这些交易输入到国际商品清算所的 Intercom 系统里，看上去是如此笨拙。这根本不符合我们的目标，"布鲁斯回忆道，"所以最后我们开发了一个叫清算处理系统（Clearing Processing System）的东西来和交易登记系统相匹配。"

清算处理系统开发于 1989 年，它提供头寸管理并持有清算会员的账户。到交易登记系统/清算处理系统（TRS/CPS）启用时，国际商品清算所已经重组，一个名为伦敦清算所的部门为金融城的期货和期权市场提供清算。"伦敦清算所基本上停止了伦敦国际金融期货交易所业务的清算处理工作，"布鲁斯回忆道。然而，该清算所继续提供风险管理和银行服务，包括保证金计算，以及为伦敦国际金融期货交易所提供中央对手方担保。

大卫·哈迪（David Hardy）还记得，他认为国际商品清算所/伦敦清算所和它最大客户之间的这一不同寻常的分工有利有弊：

> 好处：伦敦国际金融期货交易所拥有聪慧的员工和很好的计算机技能。这是在 1986 年，我并不担心他们系统的质量，而且这意味着我们不用花钱。但它在一定程度上改变了关系，并且总存在这样的风险：如果系统没了，国际商品清算所/伦敦清算所可能会处于弱势地位。

在联合多米诺信托委托撰写哈丁—米勒（Harding-Miller）报告时，国际商品清算所在英国充满希望地开始参与金融期货。五年后，当布鲁斯开始他的期货行业职业生涯时，国际商品清算所有着吝啬的清算银行股东，并且伦敦国际金融期货交易所和它的清算所之间关系明显恶劣。尽管如此，这两个公司还能够在接下来的几年里磨合到一起、有时在一种紧密交织的关系中相处，这很大程度上归功于哈迪的性格和领导，他担任伦敦清算所的首席执行官直到 2006 年。

8.9　中央对手方清算所经历的失败

伴随着布雷顿森林的衰落和浮动汇率的到来，商品和金融市场中的动荡极大地增加了对清算所服务的需求，但也将这些服务暴露在风险之中。

20 世纪 60 年代和 70 年代穿插着投资和银行的丑闻。1974 年 6 月德国赫斯塔特银行（Bankhaus Herstatt）的倒闭，将大家的注意力聚焦在这个乏味的跨境结算行业潜藏的风险上，在德国当局关闭该银行时，该银行的对手方无法收回在当时未平仓的外汇交易中被欠下的资金。

在赫斯塔特银行倒闭几个月后，打击清算所的第一个危机发生在巴黎白糖市场，该危机于 1974 年 12 月导致了白糖市场的清算所——商品事务清算所（Caisse de Liquidation des Affaires en Marchandises，CLAM）——的破产清算。

这个危机发生在世界糖市场经历了一年的疯狂投机之后。白糖价格在 1974 年前 11 个月里比原来增长了 4 倍还多。在巴黎，价格在 9 月和 11 月之间翻倍，之后又剧烈下滑修正，反复无常的价格变动打击了投机者，包括商品事务清算所（CLAM）的一些清算会员，他们在没有预授权的情况下代客户交易。许多交易商无法支付保证金要求，损失尤其惨重的是糖经纪商莫里斯·纳达（Maurice Nataf），他同时也是商品事务清算所清算会员。

危机始于 1974 年 12 月 2 日，当纳达向商品事务清算所报告说他无法达到保证金要求时，商品事务清算所决定不履行合约，而是要求市场关闭①。糖市场管理委员会同意了，且关闭市场还得到法国商务部的支持。但是交易所试图通过援引一个"除其他外、总动员、战争或者不可抗力条款"的规则，采用市场关闭前 20 天的糖价的平均值来结算开放合约，而不用 12 月 2 日的糖价。由于糖价的剧烈翻滚，这一平均价格要远高于 12 月 2 日的价格。

这个企图保护巴黎亏损的市场交易商的诡计引起了抗议。复杂的法律纠纷阻挠了市场重新开放的过程，纠纷针对的是市场关闭时应使用哪个价格来结算卷入混乱的合约。这个事件涉及不同的机构，包括英国上诉法庭在内，最终闹到法国最高行政法院（Con-

①　据《泰晤士报》："巴黎糖市场的交易商获得禁令以停止支付"，一个法律报告，发表在 1974 年 12 月 18 日，以及从 1974 年 12 月 5 日到 1976 年 1 月 29 日之间的各种《扎尼科回顾》版本。

seil d'Etat）。最高行政法院于 1975 年 6 月 20 日裁决商务部关闭市场是错误之举。随着商品事务清算所实际上变得资不抵债，之后的谈判重点在于达成一个妥协，允许债权人追回一些被欠下的资产。

商品事务清算所的许多债权人的总部在伦敦，因为 1972 年 6 月的协议允许国际商品清算所会员通过巴黎清算所的账户来登记其巴黎的糖交易。1975 年 11 月，国际商品清算所正式代表他们极不情愿地同意了结算。这一结果比 20 天均价要慷慨些，但比起假如国际商品清算所没有停止清算的情形要差了一点。

根据英格兰银行后来的分析[1]，商品事务清算所助长了危机，因为：

- 它并未随着价格急剧上涨而调整保证金，即使是在市场参与者在 9 月份提出这样的要求之后。
- 它意识到纳达（Nataf）在市场上持有足以影响价格的大量白糖期货合约，但未通知交易所。
- 亏损的分布不透明。

在新的清算规则下，巴黎批发市场的白糖交易于 1976 年 1 月 26 日重新开放，中央对手方清算服务由中央清算银行（Banque Centrale de Compensation，BCC[2]）提供。1969 年为商品清算而建立的中央清算银行，其由主要的法国银行所有，资本为 1 200 万法郎，后来成为了巴黎清算所。

在商品事务清算所（CLAM）的遭遇，没有阻止国际商品清算所建立与中央清算银行（BCC）有更紧密的联系，而且还持有了它 10% 的股份。1977 年，国际商品清算所和中央清算银行签署了双边协议，为那些在双方市场上进行交易的、合作方的会员提供清算服务。

这可能是第一个中央对手方清算所之间操作互通安排的例子[3]，它持续到 20 世纪 90 年代。在此之前英国和法国的商品市场是由互相竞争的交易所运营的，分别是伦敦国际金融期货交易所和法国国际期货交易所（MATIF）。伦敦国际金融期货交易所使用的是电子化系统来交易白糖期货，这是由国际商品清算所为新西兰机构开发的，该交易所利用清算连接从巴黎（当时仍以公开喊价方式交易白糖期货）抢夺业务，法国国际期货交易所因此叫停了合作。

---

① 英格兰银行（1999），"中央对手方清算所和金融稳定"，金融稳定性回顾。"交易商在巴黎糖市场获得禁令以停止支付"，一个在 1974 年 12 月 18 日《泰晤士报》上法律报告，包含了一些巴黎糖危机的有趣的细节。

② 《扎尼科回顾》，1268，1976 年 1 月 29 日。

③ 参见 16.8 节。

巴黎糖市场和它的清算所商品事务清算所之间有一个漫长但好坏参半的历史，可以追溯到 19 世纪末①。下一个中央对手方清算所的失败，发生在一个成立不久的机构：吉隆坡商品清算所（KLCCH），它仅运营了 3 年半左右。

吉隆坡商品清算所是在国际商品清算所的帮助下于 1980 年成立的，后者持有吉隆坡商品清算所一小部分股权，并且根据合同在头三年管理其清算所。然而，当 1983 年危机爆发时，国际商品清算所已不参与吉隆坡商品清算所事务了。

六个经纪商在吉隆坡商品交易所的总值 7 000 万美元的棕榈油合约违约后，中央对手方清算所失败了。紧接违约而来的是价格缩水和一位交易商不断累积的未对冲空头头寸，他同时是马来西亚肯德基连锁店的所有者。

马来西亚政府专案组后来批评了这些经纪商，但更多是指责清算所的管理不作为，包括在市场紧缩和经纪商违约之间耽误了 12 天②。据说是因为清算所的高层缺少经验，而报告强调的是交易所、清算所和市场监管部门商品交易委员会之间的缺乏协作。尽管如此，专案组还是建议重建中央对手方清算所。

延误、欠严谨、与交易所及其他市场参与者之间缺乏协作、缺乏透明度，以及官方机构的错误决定，是这些中央对手方的失败所暴露出来的一些弱点。吉隆坡事件两年后，商品市场有理由去思考中央对手方缺位而引起的问题。

从 1956 年以来，国际锡委员会（ITC）为了生产商的利益，在马来西亚、康沃尔和其他地方设法保持锡价格的稳定。但是 20 世纪 80 年代中期，它的努力失败了，一是因为来自铝行业（译者注：作为锡的替代品）和回收行业的竞争，二是因为来自新出现的、国际锡协议之外的制造商的竞争。到其管理层在 1985 年 10 月耗尽资金，并导致了金属市场恐慌时为止，委员会的"库存缓冲价格支持机制"堆积了 64 000 吨的过剩锡和 12 亿美元的债务。

这场危机引起了对伦敦金属交易所（LME）的关注，它的会员作为交易主体的同时负责他们的头寸结算，而没有清算系统。若干年之前，英格兰银行和上议院商品市场专职委员会曾对该交易所的安排表示担忧。他们害怕交易所一个圈内会员的破产可能会导致大量合约空头，以至价格螺旋式狂跌，还可能将金融市场不稳定性传播到其他市场的公司。

1978 年伦敦金属交易所的会员同意了一个折中办法，它与国际商品清算所建立了一个监控合约的系统。锡危机增加了官方压力，要求伦敦金属交易所建立一个中央对手方清算所，理由是：为交易所而建立的独立中央对手方清算所，可能在国际锡委员会违

---

① 参见 6.4 节，关于巴黎糖市场 1905 年丑闻的细节。
② 根据英格兰银行的报告，1999。

约之前就发现了该委员会的弱点。

国际商品清算所于 1987 年 5 月开始为伦敦金属交易所提供清算，这一年是交易所成立的第 110 年。5 个月后，世界被一次市场崩溃所动摇，中央对手方清算所被置于政治家和监管者的空前密切关注之下，风险管理成为了关注的核心。

第 9 章

1987 年股市崩盘、监管和中央对手方

9.1 1987 年的股灾

和 2007—2009 年的金融危机一样，1987 年的股市崩溃从美国开始。21 世纪的那场大灾难是由一连串事件构成的慢镜头的火车相撞，而 1987 年市场的崩溃则不同，它是以光速传递至全球的。

这场股灾是一个早期的信号，反映了在这个资本自由流动的世界里，计算机化的交流方式和全球化是如何扩大繁荣、播撒麻烦的。它第一次将注意力集中到华尔街的传统股票市场和芝加哥的金融期货交易所的交互作用上，后者这时已进入青春期。它打开了政治家、监管机构和金融家们的视野，关注支持这些市场的基础设施和金融管道工程。

"把清算变成一种战略资产或是一项关键职能的催化剂在这一天产生了：1987 年 10 月 19 日"。芝加哥商业交易所总裁皮平德·吉尔（Phupinder Gill）这样评论道[1]。"这一天使清算功能成为全世界高度瞩目的焦点，特别是对于美国衍生品行业来说。"

在几年的股价持续上涨后，"黑色星期一"令人震惊地袭来。20 世纪 80 年代美国、英国和欧洲大陆先进国家的金融市场开放，以及 1985 年以来美国和盟国之间在全球经济问题处理上更多的合作，都为股市的增长添加了燃料。结果就是更多的乐观情绪，反映在工业化民主国家的机构及私人投资者之间蓬勃发展的"证券文化"上。

但是 1987 年 10 月初美国和西德在利率政策上公开发生分歧，引起人们担心八个月前达成一致的稳定货币的努力会崩溃[2]。10 月 14 日，美国宣布了一个出乎意料的巨大

---

[1] 与作者的谈话，芝加哥，2008 年 9 月 26 日。

[2] 卢浮宫协议，1987 年 2 月 22 日。以巴黎的宫殿名称命名，该宫殿当时既是法国财政部也是世界著名博物馆，卢浮宫协议是七个主要工业化民主国家的财政部长为稳定美元兑换其他主要货币汇率价格的集团协议，它由 1985 年 9 月 22 日的广场协议修改而来，广场协议是美国、日本、德国、法国和英国（五国集团）共同达成的，目的是共同促使美元价格有序下降——在美元价值被高估五年后。

贸易赤字，导致美元下跌以及债券收益率上升。那天在国会提出立法，要终止对公司收购融资的税收优惠。

套利者开始在纽约出售公司收购的股票，股价开始下滑。10 月 14 日后的 7 天里，道琼斯工业指数下降了 31%，该指数还经历了截至当时最大的单日跌幅——10 月 19 日星期一，伴随着创纪录的交易量，该指数暴跌了 508 点（合 23%）。更具广泛代表性的标准普尔 500 指数当天大幅下跌了 22%。芝加哥的衍生品市场也骤然下跌。当时最受欢迎的芝加哥商业交易所的标普 500 指数期货合约下降了 28.6%，芝加哥期货交易所的 MMI 指数期货（由包括 17 个道琼斯工业股票的 20 只股票组成）下降了 24.4%。

股票市场的衰弱在世界各地传播开来。在欧洲和美国股市开盘前，香港的恒生指数在 10 月 19 日下跌了 420 点，这个 11.3% 的降幅给当地的各个清算所带来了严重后果。伦敦证券交易所周一下跌 11%，周二再下跌 12%。悉尼交易所的股票价格下跌了近四分之一。

10 月 20 日早晨，美联储表明它将为美国的金融系统提供足够的流行性，之后灾难才得到化解。同时当局向大型商业银行施压，要求它们提供贷款给受到股灾严重影响的企业。

在美国，股指期货比它的基础股指下跌得更快，这很快引起了注意。这一现象被归咎于程序化交易，即使用计算机程序、根据特定市场事件来交易股票和股指期货。程序化交易策略依赖于纽约和芝加哥之间的股票和指数价格的准确信息流动。该策略在本次事件中被证明是一个大问题。

股灾之后，华尔街立即指责股指期货和程序化交易者运用芝加哥"影子市场"，才造成了市场的崩溃。指控广泛快速地传播开来，促使当时芝加哥商业交易所的执行委员会主席里奥·梅拉梅德（Leo Melamed）推动了一场密集的游说运动，来保卫芝加哥商业交易所和整个期货行业。

这次股灾引起了大量事后研究报告的出现①。其中最早而且最具影响力的是布雷迪报告，该报告是 1988 年 1 月 8 日由市场机制方面的总统工作小组发表的，这个小组由里根总统设立，并以尼古拉斯·布雷迪（Nicholas Brady）为主席，即后来的美国财政部部长②。同时在 1988 年早期发表的是美国两个主要监管者的报告：商品期货交易委员会③和证券交易委员会④。

---

① 梅拉梅德最终统计了 77 篇关于这场灾难的不同的报告和研究，并宣称这些当中最重要的报告免除了期货市场和芝加哥商业交易所的责任：梅拉梅德·里奥和塔马金·鲍勃（Tamarkin, Bob）（1996），《逃向期货》。

② 布雷迪委员会（1988 年 1 月），市场机制的总统工作组的报告。

③ 商品期货交易委员会（1988），1987 年 10 月关于股指期货、现货市场活动的最终报告。

④ 证券交易委员会（1988 年 2 月），1987 年 10 月的市场崩溃。

股票、期权和期货市场的清算及结算系统，是金融市场工作小组详细审查的问题之一，该小组由总统设立，并由美国财政部长詹姆斯·贝克（James Baker）领导，由证券交易委员会、商品期货交易委员会和联邦储蓄委员会三方的主席组成。1988 年 5 月该小组报告了它的研究结果，作为美国审计总署（GAO）对清算和结算相关风险进行评估的起点。评估结果在两年后发布①。

另一个在股灾期间关注清算和结算的研究，是 1990 年由本·伯南克（Ben Bernanke）发表的，他当时是普林斯顿大学伍德罗·威尔逊学院教授，未来的美联储董事会主席②。

布雷迪报告在股灾后不到三个月时间内发表，它毫不隐瞒国外 10 月 19 日至 20 日的忧虑。"虽然没有违约发生，但一个清算所或主要投资银行违约的可能性，或者银行体系可能拒绝向市场参与者提供必要流动性的可能性，导致了某些做市商削减活动，增加了投资者的不确定性"。报告说道。

美国审计总署后来的分析发现，前所未有的价格和成交量下跌造成了中央对手方清算所和交易所的交易处理问题。一些中央对手方清算所无法确定清算会员的财务风险以及在其他市场的（风险）暴露；一些中央对手方清算所的会员没有足够的资金来履行他们的义务，而不得不增加银行借款；一些银行、中央对手方清算所和他们的会员没有在常规时限内向彼此支付必需的款项。美国审计总署认定了关注的三个广阔领域：关于交易的信息处理程序、中央对手方清算所使用的风险管理程序、清算机构的支出和收入。

根据国际货币基金组织后来的研究，美国股票、期货和期权的清算系统的复杂性和分裂性"在股价下跌时，导致了保证金支付的延误和混乱，引起了对券商的偿债能力、交易所清算所的支付能力的担忧"③。银行通过限制对经纪公司的贷款而迅速做出反应，引起了流动性缺乏，以及对投资者被迫出售更多的投资来满足保证金需求的担忧，进而推动了价格下跌，并使资金大量逃向现金和高品质债券。

并非所有的裁决都那么令人沮丧。美国期货交易委员会在危机的最终报告中这样为期货行业辩护：

> 那些已经到位的期货市场的保障有效地发挥了作用。没有客户资金因为期货公司的破产或违约而损失；没有期货经纪商（FCM）破产；交易所清算机构从会员公

---

① 审计总署（GAO 1990 年 4 月），给国会委员会的报告：清算和结算改革。
② 本·伯南克（1990），股灾时的清算与结算，金融研究回顾，3（L），133～151。
③ 国际货币基金组织（2003 年 9 月），全球金融稳定报告，第Ⅲ章附录：案例研究。

司收取了所有应收的保证金，包括空前巨大的日常支付和日内支付；尽管交易量、价格波动和保证金流动均创纪录，期货清算机制还是有效地运行。[1]

负责清算芝加哥期货交易所金融期货合约的清算公司（BOTCC）度过了危机，没有任何损失或扰动。而且根据 1990 年 4 月审计总署的报告，该机构"只是间接地卷入了 1987 年 10 月的股市崩溃事件中"。

但是对那些陷入股灾的机构或个人来说，混乱与生存之间的界限是非常微妙的。芝加哥商业交易所集团的吉尔回忆"谣言四起，说芝加哥商业交易所清算所已经违约、已经破产以及不能确保履行其义务"[2]。

即使所有都按计划进行，市场崩溃的那个星期一也注定是非常具有挑战性的。在这次事件中，芝加哥商业交易所遭遇了一次技术故障。吉尔回忆道，10 月 19 日是芝加哥商业交易所开始大范围收取日内保证金的第一天，"我们要求了 12 亿美元的保证金——这是在那些天里面我们要求过的最大量。但是到那天结束时，我们又另外要求了 13 亿美元保证金，而后来出来的报告居然显示我们正在要求另外一笔 25 亿美元（译注：这是个重复计算），我们的系统没有考虑之前就已经操作过的。"

根据交易所的规则，增加的保证金支付必须在第二天，也就是 10 月 20 日的开盘之前，从亏损投资者账户中收取到账，而只有那时才能将保证金分配给盈利的投资者。

根据吉尔所说，这个记录故障使银行担心保证金要求会超过贷款限制。前所未有的资金需求意味着：为芝加哥商业交易所的结算提供信贷额度的银行都变得十分谨慎，这威胁到了交易所的中央对手方在当天交易前履行保证金义务的能力。[3] 这让人震惊，吉尔回忆道，"银行习惯了看到 2 亿美元（保证金要求）一天就算是较高的，但那天看到了 25 亿美元的保证金要求。"

关于 10 月 20 日周二那天早晨芝加哥商业交易所到底发生了什么，有很多不同的描述[4]，但是大家一致认为，交易所（已经快没有足够的保证金流入来启动当天的交易）。周一的交易活动使该交易所对其 90 家清算会员中的两家分别欠下了 6.7 亿美元和 9.17 亿美元的保证金，这两家会员是高盛（GS）和基德皮伯（Kidder Peabody）。同时，另

---

① 如伯南克引用（1990）。

② 与作者谈话，芝加哥，2008 年 9 月 26 日。

③ 作为对美国审计总署的报告的回应，1990 年 1 月 29 日，美国期货交易委员会说："问题主要是由于结算银行没有在正常时间内收到精确的指令表，因为在 1987 年 10 月 19 日做的非现金日内变动支付，没有被现有软件所接受，因此没有反映到 10 月 20 日的变动计算中。

④ 根据个人的回忆，至少有三个公开的描述，对不同的主人公分配了不同的角色，并对一些相关支付引用了不同的数据。这些可以在后文中找到：塔马金·鲍勃（1993），《交易所》；梅拉梅德·里奥与塔马金·鲍勃（1996）；罗登根·杰佛瑞 L（Rodengen, Jeffrey L）（2008），《过去、现状和未来：芝加哥商业交易所》。

外一家大型投资银行（有两个不同的叙述都确认该投行是摩根士丹利），欠了该交易所一个相近的大数目。在芝加哥商业交易所的高管周二凌晨给该投资银行和芝加哥大陆银行（Continental Bank of Chicago）一通紧急电话之后，这些必要的款项才在当天交易开始之前到账。

芝加哥商业交易所不是唯一遇到问题的。美国期权清算公司（Options Clearing Corporation）也陷入麻烦，因为它从信息供应商购买的股票期权价格发生了错误。审计总署报告了期权清算公司如何在 10 月 19 日、20 日及 21 日不得不手动改正 5 000 多个从供应商处收到的期权报价。根据证券交易委员会在 1988 年 2 月的"市场崩溃"报告，自动报价系统将三位数的期权价格的第一位数弄掉了。

在了结 10 月 20 日违约的清算会员 H B Shaine 的开放头寸时，美国期权清算公司蒙受了 850 万美元的损失。这个赤字从所有清算会员按比例缴纳的违约基金中弥补了[1]。

尽管存在这些问题，证券交易委员会报告评定，"期权清算公司在这个前所未有的交易量和价格波动情况下，在这种巨大风险的产品（因自身特性而被在动荡市场条件下提供）上，表现得非常好"。中央对手方清算所采取了一系列实用方法来解决困难。在一个案例中，危机发生的那周快结束时，期权清算公司在与证券交易委员会协商后，放弃了对一个清算所成员的补充保证金的要求，因为该公司的期权和期货头寸是跨市保值的，只要维持这个对冲保值安排，该公司在一个市场的损失将被其他市场的盈利抵消。

在证券交易委员会报告中引用的这个案例中，未由期权清算公司清算的那部分头寸交给了跨市场清算所有限公司（Intermarket Clearing Corporation，ICC）。跨市场清算所有限公司成立于 1984 年，是期权清算公司的合作公司，其成立目的是对后者的各个参与交易所（participant exchanges）之间合约市场上的产品进行担保、清算和结算，这些产品包括期货、期权期货和商品期权。

根据韦恩·卢瑟琳肖森（Wayne Luthringshausen）所说——那天这个关键决定就是他做的——期权清算公司后来非常成功：

> 我们必须判断该做什么。我们可以将它们清算，但那样会很令人憎恶。因此我们实际上放弃了一些追缴保证金的要求，我们致电证券交易委员会，与之谈判、解释，说我们觉得最好再给这些公司再多一天来解决这件事。在几个案例中，我们决定放弃追缴保证金通知。[2]

---

[1] 在写作时（2010 年 3 月），这是期权清算公司首次动用它的违约基金。
[2] 与作者的谈话，2009 年 10 月 20 日。

在证券清算机构中，国家证券清算公司（NSCC）因一个会员公司违约而遭遇了 40 万美元的损失。然而国家证券清算公司为该公司担保的股票交易金额为 1.26 亿美元，该清算所的违约基金为 4 亿美元。与这两个数字相比 40 万美元是个小数目。这个损失由留存收益弥补。

审计总署报告中批评了芝加哥商业交易所和期权清算公司在 10 月 20 日早上的延迟付款。虽然两个清算机构都履行了对清算会员支付日内资金的义务，但是芝加哥商业交易所对高盛和基德皮伯（Kidder Peabody）的 15 亿美元的付款有六个小时的延迟，而期权清算公司那天对所有会员的支付都有两小时至两个半小时的延迟。

这些中央对手方清算所的故障，表明美国金融市场的交易和交易处理系统需要技术改进。但也同样清楚地表明：股市崩溃期间巨大交易量暴露的许多问题并不是衍生品市场或清算所的责任。

崩溃暴露了华尔街和芝加哥的交易所技术能力上的悬殊，华尔街表现很糟糕。纽约证券交易所用一个订单处理系统（Designated Order Turnaround，DOT）即"指定交易转变"系统，来辅助程序化交易。股灾期间这个系统被证明不具有足够的交易能力，10 月 19 日，标准普尔和道琼斯工业指数中约三分之一的股票推迟开盘。

与纽约证券交易所不协调的表现相比，芝加哥期货市场 10 月 19 日在大量的抛盘中准时开盘。由此导致了这两个城市的交易所的价值差距，进而引发不规则的程序驱动交易，增加了当天的混乱。次日，10 月 20 日当交易开始时，纽约证券交易所采取行动禁止指数套利交易者使用 DOT 系统来执行交易，进一步加剧了证券市场的期货价格和现货价格之间的脱钩。

不同产品及市场上的不同清算安排造成了更多的困难。股指期货实行日内结算，而交易所的证券现货交易在交易后 5 日结清（译者注：T＋5 交收）这两种做法之间的差距意味着：在不同的市场对冲保值的投资者仍可能面临较大的现金需求①。他们对现金的需求加重了支付系统堵塞问题（该堵塞是由美国期货交易所的巨大保证金收付要求造成的）。

一个严重问题影响到了 10 月 20 日星期二上午资金的流动。联邦网络（Fedwire）——美联储用于美国主要银行之间转账的专用通信系统——因为电脑故障关闭了两个半小时。这打乱了纽约和芝加哥之间重要的资金流动。

不同的结算方式暴露了纽约和芝加哥之间意识上的差距。华尔街银行家们没有充分意识到必须在芝加哥期货交易市场上按时支付。市场暴跌后之后，媒体报道告诉我们大

---

① 在汉德里克·达力（Hendricks. Darryll），勘布胡·约翰（Kambhu, John）和莫舍·派特里夏（Mosser, Patricia）（2006 年 5 月）的"系统性风险和金融体系"有解释，美联储纽约。

笔的资金转账是如何被耽误了几小时的：因为无法找到一些重要的纽约银行家的家庭电话号码。

股市崩溃一年后，梅拉梅德写下了自己的观察：

> 10 月 19 日给我们上了关键的一课，虽然代价极其昂贵。市场机制和市场决策者之间的差距悬殊。我们的大多数传统市场在一个大约相当于蒸汽船技术标准的水平上运行，而市场的决策者则是在开 F－16 战斗机。①

伯南克 1990 年在对这场危机的回顾中是相当乐观的。美联储在金融体系受到威胁时作出了明确的应对承诺，他从中感到欣慰："可能清算及结算系统的变革，可以安全地限制在该领域技术进步的范围里。"②

9.2　美国的反应

在伯南克的文章发表之时，美国中央对手方清算所已采取了措施，纠正 1987 年的股市崩溃暴露的明显缺陷。期权清算公司公司更换了它主要的外部价格信息供应商，并强化了自己的期权价格计算系统；芝加哥商业交易所修改了软件，日内保证金收取和支付成为了日常规程，并允许用证券（除现金之外）支付保证金。美国期货交易委员会报告说，常规的日内保证金安排，被市场参与者视为自股市崩溃以来"清算和结算过程中最大的改革之一"。③

1987 年 10 月事件也促生了一系列的改进，深入到了各个清算所的工作流程内部。股市崩溃后不久，这些进步作为监管机构和中央对手方清算所对股市崩溃的应对反应，被记录发表在审计总署 1990 年报告的早期草稿中④。

股灾后的改进集中在三个方面：中央对手方清算所的风险管理、清算所和他们银行之间更紧密的关系、在提高市场整合度的方面清算所之间的合作。

例如，芝加哥商业交易所规范了在审计部门的风险管理方面的操作，允许交易所监控各个清算会员账户的风险集中情况，并跟踪其中风险特别高的账户。像其他许多中央

---

① 梅拉梅德（1988 年 10 月），黑色星期一：事情一年后我们知道了什么，芝加哥企业。
② 伯南克（1990）。
③ 对美国审计总署报告的回复（1990），1990 年 1 月 29 日。
④ 这些反应，被作为美国审计总署（1990）报告的附录发表，由证券交易委员会、商品期货交易委员会、国家证券清算公司、期权清算公司和芝加哥商业交易所提供。这些机构以竞争关系而非他们的共同点著称。但总体而言，他们的反应比审计总署的报告体现了一个更乐观的进步情景。

对手方清算所那样，它采取每日两次盯市制度对所有头寸进行评估，来保护它的资本。

1987 年 10 月后，芝加哥商业交易所效仿芝加哥期货交易所清算公司的做法，引入了"母公司担保规则"，防止任何持有清算会员 5% 以上担保金额的公司或个人设立空壳子公司，以逃避偿付其自身产生的交易损失。

芝加哥商业交易所和芝加哥期货交易所清算公司合作制定了与芝加哥结算银行的详细结算协议，明确了最后期限，以及在什么时候支付变为不可撤销的问题。1989 年 8 月，芝加哥商业交易所将两家纽约银行——化工银行（Chemical Bank）和美国银行家信托公司（Bankers Trust）——加入它的结算银行名单，以减少重蹈 10 月 20 日联邦网络（Fedwire）覆辙的风险。那年 7 月它还从 14 家国际银行组成的银团那里获得了 2.5 亿美元的信贷安排。

在证券清算所当中，国家证券清算公司加强了它的财务支持。为回应监督部门的建议，1989 年 10 月它采取行动，降低清算会员以信用证形式作为抵押品的金额，从而提高了保证基金的流动性。几周后，它跟银行家信托公司安排了一个 2 亿美元的信用额度。国家证券清算公司报告，这些措施将清算基金中的流动资产比例由原来的仅 25% 提高到了 75%。

股灾后资源被释放到（金融）基础设施的投资上，这反映了美国投资社区中的一个结构性变化：专业投资经理人的兴起。这是从 1974 年"退休职工收入保障法"开始的，它引发了固定缴款（Defined - Contribution）退休基金的强劲增长。

在衍生品市场，这些市场参与者的金融实力很快超过了那些"本地"日内交易者，后者传统上不愿投资于那些不承诺快速回报的项目。当股市崩溃时，投资经理们管理的资产金额已从 10 年前的 4 000 亿美元增长到近 2 万亿美元，他们控制了局面。

专业投资者在许多交易所进行操作。这为中央对手方清算所之间的合作和分享信息创造了动力。两个看起来最为不和的交易所在股灾发生后立即起到了一个强劲带头作用，清算所合作和分享信息的运动加快了步伐。

1988 年 4 月，芝加哥商业交易所和纽约证券交易所同意增进两家交易所之间的交流，并制定一个断路器系统（涨跌停板制度）用于协调股票和衍生品市场，以减缓极端动荡时的价格波动。

国家审计总署及其他人还有担忧：清算所在监控多个市场上交易的公司的财务状况时面临一些问题。鉴于期货行业的垂直结构，大多数美国的中央对手方清算所只在一个市场进行操作，但还是有五分之一的会员公司在多个交易场所进行操作。针对这些担忧也出台了其他不太瞩目的措施。

一个解决办法是信息共享。早在 1987 年 10 月以前，芝加哥期货交易所清算公司（BOTCC）就开始开发一种方案，用来在期货清算所之间共享信息。1988 年 5 月它发布了"市场信息共享系统"（Shared Market Information System，SHAMIS），为服务于期货市场的中央对手方清算所提供清算会员公司的风险和财务信息。数据包括盯市的现金流、期权权利金支付、保证金在盈余或赤字状态，以及历史交易信息，用于判断一个公司是否偏离了正常的交易模式。

股灾后，国家证券清算公司立即设立了证券清算集团（Securities Clearing Group），使中央对手方清算所和中央证券托管机构（处理股票及期权的）之间在保证金、头寸和结算方面的信息共享安排得以规范化①，其日程包括创建一个中央数据库用于保存清算会员信息、改进证券交易委员会财务报告要求以加强对清算机构的监测、制定措施从而使违约清算成员的财务资源可以用来履行它在其他证券清算机构的义务，以及在参与的中央对手方清算所之间建立清算会员的债务与债权的轧差。

但信息共享遭遇了行业内的阻力。在商品期货交易委员会的强制要求下，期权清算公司才不情愿地加入了信息共享系统。期权清算公司担心芝加哥期货交易所清算公司同时作为参与者和系统运营者会滥用自己的优势地位，并抱怨说，和通过担保品及信用工具（例如交叉保证金（cross-margining））的整合来化解风险的方案相比，信息共享系统（SHAMIS）只能算是个次优方案②。

9.3　交叉保证金、理论跨市保证金系统（TIMS）和风险标准组合分析系统（SPAN）

交叉保证金是指，如果对冲保值头寸的每一边分别在一个单独的市场上交易，可针对这种情况计算出一个单一金额作为保证金（译注：而不是针对各个市场上的每一边都计算一个保证金，然后加总）。股灾后，布雷迪报告（Brady Report）、证券交易委员会和商品期货交易委员会都分别支持这个做法。事实上交叉保证金在股灾高峰时期已被非正式的应用，归功于期权清算公司的韦恩·卢瑟琳肖森（Wayne Luthringshausen）和芝加哥商业交易所总裁兼首席执行官比尔·布罗德斯基（Bill Brodsky，1987年上任）之间的信任关系。

布罗德斯基记得在10月19日闭市后卢瑟琳肖森给他打电话，是关于一家在标普500期货上有多头头寸的清算会员公司，该头寸是在芝加哥商业交易所交易和清算的，并与一个在芝加哥期权交易所交易、由期权清算公司清算的期权组合构成对冲保值头

---

① 根据国家证券清算公司给审计总署的报告，证券清算组包括国家证券清算公司、期权清算公司、储蓄信托公司、中西部清算公司、中西部证券信托股份公司，费城股票清算公司和费城储蓄信托股份公司。

② 期权清算公司给美国审计总署的报告，1989年12月8日。

寸①。这家公司（不是证券交易委员会报告中提到的并在上文引用过的那一家）无法满足两套头寸上的保证金支付的要求，但这两套头寸相互抵消。因此如果它们被看做一个单一的投资组合，从理论上说这家公司就不必分别对两边的清算所支付保证金。

在这种情况下，互相抵消的头寸分别位于两个不同的交易所，并由互不相关的、互相之间没有"保证金弃收机制"的两个清算所管理。然而布卢瑟琳肖森和罗德斯基克服了这些问题。在布罗德斯基 1974 年加入美国证券交易所和美国通用公司时两人就已经认识了。布罗德斯基是期权清算公司委员会的一员，直到 1982 年加入芝加哥商业交易所。

与作者谈话时，布罗德斯基在事件发生 22 年之后回忆道：

> 我们相互信任，口头承诺了几亿美元，这在当时是一笔巨款。它救了整个体系，没有书面承诺，没有律师。就在 19 日到 20 日的午夜里。

布罗德斯基认为，这种临时应变的交叉保证金安排避免了芝加哥期权交易所多家清算会员的垮台。

因为当时一个交易技巧流行是：芝加哥期权交易所的做市商在芝加哥商业交易所交易期货来对冲他们的头寸，期权清算公司在 1987 年股灾前就已经敦促芝加哥商业交易所使用交叉保证金，但直到 10 月 19 日晚芝加哥商业交易所还拒绝该措施，因为它要保护自己的清算所。

接着，布罗德斯基向芝加哥商业交易所董事会提交该案例，说交叉保证金会降低系统性风险，并能避免政府以支持"降低系统性风险"的名义进行干预。董事会同意选择性地引入该措施。1989 年 10 月 6 日，期权清算公司和芝加哥商业交易所公布了交叉保证金合作关系。

正如期权清算公司的总裁兼首席运营官迈克·E. 卡西尔（Michael E. Cahill）所解释的："许多公司都有各得其所的投资组合，尤其是在指数期权和股票指数期货上。但是他们都左右为难，因为我们两个清算所都在提高保证金要求。"根据卡西尔所说，交叉保证金为这些公司提供了一种抵消他们现金流的有效方式，并且"多年累计下来在这上面的节约是巨大的。"②

"那是在 1987 年股灾后总统工作小组提出的：如果能对支付资金流进行轧差，这将对系统有利，"芝加哥商业交易所清算所的董事总经理兼总裁金·泰勒（Kim Taylor）

---

① 与作者的谈话，芝加哥，2009 年 10 月 20 日。
② 与作者的谈话，芝加哥，2008 年 9 月 26 日。

回忆道:[1]

> 否则，你会看到那些家伙在市场上总共只有一个扁平的头寸，但它却产生两套不同的保证金要求及两套不同的现金流。这些没有协调起来的现金流被认为是造成1987年股灾中一些系统性问题的原因。通过将这两项整合起来，我们可以降低每个人的抵押品要求，这更好地反映了他们的实际风险，同时也轧差了他们的支付资金流。

期权清算公司和芝加哥商业交易所之间的协议，要晚于1988年期权清算公司和它的子公司国际清算所之间的一个交叉保证金安排。20世纪90年代的其他协议效仿了这些开创性的方案，包括：期权清算公司和芝加哥期货交易所清算公司之间的协议；芝加哥商业交易所、期权清算公司和国际清算所之间的一个三方交叉保证金协议；以及1998年芝加哥商业交易所、芝加哥期货交易所清算公司和芝加哥期货交易所之间的交叉保证金和共同银行协议。2002年初，美国集中存托清算公司的子公司政府证券清算公司（Government Securities Clearing Corp.）公布了与芝加哥期货交易所清算公司、芝加哥商业交易所和短命的经纪商电子公司（BrokerTec）之间的一批交叉保证金协议。

芝加哥商业交易所、伦敦清算所和伦敦国际金融期货交易所就一项创新性的跨国交叉保证金安排达成协议，降低清算会员公司及其分支机构在芝加哥商业交易所交易的欧洲美元（Eurodollar）合约和伦敦国际金融期货交易所交易的欧元银行间拆放款（Euro-bor）或欧元伦敦银行同业拆借利率（Euro Libor）合约头寸上的保证金要求。这个安排一直持续到2010年2月，直到它被英国清算所叫停为止[2]。

股灾发生的前后几年见证了风险管理技术的又一个进展。期权清算公司和芝加哥商业交易所分别开发出了非常类似的评估风险和计算保证金的算法。1986年，期权清算公司推出了基于风险的投资组合保证金方法"理论跨市保证金系统（Theoretical Inter-market Margin System，TIMS）"。1988年12月，芝加哥商业交易所发布了它的风险标准组合分析系统（Standard Porfolio Analysis of Risk，SPAN）。

理论跨市保证金系统（TIMS）计算的是一个头寸组合由于基础资产的价值变化所可能产生的最大亏损。作为一个基于风险的系统，它被用于计算保证金要求和期权组合期货、期货期权头寸的配比组成。

---

① 与作者会面，芝加哥，2008年9月25日。
② 伦敦清算所有限公司（2010年2月12日），"交叉保证金协议回顾"，伦敦。清算所终止了与芝加哥商业交易所和纽交所—伦敦国际金融期货交易所的合作，因为必要的变更成本与当前使用情况和未来效益不成比例。这个决定暗示：交叉保证金虽然有时有效，但是并不是灵丹妙药。

风险标准组合分析系统是一个决定保证金的工具，让交易所和清算公司来选择风险参数作为计算过程中的影响因素，目的是帮助中央对手方清算所设定初始保证金金额，该金额足以覆盖一个投资组合在特定时段内、因一系列可能的市场事件而可能遭遇的最大损失，同时保证清算会员不必在保证金存款上绑定多余的资金。这种算法是为了应对 20 世纪 70 年代推出股票期权及 1980 年推出期货期权之后不断增长的衍生产品市场复杂性。

风险标准组合分析系统在最初的 20 年内经历了 4 次更新，已被证明是行业的一个极其灵活的工具。芝加哥商业交易所决定将它授权给其他交易所和清算机构使用。随后它以一些不同的地区性变体出现，包括伦敦清算所使用的一个版本，即伦敦风险标准组合分析系统（London SPAN）。到 2008 年，SPAN 已被全球 50 多个交易所、清算所和的监管机构使用。

9.4 香港与灾难擦肩而过

就在风险标准组合分析系统发布之前，香港发生的事件使得中央对手方清算所风险管理的重要性重新回归。芝加哥、华尔街和伦敦金融机构在 1987 年危机中受到伤害，香港期货市场以及它的清算基础设施也因结构和风险管理的失败几乎遭遇一场灾难。

在香港，担保期货交易履行的公司几乎破产，金融市场面临崩溃。只因一个有政府支持的、来自股东银行和期货交易所会员的紧急救助方案包，灾难才得以避免。

10 月 20 日，华尔街股市前一天创纪录单日跌幅的消息传到香港，之后香港证券交易所（Stock Exchange of Hong Kong，SEHK）决定本周剩余时间里暂停交易，香港期货交易所（Hong Kong Futures Exchange，HKFE）紧随其后，暂停了恒生指数（Hang Seng Index）股票期货合约交易。

尽管殖民地政府忧心忡忡，证券交易所还是采取了行动，原因有以下一些：它害怕恐慌性抛售和市场混乱；担忧会员的资金流动性；担心银行挤兑的可能性；以及担心预计有 25 万个交易的交收积压，这相当于一周的交易量。但都无助于建立信心。

交易暂停发生在恒生指数上升 89%，达到 3 950 点这个 10 月 1 日前的全年最高点后。1987 年的前九个月股市成交量几乎增加了两倍。

香港期交所的恒生指数（HSI）合约是一个最近的创新，自 1986 年 5 月上市以来，它的交易量增长了近 20 倍。那时的期货交易所也是一个相对年轻的机构，它在前一次危机后被迫重新构建并在 1984 年重新取得牌照开业。

10 月 20 日晚些时候，香港期交所的董事长告诉货币事务局局长：经纪商支付保证金有困难，无法支持前一天暴跌的合约，价格跌穿了 10 月 19 日交易前设的底线，并造成清算所——国际商品清算所（香港）有限公司——日内两次要求其持有多头头寸的会员补缴保证金。董事长还严重怀疑香港期货担保公司（Hong Kong Futures Guanrantee Corporation，FGC）履行担保义务的能力：它只有1 500万港元的资本金以及750万港元的准备金①。

香港期交所的清算安排是不同寻常的，该交易所将清算服务合同外包给由国际商品清算所集团全资控股的国际商品清算所（香港）有限公司（ICCH HK），然而国际商品清算所（香港）的清算活动并没有产生任何直接的财务风险暴露，相反，它持有香港期货担保公司20%的股份，香港期货担保公司的其他股东为：汇丰银行公司持有20%，大通曼哈顿海外银行公司和渣打资本公司各持有15%，里昂信贷银行、巴克莱银行和永安银行（香港上海银行的非直接子公司）各持有10%。

10月20日，担保方的脆弱状况以及在预计40 000个未平仓的恒生指数期货合约上的大量空头头寸，引发了对市场大规模违约（译注：原文为default，但根据内容应为"获利了结liquidation"——经作者同意中文版在此更正）的担忧，可能会引起第二天再开盘时期货市场的崩溃，那种情形会给现货市场和香港金融中心带来潜在毁灭性后果。

因此在股市暂停交易期间，各方疯狂地努力为期货担保公司打造一个救援方案包。这些努力取得了成效：以市场相关利率给予期货担保公司20亿港元的贷款②；其中该公司的股东提供四分之一，经纪商和香港期交所的会员提供四分之一，香港政府的交易所基金提供一半。

这个方案包在10月24~25日周末整合完毕，它还涉及香港期交所的高管层变动，并要求套利者保证不进行破坏性的证券销售。10月26日市场开盘后，香港恒指下跌了33%至2 242点，在盘后交易中，现货月恒指合约又下跌了44%至1 975点。

急剧的下跌引发了大家对违约的担忧，促使期货担保公司在交易（时间）中要求更多的支持。另一个20亿港元的救助措施是由政府交易所基金提供10亿港元，香港银行、上海银行、渣打银行和中国银行平摊10亿港元，这20亿港元在当天晚上提供，从而期货担保公司能够承受指数下降到1 000点。香港的银行还在接下来的连续两天降低了它们的最惠贷款利息。

在这次事件中，第二个20亿港元的救助方案包未被动用，但是期货担保公司从第一个方案包中借贷近18亿港元资金来履行其义务。这笔贷款最终用清算所的违约会员对期货担保公司欠下的债务的追回，以及从期货市场和股票市场交易收取的税费归还。

---

① 分别价值192万美元和103万英镑，96.1538万美元和51.7141万英镑，当时1美元价值7.8港元，1英镑价值14.5港元。

② 按当时汇率折合2.56亿美元。

11 月 16 日，当地政府责成证券审查委员会（Secutiries Review Committee）调查这两个交易所及其监管者的构架、管理和运营。证券审查委员会是由伊恩·黑·戴维森（Ian Hay Davison）领导，他是一个固执且毫不留情的会计，也是 LIoyd（伦敦保险市场）的前首席执行官。

六个月后，戴维森的委员会报告：它发现香港证券交易所的运营中存在严重缺陷，证券及期货行业监督不力，以及政府对市场和经纪人的监察不足。他通过大量详细的建议开出了补救药方[①]。

戴维森的报告指出，"无论是市场基础设施还是监管机制都跟不上"香港期货交易所的大幅度增长，"特别是"，它说道：

交易所、清算所和担保公司的三方结构混淆了责任界限，严重阻碍了一个适当的风险管理系统的建设，这种系统对任何期货市场都至关重要。所有这三家机构早应该采取行动抑制业务扩张和一些投资者建立大头寸的危险。

他们失败了。在委员会看来，"导致恒生指数合约崩溃的根本原因，在于香港期货交易所不恰当的风险管理安排"以及三方结构暴露出的"致命缺陷"。

在香港，因为三者相互关联的方式，监控和责任归属缺失。若干年后，英格兰银行将这种三方安排的问题总结为三方之间的"信息和风险的不对称"[②]。

英格兰银行的观点是：

清算所应该对头寸监控负责，但在违约事件发生时并不暴露于损失中；而保障基金暴露于损失中却依赖清算所进行风险监控。这意味着如果信息没有有效共享，不仅保障基金就暴露（在风险中），交易商们（他们不暴露于保障基金的损失中）也没有动力来监控清算所的风险管理或者遵循谨慎的交易策略。

实际上，恒指期货自从推出以来，其保证金就没有随合约的增长而同步提高。

尽管黑·戴维森的报告描述了香港存在的一系列缺陷，他还希望香港继续保持其金融行业，并确实朝着"亚洲东南部地区主要资本市场"的目标发展。因此他的报告呼吁继续运营香港期货交易所和它的股票指数合约，但其委员会也同样确信，清算和担保体系需要重组以加强风险管理。"特别是清算所应该成为交易所的一部分，且担保业务应该由一个清算会员基金来支持"。

---

① 黑·戴维森·伊恩（Hay Davison Ian），香港证券业的运营和监管，（1988 年 5 月）：证券检查委员会的报告。

② 英格兰银行（1999），中央对手方清算所和金融稳定，金融稳定回顾，6 月。

香港事件对伦敦的国际商品清算所来说是个坏消息，没有让清算银行对它们的合资子公司（译者注：指国际商品清算所（香港））给予任何更多关爱。刚被借调到国际商品清算所的大卫·哈迪（David Hardy）不得不通知他的清算银行股东们：向担保公司的支持基金注资吧，因为国际商品清算所持有该公司的股权。

"我清楚地记得，周日下午我在家里的花园给我的银行董事们打了一圈电话，告诉他们除了写一张支票他们没有其他选择"，哈迪（Hardy）说，"这就是那六家银行①。这可能是有史以来第一次在清算所上道德投资的召唤。在这个阶段银行还没有设法退出，但是它们变得更加牢骚满腹"。

香港的问题表明：后台的问题（包括中央对手方清算的角色）不能再被高管们所忽视。香港期货交易所的结构、治理、风险管理安排以及它的基础设施都有不足之处。但是要以一个历史最悠久的英国金融机构引人注目的倒闭为代价，世界各地的监管机构才果断地回应场内交易衍生品工具和清算系统中存在的风险。

9.5　巴林银行的倒闭

1986 年，即金融危机发生前一年，美国占全球场内金融衍生品交易的大约 80%②。1987 年 10 月事件余波之后，针对市场崩溃暴露的缺陷的补救行动似乎仍然停留在国家层面。

但情况变化很快。金融市场不断向国际范围扩展。英国对伦敦证券交易所（LSE）的管制放松将伦敦金融城向美国大型投资银行开放。虽然金融城里的老字号公司输给了新来者，但金融城本身成为了欧洲的第一金融中心及最大的金融机构市场。20 世纪 80 年代的另一个进步是新的期货交易所的繁荣增长：在伦敦 、巴黎、中国香港、悉尼、蒙特利尔、多伦多、新加坡、大阪、苏黎世、东京、都柏林、法兰克福以及新西兰和巴西。这些交易所里同样是美国控股的投资银行成为了强大的参与者。

芝加哥商业交易所在金融期货国际化中起到了作用。1984 年它与新加坡国际金融交易所（SIMEX）达成一个相互抵消约定，一个交易所里执行的交易可以由另一交易所的交易冲销。芝加哥商业交易所申请交易以日本、英国和全球股票指数为基础的期货合约，还与东京证券交易所（Tokyo Stock Exchange）和伦敦证券协会（the Secutiries Association——英国的 "大爆炸式" 金融市场放松管制之后形成的自律监管机构的一部分）

---

① 国际商品清算所的所有者，正如 8.8 节所提到的。
② 同时在交易量和持仓量上：国际清算银行（1997 年 3 月）场内交易衍生品的清算安排，十国集团中央银行支付结算体系委员会。

达成了协议共享信息。

但对于监管者和银行家来说，股灾后的主要交易后问题是在证券市场，这些问题需要国际性地解决。当"G30"三十人集团（一个由世界各地的著名金融家和权威的前决策者组成的、声望卓著的智囊团）研究了"世界主要市场的清算和结算操作的现状"后，它在 1989 年 3 月报告中对衍生品只是勉强点头，承认他们"被认为无关紧要"[1]。

可是 4 年后，即 1993 年，G30 发布了一个全球衍生品研究小组的报告，它唯一的关注点在全球的场外交易衍生品[2]，为交易商、最终用户及监督者提出了 24 项良好管理实践的建议。

到 1995 年，重点发生了变化。截至那时，正如国际清算银行后来报告的，美国以外的交易所的金融衍生品合约的数量超过了美国本土交易所，而开放合约的账面金额只略少于美国的交易所[3]。

随即发生的是尼克·里森（Nick Leeson）的行为毁掉了巴林银行（Barings PLC），这是一家德高望重的英国商业银行、伦敦金融城的支柱金融机构。尼克·里森是该银行新加坡办事处的一个流氓交易员，他在新加坡国际金融交易所和大阪证券交易所进行金融衍生品交易并遭遇巨大损失。巴林银行事件将场内衍生品及其清算基础设施（风险）的国际间蔓延提上了政策制定者的日程。

巴林银行的命运在 1995 年 2 月 26 日晚上被注定，英格兰银行经过一个周末的救助努力，失败后采取行动把它置于破产管理之下。后来的一份英国官方调查显示，里森"未经授权的、具有灾难性后果的活动"最终导致了合计 9.27 亿英镑的损失，比银行总股本的 2 倍还多[4]。

银行监督委员会（Board of Banking Supervision）的报告叙述，该交易员的活动之所以神不知鬼不觉，是因为管理和其他一些最基本的内部控制的失败。这个对银行管理层诅咒般的控诉，也没有让市场和清算所摆脱干系。里森交易所在的那些交易所的附属清算所已发出了一些明显"警告信号"。这提出了一个问题：在该交易员积累的损失把银行搞破产之前，为什么他的问题没有及早变得更清晰。

里森以巴林银行账号进行的交易主要集中在新加坡国际金融交易所和大阪证券交易所交易的日经指数 225 股指期货和 10 年期日本政府债券期货合约上。老板认为他在进行套利交易，用被对冲的头寸来赚取合约在两个市场之间的价格差。但从 1992 年起，他做了规模越来越大的未对冲交易，并隐瞒了不断增加的损失。

---

① G30（1989 年 3 月），全球证券市场的清算和结算系统，前言。
② G30（1993 年 7 月），衍生品：实践和原理。
③ 国际清算银行（1997 年 3 月）。
④ 银行监管委员会（1995 年 7 月 18 日），银行监管委员会关于巴林银行倒闭情况的报告。

里森企图博回损失，但被 1995 年 1 月阪神大地震打乱。地震引发了日本股票价格的剧烈下跌及日本市场的极端动荡。在 1994 年末到 1995 年 2 月 27 日的这 57 天内，他的损失从 2.08 亿美元英镑急剧增加至 8.27 亿英镑。这一迅速恶化，使得对"预警信号"的忽视成为银行倒闭后首当其冲被调查的问题。

里森的行为引起了谣言和疑问，并在两个交易所的基础设施上留下了痕迹。例如，1995 年 1 月 27 日，新加坡国际金融交易所致信巴林期货（新加坡）公司，要它保证履行其保证金承诺，这封信被转到伦敦。当天巴塞尔的国际清算银行联系了巴林在伦敦的高管，告知其关于该银行在日经指数上遭到巨大损失、已不能满足其保证金要求的传言。1 月 27 日，财经新闻服务商彭博社的一名员工告诉巴林（日本），大家都在议论巴林在日本的巨量多头仓位。

巴林倒闭时，它对巴林期货（新加坡）私人有限公司承诺了 7.42 亿英镑用于支付保证金，其中的一大笔（4.68 亿英镑）存在新加坡国际金融交易所。到 2 月 23 日，里森的交易活动占了 1995 年 3 月日经指数期货合约总开放权益的 49%，以及 6 月合约的开放权益的 24%[①]；他在 1995 年 6 月的日本政府债券期货上的仓位占 88%。他的一些仓位是在公共领域（Public domain）。根据大阪适用的规则，他在该交易所的头寸被公示出来。如果巴林或国际金融交易所联系过大阪证交所，他们就会发现：他在新加坡的头寸没有在大阪对冲。

这些信号被忽视，部分原因是巴林银行管理的无知和僵化的反应，也因为新加坡和日本的交易所及当局互相之间不沟通。

巴林的倒闭引发了新加坡国际金融交易所和它中央对手方清算所的投资者信心急剧下降。华尔街的交易员们使用该交易所是因为它和芝加哥商业交易所之间的关联，他们意识到交易所对巴林银行的监控是个败笔。巴林银行倒闭后，当新加坡国际金融交易所提高日经股指期货合约的保证金时，一些美国清算会员提出反对，担心资金会被用于补偿巴林银行的损失。只有新加坡当局保证这情况不会发生之后，市场对新加坡国际金融交易所的清算所可靠性的疑虑才减轻。

巴林银行的倒闭暴露了其他问题。其中一个就是：遭遇破产时，中央对手方清算所会员的客户处于不同管辖区，其法律处理可能各不相同。在破产后急于搞清"什么东西归属于谁"的混乱中，结果发现日本法律没有规定要将巴林银行客户的账户与银行的自有资金隔离开来，这与美国法律不同。因此没有简单的办法能保护客户账户免受破产银行债权人的影响。账户资金的混合延迟了头寸平仓及保证金的转移。

---

① 古普诺·阿那多力（Kuprianov Anatoli, 1995），"衍生品崩溃：衍生品市场大额损失的案例"，经济季刊，81（4），秋。

9.6 监管机构的反应

监管机构和期货行业对巴林银行倒闭暴露的缺陷反应异常迅速。1995 年 5 月，负责监督世界主要期货和期权市场的 16 个国家的官员齐聚伦敦西边的温莎，进行了 2 天的会议，从巴林银行的倒闭、期货和期权交易所的跨国交易的高速增长中总结经验教训。会议由美国商品期货交易委员会和证券投资委员会（Securities and Investment Board——当时相关的英国监管机构）共同主持，讨论重点在于：市场与政府当局之间的合作；保护客户的仓位、资金和资产；违约的程序；以及紧急情况下监管机构之间的合作。

会议的结果是"温莎宣言"（Windsor Declaration），它制定了一个议程，目的是在处理巨大头寸（例如里森的活动所产生的那样）时提高国际衍生品市场的强度和安全性，以及加强客户资产保护。这一议程由国际证监会组织和一个全球金融完整性工作组（Global Task Force on Financial Integrity，由期货行业协会（FIA）在 1995 年 3 月组织起来的）贯彻实施。

期货行业协会工作小组也迅速行动。1995 年 6 月，它针对交易所和清算所、经纪人和中介机构及客户提出了 60 条建议。根据来自 17 个司法管辖区的 60 位专家的意见，工作组强调了交易所、清算所和监管机构之间增强跨境协调与沟通的重要性，它还指出了重视应急机制的必要性，在清算会员或其他中介发生违约时，"方便……在可行的条件下尽早将头寸转移或平仓，以及归还清算会员和客户的财产。"[1]

1996 年 3 月，来自 14 个司法管辖区的期货监管者、18 个国家的 49 个交易所和清算机构的代表在佛罗里达州的博卡拉顿会晤，第一次正式形成了此类跨国多边信息共享机制。监管者[2]签署了"国际期货交易所和清算机构合作与监督宣言"，由这 49 家交易所和清算机构所签订的谅解协议备忘录（MOU）所支持。这个宣言和谅解协议备忘录共同组成了监管机构之间的双边信息共享机制，如果某些"触发事件"造成对金融资源或交易所会员头寸的担心，该机制将发挥作用。

宣言和谅解协议备忘录吸引了更多的签约者。对于那些想要后续追加签署《博卡拉顿宣言》的监管当局，国际证券委员会组织负责进行协调工作，到 1998 年 3 月已有 25 个监管当局签署了该宣言。国际证券委员会组织还带领其技术委员会撰写一系列报告来

---

[1] 期货行业协会（FIA）金融完整性工作小组（1995 年 6 月）"对监管者、交易所和清算所的建议"，形成对期货和期权市场以及市场参与者的金融完成性建议的部分。

[2] 来自美国、英国、澳大利亚、奥地利、法国、德国、中国香港、爱尔兰、意大利、荷兰、魁北克、新加坡、南非和西班牙。

充实温莎议程的内容。

十国集团支付结算体系委员会（Committee on Payment Settlement System，CPSS）也参与了关于场内衍生品的清算系统的坚固性的"巴林后议程"，在 1997 年 3 月 "帕金森报告"（以帕特里克·帕金森（Patrick Parkinson）命名，他是美联储的一名官员，领导了支付结算体系委员会的场内衍生品研究小组）中，这个巴塞尔的中央银行家集团将注意力转回到了清算所的风险管理系统上[①]。他们指出潜在脆弱性有以下来源：

- 缺乏充足的金融资源，无法承担极端价格变动引起的会员违约及由此产生的损失和破产清算压力；
- 缺乏盘中风险控制机制；
- 资金结算安排中的缺陷。

为加强货币结算安排，帕金森报告推荐：由中央清算所做压力测试来处理极端价格变动的风险；更及时的交易撮合来计算保证金需求以降低盘中风险；与清算会员的更清晰的结算安排；以及运用实时金额结算支付系统（real time gross settlement systems of payments，当时还是支付设施中的创新）。

单独来看，这些规范金融衍生品市场及清算机构的倡议似乎并不过激；集合起来看，它们见证了期货行业的重要性在不到 20 年时间里的快速增长。监管者和行业的合作表明：双方都非常深刻地意识到，期货及期权交易所以及它们的清算基础设施既能正面地影响全球经济，也能对之施以负面影响。

[①] 国际清算银行（1997 年 3 月）。

第 10 章
欧洲大陆——追随交易所的中央对手方清算

10.1 欧洲交易所的繁荣——名称缩写大泛滥

多达 49 家交易所及清算机构在佛罗里达州波卡拉顿（Boca – Raton）签署了 1996 年 3 月巴林银行事件后的谅解备忘录。这显示出 1987 年股灾后全球的期货和期权行业成长的程度。

自由主义思潮、放松监管以及投资者寻求保护以防御市场动荡的需求，鼓舞了期货和期权交易所的发展。如图 10.1 所示，美国的场内金融衍生品交易占全球的市场份额由 1986 年的四分之三以上下降到了 1995 年的不足一半。伦敦国际金融期货交易所是这一趋势的早期例子。

年交易量的账面数额，单位：万亿美元

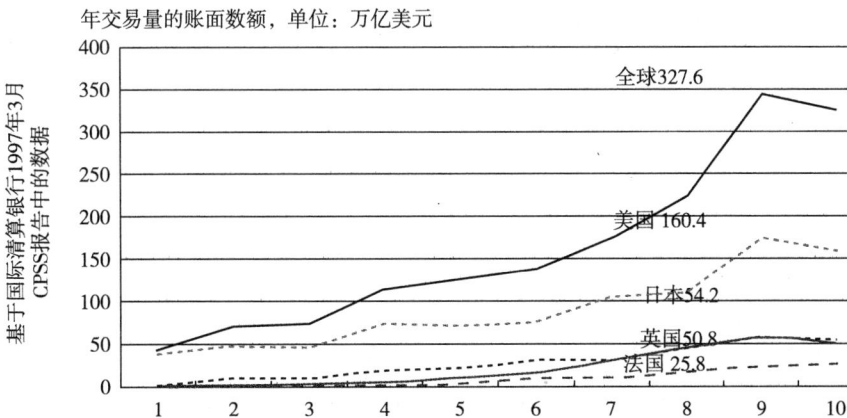

资料来源：国际清算银行（1997）。《场内交易衍生品的清算安排》，巴塞尔，瑞士。

图 10.1 场内交易的金融衍生生品

1982 年 9 月伦敦国际金融期货交易所开始运转，即英国取消交易所管制的三年后。

　　紧接着，名称首字母缩写的"菜汤"开始在欧洲大陆泛流（译者注：不断涌现的交易所及清算机构的名称都以字母缩写代表）。法国是第一批作出反应的国家之一，该国对金融市场和其基础设施现代化的政治认同超越了左派与右派之间的分歧。建立新期货交易所的计划由社会主义政府来策划，并由财政部长皮埃尔·贝格伯（Pierre Bérégovoy）推进，以改善迅速增长的公共债务状况。

　　1986年2月法国的金融工具期货交易所（MATIF①）开始交易期货；随后巴黎期权交易所（MONEP②）也在1987年9月建立。当时政府已经发生了变化，尽管总统弗朗索瓦·密特朗（Francois Mitterrand，属于社会党）仍然在任，但法国正经历着两年的政党共同执政，在此期间，由总理雅克·希拉克（Jacques Chirac）领导的中右派政府积极地推动了金融市场的发展。1987年，希拉克政府通过了一项金融市场法律改革，允许商品和金融期货的交易所合并。

　　1988年轮到了瑞士：它建立了瑞士期权与金融期货交易所（SOFFEX③）进行期货和期权交易，由国内主要的三大交易所（苏黎世、日内瓦、巴塞尔）持股40%，其余60%的股权由最大的五家银行持有，并由瑞士国家银行（Swiss National Bank）与波恩政府支持。

　　20世纪80年代末，德国开始行动，新的立法极大地放松了1896年交易所法（Borsengesetz）对期货交易的管制。1990年1月德国期货交易所（Deutsche Terminbörse，DTB）开始交易金融衍生品，经过第一年的温和之后交易量大幅增长。该家新交易所由17家银行持股，有一个充满活力雄心壮志的董事长洛夫·布鲁尔（Rolf E. Breuer），他是德意志银行的一位高管，在法兰克福以"金融中心先生"（Mr Finanzplatz④）著称，热情地支持德国金融服务业发展的政策。

　　这些交易所采用不同的交易方法，并且发展了不同的方法来清算其金融衍生品合约。法国的金融工具期货交易所仿照了伦敦国际金融期货交易所和芝加哥大型的衍生品交易所的例子，并选择了公开喊价机制。而瑞士期权与金融期货交易所和德国期货交易所则从一开始就选择了电子盘技术。

　　法国的金融工具期货交易所和巴黎期权交易所发展了它们自己的清算所，采用的是从国际商品清算所买来的，由这个伦敦的清算所的澳大利亚分部研发的技术。

　　法国的金融工具期货交易所的中央对手方清算叫做巴黎金融工具清算协会（the Chamber de Compensation des Instruments Financiers de Paris，CCIFP）。巴黎金融工具清算

---

① MATIF——"Marchéà Terme d'Instruments Financiers"，金融工具期货交易所。
② MONEP——"Marché des Options Négo-ciables de Paris"，巴黎期权交易所。
③ SOFFE——"Swiss Options and Financial Futures Exchange"，瑞士期权与金融期货交易所。
④ 英文："Mr Financial Center"。

协会是由悉尼期货交易所（Sydney Futures Exchange）的系统发展起来的，开始运营时仅有 10 名员工。

巴黎期权交易所的交易则由条件市场清算公司（Societé de Compensation des Marchés Conditionnels）进行清算，它和巴黎期权交易所一样是巴黎股票交易所（Bourse de Paris，SBF）的一个组成部分。

伦敦国际金融期货交易所（如前所述）使用了国际商品清算所的中央对手方风险管理服务。该清算所从 1982 年就由英国主要商业银行持股，和交易所没有任何交叉持股关联。另一方面，伦敦国际期货期权交易所管理着它自己研发的交易登记系统/清算处理系统（TRS/CPS），在起源和技术特征上均不同于法国的金融工具期货交易所和巴黎期权交易所使用的、来自国际商品清算所的澳大利亚系统。

相比之下，瑞士期权与金融期货交易所的策划者们委托咨询公司安达信会计师事务所（Arthur Andersen）开发一个交易与清算完全整合的系统。1985 年，建立交易所的银行家与交易所管理层委员会拒绝了瑞典 OM 集团（Sweden's OM）和伦敦的国际商品清算所提供的系统[①]。

1987 年，甚至在瑞士期权与金融期货交易所成立之前，德国期货交易所的创建者就开始与瑞士交易所讨论使用安达信会计师事务所技术的问题。在瑞士期权与金融期货交易所开始交易不久，德国期货交易所也获得许可使用该技术。

尽管瑞士和德国的这两家交易所分属欧洲共同体的边界两边不同的管辖区，也尽管二者都在安达信会计师事务所构建的系统中加入了各自的个性化特点，但它们都拥有一个共同的交易与清算整合的系统，它们所共享的这种技术是未来更紧密联系的基础。

与建立已久且服务许多市场的国际商品清算所不同，欧洲大陆的中央对手方清算所是随着交易所建立起来的，当它们试图发展业务时，这些交易所面临复杂多变的压力，这些压力不仅仅是经济方面的。

10.2 欧盟、欧洲货币联盟以及欧洲单一市场

柏林墙于 1989 年 11 月 9 日倒下。接下来的 25 个月见证了共产主义（译注：仅指欧洲的）作为一股政治势力的消除、苏联的解体以及德国的统一。

由于在 20 世纪 80 年代期间得到了越来越多的支持，市场资本主义、自由主义与放松管制的政策现在似乎占据了绝对优势。利益驱动变成了全球准则，这极大地推进了私

---

① 梅尔·理查德 T（Meier, Richard T）和斯格瑞·托比亚斯（Sigrist, Tobias）(2006)，Der helvetische Big Bang。

有化，并削弱了像共有化（Mutual Ownership）这样可敬的传统概念。一个发生在信息和通讯技术领域的并行变革使得国与国、洲与洲之间的交流变得更简单和便宜。相比1914年以来的任何时候，投资者都能够在更广阔范围内以更快速度使资本在全世界流动，以获取最优回报。全球化的新纪元开始了。

20世纪80年代末期的事件为美国投资银行向海外扩张的雄心提供了动力。紧跟1986年10月英国金融市场的大爆炸式放松管制，美国投行在伦敦进行了大规模投资，希望以伦敦金融城为基地在欧洲进行跨国交易。他们遭遇了一个破碎的交易后环境，费用比美国国内的要昂贵许多。结果，在20世纪90年代期间他们变得越来越坚定：要从金融基础设施提供商那里获得更低的成本。

政治上，为应对1989—1991年地缘政治变革，欧洲加紧推出进一步整合的宏伟计划。1991年12月，欧洲共同体的领导人在荷兰南部的一个小镇马斯特里赫特（Maastricht）进行了好几个月的艰难谈判，最后同意更广泛地修改欧洲共同体的基础《罗马条约》（Treaty of Rome），将欧洲共同体转变为欧洲联盟（European Union），并将以欧洲经济与货币联盟（Economic and Monetary Union，EMU）为核心。4年后，在马德里的一个峰会上，欧盟领导人给计划中的单一货币"欧元"进行了洗礼，将1999年1月1日确定为那些决定加入欧盟的成员不可撤销地锁定本国货币，并开始采用单一货币政策的日子。1999年，15个欧盟成员国中的11个成为了欧元区的创始成员国。3年后，当12个欧盟成员国使用欧元纸币和硬币时，欧元已成为一种完全成熟货币。

支持者把欧洲经济货币联盟视为整合过程（已经在欧盟中进行）的合乎逻辑的结果。

一些欧盟成员国保证，在汇率机制（Exchange Rate Mechanism）内将其货币维持在一个窄幅波动区间。然而，这个1979年推出的、旨在促进增长与就业的汇率机制存在弱点，它时不时会遭遇破坏性的投机攻击，有些攻击会迫使中心汇率在周末重新调整，而正是中心汇率决定了汇率机制的成员国货币与其他成员国货币之间的关系。1992年9月的投机巨浪迫使英镑和意大利里拉脱离了汇率机制。在1993年8月前的11个月里，这一危机及持续性的骚乱困扰了法国法郎和德国马克的关系，成了欧洲金融期货市场最主要的推动力。

当马斯特里赫特条约达成时，欧盟已经在开始一项计划，要将欧盟当时的12个成员国的经济变成一个单一市场。但这个单一市场计划的着重点在于商品交易。金融自由化则是打补丁式的，经常被欧盟部长委员会成员国内部的保护主义行为所阻碍。

事实上，确实有一段欧盟立法叫做投资服务指令（Investment Services Directive，ISD）。它于1993年通过并于1996年开始实施，本来是旨在欧盟范围内创立泛欧金融市场规则。但是，投资服务指令仅仅是谈判中出现的妥协结果，实际中成员国的政府似乎决心不惜一切代价保卫本国的金融部门和利益。

在投资服务指令下，监管下的市场可以向来自其他欧盟成员国的投资公司提供特定金融服务的远程接入设施。这一"单一通行证"极大有益于以电子盘为基础的交易商和交易所，如德国期货交易所。这一指令也将清算与交割系统的远程接入设施给予了经授权的投资公司。但是，由于交易后基础设施在欧盟层面还未受监管，成员国可以对跨国界的接入设施加以限制。

实际上，这一指令还存在很多漏洞，例如它并未覆盖商品衍生品，并且实施进程缓慢。支持投资服务指令的是互相认同原则（Principle of Mutual Recognition），这意味着投资公司本国或国内监管机构的授权可以让该公司将其服务交易或输出到整个欧盟。但相互认同原则经常被几乎不加掩饰的贸易保护主义所破坏，即允许外国或东道国施加它自己本土的商业行为规则。

金融市场及其基础设施提供者接收到了矛盾的信号。欧洲经济货币联盟从 1996 年开始加快步伐，并刺激着欧洲的交易所和中央对手方清算所的整合和并购。但是欧盟政策（制定者们）完全没有认识到，欧洲的金融基础设施应该走向欧洲大陆范围内的整合与并购，就像 20 世纪 70 年代中期以来美国证券市场经历的那样。

尽管欧盟的政策框架并非完美，欧盟金融基础设施的高层管理者在 20 世纪 90 年代面临着一个大的战略问题。行业特定的压力表明了整合和并购的必要性，1987 年股灾、巴林银行崩溃后快速增长的成交量，日益激烈的竞争以及安全与风险管理的压力，要求增加在信息技术上的投入。与此同时，美国投资银行使得欧盟金融基础设施提供者的成本削减压力在不断增加。在使用者降低成本的要求和资本投入不断增长的双重压力下，欧洲的交易所与中央对手方清算所的运营者们都在寻求规模经济效应。

预算并非是无限的，尽管成交量强劲增长。那么他们应该将技术上的支出集中到交易上还是后台业务上？一旦作出选择，如何做最好的投资？计算机化是关键的，但是除非熟练管理，否则 IT 项目很容易脱轨，并且代价沉重。

全球化和欧盟整合的压力是不可否认的。那么交易所和基础设施的管理者们应该在游戏规则清晰的国内寻求解决方式？或者他们应该预先考虑单一市场和单一货币，即使这些工作正在进行而且其中许多重要问题诸如税收、国家法律等仍处在国家政府的牢固控制下？

并且所有这些因素对于公司结构意味着什么？整合带来了效率最大化吗？如果是这样，答案是否在于建立垂直筒仓结构、将从下单到交易到完成的各交易环节连接起来？或是先从欧盟的管辖区开始根据功能横向整合交易各个阶段的活动，之后再超越？

最后，这些金融和地缘政治的压力对于公司治理意味着什么？1987 年股灾后出现了竞争更激烈的情况，这与 20 世纪 80 年代末以前很多欧洲交易所和金融基础设施运营商的"食草类"温和竞争环境形成反差。摆脱相互持股制度而实现股份制,是公司获得增加投资所需资金的方法之一,但是如果走这条路,他们如何同时让股东和用户满意,更不用说政治家和监管者在 20 世纪末对资本市场运行日益感兴趣?

交易所和金融基础设施提供者们的第一个最简单的选择,就是通过国内并购以求规模经济效应,这是德国和法国的模式。但是随着 20 世纪 90 年代到来,公司间有一个日益增长的意愿,就是探索跨境改进服务质量和降低成本的可能性。公司之间的跨国交流联系变得频繁,甚至有时很疯狂,尽管一个外行人士在评估 20 世纪 90 年代欧洲交易后行业的事件时都可以轻易推断:跨国交流的最终结果是白费力气且收效甚微。

但是 20 世纪 90 年代发生了两个重大的公司间重组,影响了欧洲大陆的中央对手方清算。德国和瑞士的两家金融衍生品交易所于 1998 年合并,成为欧洲期货交易所——一个跨国的、基于电子盘交易运营的、拥有纵向结构的中央对手方清算的交易所。欧洲期货交易所有几年甚至成为世界上最大的衍生品交易所。

在法国,交易所被集中放在一个单一的控股公司下——后来剧情转折带有了水平整合的意味。现货和衍生品市场的清算服务被一起放在中央清算银行(Banque Centrale de Compensation,BBC)之下,这家中央对手方清算所被重塑为清算所并被赋予更广泛的欧洲角色的使命。

导致这些截然不同结果的策略,发生在欧洲不同交易所集团之间日益疯狂地争夺角色之时,当时也正值"1999 年 1 月 1 日推出欧元"这一事件的概率从可能到非常可能,再演变为不可避免。

本章剩余部分将探讨清算所和欧洲期货交易所是如何在五个欧洲公司之间的互动中脱颖而出的:法国的金融工具期货交易所(MATIF)、法国证券交易所巴黎(SBF Paris Bourse)、瑞士期权与金融期货交易所、德国期货交易所及其在德国的母集团德意志交易所、芝加哥商业交易所在其中扮演了重要的支持角色。三个重要人物的行动和态度极大影响了发展进程,他们分别是法国的金融工具期货交易所、巴黎证券交易所和德意志交易所的首席执行官。

10.3 三个交易所的领导者

有些人因他们所领导的公司可以很快名声大作,有些则在幕后辛勤工作很长时间直到他们的特殊贡献被认可。法国金融工具期货交易所的主席杰拉德·颇瓦德尔(Gerard Pfauwadel)是前者之一。

1985 年,作为法国财政部的高级官员,颇瓦德尔是负责立法建立法国的金融工具期货交易所的人员之一。三年之后,他轻松地由财政部金融市场的领导人变成法国的期货交易所的主席和首席执行官，并决心将它打造成欧洲最重要的衍生品市场。

作为一名 Énarque（国立行政学院 École Nationale d'Administration 的毕业生），颇瓦德尔自然而然地进入了法国金融和货币政策制定的精英圈子。由于他的妻子是美国人，这个开朗的经理人在大西洋两岸都同样轻松自如。

"极其聪明和博学"是里奥·梅拉梅德（译者注：后来芝加哥商业交易所的总裁）对他这位法国朋友的描述[1]。颇瓦德尔为金融工具期货交易所制定了一个国内外扩张的计划。

1998 年，金融工具期货交易所利用 1987 年期货市场立法，收购了巴黎、里尔、勒阿弗尔的商品交易所，并在过程中将全名改为法国国际期货交易所。它发展了自己的第一个国外会员，在其法国国债期货"Nationnel"（这是它成功的原始开端）的基础上扩展了产品。在接下来的一年，颇瓦德尔宣布交易所（当时已有自己的公开喊价体制）计划加入全球电子交易系统，这是由芝加哥商业交易所与路透和纽约商业交易所开发的闭市后时段电子交易平台。1993 年 1 月，法国国际期货交易所和德国期货交易所开始在市场营销、运营和战略方面进行合作，从而连接了法国和德国的期货市场，为欧洲经济货币联盟作准备。

颇瓦德尔也没有忽略交易后的问题。在法国国际期货交易所 1990 年兼并商品期货清算所后，他成为法国中央清算银行（Banque Centrale de Compensation，BCC）的董事长。两年之后，法国国际期货交易所用基于数字设备技术的一个内部系统取代了原来从国际商品清算所的澳大利亚技术发展来的清算系统。

交易量飞涨。1989 年法国国际期货交易所的交易额增加了一倍。1991 年 1 月，交易所成立后 5 年零 4 个月，它交易了自己的第 1 亿份合约。

很有可能就在这时法国国际期货交易所的运气达到了顶峰，这并不是说交易失去了动力：它继续成长、扩张它的交易场地、增加新合约，并伸手向其他交易所。一时间，法国国际期货交易所可以自称为世界第四大金融衍生品交易所。

该交易所立志发展以非法国金融工具为基础资产的期货业务，但是伦敦国际金融期货交易所使它的这一意图破灭了。并且（先是在法国后来到德国）新的领导者们接手了其他交易所，他们开始限制颇瓦德尔的运作空间。

如后来描述的，法国国际期货交易所在 1997 年末失去了独立性，成为巴黎证券交易所巴黎（SBF Paris Bourse）的一个分支机构，巴黎证券交易所还运营巴黎股票交易所和巴黎期权交易所。兼并完成的 4 个月后，颇瓦德尔辞去了法国国际期货交易所的首席执行官和董事长职务，由让·弗朗西斯·西奥多（Jean - Francois Theodore）继任。西

---

[1] 里奥·梅拉梅德和塔马金·鲍勃（1996），《逃向期货》。

奥多除了自己的法国国际期货交易所的职务之外，还是巴黎证券交易所巴黎首席执行官兼董事长。

西奥多于 1990 年被任命为法国证券交易所（Societe des Bourse Francaises，SBF）的董事长兼首席执行官。对颇瓦德尔和西奥多的履历粗粗一瞥，他们几乎像职场双胞胎：都是毕业于国立行政学院的 Énarque，并且都是从法国财政部——20 世纪 80 年代末资助法国金融市场现代化的政府部门——转任到各自相应的交易所。

但是两个人性格迥异。西奥多（Theodore）更多的是一个幕后辛勤工作者，以工作时间长著称。他很安静，说英语带明显的法国口音，看起来几乎羞怯腼腆，地中海的肤色，穿着带褶皱的西服，看起来更像是哥伦布（Columbo）（一部长篇犯罪题材连续剧中的着装有争议的意大利—美国侦探）而不是个"大人物"。但一旦在法国证券交易所稳住脚之后，西奥多证明了自己是一个有能力的战术家、一个有远见的战略家和一个才华横溢的金融工程师。

许多人很容易低估西奥多，但却因此付出了代价。他擅长拖延和算计好的模糊，但是必要时却会迅速大胆地行动并达到自己的目的。他带领自己的团队完成了一系列兼并、收购和资产剥离（开始在法国，后来在法国之外），其业绩以 2007 年建立纽约泛欧交易所集团（NYSE Euronext）为顶峰，这是第一个跨大西洋两岸的交易所集团。西奥多的金融运作在 2001 年股份化后给股东带来了丰厚回报。由于他的成就，西奥多成了欧洲交易所的领导者们中一个伟大的幸存者，2009 年 63 岁作为纽交所—泛欧交易所集团的副首席执行官退休。

西奥多接手的业务与颇瓦德尔刚开始时相比，处于一个不同的状态。对于颇瓦德尔来说，交易后的结构和信息技术仅仅是那些需要注意的问题中的两个。部分是因为所处境遇不同，部分是因为倾向有异，交易后结构和技术问题在西奥多的优先列表中更靠前，他认为交易所的运营方面需要进行整修。技术故障——尤其是在交易和已登记证券的结算中——有时会导致交易的中断和阻塞。这些问题在 1987 年的动荡状况中曾一度升级。

"这些都是很大的问题，尤其是在 1987 年之后的法国"。西奥多后来回忆道①，"有些证券丢失了，有的账户难以找到，它们并非是物理意义上的丢失，因为法国是无纸化环境，但是结算太迟了。尤其是 1987 年的股灾之后，经纪商们的后台办公室混乱得恐怖，故障不断累积，我们要做很多工作来修正混乱。"

对西奥多而言幸运的是，金融基础设施的改善正在进行。法国证券交易所和法国中

---

① 2006 年 7 月 25 日告知本书作者，最初引用在彼得·诺曼 2007 年的《证券结算与欧洲的金融市场》。

央证券存托机构（Sicovam）正共同努力研发一个证券清算交割系统"Relit"①，能把巴黎股票市场的股票和债券的订单确认、匹配和结算合并起来。不同寻常地，这一交割支付系统包括了一个中央对手方清算所，这是为了处理法国复杂的证券结算业务：当时这些业务包括一周后、两周后甚至一个月后的结算，这取决于交易的证券类型。证券清算交割系统（Relit）的中央对手方清算机构被称做交易所中间公司（Inter Sociétés de Bourse，ISB），它被用来在更长期的结算中防御对手方风险。作为欧洲大陆第一个证券的中央对手方清算机构，交易所中间公司是适时的创新。它与巴黎基于电子盘的股票交易所的交易平台很好地匹配。

证券清算交割系统于 1990 年 10 月成功推出。在美国的证券中央对手方清算机构国家证券清算公司发展起来的技术上，交易所中间公司开始分阶段运营。1990 年 11 月它只处理了一小部分的市场证券业务，一年后却处理了大部分。

得益于交易所中间公司，法国巴黎的股票交易所通过它的证券中央对手方清算在欧洲处于技术领先地位。在 20 世纪 90 年代末这对西奥多大有帮助，在他在任期间，这为法国证券和衍生品市场通过技术引导型兼并来进行整合铺平了道路。

德国在 20 世纪 90 年代早期开始了一个交易所和交易后基础设施的国内整合计划，这些事件也影响了西奥多对法国金融市场的最终重塑。

当颇瓦德尔和德国期货交易所的首席执行官约格·弗兰克（Jorg Franke）签订他们 1993 年 1 月的合作协议时，德国期货交易所正处于一个过渡时期。在洛夫·布鲁尔（Rolf E. Breuer）的领导下，德国的银行在 1992 年达成一致：用他们在德国期货交易所和德国清算机构（DKV）的股份、结合他们在国家最大的法兰克福证券交易所的股份，来组成一个单一的公司实体。结果产生了德意志交易所公司集团（Deutsche Borse AG），这是一家被紧密控股的、非上市的联合股份公司。主要持股的是大银行，但德国一些小型的、独立的地方性股票市场也持有 10% 的小股权。兼并于 1993 年 1 月生效。

1993 年 3 月布鲁尔（Breuer）的下一步行动是，策划在新成立的德意志交易所的高层变动。这一变动引入了当时 44 岁的、瑞士再保险集团的董事会董事韦纳·塞弗特（Werner Seifert），自 7 月末他就担任这个总部位于法兰克福的交易所集团的首席执行官。

塞弗特是 20 世纪 90 年代改变欧洲大陆中央对手方清算的第三个重要人物。他毕业于麦肯锡的管理咨询学院（McKensey School of Management Consultants），思维快捷、逻辑严谨并有力度。塞弗特在大学里学习了博弈论，是爵士乐的狂热爱好者，还能熟练演奏电风琴。他把爵士乐演奏特征中的即兴发挥和团队合作结合运用到了工作中。他认为

---

① 证券清算交割，法文为"Reglement Livraison de Titres"。

自己是一个横向的、同时也是战略的思考者，并且更倾向于和热情、年轻且忠诚的经理人团队进行头脑风暴，团队里很多人都是麦肯锡的校友。

然而，塞弗特的性格中有不利的一面。他缺乏老练的技巧和耐心，并且对于英国和法国的高管们的文化和历史敏感度几乎没有意识，他也不善于应对媒体。

当接受德意志交易所的工作时，塞弗特对交易所的业务一无所知[①]。但是他学得非常快。他从一个"行业的视角"理性地看待交易所，并着手提高他们的业务运营效率。塞弗特投入了现有最好的技术，理由是：交易所是一个成本固定的行业，一旦对可升级系统做了初始投资，每增加一个客户都会促进收益[②]。

塞弗特的另一个具有重大意义的见解就是，交易所的运营者可以从交易所的交易、清算、交割和保管（在现货市场情况下）的纵向整合中收益。他并不推崇由用户运营的公司，而是宣称当"营利性的"运营者采用纵向整合时，客户也会收益。

10.4 法国的公司运作

德国期货交易所和法国国际期货交易所同意在 1993 年底之前实施他们的合作协议。但超过截止日期后协议还未施行，讨论仍在继续。

这样的截止日期被超过是家常便饭，因此这个消息看起来也没什么不祥的预示。法国国际期货交易所在寻找其他的机会。在耽搁了许久之后，法国国际期货交易所版本的变相全球电子交易系统平台（GLOBEX——译注：芝加哥商业交易所与路透的合资公司所开发的电子交易平台）于 1993 年开始运行。据该交易所副董事弗朗西斯·盖·哈莫尼（Francois – Guy Hamonic）所说，巴黎期权交易所也曾与法国国际期货交易所商量过，探讨它是否可用这个交易系统取代它的条件市场清算公司（Société de Compensation des Marchés Conditionnels，巴黎期权交易所的中央对手方清算机构）正在使用的系统[③]。

讨论在 1994—1995 年仍然继续。尽管没有结果，但是它们促使法国国际期货交易所审视自己的中央对手方清算引擎并发现有改进的空间。1994—1995 年该交易所和德国期货交易所进行了更进一步讨论，看法国国际期货交易所是否可以使用德国期货交易所的交易系统。哈莫尼记得，法国国际期货交易所派了约 10 个人到法兰克福，去设法将德国期货交易所的整合交易和中央对手方清算系统分离开来。1996 年 4 月这一工作被叫停，法国国际期货交易所和德国期货交易所取消了进一步的合作。

---

① 在塞弗特·韦纳（Seifert Werner）和沃斯·汉斯 – 骄琴（Voth, Hans – joachim）2006 年的《蝗虫的入侵》（德语）一书中。
② 与作者的谈话，2005 年 10 月 12 日，诺曼 2007 年作过更详细的报告。
③ 与作者的谈话，2008 年 12 月 9 日。

这对颇瓦德尔（Pfauwadel）是一个沉重的打击。德国期货交易所在同年晚些时候找到了一个新的合作伙伴——瑞士期权及金融期货交易所。法国期货交易所被抛弃，这使颇瓦德尔处在一个弱势地位，无法抵御法国证券交易所的逼近。

西奥多（Theodore）于 1996 年开始行动。他建议法国国际期货交易所、巴黎期权交易所和法国证券交易所合并成为一个公司，即法国证券交易所巴黎交易公司（SBF Paris Bourse SA）。颇瓦德尔（Pfauwadel）请求继续保留两个法国的交易所和法国国际期货交易所的企业独立性，但是西奥多的影响力是相当大的。

法国证券交易所持有法国国际期货交易所的部分股权。另外，后者从未打破的增长纪录在 1995 年开了倒车：当年交易的合约数几乎下降了四分之一，即从 1994 年的 9 300 万份下降到 7 100 万份。法国国际期货交易所严重依赖于法国利率合约，因此欧元启用使它容易受到打击。

与此同时，西奥多已经统一了法国的证券结算，作为该国的"金融基础设施合并"这一长期计划的一部分。法国证券交易所持有法国中央证券存托机构（Sicovam）的一小部分股权。1993 年，西奥多成为法国中央证券存托机构的董事长，他利用职位之便推动了一个"技术整合"，用法国中央证券存托机构对法兰西银行（Banque de France）的证券清算业务进行收购，而该中央银行将反过来持有扩大后的中央证券存管机构的 40% 的股权。作为交易的一部分，法国中央证券存托机构（Sicovam）带头发展其高速证券清算交割系统（RGV）技术①，这是一个面向大额交易的高速证券结算交割系统，与中央银行的实时支付结算系统相连。高速证券清算交割系统（RGV）于 1998 年 2 月开始运营。

法国中央证券存托机构的变化使得西奥多和法兰西银行的董事让·克罗德·特里谢（Jean－Claude Trichet）的利益一致化。西奥多说服了特里谢：创造一个单一的清算系统提供商对于法国金融部门利益颇具价值。

于是法国证券交易所成为法国金融市场的全国领袖，时值法国国际期货交易所与德国期货交易所谈判失败而无法采用一个更新的系统。法国国际期货交易所开始关注一个新的报价系统（Nouveau Systeme de Cotation，NSC），这是法国证券交易所为巴黎交易所开发的、于 1995 年投入使用的一个电子交易系统。

法国国际期货交易所使用新报价系统的任何计划，都涉及必须解除它与芝加哥商业交易所之间就使用芝加哥商业交易所全球电子交易系统所达成的协议。哈莫尼（Hamonic）前往芝加哥去协商此事，在那他发现芝加哥商业交易所正在开发一个新的清算系统，即清算 21（Clearing 21），芝加哥商业交易所也想更新它的交易系统。

———

① 法文："Relit Grande Vitesse"。

"我们有了一个在 12 月份进行技术互换的想法"，哈莫尼解释道，"并且谈判进展很快"。1997 年 1 月 24 日，法国国际期货交易所宣布它将为闭市后交易采用法国证券交易所的新报价系统，取代之前的全球电子交易系统，并且它将和法国证券交易所巴黎交易所合作开发基于证券市场指数的合约。同时宣布，法国国际期货交易所和芝加哥商业交易所正与法国证券交易所巴黎交易所携手研究"在电子交易系统方面未来合作的可能性"[①]。

1997 年 2 月，法国和美国交易所之间的一封意向书跟进了这些研究。1997 年 6 月，法国证券交易所巴黎交易所、法国国际期货交易所、巴黎期权交易所与芝加哥商业交易所之间就技术互换达成协议。这三个法国市场采用了芝加哥商业交易所的中央对手方清算系统"清算 21（Clearing 21）"，从而使得清算原则和谐一致起来，并为市场参与者提供了对三个市场的共同接入设施和清算服务。作为回报，芝加哥商业交易所被允许使用新报价系统。这些交易所准备在 1998 年下半年推出它们的新系统。

实践将证明"清算 21（Clearing 21）"并非巴黎证券清算的理想系统，它将涉及很多的适配。但是技术互换在西奥多的法国交易所及基础设施的合并战略中扮演了重要角色。

10.5　欧洲期货交易所和清算所

此时，德国期货交易所的前景已经明晰。到 1996 年年底，一个新的交易所集团——欧洲期货交易所公司（Eurex Exchange AG）在苏黎世问世，由德意志交易所和瑞士交易所（SWX）共同持股。这个瑞士交易所集团公司的结构使德国期货交易所和瑞士期权与期货交易所能够共同组成第一个跨国衍生品交易所。

德国期货交易所与瑞士期权与期货交易所有很多共同点：它们都是以电子盘为基础的交易所；共享一个交易和清算整合的相同理念；它们各自的电脑技术同出一源。它们保持着断断续续的联系，讨论连接的可能性。在建立了欧洲期货交易所之后，这两个合作伙伴决定把交易所的交易和清算基础系统建立在德国期货交易所的设备和技术上。1998 年 9 月 28 日这个新的交易所（作为一个市场）在两个管辖区内开始交易，取代了德国期货交易所和瑞士期权和金融期货交易所。

这个以电子盘为基础的交易所的效率很快显现出来。在成立的第一年，欧洲期货交

---

① 法国证券交易所巴黎交易所法国国际期货交易所（1997 年 1 月 24 日），"法国国际期货交易所为闭市后交易选择了新报价系统，合资的法国证券交易所巴黎交易所——法国国际期货交易所（SBF Paris Bourse，MATIF）分支机构，以管理股指期货"，新闻发布。

易所公司成了世界第二大的衍生品交易所，拥有来自 14 个国家的 311 个会员。

这个新交易所的增长势头归功于德国期货交易所。1997 年欧洲期货交易所从伦敦国际金融期货交易所那里赢得了债券期货业务；1999 年它成为世界上最大的衍生品交易所。作为应对，伦敦国际金融期货交易所不得不实现现代化，并在那一年废除了公开叫价系统，代之以电子交易。

一时间，似乎欧洲期货交易所的建立以及在法国交易所和基础设施的合并行动，成为欧洲范围内向更广泛的交易所和基础设施联合所迈出的第一步。当时钟指向 1999 年 1 月 1 日，欧元的启动把整个欧盟内所有公司的议程大幅推进。

1997 年 6 月，德意志交易所（Deutsche Börse）公布了它与法国股票交易所讨论的电子连接，为即将到来的欧洲经济货币联盟进行准备。7 月，法德之间签订了欧盟证券指数合作的协议。1997 年 9 月 17 日，一个由德意志交易所和瑞士交易所（SWX - Swiss）组成的、代表欧洲期货交易所的团队，携手法国证券交易所巴黎交易所（SBF Paris Bourse）、法国国际期货交易所、巴黎期权交易所一起宣布了一个计划，发展一个固定收益衍生品的共同市场，作为"同时融合了现货市场的、完全成熟的联盟"的一个序幕[1]。

这个所谓的"欧洲—联盟"听起来很鼓舞人心，合作伙伴们宣称"他们的理解是，这一联盟最终应该包括所有的产品和服务：证券和固定收益产品、现货和衍生品、交易和清算"，它意味将"促使交易和清算连接起来，通过计划好的统一前台技术、会员交叉、交互接入设施、规则和监管的协同，以及共同的清算安排"。

最终，这一"欧洲—联盟"计划溃散了。尽管合作伙伴们继续调和计划、达成谅解备忘录、发布新闻告知进程，这一"虚拟的共同市场"从未实现，这场演出的主角之间的差别太大了。更具直接重要性的是在法国国家层面上的发展。

在"欧洲—联盟"宣布的同一天，法国证券交易所巴黎交易所对法国国际期货交易所提出了收购要约。它已持有法国国际期货交易所 26% 的股权及 33% 的投票权，在圣诞节前不久，法国证券交易所巴黎交易所完成了对法国国际期货交易所 100% 的收购。

从 1998 年 1 月 1 日开始，法国证券交易所集团（SBF Group）就已包括以下机构：

——法国证券交易所
——法国国际期货交易所

---

① 德意志交易所、法国国际期货交易所、巴黎期权交易所、法国证券交易所巴黎交易所和瑞士交易所（1997 年 9 月 17 日），"法兰克福、巴黎和苏黎世扩张了它们的同盟"，联合新闻发布。

——巴黎期权交易所

——新市场公司（Societe du Nouveau Marche）——一个针对刚刚起步的小企业的交易所

——它们的各个中央对手方清算所。

四个月后颇瓦德尔（Pfauwadel）辞去法国国际期货交易所的董事长和首席执行官职务。

西奥多可以自由专注于子系统之间协同作用的扩大。他首先在清算上采取了行动，这也许令人吃惊。对法国国际期货交易所的收购将中央清算银行（Banque Centrale de Compensation，BCC）带入了法国证券交易所集团，这是一个有着三十年经验，并且具有银行地位的中央对手方清算机构。

尽管保留了中央清算银行这一正式名称，该机构是作为清算所开始其清算业务的。这样一来，1998 年 11 月 6 日，它开始为法国政府证券的初始交易商提供现货与期货产品的清算服务，以及为这些证券从 1 天到 18 个月的再回购业务提供中央对手方清算服务。在它的卖点中，清算所自豪地说它可以清算场内和场外交易的证券，并且它已经连接到法国存托机构 2 月引入的实时高速清算交割系统上。

1999 年 6 月 1 日，这些众多的法国清算所被合并到了法国证券交易所清算所公司旗下，成为法国证券交易所集团下的、所有被监管市场的更广范围合并的一部分。法国证券交易所集团更名为法国巴黎交易所公司（ParisBourse^{SBF} SA）。

清算所拥有 8 亿法郎资本，它成为了欧盟规范市场的投资服务协议指定的、处于被监管市场上的、被法律承认的交易清算设施，它的清算范围为：证券与债券、利率产品、商品期货期权、证券和指数期货期权；场外交易的债券和回购协议。清算所提供的服务包括跨资产类进行保证金净额计算，从而降低投资者的成本并提高效率。据巴黎交易所所说，清算所的目标是"变成泛欧清算体系的核心，其地位等同于美国的国家证券清算公司/政府证券清算公司（NSCC/GSCC——译注：两公司均为集中存托清算公司的子公司）"[1]。

该声明宣布，清算所作为巴黎交易所集团（Paris Bourse SBF SA）的一个特殊分支机构，仍然以法郎作为资本，尽管在年初欧元已经作为模拟统一货币开始使用。但是正如提到的"泛欧清算机构的核心"所揭示的，西奥多打造了一个法国市场的中央对手方清算服务的统一提供者，这只是他跨国境的远大志向的开始。

20 世纪 90 年代期间，西奥多首先将所有法国交易所和他们的中央对手方清算机构

---

[1] 法国证券交易所（1999 年 6 月 1 日）"法国证券交易所集团重组，更有效地迎接国际竞争"，新闻发布。

拉到同一屋檐下，之后他开始着手对它们进行水平式整合。6 月 1 日声明中提到了美国清算所，表明他有意向选择水平结构方案，以促进欧洲单一货币时代的证券和衍生品跨境交易。

与此形成对比，欧洲期货交易所将在美国寻求拓展它基于屏幕的电子盘交易和清算平台。美国是金融期货的起源地，但那里的交易大多数仍在交易池中（以公开喊价方式）进行①。

---

① 见第 13 章。

第 11 章
用户和清算所

11.1　美国和英国的用户治理型中央对手方清算所

在欧洲大陆，欧元的到来和交易所领导者们的战略志向，是促使清算所和欧洲期货交易所出现的"自上而下"因素。

然而在美国和英国，中央对手方清算所的使用者们构成了"自下而上"的支持力量，在20世纪的最后十年帮助推进了清算发展。

与欧洲大陆的新中央对手方清算所以及大多数美国衍生品市场的中央对手方清算所相比，为英国的衍生品市场以及美国的证券和期权市场服务的三家清算所之间尽管在治理和所有权结构方面有所不同，但它们有更多的共同点。会员所有的芝加哥期货交易所清算公司是一个例外，它的发展历史在第13章节有详细描述。

英国的国际商品清算所像伦敦清算所一样暂时放弃了它的国际目标，并于1996年被重组为一个主要由用户所有的公司，此后这些共同点变得更明显。

20世纪90年代后期之前，用户影响了英国的伦敦清算所和美国的国家证券清算机构及期权清算公司的公司治理。这三个中央对手方清算所都是水平式结构，为不止一家交易平台进行清算，并且三者运作的商业模式并不是完全以营利为目标的。尽管后来伦敦清算所对于利润的政策变了，可是国家证券清算机构和期权清算公司在"以成本"提供他们的清算服务的同时，努力满足了快速变化的市场和技术进步的资金需求。

监管机构在区分这三家清算者时扮演了重要角色。20世纪90年代英国的监管者有着反对垂直筒仓结构的想法，然而监管国家证券清算机构和期权清算公司的机构，即美国证券交易委员会将"在洲际范围内为多个市场保证高效强健的基础设施"视为己任。

三个清算所中没有一个是完全由用户治理的。实际上，期权清算公司由美国的期权交易所所有。但是，用户在中央对手方清算所的治理中扮演的角色，意味着它们的业务模式无论好坏都更多地受20世纪互惠和实用主义思想的影响，而非像其他清算所那样，由于 20 世纪 90 年代和 21 世纪初清算所的交易所股东更多地实现股份化，被推上了以营利为目的的道路。

尽管国家证券清算公司参与了一个在 1999 年来说是行业变革事件的兼并，也尽管 4 年后伦敦清算所与法国的清算所（Clearnet of France——译者注：即书中常提到的 Clearnet）合并，伦敦清算所、国家证券清算公司和期权清算公司在 21 世纪早期处在了进化过程的一个分支位置，与这一历史时期内的其他中央对手方清算所分道扬镳。

因此，在开始第四部分之前，本书将转向伦敦清算所、国家证券清算公司以及期权清算公司在 21 世纪初前后的这段历史。

11.2　英国：从国际商品清算所到伦敦清算所

1988 年 2 月是伦敦农产品清算所——国际商品清算所的前身——成立一百周年纪念。在一本特别册子中，国际商品清算所将自己描述为一个在国内外多样化发展的公司，以及期货和期权市场自动化的先驱。

在此前的一年，国际商品清算所已经重组为几个部门，伦敦金融城的市场清算工作交给了一个单独部门，即后来大家所知的伦敦清算所。集团公司的咨询业务、技术和国外清算业务是分开管理的，集团的董事经理伊恩·麦高（Ian McGaw）在百周年纪念册上清楚地表明：国外的业务就如那些伦敦的业务一样，构成国际商品清算所未来的一部分。

"我们相信，我们拥有特殊优势继续书写我们服务国际商品和金融市场的历史"，他写道，"我们所有在奥克兰、悉尼、墨尔本、香港、巴黎和伦敦的员工，都满怀信心和喜悦地期盼，想着与这些增长的市场上的许多朋友和客户紧密工作的前景。"[1]

他的信心放错了地方。不到五年，国际商品清算所已不复存在，而麦高已经离开。非清算国外业务被合并到了另一个独立实体中，即国际商品清算所金融市场公司（ICCH Financial Markets Ltd.，IFM）。1991 年，伦敦清算所成为一个独立公司，接手了在 1888 年分配给伦敦农产品清算所的五位数公司号码。1993 年 1 月，国际商品清算所金融市场公司关闭，剩余部分卖给了桑佳德数据系统公司（SunGard Data Systems Inc.）。

大卫·哈迪（David Hardy）领导伦敦清算所度过了困难时期，他曾是巴克莱商业银行的经理，1985 年 30 岁时被借调到国际商品清算所。在埃塞克斯的一个学校完成了学业后，他在巴克莱银行工作了 12 年。哈迪并没有清算的背景，"我排在那些不得不做

---

① 国际商品清算所（1988），国际商品清算所一百年。

的事情的第一位，需要轮岗。"他随后解释说①。"他们跟我说：瞧，这有个不太一样的事儿，借调你到我们那个国际商品清算所工作两年怎么样？它需要点整改，过去看看你能帮上什么忙。"

哈迪在巴克莱银行的商品主管那里恶补了两星期的冲刺课程，然后开始和麦高（MCGaw）一起工作，"我们开始审视这个组织的结构，以及我们能怎么做"。

1986 年 12 月，伦敦国际金融期货交易所的创始人之一约翰·巴克沙（John Bark-shire）在英格兰银行的鼓励下成为了国际商品清算所的主席。他和麦高、哈迪一起研究公司重组。1987 年国际商品清算所的伦敦清算业务从集团其他利益部门中分离出了来。集团公司的股东银行再次承诺了对国际商品清算所的所有权，并且将担保基金从 1 500 万英镑增加到 1 亿英镑，以支持它的清算业务。

哈迪身材高大，性格镇定，1987 年 10 月他做了一次"很好的冲击"，当时清算所的其他经理都在国外或不在办公室，他负责主持事务。之后巴克沙建议他留下并经营伦敦的业务。"我用了半秒钟（来做决定）"，他回忆说。1987 年 10 月，哈迪被任命为国际商品清算所的伦敦清算所分部的董事经理。

正是在伦敦清算所以外的部分发生了更多问题。国际商品清算所的国外风险已经疯狂增加，主要是在集团澳大利亚分部开发的清算系统售出之后。在 1987 年香港股市崩溃两年后，集团受到新西兰期货和期权交易所（NZFOE）的一个清算会员违约的冲击。

国际商品清算所通过它的新西兰奥克兰办公室来清算和担保新西兰期货与期权交易所的合约，奥克兰是该集团在悉尼的清算和担保业务下面的一个分支机构。1989 年 11 月 21 日，新西兰的经纪商约旦桑德曼期货公司（Jordan Sandman Futures）违约，对新西兰期货与期权交易所的清算所欠下 7 759 443 新西兰元的保证金，其问题涉及新西兰政府债券期货合约上的欺诈。

留在清算所手头的保证金不足以补偿损失。同时因为该交易所董事会的一个决定，新西兰清算所既不能采用标准程序，也不能在一个足以弥补赤字的价格上将损失转移回市场中②。因此清算所遭受了约 100 万英镑的损失。

在香港问题之后，国际商品清算所的海外业务部分（这时已被并入国际商品清算所金融市场公司中）遭遇的额外挫折，对于该集团的清算银行所有者们来说已经是"压断骆驼脊背的最后一根稻草"，尽管损失相对较小，但它引起了国外清算网络分支机构的关闭和 IT 部门的出售。

---

① 与作者的谈话，2008 年 7 月 9 日。
② 证券委员会（1990 年 11 月 1 日），证券委员会关于新西兰期货与期权交易所的 5 年期政府股票第二号期货合约交易的疑问的报告。

开支紧缩来得刚好及时。在 20 世纪 90 年代初，中央对手方清算着重服务于伦敦市场，这是符合它自身利益的具有吸引力的选择。伦敦证券交易所（LSE）1986 年的"大爆炸式"放松管制向金融城中的许多市场注入了新生命力，而伦敦清算所的位置使它能很好地利用这一形势。

20 世纪 80 年代期间，国际商品清算所的清算业务已经扩展超越了传统的软商品。1981 年开始为伦敦国际原油交易所提供清算；1982 年为伦敦国际金融期货交易所做清算；1987 年 7 月为已经有 110 年历史的伦敦金属交易所做清算（见表 11.1）。当它的第四大会员德崇证券公司（Drexel Burnham Lambert, Ltd.）在 1990 年违约时，伦敦清算所表现出色，开放头寸被平掉，约 1 800 万美元的保证金盈余归还给德崇的破产清算管理人，没对市场造成任何扰乱。

表 11. 1　　　　　　　　1990 年伦敦清算所清算的伦敦交易所期货和期权合约

- 伦敦国际金融期货交易所——英国金边国债、美国长期国库券、德国债券、日本债券、三个月英镑、欧洲美元、欧洲马克，欧洲货币单位利息率和英国股票指数合约。
- 国际原油交易所（IPE）——汽油、原油、重质燃料油。
- 伦敦金属交易所（LME）——铝、铜、铅、镍、锡、锌。
- 波罗的海期货交易所（BIFFEX）——牲畜、猪、豆粕、马铃薯和波罗的海船运指数。
- 伦敦期货期权交易所（London FOX）——咖啡豆、可可豆、粗糖、白糖、橡胶。

资料来源：国际商品清算所的伦敦清算所部门，1990。

继欧洲的柏林墙倒塌和 20 世纪 90 年代初极端货币动荡之后，地缘政治动荡为对冲保值、投机以及伦敦清算所的发展提供了丰富机会。

1992 年 9 月 14 日的那一周对意大利和英国来说是国耻之一，因为他们被迫退出欧洲汇率机制。但是对于伦敦清算所来说那是创纪录的一周。在英镑退出欧洲汇率机制之前的"黑色星期三"，伦敦国际金融期货交易所大约交易了 876 000 份合约。那天，即 9 月 16 日，伦敦清算所首次清算了超过一百万份合约。那周结束时伦敦清算所持有超过 17.5 亿美元的保证金[①]。

在截至 1993 年 10 月 31 日的下一会计年度，伦敦清算所清算的份额增加了三分之一，该年度里法国法郎经历了一个投机压力巨大的时期。尽管增长巨大，1992—1993 年间一个事件变得明朗：六个股东银行想放弃他们对清算所的所有权。

银行想退出是因为他们再无兴趣支撑伦敦清算所的财务安全保障网。1987 年银行承诺的 100 亿英镑的担保由保险来支持；1992 年为该政策提供保险的公司退出了市场，

---

① 数据来源于 1992 年 10 月的伦敦清算所杂志《门户开放》。

在 1993 年 1 月该保障到期时伦敦清算所无法安排另一家保险公司替代。因此，几家股东银行提供了总计 1 500 万英镑的保障供伦敦清算所使用，但作为回报，它们要收取一个哈迪（Hardy）认为是无法忍受的费用。

"这凸显了一个利益冲突"，哈迪对本书作者回忆说。"银行家们坐在伦敦清算所董事会的会议桌前，为他们自己批费用。他们坚持从这个业务中谋取更好的回报，我告诉他们：在这个我们作为垄断供应商的市场里，我也无法提供那些"。

哈迪担心被解雇，但伦敦清算所的新任主席汤姆·弗罗斯特（Tom Frost）站在了他这边①。同时，银行明确表示将不得不分道扬镳。伦敦国际金融期货交易所的首席执行官丹尼尔·霍德森（Daniel Hodson），联手国际原油交易所、伦敦金属交易所和伦敦商品交易所（LCE）的首脑们组成了一个委员会，目的是安排一个由伦敦国际金融期货交易所主导的对伦敦清算所的收购。哈迪（Hardy）反对这个方案，反过来说服伦敦国际金融期货交易所的创始首席执行官迈克尔·詹金斯（Michael Jenkins），主持一个代表交易所和伦敦清算所主要用户的小组，解决他们的未来发展之路。

1996 年夏天宣布的结果，是一个把伦敦清算所变成用户所有、用户治理的清算所的协议。公司计划筹集 5 000 万英镑的新股本，每家清算会员平摊共缴付 3 700 万英镑，四家交易所——国际原油交易所、伦敦商品交易所、伦敦国际金融期货交易所和伦敦金属交易所按照在伦敦清算所业务量的比例共缴付 1 250 万英镑。清算所在会员违约事件发生时将会有好几层保护。

会员需要缴付一个 150 万英镑的违约基金，以他们的日均清算活动为基础，按初始保证金量 75% 和交易量 25% 来加权计算。该项基金将替代银行提供的 150 万英镑备用违约资金。

在清算所的某一会员发生违约时，首先用于弥补损失的是违约会员存在清算所内的保证金，其次是该违约会员缴纳的违约基金份额，在那之后，1 000 万美元之内可以从伦敦清算所当年的税前、退税前盈利中提取。再之后其他会员的缴纳的违约基金才会被动用。伦敦清算所还安排了一个额外的三年期滚动的 1 亿美元保险，当违约基金用尽时可以使用。

自 1982 年以来，伦敦清算所已管理了三个发生在伦敦的违约事件，每一次清算所的保证金都覆盖了平仓损失。在最近的一次事件中，即 1995 年 2 月巴林银行倒闭案例，伦敦清算所仅使用了 1 100 万英镑保证金中的 6 000 英镑覆盖，将近 1 100 万英镑返还给了巴林银行破产管理人和提供担保的一家银行。

所有权的转移在 1996 年 10 月完成。詹金斯接替弗罗斯特成为董事长，领导代表该

---

① 弗罗斯特是国民西斯敏特银行的前任首席执行官，1993 年 12 月 1 日成为伦敦清算所的董事长。

行业的新董事会。银行收到 1 961 万英镑，该资金由之前的 1 500 万资本金和可分配公积金组成。

在重组前的 174 家清算会员公司中，有 148 家支持这次变更，重组之后伦敦清算所的清算会员的实际数量更少，变为 126 家，会员都必须持有一份股权，其初始市值为 297 619 英镑。大约一年以后会员数量跌落到 119 家，一些公司决定与他们的附属公司合并会籍，其他公司（主要是小公司）选择成为非清算会员。总数上看，那些赞同伦敦清算所重组后新结构的公司占了清算所业务量的 99% 以上。

在所有的交易所（股东）中，伦敦国际金融期货交易所作为第一大股东持有 17.7% 的资本，接着是伦敦金属交易所持有 5.45% 的资本，以及国际原油交易所持有 1.85% 的资本①。

与 14 年前被银行收购时相比，伦敦清算所的清算业务在规模上已截然不同。1996 年伦敦清算所清算了 2.26 亿手合约，这些合约在国际原油交易所、伦敦金属交易所、伦敦国际金融期货交易所和交易点（Tradepoint）进行交易。交易点是一个小型的、电子化的、以营利为目的的交易所，它试图挤入伦敦证券交易所统治的证券现货交易市场，1982 年它大约清算了 300 万手伦敦商品期货合约。

伦敦清算所只雇佣了 100 多个员工，1996 年 9 月他们从克拉奇·弗瑞尔（Crutched Friars，地名）的办公室——伦敦清算所 25 年的大本营——转移到了艾特街（Aldgate）上新装修的大办公室中。

哈迪回忆道：

> 我把清算会员看做是客户、交易所看做是伙伴。到最后，交易所拥有少数股权的每个人都满意。会员中的许多都曾认为他们应该拥有全部股权，但是考虑到它们和交易所非常密切的联系，我认为伦敦清算所在它们的部分控股下会变得更加强大。
>
> 其他地方的清算所或是完全被会员所有——正如美国的芝加哥期货交易所清算公司（BOTCC）那样；或是被交易所所有——像芝加哥商业交易所的清算部门或者是像德意志交易所（Deutsche Börse）的内部清算部门那样。而我们的结构是一个混合，并且我对它非常自豪。这对我来说意义重大。
>
> 我的工作是：尽我们最大能力确保提供清算会员需要的一切东西，不是建立在不以营利为目的的基础上，而是建立在适当营利的基础之上。

---

① 到这时，伦敦清算所有三个交易所作为它的股东，即在伦敦商品交易所和伦敦国际金融期货交易所在 1996 年合并后。

11.3 新产品：回购清算与掉期清算

所有权改变带来伦敦清算所节奏和风格的变化。董事会批准了一个三年期的战略计划，探索如何最好地满足会员需要，这是公司的一个新起点。伦敦清算所还建立了新的风险和运营委员会，反映了它对世纪末临近日益增加的一系列挑战的把握。正如前面章节中描述的，风险和风险管理成为监管机构和政策制定者的重中之重。此外，结算公司还要为引入的欧元做准备，并采取措施应对大肆宣传的千年虫对计算机系统的威胁。

伦敦清算所在 1999 年为重要的"柜台"市场推出了两个创新的清算产品。8 月它推出了回购清算系统（RepoClear），这是针对欧洲政府债券回购协议（Repos）市场的中央对手方服务，将从德国政府债券回购协议（Repos）开始。

回购清算系统（RepoClear）的灵感来自于美国政府证券清算公司（GSCC），并且有一段时间曾是和美国政府证券清算公司、布鲁塞尔欧洲清算系统（Euroclear）的一个合资企业的一部分，合资企业的名称为欧洲证券清算公司（European Securities Clearing Corporation）①，它成立的目的是在欧洲债券市场提供带有交叉保证金的跨国轧差服务，但结果却成了当时众多流产的合资金融基础设施项目之一。伦敦清算所继续自行开发回购清算系统，并迅速将该服务扩展到其他固定收益产品上。到 2002 年早期，日清算量从初期几个月的日均最高 50 亿欧元上升到日均 1 000 亿欧元。

历经 18 个月的研究和设计，并经过伦敦清算所经理对 30 多家主要国际银行做实地访问，1998 年 6 月伦敦清算所委员会批准了一项更大胆的项目经费，即为全球银行间的掉期市场提供清算服务。掉期清算系统（SwapClear）是对利率掉期（interest rate swap）市场快速增长的一个反应：截至 1997 年底利率掉期市场价值超过了 22 万亿美元②。

掉期清算系统是迈向场外衍生品清算的革命性的一步。其他场外清算解决方案以一种"看似交易所"的方式清算处理已经标准化的合约，掉期清算系统则不同。它允许完全个性化的利率掉期合约的清算，这些通常是公司客户和交易商之间的特别安排，且会涉及将债务生成的现金流掉换到一个不同基础上，同时精确保留原始交易的个性化定制方面，例如它的开始和结束日期。

掉期清算系统的秘诀在于清算过程（而非被清算工具）的标准化。对一个被清算

---

① 美国证券交易委员会"政府证券清算公司；关于欧洲证券清算公司形成和发展的建议规则变化的文档通知，《联邦纪事》；欧洲证券清算公司（ESCC）的失败提供了对许多困难的预见，这些困难围绕着 2007 年至 2008 年对美国集中存托清算公司、欧洲清算系统和伦敦清算所的合并计划。见 17.5 节和 19.3 节到 19.5 节。

② 根据国际清算银行第 68 届年度报道，1997 年未平仓利率掉期的账面金额是 22.115 万亿美元。

产品的标准化，就要把它的商务条款例如开始日期、票息和到期日进行标准化，而在掉期清算系统里，围绕产品的清算基础设施是标准化的。

如罗杰·里戴尔后来解释：

> 掉期清算系统与"看似交易所"的柜台清算模式完全不同。利用掉期清算系统接收到的是一个具有起始日期、结束日期和利率的交易，它只是一个巨大的现金流和利率的一部分，并且一个交易和任何另一个交易都不同。
>
> 其他清算只是个 Y 个 X 合约的问题，你拥有合约的价格和它的数量。掉期清算系统则不同，它接收的是收益率曲线不同时点上的交易，系统根据该曲线来对现金流进行估值。雷曼兄弟公司破产后被清算的 9 万亿美元名义金额的掉期合约，即归于此类。它并不那么复杂，只是它不标准化而已，很普通但非标准化[①]。

在 20 世纪 90 年代后期的环境下，发展掉期清算系统需要一些勇气。伦敦清算所在没有任何用户保证的情况下创建了掉期清算系统。事实上，掉期市场上以大通曼哈顿银行为首的一些主要参与者公开反对这一尝试。但伦敦清算所有迫切的理由去增加并多样化它的业务组合，特别是它需要降低对主要客户伦敦国际金融期货交易所的依赖。伦敦国际金融期货交易所正损失着大量市场份额给它的竞争对手，即欧洲期货交易所（Eurex 的德国—瑞士电子盘交易）。

约 1 600 万英镑的必要投资最终由清算会员来提供。他们遭遇了回扣大幅下跌以及从 1998 年起伦敦清算所股息多年暂停，会员们还被要求加强伦敦清算所的违约保护，把违约基金的上限增加到 3 亿英镑，以覆盖掉期清算系统和回购清算系统的风险。

掉期清算系统的起步缓慢，尽管大卫·哈迪尽了最大努力，他还记得曾与伦敦清算所的业务发展经理西蒙·格伦斯特德（Simon Grensted）一起到访纽约，并且"徘徊街头，哄骗人们使用这个服务"。

伦敦清算所推销掉期清算系统是为了给银行提供一系列广泛好处。包括：减少监管资本要求、释放柜台交易的信用额度用以高保证金业务、与伦敦国际金融期货交易所的保证金冲销、抵押品的更有效使用、明显的后台办公室运营成本节约。但掉期清算系统在 1999 年 9 月推出时仅有五名会员，当主要交易银行中的 8 家在 2000 年 9 月建立了 OTCDerivnet，并得到了掉期清算系统的治理权后，这项服务才开始被认可。当时掉期清算系统最不吸引人的特点可能是：中央对手方清算所提供的化解对手方风险的服务。但正如第 3 章已经提到的，在 2008 年 9 月雷曼兄弟公司破产期间，它证明了自身的价值。

---

① 与作者的谈话，2009 年 6 月 18 日。

证券清算系统（EquityClear）是伦敦清算所推出的第三条业务线，之前它已摆脱了英国清算银行的所有权钳制，并成为一个主要由用户拥有和用户治理的公司。2001 年 2 月伦敦清算所联手英国中央证券存管机构（CREST）、伦敦证券交易所为交易所的电子 SETS 市场推出了一个中央对手方清算服务。到 2002 年中，SETS 市场的日平均交易量从 5 万上升到 8 万左右，当时伦敦清算所、伦敦证券交易所和英国中央证券存管机构通过对 SETS 市场的交易引入选择性结算轧差，进一步发展了这项服务。哈迪寻求并争取到了会员的支持，进一步增加了违约基金以覆盖证券清算系统的风险，这次上限增加到了 4 亿英镑。

伦敦清算所为伦敦证券交易所提供的服务是后者的水平式的交易后方案的一部分，反映了在 1993 年 3 月该交易所名下的证券结算工程"托拉斯工程（Taurus）"代价高昂的失败之后，英国监管部门和伦敦金融城的取向。如果当时成功了，托拉斯工程将会把英国引向垂直筒仓模式。英国中央证券存管机构提供了大部分的处理能力，而伦敦清算所专注于中央对手方清算的风险管理方面。伦敦清算所与英国中央证券存管机构之间的分工，和伦敦清算所与伦敦国际金融期货交易所（当后者采用了 TRS／CPS 之后）之间的分工相似。但是伦敦清算所和英国中央证券存管机构之间的关系以一个不稳定的妥协开始，并一直这样持续不好。

20 世纪 90 年代期间，伦敦清算所专注于英国市场。仅仅是在 1999 年它才加入了欧洲大陆中央对手方清算所的合作谈判圈。它对英国市场的关注，一部分是对它曾经的母公司国际商品清算所的国外避险成功经历的反映，同时也反映了伦敦金融市场的需求，以及英国不加入欧元区的决定。

但是，正如将在第四部分描述的那样，伦敦清算所不会置身于国际化发展之外太久。它已经在英国树立了一个强势地位，将再次超越英伦三岛而冒险。

11.4　美国集中存托清算公司的诞生

20 世纪 90 年代末在美国发生了一件事，吸引了包括伦敦清算所在内的欧洲中央对手方清算所的注意。美国证券市场的交易后基础设施供应商国家证券清算公司（National Securities Clearing Corp.）和存托公司（Depository Trust Company）于 1999 年 11 月合并到控股公司美国集中存托清算公司（DepositoryTrust ＆Clearing Corp.，DTCC）的麾下，组建了一个存管清算交割巨头。

20 世纪 70 年代创立的这两个总部位于纽约的公司，自从华尔街的"文书工作危机"后一直有着密切的联系①。渐渐地经过 20 年时间，国家证券清算公司（NSCC——

---

① 见 8.6 节和 8.7 节。

为证券市场提供中央对手方清算和轧差服务）和存托公司（DTC——提供证券存管业务）分别吸收了美国地区性交易所的结算交收基础设施。

美国地区性清算服务的合并，对那些在多个美国股市交易的公司来说意义重大。股票是可替代的投资工具，因此在一个中央对手方清算所内将所有头寸互抵和轧差，远比在不同股票交易的市场分别搁置保证金要节省得多。到 1983 年规模效益已经明显：当时国家证券清算公司清算一笔单边交易的成本是 35 美分，比 1977 年它第一年运行的时候的 82 美分减少了一半多。

在吸收地区性同行的同时，国家证券清算公司和存托公司改进了它们的交易后基础设施，并且开始为股市之外的其他市场提供中央对手方清算服务。国家证券清算公司并非所有新业务都涉及创建中央对手方清算来担保交易对手方风险。1984 年，该公司实现了市政债券的交易比对和轧差的自动化。两年后，它引入了基金服务系统（Fund - Serv），在快速增长的共同基金市场上实现交易处理的自动化和标准化。

同样在 1986 年，国家证券清算公司创立了一个子公司，即政府证券清算公司（GSCC）来为美国国债和政府债券提供自动清算轧差服务。三年后，政府证券清算公司成为了一家中央对手方清算所，担保美国政府债券的交易（见表 11.2）。

表 11.2　　　　　　　　　　　将政府证券清算公司变成中央对手方清算所

政府证券清算公司在它的建立，以及为美国政府债券引入中央对手方清算的这段时期内不得不克服的挑战，启发了雷曼兄弟事件后政府和监管机构将场外衍生品合约置于中央对手方清算之下。

美国政府债券市场是一个场外交易市场，交易商通过买价和卖价之间的差价赚取利润。联邦储备运营的现行清算系统无法跟上 20 世纪 80 年代业务增长的步伐。因此，国家证券清算公司被鼓励提供一个清算方案。

根据政府证券清算公司的建设者之一汤姆·科斯塔（Tom Costa）所说，为场外市场设立清算，本质上要比为交易所建立一个中央对手方清算更困难。在交易所里，一旦协议存在交易所就能给中央对手方清算所提供交易数据，这样操作相对直接[①]。

为场外市场引入清算最有把握的途径就是由监管机构来批准。危机或者现有交易后机制的失败也能快速引发对中央对手方清算的采用。除此之外，进展取决于对各个市场参与者群体的说服力和不同的利益诉求。

市场参与者从不同角度靠近中央对手方清算的愿景，这取决于他们是强还是弱。通过接管对手方风险，中央对手方清算所有助于创造一个更加公平的竞争环境，有利于较弱的参与者而非强者。但随着利差缩小，清算应在时间推移中促进市场交易活动和流动性，为市场中较强的参与者获利创造条件。

为取得成功，政府证券清算公司需要赢得美国政府债券市场三个主要群体的关键大数支持——做市商、交易商中介（即方便交易商相互之间匿名交易的经纪人）、清算银行。所有这些群体有着不同的既得利益。

大约过了 18 个月时间，对中央对手方清算所的支持才超过了它的反对。在此期间大的输家是交易商中介，其数量从 18 个降低到 6 个。还有来自结算银行的操作员工的反对，对他们来说中央对手方清算就意味着丧失工作和权力。

---

① 与作者的谈话，2009 年 10 月 14 日。

续表

然而，大约 18 个月后一个转折点到来，中央对手方清算所带来了明显的规模经济效应、吸引了新的投资者进入市场、赢得了最初反对的市场参与者的认可。

政府证券清算公司在整个 20 世纪 90 年代持续扩张。截至 1994 年，它处理着约 85% 的所有新发行的美国国债。它为证券回购市场开发了日益复杂的轧差服务，为伦敦清算所的回购清算服务系统提供了灵感。

到 20 世纪 80 年代末，国家证券清算公司从交易后的午夜开始对撮合交易进行担保，即所谓的"T+1"制度，这与此前的"T+4"制度形成对比。在和证券业、行业组织及监管者的协作中，国家证券清算公司和存托公司在 1995 年采取措施，把证券结算周期从以前的"T+5"缩短到"T+3"。

20 世纪 90 年代见证了国家证券清算公司和存托公司业务活动的进一步扩大，包括国家证券清算公司业务组合中增加的保险业的处理服务。在抵押证券清算公司（Mortgage – backed Securities Clearing Corporation，MBSCC，一个轧差系统而非中央对手方清算所）的业务被它的会员们从芝加哥股票交易所手中买下，并在 1994 年搬到纽约后，抵押证券的交易后服务也落在了国家证券清算公司手里。1998 年，国家证券清算公司帮助成立了新兴市场清算公司（EMCC），对新兴市场债务工具进行清算和交割。

然而，20 世纪 90 年代并非一帆风顺。1995 年，国家证券清算公司的清算会员阿德勒科尔曼清算公司（ACCC）破产，它的一个廉价股做市商客户倒闭，而阿德勒科尔曼清算公司没有资金来源来完成它的交易。

在阿德勒科尔曼清算公司成为一个复杂诉讼案的主体后，它的破产吸引了媒体注意。该诉讼的一方是由阿德勒科尔曼的客户支持的空方卖家，另一方是行业资助的、为客户与经纪人之间的账户提供保险的机构证券投资者保护公司（Securities Investors Protection Corporation）受托人。阿德勒科尔曼清算公司的破产也为国家证券清算公司上了重要一课。它表明，必须更有效地监督那些与中央对手方清算所的会员联系的做市商经纪人，并且当这样的做市商在不活跃的证券上建立主导头寸时，需要对中央对手方清算所的清算基金增加额外抵押品。

随着国家证券清算公司和存托公司的发展，它们的许多业务开始重叠。两家公司的业务之间的分界线总是模糊的，部分原因是因为它们形成于 20 世纪 70 年代，当时清算所和证券结算系统的功能模糊不清。二者最终整合的标志是 1996 年一个合资企业的形成，即国际存管清算公司（International Depository & Clearing Corp.，IDCC），该机构专注解决跨境结算问题。

兼并谈判开始于 1998 年夏天。9 个月后，双方董事会予以批准。1999 年 11 月 4 日，美国集中存托清算公司（Depository Trust &Clearing Coporation，DTCC）建立，垂直整合了美国的证券清算和结算基础设施。然而，由此产生的机构并非完全垂直筒仓结构。美国集中存托清算公司是以成本价运营、用户治理、处于监管之下的垄断者，为越来越多的市场提供服务，而这些市场其中许多是互相竞争的。

合并之时，国家证券清算公司几乎在处理美国所有的股票和债券交易、担保所有进入它系统并被确认的交易的结算。它为 2 000 多个经纪人、交易商、银行、共同基金、保险公司和其他中介机构提供服务，处理近 9.5 亿个股票、债券、投资信托及共同基金的价值 45 万亿美元的交易，它的持续净额结算（Continuous Netting Settlement）系统将总数的 94% 进行轧差，把需要结算的证券价值减少 42.6 万亿美元。

同时美国集中存管信托公司处理着超过 1.64 亿美元的证券所有权的账面变动，对超过 20 万亿美元的证券进行管理，每年处理超过 1 万亿美元的股息、利息及其他支付款。

在收取被认为是世界上最低手续费的同时，美国集中存托清算公司承诺为用户加快引入新产品、服务和技术。它宣称合并将有利于清算和交割过程的融合，帮助行业转向当时的梦想目标，即交易的 T＋1 清算和交割。合并后的集团还承诺将在国际上大展拳脚，成为"一个当之无愧的真正全球竞争对手"①。

欧洲的许多用户以艳羡眼光看着美国集中存托清算公司的成立。当时美国的交易平台普遍逊于 20 世纪 90 年代欧洲采用的电子盘系统。因此大家越来越坚信，美国低成本、整合的交易后基础设施，使得美国证券行业相对于欧洲分隔的竞争对手来说具有了优势。

美国集中存托清算公司与世界上其他的基础设施供应商相比，是清算及交割的巨人。仅仅出于这个原因，它的问世为欧洲的从业者和中央对手方跨境清算所的管理者提供了思想上的动力。随着欧洲单一货币政策的落实，以及集中存托清算公司开始增强它在美国之外的存在，这些想法逐渐成形。

美国集中存托清算公司将中央对手方清算和中央证券存管合并到单一控股公司下，尽管这一模式具有它自身的吸引力，但显然它并非那么容易地被移植到欧盟。欧盟成员国之间的文化、法律和财政障碍以及既得利益必须被克服，单一市场才可能变为现实。

美国集中存托清算公司是市场力量对国会决定性立法行动作出反应的产物。在 20 世纪 70 年代，国会指令证券交易委员会促成一个美国股票交易、清算和交割的统一市场。尽管证券交易委员会努力推动一体化，大约过了 20 年，在国家证券清算公司和存托公司各自成为了名副其实的、全国范围的基础设施供应商之后，两公司才最终合并。

---

① 美国集中存托清算公司（1999），"我们如何为金融业服务"：一个集中存托清算公司的小册子解释了该集团，以及整合国家证券清算公司和存托公司的原因。

这两家美国公司也受到过批评。欧洲基础设施供应商抱怨说：垄断地位使得美国集中存托清算公司的一些组成部分创新缓慢且在技术上落后，持续结算系统（CNS，通过轧差降低净结算金额数）是建立在 20 世纪 70 年代技术上的。

正是在这样满天的抱怨声中，吉尔·康西汀（Jill Considine）1999 年接任了集中存托清算公司的首席执行官和董事长。康西汀曾是纽约清算所的董事长，该清算所是一个银行清算所以及银行间支付系统清算所（Clearing House Inter – bank Payment System, CHIPS）的运营商。康西汀为美国集中存托清算公司带来了她的双重角色：科学家的背景（作为生物化学家她曾在早期的职业生涯中进行过 DNA 的研究），以及 30 多年的银行业经验，包括从 1985 年起在金融部门担任管理和监管的高级职务[1]。

康西汀（Considine）随和但必要时严厉，她坚决认为美国集中存托清算公司应该跟上金融市场新技术的步伐，这意味着要"处理加速的趋势，包括人口结构的变化、行业整合、技术革新和全球化的影响"[2]。她向无动于衷开战，组建结构和纪律，发布高质量标准及在整个组织中提高效率。2001 年，她在自己首席执行官和董事长职务上增加了"首席质量官"职责，由她明确质量责任的归属。

存托公司与国家证券清算公司的合并是更进一步的整合和扩张的前奏。在康西汀的领导下，集中存托清算公司发展成为一个令人惊奇的敏捷巨人。

2001 年，政府证券清算公司、抵押证券清算公司（MBSCC）和新兴市场清算公司（EMCC，一个债券、抵押证券和新兴市场主权债务的附属清算所）都成为了集中存托清算公司的全资子公司。这一整合将三个子公司从 2002 年开始置于一个统一管理结构之下，为用户带来了更高的效率和成本节约。接下来一年，政府证券结算公司和抵押证券清算公司合并成为固定收益清算公司（Fixed Income Clearing Corp.），目的是在集中存托清算公司的大伞下进一步促进固定收益市场的协同效应。如本书第四部分将要描述的那样，集中存托清算公司进入了新的市场，为快速增长的场外衍生品市场提供服务，并在欧洲建立了中央对手方清算所。

集中存托清算公司的商业模式是按成本价运营，将每年收入的主要部分以利润返还、折扣和利息的形式返还给用户[3]。国家证券清算公司以全球最低的股票清算费用为自豪[4]。

---

① 在 1933 年至 1998 年她作为纽约清算所协会的主席之前，康西汀从 1991 年到 1993 年是美国运通银行的常务董事、首席执行官和董事会成员，从 1985 年至 1991 年是银行的纽约州监管人。
② 拉斯维加斯的评论，2006 年 7 月 29 日，她被命名为该年度的"6 个西格玛"首席执行官。
③ 集中存托清算公司在 2006 年产生了仅超过 13 亿美元的收入，并且返还了 5.8 亿美元的回扣、折扣和利息。
④ 根据集中存托清算公司 2008 年度报告，国家证券清算公司清算一笔单边证券交易的平均成本是世界上最低的，每笔交易平均是三分之一美分。

2006 年 3 月，集团公司采取措施使其更清晰地变成用户所有和用户治理机构，公司的普通股根据用户们对公司服务量的使用比例在用户之间重新分配，这意味着：存托公司和国家证券清算公司的三个创始交易所所拥有集团公司普通股的比例从当时的 35% "极大地减少"①。

集中存托清算公司的治理和商业模式有一个明显的 20 世纪的感觉。当其他市场的许多清算所正在股份化并追求营利为目的的政策的时候，集团在康西汀带领下进行的这些转变令人印象深刻。根据《金融时报》的理查德·比尔斯（Richard Beales）所说，集团公司内部的经理们将这个过程比喻为"教 800 磅重的大猩猩学跳踢踏舞"②。

这一影响被唐纳德·多纳休（Donald Donahue）认可，他被提名从 2006 年 8 月 1 日开始接替康西汀担任集中存托清算公司的总裁兼首席执行官。多纳休 1986 年加入集中存托清算公司，是公司 20 年的老员工，他这样描述：在康西汀的领导下，管理层"成功地改变了公司的文化。尽管按成本价格运作③，但我们更像一个营利的公司在运营：有竞争动力，对结果和利润负责"。

11.5 期权清算公司

对于芝加哥的期权清算公司（Options Clearing Corp.），1999 年被证明是具有深刻变革意义的，就像对存托公司和国家证券清算公司一样。然而在期权清算公司，改革的动力源自美国市场的反垄断监察者和美国期权市场监管者。

1998 年 11 月，美国司法部开展了针对四家期权交易所的指控的调查。美国证券交易所、芝加哥期权交易所、太平洋交易所和费城证券交易所被指控共同密谋限制互相之间的竞争，拒绝推出原在另外一家交易所上市的股票期权④。大约在同时，美国证券交易委员会自己也展开了对美国期权市场的调查。

问题的核心在美国期权合约的互换性。尽管期权清算公司在 20 世纪 70 年代初作为几个期权交易所唯一的中央对手方清算所而成立，但多年以来市场投资者并不能从合约的互换性中受益，因为美国证券交易委员会规则禁止大多数证券期权在一个以上的交易所进行交易。

---

① 集中存托清算公司 2006 年度报告透露：2005 年底纽约证券交易所拥有 27%、纳斯达克和美国证券交易所各拥有 4% 的集中存托清算公司的股权。与此同时，国家证券清算公司正从交易所和交易平台日益增加的数量中获取收益：根据集中存托清算公司 2008 年度报告，数量"超过 50 个"。

② 《金融时报》2006 年 7 月 5 日："教大猩猩跳踢踏舞。"

③ 集中存托清算公司（2006 年 6 月 1 日），唐纳德·多纳休被选举为公司总裁兼首席执行官，新闻发布。

④ 美国司法部（1998 年 12 月）"针对美国证券交易所、芝加哥期权交易所、太平洋交易所和费城证券交易所的反垄断调查：民事法案 No. 00 - CV - 02174（EGS）"。文件包括：最终裁决、控诉和竞争性影响陈述。

监管机构后来改变了主意：它认为证券期权应该在 1990 年 1 月到 1994 年末之间分阶段地开放多重挂牌，所有证券期权都可在美国任一期权交易所上市。一些期权交易如证券交易委员会预期的那样放开了，但是根据美国司法部所说，交易所从 20 世纪 90 年代初就开始给多重交易所挂牌"使绊"，因而最活跃的期权交易继续被限制在一个交易所之内。

阻碍一直持续，直到 1999 年夏天因司法部门的介入调查，交易所才开始允许最活跃期权的多重挂牌。2000 年 9 月，司法部对这四家交易所提起反垄断案，同时发布了该诉讼案解决的意见一致法令（Consent Decree），案件结束。这一法令和证券交易委员会的一个命令禁止了反竞争的行为，并制定改革以确保未来多重上市和合约的互换性①。

这对期权市场和期权结算公司的影响极大。随着四家交易所多重挂牌的飞增，1999 年期权合约的清算量首次超过了 5 亿张。2000 年 5 月国际证券交易所成立，它作为交易所参与方加入了期权清算公司。国际证券交易所是 1985 年以来美国第一个新的期权交易所，也是第一个完全电子化的交易所，在它开始交易的 6 个月之内，价差缩减了 30% ~ 40%。2003 年 1 月，国际证券交易所在交易量上超过了美国证券交易所成为美国第二大期权交易所，并且一年后与芝加哥期权交易所争夺首位②。

国际证券交易所之所以可以如此迅速成长，最主要是因为美国司法部和美国证券交易委员会的干预开放了美国期权市场。同样关键的是：期权清算公司有能力处理 21 世纪最初 10 年持续高涨的交易量，治理机制似乎促成了清算所的高效率。

期权清算公司由它所服务的五大交易所所有，但由使用者进行治理。它的董事会结构设置旨在平抑它的所有者③之间，以及所有者与约 140 个清算会员公司之间的紧张关系，这些会员既支持也依赖于清算所的运行。

据期权清算公司的董事长兼首席运营官迈克尔·卡希尔（Michael Gahill）所说："多交易所市场挂牌上市机制在美国期权交易所之间营造了一个健康趋势，交易所交易的是可互换共同资产池，这些资产池构成了世界最深的期权市场。"而清算这些资产的是期权清算公司。由于这些资产的共同性，卡希尔说："期权清算公司没有动机过高定价、过低定价、排队等候，或在风险管理政策方面存在偏见。"

期权清算公司的规则明确指出：董事会中清算会员的代表必须一直要占多数。卡希尔说：

---

① 美国司法部（2000 年 9 月 11 日），"司法部提出了诉讼质疑期权交易所之间反竞争协议"，新闻发布。
② 宾德·吉姆（Binder, Jim, 2008），"七家交易所，一家清算所，激烈的竞争"，瑞士衍生品期刊。
③ 指美国证券交易所、芝加哥期权交易所、国际证券交易所、太平洋交易所和费城证券交易所。

　　"董事会结构的设想是为了确保期权清算公司一直是一个低成本的公司、对交易所和清算会员都是高效率的。进来的正是清算会员的资金，他们最关心的就是效率和成本节约。所以它们一直推动着我们。成本控制是我们的主要重点之一，但是与此同时，他们例行公事地寻找提高效率的方法。"①

　　正是在这点上，交易所和用户的利益一致了。

　　20 世纪 90 年代，交易所和用户之间的利益平衡产生了回报。根据期权清算公司成立以来的首席执行官韦恩·卢瑟琳肖森（Wayne Luthringshausen）所说，清算所在那 10 年里在新系统上投入了巨资。最终的结果是 ENCOR 的产生，即一个独家拥有的清算系统，能够为 2000 年之后交易活动的飞涨及时提供更加快捷、灵活、可升级的清算能力②。

　　与其按成本价运行的商业模式一致，新系统使公司在交易量激增情况下削减费用并增加了回扣返还。截至 2008 年 12 月底的四年里，它返还了约 2.2 亿美元的超额收入，并在 2008 年将实际净收费降低至每份合约 1.55 美分，这是它历史上的最低水平。

　　期权清算公司清算的期权合约量在 2004 年首度超过了 10 亿笔，2006 年 20 亿笔、2008 年 35 亿笔。结果，这个低调的、相对不为人知的公司可自称是世界上最大的衍生品清算机构。

　　尽管伦敦清算所、国家证券清算公司和期权清算公司存在不同点，三者依然形成了一组用户治理的清算基础设施，为将来在 21 世纪初主导市场的、垂直结构的中央对手方清算所展现了可供选择的另外一个商业模式。

　　其他的公司，尤其是芝加哥期货交易所清算公司（1925 年为清算芝加哥期货交易所的期货合约而成立的），也是一家用户所有的中央对手方清算所。在本世纪初芝加哥的期货市场和清算所的重要重塑过程中，这家著名的清算所扮演了核心角色。

　　芝加哥期货交易所清算公司的命运在本书的第四部分有详述。第四部分第 12 章中首先介绍了大约从 2000 年以来影响中央对手方清算和清算所发展的广泛因素，之后再详细研究在雷曼兄弟倒闭前的那些年里，大西洋两岸的主要中央对手方清算所的业务活动和相互合作。

---

① 与作者的谈话，2008 年 9 月 26 日。
② 与作者的谈话，芝加哥，2009 年 10 月 20 日。

第四部分
十年的繁荣和破灭

第 12 章

变革的塑造者

12.1 新千禧年的挑战

2000 年满怀信心地开始，这极大地受益于一个事件，该事件之前受到大肆渲染而之后不了了之。对于电脑病毒（所谓的"千年虫"）将会引起金融系统崩溃及飞机坠落的担心（因为当时在使用的早期软件无法应对从 1999 年到 2000 年的跨年转变）被证明是错误的。2000 年的第一天平安度过并成为历史。

相反地，一个繁荣的未来在召唤，很大程度上缘于金融创新及良好的监管。

政府争相提高本国经济的竞争力，并且使得企业和个人更容易盈利。

美国政府定下基调，在 1999 年 11 月废除 1933 年《格拉斯—斯蒂格尔法案》（该法案规定投资银行与商业银行应分开经营）。并且 1 年后通过立法，规定场外衍生品交易不受监管。

1997 年当选的英国工党政府，明确宣布"他们对人民变得暴富是彻底放心的，只要人们缴纳赋税"[①]，它将金融监管放在了新成立的英国金融服务管理局手中，仅实施了一个"蜻蜓点水"的监管制度来促进国家的金融业发展。

欧盟在 1999 年 1 月 1 日推出单一货币之后，紧跟着实施了《金融服务行动计划》（FSAP）以解放跨境金融活动，并为金融服务创造一个单一市场。《金融服务行动计划》的主要目的之一是降低跨境交易成本。

计算机运算能力持续以指数级增长，促使市场变得更大，交易也更快。以十亿美元计的账面金额已经不再引人注目。无论是以美元、日元或新的欧洲货币欧元为单位，用万亿（即 100 万个 100 万）作为经济活动和财富的衡量已经变得很平常。

一个新的神圣的赚钱职业——对冲基金经理和投资银行的自营交易员——作为金融

---

① 根据高级工党政府政治家彼得（Peter）所说，即后来的曼德尔森勋爵（Lord Mandelson）。

市场流动性提供者随之出现。新交易技术运用强大的计算机和巧妙的算法，依靠执行速度从高频交易中盈利。通过在极短时间内持有巨额头寸，新的流动性提供者把细微的交易利润变成丰厚的盈利和奖金。

金融活动快步离开受监管的市场。银行和其他市场参与者之间的"柜台"业务得以发展。常规贷款在国际银行的资产负债表上形成一个日益缩小的比例，因为它们被打包到证券里出售给其他金融机构。这种"证券化"和"发起与分销"组合起来转移风险的模型，被应用到了日渐增多的资产类别，它们反映了主要金融中心的"卖方"投资银行的创新能力。该策略一方面是为了应对 1988 年国际清算银行推行的资本充足率规定，一方面是为了在较不透明的业务领域增加收费以实现利润最大化。它被监管机构视为一种分散、从而稀释金融系统风险的方式。20 世纪末的全球金融危机将证明这一观念是极其错误的。

回顾新世纪之初，看起来似乎金融市场和全球金融系统轻松地度过了 20 世纪 90 年代的危机，例如巴林银行倒闭、亚洲和俄罗斯债务危机及长期资本管理对冲基金（Long Term Capital Management）的爆仓。这些事件可能还未被遗忘，但它们并没有削弱对自由金融市场的信心，因为每次动荡后金融市场都反弹回正常业务状态。

相反，金融领域的创新向政策制定者、监管者、金融公司和个人一概提供了世上最好的多全其美方案。投资银行家通过推出新产品和服务变得富有，而并非所有这些产品和服务都明显有用；政策制定者非常乐于被告知：金融创新是提高宏观经济效率的有效途径①。一些政府，例如英国工党，足够幸运地统治着那些金融市场的所在管辖地。对于他们来说，不断加快的金融活动步伐意味着税收大幅提高，还可以用在增加国内的政府花销以及国外的战争上。

但围绕千禧年的欢庆很快被更让人忧虑的日子取代。正当欧盟领导人 2000 年 5 月在里斯本的特别峰会上迎接"新经济"时，技术股票的投资泡沫破裂。"互联网热潮"变成了"互联网破灭"。在 18 个月后，当纽约和华盛顿的"9·11"恐怖袭击给全球经济造成进一步冲击时，"互联网破灭"全面爆发。令危机气氛进一步恶化的是，美国第 7 大公司安然能源交易集团，因大规模欺诈活动而在 2001 年 12 月申请破产法第 11 章的破产保护。

---

① 特别有影响力的是美国学界的研究，争论说美国 20 世纪 90 年代的繁荣来源是美国以证券为基础的金融系统。2001 年 2 月，一个由朗法鲁西（Lamfalussy）——他是单一货币的策划者之一——领导的欧盟智囊团，拟订了一个计划，通过新精简形式的欧盟立法来加速金融创新。他们的报告引用了拉古汉·拉简（Raghuram G. Rajan）和鲁基·辛盖（Luigi Zingales）的"金融依赖和发展"，以及罗斯·勒万（Ross Levine）和萨拉·热窝（Sara Zervos）的"股市、银行和发展"，这两个都发布于 1988 年 6 月的《美国经济回顾》上；以及托斯顿·贝克（Thorsten Beck）、罗斯·勒万（Ross Levine）和诺曼·罗轧（Norman Loayza）的"金融和增长来源"，发表于《金融经济周刊》，2000（58）。

以美联储主席艾伦·格林斯潘（Alan Greenspan）为首的中央银行家们，通过降低利率和维持低利率来应对。2000 年到 2003 年的回升之路后来被视为一个波峰。工业化国家的宽松货币政策以及从中国进口低成本制造品的活动，产生了一个强劲经济增长和低通货膨胀的混合体，一些人称赞其为 20 世纪 80 年代初"大稳健"的延续。

21 世纪早期的衰退和互联网公司的泛滥，按 2007 年到 2008 年全球金融和经济危机的标准来衡量还算是温和的。2000 年到 2003 年之间从繁荣到萧条又回到繁荣的动荡，凸显了这 10 年来金融市场上对风险的大到反常的胃口。在看似平静的表面下，市场和一些大银行正变得越来越复杂和难以管理。他们隐藏了那些未被识别或是被忽略了的长尾风险。

在交易所和他们的清算及结算提供商中间，千禧年的庆祝开启了几年的公司运筹与策划活动，这令评论家感到迷惑，并给那些当初的公司高管发起者带来了意想不到的丰富后果。

和其他地区商业活动一样，两大突出力量塑造了中央对手方清算所的未来：全球化和技术变革，后者体现为快速增长的计算机能力。人员和商业变得更加网络化，这些力量在互联网的飞速发展中结合。在大西洋两岸，更为雄心勃勃的交易所和交易后服务公司开始考虑跨越国境扩大业务活动。

全球化意味着思想、技术和治理理念的传播。在过去的三十年中改变了个体市场上和国家范围市场上中央对手方清算所的业务活动的多样化趋势，在全球化的推动下互相碰撞、影响、释放新能量、加重原有的紧张局面。

抗衡的力量有时同样强烈，常常反映了尾随全球化而来的失望及不确定性。行业领导者、政策制定者和监管者之间的保护主义，个人突发奇想、偏好和性格缺陷，公司治理方面的历史遗留问题，在扰乱清算所管理者制订的完美计划方面都扮演了各自的角色。

直到 2008 年 9 月，政策制定者和市场参与者的焦点仍集中在推动金融基础设施提供商之间的竞争上。他们的目标之一还是降低清算和结算费用从而削减交易成本。

尽管 2000 年之后，全球宏观经济、政治和金融市场环境发生了剧烈变化，但仅在雷曼兄弟违约后，公共政策的重点才转向抑制金融体系的系统性风险。

在雷曼兄弟破产前那些年，一些力量影响着清算行业：

- 来自用户的、降低交易及交易后服务费用的压力；
- 交易所在股票市场的上市；
- 金融基础设施公司的跨国境和国境内的部分整合；
- 未出现的跨大西洋清算方案；

- 使用监管来提高国家和地区性金融服务部门的竞争力；
- 金融创新；
- 清算和未清算的金融业务集中在数目减小但却日益强大的金融公司中。

本章依次介绍塑造这些变革的每一种力量，为这本书的第四部分做铺垫，场景包括了 2000 年至雷曼兄弟破产时的中央对手方清算所的历史。

12.2　用户要求更低的成本

新世纪来临之际，对大型投行来说并非一切都美好。为支持业务的扩张，他们于 20 世纪 90 年代在电脑驱动的交易处理能力上投入重金。交易量大幅飞升，而利润率却萎缩了，有时甚至接近于零。

银行们寻找机会降低成本，并向它们的金融基础设施供应商转嫁痛苦。20 世纪 90 年代法兰克福和巴黎的交易所对于新技术的热情，部分是因为来自用户降低成本的压力。在美国，降低股票交易成本的压力促使美国国家证券清算公司和存托公司吸收合并了其他的地区性清算和结算基础设施，并且最终这两家全国性基础设施供应商并入了美国集中存托清算公司控股公司麾下。

但这些改变并没有减轻来自银行的、降低交易后费用的压力，尤其是在欧洲。欧洲的跨境交易壁垒意味着无法集成类似美国的流动性池、产生规模经济效益。

1999 年 5 月，欧洲投行业中的两个最高层人物成立了欧洲证券业用户团队（European Securities Industrys Users' Group – Esiug），它作为一个高水平论坛来与服务提供者互动，并游说降低金融基础设施成本。这一由颇具影响力的、伦敦的摩根士丹利添惠欧洲公司的董事长大卫·沃克爵士（Sir David Walker）和瑞银的首席执行官马塞尔·奥斯佩尔（Marcel Ospel）提出的倡议，是由一些计划引发的，这些计划彻底改变了欧洲证券业结算基础设施。

那之前的几天，德意志交易所的首席执行官韦纳·塞弗特（Werner Seifert）、世达清算公司（Cedel，一个总部位于卢森堡、银行所有、为国际债券市场提供清算服务的国际中央证券存管机构）的首席执行官安德烈·路西（André Lussi）、巴黎证券交易所的董事长兼首席执行官让·弗朗索瓦·西奥多（Jean – Francois Théodore），宣布将他们的证券结算业务合并。

乍一看，这样的整合似乎正是客户想要的。这个计划要创建一个名字相当令人困惑的欧洲清算所（European Clearing Hourse）。这是将欧洲交易后基础设施合并起来的第一次跨国倡议。

但沃克（Walker）和奥斯佩尔（Ospel）怀疑，塞弗特（Seifert）的目的与其说是为了减少成本，不如说是以用户利益为代价，扩大它的以营利为目的的垂直筒仓业务模型。于是沃克将欧洲证券行业用户团队（Esiug）的火力集中到塞弗特的计划上。

沃克对垂直结构的反对是强烈的。沃克是金融城的一名贵族，他在职业生涯中曾担任过英格兰银行的执行董事以及英国最高证券市场的监管者。对于这样一个显贵人物很不平常的是，他对交易后基础设施感兴趣。沃克本人成为了投资银行家、中央银行家、商业银行家、决策者、监管者和交易后专业人士之间的多重网络的幕后人物，对于那些希望实现欧洲金融基础设施现代化和降低用户成本的人们，他位于伦敦金丝雀码头的办公室是个"必游"之地。西奥多正是那些"只要在伦敦就一定要去看沃克的人们"之一。

在沃克的指导下，欧洲证券行业用户团队成为了"水平"结构清算和结算的主要推销者。在这一结构下，交易后业务是与交易活动本身分开持有和控制的，并根据功能可能与其他服务提供者的业务合并。

欧洲证券行业用户团队的成员中，克里斯·塔普克（Chris Tupker）代表荷兰银行（ABN AMRO）。塔普克和其他成员在欧洲证券行业用户团队中成立了一个工作组，为证券行业研究出了一个策略：将用户集合起来支持水平的交易后结构。"我们想出了将交易、清算、结算进行水平整合的主意，而不是垂直整合。"塔普克解释道。"我们开始细陈这样做的好处（与塞弗特所做的事情相比）"[1]。

2000 年，欧洲证券行业用户团队被作为欧洲证券论坛（European Securities Forum）重新推出，这是一个更加正式、结构化的组织，总部设在伦敦，初始会员是 24 个投资银行。欧洲证券行业用户团队逐渐丧失了动力，但在其鼎盛时期，它和欧洲证券论坛都是交易所和用户之间利益两极分化的象征。利益分化首先出现于 20 世纪 90 年代，在 21 世纪初增强，随着交易所集团的股份化以及变成上市公司，这种分歧变得根深蒂固。

12.3 金融基础设施公司的首次公开发行

金融基础设施的股份化于 20 世纪 90 年代在欧洲以适当规模开始，世纪之交之后，它成为了一种全球现象。

瑞典斯德哥尔摩交易所（OM）[2] 是一个瑞典的衍生品交易所，后来成为纳斯达克 - OMX 集团（Nasdaq OMX）的一部分。它是 1987 年全球第一个公开上市的交易所。

---

① 与作者的谈话，2006 年 3 月 27 日。

② MO 代表 Optionsmarknaden。

瑞典斯德哥尔摩交易所的上市波澜不惊，可能是因为它是从一个 IT 公司而非传统的交易所发展而来的。引起全世界关注的，反而是 1992 年的总部位于法兰克福的德意志交易所集团（Deutsche Börse）的股份化。它变成了一个联合股份公司（Aktien-gensellschaft，股份公司，德语），尽管股份化在那时并不意味着在股票市场上市。

德意志交易所的股份化目的是进一步激励德国金融部门从 20 世纪 80 年代末开始的现代化。尽管身份变化，但德意志交易所集团仍然被德国的银行拥有，银行现在是作为一个营利性公司的股东而非一个俱乐部的成员。但关键的是，它给了该交易所的志向远大的首席执行官韦纳·塞弗特（Werner Seifert）自主权力，去扩大衍生品的交易量，并将交易及交易后业务纵向地整合为一个垂直筒仓结构。

千禧年伊始，塞弗特准备好了更进一步行动。1999 年 12 月他宣布，该集团将寻求在股票交易所上市。经过些许延误，德意志交易所在 2001 年初完成了它股票的首次公开发行。

以营利为目的商业模式的支持者认为，与经营其他股票交易所的、往往是慵懒的共同机构相比，营利模式对效率和创新的激励的可能性更大。但 IPO 也是被公司管理者的雄心以及从前的所有者（即现在的用户）的贪婪和需要之间的巧合所驱动和定型。这些有时候会使支持者们引火烧身，正如在德意志交易所，它的 IPO 最终导致 2005 年首席执行官塞弗特因股东反对而离开。

德意志交易所的 IPO 鼓舞了雄心勃勃的效仿者。在西奥多的领导下、通过 2000 年 9 月巴黎、布鲁塞尔和阿姆斯特丹的证券交易所的合并而形成的一个跨国交易所，即泛欧交易所，也于 2001 年 7 月完成了 IPO，其股票在巴黎的泛欧交易所上市[①]。同一个月，在 2000 年已股份化了的伦敦证券交易所在伦敦证交所上市。

交易所股份化和公开上市传播到了其他洲。在亚太地区，中国香港的证券交易所和期货交易所在 1999 年至 2000 年期间完成了股份化及合并，由此形成的一个趋势迅速被新加坡追随，几年之后是韩国和澳大利亚。芝加哥商业交易所在股份化后成为美国第一个上市的交易所公司，在 2002 年秋天开始公开发行股票。其他美国交易所紧随其后。

通过成为上市公司，交易所掌握了金融火力并且能更好地升级交易及交易后服务。但作为上市的营利性企业，它们也开始受制于纪律约束和股票交易价格的不确定性，并成为利益冲突的受害者。它们很快就和从前的所有者、现在仍继续使用它们服务的用户产生了摩擦。

作为共同机构（译者注：未股份化之前交易所为会员所有），交易所和它们的交易后基础设施一直是垄断者，但这是可以被用户公司所接受的，因为它们同时也是所有

---

① 见 15.2 节。

者，能从返佣以及其他非股息的方式获利。

然而上市意味着交易所有了外部股东，他们要求对股东友好的、趋利性政策。这一公司治理上的转变，使得交易所和投资银行（交易所的最大和最坚持自己主张的用户）之间的紧张局势更明朗化，因为银行利用上市出售它们所持股权并实现其长期潜存的资本收益。在交易所和交易后基础设施还作为共同机构运营，而它们的所有者之中还包括银行的时候，争执被限制在董事会里，现在却猛烈地公开了。

再以德意志交易所为例：在它 2001 年首次公开上市之前，这个法兰克福的交易所集团在 1992 年股份化之前与之后，所有者和使用者基本相同。然而，到 2003 年年底，这些所谓的"战略股东"们仅持有公司 3% 的股权，银行为了给新的盈利机会腾出资金（或者许多是为了在"9·11"和互联网泡沫破裂后弥补损失）而售出了股份，取而代之的新股东是对冲基金和没有忠诚度的其他投资者。

在金融市场中，记忆是短暂的，感恩也很少被人注意。那些在交易所首次公开发行后即出售了所持股权的银行们，忘记了它们那时曾得到的暴利。相反，当它们自己的利润处于压力之下时，它们却眼睁睁地盯着清算和其他交易后基础设施成本不放。

尽管用户把交易后基础设施看做成本，但股份化和公开上市的交易所集团学会了把中央交易对手方清算所看做是从交易到清算、结算的一种交易链增值的方式。

中央对手方清算所陷入了交易所和投资银行的紧张关系中。在交易所公开上市成为常态前，中央对手方清算所像公用公司一样运营，它们是共同所有的或者是共同所有的交易所集团的一部分，或者至少充满了共同的精神。它们服务于国家金融市场，并不暴露于国际竞争力量之下。它们的环境是这样的：中央对手方清算所是像芝加哥商业交易所那样处于一个与交易所合并的垂直结构里，还是像伦敦清算所那样独立于交易所之外，或者像芝加哥期货交易所清算公司（长期附属于芝加哥期货交易所、为用户所有）那样介于两者间，其实无关紧要。

在股份化和公开上市后，情况发生了改变。中央对手方清算所的结构和治理成为了激烈争论的话题，因为这涉及交易和交易后部门的功能发挥。

12.4　欧洲交易后服务提供商的整合所导致的分化

一方面，交易所和基础设施提供商之间存在分歧；另一方面，它们的投资银行用户改变了欧洲金融基础设施整合的游戏规则。

在国家层面，基础设施整合证明是一种降低成本和提高金融市场效率的成功手段。这是 1999 年末集中存托清算公司创建背后的逻辑，它标志着美国证券市场向交易后基础设施合并迈进的巨大一步。

在欧洲，欧元的发行似乎预示着更广泛的跨国合并。从 1999 年 1 月 1 日开始的欧元区成员国的汇率冻结，意味着在当时 15 个欧盟成员中有 11 个国家之间不再存在汇率风险。看起来考虑基础设施（包括跨国界中央对手方清算所）的整合是合理的，尽管旨在创立一个单一的、无障碍的金融服务市场的欧洲行动计划在 1999 年 5 月发布时，几乎没提到交易后服务①。

但在企业层面，每向合并迈进一步都被另一步后退所抵消。正如在下一章描述的，在美国，一份 1998 年 3 月在芝加哥期货交易所和芝加哥商业交易之间达成的共享清算设施的协议只存活了不到 6 个月。在欧洲，一个跨国欧洲结算集团的三方计划（通过合并世达清算公司（Cedel）、总部位于卢森堡的欧洲国际中央证券存管机构以及德国和法国的中央证券存管机构所创立）同样存活短暂，法国于 1999 年 11 月退出之后它即解体，仅持续了 6 个多月。

三方计划缩小为世达国际清算公司和德意志交易所清算公司（Deutsche Börse Clearing，DBC，德意志交易所集团的证券结算机构）的跨境合并，导致在 2000 年 1 月产生了欧洲第一个跨国金融基础设施提供商 Clearsream，其中德意志交易所和世达清算国际集团（Cedel International）各占 50%，后者是一家由过去曾全资拥有世达清算公司的 92 家银行组成的控股公司即中央证券存管机构。

但是，Clearsream 并没有像许多人希望的那样，形成欧洲的证券结算公司更广泛跨境合并的基础。紧随而来的却是欧洲金融基础设施供应商之间的垂直结构与水平结构之间的分隔的加强，4 年里被卷在一系列令人迷惑的企业运筹策划之中。

Clearsream 的问题给韦纳·塞弗特提供了机会，他通过收购世达清算国际集团在该公司的 50% 股份，扩张了德意志交易所的垂直筒仓结构。到 2002 年 7 月，Clearsream 成为了以营利为目的的、上市德意志交易所集团的全资所有而且是全部并表运营的子公司。

到这时，让·弗朗索瓦·西奥多已经成为欧洲水平整合的主要推动者，他监督实施了 2000 年巴黎、布鲁塞尔和阿姆斯特丹证券交易所合并成泛欧交易所的过程，在此期间，巴黎交易所的中央对手方清算所 Clearnet 接管了比利时和荷兰的中央对手方清算所。清算所 Clearnet 作为泛欧交易所集团的一个子公司而成立，有一定程度的独立性和向用户们提供股份的计划。

西奥多也支持欧洲清算系统（Euroclear，总部位于布鲁塞尔的国际证券集中托管机构）2001 年对法国的中央证券存管机构（OSD）Sicovam，以及 2002 年对英国中央证券集存机构 CREST 的收购，从而建立一个用户自有、用户治理、水平结构的证券清算集

---

① 欧盟委员会（1999 年 5 月），"金融服务：实施金融市场的框架——行动计划"。

团，与泛欧交易所集团保持独立。到那个十年期之末，欧洲清算集团已经为法国、比利时、荷兰、英国、瑞典和芬兰以及绝大部分国际债券市场提供证券结算业务[①]。

在 2000 年的一个错误开始后，这些年的不断变化也催生了伦敦清算所，它是由伦敦清算所与巴黎的清算所 Clearnet 在 2003 年底合并而成[②]的、一个水平结构的、多资产类别的跨国中央对手方清算所集团。

然而在 1999 年至 2003 年的发展变化，未能将欧洲的金融基础设施整合到一个令用户或是决策者满意的程度，不但如此，欧洲的水平结构与垂直结构的分隔变得更加明显。全球化也并没有成为进一步合并的恰当催化剂。

12.5 跨大西洋清算方案未出现

在 21 世纪初，似乎有充分的理由预期：合并的压力将从美国跨越大西洋传递到欧洲。美国的投资银行在欧洲的用户群体中正扮演着更重大的角色。技术和电子通讯的进步有可能激发 24 小时交易。常规的风险管理模型如风险标准组合分析系统（SPAN）的发展，以及将这些系统应用到现货及衍生产品市场的计算机软件，已经给跨境交易提供了助推力。

1997 年 6 月在巴黎市场和芝加哥商业交易所之间的技术交流，将后者的清算 21（Clearing 21）系统引入欧洲，在大西洋两岸都得以应用。美国和欧洲的中央对手方清算所之间有经常互相交流的想法。在欧洲，许多按捺不住期盼改革的用户都是大型的美国投行，它们在 20 世纪 90 年代扩大了自身的全球影响力。

通常在豪华度假胜地举行的会议和展览，为大西洋两岸间的执行官们提供了一个交换意见和密谋企业运作的场合。每年春天在博卡拉顿（Boca Raton）以及每年秋天在芝加哥举行的美国期货业协会（US Futures Industry Association）会议，为衍生品行业的领导者和他们的清算供应商提供了一个在美国领土见面的机会。瑞士期货和期权协会（Swiss Futures and Options Association）主办的 Bürgenstock 会议，每年 9 月初都有来自世界各地的经纪人、交易所、清算公司和监管机构出席，使得类似的高层交际网也出现在欧洲领土的宽松环境中。

在早先几十年里，曾有过对跨大西洋的中央对手方清算所联合计划的讨论。20 世纪 80 年代初期权清算公司和国际商品清算所讨论过合并事宜。美国集中存托清算公司

---

① 关于当时欧洲证券结算行业的这些策略的更完整细节以及它们的结果，请见作者在诺曼·彼得（2007）的《管道工程师与预言家：证券结算和欧洲的金融市场》中的描述与分析。

② 见 15.3 节和 15.5 节。

2001 年在欧洲建立了一个据点，推出了一个全资子公司——欧洲中央对手方清算所——来为美国纳斯达克交易所的新子公司（纳斯达克交易所欧洲）提供中央对手方清算服务，同时公告天下，它也已准备好为其他合作伙伴做清算。

但真到了将要动手实施时，这些激动人心的全球化计划只不过停留在了言辞层面而已。到 2002 年 9 月，在对纳斯达克欧洲要约收购失败后，美国集中存托清算公司逐渐停止了它的欧洲中央对手方清算所的业务。

美国集中存托清算公司遭遇的挫折，一方面反映了 2000 年互联网热潮崩溃和 2001 年"9·11"恐怖袭击后开始出现的更困难的经济状况，另一方面它也是一个标志，说明全球化的讨论并未改变全球各个国家既定的监管、税收和法律系统。任何寻求跨国扩张业务的中央对手方清算所，都对现存的服务提供商构成威胁。并且当跨境合并进入到公共政策领域时，有大批的游说者都会随时听命于现任者并捍卫现状。

监管者和立法者的办公室，成了水平结构支持者和垂直结构拥护者之间、股票交易所上市的机构和共同所有机构之间、以成本价运营和以营利为目的的商业模式代理人之间的游说战场。当不得不做选择时，最容易的办法就是：各国首都的监管者们与他们国家"自己"的行业翘楚们结盟。这是华盛顿"亘古不变"的惯例，在欧洲各成员国的层面，也存在着对跨境合并和一体化的强力抵制。

12.6　监管者的左右为难：金融市场安全与竞争力

中央对手方清算所的监管者们被两个不同方向的力量拉动。21 世纪初期，美国和欧洲的监管决策者们仍然执着于 20 世纪 80 年代开始的宽松监管政策，与此同时，中央对手方清算所也值得特别的关注。清算所的中央对手方功能虽然化解了金融市场的风险，却将风险集中在中央对手方本身，使它们本身成为整体金融系统一个潜在的风险点。

自由主义市场（libertarian approach）监管一直被自 1987 年始就担任美联储委员会主席的艾伦·格林斯潘（Alan Greenspan）所推崇。作为一个在美国甚至全世界都极具影响力的人物，艾伦·格林斯潘认为，市场参与者总体上说要比政府更有能力监测和控制与他们特定对手方之间交易相关的风险。艾伦·格林斯潘曾多次在演讲中提到，他担心"这些私营部门的审慎监管"可能会被政府监管损害甚至取代。"除非市场规则被道德风险所破坏。例如，由于联邦政府对私人债务的担保，总体来说私营部门监管在抑制过度风险聚集上要远好于政府监管，"他曾说道。①

---

① 艾伦·格林斯潘（Alan Greenspan）（2005 年 5 月 5 日），"风险转移和金融稳定"，评述通过卫星转到美联储银行芝加哥第 41 届关于银行结构的年会，芝加哥。

到 20 世纪 90 年代末，美国的商品交易法（CEA）已亟待修改，需考虑到从 1974 年它成为法律开始，场内和场外衍生品交易量以及交易产品范围的快速增长。特别是柜台衍生品交易有了法律确定性的要求，该要求应代替 20 世纪 80 年代和 90 年代通过一系列美国商品期货交易委员会（CFTC）的政策声明形成的非正式框架，该框架还把柜台业务排除在监管之外。

法律确定性在 20 世纪 90 年代末的背景下意味着要么没有监管，要么由行业自律监管。尽管当时许多新闻头条报道了 20 世纪 90 年代一些疏忽大意的投资者（包括一些企业例如宝洁公司以及公共机构如加州的橘郡（Orange County）县）遭受严重损失的事件，美国国会并不认为，柜台衍生品交易的膨胀会威胁到金融市场稳定。金融游说者和行业组织例如国际掉期与衍生品协会（International Swaps and Derivatives Association，ISDA）再三向立法者保证，柜台市场参与者的金融成熟度能够预防过度的市场风险聚集。

1999 年，总统的金融市场工作组将国会往行业自律监管的方向上推，它警告国会说，交易有可能流失到海外，金融创新和增长可能受到打击并毁掉美国在金融市场的领导地位，除非把围绕私下议价的掉期和场外达成的柜台能源合约的法律不确定性消除掉。

经过多个月的辩论，商品期货现代化法案（Commodity Futures Modernization Act，CFMA）在 2000 年 12 月克林顿政府末期正式通过。在许多条款之中，它承诺通过增强法律确定性来"促进期货和衍生品的创新并减少系统性风险"，并"提高美国金融机构和金融市场的竞争地位"①。

为了给柜台交易者提供法律确定性，商品期货现代化法案（CFMA）从商品交易法案的覆盖范围和美国商品期货交易委员会的监管范围中排除了一系列广泛的掉期协议和其他不在交易平台上执行的衍生品交易，条件是这些交易发生在成熟而财务稳健的专业人士之间，即所谓的"合格的合约参与者"。

同时从商品交易法案和商品期货交易委员会监管范围内排除的，还有"合格的合约参与者"之间的"免税商品"的柜台交易。免税商品主要是指场外交易的能源产品、化学品和金属，但这些商品在涉及反欺诈和反市场操纵问题时仍然属于商品期货交易委员会的管辖范畴。这反映了美国国会对此类产品易受价格操控的担心。

商品期货现代化法案废止了已有 18 年历史的交易单一股票期货的禁令。

除了传统的衍生品交易所之外，法令还允许创造新的"免税商品市场"，成熟专业人士可以交易各类广泛的已排除合约和免税合约，而不受商品期货交易委员会监管约束。但法令保留了商品期货交易委员会对场内农业衍生品和金融期货期权的监管。

---

① 商品期货现代化法案，HR5660，第 2 部分，第 6 段和第 8 段。

商品期货现代化法案是促进柜台衍生品交易的一个因素，另一个因素是投资银行与交易所之间的分歧，这种分歧导致银行将更多的交易活动导入佣金丰厚的、不透明的柜台市场中。在20世纪90年代后期以30%的复合增长率扩张之后，柜台交易衍生品的增长变得更加疯狂，到2008年中期，当全球衍生品市场按开放合约账面价值衡量达到684万亿美元峰值时，88%是场外交易的，而同一时期在交易所交易的合约账面价值仅仅有82万亿美元[①]。

当涉及清算时，商品期货现代化法案对衍生品交易的自由主义市场方式一定程度上有所缓和。此法案的一个目的就是"在市场秩序混乱期间，使柜台衍生品通过受监管清算机构进行清算，以减少系统性风险及提供更多稳定性保障"[②]。因此该法案扩张了清算所的清算范围，可以为基于双边的柜台衍生合约进行清算，而不仅是交易所（的合约）。但是，与美国危机后2010年立法不同，它离强制性场外交易清算还相去甚远。

商品期货现代化法案给予了交易所将清算所从交易平台剥离的选择。美国的清算所必须向负责监管它们所清算的金融工具的监管者登记，才能与他们所服务的交易机构分开独立监管。因此衍生品指定清算机构（DCOs）必须向商品期货交易委员会登记。

2001年7月，商品期货交易委员会登记了第一个衍生品清算机构，它不附属于交易机构，为柜台交易的能源衍生品提供清算[③]。三个月之后，伦敦清算所被商品期货交易委员会认可为商品期货现代化法案下的第一家离岸衍生品清算组织，并且是第二家不与交易所关联的清算所。伦敦清算所为全球场外银行间掉期市场的清算开发了掉期清算系统。

中央对手方清算所还必须签署同意一些核心原则，从而在充足的财务资金、适当的风险管理技能以及恰当的结算交割能力等方面上符合共同的标准。

商品期货现代化法案有着降低系统性风险和消除金融创新障碍的双重目标，直到2008年该体系接近崩溃之前它都一直是美国金融体系中值得称赞的部分。美国中央对手方清算所在"9·11"恐怖袭击中幸存，它们的监管框架在2007年到2008年金融危机期间也被证明是适当的。危机中所暴露出的商品期货现代化法案的缺陷，主要是在未被监管和不经清算的业务领域。

直到雷曼兄弟破产以前，欧洲金融立法的关注点也是在于放松管制，但是同时有一个重要的额外要求：促进跨国境的整合。

一旦清算和结算抓住了欧盟政策制定者的眼球，他们就效仿美国只专注于股票市场的解决方案而将衍生品丢到一边，无论它们是在场内交易还是柜台交易的。

---

① 数据来源于国际清算银行（2009年11月），"2009年上半年柜台衍生品业务"。

② 商品期货现代化法案，HR5660，第2部分，第7段，作者斜体字。

③ 能源清算（Energy Clear），是一家总部位于休斯顿的衍生品清算组织，为柜台交易的能源衍生品合约提供清算和交割。

受美国集中存托清算公司（创建了一个服务于整个美国的证券市场）启发，欧盟强调了打破国界障碍以降低成本和促进金融基础设施供应商间竞争的必要性。但直到2006年欧盟委员会仍不能决定：是对证券交易后服务强制执行一个单一市场还是搭建一个行业整体解决方案。当委员会最终行动时，其方式是协调安排了一个行业行为准则（Code of Conduct）。该行业准则名义上是自发的，但它只有在欧盟立法强制的威胁下才得以推行。

当面临国家清算和结算基础设施间不同类型的治理结构和所有权结构时，欧盟也如履薄冰。在横向与垂直结构之间、以营利为目的与按成本价运营之间、公开上市和用户自有自治之间，委员会都采取了中立态度。

然而，一些问题不得不被触及。欧洲和美国监管升级的举措以及全球化造成的改变，使得我们需要对清算所的风险管理做一些反思。

中央对手方清算减少参与者对手方风险的能力，意味着风险集中在中央对手方清算所自身上。各个国家背后发展起来的操作手法，有时不再适用于一个全球化的世界或者欧洲单一市场。欧盟的投资银行，例如欧洲证券论坛（ESF）的支持者们，正在考虑一个统一中央对手方清算所的价值所在。答案在于跨境的安全和风险管理方面的最低标准，政策制定者们把这项工作委托给多国委员会的官员们。这些风险管理机构被谙熟"缩写字母汤"（译注：指众多交易所和清算机构的英文名称缩写）的行家们所知，但对于公众和主流媒体来说这些只是默默无闻幕后工作的一群人而已。

在全球层面上，这项工作落到了支付结算体系委员会—国际证监会组织（CPSS – IOSCO）的一个工作组身上，工作组由总部位于巴塞尔的、各主要国家央行组成的支付结算体系委员会以及国际证监会组织的技术委员会（Techinical Committee）设立。在欧盟，该工作组中许多官员同时归属于欧洲中央银行体系—欧盟证券监管委员会（ESCB – CESR）的一个工作组。欧盟证券监管委员会由欧洲中央银行和欧盟国家央行的官员[①]，以及隶属于欧盟证券监管委员会（CESR）的证券委员会的官员组成，致力于调整支付结算体系委员会—国际证监会组织的结论，使之适应欧洲的实际情况。

12.7 金融创新

那些担心中央对手方清算所安全标准的巴塞尔官员在21世纪初只占少数。金融市场正享受宽松的货币政策和宽厚的监管制度所赐予的一场盛宴，场内和场外的交易量飞升。

---

① 欧洲中央银行（ECB）和欧盟国家央行的官员组成了欧洲中央银行系统（ESCB）。

金融创新一路欢快前进，没有被商品期货现代化法案和欧盟建立单一金融服务市场的工作所阻碍。对于中央对手方清算，2007 年金融危机前那些年里出现了两个意义重大的创新。

首先，证券市场里算法交易的增长特别强劲。计算机算法交易起源于美国，它在越来越复杂的市场环境中，利用巨量数据，将交易放到"自动驾驶仪"上。对数学博士、应用物理博士的需求大增，证券公司聘请他们作为"数量分析师"，设计出复杂的、算法驱动的"黑盒子"，使得交易者能够击败各种所谓基准，并对其他的市场参与者隐瞒他们的交易范围。

证券交易规模迅速增长。美国的一些研究估计，截至 2005 年春季，算法交易占到整个美国证券交易额的 14% ~25%，由此开始的这个趋势使得高频算法交易到 2010 年占了全美国证券交易的 60% 左右。伦敦是这个量化"黑盒子"交易策略的欧洲中心，市场预计显示，算法驱动交易在 2006 年末占了交易的 28%，并推动了伦敦股票交易所的电子交易系统（SETS）电子指令账户上平均每年约 60% 的交易量增长。

这些增长从美国集中存托清算公司的子公司国家证券清算公司所处理的数量和金额中可以看出来：在金融危机前几年间，相关数据从 2003 年的 48 亿笔、交易额 82 万亿美元增长到 2007 年的 13.5 亿笔、交易额 283 万亿美元。

新的交易技术有赖于中央对手方清算所的轧差能力，把进入结算基础设施的指令流保持在可管理规模以内。然而，更高的交易量需要进一步的投资。例如，国家证券清算公司的日处理能力翻了 3 倍——从 2006 年的 1.6 亿笔到两年后的 5 亿笔。

交易量猛增的同时伴随着下单规模（译者注：指单笔交易金额）的减小，因为算法交易拆碎了大额交易以减少引起市场不利变动的几率。大交易量和更小的合约规模，乍一看对交易所以及交易后服务提供者来说是大好消息，它们意味着更多的单据和更高的费用收入。但是，尤其是在欧洲，这样的业务增长加重了来自用户的降低费用和削减成本的压力，当成本没有下降到用户满意的程度时，用户可能会施展策略以绕过交易所和其他基础设施提供商（见图 12.1）。

让用户的这些要求变得更咄咄逼人的，是他们所处的高度竞争环境：在这个指令执行远比一眨眼还快的"黑盒子"算法交易的世界里，大量投资在高速计算机技术上，而结果仅仅屈居第二名，是得不到奖励的。

计算机天才们将算法交易带到世界证券市场的同时，也带来了柜台交易的衍生品的数量和复杂程度的量子化飞跃。

最终将给清算所带来巨大挑战和机遇的、金融领域的第二个创新，就是把信用风险从一方转到另一方的一些金融工具，它们从 20 世纪 90 年代初期微不足道的开端走向了后来的大爆炸。

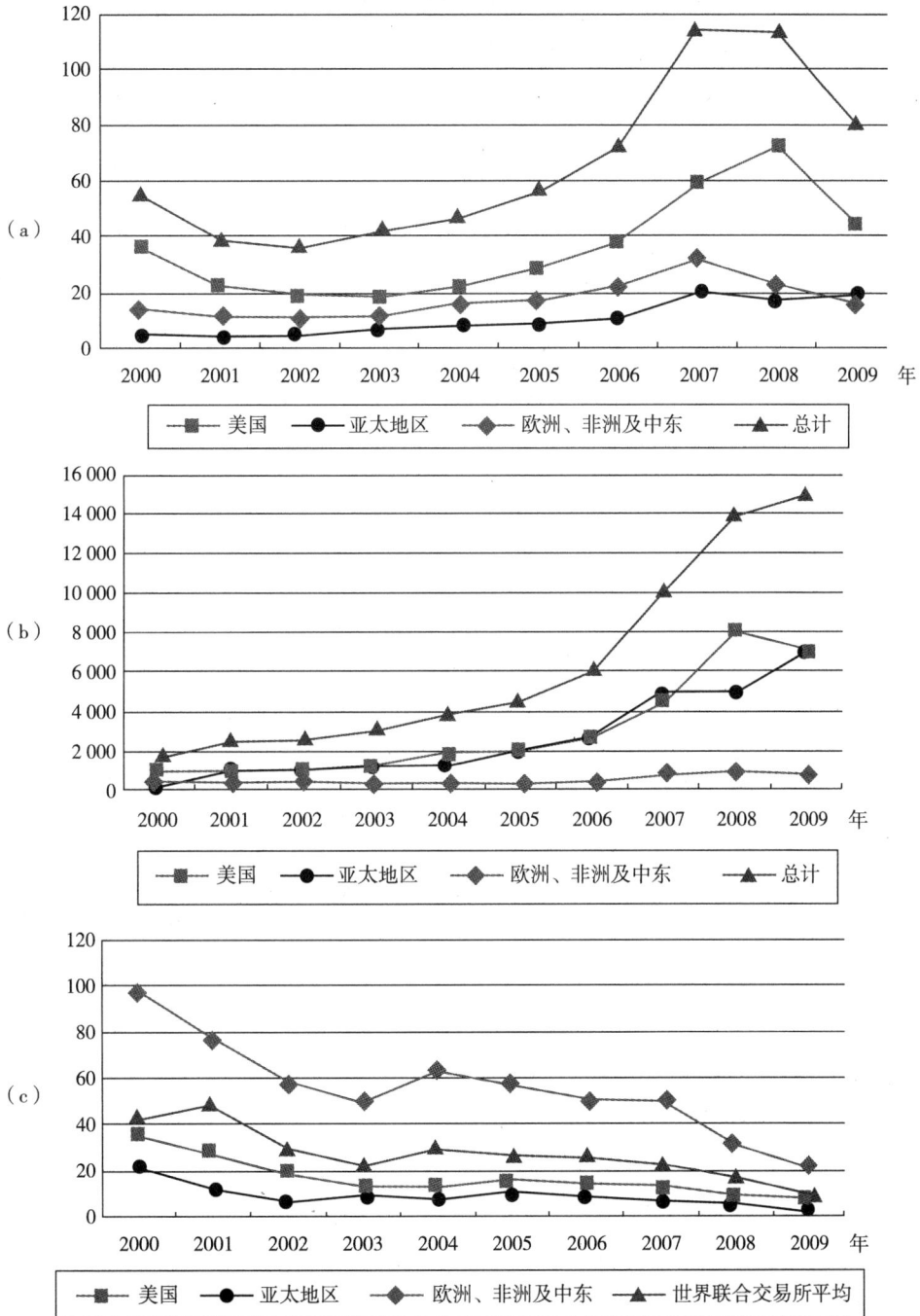

（a）

（b）

（c）

资料来源：世界交易所联合会，经其同意而再版。

（a）股票交易总值（单位：万亿美元）；（b）证券市场的交易手数（单位：百万）；

（c）交易的平均价值（单位：1 000 美元，按股票价值交易加权）

图 12.1　全球证券市场 2000—2009 年交易数据图

证券化、发起和分配模式迅速传播到整个银行界，因为互联网泡沫崩溃及"9·11"事件之后，经理人必须在低利率环境下设法提高回报率。

信用市场繁荣了起来。抵押贷款和贷款被投资银行切割细分并转变为资产支持证券（ABS），构造了一种新工具混合，一般被称为债务抵押债券。在得到世界主要评级机构的认可后，这些工具根据不同信用质量级别被出售给全世界的投资者，购买者渴望获得一些额外的收益率基点。10 年时间里这些工具变得越来越复杂。二次方债务抵押债券（CDO - squareds）——或者说债务抵押债券的债务抵押债券（CDOs of CDOs）——出笼了。投资银行还发明了人工债务抵押证券，通过构造一个信用违约掉期的组合来模仿债务抵押债券的特征。

在商品期货现代化法案被批准时，信用违约掉期还处在萌芽期，且还不为政策制定者所知。盖瑞·詹斯勒（Gary Gensler）在 2009 年被美国总统奥巴马任命统领美国商品期货交易委员会，他后来回忆到，在 1997 年到 2001 年他担任美国财务部高级官员期间，信用违约掉期从未在他的电脑屏幕上出现过[①]。

"我任职于克林顿政府，我不记得有任何一次会议讨论过信用违约掉期。我也不记得有任何一个简报是关于信用违约掉期的，"詹斯勒（Gensler）2009 年 9 月在布鲁塞尔会议上告诉银行家、官员和媒体听众，"在美国财务部，我们没有这方面的会议和简报，但信用违约掉期确实在 1999 年已经存在了"[②]。

作为一个双边场外合约，信用违约掉期最简单地说是保险的一种形式。信用违约掉期允许投资者将影响资产或"相关实体"（价格）的风险或者一个特定"信用事件"的违约风险按一定的费用剥离转移给第三方（译者注：剥离风险的那些投资者相当于购买了一个保障）。保障的购买方按约定的时间间隔向保障的出卖方支付保险费，而保障的卖方在获取收入（保险费）的同时，须承担风险：如果相关实体无法履行义务，则卖方必须向保障的买方支付。由于大多数信用违约掉期在发行时有较好的信贷评级，不幸事件或信用事件发生的可能性在"大稳健"时期看起来很遥远。

信用违约掉期是可交易的，支付给保障提供方（卖方）的保费价格会有波动，能为相关实体的风险程度提供一个有用的指导。但信用违约掉期有两个特殊之处：

- 无论是保障的买方还是卖方，都不需要与掉期交易所覆盖的基础资产或"相关实体"有任何关联。在这方面，信用违约掉期与期货行业早年在"投机商行"

---

① 在 1997 年和 1999 年担任金融市场部长助理，1999 年到 2001 年在国内金融部长下任职。

② 2009 年 9 月 25 日，在布鲁塞尔的关于柜台衍生品监管的欧盟委员会会议上，他发表的政策演讲中的一个无稿评论。

进行的交易有一些相似之处。

- 信用违约掉期有独特的盈利分析（Payoff profile）。当信用事件发生时，保障的买方期望得到以一笔实质性的支付作为缴纳保险费的回报。这种"向违约风险跳转"使信用违约掉期市场具备不可预测的内在特质，并且潜在地非常不稳定，特别是发生一连串违约时。

信用违约掉期市场发展出了三种主要产品类型：

- 单名信用违约掉期（single name CDSs）：相关实体是一个独立的企业或者政府；
- 信用违约掉期指数（index CDSs）：合约中包含众多高流动性的单名信用违约掉期；
- 一揽子信用违约掉期（basket CDSs）：由 3 ~ 100 个相对不标准、透明度更低、因而流动性较低的单名信用违约掉期组成。

信用衍生品的交易是在场外进行的，不处于监管之下而且绕过了中央对手方清算所。尽管对后台办公室处理程序的质量的担忧不断增长，并且在美联储纽约的鼓励下，相关机构从 2005 年开始对这些问题采取措施，但是在 21 世纪初，风险转移通常被视为全球金融体系的长处之一。

在卫星播送的一个发言中，艾伦·格林斯潘抓住了那个时代的这种精神。在芝加哥联邦储备银行 2005 年 5 月组织的一次会议上，他说道："越来越多的衍生品系列以及越来越复杂的风险测量和管理方法，是支撑我们大型金融机构抵御力弹性的关键因素。"[1]

由于豁免于监管，信用衍生品市场（在它冲击政策制定者的意识之前）得以迅猛增长。例如，国际清算银行仅从 2004 年 12 月才开始对信用违约掉期的数据进行常规的半年度报告。

国际清算银行自此发布的数据显示，美国和欧洲每年发行的"结构性信用产品"从 2000 年的仅 5 000 亿多美元跳跃到 2006 年的 3 万亿美元左右[2]。开放的信用违约掉期的账面金额从 2001 年 6 月底的 7 000 亿美元飙升到三年后的 4.5 万亿美元，再到 2008 年 6 月底的 57.4 万亿美元[3]。

---

[1] 艾伦·格林斯潘（2005 年 5 月 5 日）。

[2] 国际清算银行（2009 年 12 月），"特殊目的实体的联合论坛报告"，巴塞尔银行监督委员会。报告第 7 页表格中总结的总数，包括资产支持证券（ABS）、抵押支持证券（MBS）和债券抵押债券（CDO）。

[3] 国际清算银行（2004 年 12 月，2007 年 11 月，2008 年 11 月）："全球柜台衍生品市场头寸三年度及半年度调查"，2004 年 6 月及 2007 年 6 月，以及"2008 年上半年柜台衍生品市场业务"。

危险杠杆、相互关联性和复杂性的这种混合体，埋藏在数据背后并支撑了信用衍生品的快速增长。但它几乎一直未被察觉，直到在 2007—2008 年的危机中暴露。正是在 2008 年 3 月贝尔斯登投资银行的几近倒闭之后，为新一代信用衍生品提供中央对手方清算的趋势才开始确立。

这种剧毒金融工具是如此复杂，以至于即使是商品期货现代法案授权下的最勤勉的"合格的合约参与者"也无法了解其中包含的风险。根据英格兰银行的金融稳定执行董事安德鲁·霍尔丹（Andrew Haldane）所说，对住宅抵押支持证券（RBMS）进行尽职调查的投资者大约需要阅读 200 页文档，这对一个繁忙的人来说还算是个"勉强可行"的任务。但是，面对一个包含 150 个住宅抵押支持贷款（RMBSs）的、典型的债务抵押债券，或大约 125 个级次的资产支持证券的债务抵押债券（ABS CDOs）构成的一个二次方债务抵押债券（CDO squared）时，"二次方债务抵押债券（CDO^2）的投资者，需要阅读 10 亿页以上的材料才能完全理解其中的组成成分"。[①]

12.8 清算会员群体的整合

雷曼兄弟的违约，转瞬之间将一个主要清算会员公司从全世界的中央对手方清算系统（CCPs）中移除了。但远在违约事件之前，银行和金融财团间就已经开始了一个支配力集中过程，它改变着清算所和它们的清算会员之间的关系。

在它们的大部分历史中，中央对手方清算所的存在是为了清算和轧差交易，并为众多公司的对手方风险承担责任，这些公司作为清算会员，充当了清算所和更大数量的中介机构及最终投资者之间的通道。

到 21 世纪初，很少有公司愿意或有能力成为清算会员。2000 年的欧洲证券论坛（ESF）的 24 个创始人会员中包括了那时在全球活跃的大部分大型清算会员。

清算会员的集中程度在接下来的几年里进一步提升，尽管它们之中有的新参与者，例如：高频交易商全球电子交易公司（Getco），以及决意进军交易后行业并创建新业务类别的交易商间货币经纪人毅联汇业集团（ICAP）。

数量的减少反映了从 1990 年左右以来，世界的金融力量集中在一些主要由美国控股的投行和商业银行中。在欧洲，美国银行引领了跨境业务发展的道路，在这个过程中它们成为了更为重要的清算会员。欧洲的一些主要清算会员在 20 世纪 90 年代末从国际棋盘上掉落了下去，其他的一些合并组成了合资企业，例如 2008 年 1 月法国东方汇理银行（Calyon）和兴业银行（Société Générale）将它们各自的全球期货经纪业务合并成

① 英格兰银行（2009 年 4 月），"金融网络反思"，对金融学员组织的演讲，阿姆斯特丹。

立了新际集团（Newedge）。

在美国，银行间的集中受到立法的推动。1999 年的《格雷姆—里奇—比利雷法》（Gramm‐Leach‐Bliley Act——译注：即 1999 年的金融现代化法案）废止了 1933 年的《格拉斯—斯蒂格尔法》（Glass Steagall Law），批准了此前一年商业银行花旗集团和金融集团旅行保险（Travellers Insurance）的合并，后者包括投资银行史密斯巴尼（Smith Barney）。

紧跟着花旗集团合并的是其他并购，结果产生了"大而复杂的金融机构"。这包括 2000 年摩根银行（JP Morgan）和大通曼哈顿银行（Chase Manhattan Bank）的合并；紧接着是 2004 年摩根大通（JP Morgan Chase）和第一银行的合并（Bank One）；2004 年美国银行（Bank of America）并购了波士顿银行（Fleet Boston Financial——其自身也是 1999 年一个重大合并的产物）。

在某些情况下，集中反映了经营失败。美国商品和金融期货经纪商瑞富（Refco）因 2005 年 10 月的欺诈行为暴露而申请破产，在此之前它是芝加哥商业交易所最大的经纪商。2008 年 3 月，随着金融危机升级，美国投资银行贝尔斯登（Bear Steams）突然退出了顶级清算会员的行列，在美联储纽约（New York Federal Reserve Bank）精心策划的救市行动中它被摩根大通银行接管。到雷曼兄弟兄倒闭之时，对任何特定资产类别，可能只有十几个大型清算会员可以自称是全球活跃的。

随着全球活跃的清算会员数量减少，他们对金融基础设施提供商的影响潜力增长了。克里斯·塔普克（Chris Tupker）在接任伦敦清算所的董事长职位后立即注意到这个趋势："过去 6~7 年间的变化之一是，市场支配力都集中在更少数人的手中：更少的用户扮演了更为重要的角色，"[1] 他说。估计"也许 50% 或者 60% 的伦敦清算所业务是由 10 个公司来完成的，他补充道：

从为大宗商品、衍生品、债券和证券提供清算的伦敦清算所角度来看，我关注着我们清算的每种资产类别的前 10 家公司，它们总是相同的公司。最大的黄金交易商和最大的石油交易商现在是高盛和摩根士丹利。一个巨量的集中正在发生，给予了这些公司支配市场的力量。

这个 10 年期以来，大公司逐渐利用他们在不同交易领域聚集的市场支配力量来与交易所竞争，并且绕过交易所。作为清算会员它们变得更为大胆和坚持，企图塑造中央对手方清算所的命运。

下一章将描述：当投资银行和其他大胆自信的金融机构试图撼动芝加哥建立已久的期货交易所时，这座城市的中央对手清算所以及清算行业如何反应。

---

[1]　与作者的谈话，2006 年 12 月 4 日。

第 13 章

芝加哥过山车

13.1 对电子盘交易者的共同清算

20 世纪 90 年代晚期，芝加哥的期货交易所处于压力之下。

它们不再是世界上最先进的交易所了。尽管芝加哥期货交易所和芝加哥商业交易所已经为闭市后交易活动引进了电子盘交易系统，但本地交易者对每一个交易所施加的影响，使得大部分交易仍是通过场内公开喊价进行。

高效的、节约成本的电子盘交易技术，令以德国期货交易所为首的欧洲大陆交易所得以提高营业额和市场份额。伦敦国际金融期货交易所在 1997 年期间遭受了损失：它的基准 10 年期国债期货业务输给了德国期货交易所，1998 年 3 月它宣布，将在 1999 年把大部分合约转到电子盘上交易。

交易所之外，越来越多的衍生品被推出并在全球市场中以柜台方式进行交易。专门聚焦于柜台衍生品的 1993 年 G30 报告抓住了这一趋势。尽管场内衍生品和柜台产品（译者注：即场外产品）的交易额在 1987 年到 1992 年间是并列增长的，在 1993 年之后，柜台业务的扩张要快得多。

1991 年底的柜台衍生品的开放账面金额为 4.45 万亿美元，比场内交易的衍生品 3.52 万亿美元的账面总额高了约四分之一。截至 1998 年年底，柜台衍生品的开放账面金额达到 51 万亿美元，几乎是同期场内交易衍生品 13.55 万亿美元的开放账面金额的 4 倍①。

芝加哥不得不作出回应，1998 年 3 月的两个声明暗示：未来它将依靠国内整合以及从国外引入最佳操作实践：

---

① 数据来源于国际清算银行第 67 期和第 69 期年报。

- 1998 年 3 月 18 日，芝加哥期货交易所和欧洲期货交易所的股东们——德国期货交易所和瑞士期权与金融期货交易所——宣布了它们的联盟计划，意在 1999 年 6 月前搭建一个共同交易平台。

- 两天后，即 3 月 20 日，芝加哥期货交易所和芝加哥商业交易所这两个竞争对手达成了一个临时协议，共用它们的清算设施。

在过去二十年中这两家交易所的关系忽近忽远，而共同清算的想法也在不同的场合被推进和反对。这一最新的倡议看起来很有希望，这多亏了莫顿·H. 米勒（Merton H. Miller），一位曾获得诺贝尔奖的经济学家，也是芝加哥大学商学院的金融名誉教授。他曾先后与芝加哥期货交易所和芝加哥商业交易所的董事会之间有过密切合作。

1996 年 1 月底开始，米勒主持两个交易所共同成立的联合战略委员会，该委员会主要关注于七个区域：清算、技术、市场营销、监管议题、市场数据信息、电子交易以及"会员的机会"。

但是，1998 年 3 月的这两个声明非但没有开启一个有序的现代化进程，紧随的却是如过山车般混乱的一系列联盟结成和破裂。尽管芝加哥的交易所和清算的格局最终发生改变，但整个过程耗费了九年。

欧洲期货交易所来到了芝加哥，刚开始是和芝加哥期货交易所合作，之后与之竞争，而后又几乎破产。德高望重的芝加哥期货交易所则失去了它作为美国领先期货交易所的地位，并且最终被收购，成为极度扩张的、纵向模式的、营利性的上市公司——芝加哥商业交易所集团的一部分。芝加哥期货交易所清算公司设法扮演独立的中央对手方清算者角色，服务于多个市场。但是它后来并没有成为欧洲期货交易所和其他新兴交易所的水平式中央对手方清算所，相反的，它失去了自己的主营业务，在立志在更动荡时期为柜台衍生品提供清算之前，它急剧缩减到一个被投资银行控制的新股权结构下。

许多因素造成了这一结果，其中一些在之前章节中已讨论过，但有很多是当时的相关各方和政治环境所特有的。

由于过去的一些决定，欧洲期货交易所和芝加哥期货交易所清算公司拥有的运作空间有限。其中的一些决定早在几代人之前就已经做了，例如与芝加哥期货交易所清算公司的治理结构相关的那些决定。

大量的混乱反映了芝加哥期货交易所的状况。交易所的全体会员分为两类：一类是"本地交易者"，即沉浸在圈内交易传统中的独立场内交易者；另一类是大型的、主要是纽约的投资银行的代表，他们被吸引到交易所从事金融期货交易。冲突集中在期货交易现代化的技术变革方面，并反映在会员对合作伙伴及董事长的快速接受和急切抛弃上。交易所的分歧被会员间的投票权分配政策加重了：它给予了本地和老派的谷物交易精英以特权。

遵照一个共同组织的运行规则，芝加哥期货交易所的治理传统基于一人一票制的原则。但是 20 世纪 70 年代引入金融期货后，紧跟着设立了一个单独的准会员类别，准会员仅拥有正式会员的几分之一的投票权。

在很多年中，不同类别的会员还算是相处融洽。主要以华尔街公司雇员为代表的准会员们在芝加哥期货交易所董事会里仅占少数，他们乐于把交易所的治理交给老派谷物交易精英和本地会员，这些新来者更愿意继续赚钱。当现代化议程在 1998 年开始受到关注时，老派谷物商和本地交易商的正式会员投票权比那些交易金融合约的准会员们高 6 倍之多。

尽管有着类似的投票权重系统，芝加哥商业交易所却能够更多地利用它的机会。它在 2000 年 11 月进行了股份化，并于 2002 年 12 月通过 IPO 增加了自己的金融影响力，成为美国第一家公开上市的交易所集团。

到这时，欧洲期货交易所在芝加哥市场的存在，受制于芝加哥本地的爱国主义情绪。这些运动是由芝加哥强大的期货说客群体发起，且得到了国会支持。欧洲期货交易所之所以没能在芝加哥建立分支，还因为行业监管者商品期货交易委员会的一个颇有争议的程序决定。

清算的经济状况和政治环境在这个故事中扮演着重要角色。中央对手方清算在期货行业重塑过程中回到了中心地位，这反映了它从幕后实用性业务向战略性资产的转变，被交易所和它们的投行客户们（通常是不满的）珍视。

13.2 草率结婚，闲来后悔

芝加哥商业交易所与芝加哥期货交易所之间、芝加哥期货交易所和它的联盟欧洲期货交易所之间的共同清算倡议，都在 1998 年 3 月声明之后的几个月里出了问题。这与芝加哥期货交易所的内部分歧有关系。

首先动摇的是共同清算的项目。芝加哥商业交易所与芝加哥期货交易所的交易共同清算得到了期货行业协会的强烈支持，即一个代表着大型金融期货交易商的游说团体。协会的会员对伦敦清算所在伦敦为多个期货市场提供清算的业绩印象深刻，并且将它视为一个节约成本的措施。但是，在当地交易者的集体抗议后，芝加哥期货交易所的董事会于 1998 年 9 月 2 日投票撤销了对它的支持。

董事会在两周之前还刚刚同意了与欧洲期货交易所的联盟。芝加哥期货交易所动荡的一个征兆是，交易所的会员在 1998 年 12 月投票罢黜了董事长帕特·阿伯（Pat Arbor），他提倡变革并支持保守派的大卫·布兰南（David Brennan）。1999 年 1 月，芝加哥期货交易所抛弃了与欧洲期货交易所的联盟。

正如过去二十年中常发生的那样，共同清算的计划悄然进入冬眠，但是芝加哥期货交易所与欧洲期货交易所的联盟却很快复苏了。在 1999 年 3 月消息爆出，说欧洲期货交易所已经取代芝加哥期货交易所，成为了世界上最大的衍生品交易所。几周之后，1999 年 6 月，芝加哥期货交易所的会员投票通过了与这一瑞士—德意志交易所（译者注：欧洲期货交易所由德意志交易所和瑞士交易所（SWX）共同持股，详见第 10 章）的联盟，条款与年初被否决的那些条款类似。

仅一年多之后，在 2000 年 8 月，欧洲期货交易所和芝加哥期货交易所就推出了它们在衍生品交易中的合作项目。这一被称为 a/c/e 的交易平台[1]是基于欧洲期货交易所的技术。

然而，合作的开始并不意味着芝加哥期货交易所和欧洲期货交易所之间就和谐共处了，相反，芝加哥期货交易所的交易者抱怨说 a/c/e 平台收费太贵了。据熟悉该问题的人说，由于需要对该系统提供的技术服务支付过高的费用，美国的业务受到阻碍。

欧洲期货交易所有着自己的不满。2001 年 5 月，欧洲期货交易所与它在芝加哥的合作伙伴进入正式的争端解决程序。

两个交易所的紧张关系体现在了 2001 年 2 月发布的德意志交易所（译者注：德意志交易所是欧洲期货交易所的大股东之一，详见第 10 章）的首次公开发行招股说明书中。在对潜在股东详述风险因素的那部分，文件描述了芝加哥期货交易所是如何耽误了一次计划好的计算机系统升级，并且拒绝参加另一次系统升级。招股说明书中警示，这些进展"可能会对德意志交易所的业务、财务及收益情况有相当大的负面影响"。[2]

首次公开发行招股说明书中还承认，欧洲期货交易所和芝加哥期货交易所之间达成的、作为联盟的一部分的竞争条款，可能会对德意志交易所集团造成障碍。这个条款禁止欧洲期货交易所在协议最终终止后四年的时间里，为以美元、加拿大元、墨西哥比索计价的金融期货合约提供交易和清算服务，还禁止该瑞士—德国集团为一些农业期货合约提供交易设施。

欧洲期货交易所和芝加哥期货交易所之间慢慢疏远了。在两个交易所进入正式争端解决程序的消息出来之后，芝加哥期货交易所立即联合它的芝加哥竞争对手——芝加哥商业交易所和芝加哥期权交易所——一起计划推出一个电子化单一股票期货交易所，通过期权清算公司（Options Clearing Corp.）清算。欧洲期货交易所未得到这一行动的提

---

[1]　全称为 alliance/cbot/eurex。

[2]　德意志交易所（2001 年 2 月 2 日），"Verkaufsprospekt/Borsenzulassungsprospekt"，由本书作者从德文中翻译而来。

前通知，这被芝加哥当地媒体看做是芝加哥期货交易所对它合作伙伴的事先策划好的冒犯。

取消 a/c/e 联盟，这成为欧洲期货交易所的领导人鲁道夫·费沙（Rudolf Ferscha）的当务之急。费沙 2000 年 11 月离开高盛投资公司加入了德意志交易所的董事会，他没有参与和芝加哥期货交易所最初协议的谈判。2002 年 7 月，芝加哥期货交易所与欧洲期货交易所同意于 2004 年结束它们的联盟，比最初计划的 2008 年提前了四年。修改后的协议取消了对欧洲期货交易所业务在产品和合作方面的限制，使得它能在美国竞争以及建立新的合作关系——至少理论上是这样的。

联盟者成为了竞争对手。2003 年 1 月，芝加哥期货交易所董事会决定在年底更换 a/c/e 系统。董事会选择了伦敦国际金融期货交易所的连接平台（LIFFE Connect）作为替代，这是当时欧洲期货交易所在所有其他平台中最有力的竞争对手。

就在芝加哥期货交易所 1 月 10 日宣布这一决定的几小时前，欧洲期货交易所公布了它要在美国建立自己的交易所的计划。费沙的计划真是非常大胆。

费沙试图攫取芝加哥期货交易所的美国国库券衍生品业务，向交易者提供他们熟悉的 a/c/e 电子平台，让他们使用欧洲期货交易所的服务。交易像以前一样通过芝加哥期货交易所清算公司进行清算，该清算机构从 1926 年开始就为芝加哥期货交易所的交易提供清算服务。欧洲期货交易所平台的交易者可以与芝加哥期货交易所的对手直接竞争，因为针对那些由该清算公司负责清算的、芝加哥期货交易所上市的合约，他们可以进行开放头寸的平仓。

芝加哥期货交易所和欧洲期货交易所的合约将是可以互换的，或者用美国市场的说法就是"互通的"，这给了新成立的交易所一个机会，可以从老牌竞争对手那里夺取流动性，前提是：新来者提供更好的金融条款和服务水平，而且不存在额外竞争障碍。

13.3　芝加哥期货交易所与芝加哥期货交易所清算公司分道扬镳

欧洲期货交易所的领导人费沙（Ferscha）的计划对于芝加哥期货交易所来说确实是一个真正的威胁，并且把芝加哥期货交易所与欧洲期货交易所之间已经艰难的关系升级为一场全面战争。两个交易所之间的清算安排变成了这两个斗士之间的战场。

费沙是律师出身，并且在美国学习了有关开放权益的法律。他认为可以买到芝加哥期货交易所清算公司的股份，使它的清算会员接受欧洲期货交易所，作为一个仅次于芝加哥期货交易所的交易平台。然后欧洲期货交易所的交易者可以通过同样的清算商进行清算，并且从芝加哥期货交易所在清算公司（BOTCC——译者注：为使行文简单，本节将"清算公司"和"芝加哥期货交易所清算公司"混合使用）建立的开放权益中受益。

当费沙推出这一计划时，没有得到芝加哥期货交易所清算公司的支持。但是芝加哥的交易所和清算所之间的关系，在芝加哥期货交易所与欧洲期货交易所联盟破裂之前的那些年里发生了足够大的改变，这给了他一些成功的希望。

如果说欧洲期货交易所和芝加哥期货交易所之间的关系是"草率结婚，闲来后悔"，那么芝加哥期货交易所与清算公司之间的关系，更像一对老年夫妻分道扬镳，最终变得很不愉快。

正如之前所说，芝加哥期货交易所清算公司在芝加哥期货交易所董事会的监督下成立，但拥有一个独立于交易所的企业身份①。这种"一臂之隔"的关系（译者注：严格依据法律来构建的相互平等而独立的关系，尽管合同法中交易的当事人之间有利益共享关系——例如家人之间或雇主和员工之间），反映了 1925 年当时的交易所董事们的担忧：为交易承担履约责任的清算所，在发生意外时可能会很危险且代价惨重。在芝加哥期货交易所清算公司成立之时，这些担忧在芝加哥期货交易所的规则条款中被突出强调：如果芝加哥期货交易所清算公司的方法被证明危害了芝加哥期货交易所的最大利益，那么董事会可以投票选择一种"改进的或者其他的"清算方法。

没有任何书面合同来定义芝加哥期货交易所和清算公司的关系。合同关系只存在于芝加哥期货交易所的个体会员和他们中的少数人之间——这些人同时也是芝加哥期货交易所清算公司的清算会员和股东。相比之下，芝加哥商业交易所的清算所则是与交易所整合在一起作为一个分支机构而存在的。

在半个世纪的时间里，芝加哥期货交易所董事会对清算公司的章程和管理施加了相当大的控制。只要这两个机构像相互持有的共同体一样互助互惠地思考和行动、共同致力于为农产品期货提供交易和清算基础设施，它们之间的关系就能顺畅运转。但根据在芝加哥期货交易所清算公司担任高级主管多年的丹尼斯·杜特勒（Dennis Dutterer）所说②，随着 20 世纪 70 年代以来金融期货业务的快速增长，两个机构的治理模式处在不同程度的压力之下，关系开始变得紧张。

清算公司的治理在一定程度上与芝加哥期货交易所不同。在芝加哥期货交易所，个人可以是芝加哥期货交易所清算公司的会员，从而是具有投票权的股东。但如之前所说的，规则也对清算公司的大型清算会员的持股数量做了限制③。

① 见 7.4 节。
② 2009 年 1 月 23 日告诉本书作者的。1985 年到 2005 年，杜特勒在芝加哥期货交易所清算公司（CBOTCC）和清算公司（The Clearing Corporation）先后任职。1999 年到 2005 年期间他是董事长兼首席执行官，同时在 2000 年到 2001 年他还是芝加哥期货交易所的临时董事长和首席执行官。在 1985 年到 1991 年担任总法律顾问和公司秘书长后，他在 1992 年到 1998 年间又担任芝加哥期货交易所清算公司的执行副主席和首席行政官。
③ 见 7.5 节。

这一限制使清算公司得以保留了"一个清算会员公司拥有一票权"的投票制度，并且维护了芝加哥期货交易所的谷物交易商对清算公司的影响。但是，这意味着清算公司的股本资本不能反映大型期货经纪商（FCMs）所带来的风险，正是他们统治了金融期货交易、造成了中央对手方清算所账面上的大部分风险。

到 20 世纪 80 年代中期，在清算公司早期章程中所建立的投票权和股权之间的平衡已不能维系。它正被公司议程中重要性不断上升的风险管理问题所破坏。

1987 年的股市崩盘是一个重要的催化剂。与许多中央对手方清算所不同，芝加哥期货交易所清算公司在那时没有担保基金。作为对违约的财务缓冲，清算所依赖从清算会员中收取的保证金、大约 4 000 万美元的累积公积金和股本。

在 1986—1988 年任清算公司董事长的尼尔·科特克（Neal Kottke）的领导下，清算公司决定增加它的财务缓冲。但是所选择的方法却引发了清算公司传统用户与金融期货用户之间的利益分歧。

与建立保障基金来预防损失的做法相反，芝加哥期货交易所为清算会员们制订了一个新股份购买的三年期计划，计算公式把该交易所中发生的交易量和这些交易的风险程度（通过清算公司的保证金要求来反映）联系了起来。

这个公式导致了大型金融期货交易商对清算公司的持股比例的巨幅增长。芝加哥期货交易所的谷物交易商和"本地"交易商的持股按相应比例也有较小幅度增长，他们往往是日内交易者，每个交易日末都平掉他们的头寸。但是，这个公式没有规定，大型金融期货交易商的投票权会随持股比例而相应增长。

同时，清算公司用留存利润建立了多达 1.5 亿美元的储备资金，而没有与用户们分享它的利润。为了覆盖风险，它还投保了 2 亿美元的违约保险。如此的审慎在 1997 年得到了回报：芝加哥期货交易所清算公司成为全球第一家被标准普尔授予"三 A 级信用"的清算所。

可是金融期货交易商们抱怨说他们总被多数票投票否决。根据杜特勒所说，小型的清算会员仅拥有清算公司总资本的 8%，但却持有 51% 的投票权。金融期货交易商投入了清算公司 92% 的风险资本，却可能会在清算所政策投票上被多数票击败。

压力聚集到清算公司股东中的小型清算会员身上，他们须接受规则的变化，增加那些大型金融机构的影响力，正是这些机构投入了清算所的大部分资本并承担了大部分风险。1999 年，一个三级董事会成立，代替了之前的清算公司 9 人董事会，那是之前按一个清算会员公司一票制选举出来的。

为确定清算会员公司作为股东的排名，清算所使用了一个复杂的公式：交易量排在前三分之一的大型机构选举三个董事会成员；交易量排在后三分之一（包括最小清算会员）选举三个董事会成员；其余三位董事会成员由清算所全部股东共同选举。由此选出了 12～14 个代表了清算所资本 50% 以上的大用户，他们在董事会里拥有前所未有的影响。

清算公司开始探索其他的业务机会。它开始清算那些不与芝加哥期货交易所构成竞争的小型交易所的合约，例如圣路易斯商品交易所的驳船运费期货合约。

1999 年，一个由领先的国际固定收益交易商建立的网络债券交易平台"经纪商电子公司"（BrokerTec）宣布为期货和期权交易建立电子交易平台的计划，它要求芝加哥期货交易所清算公司提供交易后服务。在经纪商电子公司联合体里的是芝加哥期货交易所清算公司的一些最大股东。令芝加哥期货交易所，尤其是它的一些小型会员懊恼的是，清算公司同意从 2001 年 11 月开始为这家新成立的合资企业清算，尽管它不为合约做担保。

经纪商电子公司的交易，对清算公司和芝加哥期货交易所的普通会员来说是一个岔路口。正是由于芝加哥期货交易所的本地交易者支持清算公司，交易所董事会在 1998 年 9 月撤除了它对芝加哥商业交易所共同清算的支持。因而清算公司为经纪商电子期货交易所（BrokerTec Futures Exchange）提供清算服务的决定，被芝加哥期货交易所的小型会员和场内交易会员（更容易受损害）视为一种背叛。

在首席执行官丹尼斯·杜特勒的领导下，芝加哥期货交易所清算公司成为了水平清算模式的倡导者，在这种模式下多个交易所可以根据选择使用同一家或几家清算所。这个模式与 20 世纪 70 年代中期以来美国证券和证券期权市场所采用的模式相似，它接受中央对手方清算所之间的操作互通，这与芝加哥商业交易所和美国大部分衍生品交易所建立的垂直模式是对立的。正如杜特勒 2002 年解释的一样："这样一个安排的关键前提是没有强制清算——由清算会员公司选择市场以及最好的清算所。"[1]

临近 2002 年年末，芝加哥期货交易所试图重建它与清算公司的关系。它主动向芝加哥期货交易所清算公司提供了一个合同，包括由清算公司为该交易所提供独家清算服务的条款。这个计划得到了芝加哥期货交易所清算公司的小型清算会员的支持。但是清算公司董事会——到现在已经是由纽约的金融利益团体所支配，并由纽约高盛集团期货服务全球合伙人迈克·多利（Mike Dawley）任董事长——却尽量拖延。于是芝加哥期货交易所开始与芝加哥商业交易所私下重新接触。

恰好是在清算公司的董事会准备召开一个拖延已久的会议、对芝加哥期货交易所的合同要约进行投票时，芝加哥期货交易所与芝加哥商业交易所在 2003 年 4 月 16 日公布了一个爆炸性新闻。这两个交易所宣布：它们将落实一个清算连接，并从 2004 年 1 月 2 日开始对两个交易所的合约进行共同清算。这也正是芝加哥期货交易所应当采用伦敦国

---

[1] 在 2002 年 8 月 1 日商品期货交易委员会关于清算问题的圆桌会议前。

际金融期货交易所连接平台（LIFFE Connect），以及欧洲期货交易所希望推行电子期货市场计划从而与之前的合作伙伴直接竞争的日子。程序上，芝加哥期货交易所将会成为美国法律监管下的衍生品指定清算机构，并会把业务外包给芝加哥商业交易所的清算机构。

13.4　芝加哥商业交易所的崛起

距离 1998 年 3 月宣布的共同清算的计划失败已经五年了，芝加哥期货交易所已经放弃了这个两败俱伤的战争。突如其来的董事长人选变动、联盟合伙人变动，以及电子交易平台的改变打断了现代派与保守派的潜在斗争。继任的几位董事长们在 1998—1999 年广泛讨论的战略问题上未能取得进展，即关于是否应股份化并将交易所推向营利性的商业模式。

相比之下，芝加哥商业交易所则经历了自我转变。在经过激烈斗争以及 1997 年与法国交易所的技术互换后，它的全球电子交易系统（Globex – Ⅱ）以及清算 21 （Clearing 21）系统的实时撮合和清算技术取得了成功。芝加哥商业交易所实现了股份化并启动了股份发行，在 2002 年秋天成为美国第一个上市的交易所公司。

该交易所还提升了清算对所有业务的重要性。集团总裁皮平德·吉尔回忆了公司在世纪之交如何对自身在世界市场中的未来角色进行战略评估。当有人提出芝加哥商业交易所应当把清算业务外包给伦敦清算所时，它的首席经济学家弗雷德·阿迪提（Fred Arditti）说服了董事会不把清算业务视为后台办公室和幕后业务。

芝加哥商业交易所得到了股票发行注入的 9 765 万美元现金，并且受股价快速上涨推动，它选择了自己的优先任务。如吉尔所说[①]：

> 我们决定了一些事情。我们将作为一个交易所，在全球基础上扩大我们的业务。在电子化方面我们将做得很好：那时我们几乎还是以场内交易为基础的，我们将发展已有的基础设施。
>
> 我们说：为什么不利用这些基础设施，为民众提供服务，成为所有那些可能需要我们帮助的交易所的"英特尔芯片"？在清算方面这是全部的动机。这项基于保证金成本的业务，它的利润率对我们来说是很高的。我们有了规模。我们有了能力。我们能清算芝加哥期货交易所之类的交易所。我们有很多的共同点，体现在会员中：我们有美林一类的（大的投资银行）和大的经纪人，这带来了巨大节约。在能做到的范围内我们把整合做到了最好。

---

① 　与作者的谈话，芝加哥，2008 年 12 月 26 日。

2003 年 3 月，芝加哥期货交易所的会员选举出了新的董事长——查尔斯 P. 盖瑞（Charles P. Carey），这帮上了忙：他与芝加哥商业交易所的首席主席特伦斯·杜菲（Terrence Duffy）有着融洽的关系。两人 1983 年在芝加哥商业交易所交易生猪期货时首次相识，并且在盖瑞离开芝加哥商业交易所到芝加哥期货交易所做玉米期货交易之后，二人仍然一直是朋友。

私人关系的重要性在芝加哥金融环境中不可低估。在其回忆录中[①]，里奥·梅拉梅德（Leo Melamed）回忆了这两家交易所是如何在 1990 年左右同意开始讨论清算系统合并的，但这个计划三年之后破产，成为那时"在芝加哥的交易所的领导层之间气氛恶化的受害者"。

共同清算连接将会威胁到芝加哥期货交易所清算公司 85% 的业务。清算公司开始到处寻找其他客户，它的董事会无视芝加哥期货交易所对清算公司的 2.07 亿美元的收购要约，理由是：这无非是清算所关门的一个前奏，而且这个要约的金额比清算公司的账面 1.87 亿美元现金和其他资产只不过多出个几百万美元而已。接近 2003 年 5 月底，芝加哥期货交易所清算公司与欧洲期货交易所达成了清算合作关系。

从地缘政治的角度，对于芝加哥期货交易所清算公司来说，将它的合约交给一个德国主导的交易所是一件困难的事。美国领导的对伊拉克的侵略开始于 2003 年 3 月 20 日，而格哈特·施罗德（Gerhardt Schroder）的德国政府是最强烈批判美国的政府之一。

在欧洲期货交易所与芝加哥期货交易所清算公司协议达成的三周之内，芝加哥商业交易所与芝加哥期货交易所的两个董事长在国会发动了一场激烈的游说，反对国外竞争者参与美国期货市场。盖瑞要求对那些提供美国期货产品的外资控股期货交易所实行"特殊监管规则"，杜菲则警告在市场份额争夺战中隐性补贴和"滥用操作"带来的风险[②]。

但是对费沙（Ferscha）的远大志向来说，真正的打击是：芝加哥期货交易所改变了它的规则，实施与芝加哥商业交易所的清算连接计划。701.01 规则提议的潜在影响是极为广泛的，在"将敞口头寸转移至清算服务提供商"的大标题下，这条规则要求："每一个清算会员都应该全面服从交易所发布的政策声明或者其他通知，遵守交易所将敞口头寸转移到任一清算服务提供商所必须遵循的程序和流程。"

这个规定给予了芝加哥期货交易所一项权力：把交易合约所产生的开放权益从芝加哥期货交易所清算公司转移到其他的中央对手方清算所。规则 911.00 的修正案明确表明，芝加哥期货交易所的清算提供商将会是芝加哥商业交易所。

---

① 梅拉梅德·里奥和塔马金·鲍勃（1996），《逃向期货》。

② 金融时报（FT. Com）（2003 年 6 月 19 日），"芝加哥商业交易所和芝加哥期货交易所抗击国外竞争者"。

　　这些提议中的规则变化，使得芝加哥期货交易所会员从经济角度上不可能转换到欧洲期货交易所的 a/c/e 平台，也不可能按费沙设想的继续通过芝加哥期货交易所清算公司清算交易。在清算公司建立足够多开放权益来与芝加哥商业交易所和芝加哥期货交易所的保证金安排竞争，其成本是非常高的，特别是在芝加哥期货交易所和芝加哥商业交易所把它们的开放权益合并到了一个清算所后。

　　对费沙和芝加哥期货交易所清算公司来说不妙的是，2003 年 6 月 24 日芝加哥期货交易所的全体会员压倒性地通过了规则变动，564 又 3/6 赞成投票对 9 个反对票[①]。但是他们仍需得到期货行业监管者即商品期货交易委员会的批准。

　　2003 年 7 月 8 日星期二，商品期货交易委员会宣布，它将针对芝加哥期货交易所和芝加哥商业交易所的规则变动进行投票。它设置了相当紧迫的截止日期（7 月 14 日星期一中午之前）来征集对这一重大问题的评论。由于 7 月 4 日是周末，与正常的 45 天征询期相比，这个意见征询期只有 4 个工作日。尽管如此，这个通知还是吸引了一些评论，其中有些对芝加哥期货交易所的计划怀有敌意。

　　芝加哥期货交易所清算公司以及它的律师们争辩说，芝加哥期货交易所没有权利要求转移开放权益。701.01 规则如果实行，会迫使清算会员破坏与清算公司的合同约定，而芝加哥期货交易所并不是合同中的任何一方。一些大的期货经纪商（FCMs）——包括摩根士丹利和德意志银行在内——表示担忧，这个有着广泛约束力的条款对于风险管理有负面含义。尽管长期以来期货行业协会都是共同清算的支持者，现在也警告说该批准意味着委员会得出了结论：交易所拥有不受约束的权力，可以决定在交易所的合约应该在哪里清算。

　　杜特勒徒劳地抱怨说，规则的改变"将是对清算公司与其会员的合约的不正当干扰"[②]。2003 年 7 月 15 日，商品期货交易委员会以 4 比 0 的投票通过了新规则，认定新规则对于共同清算计划的有序实行、金融一体化的持续以及期货市场中投资者的保护是有必要的。商品期货交易委员会认为，这个清算连接将会支持期货行业的创新。

　　唯一的批评暗示来自于沙伦·布朗·卢斯嘉（Sharon Brown – Hruska）委员。她采取了非寻常的措施，发表了一个声明表示担忧，这个快速批准过程"也许剥夺了农业利益团体提出评论的权利，那些人因其头寸从清算公司转移到芝加哥商业交易所而受到影响"[③]。但是就是在宣称"期货市场规则（需委员会通过）的呈递应当有一个更开放的

---

①　根据芝加哥期货交易所的董事长兼首席执行官伯尼·丹（Bernie Dan），在 2003 年 6 月 14 日给商品期货交易委员会的一封信中。

②　芝加哥期货交易所清算公司（2003 年 7 月 14 日），2003 年 7 月 14 日它给商品期货交易委员会的邮件中。

③　沙伦·布朗·卢斯嘉委员的同意声明。作者拿到的复印件是一个市场参与者提供的。声明并未公布在商品期货交易委员会的网站上。

过程"的同时，布朗·卢斯嘉女士批准了这个提案，并随之指出，交叉保证金和轧差的机会降低了复杂金融头寸的对冲保值成本。

13.5　商品期货交易委员会决策之后

商品期货交易委员会对共同清算的支持，以及芝加哥期货交易所把开放权益转移到芝加哥商业交易所的做法，极大地破坏了欧洲期货交易所打入芝加哥市场的努力，它还标志着芝加哥期货交易所清算公司作为美国领先的中央对手方清算所的黯然失色。

为应对竞争，欧洲期货交易所领导人费沙和清算公司的杜特勒起草了一份创新性的计划，使得该交易所美国业务分支的客户能通过统一的横跨大西洋保证金共用池来交易美元和欧元计价的产品。这个计划还包括：欧洲期货交易所美国（Eurex US）将持有清算公司（Clearing Corp – CCorp[①] 即后来为人们所知的芝加哥期货交易所清算公司）15%的股份，根据费沙的计算，这样能弥补那些使用该交易所芝加哥系统的投资者在芝加哥期货交易所合约相关开放权益上的几乎所有损失。

欧洲期货交易所将2004年2月1日设定为它在美国国债期货市场上向芝加哥期货交易所宣战的日子，并向商品期货交易委员会申请开立电子期货交易所的许可。

这个德国—瑞士的交易所有许多障碍需要克服。按照每一个清算会员一票的原则，如果对清算公司（CCorp）进行结构调整、引入欧洲期货交易所作为15%股东，需要清算公司87位股东里的大多数人的同意。在这家美国清算所的治理方面，其他意义深远的变化包括：将投票方法改为"一股一票"，取消对清算公司股份转让的限制；废除清算会员需持有清算所股份，以及清算所股东才可成为清算会员的规定。

争夺股东投票数的斗争是艰苦的。欧洲期货交易所在一个华盛顿地区法院对芝加哥期货交易所和芝加哥商业交易所提出法律诉讼，指称它们向清算公司的股东们提供了"价值1亿美元的财务诱惑"，让股东们反对清算公司所有权结构重组的提议[②]。作为反击，芝加哥期货交易所激进地降低费用，这加强了会员对于与芝加哥商业交易所连接清算计划的支持。

然而，2003年10月23日，清算公司的重组以50票对34票通过，采用的就是"一位清算会员一票制"，这个制度是为了"大事件"例如改变交易所章程而保留下来的。

---

①　清算公司在成为芝加哥期货交易所的中央对手方清算所后，最初被称为交易清算公司（TCC），之后它采用清算公司作为缩略名，此后这两个缩略名同时存在。然而，为避免混淆，文中使用"CCorp"作为清算公司"The Clearing Corp"的缩写。

②　金融时报（2003年10月15日），"欧洲期货交易所控告它的芝加哥竞争对手：世界上最大衍生品交易所进入美国市场计划的战役打响了"。

该结果表明，一些小的清算会员公司与大的（主要是华尔街的）期货经纪商会员们站在同一边。对此的一个解释是，对所有权结构重组的支持是一种"风险对冲"，万一欧洲期货交易所美国分公司业务如果成功的话。在结构重组得到批准之后，39 个清算会员（其中大部分是小型的"本地"会员或者商品交易者）将股份变现退出了清算公司，华尔街公司在清算公司未来的治理上的支配地位变得更加明显。

在 2004 年新年假期间，芝加哥期货交易所成功地把美国国债衍生品合约转移到了芝加哥商业交易所的清算分支机构。这一行动为上年 11 月末开始的进程画上了句号。该转移是一个重大的技术进步，它要求清算公司与芝加哥商业交易所和芝加哥期货交易所紧密合作。转移毫无障碍顺利完成，这显示了尽管芝加哥存在内部斗争，但清算业务的职业道德根基完好无损：清算公司保护市场完整性的努力优先于对自身未来不确定性的考虑。

2004 年 1 月，欧洲期货交易所美国收购了经纪商电子期货交易所（BrokerTec Futures Exchange），后者在 2003 年 11 月就暂停了交易业务。到它关门之时，经纪商电子期货交易所已失去了它在芝加哥期货交易所的国债期货交易上的那一点小市场份额，这部分份额是从经纪商电子公司（BrokerTec）的全球债券经纪（Global Bond Broking）业务中分离出来的。全球债券经纪业务已被交易商间经纪公司毅联汇业集团（ICAP）收购。

欧洲期货交易所对经纪技术期货交易所的收购，使得 17 家美国金融机构——包括大多数华尔街投资银行的代表——占据了欧洲期货交易所 20% 的少数股权。商品期货交易委员会随后在 2 月初批准了该交易所美国公司建立电子期货交易所的申请。

总部坐落于芝加哥标志性的西尔斯大厦（Sears Tower）的欧洲期货交易所，在 2004 年 2 月 8 日成立了美国分公司——仅在芝加哥期货交易所将合约成功地从清算公司转移到了芝加哥商业交易所清算分支机构的一个月之后。但是，承诺的欧洲期货交易所和清算公司之间的"全球清算连接"遭遇了监管延误，它的目标推出日期 2004 年 3 月匆匆过去。

商品期货交易委员会 2004 年 10 月批准了第一阶段，允许合作伙伴通过清算公司为美国和外国客户在法兰克福交易的一些期货和期权合约提供清算服务。然而，为最重要的第二阶段获取监管批准是困难的。2005 年 3 月，欧洲期货交易所仍在向商品期货交易委员会提交方案，希望通过共同的抵押品资金池以及在大西洋两岸可互换的合约，开启美国国债衍生品市场的跨大西洋清算计划。

2005 年 6 月，法兰克福的管理层动荡迫使德意志交易所的首席执行官韦纳·赛弗特（Werner Seifert）辞职。五周之后，欧洲期货交易所宣布，它将不再营销美国国债产品，这是一块它曾试图从芝加哥期货交易所手里争夺的业务。到 2005 年年底，费沙（Ferscha）从德意志交易所集团离职。2006 年 7 月 27 日，德意志交易所把它在欧洲期货交易所美国公司（到这时已成为美国期货交易所——US Futures Exchange）的70%的股份出售给了英国的曼氏金融集团（Man Group PLC）。

同时，芝加哥期货交易所高调宣布它与芝加哥商业交易所的共同清算连接成功，前者的主席查尔斯·盖瑞（Charles Carey）2005年3月估计由此产生了18亿美元的成本节约①。

尽管欧洲期货交易所对芝加哥期货交易所的挑战失败了，但它暴露了美国期货业务的缺乏竞争性本质。2003年10月，欧洲期货交易所（美国公司）申请商品交易委员会批准电子交易所方案的申请还悬而未决，芝加哥期货交易所就宣布对会员降低54%的交易费用、对非会员降低20%。几个月后，它将美国国债电子交易的费用进一步降低：会员免费使用6个月，期货期权交易的非会员费用降低约65%。它还放松了会员的资格要求，以便更多公司能满足会员条件，从低手续费中受益。

就在欧洲期货交易所2005年放弃美国国债市场后，芝加哥期货交易所立即将非会员的交易费用提高50%，电子交易费用从每合约3美分提升到了5美分，这凸显了竞争撤出的负面影响。2006年7月，芝加哥期货交易所提高了它的金融期货合约清算费用，随后在2006年10月，进一步提高了非会员的国债交易费用②。

芝加哥期货交易所效仿芝加哥商业交易所的榜样，实行了股份化并且在2005年秋天股票上市。基于共同清算和并肩抗战欧洲期货交易所的经验，这两家交易所关系变得更加紧密。2006年10月，它们同意合并。芝加哥商业交易所在合并中处于主导地位，为这位曾经更受尊敬、资格更老的竞争对手提供了80亿美元。

这个"全芝加哥"交易在2007年7月完成，用芝加哥商业交易所的股份进行支付，过程中受到了芝加哥商业交易所的董事长杜菲（Duffy）与他的芝加哥期货交易所同僚盖瑞之间的亲密关系的一路助推。

然而，为抵御来自亚特兰大的洲际交易所（ICE）能源交易和清算集团的一个反竞标，芝加哥商业交易所将它的要约报价提高到115亿美元左右，之后这交易才成为定局。这个野心勃勃迅速扩张的亚特兰大公司闯入了这两个芝加哥交易所原本和谐的联姻关系，但这却帮了芝加哥期货交易所会员一个忙，让他们从芝加哥商业交易所的收购中获取了本来无法实现的额外价值。它同时标志着中央对手方清算行业的新力量以一种戏剧化的方式登场了——国内和国际都是如此。

芝加哥商业交易所集团在收购芝加哥期货交易所6个月之后又再次走上并购之路。

---

① 金融时报（2005年3月5日），"采访：芝加哥期货交易所的查尔斯·盖瑞"。

② 这些费用变动的总结摘要，来自美国司法部（2008年1月31日），"美国司法部对财政部关于金融机构相关监管结构置评要求的回复评论"，它的信息来源于2003年10月到2006年8月发布的媒体报道。

2008 年 1 月，它对纽约商品交易所控股公司（Nymex）投标，这是一个总部位于纽约的能源和商品交易所，在作为私人的会员所有的实体运营了 135 年之后，纽约商品交易所在 2006 年实现了股份化。

2003 年 10 月重组后出现的清算公司（Clearing Corporation）账面上看起来很强大：资本 1.07 亿美元，并且另外有约 1.655 亿美元的担保基金。这个公司并不缺少远大志向，它缺少的是客户。在 2004 年期间它签订了合同，为一些小型的交易平台提高清算服务。杜特勒（Dutterer）还收购了一个为清算所提供软件的技术公司（OnExchange），开始转入技术和咨询服务。

但是它的新业务并不能阻止公司陷入亏损。清算公司在 2004 年第一季度被削减了三分之一的员工只剩 100 人，紧跟着又有进一步削减。重组费用意味着清算公司 2004 年亏损 2 930 万美元，营业额仅为 670 万美元；这是它第一年在脱离芝加哥期货交易所情况下运营。

杜特勒 2005 年 3 月从清算公司退休。他的继任者是技术公司的前任首席执行官理查德·雅各布（Richard Jaycobs）。雅各布也专注于技术和咨询服务，这反映了他作为交易处理软件供应商的前任首席执行官的背景。2005 年 6 月，清算公司宣布了一个计划：为快速增长的信用衍生品柜台市场发展清算和中央对手方服务。

建议的业务范围都是精心挑选的。监管者和投资银行对利润丰厚的信用违约掉期市场后台处理的混乱状况的担心与日俱增。2005 年 7 月对手方风险管理政策研究组公布了解决这些问题的建议，该研究组由主要的私人部门金融机构的高级风险经理组成，以杰拉德·科里根（Gerald Corrigan）为领导，他之前曾担任美联储纽约的主席，现在是高盛集团的执行董事。

清算公司解决柜台衍生品部门的后台办公室处理问题的努力，在 2007 年年初左右有了进展。但由于自身处于萎靡状态下，它缺少为信用违约掉期市场独自开发中央对手方解决方案的能力。

2007 年 12 月 20 日，清算公司的所有权结构再一次改变，仅剩下了 17 个股东。他们看起来已经准备好支持它为柜台衍生品提供清算，包括信用违约掉期在内。

这些股东包括 12 个主要的全球经纪交易商[①]，3 个交易商间经纪人——GFI 集团、毅联汇业集团（ICAP）、Creditex 公司，以及欧洲期货交易所和金融信息服务提供商 Markit 公司。在清算公司股份登记册上仅有 12 个经纪交易商，这个数目也反映了从这个十年期开始以来具有国际重要性的清算会员数量的缩减程度。

---

① 美国银行、贝尔斯登、花旗银行、瑞士信贷、德意志银行、高盛、摩根大通、雷曼兄弟、美林、曼氏金融、摩根士丹利和瑞银集团。

随着 2008 年信用违约掉期清算的需求增强，清算公司要求洲际交易所提供金融和技术方面的支持来迎接挑战。然而直到那时，支持经纪商电子公司（BrokerTec）、欧洲期货交易所美国公司、芝加哥期货交易所清算公司在这场清算大战中与芝加哥商业交易所和芝加哥期货交易所决斗的投资银行们，是这些年冲突的净受益者，尽管交易所费用和清算费用从 2005 年夏天开始增长。他们在支持芝加哥交易所的挑战者时失去了一些东西，却在此前芝加哥期货交易所和芝加哥商业交易所为结束竞争而削减收费中得到了补偿。

13.6　垂直合并和开放权益

欧洲期货交易所在美国的失败，对这个德国—瑞士交易所以及它的清算合作伙伴来说是一个发人深省的经验。即使在它的鼎盛时期，欧洲期货交易所美国公司也没有赢得过美国国债期货 5% 的市场份额。而清算公司失去了自己 90% 的业务，并且 2004 年第一季度开始亏损。

在这个惨败背后显然有一些芝加哥特有的因素。芝加哥商业交易所和芝加哥期货交易所董事长之间的友谊在面临外来挑战时发挥了重要作用。这与以往时期（当合作提上议程时）两家交易所高层管理之间往往存在的恶劣关系形成对比。

商品期货交易委员会处理来自芝加哥期货交易所和芝加哥商业交易所的监管申报的神速，与处理欧洲期货交易所申请时的多重延误形成鲜明对比。至少，这种悬殊意味着，芝加哥的交易所多年来对华盛顿的立法者和监管者勤劳刻苦的游说没有白费。

20 世纪 20 年代中期芝加哥期货交易所与清算公司之间缔结的关系，无法应对该交易所的本地会员和主导金融期货交易的投资银行之间的利益分歧，这些投行往往距离华尔街仅"一臂之隔"，而不是作为气氛如兄弟会般的芝加哥期货交易社区的活跃会员。

与此形成对比的是，转变为共同清算帮助芝加哥期货交易所与芝加哥商业交易所之间建立了信任，芝加哥期货交易所主席盖瑞后来承认道[1]。

但对清算从业者还有更广的经验教训。20 世纪 70 年代，中央对手方清算所被看做是后台办公室运营的负担；三十年后，它却成为从交易到完成整个业务链中的重要部分。

规模很重要。芝加哥商业交易所与芝加哥期货交易所之间的共同清算连接，为两个交易所的会员带来了显著经济利益，而没有损害他们投资的安全性。

共同清算以及后来芝加哥商业交易所与芝加哥期货交易所的合并，为美国乃至全球

---

① 金融时报（FT. Com）（2006 年 10 月 17 日），"合并激励了芝加哥的业务方面"。

交易所的垂直合并提供了实质性推动，还为芝加哥商业交易所集团的雄心勃勃的扩张提供了额外刺激。

隐含在中央对手清算所里的价值，对于以垂直筒仓运营的交易所集合来说看起来日益明显。这一价值可以通过摆脱共同化、实行股份制来实现。芝加哥商业交易所在与芝加哥期货交易所的最终合并中占主导地位，部分原因是由于它最先进行股份化。在2002年以每股35美元首次公开发行之后的三年内，它的股价增长了十倍。由于将自己的股票作为货币使用，芝加哥商业交易所能在2008年收购纽约商品交易所，更多地拥有竞争优势，从而使它在美国期货市场的份额提高到98%左右。如图13.1所示，芝加哥商业交易所集团与欧洲期货交易所成为了争夺期货交易所全球领导权的竞争对手。

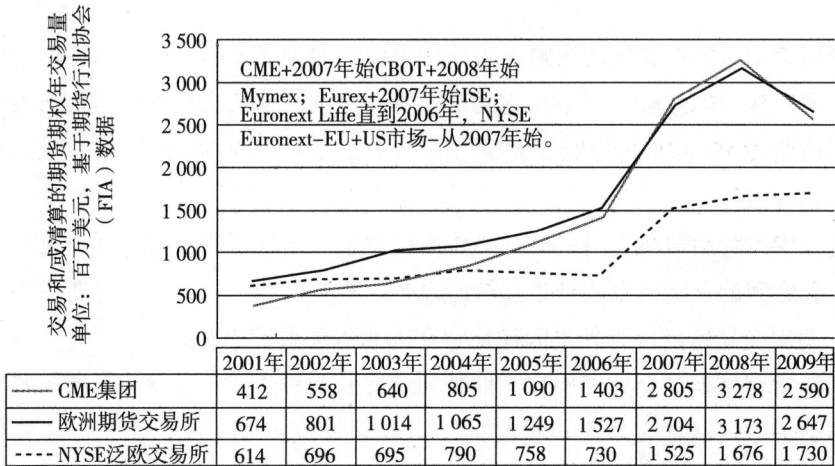

纵轴标签：交易和或清算的期货期权年交易量
单位：百万美元，基于期货行业协会（FIA）数据

图表内文字：
CME+2007年始CBOT+2008年始Mymex；Eurex+2007年始ISE；Euronext Liffe直到2006年，NYSE Euronext–EU+US市场–从2007年始。

	2001年	2002年	2003年	2004年	2005年	2006年	2007年	2008年	2009年
CME集团	412	558	640	805	1 090	1 403	2 805	3 278	2 590
欧洲期货交易所	674	801	1 014	1 065	1 249	1 527	2 704	3 173	2 647
NYSE泛欧交易所	614	696	695	790	758	730	1 525	1 676	1 730

图 13.1 芝加哥商业交易所集团对欧洲期货交易所：场内衍生品的年度交易额

"芝加哥商业交易所—芝加哥期货交易所"与"芝加哥商业交易所—纽约商品交易所"这两笔交易宣告完成，并且它们得到了负责竞争政策的美国司法部的点头通过，这些事实的影响超越了美国领土范围。

在一个日益全球化的市场中，以营利为目的、公开上市的芝加哥商业交易所集团与其他虽已上市，但并没有控制中央对手方清算设施的交易所相比，看来具有竞争优势。芝加哥商业交易所可以通过它的股价杠杆影响它清算机构的价值。在欧洲，洲际交易所和泛欧交易所—伦敦国际金融期货交易所（与欧洲期货交易所不同）无法这样做，因为对于那些为它们的欧洲合约提供清算的中央对手方清算所，它们没有股权方面的控制权。

为了将开放权益登记在自己控制或联合的清算所下，行业中出现了一系列集中合并，并且这给交易所带来的价值看起来在日益增加。这是从这个十年中期以来，其他交易所集团间竞相垂直合并背后的一个重要因素。

芝加哥期货交易所的开放权益向芝加哥商业交易所转移，这是一个具有行业变革意义的事件，尽管过程中需要一个热心的监管者，做好了准备（有些人可能对此有争议）在事件的微妙法律细节上"开小灶"。这次转移开创了先河。

因此，欧洲期货交易所从受人尊敬的芝加哥期货交易所手中抢夺美国国债业务的企图，以及期盼清算公司对于失去过去 78 年里最大客户可能会不在乎，注定是会落空的。正如我们将在第 17 章中看到的，这也启发了欧洲的洲际交易所和泛欧交易所—国际金融期货交易所，这两个交易所宣布：对于它们的中央对手方清算所——伦敦清算所——账上登记的衍生品合约的开放权益，交易所自己才是受益人。

第 14 章
风险和机遇

14.1 化解风险的需要

21 世纪的最初十年以传递持续繁荣开始，但很快就被剧烈混乱所打断。

互联网繁荣和破灭显示了，在这个日渐复杂和交错的全球经济中压力是如何快速传播的。

"9·11"纽约和华盛顿的恐怖袭击，将运营风险问题、业务连续性问题、中央对手方清算所及它们的使用者的现有基础设施的弹性等问题尽数推到了前台。

商品期货现代化法案通过后安然公司随即破产，给了美国柜台能源衍生品清算一个动力，电子市场洲际交易所跟伦敦清算所的伦敦机构合作提供合约清算，之后该交易所继续前进、收购和发展自己的清算所。

中央对手方清算的经济利益继续促进着芝加哥的变革，例如：助推芝加哥商业交易所集团控制了美国场内交易期货市场的 98% 份额。同时清算所化解风险的能力逐渐得到重视。

为回应全球化，央行和证券委员会的监管者们为中央对手方设定了最低国际标准，为运营者订立了标杆并突出强调了它们所面临的不同风险类别。

柜台交易的快速增长，尤其在信用衍生品领域，带来了交易后处理问题，引起了政策制定者的行动以及包括美国集中存托清算公司在内的金融基础设施提供者的反应。

但仅仅是在 2007 年 6 月金融危机开始后，中央对手方清算所对信用衍生品进行清算的具体计划才出现。尽管这些努力受困于延迟——部分原因是被投行和其他市场参与者从柜台衍生品交易的获利所驱使——到雷曼兄弟倒闭时一些计划已经付诸行动，为未来的发展提供了基础。

本章将一一涉及这些事件，之后在第四部分剩余的三章里将重点讲述欧元引入后中央对手方清算在欧洲的发展。

14.2　运营风险和"9·11"事件

在 1989 年柏林墙倒下后不久，美国的一位学者弗朗西斯·弗库雅马（Francis Fuku-yama）宣告了"历史的终结"，他的意思是，这标志着"人类的意识形态演变的终结点以及西方自由民主主义的普世化"①。

12 年之后，在 9 月的一个凉爽早晨清澈蔚蓝的天空下，历史进行了报复。

2001 年 9 月 11 日毁掉世贸中心的恐怖袭击，距离美国集中存托清算公司有 10 个街区。它彻底摧毁了曼哈顿下城的许多金融公司的通讯联系。"9·11"事件突出强调了金融基础设施需要更强健的保护，以预防极端恐怖袭击、网络攻击、系统失败和人为错误所可能引发的运营风险。

证券市场在"9·11"事件中关闭，但集中存托清算公司必须继续运营。"在 T+3 环境下，我们仍有义务亟待履行，需完成在上周五到周一发生的交易结算"，集中存托清算公司公司的企业沟通和公共事务部总监斯图亚特·戈德斯坦（Stuart Goldstern）指出。无法完成结算可能会导致流动性危机。

此时尽管曼哈顿下城的街道已经被警察查封，"500 人在这个楼里坚持了 3 天。"9·11"事件时我们处理了 2 800 亿美元的交易义务。那一周剩下的时间里，我们又结算了 1.8 万亿美元。正是这一点，使得市场在接下来一周可以恢复经营。"②

集中存托清算公司处理巨量不可测事件的能力在两年后得到进一步验证——公司在美国"东北地区大停电"中继续运营。2003 年 8 月 14 日的这个下午，停电切断了美国包括纽约在内的 8 个州估计 4 500 万人的电力供应，还有加拿大安大略湖的 1 000 万人。鉴于我们现在所赋予运营风险的重要性，集中存托清算公司在"9·11"事件之后决定在佛罗里达的坦帕建立新的运营中心，使纽约的能力多元化。它还在一个秘密地点运营了一个远程数据中心，用于保证美国资本市场运营的连续性。

商品期货交易委员会——其纽约地区办公室在世贸大楼 1 号楼，在恐怖袭击中被摧毁——是第一个针对"9·11"恐怖袭击发布反应行动的美国联邦监管部门。2002 年 3 月，它报告催促中央对手方清算所，在紧急事件计划和提供后台设施时考虑所有运营方面的需要，准备好应对洪灾、地震、通讯中断、长时间断电以及恐怖袭击③。

---

① 弗库雅马·弗朗西斯（Fukuyama Francis）（1992），历史的终结和最后一个人类。弗库雅马首先在一个 1992 年论文中提出他的命题，在 1992 年的书中扩充了它。

② 与作者的谈话，2008 年 2 月 1 日。

③ 商品期货交易委员会（2002 年 3 月 11 日），"商品期货交易委员会关于期货行业回应 9 月 11 日事件的总结报告"。

商品期货交易委员会有远见地提醒了中央对手方清算所在 2007 年到 2009 年金融危机中所出现的问题。在雷曼兄弟违约和马多夫投资丑闻之前，它发出的警告针对以下行为：

> 破产或其他关键机构的倒闭，尤其是会对其他市场参与者产生波及影响或"多米诺"效应的那些破产倒闭事件；能破坏一个或多个主要市场或市场参与者信誉度的欺诈或其他足够大规模的不法行为。

它还敦促行业谨记持续的市场全球化，以及"机构实体之间至关重要但不总是明显的相互连接——它对关键任务功能中的网络失败构成威胁。"

2002 年 6 月，美国私营企业为"关键基础设施和国土安全"建立了金融服务部门协调委员会（Fincial Services Sector Coordinating Committee，FSSCC）。该委员会得到了美国财政部、银行、保险公司、交易所、金融基础设施提供商和贸易协会的认可。它的任务是协调和共享应对那些可能扰乱金融业务的外部事件的最佳操作。10 个月后，美国主要的金融监管部门发出了一个联合文件，阐明了所有金融机构的关键业务连续性目标[1]，全球的其他监管当局纷纷效仿，发布了各自的业务连续性指导，并鼓励金融基础设施提供商增强它们的运营能力。

2005 年 7 月 7 日伦敦发生恐怖袭击，凸显了中央对手方清算所有效的业务连续性计划的重要性。当天在伦敦引爆的 4 个恐怖炸弹之一，在连接伦敦清算所总部办公室的地铁站爆炸。随着周边地位被指为犯罪现场，这个中央对手方清算所实施了它的灾难恢复计划，将它的办公大楼疏散并将关键员工转移到伦敦另一处全副设备支持的办公地点。尽管伦敦金融城的大部分地区出现混乱，清算所却继续正常运营。

14.3　中央对手方的国际标准

"9·11"事件将监管者的注意力集中在了关键金融基础设施的运营风险上，正如全球的中央银行和监督部门对交易后服务商——中央证券存管中心和中央对手方清算所等——所聚集的风险的担忧也正在增高。

2001 年 11 月，支付结算体系委员会—国际证监会组织的"10 国集团"央行专家组

---

① 联邦储备委员会（2003 年 4 月 7 日），"关于加强美国金融系统弹性适当操作的行政文件"，证券交易委员会货币监理办公室。

以及国际证监会组织的成员国就证券结算系统的最低标准发布了 19 条建议①。继此之后，在 2004 年 11 月又就中央对手方清算所通过了 15 条建议，这些建议在表 14.1 中有所总结。建议相当于中央对手方风险管理的国际标准，目的是预防那些可能扰乱支付和证券结算系统以及整个金融市场安全的故障②。

表 14.1　　　　　　　　　国际证监会组织对中央对手方清算所的建议

1. 法律风险：在所有相关司法管辖中，对业务的每一方面中央对手方清算所应具有充分健全的、透明、可强制执行的法律框架。
2. 参与要求：中央对手方清算所要求参与者具备足够的金融资源和强健的运营能力，以履行参与中央对手方清算所产生的义务。中央对手方清算所应有适当程序来监测参与者持续满足参与要求。中央对手方清算所的参与要求必须客观、公开发布，并允许信息的公平公开获取。
3. 信用头寸的测算和管理：中央对手方清算所应每天至少测算一次它对参与者的信用头寸。通过保证金要求、其他的风险控制机制或者二者结合，中央对手方清算所应将信用头寸限制在正常市场状况下、其参与者如果违约产生的潜在损失范围之内，以便不扰乱中央对手方清算所的运营，并且未违约参与者不会遭遇它们不能预料和控制的损失。
4. 保证金要求：如果中央对手方清算所依赖于保证金要求来限制它对参与者的信用头寸，这些要求应当足够覆盖正常市场情况下的潜在风险暴露。用于设定保证金要求的模型和参数应基于风险并进行常规复审。
5. 金融资源：中央对手方应维持充足的金融资源，以便在极端但合理市场状况下至少能承受它的最大信用头寸参与者的违约。
6. 违约程序：中央对手方清算所应对违约程序清晰说明，并且程序应保证中央对手方能采取及时措施来遏制损失和流动性压力，并继续履行义务。违约程序的关键方面应能公开获取。
7. 资产监护和投资风险：中央对手方清算所应以这样一种方式持有资产：即动用它们的损失或延误的风险被最小化。中央对手方清算所投资的资产应限于信用风险、市场风险和流动性风险最小的工具。
8. 运营风险：中央对手方清算所应识别运营风险的来源，并通过适当系统的开发、控制和程序将之最小化。系统必须可靠和安全，有恰当的、可升级的能力。业务连续性计划应当允许及时运营恢复以保障履行中央对手方清算所义务。
9. 现金结算：中央对手方清算所应当运用现金结算安排来消除或严格控制它的结算银行风险，即因使用银行来实现与参与者之间现金结算而产生的信用风险和流动性风险。划转到中央对手方清算所的资金在发生时应是最终确定的。
10. 实物交割：中央对手方清算所应清楚说明它在实物交割方面的义务。来自这些义务的风险应被识别和管理。
11. 中央对手方清算之间连接的风险：那些建立跨境或全国连接进行清算交易的中央对手方清算所，应评估可能由此产生的风险的潜在来源，并保证风险被持续谨慎地管理。相关监管机构和监督机构之间应当有一个合作和协调框架。

---

① 国际清算银行（2001 年 11 月），"对证券结算系统的建议"，国际证监会组织。
② 国际清算银行（2001 年 11 月），"对中央对手方的建议"，国际证监会组织。

---

12. 效率：在保持安全平稳运营的同时，中央对手方在满足参与者要求方面应具有有效的成本收益。

13. 治理：中央对手方清算所的治理安排应当清晰透明，以满足公众利益要求，并支持所有者和参与者的目标。这些安排特别应该提升中央对手方风险管理程序的有效性。

14. 透明：中央对手方清算所应为市场参与者提供充足信息，以便他们准确识别和评估与服务使用相关的风险和成本。

15. 监管和监督：中央对手方清算所应处于透明有效的监管和监督之下。在国内和国际范围内，央行和证券监管部门应通力合作，并与其他相关当局合作。

资料来源：支付结算体系委员会（CPSS）和国际证券委员会组织（IOSCO）技术委员会，"对中央对手方的建议"，巴塞尔，国际清算银行，11 月。经国际清算银行同意再版。

在报告中，支付结算体系委员会—国际证监会组织（CPSS – IOSCO）团队还对中央对手方可能遇到的不同风险类型进行了概括。比起中央对手方清算所意在化解的对手方信用风险，或者"9·11"事件后忽然凸显的运营风险，这些风险的范围要宽广得多。

例如，一个中央对手方清算所可能面临：

- 流动性风险，如果某个参与者在结算义务上延迟；
- 结算银行风险，如果中央对手方清算所之间或它们与会员之间使用的资金结算银行发生故障；
- 资产监护风险，如果持有保证金抵押品的管理人破产；
- 法律风险，中央对手方清算所运营的法律或监管环境不支持与它有关的规则、合约或者财产权。

如果破产管理人不能认可中央对手方清算所的权利，可能会发生法律风险。根据雷曼兄弟破产后伦敦清算所的经历，这看起来有时是可能的。在跨境范围内，当中央对手方清算所之间存在连接时，法律风险还可能带来非常棘手的问题。

在总结表格中，支付结算体系委员会—国际证监会组织向中央对手方清算所提出的这 15 条建议占了不到 2 页 A4 纸，并且有的建议看起来是显而易见的。但它们标志着对于中央对手方清算所的监督兴趣的提升，尤其是中央银行。

这些建议为国家监管部门设定了它们评估中央对手方清算所的风险管理标准时可用的标杆。它们形成了后来欧洲央行系统（European System of Central Banks）和欧盟证券监管委员会（Committee of European Securities Regulators）（ESCB – CESR）对欧盟内中央对手方清算所的监管建议的基础。

这些建议在长达 69 页的支付结算体系委员会—国际证监会组织报告主体中有详尽

阐述。例如，对第5条涉及"金融资源"建议的细节说明，为中央对手方清算所运营者们在压力测试上提供了方便的指导，并清晰表明：清算所运营者应当做好准备处理比概括性建议列出的最低限度还要恶劣许多的环境。因此："中央对手方清算所的计划应考虑两个或以上参与者在极短期限内违约的可能性，这将导致一个比最大风险暴露更大的复合性风险暴露。"

在潜在的棘手的治理问题上，第13条建议对董事会的角色以及董事会为管理层设定的目标施加了特别压力。报告强调，董事会"应该包含恰当的专业技巧并考虑所有相关利益"。

报告还突出了中央对手方清算所的所有者、管理者、清算会员和交易所和相关清算平台之间的利益冲突对风险管理的威胁。它的答案是：坚持中央对手方清算所的风险管理者充分独立，将风险管理汇报路线和中央对手方清算所其他业务清楚划分开。它建议，"在许多情况下，这可能涉及创立一个独立的风险委员会。"

14.4 亚洲的冲突和创新

在日本的一个告诫性故事中，保持警惕和良好的公司治理的重要性凸显出来。2005年4月，一个由日本为数不多的、投资者权益活动分子之一的村上世彰控制的投资基金，收购了新近上市的大阪证券交易所（OSE）10%的股权。作为该交易所最大的股东，这只基金对董事会施压迫使它大幅提高派息。

这个大阪的交易所有一个内部的中央对手方清算所，这使它能够作为日本主要的衍生品市场而运营。投资基金的政策原本将意味着：交易所必须将预留给清算所以备清算会员违约时使用的一些金融资源"变现"。

该案例将股份化之后困扰中央对手方清算所的一些利益冲突，以尖锐的形式展现在我们眼前。这个问题被间接性地分阶段解决。2005年8月，日本的金融服务机构拒绝允许基金收购大阪证券交易所超过20%的股权，以此抑制村上世彰的野心。之后在12月（毫无疑问是在幕后运筹之后），据称村上世彰基金已经卖出全部大阪证券交易所的股份。次年，村上世彰在另一个内部交易指控中被起诉，结果于2007年被判罚款和入狱。

据日本银行的货币经济研究机构的负责人（Tomoyumi Shimoda）所说，该案例的教训是：在设计规划治理结构时，中央对手方清算所和股份化交易所之间应该有"最佳程度的亲密度"①。这将包括：中央对手方清算所风险管理层的一套独立的报告线路、明

---

① Tomoyumi Shimoda（2006），"交易所和中央对手方清算所：交流、治理和风险管理"。

确指定用于风险管理的财务资源、关于损失分摊安排上股东贡献的明确政策。

大阪事件还将焦点集聚到了影响金融基础设施的变化上，包括影响本世纪初亚太地区的中央对手方清算所的那些变化。

1997—1998 年亚洲发生金融和经济危机，导致了该地区基础设施发展的暂时减缓。

危机之前亚太地区的中央对手方清算所已牢固建立，并且有些是主要的创新者。悉尼期货交易所（SFE）在金融期货的早期创下了一些令人瞩目的"第一"。包括由国际商品清算所清算的、1980 年世界第一个现金结算的期货合约。主要归功于沃尔·瑞奇（Wal Reisch），20 世纪 80 年代国际商品清算所的悉尼分支成为了清算系统技术发展的先锋。

该地区的另一个成就是 1984 年芝加哥商业交易所和其保护下的新加坡国际金融交易所（Singapore International Monetary Exchange，SIMEX）之间的相互冲销协议，它使得选定的合约能够在两个交易所上相互对冲。印度的股票交易所——总部在孟买的孟买股票交易所（Bombay Stock Exchange）和印度全国股票交易所（National Stock Exchange of India）——在大多数主要欧洲证券市场行动之前的好几年，就已经利用中央对手方清算所进行清算和担保交易①。

但是，20 世纪末清算行业的大变革是发生在美国和欧洲。1999 年美国国家证券清算公司和集存信托公司合并成立美国集中存托清算公司，创造了具有全球抱负的证券清算和交收的洲际巨人。在欧洲，清算所——包括伦敦清算所、巴黎清算所和欧洲期货交易所——刚开始探索跨国界业务机会；在亚洲，中央对手方清算所还处于从 1997—1998 年危机复苏的状态，仍是集中于国家某个地区，且比美国或欧洲的同行们在经济上更为分裂。

尽管如此，2001 年由主要清算机构组成的中央对手方清算所 12 集团建立时，它的 13 个会员中有 4 个来自于亚太地区，时任香港交易所（HK Exchanges and Clearing Ltd. – HKEx）副董事长的瑞奇（Reisch）成为该集团副董事长，并被指派于一年后担任董事长②。角逐开始了，亚太地区在国家层面的交易和清算能力的合并开始启动。

1999—2000 年，香港的证券交易所和期货交易所实现了股份化，与香港证券清算公司（HKSCC）合并到一家控股公司，即香港交易所的旗下。在新加坡，新加坡国际货币交易所和新加坡股票交易所合并，形成新加坡交易所（SGX），于 2000 年 11 月成为上市公司。

2005 年 1 月，韩国 4 个国内证券和衍生品市场合并产生了韩国交易所（Korea Ex-

---

① 相应地为：1989 年成立的印度银行控股公司，以及国家证券清算公司（不要与美国的国家证券清算公司混淆）从 1996 年 4 月开始清算。

② 另外 3 个亚太地区会员是：澳大利亚证券交易所（ASX）、新加坡交易所（SGX）/中央集存公司（PTE）和日本证券交易所。

change，KRX），一个统一的中央对手方清算所为这个系统带来了规模经济效应。韩国个人客户间广受欢迎的期权和期货交易使得该交易所成为世界上最繁忙的衍生品交易所之一（按交易和清算的合约数量计）。

在澳大利亚，2006 年 7 月澳大利亚股票交易所（Australian Stock Exchange，ASX）和悉尼期货交易所公司的合并完成，该国的中央对手方清算所集中在了澳大利亚证券交易所（Australian Securities Exchange，ASX）的品牌之下运行。

同一时期还见证了仅发生在清算层面上的一些重大变革，这些包括：

- 2001 年 4 月印度清算公司（Clearing Corporation of India Ltd.，CCIL）的成立，为政府证券、货币市场工具和外汇产品交易提供清算和结算服务；
- 2002 年，参照美国的国家证券清算公司例子，日本 5 个股票交易所的清算所合并成为日本证券清算公司（Japan Securities Clearing Corp.，JSCC），86.3% 由东京股票交易所持股，12.9% 由大阪证券交易所持有。日本证券清算公司（JSCC）从 2003 年 1 月开始为股票和固定利率证券提供跨市场清算服务，从 2004 年 2 月为东京股票交易所交易的衍生品提供中央对手方服务；
- 2006 年新加坡交易所的亚洲清算系统（AsiaClear）推出，这是亚洲第一个为柜台衍生品提供中央对手方清算的平台，从原油和运费的清算开始。

在全球化世界中，亚洲中央对手方清算所的重要性在 2008 年 4 月日益凸显出来：日本证券清算公司在东京主持了从 2001 年开始的、中央对手方清算所 12 集团的第二届"全球对话"。到这时，中央对手方清算所 12 集团的会员扩充到了 20 个，拥有 7 个亚洲会员①外加澳大利亚证券交易所（ASX）。该集团的来自亚太地区的中央对手方机构比来自世界任何其他地区的要多。

印度清算公司（CCIL）为迎合新兴国家快速增长的特别需求，推出了一个瞩目的创新：中央对手方清算所直接用美元和印度卢比为银行间所有外汇交易进行清算。

清算需求的增长，是因为印度货币市场的交易时段和美国市场之间存在时间差，无法实现同时支付（PvP）基础上的交易结算，交易者因此暴露在结算风险和对手方风险中。这一风险组合未被为管理外汇交易风险而设立的特殊机构——持续联系结算银行（CLS Bank）所覆盖。新成立的印度清算公司的首要目标之一就是：为银行间的卢比和美元交易建立一个中央对手方清算所，从而在距结算前两个工作日期间为交易者提供保护。

---

① 参加中央对手方清算所 12 集团的东京会议的 7 个亚洲会员是：印度清算公司、HKEx、韩国交易所、（印度）国家证券清算公司、新加坡交易所/中央集存公司（PTE）和东京证券交易所（TSE）。

该系统得到了印度储蓄银行和美联储纽约的批准,之后于 2002 年 11 月开始运行、并于 2004 年得到改善。它大幅降低了对手方风险、支付转移的金额和市场参与者的后台处理的费用。据印度清算公司所说,这一外汇合约的更替系统为参与者减少了95% ~ 98%的主要风险,并带来了额外益处,允许较小或资本较少的实体"以接近常规的条款与市场里所有参与方进行交易",这在类似印度这样的大型新兴经济体中是很重要的[①]。

在雷曼兄弟破产后,美国法律制定了措施强制对某些外汇合约进行清算,尽管仍须由美国财政部裁定。

14.5 安然公司、洲际交易所和柜台能源衍生品的清算

一场恶风使人人遭殃(译注:这是 19 世纪末美国著名政治活动家 Thomas Paine 的一句名言,原作省略了后面这段原文"……每个损失都会让有的人得益,每个不幸都会让有的人幸运"This an ill wind that blows nobody any good. Someone profits by every loss; someone is benefited by every misfortune)。2001 年 12 月安然公司的破产,为一个总部远离纽约和芝加哥金融中心的发电厂开发商提供了绝佳机会,可以几乎从零开始建立起能源交易电子平台和清算服务的跨国业务。

杰弗瑞·斯普瑞彻(Jeffrey Sprecher)在 2000 年 5 月成立了洲际交易所(Intercontinental Exchange, CE)。在不到十年之内,洲际交易所已经在它的电子平台上交易能源、农产品、证券指数、外汇和信用衍生品,有 3 个期货交易所、3 个柜台市场和 5 个中央对手方清算所提供综合订单执行和清算服务。

斯普瑞彻与自己从前赛车手的身份风格挺一致,是个活力四射而说服力强的人物,喜欢承担权衡过的风险。尽管一些竞争者觉得他暴躁,但斯普瑞彻还有着缜密和深思熟虑的一面,雇员们温情述说了他是如何鼓舞和激励团队工作的。这点在他谈起洲际交易所面临的挑战和它所处的业务环境时就明显表现出来,在有些很投机的生意上他展示了实现战略远见的才华。

1999 年斯普瑞彻是洲际电力交易所的股东兼首席执行官,该交易所是他在 1997 年收购的一个总部位于亚特兰大的小型技术公司,它将大约 40 个电力事业公司通过硬接线网络连接起来。此前,作为发电厂的运营者斯普瑞彻无法以市场价格买卖天然气和电,因为美国柜台市场缺乏透明交易机会。他决定通过因特网填补这一空白,把洲际电力交易所变成一个线上电力交易所。斯普瑞彻吸引了 13 个最大的能源交易商——大牌

[①] 罗伊·希哈达(Roy Siddhartha)(2006),"印度关于国内外汇市场的一个新结算系统的体验",http://www.ccilindia.com/RSCH_ ATCL.html(2010 年 12 月 9 日),罗伊是国际商品清算所 ICCH 的首席风险官。

名字例如高盛、德意志银行、摩根士丹利和英国石油公司——作为使用者和股东，并于 2000 年 8 月推出了洲际交易所，作为加利福尼亚之外北美市场上的柜台交易能源合约的一个中立平台。

洲际交易所的推出证明了斯普瑞彻作为领袖和销售员的远见、创业天赋、能力和技巧。他此举的时机也是幸运的。

在 1999 年互联网正成为主流之时，安然公司已经推出了一个网上交易平台，使人们习惯了电子交易的概念。但这个平台还不足以成为一个完整的交易所，因为安然公司是其他交易者唯一的对手方。克林顿总统在 2000 年 12 月签署了商品期货现代化法案，允许能源产品和其他场外交易合约的"免税商业市场"存在，并扩大了对双边交易的柜台衍生品合约的清算范围。

随后安然公司破产。这个一度被大型商业能源公司（例如安然）以及一些乐于柜台交易的大型投行支配的市场，却创造了对清算的广泛需求。代替安然公司的是一些新入者，包括对冲基金、其他投行和它们的专属交易柜台。在一个价格动荡、国际紧张状态提高、交易对手之间相互怀疑对方财务实力的时期，这些机构进入了市场。它们需要风险管理服务，并且它们已习惯了清算服务。

清算使得新入者能进入美国能源市场，而不必与其他市场参与者达成双边协议。它们还可以受益于清算给予市场参与者的匿名保护。

斯普瑞彻以两种方式回应了这些需要，他在洲际交易所的业务组合中增加了一个受监管的国际期货市场。2001 年 7 月他以 1.3 亿美元买下伦敦国际石油交易所（IPE），这是使洲际交易所成为国际品牌的战略的第一步；2002 年洲际交易所还开始为柜台能源市场提供清算。

在每一步骤里，洲际交易所的清算合作伙伴都是伦敦清算所，它从 1981 年伦敦国际石油交易所成立开始一直是它的中央对手方清算机构。伦敦清算所还曾通过掉期清算和回购清算系统来清算柜台交易合约，2001 年 10 月它被商品期货交易委员会认定为在商品期货现代化法案下的第一个离岸衍生品清算组织。

洲际交易所和伦敦清算所的关系约六年后变质：洲际交易所终结了它和伦敦清算所的合同，并在伦敦创立了洲际交易所欧洲清算公司（ICE Clear Europe）来清算它自己的合约和信用衍生品。但 2000—2010 年这个十年，伦敦清算所在支持洲际交易所方面扮演了关键角色，助推了这一年轻市场的发展。

在为美国柜台交易能源市场发展清算方面，洲际交易所并不孤单。2002 年 5 月，纽约商业交易所（Nymex）推出了清算接口（ClearPort）系统，为柜台原油、天然气和电力合约提供清算。与洲际交易所对柜台交易能源合约的清算服务一样，清算接口非常及时地从安然公司倒闭中获益。

两者都需要时间爆发推力。直到 2004 年，清算作为两个公司的业务才开始强劲地发展。

尽管纽约商业交易所和洲际交易所都将清算引入了美国柜台交易能源市场，但它们的产品在设计上互不相同，并吸引了不同的客户类型。洲际交易所将清算和交易过程合并在同一屏幕，而纽约商业交易所在运营交易大厅的同时还为柜台合约提供清算服务，它的交易和清算不是合并在一起的。

纽约商业交易所系统对柜台能源市场的喊价交易商（译者注：通过交易大厅和电话）有吸引力，他们担心自己会被洲际交易所的电子交易系统替代。而电子交易受到一些大型投行们的强烈支持，那些投行当初曾帮助斯普瑞彻建立洲际交易所。

两种清算方案还在合约更替后的处理上有不同。洲际交易所的合约在伦敦清算所经手后仍然是柜台交易工具。而通过清算接口系统，柜台合约被"期货化"转化为场内期货合约。虽然这些区别在日度交易层面上对清算所客户几乎没有实际影响，但在清算会员违约的情况下，使用纽约商业交易所清算接口系统的投资者能获得一些额外的保护。

在一个重要的方面上，洲际交易所已经感觉到：与纽约商业交易所和清算接口系统相比，自己处于劣势。纽约商业交易所拥有自己的清算所，能以更快的速度增加柜台合约的数量，以达到清算要求；而洲际交易所却要依赖伦敦清算所。这引起了该交易所和伦敦清算所之间关系的紧张，最终导致洲际交易所在 2008 年终止了和伦敦清算所的关系。与此同时，清算接口系统成为了纽约商业交易所皇冠上的明珠，并且在 2008 年芝加哥商业交易所集团收购纽约商品交易所之后，该系统被调适运用于柜台交易清算。

14.6　柜台交易的问题

尽管在安然公司破产后清算业务在北美柜台能源市场取得了重大进展，却没有类似的动力将中央对手方清算引入其他柜台交易衍生品市场中。

当然，在安然事件之后，商品期货交易委员会没有理由去改变商品期货现代化法案对柜台交易的监管免除规定。委员会的董事长詹姆斯·纽森（James E. Newsome）在 2003 年 7 月讲话时告诫，要警惕"施加那些额外的、处方式的烦琐监管负担，它们可能会负面地影响合法的交易活动"。[①]

这一放任自流的监管方式在一些事件的处理中显而易见，事件包括：2005 年 10 月

---

① 对全球能源管理学院的讲话，休斯顿大学，2003 年 7 月 9 日。

美国一家主要商品和衍生品经纪商瑞福集团（Refco）发现其前任首席执行官隐瞒了 4.3 亿美元的债务，一周之后申请第 11 章破产；大型对冲基金阿兰玛斯咨询（Aranmanth Advisors）2006 年 9 月报告其期货和其他天然气衍生品交易遭受了 60 亿美元损失。这些事件的处理结果均体现了监管放任自流。

尽管总体政策推力方向是不干预柜台交易市场，但仍有一些领域使监管当局觉得有义务施加干预，并需要用户——有时还有金融基础设施提供商——先于监管者设计针对紧急问题的解决方案。

柜台衍生品市场在 2000 年后仍增长非常迅速。如图 14.1 所示，信用衍生品（一个相对新近的创新）从一个相对低点特别强劲地增长。根据国际掉期与衍生品协会（IS-DA）所说，开放信用衍生品合约在截至 2005 年 6 月的 6 个月中猛增了 48% 至 12.43 万亿美元，总额比前一年高出 128%。

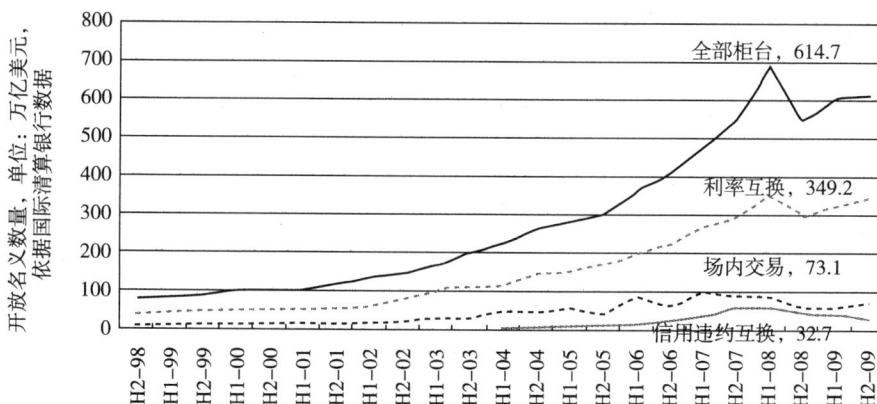

图 14.1 全球柜台和场内衍生品市场（1998—2009）

另外，对冲基金是柜台交易市场上更大的玩家，并且它们引入了新的操作。特别是，对冲基金倾向于通过"交易指定"（译者注：将交易指定给某个中央对手方清算所的做法）在合约更替过程中退出头寸。这意味着基金将退出合约，以一个新的对手方来代替最初对手方（有时并不通知交易的最初对手方），而不是协议终止合约或进行一个反向对冲交易。[①]

鉴于柜台交易市场的许多后台工作仍依赖人工操作和传真机，清算和交收的问题逐渐积累。处理工作积压的一个例子就是 20 世纪 60 年代的"华尔街文书工作危机"。2005 年大公司的柜台衍生品交易确认工作的积压量，从货币期权的平均 7.9 天到非普通证券衍生品的平均 30.5 天。

---

① 国际清算银行（2007 年 3 月）。

柜台衍生品市场变得更具风险。在 2004—2005 年冬季期间，美国的美联储纽约和英国的金融服务委员会等监管部门，以及一些业内人士开始注意到这一点。

2005 年 2 月，金融服务委员会致信伦敦主要交易商的首席执行官们，表达了它对工作堆积的担忧。大约在同时，美国联邦储备银行开始意识到转移交易的问题。在美联储纽约主席蒂莫西·盖特纳（Timothy Geithner）的鼓励下，高盛的常务董事即前任美联储纽约的负责人杰拉德·克里根（Gerald Corrigan）召集了一个银行和经纪交易商的高级风险经理人团队，并有一些对冲基金参与，共同调查在日益复杂和交错相关的全球金融世界中来自柜台市场的潜在系统性风险。

克里根的对手方风险管理政策组（CRMPG）Ⅱ 在 2005 年 7 月发表报告，并提出一系列建议和"指导原则"以增强透明度和风险管理。对手方风险管理政策组 Ⅱ 极富预见性地敦促"金融中介和信用衍生品的终端用户进一步努力保证：它们完全理解了信用衍生品的本质"。它强调了需要对"金融基础设施全部组成部分"进行适当管理和资金支持，这些组成部分包括支付、交收、轧差和平仓系统。报告把柜台交易市场里积压的、未经签署的确认单的处理所需的额外资源投入，作为一个"紧急问题"单独挑选出来①，并敦促把"交易指定"置于"与新交易同样严格与强健的控制和纪律之下。"

继该报告之后，盖特纳于 2005 年 9 月召集了美国和欧洲主要的 14 家投资银行和国际监管机构到美联储纽约，讨论信用违约掉期的快速增长，以及它们在复杂的合成抵押债务义务中的运用，后者是一个特别令人担忧的问题。银行家们承诺减少积压并促进后台处理的自动化。一年之内，未经确认的信用衍生品交易的积压下降了 70%，且由电子盘确认的交易量比例增加了一倍至总交易量的 80%②。

这一快速进展部分反映出基础设施提供商的产品供应已经在增长。2003 年晚些时候，集中存托清算公司推出了 Deriv/SERV，对柜台交易衍生品合约进行电子撮合及确认。Deriv/SERV 系统基于集中存托清算公司的清算技术，9 个月内就开发完成上线，最初专用于信用违约掉期，后来扩大到其他柜台交易合约的处理，随后被用来提供其他服务。

这些举措当中最引人瞩目的，是经过 8 个月开发期后于 2006 年 11 月推出的交易信息库（Trade Information Warehouse）。该库提供柜台信用违约掉期衍生品合约的全球集中登记，与 Deriv/SERV 系统的撮合引擎相连接，因此它的数据库可随着新的信用交易更新，并且在 2007 年将 220 万开放的信用违约掉期合约的信息补录装进系统。在 2007

---

① 对手方风险管理政策组（CRMPG）Ⅱ（2005 年 7 月 25 日），"向更大的金融稳定进发：一个私人部门的观点"。

② 根据国际清算银行（2007 年 3 月）。

年，集中存托清算公司与持续联系结算银行（CLS Bank）合作进一步开发了该信息库，从而自动轧差并执行信用违约掉期所产生的对手方之间的季度性支付。

虽然经过了一段时间之后 Deriv/SERV 系统和信息库才被市场广泛认可，但它们都是恰当及时的产品。然而，正如一位行业参与者所评论的，集中存托清算公司的信用衍生品阵容"看起来像没有蛋黄的鸡蛋"，缺少的正是中央对手方清算。

这并非因为它不想努力。2007 年晚些时候，集中存托清算公司和伦敦清算所共同对信用违约掉期市场的主要银行提出了建议：在 9 个月之内为信用衍生品建立一个中央对手方清算所。这一计划原本是要利用伦敦清算所掉期清算系统在柜台交易利率掉期清算上的经验，以及集中存托清算公司的交易信息库。

提议被拒绝了，反馈是交易商们想使用清算公司（CCorp）（即原先的芝加哥期货交易所清算公司）。清算公司在 2005 年曾经宣布过一个为柜台交易信用市场提供清算和中央对手方服务的计划。

回过头来看，集中存托清算公司的董事长兼首席执行官唐·多纳休说，他能理解"为什么这个行业向其他机构倾斜"，与信用衍生品的中央对手方清算所的那些任务相比，信息库的风险控管任务存在一个性质上的区别①。

在头寸撮合、确认和对账的处理上，集中存托清算公司的 Deriv/SERV 系统分支机构参与化解运营风险，中央对手方清算所将为交易提供担保并化解对手方信用风险。尽管集中存托清算公司在管理股票和各种债券相关的风险敞口上有着广泛的中央对手方清算经验，但这些风险是可以按天数衡量的，而与信用衍生品相关的风险暴露须按年度衡量，这极大地改变了风险的特征。

据说美国监管者强调的另一个顾虑在于信息库本身的性质。一种论点是：仓库应该作为一个公用事业实体运营，由所有市场参与者承诺对它共同支持。如果集中存托清算公司与其他基础设施提供者竞争、向信用衍生品领域提供中央对手方清算服务，那么信息仓库的中立性可能被破坏。

其他人的观点就更不那么慈善了：一些清算专业人士强烈怀疑，信用违约掉期的交易商们想要控制任一被提议的中央对手方清算所以及它使用的标准。他们认为，2007 年 12 月由 17 个强大的信用违约掉期市场的参与者组成的财团收购清算公司，背后原因就是这个。

清算公司是它前身的影子。尽管它鼓吹自己是"世界上最古老的独立衍生品清算所"，并自称"在为场内场外衍生品提供更多创新和以客户为核心的清算服务时，处于独一无二的地位"，它的前身芝加哥期货交易所清算公司的服务对象仅为一些小交

---

① 与作者的谈话，2009 年 1 月 12 日。

易所，例如芝加哥天气期货交易所；清算公司的芝加哥市中心办公室的员工数量已缩减到 40 人左右。

14.7　信用衍生品的一个中央对手方清算所

芝加哥期货交易所清算公司的所有权变更声明也提到了"产品线"的扩张，"包含为一些柜台交易衍生品提供的集中清算设施"。它的第一个新的清算产品将于"2008 年初始"现身信用违约掉期市场①。然而它的登场几乎错过了时机。

2007 年夏天，"大稳健"的时代结束了。6 月，两只由贝尔斯登管理的投资于住房抵押支持证券的对冲基金宣布，它们不能满足保证金追加的要求。7 月，一个德国专业放贷机构德国工业银行（IKB）发出了高风险物业贷款产生巨额亏损的预警，并需要得到救助。8 月，法国巴黎银行冻结了三只基金的赎回，迫使欧洲中央银行向隔夜拆借市场注入了大量流动性。这是西方工业化世界里许多类似的央行流动性紧急措施的首例，试图抗击信用状况收紧。9 月，英国经历了 20 世纪 60 年代以来的首次银行挤兑浪潮，英格兰银行的紧急资金救生索无法消除北岩（Northern Rock）储户的顾虑。北岩作为一家抵押房贷银行，已无法利用批发市场支持它的业务。

2007 年夏天的金融市场混乱，毁掉了之前在清理信用衍生交易积压工作上取得的大部分进展。美联储的高级官员帕特里克·帕金森（Patrick Parkinson）后来对国会报告说，"2007 年 6 月到 8 月之间，信用违约掉期的积压几乎翻了五番"②。如图 14.2 所示，开放信用违约掉期的名义金额在这一时期达到顶峰。

信用危机也将对手方风险问题推上了银行家、监管者和政策制定者的日程。监管者开始担忧柜台衍生品市场里的连锁问题。"大稳健"年间的低收益率和计算机驱动的金融创新，导致复杂合约的发行量巨大增长，这些产品设法进入了全世界机构投资者的投资组合中。大量对手方双边之间信用违约掉期头寸广泛交织成网络，显得极不寻常且特别引人注目。并且，市场参与者倾向于与不同的对手方开立新的对冲头寸，而非着手解除现有头寸，这一更为复杂的任务更激发了网络的复杂性。

清算公司承诺要在 2008 年初推出信用违约掉期的清算产品，这没能实现。这一延误无法打消人们的猜疑：在阻滞清算公司提供信用衍生品中央对手方清算服务，从而保护柜台交易信用衍生品合约的可观的买卖差价上，由投行主导的所有者集团有着既得利

---

①　清算公司（2007 年 12 月 20 日），"清算公司宣布进行重组，并由全球致力于柜台衍生品清算的金融机构进行投资"，新闻发布。

②　帕特里克·帕金森：美联储系统研究和统计部门副总监，在美国参议院下设证券、保险和投资委员会和银行、住宅和城市事务委员会作证。2008 年 7 月 9 日，华盛顿。

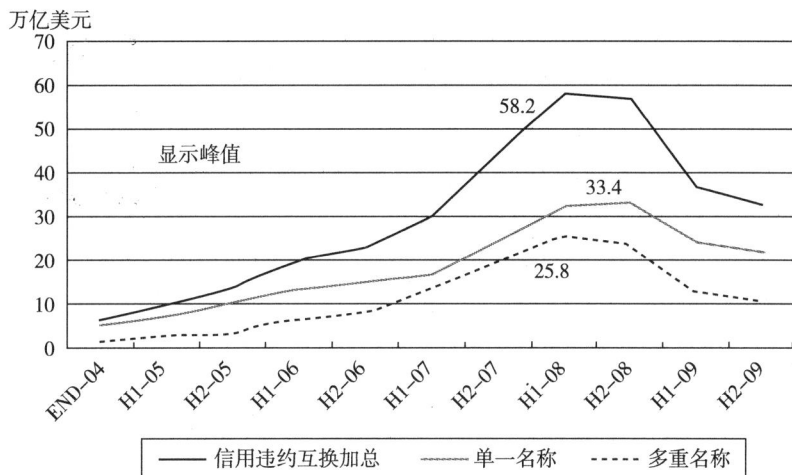

万亿美元

图中数据标注：58.2、33.4、25.8、显示峰值

图例：信用违约互换加总　　单一名称　　多重名称

横轴：END-04　H1-05　H2-05　H1-06　H2-06　H1-07　H2-07　Hi-08　H2-08　H1-09　H2-09

资料来源：国际清算银行半年度柜台衍生品统计数据。

图 14.2　信用违约掉期市场（开放名义数量）

益关系。在这一阶段尚不清楚的是：重新发力的清算公司是否也会向它的所有者小群体之外的更广大市场提供信用违约掉期的中央对手方清算服务。

　　然而，市场——以及清算公司的所有者俱乐部——都在缩水。2008 年 3 月 15—16 日的周末期间，美联储纽约不得不精心协调将贝尔斯登投资银行降价紧急出售给摩根大通。作为成百上千家公司的对手方，贝尔斯登因互联关系太过错综复杂而不能倒闭。一旦它遇到麻烦，会对整个金融系统构成威胁。问题不仅仅是贝尔斯登的风险敞口，还有其他公司对贝尔斯登的风险暴露。假使允许贝尔斯登倒闭，将引起横扫金融市场的多重违约的恐慌。

　　在贝尔斯登事件前的那个周末之前，没有迹象表明美国监管当局支持把中央对手方清算所作为信用衍生品问题的解决方案[①]；也没有任何一个信用违约掉期的中央对手方清算所参与 2008 年 3 月 27 日向美联储纽约递交的承诺，该承诺是由主要柜台市场交易参与者发出的。

　　然而几周之后，美联储纽约召集主要柜台交易商、买方企业以及美国和国际监督机构共同审视柜台交易市场运营基础设施的缺陷略，为信用违约掉期建立一个中央对手方清算所的议题出现在会议日程上。2008 年 6 月 9 日会议达成的解决措施包括"针对信用违约掉期建立一个中央对手方清算所，以它强健的风险管理制度帮助减少系统

　　① 举个例子，在总统工作组 2008 年 3 月 13 日发布的"金融市场发展政策声明"中的建议中，没有任何关于清算工作的具体意见。这一工作组成立于 1988 年 3 月，由美国财政部长担任主席，包括联邦储备委员会主席、证券和交易所委员会主席和商品期货交易委员会主席。

性风险"①。

6月9日关于建立一个中央对手方的承诺，是由美联储纽约主席和首席执行官蒂莫西·盖特纳（Timothy Geithner）驱动的。当天，他告诉纽约经济俱乐部（Econoomic Club of New York），计划中的新基础设施将"帮助提高系统管理一个主要机构违约后果的能力②"。

7周以后，即7月31日，出席6月9日会议的柜台交易商和买方机构的运营管理团队（OMG）承诺"在2008年12月31日之前，信用违约掉期市场的中央对手方清算所将建成并投入使用"。中央对手方清算所将遵循支付结算体系委员会—国际证监会组织的风险管理标准，并且，根据他们的书面协议，中央对手方清算所于2009年开始业务将扩展至其他产品③。

至此，看起来清算公司在为信用违约掉期建立中央对手方清算所上正取得进展。5月，清算公司和集中存托清算公司宣布了一个协议：将清算公司的轧差和风险管理流程连接到集中存托清算公司的交易信息库，初期允许清算公司和信息库的会员用清算公司担保的交易来更替双边信用违约掉期合约④。

2008年7月，清算公司向美国参议院委员会汇报其对信用衍生品清算的准备工作，此时它披露，清算公司正在讨论将它计划的信用违约掉期中央对手方清算所注册为一个有限目的信托公司，置于监管之下。书面声明表示，清算公司针对信用违约掉期的中央对手方清算所会对它的股东们以及其他市场参与者开放，只要他们满足一些特定条件，包括拥有：50亿美元的最低净资产、至少为A的标准普尔长期债务评级、在信用违约掉期上的运营竞争力、不低于5 000亿美元账面合约金额的开放合约、经证实的风险管控制能力、信用违约掉期行业组织例如国际掉期与衍生品协会（ISDA）会员资格以及集中存托清算公司Deriv/SERV系统机构的会员资格⑤等。

很多人仍在怀疑清算公司是否能履行他们的承诺。2008年的夏季慢慢过去，竞争企业开始对信用违约掉期的清算服务展开争战。

6月，洲际交易所宣布用6.25亿美元买下了Creditex公司，这是家交易商之间信用衍生品经纪商，它正与一个总部在伦敦的数据提供商Markit合作开发一个平台，缩减信

---

① 美联储纽约（2008年6月9日），"关于6月9日柜台衍生品会议的声明"。

② 蒂莫西·盖特纳（2008年6月9日），"在不断变化的金融系统中减少系统性风险"，在纽约经济俱乐部的评论。

③ 运营管理团队（2008年7月31日），"柜台衍生品承诺总结"。

④ 清算公司和集中集中存托清算公司（2008年5月29日），"清算公司和集中存托清算公司宣布将信用违约掉期的清算系统连接到集中存托清算公司的交易信息库"，新闻发布。

⑤ 清算公司（2008年7月9日），"清算公司对美国参议院下属证券、保险、投资委员会和银行、住房和城市事务委员会的声明"。

用违约掉期组合（的数量规模）。Creditex 公司能够在掉期合约更替之前减少市场中巨量开放头寸名义金额，因此 2008 年 8 月推出的这个平台被视为针对信用违约掉期建立中央对手方的第一步。

一个月之后，伦敦国际金融期货交易所——这个总部位于伦敦、由纽交所—泛欧交易所所有的期货和期权交易所——宣布，计划启用其清算柜台交易证券衍生品的服务系统 Bclear，与伦敦清算所合作共同处理和清算信用违约掉期。从 2008 年第四季度开始，首先对基于 iTraxx 信用违约掉期指数组中欧洲的合约进行清算。

鉴于美联储纽约明显决心在美国支持清算公司，欧洲期货交易所清算所将自己定位为欧元区的领军，它计划于 2009 年上半年开始清算信用违约掉期合约，从而"用欧洲方案补充了美国现在的倡议"①。

也是在 7 月，总部位于芝加哥的芝加哥商业交易所宣布，从 9 月开始为利率掉期合约提供清算服务，这引起人们推测它也正在筹划对信用衍生品的清算。

在这样的兴奋热潮中，人们容易忘记信用违约掉期的清算所提出的一些严峻挑战。8 月，杰拉德·克里根（Gerald Corrigan）再次出现，传递了一些让人们不愿接受的事实。

克里根 2008 年 4 月重启了对手方风险管理政策组 - Ⅲ（CRMPG - Ⅲ），研究私营部门能够采取的措施，从而减小去年夏天开始的信用危机再次发生的概率。政策组的许多建议中有一条是"应及时建立一所清算公司，从 2008 年第四季度开始对信用违约掉期合约进行清算"②。

像克里根承认的那样，这一目标"极其宏伟"，而对手方风险管理政策组 - Ⅲ 的报告清楚表明了原因。在概括了针对信用违约掉期建立"强健的中央对手方"的好处之后，报告强调了"应保证中央对手方的确稳健并且确实降低风险，而并非仅仅提供一个风险降低的表象"。

为产生预期效果：

- 中央对手方清算所必须只与信誉良好、可靠的对手方进行交易，这意味着"为参与者建立严格的财务要求"。
- 为清算信用违约掉期，清算所必须保证"对清算的整个组合有一个足够透明的日终定价"，以设立合理的保证金和保障基金要求。

---

① 欧洲期货交易所清算中心（2008 年 7 月 22 日），"欧洲期货交易所清算中心计划建立欧洲的中央对手方清算所，为柜台衍生品提供清算服务"。
② 对手方风险管理政策组Ⅲ（2008 年 8 月 6 日），"包括系统风险：改革之路"。

- 设立适当的保证金和保障基金结构，"也许是一家信用衍生品的中央对手方清算所可能面临的最大挑战之一"。当保证金和保障基金不足以应对清算会员的违约时，市场参与者可能不得不向中央对手方清算所认缴更多。
- 任何信用违约掉期的中央对手方应获得市场监管者的支持，并符合支付结算体系委员会—国际证监会组织的建议。这就"要求与不同的监管机构进行互动，这些机构不仅监管中央对手方清算所，也监管清算参与者"。

虽然对手方风险管理政策组－Ⅲ"强烈"建议行业为信用违约掉期建立一个中央对手方清算所，但几乎毫无疑问阻碍是巨大的。建立信用违约掉期中央对手方清算所是迈进未知世界的一步。

另外，当美国当局允许雷曼兄弟倒闭时，世界金融体系仅在几周之内便被推入了更大的未知数之中。在第五部分转向雷曼兄弟倒闭带给中央对手方清算所的更广泛影响之前，本书接下来的三章将讲述21世纪头十年里清算在欧洲的发展。

第 15 章

欧洲的跨境清算

15.1 证券的中央对手方

正当世纪之交美国的期货市场和中央对手方清算的重塑已经时机成熟，欧洲证券市场上中央对手方清算的推广却已经延误。

国家证券清算公司在美国无人能匹敌，它几乎清算了全美洲范围内所有的证券和债券交易。

20 世纪 90 年代欧洲在国家层面上的清算和交收基础结构的重组，几乎没有推进证券清算的传播，并且未触及跨境交易清算的高成本和复杂性问题。证券的中央对手方清算在欧洲依然是少数人的游戏。

20 世纪 90 年代，让·弗朗西斯·西奥多（Jean – François Théodore）重塑法国金融市场之后，巴黎股票交易所成为了欧洲大陆上主要的证券中央对手方清算的发源地。到 20 世纪 90 年代末，两家规模较小的股票交易所——阿姆斯特丹股票交易所和布鲁塞尔股票交易所——也对证券提供中央对手方清算服务，而伦敦清算所 1995 年 9 月开始为一家总部位于伦敦的小型电子股票市场——交易点（Tradepoint）提供清算服务。

比利时在 20 世纪 90 年代末采取垂直筒仓模型后，在其交易和结算基础结构之间设立了一个中央对手方。此前几年，阿姆斯特丹股票交易所建立了一家全资子公司（Effectenclering BV），这家公司成为了政府证券、公司债券以及交易所上市股票交易时买卖双方的对手方。Effectenclering BV 公司每日对头寸进行轧差，并由荷兰中央证券存管中心（Necigef）负责交割。如果某个对手方不能履行其义务，股票交易所将动用保证基金以确保支付和交割的完成。[1]

在其他的欧洲交易中心，由于银行拥有传统证券结算系统，证券的中央清算几乎得

---

① 欧洲货币管理局（1996），"欧盟支付系统"（蓝皮书）。

不到任何支持，因为通过结算轧差中央对手方将会减少流向中央证券存管机构的交易，减少存管银行的费用收入。

在德国，中央证券存管中心 Deutscher Kassenverein 在 1992 年合并到德意志交易所集团（Deutsche Börse）之前，一直为银行所有，并且在集团完成重组，于 1997 年更名为德意志交易所清算所（Deutsche Börse Clearing）之后，银行还仍然是该中央证券存管中心的间接所有者，因为直到 2001 年德意志交易所集团首次公开发行股票之前，这些银行持有交易所 90% 的股权。显然，20 世纪 90 年代德国没有采取行动为证券清算引入一个中央对手方。与德国的情况类似，在斯堪的纳维亚，银行对结算基础设施的控制使得中央对手方清算无法发展起来。

然而，临近 20 世纪末，一些因素的共同作用使得欧洲的证券清算成为了一个更具吸引力的命题：

- 中央对手方非常适合电子交易。通过与电子盘系统相连，它们增强了交易后的匿名性，保护了那些交易所和其他受监管平台的每个交易者的价格和头寸信息。
- 虽然轧差损害了银行的费用收入，但同时也减少了流入中央证券存管中心的交易笔数，从而在结算能力不变的情况下能够处理更多的总交易笔数；轧差为用户减少了费用支出和后台成本，有助于拓展那些运用中央对手方机制的交易平台的流动性。
- 中央对手方清算所还减少了各个交易者为交易活动而需维持的监管资本数量。对手方风险的降低还将鼓励欧洲大陆范围内更多的跨境交易。

欧洲的中央对手方清算所各自为境内的国内市场提供了有效的清算和轧差服务，但跨境交易基础结构却处于分裂状态，并且成本高昂。1999 年 1 月 1 日，欧元作为一种实质性的广泛货币的推广，迫使交易所运营者和他们的基础设施提供商从跨境及洲际范围的角度思考问题。

这一过程中他们不可避免地参考了美国的经验。美国集中存托清算公司的清算分支机构——国家证券清算公司收取的费用，估计约为那些欧洲跨境交易费用的十分之一。①

---

① 本章后文将介绍的欧洲证券论坛（ESF）在 2000 年 12 月 2 日的出版物中"欧洲的中央对手方：欧洲证券论坛关于建立一个独立泛欧洲中央对手方的蓝图"中报告说：国家证券清算公司清算股票、权证和认股权交易的费用已经低至 0.032 美元一手，数据适用于"锁定"的交易，这些交易在交由国家证券清算公司进行清算之前就已经进行了比较和确认。

15.2 清算所 Clearnet——欧洲第一家跨境中央对手方

欧元的到来引发了交易所及市场基础设施的运营者和使用者之间的广泛讨论，范围涵盖了所有未来的可能性，包括跨境协作、跨境连接、跨境并购，甚至是建立一个单独的欧洲中央对手方清算所。

1999 年 1 月欧元推出的前后，欧洲的交易所、中央证券存管中心以及中央对手方清算所进行了一系列混乱的沟通、讨论和谈判。1999 年 5 月宣布了一个计划：将法国和德国的中央证券存管中心与总部在卢森堡、由用户掌控的世达清算公司（Cedel）合并。这个三方的"欧洲清算所"项目鼓励了其他的基础设施提供者，孕育出了同样雄心勃勃的计划。

1999 年夏季，布鲁塞尔和阿姆斯特丹的股票交易所正与伦敦清算所，以及总部位于布鲁塞尔的欧洲清算系统（Euroclear，欧洲另一个国际中央证券清算所，也是世达清算公司的一个长期竞争对手）共同努力建立一个可能的联盟，将比利时和荷兰的交易所的证券轧差技术引进伦敦清算所，并将由此产生的中央对手方清算所连接到欧洲清算系统的结算系统上。这一计划毫无进展（并最终流产），但是当这一连接德国、法国和卢森堡的结算服务提供商的三方协议在 1999 年夏天开始崩溃时，这两家交易所之间，以及与欧洲清算系统之间形成的沟通联系证明是有价值的。

法国参与者们对于建立欧洲清算所的谈判越来越不抱有幻想，问题的核心在于德意志交易所（Deutsche Börse）对于清算所（Clearnet，巴黎交易所集团的轧差和中央对手方清算服务子公司）的态度。

法方谈判人员将清算所看做是合并过程中法国所贡献的具有价值的一部分，它就如同法国的中央证券集存中心一样有价值。在他们看来，清算所使法国有权在计划的合资企业中占三分之一的股份，与世达清算公司和德意志交易所清算公司（Deutsche Börse Clearing）处于同等地位。

德意志交易所的首席执行官韦纳·赛弗特（Werner Seifert）认为，合资企业不需要法国的中央对手方清算所。当时，赛弗特坚信证券结算的未来在于实时处理，从而那些在日终对头寸进行轧差的中央对手方就是多余的了。另一个因素可能是银行业持有了德意志交易所 90% 的股权——这个交易所集团 IPO 上市，从而让银行能够出售所持的交易所股份的声明当时还没出世。

因此，赛弗特坚持，法国的贡献不足以使其在计划的合资集团中占 30%。尽管德意志交易所清算公司和世达清算公司（Cedel）之间的磋商进展顺利，二者与法国的中央证券存管中心 Sicovam 之间的对话却很费力费时。这个法国的结算服务提供商转而开始与欧洲清算系统（Euroclear）讨论联盟。1999 年 11 月，法国已经准备好"跳槽"。

在比利时，布鲁塞尔交易所的负责人奥利弗·勒费布尔（Olivier Lefebvre）开始意识到法国的中央证券存管中心对三方计划已不再抱有幻想。他联络了他在阿姆斯特丹的搭档乔治·莫哀（George Mölle），说服他在 1999 年 12 月 18 日共同前往巴黎，与巴黎交易所（Paris Bourse^SBF SA）的首席执行官、证券集存中心的董事长，以及清算所的董事长西奥多 Théodore 进行对话。

在克利翁酒店的晚餐上，这三家交易所的负责人原则上达成协议，将他们的证券轧差专门技术一起合并到清算所，并将由此产生的中央对手方清算所连接到欧洲清算进行结算。

比利时和阿姆斯特丹的交易所暂停了与伦敦清算所在中央对手方清算项目的合作。在克利翁酒店公约四天后，法国的中央证券存管中心退出了与世达清算公司和德意志交易所之间的三方谈判。24 小时之内，法国的中央证券存管中心和清算所便宣布了与欧洲清算系统联盟的协议。

法国的背叛，只剩下德意志交易所清算公司和世达清算公司合并了它们的结算业务，而没有法国的中央证券存管中心和清算所参与。2000 年 1 月，德意志交易所和拥有世达清算公司的银行以及经纪公司将它们的证券结算业务交给了一个名为清算流国际（Clearstream International）的子公司，它们在该公司中各持一半股权。

与此同时，法国、比利时和荷兰的交易所致力于它们的跨国中央对手方清算所的计划，并于 2000 年 2 月初得出了结论：它们应该也将它们的交易业务连接起来。"当我们发现通过把清算业务一起放在清算所、我们能解决清算的问题时，就萌生了合并的想法，因为比起清算涉及的问题，交易的问题更简单"，西奥多后来说道[1]。

勒费布尔（Lefebvre）、莫哀（Moller）和西奥多（Théodore）利用了欧元启用所带来的新机会，实现了三家欧盟成员国（译注：比利时、荷兰和法国）之间的市场基础设施的"水平"整合。

正如奥利维亚·勒费布尔之后解释的那样：

> 如果回头看 20 世纪 90 年代中期，你会发现在大多数国家（除了英国和法国以外，这两国出现了杂交局面）都有朝垂直筒仓发展的总体趋势：交易所不仅与衍生品交易所进行联合，也与清算所和结算系统合并。这正是我在 1997 年到 1998 年之间在比利时从事的工作。如果你从国家角度来看市场，你想要达成的就是一个高效的直通处理程序以及交易和结算层面的完美合作。

---

① 与作者的谈话，2006 年 7 月 25 日，巴黎。

然后当你从跨境角度来看，你就会意识到，通过跨境基础上的层对层合并（译注：构建水平结构的市场）所获得的规模效应和效率收益，比建立垂直筒仓模式所得到的要重要得多。以 IT 组件为例，当建立一个垂直筒仓结构时，你可以通过合理规划你的数据中心而获益，但基本上你的主要应用仍然是独立于每种功能的。一旦你建立水平的组合，你将拥有完整的规模经济效应①。

2000 年 3 月 20 日，三家交易所的负责人宣布了他们的协议，巴黎、阿姆斯特丹和布鲁塞尔的股票交易所将进行合并，建立一家新的跨国交易所——泛欧交易所。4 天之后，另一个独立的谈判流程达成了一项临时性结论：总部位于布鲁塞尔的国际证券清算中心，即欧洲清算宣布接管法国中央证券存管中心 Sicovam，它将与欧洲清算一起被纳入到一个更加多元化的结算集团中。这一协议还赋予了欧洲清算一个选择：可以购买清算所不超过 20% 的股份。

这些看似独立但实际相关的谈判，在 2000 年 9 月法国、比利时、荷兰、德国以及卢森堡的交易、清算和结算安排变革之后，产生了更多的成果。

欧洲清算同意签署谅解备忘录，最终收购比利时和荷兰的两家中央证券存管中心，并签订了一份协议与法国的中央证券存管中心（Sicovam）合并。9 月 22 日，三家参与交易所的股东们将他们的股份放入一家独立的荷兰控股公司"泛欧交易所 NV（Euronext NV）"，之后泛欧交易所（Euronext）官方正式宣告成立。

清算所这个由法国、比利时和荷兰成分构成的跨境中央对手方，是作为泛欧交易所集团（Euronext Group）的子公司而非它的一个部门成立的，这样的机构赋予它更多运营自由以及一个长期目标，即将它的一些资本提供给用户和欧洲清算所②。清算所已经享有了一定程度的独立性：它为泛欧交易所集团之外的公司提供轧差和中央对手方清算服务，服务对象包括：交易商间经纪商的债券和回购，以及那些将交易通过清算所"指定的清算所关口"输入到中央对手方的电子交易平台③。

通过向自己的国际中央证券存管业务核心中加入国家中央证券存管业务，欧洲清算集团正在经历着一个根本转型，它被指定为泛欧交易所集团的优先结算合作伙伴，这一地位的目的在于促进交易直通处理，从而无须在泛欧交易所与它的结算服务提供商之间指定一个独家关系。

---

① 与作者进行的谈话，2005 年 10 月 21 日。
② 根据清算所首席执行官派特瑞斯·雷诺特（Patrice Renault）所说，引自《清算消息》，第一期，2000 年 4 月。
③ 2000 年末左右，交易商间经纪商和与清算所连接的交易平台包括：Euro - MTS、E - Speed、BrokerTec、SLAB、MTS France、Prominnofi 和 ETCMS。

尽管全面实施泛欧交易所的项目还需要做很多工作，但这一跨国的、整合的、单一货币的并有着水平结构的清算和结算安排的股票及衍生品和商品交易所集团，标志着与以往实践的根本性区别。它为西奥多在欧洲交易所行业中树立起了"远见卓识的改革者"的名声。

在 50 对 50 的股权结构下，清算流国际（Clearstream International）可能也还能成为这个水平结构结算集团的核心。但是如之前所述，赛弗特另有打算。2002 年 7 月，在经历了内部 30 个月的混乱后，清算流被德意志交易所集团完全控股，成为了具有综合交易、清算、交割业务的垂直筒仓结构集团一个结算部门。

15.3 伦敦清算所和清算所考虑联姻

1999—2000 年泛欧交易所和清算流的创立者公司重组的一个持久性后果之一，就是欧洲清算和交收服务提供商的水平结构与垂直结构的分化。这将阻碍欧洲金融基础设施未来的合并。

但在短期内，德意志交易所的韦纳·赛弗特和泛欧交易所的让·弗朗西斯·西奥多（Jean – François Théodore）可能对他们取得的成就感到满意。

接近 1998 年底，德意志交易所集团在开发新平台技术时遇到了困难。而对赛弗特而言，与世达清算公司的交易有望让他获得新技术和潜在的规模效应。在法国中央证券存管中心与德意志交易所清算公司和世达清算公司的三方交易失败后，泛欧交易所的建立挽救了西奥多的战略大师的名誉。这使得他处在一个恰当位置，能在欧洲市场基础设施的进一步合并中采取主动措施。

规模较小的布鲁塞尔交易所和阿姆斯特丹股票交易所也得益了。通过共享中央对手方清算技术并在交易上与大型合作伙伴相连，他们获得了规模优势。阿姆斯特丹股票交易所还获得了巨大节约，因为它可以采用巴黎的技术替代它落后的 IT 平台。

对于清算所来说，合并之路还有更远更大的一步要走。2000 年 4 月 4 日，仅在泛欧交易所声明的两周之后，清算所和伦敦清算所宣布了一项"战略倡议"，建立一个联合的欧洲清算所，成为"欧洲最大的资本、能源、商品市场、现货、衍生品、常规场内和柜台交易市场的中央对手方"。[①]

根据伦敦清算所当时的首席执行官大卫·哈迪所说，在他与西奥多前一年秋天在布

---

① 伦敦清算所和清算所（Clearnet SA）（2000 年 4 月 4 日），关于"清算所和伦敦清算所建立统一的欧洲清算所"联合新闻发布。

尔根施托克会议上的最初接触后，和泛欧交易所的对话"前进了一点"①。这一得到双方董事会一致赞成的倡议，将以 2001 年初建立合资企业为起点，并且预计在那之后尽快实现两家公司间的全方位合并。两方的目标是在 2000 年 7 月前就合资企业达成法律协定，并讨论了在 2001 年第三季度将它变为合并。

整合后的清算所将是"用户治理、具有市场独立性和结算独立性，并向所有需要清算服务的市场、系统和用户开放"。它将采用一套统一的清算和轧差系统，基于清算所使用的清算 21（Clearing 21）系统的技术，该技术是 1999 年跨大西洋技术交换的结果。

轧差和头寸管理的安排将在英国或法国法律下进行，"这给了市场以司法管辖地的选择，与交易地点无关"。这一计划的设计者们希望在恰当时候也包含其他司法管辖权地点的选择。

整合后的清算所将对与其他的欧洲清算所合作持开放态度。它被描绘为是对欧洲交易所之间以及证券结算系统之间的整合的补充。

根据西奥多所说，伦敦清算所和清算所合并后将占有 70% 的欧洲市场，从而"为清算设立一个欧洲标准"。②

然而，这些高度期盼和远大志向被迅速搁置。泛欧交易所和伦敦清算所聚在一起并形成远大计划确实非常好，但法兰克福证券交易所和伦敦证券交易所的负责人另有打算。2000 年 5 月 3 日，伦敦证券交易所和德意志交易所宣布了一项等股权合并，旨在建立一个"超级交易所"，即后来为人所知的国际证交所（iX）。

泛欧交易所号称自己会成为欧洲大陆上最大的交易所，将拥有超过 1 300 家国内上市公司共 23 800 亿欧元的上市市值，并成为欧洲最大的证券和指数期权市场。

而超级交易所国际证交所将超越这些。它将成为世界上按营业额排名第三大股票交易所，并且占整个欧洲全部股票交易量的 53%。这个总部位于伦敦、以赛弗特作为首席执行官的新交易所，计划着与纽约的纳斯达克市场形成联盟，目标是交易 80% 以上的欧洲高科技增长股，成为"最大的泛欧增长市场"，与欧洲最大的现货证券市场和世界最大的衍生品市场并列排名。

这些说法没有考虑到互联网繁荣的破灭。而灾难正以令人警觉的节奏蓄势待发。

超级国际证交所的计划设计了一个中央对手方，但未指明应由哪家公司来提供中央对手方服务。伦敦清算所已经与伦敦证券交易所有协议，从 2001 年开始为其提供中央对手方清算服务。德国方面想使用欧洲期货交易所清算公司（Eurex Clearing），但该清

---

① 与作者的谈话，2009 年 12 月 14 日。
② 引自清算所（Clearnet SA）的《清算消息》（2000 年 4 月）。

算公司在那时仅是一家衍生品清算所。

两家交易所的基础设施提供者需要对这些变化的环境作出反应。而清算流和英国的中央证券存管中心 CREST，共同承诺立即努力"为了欧洲证券市场的利益而交付产品"。2000 年初夏，伦敦清算所和欧洲期货交易所清算公司就成立一家联合中央对手方清算所展开了讨论，为衍生品、掉期市场和现货市场的产品提供清算。

然而国际证交所的合资最终昙花一现。2000 年 9 月初伦敦证券交易所撤出了合资计划后，它就瓦解了。直接原因是来自斯堪的纳维亚 OM 集团的一份敌意竞标；真实的情况是，国际证交所已无法维系，因为伦敦金融城里的反对意见正大规模扩散。

但是，国际证交所的终结还来得太迟了，没能逆转清算所和伦敦清算所的合资企业背后的动能丧失。哈迪记得西奥多在 2000 年秋天曾告诉他，他希望优先推动泛欧交易所项目，而把清算所和伦敦清算所的合并议题暂时搁置①。到此时，哈迪被委任去实现欧洲的合并。尽管国际证交所项目失败了，但伦敦清算所与欧洲期货交易所之间的对话却一直持续到 12 月德意志交易所的 IPO 被耽搁之时，才被暂停。德意志交易所的 IPO 计划将于 2001 年 2 月完成。

清算所重新致力于将比利时和荷兰的中央对手方清算所并入这个更大的法国清算所。2001 年 2 月 1 日，布鲁塞尔和阿姆斯特丹的证券中央对手方清算业务以及阿姆斯特丹的期权清算所②业务都转移到了清算所旗下。它几乎变成了泛欧交易所在阿姆斯特丹、布鲁塞尔、巴黎所有市场的唯一中央对手方清算所③。

清算所的清算业务收入占泛欧交易所收入的 24%，清算业务收入中三分之二以上来自现货证券业务④。它将自己定位为一家营利性、商业独立性的机构，并准备好了与泛欧交易所集团之外的机构建立合作伙伴关系。清算所推进计划，逐步将清算 21 系统作为相关所有市场的通用清算平台，并将它旗下三家中央对手方清算所的不同清算会员规则融为一体。

但是将跨境清算所的计划转化成现实是一个复杂和艰巨的任务，如奥利弗·勒费布尔（Olivier Lefebvre）后来回忆道：

> 我参与了法国、荷兰和比利时之间的市场协同化工作：比市场自身的协同困难

---

① 大卫·哈迪（David Hardy）于 2009 年 12 月 14 日告诉作者。

② 分别为 BXS – Clearing、AEX – Effectenclearing 和 AEX – Optieclearing。

③ 有一例外，在阿姆斯特丹以商品为基础的衍生品由一家单独的公司进行清算—泛欧交易所阿姆斯特丹商品清算公司（Euronext Amsterdam Commodity Clearing N V），而这家公司在 2001 年 2 月成了清算所的全资子公司。

④ 泛欧交易所（Euronext）于 2001 年 7 月 5 日发布了一则通知，解释对机构投资者发行了 24 533 772 份股票，清算所在 2000 年获得了 1.645 亿美元的利润，其中 1.131 亿美元来自于现货交易的清算，而 0.514 亿美元来自于衍生品清算。

得多的是基础设施的协同，因为这要在更深层次涉及银行的运营，因此银行强烈抵制对于它们系统的改变。[①]

15.4 寻求一个单一的中央对手方

将伦敦清算所与清算所合并、为四个国家提供统一的中央对手方清算服务，这一倡议获得了在欧洲运营的大型投行的强烈支持。代表 24 个金融基础设施主要用户的欧洲证券论坛（ESF）盛赞这一行动，认为它是减低成本的主要步骤。[②]

欧洲证券论坛是从欧洲证券行业用户团队（Esiug，1999 年成立）发展而来。这一游说团体在 2000 年 4 月复出并重塑形象。现在它的执行主席是前英格兰银行高级职员潘·肯特（Pen Kent）。

1961 年至 1997 年，肯特在英格兰银行工作。他是一个权威人物，但有着"线针街"特有的强烈低调（译者注：英格兰银行也被称为外号"线针街的老妇人"）。他了解金融基础设施，曾在一个紧张预算下帮助建立英国的中央证券存管机构 CREST，这是一个客户所有、水平结构的公共设施机构。他是该系统自 1996 年夏天开始运行时的第一任董事长。

肯特决定专注于建立一个为欧洲投资群体服务的、低成本中央对手方清算所，他指出：在欧洲交易的成本要比美国高十倍，主要是因为在清算和交收上的功能和投资的重叠。

肯特想要"将垂直筒仓结构重组为交易、清算、轧差和交收的分层次的独立水平结构"，并"为所有证券创造一个单一的泛欧中央对手方清算所"，从而产生"大量管理和风险控管上的规模效益"、消除欧洲与美国的交易成本差异的 80%。[③]

肯特首先设法说服现有中央对手方清算服务提供者联合起来建立"沙漏模式"，使得整个机构市场里的每一家公司将它的清算和轧差集中到一个实体上。客户在该清算服务的所有权和治理上有主要话语权。价格将反映它的成本，理想上该模式是非营利为基础的。

这个远大的计划即使在最佳时机也会很难谈判。但是肯特认为它很及时。证券化模糊了不同资产（例如证券和债券等）交易之间的界限，大型创新型投资银行想要改善他们交易后业务（包括抵押品管理和 IT 等）的效率，"他们希望能把所有东西集中，以

---

① 与作者的谈话，2008 年 9 月 9 日。
② 欧洲证券论坛（2000 年 6 月 15 日），新闻发布。
③ 潘·肯特（Pen Kent）在国际律师协会 2000 年阿姆斯特丹会议上的演讲，2000 年 9 月 19 日。

取得真正的规模经济效应。"肯特后来回忆道①。"在这个必须对清算进行投资的时刻，问题在于能否抓住恰当时机。这对于整个产业将会是一个巨大的节约。"

肯特从 2000 年开始尝试将伦敦清算所和清算所合并。据他后来报告，他与伦敦清算所展开过非正式对话，也与控制着清算所的泛欧交易所有过"有意思但艰难的对话"。虽然西奥多赞成与伦敦清算所的合并，但是他提出了条件。"他希望他的资产能得到回报"，肯特解释说。

欧洲证券论坛的一些成员开始失去耐心。10 月，一个最大客户组成的内部小组开会讨论了未来的选择，包括花旗银行、德意志银行、高盛、摩根士丹利的迪恩维特和瑞银华宝在内的这个"中央对手方清算行动组"（CCP - Action Group）为欧洲证券论坛制订了一个计划——建立自己的中央对手方清算所。

2000 年 12 月，欧洲证券论坛的中央对手方清算行动小组提出了一个单一泛欧中央对手方的蓝图，以克服跨国清算与交收的分割并在紧接的两到三年中避免出现至少价值 5 亿美元的重复投资②。这一蓝图重点参考了美国建立集中存托清算公司的历史经验，计划中的中央对手方被称为"欧洲中央对手方清算所"。这个名称后来被美国集中存管信托清算公司和清算公司擅用。

并非欧洲证券论坛的所有成员都对此事热衷。这一倡议也在欧洲的金融基础设施提供者中引起质疑。他们已经处于警觉状态，因为传言说中央对手方清算行动小组正与美国集中存托清算公司进行非正式对话。肯特认为该蓝图是建立单一中央对手方设想以来的一次胜利，但是计划的实施需要大量的资金投入，还需承诺替代现有服务提供商。

在中央对手方清算所中，伦敦清算所看起来积极。大卫·哈迪暗示：欧洲证券论坛的蓝图将提供一个催化剂，有助于保持建立统一中央对手方清算所的动力。但是泛欧交易所和德意志交易所都不愿意继续向前推进。德意志交易所集团正专注于自己的首次公开募股；而泛欧交易所则恳求说它需要专注于现有组成部分的一体化。它也计划在 2001 年将股票上市发行。

不仅如此，欧洲竞争环境正朝着阻碍单一欧洲中央对手方清算所设想的方向变化：

- 欧洲证券论坛正设法跻身于一个越来越"拥挤"的市场。这里面有一些为证券市场建立中央对手方清算所的其他项目。2001 年 2 月，伦敦证券交易所联合英国中央证券存管机构 CREST 和伦敦清算所一起为伦敦证券交易所的 SETS 系统推出了一个中央对手方清算所；在德意志交易所，初步工作已经开始，研

---

① 与作者的谈话，2005 年 8 月 1 日。
② 欧洲证券论坛（2000 年 12 月 2 日）。

究在欧洲期货交易所品牌下哪一机构将成为现货证券的中央对手方清算所；大约在 2001 年年中，意大利博尔萨证券交易所（Borsa Italiana）宣布：它正在与意大利银行和交易商经纪商展开讨论，为证券采用中央对手方清算，由意大利清算机构（CC&G）负责运营，而意大利股票交易所拥有该公司 59% 的控股。

- 欧洲银行已不再那么愿意投资于新的金融基础设施，因为 2000 年互联网泡沫破裂带来了损失，并且美国和其他地区经济正经历衰退。
- 2001 年 2 月德意志交易所上市、2001 年 7 月泛欧交易所首次公开募股，这增加了建立用户管控的、非营利性的欧洲中央对手方清算所的难度。现在这两个交易所的股东们的股息都部分来自于各自的交收和清算业务收入。

一个更广泛的中央对手方清算所议程出现了，它把欧洲证券论坛的欧洲中央对手方清算所计划推到一旁。美国集中存托清算公司效仿欧洲证券论坛 2000 年 10 月宣布的建立单一欧洲中央对手方清算所的计划，发布了一个"白皮书"，呼吁对清算的全球范围辩论。

全球范围的跨境清算的想法，于 2000—2001 年的冬季在欧洲、亚洲、南北美洲的中央对手方清算所中间得到了的支持。2 月初，一个由 10 个中央对手方清算所组织的伦敦会议产生了一个有着远大而模糊目标的"协议"：为全球范围内无缝跨境清算做好准备。据此，一个包括美国集中存托清算公司、伦敦清算所、清算所和欧洲期货交易所的各方国际中央对手方清算组织，成立了一个名为"中央对手方清算所 12 集团"的协会①，旨在提升全球的清算、轧差和中央对手方清算服务。

2001 年 7 月中央对手方清算所 12 集团的推出，抢走了欧洲证券论坛的风头。几天后，肯特承认：他的会员银行——当时数目约 30 家——还没有准备好为单一中央对手方清算所投资，他说道："在法律、监管、技术、国家和商业利益，坦白地说还有成本方面，存在着深层障碍，使得单一欧洲中央对手方清算所的计划不太可能取得迅速进展。"②

虽然欧洲证券论坛放弃了它的计划，但它的"沙漏模式"并没有消失。在未来的几年里，作为欧洲交易后基础结构分裂问题的解决方案，单一中央对手方清算所计划被提出过好些次。欧洲证券论坛计划的失败，将大量中央对手方清算所的使用者"话语权"留给了大型投资银行，银行很快对欧洲现有清算所提供的服务表示不满。

---

① 中央对手方清算所 12 集团延续了国际金融组织一个奇怪的传统，即在它的称谓中加入一个不正确的数字。2001 年 7 月宣布中央对手方清算所 12 集团的新闻发布列出了 13 家会员，反映了后来芝加哥商业交易所的加入。到 2009 年 12 月，它的会员机构增加至了 25 名，分别在美洲、欧洲、亚洲运营 30 家中央对手方清算所。
② 路透，2001 年 7 月 17 日，"银行业没见着泛欧股票交易的中央对手方"。

15.5 伦敦清算所和清算所最终合并

2001 年 10 月末，让·弗朗索瓦·西奥多完成了一个引人瞩目的策略。他利用泛欧交易所首次公开募股筹到的资金收购了伦敦国际金融期货交易所，以 5.55 亿英镑现金全额收购，从伦敦证券交易所的眼皮底下夺走了伦敦衍生品市场。

这一交易从 2002 年初开始生效，为伦敦清算所和清算所的合并想法注入了新生命力。通过买下伦敦国际金融期货交易所，欧洲期货交易所获得了伦敦清算所 17.7% 的股份，后者是伦敦衍生品市场的中央对手方清算服务商。另外，欧洲清算行使了它的期权，于 2002 年 1 月购买了这个总部位于巴黎的清算所 20% 的股份，之后欧洲期货交易所持有了清算所 80% 的股份。

两家清算所之间的对话重新开始，但是花了很长时间才达成了结果。2003 年 6 月 25 日，伦敦清算所和清算所宣布它们意向合并。这已经是二者建立一体化中央对手方清算所的"战略倡议"三年多之后。

整合后的伦敦清算所集团将是水平结构的实体，独立于交易和结算平台。它的目标是成为每一个相关交易平台的中立合作者，以及成为"全球的中央对手方清算所和国际市场的优选合作伙伴"。[①]

它将对场内交易的现货证券、衍生品和商品进行清算，还将对国际柜台交易市场上的利率掉期合约、债券和回购协议进行清算。在一些情况下，伦敦清算所还成为相互竞争的交易所之间的中央对手方清算所，例如为伦敦证券交易所和泛欧蓝筹股交易所（virt - x）的现货证券交易进行清算，后者是在交易点（Tradepoint）和瑞士交易所集团（SWX）合并之后于 2001 年 1 月建立的、总部位于伦敦的一个电子交易所。

伦敦清算所和清算所承诺分阶段整合它们的业务，最终给客户一个多重市场的单一清算界面。在概述合并计划时，伦敦清算所和清算所的首席执行官们宣布："客户将不再需要多个系统和界面，这有助于控制成本"。

股权结构和合并集团的估值是合并讨论中待解决的棘手问题。清算所是一家以营利为目的的公司，并且西奥多在与欧洲证券论坛（ESF）关于单一中央对手方清算所的讨论中明确表示他希望自己的资产能得到合理回报。伦敦清算所从 20 世纪 90 年代中期开始就是由客户所有的清算所，交易所股东们持股权重只占少数，尽管合并前的两到三年里大卫哈迪将公司变得更以盈利为导向，清算会员们已经习惯于获得回扣，而且用户股

---

① 伦敦清算所首席执行官大卫·哈迪和清算所首席执行官帕特利斯·雷诺（Patrice Renault），伦敦清算所和清算所的序言（2003），"建立可选的中央对手方"，对两个系统的使用者的指导。

东们对低成本服务感兴趣。

协调这些不同的既得利益需要一系列复杂的妥协，这种局面正是西奥多擅长处理的。当这些复杂局面被解开时，结果才发现西奥多为泛欧交易所的股东们做了一笔非常有利的交易。

伦敦清算所和清算所的估值分别为 6 亿欧元，使得合并后的伦敦清算所集团的实际总值为 12 亿欧元。几个月之后当伦敦清算所集团的 2003 年年报和合并财务报表公布时，它显示了对清算所巴黎部分的极为慷慨的估值。截至 12 月底，清算所巴黎 5.695 亿欧元的固定资产中有 5.038 亿欧元的商誉，反映了收购伦敦清算所巴黎时超过该法国子公司对合并集团贡献的净资产公允值的溢价部分。

伦敦清算所集团的 45.1% 股权由交易所所有（其中泛欧交易所 41.5%），45.1% 的股权由用户所有，剩下的 9.8% 由欧洲清算所有。这种用户和交易所平等的股权结构，要求泛欧交易所把它持有的清算所 7.6% 的股份减持出售给用户股东（译注：原本泛欧交易所将持有 49.1% 的股权）。股票价格被定为每股 10 欧元，反映了固定资产的高估值。该举措费时 6 个月才得以完成，若非如此泛欧交易所将以 49.1% 的股权控制合并后的公司。

泛欧交易所在合并后的伦敦清算所集团的股权分为普通股和可赎回可转换优先股，前者占股权比例 24.9%，后者构成泛欧交易所在伦敦清算所集团股权的其余 16.6%。这样设置的动因是：在时机恰当时泛欧交易所会出售其优先股，将新股东引进集团，而附加条款规定所有股东（除欧洲清算之外）将作为用户至少满五年。泛欧交易所的投票权重最多为 24.9%，另外设置了其他的条款，保证任何一个单独股东或股东团体都不能控制合并后的清算集团。

每股 10 欧元的股票售价在接下来几年给伦敦清算所集团带来了无法预料的结果：它制造了一个用户股东团体，对他们来说这实际上是一个最低售价。这意味着：当泛欧交易所最终决定出售更多的股票时，它将同样期待至少每股 10 欧元的价格。

所有权的平衡体现在了伦敦清算所集团的 19 人董事会结构上：6 名由交易所任命的董事（其中 4 人由泛欧交易所提名）；6 名用户股东任命的董事；2 名由欧洲清算公司任命；3 位独立董事；参加董事会的还有前伦敦清算所的大卫·哈迪，他现在被任命为伦敦清算所集团的首席执行官；清算所的前首席执行官帕特利斯·雷诺，他被任命为哈迪的副手。对于董事长这一职位，伦敦清算所集团任命了杰拉德·德·拉·马帝尼耶（Gérard de la Martinière），他是法国保险业著名商人且担任多家公司董事会成员，拥有一些清算经验，因为 20 世纪 80 年代他曾负责法国国际期货交易所和法国商品市场的合并。

董事会的结构意图在于减轻对于泛欧交易所可能在合并后集团里影响过大的顾虑。

另外，集团的公司章程旨在确保董事会的中立性，并防止泛欧交易所获得集团内部机密信息。董事们必须遵守保密条款并考虑所有清算会员和交易所的利益。当存在利益冲突时，事董事们将被排除在相关联问题的信息获取和投票权之外。

泛欧交易所在所有权和治理方面的这些让步，使得以营利为目的的、客户所有的中央对手方清算所之间的联姻成为可能。但作为回报，伦敦清算所集团的利润分配安排必须向泛欧交易所提供一个持续的收入流。

伦敦清算所集团的运营将以营利为目的，并且它的年息税前利润目标从 2006 财年往后至少为 1.5 亿欧元/年。这一门槛值折合成为 2006 年税后资本回报率约为 15%，该值参照的是 2002 年清算所在 1.83 亿欧元营业额上取得的 0.409 亿欧元息税前利润，以及伦敦清算所 2002 年在 2.99 亿欧元营业额上取得的 0.336 亿欧元的息税前利润。

一旦息税前利润超过 1.5 亿欧元，超出部分的 70% 将变成用户的收益，另 30% 分配给伦敦清算所集团的股东。在正常情况下，集团至少年终可分配利润的 50% 将分派给股东，条件是市场监管者批准且泛欧交易所持有的优先股先得到派息。优先股的股息至少和普通股股息相等，或是等于 6 个月欧洲银行同业拆借利率加 125 个基准点——如果这比普通股息高的话。

泛欧交易所从它拥有清算所开始之日起就持续从特定的安排中获益。这些安排包括了伦敦清算所巴黎支付的回扣，这是从泛欧交易所运营的市场上的清算会员那里收取的清算费用的一部分。回扣作为现货和衍生品交易的收入记录在泛欧交易所的账下，这大幅增加了巴黎的证券交易清算成本。2005 年，泛欧交易所收到的回扣就达 4 690 万美元[1]。

泛欧交易所还通过与清算所达成的信息技术交易获利。伦敦清算所巴黎的清算 21 系统的维护和开发被外包给了合资企业泛欧交易所源讯（Atos Euronext），在该企业中泛欧交易所和法国 IT 公司源讯（Atos Original）各占 50% 的股份。虽然大卫·哈迪在合并几个月后与之协商降低费用，但伦敦清算所集团在 2004 年和 2005 年又分别向泛欧交易所集团支付了 1 100 万欧元和 860 万欧元以覆盖 IT 成本[2]。

合并进行之前，清算所向它的股东（泛欧交易所和欧洲清算）支付了 1.5 亿欧元的特别股息，伦敦清算所则宣布对其用户发放 2 360 万欧元的回扣。

这一交易证明了西奥多作为谈判家和金融家的能力。但它并没有令所有人都满意。伦敦证券交易所担心泛欧交易所对合并后的集团的影响过大，对于 6 月的合并声明它以冰冷态度回应："一些问题还悬而未决"，且它正在 "与伦敦清算所通过新的清算服务

---

① 泛欧交易所，"合并后财务报表的记录：登记文件和 2005 年告"。
② 伦敦清算所集团，合并后财务报表的报告和记录，2005 年告。

协议寻求特别保障。"它通过向四个潜在的清算提供者发出"信息请求",强调了它的反对态度①。

伦敦清算所和伦敦证券交易所之间的关系从来都不顺利。伦敦证券交易所不持有伦敦清算所的股权,它加入到伦敦清算所的交易所客户和平台客户的名单上的时间非常之短。伦敦清算所与英国中央证券存管机构 CREST 合作在 2001 年 2 月为伦敦证券交易所的电子证券交易市场系统推出了一个中央对手方清算所。由于成本的原因,这个合资企业被国内小型的股票交易所会员们批评。直到 2002 年 7 月这三家公司才将结算轧差服务作为选项推介到电子交易系统 SETS 执行的交易上。

在 2003 年 6 月宣布伦敦清算所和清算所合并后,这种关系从不友好变得愈发糟糕。

麻烦的起因是,伦敦清算所决定针对在伦敦交易所交易的荷兰股票提高清算费用,该服务是计划中一部分,在伦敦清算所集团合并声明之前就已经推出,为的是将泛欧交易所的阿姆斯特丹交易所的交易量转引向伦敦。伦敦证券交易所将伦敦清算所的决定看做是"欧洲大陆营利性思维影响力日渐变强的一个标志,甚至是在伦敦清算所与清算所的合并之前就已开始"。这一争吵促使伦敦证券交易所在 11 月末解决与伦敦清算所的争议之前,就与其他潜在的中央对手方清算所进行了对话,包括欧洲期货交易所在内。

伦敦清算所和法国清算所的合并在 2003 年 12 月 22 日完成。大卫·哈迪称赞这两家中央对手方清算所的联姻是"迈向欧洲资本市场统一基础结构的主要一步"。

事实上,它标志着一个高点而非向前的一步。伦敦清算所和 Clearnet 清算所的水平式合并将会令所有相关各方失望。

甚至在这点明了之前,纵向合并作为一个战略优选已经在欧洲其他地方出现,毫无疑问欧洲交易后基础设施的分裂状态将持续。

2003 年 3 月,德意志交易所集团推出了欧洲期货交易所清算公司(Eurex Clearing AG),作为 Xetra 系统的证券交易及法兰克福证券交易所场内交易的中央对手方。5 月,意大利证券交易所为其现货证券推出了由意大利清算机构(CC&G)运营的中央对手方清算所。

欧洲的单一市场不应该是这样的。因此,立法者和监管者密切关注着,并联合了那些对交易后服务不满的用户团体,施压要求降低费用和改革。

---

① 根据英国公平交易办公室,2003 年 8 月 11 日,在它不将提出的合并向英国竞争委员会提及的决定中。

第 16 章

欧洲的交易后政策

16.1 监管的隔裂：案例——伦敦清算所

2003 年年末伦敦清算所和 Clearnet 清算所完成合并时，监管机构为伦敦清算所集团所做的安排并没有缓解欧洲交易后服务单一市场缺位的情况。

尽管 1999 年 1 月欧元诞生并且同年晚些金融服务行动计划（Financial Services Action Pplan，FASP）也出台，但居然有十几个监管部门对这一新成立的集团的监管和监督有发言权。

虽然集团是在英国注册的有限公司，它的主要监管者却是法国的银行委员会（Commission Bancaire，CB）。法国银行委员会之所以担任这样一个角色，是因为伦敦清算所集团是一个金融控股机构，其子公司包括伦敦清算所巴黎——一个在法国注册的有限银行，也是该集团唯一的信用机构。

清算所巴黎分部的银行地位还意味着，参与其监管的机构包括在法国负责银行授权的部门——信贷机构及投资公司委员会（Comité des Établissements de Crédit et des Etreprises d'Investissement，CECEI）以及法国央行即法兰西银行。作为一家清算所，清算所巴黎由法国的金融市场管理部门——金融市场当局（Autorité des Marchés Financiers，AMF）监管。

在英国，与法国金融市场当局（AMF）地位相当的是金融服务管理局，它将该集团伦敦的中央对手方清算所——伦敦清算所作为一个被认可的清算所（RCH）进行授权和监管，这意味着在哪些产品可清算以及这些产品如何交易方面，该清算所不受限制。英国监管者认为清算所和交易所是由专业人士操作的，应能够以这样的一个方式运营："在一个广大的自由度里制定并执行它们自己的市场规则。"[1]

---

① 英国财政部（1999 年 2 月），"金融服务和市场法案：为投资交易所和清算所制定认证要求"。

伦敦清算所在欧盟之外也受监管，因为在 2001 年 10 月，它作为一家离岸的指定清算机构（Designated Clearing Oorganization，DCO）在华盛顿的商品期货交易委员会进行了注册。

清算所巴黎的监督还涉及法国、比利时、荷兰的监管者，它们成立了一个"学会"①。Clearnet 清算所收购布鲁塞尔和阿姆斯特丹的中央对手方清算所后于 2001 年 1 月最初签订了一份谅解备忘录，而这个学会中的监管者正是该备忘录的机构代表。2003 年在清算所巴黎成为泛欧交易所的葡萄牙市场的中央对手方清算所后，该学会增加了两个葡萄牙的官方机构。

学会成员的扩充速度在随后的几年中有所放慢，这反映了参与成员国的监管安排的变化。截至 2010 年 3 月，清算所巴黎在法国、比利时、荷兰和葡萄牙市场提供的中央对手方清算服务受到九个主管机关的监管、管理和监督，这是在法国银行委员会和信贷机构及投资公司委员会（CECEI）被纳入一个更大的监管实体——法国审慎监督管理局（ACP）——之后的事，该局负责法国银行和保险部门的监督。2010 年 5 月，清算所被英国金融服务管理局授予认可的海外清算所（ROCH）地位，从而受到英国监管。

这一系列的欧洲国家监管机构各持己见，且包括来自欧元区及英国的权威机构，它们对伦敦清算集团的结构有着重大影响。

2000 年 4 月，伦敦清算所和 Clearnet 清算所宣布计划建立一个统一的欧洲清算所。但这一拥有独立法律地位的单一中央对手方清算所的想法，随后被法国和英国的监管机构否决。取而代之的是：该集团不得不设立法国和英国子公司，由独立的法律和监管系统治理并设立独立的董事会。

2005 年法国、荷兰、比利时和葡萄牙的中央银行和金融市场监管机构签署了另一项谅解备忘录，在涉及伦敦清算所集团的监管时由他们的英国同僚负责管理合作②，但是在伦敦清算所和法国 Clearnet 清算所合并时，只有欧洲中央银行（ECB）为跨境背景下的中央对手方清算所的监管制定了指导规范。

2001 年 9 月，以欧洲中央银行名义发表了关于中央对手方清算所合并的政策路线，它代表了欧元体系内包括欧洲央行和该单一货币区的各国央行的看法。对那些试图在欧元区内外提供清算服务的公司来说，该政策路线也许是更强化而非弱化了国家间的分隔。

作为中央银行，欧洲央行很自然会担心，在该地区的中央对手方的潜在合并"可能

---

① 最初学院的组成包括：法兰西银行、银行委员会、法国金融市场委员会（后来因 2003 年 8 月立法的原因而成为金融市场当局的一部分）、比利时国家银行、比利时银行金融委员会、荷兰金融市场当局（AFM）和荷兰中央银行。葡萄牙银行和葡萄牙证券市场委员会于 2003 年加入该学院。

② 它们即所谓的联合监管当局。

会影响到货币政策操作的顺利执行、支付结算系统的顺利运作，以及金融市场的总体稳定"①。

央行注意到了欧元创立后对中央对手方清算的需求增长，以及欧洲证券论坛（ESF）对单一、多币种、多产品的中央对手方清算所的支持。欧洲央行的政策线路反映了长期以来央行关注的一个问题：中央对手方清算所应具备有效的风险管理标准。

欧洲央行表示，除非有"明显的市场失灵迹象"，否则整合应该由私营部门推动。它呼吁公开公平的交易、清算及交收设施，以"保证公平的竞争环境，避免过度分裂的市场流动性"——不论它们是垂直或是水平式的结构。

到目前为止，一切都还好。但欧洲央行的声明中还记录了一项重要原则：

> 以欧元计价的证券及衍生品的任何国内市场基础设施（包括中央对手方清算）的自然地理范围都是欧元区。鉴于证券清算交收系统的潜在系统重要性，这种基础设施应该设在欧元区内。

在这一背景下，法国政府坚持伦敦清算所集团将清算所巴黎作为一个独立子公司留在巴黎而非加入一个合并结构。这就不奇怪了，因为合并机构可能导致欧元计价工具转移到伦敦。

当欧洲央行制定它的政策路线时，针对建立单一交易后服务市场的欧盟政策仅露出黎明前的一线微弱曙光。中央对手方的风险管理标准在全球和欧洲层面上都还是未来之事。欧盟政策制定者的优先任务是鼓励欧洲金融市场的国际竞争力，以帮助欧洲经济赶上美国。在美国，即使在互联网泡沫繁荣及破裂后，时代精神依然是主张放松管制，因为政策制定者坚信：强增长、低通胀和金融创新，正带来稳定的经济形势。

16.2　欧盟交易后政策的前期草案

伦敦清算所监管安排的复杂程度，折射出欧盟缺乏交易后服务一体化的推进政策。欧盟的政策制定（即使在最好的时候）是一个漫长和复杂的过程。在初期它往往依赖于一个又一个欧盟机构委托专家所做的调研报告。

1999年欧盟委员会制订了金融服务行动计划，建立欧盟单一金融服务市场的42项措施，但委员会根本就忽视了清算和结算。

这一情况在2000年夏天发生了变化：欧盟委员会指定了一个"智者委员会"，探索

---

① 欧洲中央银行（2001年9月27日），"欧元体系关于中央对手方清算合并的政策线路"。

如何使欧盟法规（作为金融服务行动计划的一部分）更易推进且更适应瞬息万变的金融市场状况。该委员会由亚历山大·朗法鲁西（Alexandre Lamfalussy）担任主席，他是已退休的比利时央行行长以及"欧元之父"之一。委员会向欧盟各国财长提交了两个报告，概述了欧盟如何加速和改进金融立法的流程与监管①。

顾问们的第二个报告发表于 2001 年 2 月，针对欧洲分裂的交易后基础设施，以及欧洲跨境交易证券成本应如何降到美国水平，提出了思维最简洁的第一份欧盟文件。

尽管在它的 109 页里仅有 1 页阐述了欧洲改进跨境清算结算安排的必要性，这个报告在该问题上为接下来的几年规划出了欧盟公共政策的路线图。

朗法鲁西委员会的论点是私人部门应主要负责欧洲的清算和结算的重组，但公共政策也是重要的，应侧重于以下：

- 与美国相比，跨境清算结算的过高成本；
- 竞争的问题，如对系统的开放和非歧视性接入；
- 中央证券存管系统之间的良好技术连接；
- 单一中央对手方清算所机制（一旦建立）的审慎影响意义；
- 是否应根据欧洲共同标准来授权和监督清算结算系统。

智者委员会敦促政策制定者"在私人部门看来无法为欧盟提供一个高效的泛欧清算结算系统的情况下"提供明确的领导，委员会还强烈建议，欧盟委员会的竞争理事会应审查行业是否恰当遵守了欧盟的竞争规则。

该团队建议"认真考虑"欧盟的清算结算业务的监管框架。鉴于清算结算对货币政策和支付系统运作的重要性，委员会还提出了让欧洲央行参与的想法。智者委员会还对清算系统相关问题与结算相关问题分离的想法提出了质疑，因为一个高效的清算系统是一种"公众商品"。

这些想法大约仅占了报告的 1%，但朗法鲁西男爵（Lamfalussy）和同事们已坚决地把清算结算放到了欧盟金融服务的议程上，且另外一些机构——包括欧洲委员会——开始承担起了这项事业。

---

① 朗法鲁西（Lamfalussy）（2000 年 12 月），"智者委员会关于欧盟证券市场监管的最初报告"：http：//ec. europa. eu/internal_ market/securities/docs/lamfalussy/wisemen/initial‐report‐wise‐men_ en. pdf（2010 年 12 月 10日）。朗法鲁西团队（2001 年 2 月），"智者委员会关于欧盟证券市场监管的最终报告"：欧盟委员会；http：//ec. europa. eu/internal_ market/securities/docs/lamfalussy/wisemen/final‐report‐wise‐men_ en. pdf（2010 年 12 月 10日）。

另一份专家报告标志着欧盟在清算及结算政策上向前迈进了一步[①]，它明确指出了跨境证券交易的障碍：推高成本，阻碍单一欧洲交易后市场的建立。

领导该小组的是意大利金融专家阿尔贝托·卓凡尼尼（Alberto Giovannini），作为"欧元对欧洲资本市场影响的顾问小组"的主席，为欧盟委员会提供咨询意见。卓凡尼尼毕业于博洛尼亚大学，并取得麻省理工学院经济学博士学位，曾在学术研究领域、投资管理及银行工作。1995 年到 1999 年间曾在一家命运不济的长期资本管理基金任高级顾问和战略家，他同时还为意大利政府、世界货币基金组织和世界银行提供咨询。

卓凡尼尼极力主张欧洲交易后部门的重要性。2001 年 1 月在两份报告的第一份中，他的团队宣布："清算结算的低效率代表了统一欧洲金融市场所面临的最根本和最重要的障碍，这也许并不夸张。"

卓凡尼尼团队的工作主要集中在结算业务方面。该报告确认了 15 个障碍，分成三类：不同的技术要求和/或市场操作；国家税务程序的差异；法律确定性上的差异。报告赢得了欧盟内部市场委员弗里茨·博尔克斯坦（Frits Bolkestein）以及委员会内部市场管理机构的高级官员的支持。

2003 年 4 月的第二份卓凡尼尼报告提出了一个战略方案，目的是消除障碍，并且用克服欧盟交易后服务分裂的技术标准、市场惯例、规则、监管和法律来取而代之[②]。该报告制定了在"激进而又可行的期限内，即 27 个月到 3 年的时间里"消除这些障碍的一系列措施：私营部门负责消除 6 个障碍，其余 9 个障碍由公共部门负责处理。卓凡尼尼强调，成功与否将取决于双方之间能否良好合作。

卓凡尼尼呼吁建立一个监管和监督结构，能够"使清算结算的供应商提供公平和低成本服务，快速和灵活地对经营环境中的变化作出反应，且按约等于最低水平的成本收费"。

委员会报告规划了一个明确的战略，将欧洲金融市场从"国内市场毗邻并列的状况"转变成一个"统一的实体"[③]。应向私营部门施压，使市场操作及技术规范朝着市场导向的融合方向发展。这些领域的进展将使国家系统之间具备操作互通，并给用户一个清算和结算地点的选择。

卓凡尼尼明确表示，建议的目的并不是解决所有问题。他把泛欧洲清算和结算系统的选择问题留给了相关公司。与此同时，两个欧盟机构——欧洲中央银行系统（European System of Central Banks，ESCB）和欧盟证券监管委员会（Committee of European Se-

---

① 卓凡尼尼团队（2001 年 11 月），"欧盟的跨境清算结算安排"。
② 卓凡尼尼团队（2003 年 4 月），"关于欧洲清算结算安排的第二份报告"。
③ 出自卓凡尼尼团队的前言（2003 年 4 月）。

curities Rgulators，CESR）——承担起了为欧盟的中央对手方清算所和证券结算系统
（根据朗法鲁西建议而设立）拟定"标准和/或建议"的任务。

16.3 欧洲中央银行系统——欧盟证券监管委员会（ESCB – CESR）标准

欧盟建立自己的中央对手方和中央证券存管中心的标准和/或建议的倡议，是在
2001 年 10 月发起的。

欧盟认为有必要为清算和结算机构建立自己的标准，但这初看起来似乎不切实际。
正如第 14 章中所述，支付结算体系委员会—国际证监会组织在制定国际通行的交易后
服务最低标准建议时困难重重。欧盟官员们全力参与了那项工作。支付结算体系委员
会—国际证监会组织关于中央对手方清算所的建议在 2004 年 11 月及时发布，该建议成
为全球风险管理的国际认可最低标准。

然而，欧洲中央银行系统—欧盟证券监管委员会的目标不仅仅是提供风险管理的标
准。它的工作是塑造公平的竞争环境让企业能够运营，并克服欧洲国家之间法律和立法
差异造成的问题例如监管套利，为交易后服务建立单一市场。

到目前为止一切都好。但中央银行系统—欧盟证券监管委员会的倡议很快陷入困
境，并得到一个切实教训：一个看似平淡无奇的项目因为晦涩难解的欧盟政策的制定过
程错误而遭遇阻挠。

在行业意见征集后，来自欧洲中央银行系统—欧盟证券监管委员会的官方工作组于
2003 年 7 月发布第一个咨询报告草案，提出：欧盟的标准应该比支付结算体系委员
会—国际证监会组织的建议更具约束力。

该报告引起了轩然大波。欧洲议会感到不安，因为它认为欧洲中央银行系统—欧盟
证券监管委员会的标准侵犯了其立法特权。尽管该标准将不具备欧盟法律的地位，但监
管部门、监督指导部门和督查人员被期望采用该标准并保证它在行业中的实施。反对的
声音来自于许多活跃在证券结算领域的银行，它们担心额外的监管负担。

2004 年 9 月，在两次磋商和两次公开听证会后，欧洲中央银行系统—欧盟证券监
管委员会工作组发表了一份新的草案来应对银行的问题。一个月后，即 2004 年 10 月，
欧洲央行理事会和欧洲证监会（CESR）批准了该工作组的报告。但报告提出的标准无
法实施，因为德国证券监管者联邦金融监管局（BaFin）出人意料地针对该标准在德国
实施的法律依据问题提出了疑虑。

在欧洲监管机构当中，有些人认为德国联邦金融监管局的反对是一种变相的贸易保
护主义。其效果是使欧洲中央银行系统—欧盟证券监管委员会工作组的活动暂停，该标

准的实施无着落。这种状态持续至 2007 年的金融危机。

金融危机将政策制定者的注意力集中在健全的金融基础设施的重要性上。因此，欧洲中央银行系统—欧盟证券监管委员会决定于 2008 年 6 月完成该标准的推行工作。大家达成了一个妥协，据此该标准将降级为建议并仅发至公共部门官员。此外，这项标准只应用于中央对手方清算所及中央证券存管中心，将银行留给其他的监管措施。

当欧洲中央银行系统—欧盟证券监管委员会的标准最终在 2009 年 5 月发布时，它们与支付结算体系委员会—国际证监会组织的标准相似，后者从 2004 年起已成为行业标杆。欧洲中央银行系统—欧盟证券监管委员会的标准更多地关注中央对手方清算所之间的操作互通，且更多地强调多个参与者违约的压力测试的重要性，主张业务连续性计划的独立审计①。

然而与支付结算体系委员会—国际证监会组织的标准相比，欧洲中央银行系统—欧盟证券监管委员会的标准被给予了不同的倾向性。它的主要目标是"促进竞争、效率、安全和良好的泛欧交易后服务安排"，这最终将带来对证券市场更强的信心、对投资者更好的保护和系统性风险的减少。该标准有望通过提高跨境市场基础设施的效率来增进和维持欧洲市场的一体化与竞争力。

这些目标都值得付诸努力，只是它们被制定过程中的特性所损坏了。对于所有关于欧洲单一市场的谈判来说，欧洲中央银行系统—欧盟证券监管委员会的标准表明，欧盟的国家证券监管机构仍然没有将整个欧洲的安全、公平竞争环境和竞争力，优先置于在各自国家的利益之上。

16.4 欧盟委员会走向立法

朗法鲁西和卓凡尼尼的两份报告抱怨欧洲的跨境清算和结算的成本过高。虽然现在缺乏精确的数字，但对于市场参与者和政策制定者来说，欧洲的跨境交易成本明显远高于美国的洲际范围市场的成本。欧洲的交易后服务结构是以国家范围为基础的，这是产生这种情况的部分原因。

正是在这种背景下，在第一份和第二份卓凡尼尼报告出版期间欧盟委员会发布了对清算和结算市场的初期想法。

2002 年 6 月欧盟委员会出版的"沟通②"或者说咨询文件，标志着一个过程中的第

---

① 欧洲中央银行系统和欧盟证券监管委员会（2009 年 5 月），"对于证券结算系统的建议及对于欧盟中央对手方的建议"。

② 欧盟委员会（2002 年），"欧盟的清算和结算，主要政策问题和未来挑战"。

一步，按事件的正常发展轨迹，这个过程将以欧盟立法为结果。它把消除卓凡尼尼报告的 15 个障碍作为起步点，提高欧盟跨境清算结算的效率，并阐述了一个大幅降低成本的计划。

与卓凡尼尼类似，该委员会并没有为欧盟定义任何形式的基础结构。然而，它极力强调要为清算和结算机构建立一个公平竞争环境，鼓励对所有系统的开放登入访问。

"所有的市场、基础设施供应商和市场参与者都应该有权访问所有必要的系统，不管它们的位置何在，"文件说。"完全一体化的市场要求：对系统的访问权力是全面、透明和非歧视性的，并且最重要的，是高效的。"它提出了"竞争政策的并行应用"，目的是强化这些措施。

该委员会提出的问题暗示着欧盟机构应大力参与，帮助市场力量建立一个一体化的清算及结算行业，它询问欧盟立法是否"赋予交易结算链条上跨各个层面的，以及各个层面之间的综合访问与选择的权力"。委员会注意到缺少一个中央对手方清算所、结算系统和托管的统一监管体系，它正考虑可能出台一个欧盟法律，其中包括"一些通用的原则"以涵盖诸如"授权、监督、风险管理技术，违约安排或这些机构的资本处理"的问题。委员会还想知道，欧盟层面的清算及结算活动的通用功能性定义是否有助于实现公平的竞争环境。与卓凡尼尼报告类似，该委员会的文件与结算（而非清算）的相关性更高。

委员会 2002 年的这份文件启动了一个冗长的咨询过程，揭示了交易后服务提供商之间对于行业未来的看法分歧，以及对于如何降低成本和增加跨境交易效率的分歧。

在咨询期间同时发生的还有关于一项新法律的谈判，以取代投资服务指令（ISD），这个新法律即是后来为市场熟知的欧盟金融工具市场法规（Markets in Financial Instruments Directive，MiFID）。2004 年 4 月末，在数月的密集游说和欧盟成员国之间剧烈内部斗争后，欧盟部长理事会通过了欧盟金融工具市场法规，把欧洲的证券交易向更广大的竞争开放。

欧盟金融工具市场法规是金融服务行动计划最重要的部分之一。作为 1993 年的投资服务指令的替代，该法规使得投资公司、银行和交易所能在本国授权的基础上在欧盟内提供跨境服务。它打开了一些国家的证券市场交易，例如意大利，那里的交易所先前垄断了个体投资者的订单。金融工具市场法规的解除管制措施，使得投资银行能够设立称为"多边交易机构"（Multilateral Trading Facilities，MTFs）的多边交易平台，变成老牌交易所的竞争对手。但金融工具市场法规是一套所谓的框架指令①，留下了许多细节有待欧盟部长们采纳并处理。该法规直到 2007 年 11 月 1 日才生效。

金融工具市场法规与清算有一定相关性。它的第 34 条和第 46 条规定，欧盟成员国

---

① 由朗法鲁西男爵（Baron Lamfalussy）智者委员会提出的立法创新。

须确保其境内的其他成员国投资公司在清算、中央对手方及中央证券存管服务的使用上，享有和本地企业相同的条件。市场参与者有权利为其交易选择结算地点（但不是中央对手方清算地点），只要在被监管的市场和相关组织之间存在适当连接。受监管市场同样有权利选择一个特定的中央对手方和/或中央证券存管机构来清算结算它们的交易。

与此类似，金融工具市场法规的第 35 条告知那些法律管辖区内涉及多边交易机构的成员国们，它们"无权反对使用另一成员国的中央对手方清算所和/或结算系统，除非证明这是为了维护该多边交易机构的有序运作所必需的"。

然而，金融工具市场法规的精确措辞却为国家间的分裂留下了大量空间。该指令没有对交易后基础设施之间的关系进行监管，因此对第 34 条、第 35 条和第 46 条所述的目标应如何实施，仍未可知。

金融工具市场法规把球踢还给了欧盟委员会。委员会曾有过两次关于清算和结算沟通的承诺，2004 年 4 月，它在第二次承诺里作出了回应①。

委员会提出了一个精心调制的战略。它赞同消除卓凡尼尼提出的障碍（译注：称为卓凡尼尼障碍），并决定不干涉行业的体系结构。因此，它避开了眼下在基础设施供应商和用户之间的几个激烈辩论，这些辩论的焦点在于：是按用户自有的治理结构，还是按以盈利为目的治理结构来整合现有结算系统，以及是否要把中央证券存管机构的中介功能和银行功能分离开。

委员会希望投资者及其居间机构代表在欧盟跨境证券交易的清算和结算上有尽可能多的选择，目标是使清算及结算的用户可以自由访问他们所选择的系统。它想用一个通用监管框架来涵盖市场上各类角色履行的功能。这将允许整个欧盟的清算及结算系统相互识别认可，从而增强一体化、保护投资者和降低成本。

为帮助实现这些目标，委员会以框架性指令的形式提出欧盟立法。提议的立法要事先进行监管影响评估（Regulatory Impact Assessment）审查，以确保欧盟的介入有利于该行业。为支持该倡议，欧盟竞争法将应用于清算及结算活动。该委员会要求在 7 月底得到回复。

委员会还把来自公共和私营部门的专家设立成了三个组，以提供新动力努力消除卓凡尼尼障碍。三组中最引人注目的是清算及结算的咨询和监测专家组（Clearing and Settlement Advisory and Monitoring Expert Group，Cesame，即塞尚），负责帮助消除那些全部（或部分）由行业引起的障碍②。

---

① 欧盟委员会（2004 年 4 月 28 日），"欧盟的清算和结算—前方的道路"。

② 一个法律确定性小组（LCG）和财务遵从专家组（Fisco）在几个月后成立。而塞尚目标在于将该部门的关键决策者聚在一起，让他们体验赞同行动的伙伴小组的压力。这两个小组还包括来自学术、法律和财务行业的专家，以研究如何消除法律和税务障碍，那是公共部门的责任。

塞尚的首次会议是在 2004 年 7 月。在适当的咨询和研究后，一切似乎都已安排妥当，新的欧盟法规将破除清算及结算上的僵局。然而 2004 年 11 月生效的一个新委员会的任命，以及查理·马克里维（Charlie McCreevy）到任布鲁塞尔搅乱了这一路顺利。马克里维放弃了爱尔兰财政部长一职，接替弗里茨·博尔克斯坦（Frits Bolkestein）担任了欧盟委员会内部市场部部长。

16.5　马克里维推动行业解决方案

在短短三年中，欧盟委员会便从欧洲清算和结算辩论的一个旁观者变成了欧盟法律框架的制定者，将欧洲分裂的交易后服务部门推向更大程度的一体化。但查理·马克里维（Charlie McCreevy）将这一进程束之高阁。

马克里维以自由市场商人著称，为爱尔兰这个独立联邦赢得了空前的繁荣。在管理了 7 年爱尔兰的财政之后，他来到布鲁塞尔。

2004 年，距离 2007—2008 年全球金融危机中的爱尔兰经济大衰退仅几年之遥。此时作为"凯尔特之虎"，爱尔兰经常被誉为欧盟表现最好的经济体。开放市场以及马克里维的减税和亲商政策是经济蓬勃发展的保障。布鲁塞尔燃起了希望：有马克里维作为内部市场部长，经济奇迹将会扩散到整个欧盟。

在对金融服务行动计划带来监管负担的抱怨声中，马克里维接过了单一市场组合。此前在博克斯坦时期，委员会 1999 年提出的金融服务行动计划的 42 项措施几乎全部被采纳，尽管到 2004 年底博克斯坦的任期结束时，大部分措施在欧盟成员国中尚待实施。

博克斯坦的成就是建立在提议、咨询、让步协商、立法和采纳这一复杂而耗时的过程上的，这是欧盟立法通过流程的特点。欧盟金融工具市场法规的通过流程（从最初作为委员会提案到经过欧洲议会和部长理事会批准）对所有相关各方都是一个艰难的经历。金融市场中泛滥着"监管疲劳"，尤其是在伦敦金融城。

马克里维与这种氛围意气相投。2004 年 6 月，即 54 岁的他被提名为内部市场委员的 7 个星期前，马克里维在由欧盟委员会内部市场部（DG Markt，该部之后由马克里维领导）组织的一个布鲁塞尔会议上说道，促进金融一体化的新立法措施应该是"最后的选择"。只有在通过严格的成本效益测试，以及非立法措施被认为无效，或明确出现市场失灵的情况下，新立法措施才应该被提出。

在清算和结算事宜上，并非所有人都赞同马克里维。欧盟委员会内部市场部的常任官员公开表达了他们拟定法案的意愿。

欧洲议会的意见并不统一。欧盟部长理事会负责和议会一起把委员会提案变为法律，它似乎对新的立法缺乏热情。当欧盟经济和财政部长们于 2004 年 11 月审查金融服务行动计划时，他们同意未来工作的重点应该是：将已获批措施的执行和监督融为一体。

马克里维明确表示他将不会操之过急。在关于金融服务的第一次讲话中，他表示 2005 年期间不会促进以证券市场为主的欧盟立法。早在 2004 年 12 月他就提到，清算和结算可能从 "2006 年以后" 才需要采取行动①，但 2005 年将是 "做准备、分析、经济影响评估和建立共识的一年"。

尽管马克里维神经质地反对新法律，但他把立法作为一种对基础设施供应商的法律威慑。2005 年 9 月 13 日，他呼吁 "所有相关各方须担负起责任、集体行动起来"②。在谴责跨境清算及结算的高成本同时，他警告说，委员会在仔细审查是否需要行动。"我们将决定任何欧洲立法或其他干预是否必要……接下来的 6 个月是至关重要的，在我看来时钟在滴答作响，时间不多了。"

在 6 个月期限到来的前几天，马克里维和竞争部部长尼莉·克洛斯（Neelie Kroes）对行业发出最后通牒。在 2006 年 3 月 7 日的联合声明中他们告诉市场参与者，应该在 7 月底欧盟机构放暑假之前，拿出有效和切实的行动来改进清算和结算业务。

如果行业没有采取自律监管的实质性举措，这两人将在欧盟内部市场和竞争规则基础上采取行动。行业有 4 个月时间来达成一致，针对欧盟范围的清算结算市场制订一个可行计划。

16.6   竞争监管当局反对垂直整合

克洛斯和马克里维在 2006 年 3 月对行业签署最后通牒，标志着欧盟为交易后部门制定政策的努力已经升级加速。这早就该发生了：改善欧盟跨境清算和结算的竞争力，需要做的工作还很多。正如 2005 年 7 月欧洲央行在一个对 12 个欧元区国家的交易后基础设施的研究中强调的③：

尽管实行了单一货币，但交易、清算和结算行业仍呈现较高程度的分裂及缺乏协同；约有 22 只股票和衍生品交易所、8 个中央对手方清算所、18 个地方集中证

---

① 在欧盟证券监管委员会的巴黎会议上，2004 年 12 月 6 日。
② 欧盟委员会（2005 年 12 月 13 日），在第 14 届 ALFI - NICSA 欧洲—美国投资基金论坛上。
③ 欧洲中央银行（2005）"欧元区内证券市场基础结构的一体化"，斯密戴尔·黑扣（Schmiedel, Heiko）司空纳博格·安卓（Schonenberger, Andreas），欧洲中央银行临时性文件 33 号，法兰克福；http://www.ecb.int/pub/pdf/scpops/ecbocp33.pdf，2010 - 12 - 10。

券存管机构和 2 个国际集中证券存管机构活跃在欧元区，而它们的运营都依托不同的技术程序、价格、市场操作和法律框架。

中央对手方清算所受到了竞争管理部门的严格审视，因为在 2004 年 12 月马克里维宣布"2005 年将是对欧盟清算和结算的未来进行思考和建立共识的一年"的几天后，立即掀起了新一波针对欧洲交易所和交易后服务部门进一步整合的企业运作与投机行为。

2004 年 12 月 13 日星期一，消息传出说德意志交易所的首席执行官韦纳·塞弗特（Werner Seifert）计划竞购伦敦证券交易所。塞弗特表示出价 13.5 亿英镑（不到 20 亿欧元），即把伦敦证交所股票定为每股 530 便士，比之前 3 个月的均价高出约 50%。

伦敦证交所的现任管理层与 2000 年国际证交所（International Exchange，iX）项目开始时的前任管理层不一样，他们没有心情去迎合塞弗特。伦敦证券交易所的首席执行官克莱尔·弗斯（Clara Furse）断然拒绝，认为这一要约过低且过于含糊。尽管伦敦证券交易所有意向进行谈判，它还是准备好了防卫，并等待着来自德意志交易所竞争对手们，包括（它满怀信心地期待）泛欧交易所集团的要约。

德意志交易所这个营利性的、垂直整合集团作为伦敦证券交易所的竞标者再次出现，引起了伦敦投资界和交易后行业中的竞争对手们的关注。这向"垂直与水平结构"的争论注入了新的紧迫感。

在给金融时报的一封信中，欧洲清算的董事长克里斯·塔普克（Chris Tupker）警告说，对伦敦证交所的收购意向是"欧洲金融市场基础设施整合的残棋阶段的开始，并不仅是对证券交易平台"[1]。

塔普克担心，法兰克福交易所收购伦敦证券交易所（LSE）如果成功，可能导致伦敦的交易通过德意志交易所自有的交易后操作流程进行清算和结算，这对用户们不利，也对欧洲清算不利：它在 2002 年秋收购了英国的中央证券存管中心——中央存管清算机构（CREST）。

塔普克提出，不知道将伦敦证券交易所的交易、清算和结算变成垄断，并且集中在"股东盈利最大化"驱动的一个公司手中是否正确。他补充道：如果伦敦证券交易所争夺战的胜利者也同时拥有清算和结算功能，"那么结果可能正是这样"。

显然，这一信息与英国竞争管理部门形成呼应。2005 年 1 月 27 日，德意志交易所发布了它对伦敦证券交易所的竞购细节，而它的跨国竞争对手泛欧交易所表明其可能对该伦敦交易所提出现金收购。两个公司都向英国的公平交易办公室（Office of Fair

———————————

[1] 2005 年 1 月 7 日。

Trade）知会了它们的计划。公平交易办公室在 3 月末向英国竞争委员会报告了欧洲大陆交易所竞争对手们可能收购伦敦证券交易所的事宜。

德意志交易所不久就搁置了它的竞购，因为股东起来反对。这导致了 2005 年 5 月赛弗特离职。而正巧在英国竞争管理委员会接管该案子的当天晚上，泛欧交易所与伦敦证券交易所达成了合并的口头协议。西奥多（Théodore）也遇到了来自一些对冲基金的压力，不同意竞购伦敦交易所。英国竞争管理委员会义无反顾进行它的调查，于 2005 年 7 月 29 日发布了它初步调研结果。

竞争委员会推断，假如伦敦证券交易所被德意志交易所或泛欧交易所其中的任意一家收购，这两个机构参与中央对手方清算业务将会导致英国账面证券交易服务的市场竞争"实质性减少"①，这是因为，德意志交易所对欧洲期货交易所清算公司控制权，或是泛欧交易所对伦敦清算所持有的股份施加在"清算服务上的所有权或影响力"，会使得其他交易所试图在英国证券交易上与伦敦证券交易所竞争变得更困难。

在它的临时性报告中，竞争管理委员会说道，欧洲大陆这两个相互竞争的对手中无论哪家试图收购伦敦证券交易所，只有采取保证竞争的措施后才可能继续进行。对德意志交易所，委员会建议可以出售欧洲期货交易所清算公司、禁止使用它作为伦敦证券交易所的清算服务提供商，以及行为承诺——例如对其他交易所在公平合理条件下获得关键清算服务通道的义务。同样，泛欧交易所也接到了一系列选择，包括从出让它在伦敦清算所的股份到提供清算服务的通道。

在 2005 年 11 月 1 日的最终报告中，竞争管理委员会指出，在收购该伦敦交易所的事件中，无论德意志交易所还是泛欧交易所，都不能在伦敦证券交易所的清算提供商持有超过 14.9% 的股份及投票权。

虽然德意志交易所和泛欧交易所的股东对收购伦敦证券交易所持反对态度，从而在某种程度上使这些建议只具有学术意义，但这是竞争管理当局对欧洲交易后服务市场结构的第一次官方调查，它仍然是垂直筒仓业务模式的遭遇一次挫折。

这与布鲁塞尔的想法一致。2003 年，欧盟委员会的竞争管理部门（DG Competition）对欧盟各国的竞争管理部门发送了一份调查问卷，详细收集"与交易、清算、结算和证券存管相关的排他性安排"②。问卷的回复，以及行业和一些欧盟国家央行对 2004 年 8 月开展的进一步咨询的答复，收录到了 2005 年 3 月伦敦经济咨询公司为欧盟委员会竞争管理部门撰写的情况"事实简述"中。

---

① 竞争委员会（2005 年 7 月 29 日 a），"临时性报告的布告是在竞争委员会流程规则第 10.3 条下作出的，参考了：ⅰ）德意志交易所对伦敦证券交易所的潜在收购；以及ⅱ）泛欧交易所对伦敦证券交易所的潜在收购"；还有：竞争委员会（2005 年 7 月 29 日 b），"竞争委员会认为伦敦证券交易所的收购将损害竞争"，新闻发布。
② 欧盟委员会（2005 年 6 月 30 日），"现有安排的回顾 – EU 25 – 证券交易、清算、中央对手方以及结算"。

该伦敦经济报告发布于 2005 年 6 月 30 日，是一份简明犀利的文件。文件对 25 个欧盟成员国现货证券和债券市场的证券交易、清算和结算基础设施做了回顾，之后它得出结论："目前，在绝大多数的欧洲证券现货市场中，用户们在特定市场的特定证券交易的清算结算服务提供商方面没有选择。"

报告在限制性操作和垂直筒仓结构间画了一条线。它指出，在某些情况下，交易或会员资格规定仅仅指定了一家清算结算提供商。另一些情况下，用户有一些选择，但这仅是理论上的，因为在相关国家中仅存在一个服务提供商。这些情况占了"欧盟交易、清算和结算基础结构的垂直安排的绝大多数"。

欧盟委员会竞争部门听取了伦敦经济报告，在 2005 年 7 月对垂直筒仓结构进行了一次更深入调查。这一快速反应暗示：克洛斯已做好准备不辜负她"镍尼莉"（译者注：英文 Nickel Neelie 两个词押韵顺嘴）的外号，要在清算结算问题上采取强硬态度。一批新的调查问卷发放到了交易所、替代性交易平台运营商、选定的经纪交易商、银行、银行业协会、清算和结算服务提供商的手中。问题侧重于现货证券的交易和交易后基础结构。

但大约在此时，欧盟委员会竞争服务部门不得不承认它采取行动的权力有限。欧盟竞争规则范围狭小，针对的是公司之间特定的权力滥用或是市场统治地位滥用，它们看来无法解决竞争的阻碍问题。委员会要求一个极高水平的证据来实施竞争法，因此这实际上排除了对犯规者采取事前措施的（可能性）。

尽管如此，欧盟委员会的竞争服务部 2006 年 5 月 24 日发布的调查结果还是引起了骚乱①。竞争服务部对于证券市场垂直筒仓结构的意见是诅咒性的，"垂直合并可能导致价值链各个层面丧失抵押品赎回权，损害繁荣安宁，"调查结果写道。"它尽管可能会有效率，但到目前为止委员会没有看到令人信服的证据。"

报告对中央对手方清算所和中央证券存管的垄断结构持黯淡看法，即使这些机构是用户所有的。它宣称，更多的竞争能降低欧洲的资金成本，且"最终转换为增长和就业"。报告引用了一些研究，说从欧盟证券市场合并获得的效率收益估计是 1 000 亿欧元。这还不够，内部市场服务总署（DG Markt）报告还说，欧洲的证券跨境交易的投资成本比国内交易平均多出 2～6 倍，同时，欧盟国内的交易后基础设施交易成本比美国集中存托清算公司的要高到 8 倍之多②。

在欧盟委员会竞争部门的报告发布不到 2 周内，且尚未下决心是否要在清算和结算

---

① 欧盟委员会，竞争部门（2006 年 5 月），"欧盟证券交易和交易后竞争：论文期刊"。
② 欧盟委员会，内部市场部门（2006 年 5 月），"交易后的工作文件草拟"，及附件 I，"欧洲交易后成本调研的分析"。

问题上立法，马克里维便收到了欧盟最大成员国德国的传话，说它不会支持任何有损德意志交易所或它的垂直筒仓结构的指令。

在 2006 年 6 月 8 日苏黎世的欧洲证券交易所联盟（FESE）年度例会上，德国联邦财政部的局长约格·阿斯木森（Jorg Asmussen）警告要防止那些偏好或者歧视"某些高效率结构"的监管干预。

"付出任何代价我们都不会合并，"阿斯木森警告说，他的伙伴恰巧是德意志交易所在柏林的公共事务部门负责人。他另外补充道："经多年形成的、功能和效率都良好的国家层面结构，不能就被随意扔到一旁。在此背景下，德国无法接受清算和结算的法令。"

在这一警告之后，几乎再没听到委员会的竞争管理部对垂直筒仓结构的反对声音。对马克里维和他的内部市场服务部的官员们来说，德国的介入标志着委员会的立法提案可能不是推进交易后服务单一市场的最便捷途径，因为该立法提案需得到欧盟成员国和欧洲议会的支持才能成为法律。

16.7 欧洲统一清算所的黯然失色

回过头看，2006 年 5 月的欧盟委员会竞争管理部门报告标志着委员会对垂直筒仓结构反对的高峰。该报告也是欧洲单一中央对手方的想法成为过去时的众多标志之一。其声明如下：

> 尽管在证券清算中存在规模经济效应，且一些市场参与者积极呼吁建议单一欧洲中央对手方清算，但至少据我们所知，没有任何实证研究项目调查过最小效益规模，或者垄断的成本（例如表现在高价格方面）是否会超过规模效应[1]。

单一中央对手方的想法在 2001 年被欧洲证券论坛放弃后，又重新出现了几次。2003 年 12 月，欧洲金融服务圆桌组——一个由 17 家欧洲银行及保险公司的董事长和首席执行官组成的活跃金融精英团队——呼吁建立欧洲中央对手方清算所，它将是"跨证券（股票和债券）以及跨市场（现货和衍生品、监管的市场、电子交流网络（ECNs）、柜台市场，等等）的单一切入点，"[2] 另外它还应该运营多币种，包括欧元和"至少是英镑、瑞典克朗和瑞士法郎"。

---

① 欧盟委员会，竞争部门（2006 年 5 月）。
② 欧洲金融服务圆桌组（2003 年 12 月），"欧洲的证券清算和结算"。

2005 年 12 月，这一提议似乎引起了马克里维的注意。他评论说，这在"表面看来……是一个有意思的前景"，可能"的确会有成本节约和效率提高的效果"。[①]

在有报道称德意志交易所和泛欧交易所正在讨论合并之后，单一中央对手方想法的势头加速了。2006 年 2 月，三个私营部门的议案被提上了塞尚（Cesame）团队的会议，马克里维和布鲁塞尔清算结算系统用户企业的首席执行官们及高管们对此进行了高层次讨论：

- 4 个来自英国、意大利和法国的交易协会敦促进行更多的交易后业务的水平结构合并[②]。它们建议由中央对手方清算所中的伦敦清算所集团和欧洲期货交易所清算公司（Eurex Clearing），与业务结算方面的欧洲清算（Euroclear）和清算流（Clearsream）一道，组成"最先走向泛欧基础结构的两个组成部分"。
- 美林国际的欧洲、中东和非洲的董事长鲍勃·威戈利（Bob Wigley）呼吁建立一个跨境的、用户所有的单一中央对手方，特点是跨产品的清算设施和可选择的结算服务提供商。
- 伦敦清算所集团的首席执行官大卫·哈迪推出了一个讨论文件，建议欧盟的中央对手方清算所全面合并，目标是产生规模和范围经济效应、降低费用、更好地管理风险和增加交易服务上的竞争。

然而，这些计划没有任何结果。用户间意见不一，一些警告说单一中央对手方可能会扼杀创新。上市的交易所公司重新开始进行操纵，以及当时的巨大交易量引发了一个现实的问题：对那些隶属于交易所集团的中央对手方清算所的估值如此之高，以至于在财务上没有一个创立单一中央对手方的可行方法。

4 月，欧盟委员会内部市场部门得出结论，建立单一中央对手方已超过欧盟委员会的能力范围[③]。5 月，泛欧交易所同意了与纽约证券交易所的合并，灭掉了与德意志交易所的欧洲跨境合并的一切希望。7 月，哈迪失去了伦敦清算所集团首席执行官的职位。他被迫辞职，部分是因为一个 IT 计划（为该清算所的法国部分和英国部分的整合而设计）的失败，这对提升单一中央对手方的可信度没有起到任何作用。

---

① 欧盟委员会（2005 年 12 月 13 日）在第 14 届年度 ALFI–NICSA 投资基金论坛上。

② 法国投资公司协会（AFEI）、意大利金融中介机构协会（ASSOSIM）、法国银行联盟（FBF）和伦敦投资银行协会（LIBA）：以上 4 个协会（2006 年 2 月 20 日），"欧洲交易协会呼吁在欧洲期货交易所和市场基础设施上的欧盟行动"，通过伦敦投资银行协会和法国投资公司协会（AFEI）发表的联合声明。

③ 马里欧·那瓦（Mario Nava），欧盟委员会内部市场理事会（DG Markt）的金融市场基础设施的负责人，于一个欧洲央行研讨会上：关于中央对手方清算的问题，2006 年 4 月 4 日。

16.8　操作互通计划

欧盟委员会的竞争管理部门在 2006 年 5 月报告中提出了一个不同想法：欧洲清算所之间更大的操作互通。

获取清算服务的权利是"有效竞争的先决条件，因而必须在非歧视性基础上得到保证，"这份报告这样说。"中央对手方服务可以、也许还应该在一个竞争环境里运营，前提是互通问题得到克服。"[①]

操作互通在美国被称做"开放式体系架构"，最近三年以来悄然成为了一个政策选择。在美国，它促进了 20 世纪 80 年代和 90 年代中央对手方清算所合并成了国家证券清算公司，并促进了各地的中央证券存管中心合并成了集存信托公司，最终催生了美国集中存托清算公司。

在 G30 杰出智囊团 2003 年 1 月关于改进跨境清算和结算的报告中，操作互通是一个核心主题。报告暗示了它的益处之大，可能可以和 19 世纪美国的铁轨测量标准全国标准化所带来的益处相比拟，或是如同在全球范围内通过国际民航组织的标准和协议使得空中交通控制服务自动化一样有益。[②]

要获得那样的回报，需要进行深远变革。实现 G30 的互通愿景将需要"类似或相当的程序、业务操作、控制、技术、产品、通道安排和费用结构"——这些美国证券市场存在的条件在欧洲还远未实现。

欧盟委员会竞争部门的报告承认在欧洲确实存在操作互通的障碍。但它建议，中央对手方清算所作为欧洲证券市场里一个相对新近的创新，应该率先清除这些障碍。

操作互通可能是克服水平和垂直两种整合模式之间的差异的一个方法——前提是垂直结构的所有者要给予其他交易所和交易平台的使用者"开放的使用权和公平的费用"，同时也允许它们自己的用户在其他地方进行交易清算和结算。这是一个促进跨境证券交易的方式，可以作为单一中央对手方的替代方案。

似乎是受到什么暗示，就在此时，委员会的建议之后就几乎立刻有消息称：除了伦敦清算所之外，伦敦证券交易所将为其客户提供瑞典的 SIS x – clear 清算系统作为中央对手方清算的一个选择。尽管伦敦的交易以及瑞士泛欧蓝筹股交易所 virt – x 已经提供了 SIS x – clear 清算系统和伦敦清算所的清算服务的选择，也提供了其他结算地点的选择，但伦敦证券交易所是欧洲第一个向用户承诺可选择中央对手方清算服务的大型交易

[①]　欧盟委员会，竞争部门（2006 年 5 月）。

[②]　G30（2003 年 1 月），"全球清算和结算：行动计划"。

所。这项旨在削减用户成本的服务计划从 2007 年开始提供，它颠覆了中央对手方清算服务经不起竞争的断言。

操作互通的想法赢得了支持。委员会官员在 6 月 12 日布鲁塞尔与行业代表会面进行另一个塞尚会议，期间意大利博尔萨股票交易所集团的结算业务负责人蒙特·提托利（Monte Titoli）提出，应把操作互通作为行业前进的道路，称它能够以最小成本提供短期解决方案。

同样在 6 月，该意大利证券交易所和欧洲证券交易所联盟的董事长马西莫·卡布阿诺（Massimo Capuano）发表观点称，"操作互通将带来更高程度的竞争，最终为市场用户削减成本"[①]。在卡布阿诺的指导下，欧洲证券交易所联盟提出了一个中央对手方清算所、中央证券存管中心和用户之间的整个行业范围的互通协议。而欧盟委员会乐意跟进该建议。

16.9　行为准则

2006 年 7 月 11 日，在欧盟立法的支持者和反对者的激烈游说中保持沉默数月之后，马克里维（McCreevy）总结出了一个降低成本并提高欧盟证券跨境清算结算效率的行业"行为准则"[②]。

马克里维责令基础设施提供商在 10 月 31 日前拿出一个由行业主导的解决方案，列出了到 2007 年年末之前克服证券跨境清算和结算障碍的行动时间表。

提议的这个"准则"与另一个激进的计划形成对比，该计划刚于几天前由欧洲中央银行提出，被称为证券目标 2（Target 2 – Securites，T2S），目标是建立一个协同的证券结算服务系统，由欧元区的欧洲中央银行系统（ESCB）拥有和实施。

欧洲央行采取的是一个自上而下的方式，而马克里维的计划却全是关于创造条件让行业自己发生变化。他从塞尚团队的咨询以及欧盟委员会竞争管理部门 2006 年 5 月报告中汲取了教训，之后制定了一个线路图，通过价格透明化和提高竞争来改进欧盟资本市场的效率。

马克里维偏好于行业主导的解决方案而非欧盟立法，反映了他本身对自由市场的坚深信念，以及他对欧洲议会将彻底修订任何委员会的提案的担心。它还反映了一个普遍忧虑：尽管有过朗法鲁西智者委员会的改革，欧盟立法的过程对于迅速变化的市场来说

[①]　在欧洲证券交易所联盟（FESE）第十届欧洲金融市场例会上的评论，苏黎世。

[②]　欧盟委员会（2006 年 7 月 11 日），"清算和结算：前方的路"，马克里维 2006 年 7 月 11 日的讲话对欧洲议会的经济和货币事务委员会宣布了这一准则。

还是太过漫长且可能产生（被许多人认为是）过于繁杂的规则，像欧盟金融工具市场法规（MiFID）那样。

2006年5月马克里维概述的"准则"包含3个部分，将分阶段实行：

1. 2006年末以前交易后服务的价格透明性。企业将针对每类服务公开发布价格、具体内容和条件信息，完全公布回扣和减价计划从而消除价格歧视。

2. 2007年6月末以前，对链条上的服务提供商（包括从交易所到中央对手方清算所、中央对手方清算所之间、从中央对手方清算所到中央证券存管中心，以及中央证券存管中心之间）的公平、透明和非歧视基础上的有效使用权利。准则还为操作互通设定了条件，那些个性化服务的提供商之间必须加深联系。

3. 2008年1月1日以前为供应商的主要业务活动进行分类会计记账，并将它们的服务解开捆绑。

这3个部分互相强化，且与其他倡议相吻合，包括：进展缓慢的、以清除障碍为目的的卓凡尼尼倡议，以及已严重耽搁的欧洲央行系统—欧盟证券监管委员会的中央对手方清算所建议。

在知识见解上，"准则"很大程度上归功于卓凡尼尼，是他推进了交易后服务的普遍远程使用权和开放式体系架构，从而鼓励了竞争，推进了服务的清晰分类。这时的希望在于解开捆绑、公平的使用权和价格透明会带来费用简化和减少，尤其是在基本和标准的服务上。这些将会压缩以营利为目的的欧洲基础设施提供商的利润收入、为用户削减成本，并可能加速交易后部门的合并。

与马克里维不同，卓凡尼尼相信这些进展最好是通过欧盟立法指令来实行。

马克里维对准则偏爱的背后，是他在金融市场瞬息万变之时对欧盟立法潜在益处的深深怀疑。然而，马克里维仍在背景里保留着新监管措施作为一种威慑，以促使行业符合他的预期："监管者总有一系列措施在手，以强制推进改革"，他说。

马克里维希望在2006年10月末以前听到富有号召力的承诺。准则将首先运用于现货证券，包括一个核实和审计流程以确保行业履行其承诺。与此并行的是，委员会请求继续向行业和政府施压，消除卓凡尼尼的障碍。

马克里维坚持，委员会的角色"既不是选出优胜者，也不是支配必须达到某个特定结果，更不是决定欧洲清算结算的最终架构"。相反，它的角色是沿着市场的纹路工作，保证移除那些不必要的障碍，并使得"欧盟条约的条款，尤其是竞争政策，得以充分实施"。

计划推行的"准则"是欧盟监管里的一个新奇事：它是一个行业自律和"软规则"

的混合，但过程由委员会引导并保证强制合规。马克里维承认，它并不是"没有风险"的。

商业竞争对手在欧盟委员会的鼓励合作下解决行业内问题的成功例子非常少见。被官员们引用的、为数不多的例子之一，是几年前在汽车制造商之间的一项协议，用于协调汽车保险杆的离地高度。

准则的一个显著特征是它强调了操作互通。尽管互通在政策制定者之间引起了注意，但人们对于跨境交易相似服务的不同基础设施提供商之间的连接还是存有顾虑。一些人争论说操作互通难以组织起来，因存在法律和税收障碍，且可能需要 IT 设备的（往往是昂贵的）重复投入。对于中央对手方清算所（的连接），担忧在于风险管理标准可能会被折中。

准则还需克服其他疑虑。在欧洲议会的议员、成员国、委员会官员以及行业的不同部分中，有许多人想要的是交易后立法，因而如果准则失败，他们是不会流一滴眼泪的。

但在 11 月 7 日准则跨越了第一个障碍：马克里维与欧洲证券交易和交易后服务公司的高管们一起出现在布鲁塞尔记者团面前，宣布行业领导者们已经签订了该准则[1]。

他强调，这是"第一步"，初期只包括证券现货。马克里维清楚表明：他希望行业考虑将准则延伸到其他资产类，"特别是债券和衍生产品"及其他服务提供商。

准则是由欧盟的交易所、中央对手方清算所、中央证券存管中心和两个国际中央证券存管中心的首席执行官们签订的（而不是由他们的行业协会签订），目的是给予它可信度。委员会强制执行的一个重要约束力是：对故态复萌者的点名批评和羞辱。签署准则的还有非欧盟的金融基础设施结构，包括瑞士和挪威的中央对手方清算所，以及塞尔维亚的中央对手方清算所/中央证券存管中心。

从谈判开始到签字仪式仅经过了 4 个月，而马克里维 2006 年 7 月的声明发表前用了 5 年的时间讨论清算和结算，与之相比这个时间惊人地短。这一快速进展反映了一系列人物的紧锣密鼓工作，包括：马克里维办公室主任马丁·鲍尔（Martin Power），欧盟委员会内部市场部金融市场处处长大卫·怀特（David Wright），内部市场部市场基础设施处处长马里奥·那瓦（Mario Nava）；那瓦的支持者不仅有欧盟委员会内部市场部和欧盟委员会竞争管理部的官员们，还有欧洲清算所协会（EACH）、欧洲中央证券存管协会（ECSDA）和欧洲证券交易所联盟，这三家机构组成了欧洲金融基础结构提供商游说集团[2]。

---

[1] 欧洲清算所协会（EACH），欧洲中央证券存管协会（ECSDA）和欧洲证券交易所联盟（FESE）（2006 年 11 月），"清算和结算的欧洲行为准则"；及欧盟委员会，"马克里维在新闻发布会上的讲话"。

[2] 欧洲清算所协会，欧洲中央证券存管协会和欧洲证券交易所联盟。

准则的"终极目标"是:

> 为市场参与者提供自由度,让他们在交易链每一层面上(交易、清算和结算)分别选择偏好的服务提供商,并使欧元区成员国之间的"跨境"交易概念再无存在必要。

然而,准则不过是一个范围有限的妥协,它无法消除成员国间的法律障碍或产生一个协同的监管框架。准则未应用于债券,也未包含代理银行。场内衍生品的豁免证明了欧洲证券交易所联盟布鲁塞尔办公室的游说技巧,该联盟代表的是自己的会员,包括德意志交易所集团(衍生品业务利润可观)等。一些艰难的谈判被留到以后,特别是在使用权和操作互通上,参与的企业将不得不调整他们的业务模式,这一过程将发生费用。

2007 年 1 月 1 日,准则跨越了第二个障碍:准则的签字者们发布了与价格透明性的承诺相一致的价格、折扣和回扣的细节信息。

2007 年 6 月 28 日,欧洲清算所协会、欧洲中央证券存管协会和欧洲证券交易所联盟通过了"使用权和互通指导原则"(作为准则的一部分)[①]。指导原则由 128 个密密麻麻的段落组成。操作互通方面是准则中最难实施的一部分。相比之下,使用权方面的指导原则就相对直截了当很多。准则设想了不同市场基础设施间不同级别的使用权,定义了标准化或个性化关系,以及对从交易平台或中央对手方进入中央证券存管中心的交易流、从交易平台进入中央对手方的交易流的处理。

市场基础设施之间操作互通的先例是喜忧参半的。在证券结算业务上,欧洲清算和清算流(Clearstream)之间的一个成功的电子"桥梁"从 1980 年开始就在这两个相互竞争的国际中央证券存管中心之间进行证券交易,然而在大部分时间里,它也一直是导致这两家公司间剧烈争吵和用户间持续不满的原因。

在中央对手方清算所之间曾有过一些操作互通成功的例子。如前所述[②],第一个这样的例子可能是 1977 年国际商品清算所(ICCH)和法国中央清算银行(BCC)间的相互清算服务协议;另一早期的例子是 1984 年芝加哥商业交易所(CME)和新加坡国际金融交易所(SIMEX)之间的相互对冲系统(MOS),它允许某些期货合约在一个管辖区交易而在另一管辖区平仓,交易者能够选择交易清算地点。在伦敦的泛欧蓝筹股交易

---

① 欧洲清算所协会、欧洲中央证券存管协会和欧洲证券交易所联盟(2007 年 6 月 28 日),"使用权和互通指导原则"。

② 见 8.9 节。本章列出的协议并不详尽。

平台 virt－X 上，伦敦清算所集团和 SIS x－clear 清算从 2003 年开始就能提供相互竞争的清算服务；在债券市场，例如在意大利的一个债券交易平台系统 MTS Italy 上，伦敦清算所集团和意大利清算机构（CC&G）从 2005 年开始就对该系统上交易的公司和政府债券进行清算。

这些例子，以及其他成功例子的秘诀在于：它们使参与的交易所获得商业收益，往往是通过扩大交易机会从而吸引更多用户。参与的中央对手方清算所之间必须存在适当水平的信任或者合同协议的保障安排。准则的指导原则的专业术语表明，对操作互通作出指导规定是更为困难的。

对不具备专业知识的读者来说，互通指导原则几乎是无法解读的。互通意思即机构之间"更高级形态的关系"，以达成超越标准化或个性化服务层面的协议，从而"建立共同的解决方案"。它可以存在于中央对手方清算所之间或是中央证券存管中心之间，但不运用于不同类别的市场基础设施之间。互通并不是一个中央对手方清算所在要求与另一中央对手方清算所建立更高级关系时自然享有的权利，它依赖相关中央对手方清算所的业务需求的基础协议。

中央对手方之间的操作互通在商业上难以建立。如果没有恰当的互惠性，被要求提供互通的中央对手方清算所实际上是"应邀"与它的竞争对手或对手们分享自己的业务。中央对手方的噩梦就是，在与一个较弱的中央对手方的互通关系中，它可能被迫承担合作伙伴的损失，并在极端情形下为它纾困。

16. 10　行为准则存在的问题

在问卷调查期间，使用权和操作互通的条款有一个欢快的开始。截至 2008 年 1 月，欧洲清算所协会、欧洲中央证券存管协会和欧洲证券交易所联盟收到不下 82 个交易、清算和结算的基础设施间连接的请求，其中 29 个涉及中央对手方清算所；这 29 个中有 17 个是中央对手方与中央对手方的连接请求，12 个是中央对手方清算所和结算提供商之间的连接请求。

伦敦清算所也在提出请求的公司当中。2007 年 8 月，它向德意志交易所和意大利博尔萨股票交易所发出请求，实现与两个交易所的中央对手方清算所—欧洲清算和意大利的清算公司（Cassa di Compensazione e Garanzia）的全面操作互通。它要求点对点的清算连接，让德国和意大利股票市场、伦敦证券交易所和泛欧蓝筹股交易平台 virt－X 系统的用户将现货证券的清算合并到伦敦清算所集团进行。

伦敦清算所选择了隐藏签订准则时的深深怀疑，当时的首席执行官罗杰·里戴尔表达信心说使用权"会很快授予"。期待中的、伦敦清算所的中央对手方服务向德国和意大利的延伸将有助于降低（交易处理的）单位成本，并为所有市场降低费用铺路①。

里戴尔私下的怀疑是有依据的。9 个月之后，伦敦清算所没能向洲际竞争对手的互通靠近一步。在伦敦清算所伦敦和伦敦清算所巴黎之间实施指导原则时，它甚至陷入了困境，实施该指导原则是为了对伦敦证券交易所、泛欧蓝筹股交易平台 virt–X 系统和纽交所—泛欧交易所现货市场上的交易以及伦敦证券交易所的荷兰交易进行清算。正如里戴尔在 2008 年 6 月伦敦会议上解释的那样，准则对那些未参与签订的国家监管者们不起任何作用：

> 我们遇到的最大挫折是，在某些国家对准则实施成败起关键作用的一些团体（尤其是在法兰克福）却不是该准则的签约者。虽然那些该签约的各方还是签了，但却明知它的实施成败不全在他们掌握之中。一些愤世嫉俗者甚至说，他们可能还感到安慰，至少那些其他组织当局并不会马上达成一致②。

在法国，伦敦清算所集团的伦敦清算所子公司的操作和法兰西银行对泛欧交易所市场的监管发生冲突，事实上法兰西银行要求中央对手方必须是欧元区内的一个银行，才可以在法国市场互通操作。在回复时，伦敦清算所集团表示准备围绕伦敦清算所巴黎（它是一家总部位于巴黎的银行）来构建它在欧元区的操作互通战略，但这又遇到了德国监管的问题：德国要求法兰克福的交易必须由一家德国的银行来清算。

大量的互通连接请求加重了困难，在里戴尔看来，滋生了"带有迷雾和惰性的大量活动以及缺乏进展的好借口"。使问题更严重的是，互通连接要求是按"先到先服务"的原则处理的，丝毫不考虑所涉及的市场和基础设施的重要性。

这些规则和规则草案为官僚机构拖延提供了大量机会。据里戴尔描述："我们没收到任何停止信号，我们也没收到红灯信号，我们更没收到任何绿灯信号。相反，我们得到的是大量黄灯信号，一些还是非常耀眼的黄灯信号。"

"我们感觉沮丧"，伦敦清算所集团的董事长克里斯·塔普克注意到"时间在流逝"，2008 年 12 月他抱怨道"从 2007 年 8 月末以来，我们就没从德国监管者那里得到任何关于我们所提出问题的答复③"。"这些市场瞬息万变，你不能只是等待"，塔普克要求委员会使用"一些权威、一些权力，或至少道义的劝告，来解决这方面的一些阻

---

① 伦敦清算所集团（2007 年 8 月 9 日），"伦敦清算所要求在行为准则下与德意志交易所和意大利博尔萨证券交易所实现互通连接"，新闻发布。

② 蒙多威讯（Mondo Visione）交易所论坛，伦敦，2008 年 6 月 4 日。

③ 在 2008 年欧洲金融界智囊团会议（EUROFI Conference）上的讲话，来自欧盟经济财政部长（ECOFIN）委员会金融服务行业的欧盟优先任务和提议，尼斯，2008 年 9 月 12 日。

碍"。他对欧洲银行家和政策制定者听众说道：

> 委员会非常正确地说：行为准则是一个行业倡议，他们应该自行解决问题。但是我们从一开始就说过我们很可能需要一些帮助：不管是来自父亲的、母亲的，还是助产护士的，我们不在乎。但我们自己做不来。

伦敦清算所的求救凸显出准则的缺陷。在交易层面上，欧盟金融工具市场法规清理了竞争，允许多边交易机构不受现行基础结构和监管阻碍而进入市场，以至为多边交易机构提供中央对手方服务的清算所也享受了同等待遇。

但欧盟金融工具市场法规和该准则对现存中央对手方清算所几乎未提供任何帮助。在现有的清算所中，伦敦清算所作为欧洲唯一的水平式结构的跨国清算所，因马克里维任职期间框架的缺陷而受到最严重的损害。令该清算所的境遇更为紧迫的，还有其集团内部的问题。2007 年这些问题恶化上升到了威胁其自身生存的程度。

第 17 章

伦敦清算所集团岌岌可危

17.1 大卫·哈迪的离职

2006 年 7 月 5 日在集团董事会的坚持下，伦敦清算所集团首席执行官大卫·哈迪辞职。在大型 IT 项目通用清算系统（Generic Clearing System，GCS）流产后，他离开了工作了 19 年的伦敦清算所。这一项目的失败还反映了：伦敦清算所和法国 Clearnet 清算所合并两年半后，集团仍未能整合二者的业务。

哈迪辞职是伦敦清算所集团逐渐恶化的危机中最引人注目的事件。这一天也是董事长杰拉德·德·拉·马帝尼耶（Gérard de la Martinière）在清算所的最后一天，他的辞职决定大约在七周之前已经宣布。

Clearnet 清算所的董事长克里斯·塔普克被选定从 7 月 10 日开始代替德·拉·马帝尼耶的位置。接任董事长职务两周后，塔普克指定前高盛执行董事罗杰·里戴尔为伦敦清算所集团首席执行官。新团队最先采取的行动之一就是，将通用清算系统（GCS）的 1.213 亿欧元成本全部冲销掉[①]。

这次代价昂贵的 IT 项目流产与其他失败的计算机项目有许多共同之处。自 20 世纪 60 年代计算机与金融市场结合以来，这些计算机项目穿插于金融基础设施的发展中。哈迪指望通用清算系统来整合伦敦清算所集团内部的各种清算平台和风险管理系统。由于咨询成本负担过重和缺乏适当的管理控制，通用清算系统项目在哈迪被迫出局前的一段时间就已经陷入困境。在集团 2005 年的合并损益表中，通用清算系统产生了 2 010 万欧元的费用损失，2006 年账面冲销的金额比它的两倍还多，高达 4 780 万欧元。

这次技术失败只是伦敦清算所集团更深层次问题的表面症状。集团管理未能实现 2003 年合并时承诺的协同效应和效率收益，这使伦敦清算所与用户、监管机构和它所

---

① 伦敦清算所集团（2006 年 8 月 29 日），"截止到 2006 年 6 月的半年临时报告"。

清算的交易所之间产生了分歧。

同为金融中心的伦敦和巴黎之间存在着相互猜疑气氛，影响了清算所集团内部英法机构之间的关系，并刺激了好几个层面上的信任崩溃。哈迪辞职时不仅失去了董事会的支持，他与法国的主要监管机构银行委员会（Commission Bancaire）的关系也极度紧张。集团在伦敦和巴黎的两个营运子公司的首席执行官，也分别向各自的董事长表示对哈迪的担忧。

伦敦清算所集团董事会无法正常运作，它已经被用户和交易所之间，以及交易所之间的利益冲突所分裂了（这些交易所在董事会中有自己的代表）。董事会已超出德·拉·马帝尼耶的控制范围：他只是兼职董事长，手头还有许多其他工作。

合并后不久伦敦清算所与清算所的紧张关系就出现了。当伦敦清算所和清算所在2000 年第一次提出建立统一欧洲清算所的计划时，他们宣布将使用一套单一的清算和轧差系统，基于巴黎证券交易所的清算 21（Clearing 21）系统技术，该技术是在 1997年与芝加哥商业交易所进行技术交换后获得，并经过调整后形成的。

在伦敦清算所和清算所合并时，清算所认为清算 21 系统技术仍会是合并后的集团的系统平台。然而，哈迪认为该技术既不可靠也不再适合，相反他想使用通用清算系统。在合并得到监管机构的同意和批准后，清算所经理们才发现，几个月前伦敦清算所已经启动了通用清算系统项目。

这些反差引起了法国的抵制情绪。法国的清算所员工们曾经历过法国、比利时和荷兰中央对手方清算所整合，他们坚持认为，哈迪打算吞并掉他们的公司、用伦敦研发的清算系统取代他们的技术和工作；在对清算 21 系统技术进行投资后，伦敦清算所的很多欧洲客户最不希望看到的就是 IT 系统的更多变动，尤其是新系统的潜在好处往往还难以界定。在法国监管机构中存在一个疑虑：伦敦清算所集团的政策是要将所有业务集中到伦敦。尽管哈迪提出建议将法国政府债券的清算转移至伦敦，也丝毫没有减轻该疑虑。因此，集团发现推进伦敦清算所与清算所的整合越来越难。

集团结构也很不利于整合。巴黎和伦敦的中央对手方清算所分别由集团下属子公司运营，各子公司有自己的董事会；法国和英国的子公司都需要与各自的国家监管机构达成权宜妥协。每个监管机构都把在各自管辖范围内支持该集团运营视为己任。英国金融服务管理局（FSA）和法国的银行委员会（Commission Bancaire）之间的关系是以对抗（而非合作）出名的。在这种环境下，伦敦和巴黎子公司管理层的日常优先任务可能就偏离了伦敦清算所集团的优先目标。

集团董事会在这样的环境下几乎不能提供任何帮助。交易所的代表们与用户们有着不同的利益；而且在交易所之中，泛欧交易所有着庞大的证券业务和来自回扣和优先股股票的可观收入，它和国际石油交易所及伦敦金属交易所有着不同的优先考虑，后两者交易的是能源和金属期货。

在 2005 年度报告中，董事长毫不隐瞒集团层面的治理问题："董事会的组成结构反映了公司的特殊性质"，德·拉·马帝尼耶评论道，"董事会的规模和构成可能已影响了自己的工作效率，不管里面个人的能力和意愿如何。"伦敦清算所集团委托顾问公司日高（Zygos）审查董事会的治理以改善其职能。"得出的结论是他们从未见过运作如此糟糕的董事会"，德·拉·马帝尼耶后来回忆道①。

由于身兼数任，德·拉·马帝尼耶不是能够控制事态的人。他十分尊重哈迪，并在出现问题时保护了这位首席执行官。哈迪也没有受到泛欧交易所首席执行官兼董事长让·弗朗西斯·西奥多的挑战，西奥多和哈迪都是伦敦清算所和清算所合并的设计师。

然而，西奥多促成伦敦清算所和清算所合并的目的，与哈迪不同。

对哈迪而言，两清算所的合并主要是为了在日益一体化的欧洲资本市场中，响应市场对整合、降低成本和提高资本效率的愿望。随着时间的推移，在新的 IT 技术的帮助下，他想给用户提供机会：在欧洲交易时可以选择在伦敦或巴黎登记他们所有的交易，从而提高轧差、抵押品和资本的使用效率②。鉴于哈迪的个人背景，这个欧洲愿景不可避免地会通过一个伦敦的棱镜来折射。

西奥多的第一个目标，源于泛欧交易所收购伦敦国际金融期货交易所（LIFFE），以及之后泛欧交易所衍生品市场与泛欧交易所—伦敦国际金融期货交易所的合并。这些市场上的清算服务是分散在伦敦清算所和法国的清算所的，因此他打算将它们集中在一起。

他的第二个目标是战略性的。西奥多希望为泛欧交易所增光，使其成为伦敦证券交易所的一个更有胜算的追求者，这是水平式地整合欧洲主要的交易、清算和结算基础设施这一更广泛计划的一部分，它将使泛欧交易所占据主导地位。

整合已经在结算层面展开，因为欧洲清算集团不但运营着泛欧交易所在法国、比利时和荷兰市场的中央证券存管机构，还拥有英国中央证券存管机构 CREST。

2004—2007 年，泛欧交易所在伦敦清算所集团董事会的代表奥利弗·勒费布尔后来评论道，"因为欧洲清算正在与英国中央证券存管机构合并，为了并购伦敦证券交易所而将伦敦清算所与清算所捆绑就似乎合乎逻辑了③。"

西奥多对伦敦证券交易所的志在必得强烈地影响了他对伦敦清算所集团的态度和行动。他争取到了伦敦证券交易所首席执行官克莱尔·弗斯（Clara Furse）的支持——她

---

① 与作者的谈话，2008 年 9 月 11 日。
② 伦敦清算所集团（2003 年 6 月 25 日），"对大卫·哈迪的采访"。
③ 与作者的面谈，2008 年 9 月 9 日。

在泛欧交易所收购伦敦国际金融期货交易所之后就一直心怀敌意。作为魅力攻势的一部分，西奥多赐给了她一个泛欧交易所在伦敦清算所集团董事会的席位。

但是，从 2004 年 12 月韦纳·赛弗特（Werner Seifert）启动德意志交易所对伦敦证券交易所的收购竞标的那一刻，西奥多就面临其他的紧迫问题：泛欧交易所陷入了来自大西洋两岸的众多交易所集团的竞标和反竞标风暴。

2005 年 3 月它差一点就与伦敦证券交易所达成（并购）协议，尽管英国竞争委员会当年晚期施加了限制，但西奥多对达成交易仍然抱有希望。在 2005—2006 年的冬天，他不得不招架来自柏林和巴黎政府的政治压力，要他把泛欧交易所与德意志交易所合并。2006 年 4 月，泛欧交易所几乎再一次达成与伦敦证券交易所的交易，但因为美国纳斯达克收购伦敦证交所 14.99% 股权的消息而功亏一篑。2006 年 5 月，由于伦敦清算所集团的问题到了紧要关头，泛欧交易所又不得不再一次抵御来自德意志交易所的竞标。此时，新近股份化的纽约证券交易所向西奥多施以援手。2006 年 5 月 22 日，纽约证券交易所为泛欧交易所出价近 80 亿欧元（现金和股票），两家交易所在 6 月 1 日签订了"平等合并"协议。"第一家全球交易所①"由此诞生。

2005 年至 2006 年交易所之间紧张的操纵运作，使得西奥多对伦敦清算所集团恶化的状态力不从心。而当西奥多确实采取行动时，他的决策受到了战术考虑的影响。

因此 2005 年 5 月，通用清算系统项目的问题摆在了伦敦清算所集团董事会的面前，并促使一些董事会成员要求解雇哈迪。西奥多成功创建泛欧交易所在很大程度上就是基于信息技术的成功整合，因此他对于严重的局势已经不抱幻想，但他还是给予哈迪以支持，并在过程中确保这位受围攻的首席执行官继续任职了一年。据当时熟悉该事进展的人说，西奥多仍希望完成合并伦敦证券交易所的梦想。因此，他既不想与伦敦金融城发生冲突，也不想让英国竞争委员会认为他对伦敦清算集团施加了过多控制。

一年后，通用清算系统的问题恶化，哈迪也激怒了一些英国董事会成员，因为他未将英国金融服务监管局对于集团公司治理问题的批评信件呈递给他们。此外，哈迪决定将一个大的技术支持服务合同给予 IBM 公司，这意味着减少源讯泛欧交易所（Atos Euronext）为伦敦清算所集团执行的工作量，从而在法国监管机构中引起了敌意。到此时，集团董事会的一些成员再次提出反对哈迪。对伦敦清算所集团的不利观点纷纷反映到了监管机构那里，特别是促使了法兰西银行动用其极高的威望来推动变革。

在巴黎，伦敦清算所巴黎的首席执行官克里斯托弗·艾蒙（Christophe Hémon）对哈迪的一些决定感到不安，他认为伦敦的决策机制缺乏透明度。艾蒙也面临来自清算所

---

① 纽约证券交易所和泛欧交易所（2006 年 6 月 1 日），"纽约证券交易所集团和泛欧交易所同意平等合并"联合新闻发布。

巴黎的监管机构的压力，监管者告诉他：根据法国法律，他有义务与监管当局分享对公司的任何担忧。

在 2006 年 7 月巴黎董事会召开前的周末，艾蒙给伦敦清算所巴黎的董事长写信，表达了自己对哈迪的计划以及集团管理的疑问。集团的伦敦子公司的首席执行官帕特里克·博雷（Patrick Birley）也写信向伦敦公司的董事长表达了担忧。

在董事会召开的前一个晚上，艾蒙、哈迪和董事会的一些成员一同参加了为法国最大的金融公司游说团体（Paris Europlace）组织的晚宴。正是在晚宴上哈迪开始意识到自己已站不住脚。第二天，哈迪带着在未来几年推动伦敦清算所发展的战略计划参加集团董事会会议，但该计划未得到讨论。

17.2 塔普克和里戴尔接受委任

克里斯·塔普克和罗杰·里戴尔在伦敦清算所集团面临的任务是：扭转集团陷入困境的局面。两人都是交易后服务的专业人士，且都将创新视角分别带入了董事长和首席执行官角色。

作为一名荷兰裔的加拿大公民，塔普克在担任欧洲清算董事长的 6 年内见证了戏剧性的变化。正如他的继任者奈杰尔·威克斯先生（Sir Nigel Wicks）在给他的告别致辞中所说，在塔普克的管理下，欧洲清算"从 2000 年纽约摩根担保信托公司合同运营下的、主要提供固定收入证券清算服务的供应商"成为"世界上最大股票证券和基金交易的境内和跨境清算及相关服务的提供商，且完全一体化、由用户所有、由用户治理"①。在这个过程中，塔普克将欧洲清算从一个技术导向的内向型美国银行的子公司，转变成为一家对决策者、游说者和制定欧洲金融政策的监管者具有举足轻重影响的机构。

塔普克知道用户会如何反应。2000 年之前，他担任荷兰银行（ABN Amro Bank）的高级执行副总裁，负责投资银行部门的证券处理、IT、财务、管理及风险和合规工作。由于在总部布鲁塞尔工作，塔普克几乎没有受金融城狭隘主义的影响。鉴于欧洲清算在伦敦清算所集团拥有大量股权，塔普克可能也会从股东的角度来考虑如何振兴这家困境中的清算所。

与德·拉·马帝尼耶相比，塔普克是作为一个更直接参与经营管理的董事长被聘用的。虽然仍试图在加拿大度过漫长的暑假，但他随时保持与清算所联系并随时准备飞回伦敦。塔普克的责任更重大，这点也体现在他的薪酬上。在他任职的第一个全年，即

① 出自欧洲清算的一个媒体发布（2006 年 7 月 20 日），"奈杰尔·威克斯先生（Sir Nigel Wicks）成为欧洲清算的董事长"。

2007 年，塔普克作为董事长的薪酬总额为 51.3 万欧元，而 2005 年德·拉·马帝尼耶的薪酬仅为 7.6 万欧元。

罗杰·里戴尔为伦敦清算集团带来了高盛执行官的行为准则和职业道德，他在乏味的职业上取得了成功。在获得采矿工程学位大学毕业后，里戴尔在国有的英国煤炭公司工作了 10 年，之后于 1989 年取得 MBA 学位，并在 1993 年加入高盛集团。里戴尔凭借能言善辩、思维灵敏和脚踏实地的特点，成为高盛全球业务的负责人，负责投资银行全球业务的运营支持工作。他非常了解塔普克——在 2005 年之前里戴尔一直都是欧洲清算的董事会成员。里戴尔对伦敦清算所集团来说也并不陌生，因为在 2005 年 1 月他被塔普克任命进入伦敦清算所集团董事会，代表欧洲清算的利益。他为首席执行官这一职务带来了清算所服务用户的最新经验。

伦敦清算所集团的新高管团队面临严重问题，并且必须在有限时间内弥补损失。失误已使伦敦清算所疏远了用户、交易所和监管机构，此时又正值交易后服务市场经历迅速变化，而竞争对手正急切开拓市场。

伦敦清算所伦敦与伦敦清算所巴黎之间的整合非常有限，以至于直到欧洲行为准则的使用权和互通指导原则发布后，集团才决定发展伦敦和巴黎的中央对手方清算所之间的操作互通①。

伦敦清算所集团的用户抱怨说费用降幅微小，还缺少回扣。那些股东用户发现股息也暂停派发了。使用伦敦清算所巴黎来清算巴黎证券交易的清算会员们遭受了尤其高的费用打击，远超过伦敦、法兰克福、米兰、苏黎世交易所的中央对手方清算所费用，甚至超过了泛欧交易所在阿姆斯特丹、布鲁塞尔和里斯本市场（的清算费用）②。

在伦敦清算所集团服务的相关交易所中也存在不满。衍生品交易所认为，自从与清算所合并后，伦敦清算所过多地专注于证券清算。他们抱怨说，那些垂直结构的竞争对手更易于创新，相比之下水平结构的伦敦清算所对交易所的需求反应迟钝。

泛欧交易所虽然作为一个"以投资回报为主"的股东，已从费用回扣和优先股股利中获益，但它仍抱怨说由于废除了通用清算系统（GCS），泛欧交易所—伦敦国际金融期货交易所（Euronext – Liffe）不得不升级其交易登记—清算处理系统（TRS – CPS）。

伦敦证券交易所的克莱尔·弗斯（Clara Furse）是积极排除哈迪的董事会成员之一。正是在她的倡议下，交易所引入了瑞士的 SIS x – clear 清算系统，与伦敦清算所在英国股票清算上进行竞争。这份计划在哈迪宣布辞职的 6 周前公布，旨在降低伦敦清算所的清算费用，从而降低投资者在伦敦交易所的交易成本。

---

① 伦敦清算所集团（2007 年 9 月 20 日），"伦敦清算所内部实施行为准则"，新闻发布。
② 根据欧盟委员会，竞争部门（2006 年 5 月）。

在大西洋两岸的主要交易所做部署的同时，其他一些变化也对伦敦清算所集团的未来业务有着重大影响。

其中之一就是，伦敦国际石油交易所（LIPE）在美国所有者手中转变成为一家雄心勃勃的、连续不间断电子化交易的企业。在2000年伦敦清算所与清算所首次开始对话时，伦敦国际石油交易所还只是一个持有伦敦清算所少量股权的、反应迟缓的公共性质企业。2001年，伦敦国际石油交易所被洲际交易所收购，后者成立于一年前，是以互联网为基础的、交易能源和柜台合约的美国电子交易市场。2005年，洲际交易所关闭了伦敦国际石油交易所的传统交易大厅，将交易所的能源合约转到电子交易平台上，并将平台重新定位为洲际交易所期货在伦敦的业务。

2006年，为洲际交易所的美国期货和柜台合约提供清算服务成为了伦敦清算所增长最快的业务领域之一。但是在9月，洲际交易所位于亚特兰大的母公司同意：以10亿美元的价格收购纽约期货交易所（NYBOT），这是一家大宗软商品期货交易所，有自己的附属清算所——纽约清算公司（New York Clearing Corp.），洲际交易所从并购中期望获得的首个战略经济利益正是清算的协同效应。并购于2007年1月生效。

芝加哥商业交易所集团持续扩张，这是洲际交易所的首席执行官杰弗瑞·斯普瑞彻（Jeffrey Sprecher）想要强化交易所清算能力的根本原因。自从2004年芝加哥商业交易所的清算部门开始为芝加哥期货交易所进行清算后，芝加哥商业交易所的股价呈指数型上升。与此形成对比，那些不拥有清算所的上市交易所集团的股价走弱。

宣布并购纽约期货交易所的声明指出，洲际交易所的客户在过去12个月中向伦敦清算所集团支付了3 600万美元的费用[①]。这暗示着洲际交易所可能会设法改变它与伦敦清算所的协议安排，选择绕过这一总部位于英国的清算机构。

另外一个进展就是2006年11月公布的绿松石计划（Project Turquoise），该计划是为了应对即将实施的欧盟金融工具市场法规指令。绿松石将是一个由投资银行所有的、总部位于伦敦的"多边交易机构"，推出这一计划的7家大型投资银行约占欧洲证券交易的50%[②]。

2006年年末，绿松石计划的目的究竟是为了总体上绕开欧洲交易所，特别是伦敦证券交易所，还是仅仅为了向交易所施压以降低收费，这个问题引起了不少辩论。毋庸置疑，这一声明标志着用户已经普遍对所有金融基础设施供应商幻想破灭。

用户的抱怨主要是针对交易所及其不断上升的利润，但交易后服务提供商们也未能逃脱指责。那些大型投资银行认为，继互联网泡沫破裂后，银行没有从2003年以来的

---

① 洲际交易所（2006年9月14日），"洲际交易所达成协议收购纽约期货交易所"，新闻发布。
② 花旗银行、瑞士信贷、德意志银行、高盛、美林、摩根士丹利和瑞银。

股市复苏中足够获益。尽管上市交易所集团的利润和股票价格不断飙升，银行的交易利润率却面临压力——因为对算法驱动设施的巨大投资以及交易商之间的激烈竞争。

正如这时任摩根士丹利高级顾问的大卫·沃克（David Walker）爵士所抱怨的：

> 前端的利润被大大压缩，有些业务的利润几乎为零。在清算和结算成本维持不变或是略有提高的情况下，成本的重要性大大提升。[①]

塔普克和里戴尔意识到了这些问题。沃克正是说服塔普克接受伦敦清算所挑战的人之一，否则在执掌欧洲清算七年后，塔普克已按计划于 2006 年年末退休。里戴尔作为高盛的校友（曾经在高盛就职过的人员），对投资银行的抱怨再清楚不过了。绿松石计划仅仅是用户推动的、以降低交易摩擦成本为目的更大计划中的一个侧面。不久之后，交易后部门也被波及。

塔普克认为市场支配力量正转移到用户手里，在这一群体中，权力越来越集中在数量更少但规模更大的公司上。去中介化的策略例如试图绕过绿松石计划，可能也会促生清算结算活动的去中介化计划。无论如何，费用都面临下调压力。

塔普克和里戴尔迅速行动，对这一更艰难的新竞争环境作出反应，塔普克解释说：

> "我们决定让公司走上完全不同的道路。我们渴求的目标是尽可能安全地、尽可能平价地为尽可能多的客户清算尽可能多的产品。"[②]

公司采取措施"以尽量减少或消除引起被架空的诱因、不论其来源如何"。正如清算所后来解释的[③]，这意味着"需要调整其经营模式，更明确专注为用户提供效益，特别是以大幅降低费用的方式为用户提供直接的经济利益，而不是采用未来回扣或向股东派息的形式。"2006 年 10 月，伦敦清算所宣布对伦敦证券交易所和较小的泛欧蓝筹股交易所 virt - x 的清算费用降低 26%；对泛欧交易所现货市场的清算费用平均降低 15%。

新的管理层相信，集团有充足的资金来源来削减费用：交易量的全面上升带来了大量资金。但他们的时间有限，不久之后用户们就会要求更大份额的利益。在此期间，伦敦清算所集团必须让新战略被泛欧交易所接受，该交易所是伦敦清算所集团最大的股东和客户，也是它策划了伦敦清算所与清算所的合并，使自己的利润得到最大化。

[①] 与作者的谈话，伦敦，2006 年 1 月 16 日。

[②] 与作者的谈话，2006 年 12 月 4 日。

[③] 伦敦清算所和泛欧交易所的联合声明（2007 年 3 月 12 日）。

某种程度上，伦敦清算所集团正在推一扇已半敞开的门。在英国竞争委员会前一年进行调查期间，泛欧交易所曾表示过愿意减持其在伦敦清算所集团的股份和董事会中的代表权，但西奥多（译者注：泛欧交易所领导人）不准备按亏损的价格卖出。

伦敦清算所和泛欧交易所之间的谈判于 2006 年秋季开始。2007 年 2 月，两家公司达成一致，伦敦清算所购回泛欧交易所持有的 41.5% 资本的绝大部分。

泛欧交易所持有伦敦清算所的可转换优先股股票，这些股票在 2008 年 12 月到期日之前被以 1.99 亿欧元的价格赎回。同时，泛欧交易所将持有的伦敦清算所的 2 620 万股普通股股票以每股 10 欧元的价格售回给伦敦清算所。这个价格与 2003 年 12 月伦敦清算所和清算所合并时股票的发行价格相同。在这一对泛欧交易所有利的交易中，西奥多将几年前的账面收益转化成了实际所得。

这一交易在 2007 年 6 月被伦敦清算所的股东一致通过。截至 2008 年年底，泛欧交易所持有的伦敦清算所股份减至 5%，在董事会的席位只剩一个。用户们现在持有该公司普通股股份的 73.3%，这将伦敦清算所变成了一个更加由用户所有、用户治理的实体。其余的股份中，伦敦金属交易所持有 4.4%，洲际交易所持有 1.5%，欧洲清算持有 15.8% 从而成为清算所的最大股东。4.61 亿欧元的回购资金一部分来自于留存收益，一部分来自于 2007 年发行的 2 亿欧元债券。

为使用户满意，里戴尔承诺"积极削减清算费用"并"适时向会员提供大额回扣"。伦敦清算所从 2007 年执行了费率削减计划，总额"到 2009 年达到年平均净收入的 30%"。

但是，与泛欧交易所谈判成功带来的宽慰是短暂的。2007 年 4 月，伦敦清算所的自尊心和财富都遭受了毁灭性的打击。绿松石计划背后的七家银行将新平台（译注：即绿松石平台）的清算和轧差业务委托给了欧洲中央对手方清算所，即美国集中存托清算公司在伦敦的全资子公司。这七家银行还是伦敦清算所最大的客户。他们的决定标志着清算所集团一个灾难年度的开始。

17.3 绿松石计划与欧洲中央对手方清算所

绿松石计划背后的财团选择了美国集中存托清算公司，标志着一个强劲的竞争对手回归欧洲，它不仅能带来规模经济效应，还能带来子公司国家证券清算公司在证券净额结算和风险管理方面 30 年的经验，以及服务美国各类交易系统 10 年的经验。当时欧洲任何地区的证券跨境交易后服务的成本，估计都比美国要高约 8 倍。

作为一个交易后巨头，美国集中存托清算公司宣称它在 2006 年处理了超过 1 500 万亿美元的证券交易①。集中存托清算公司通过低费用承诺，击败了包括伦敦清算所在内的七家欧洲清算所，拿下了绿松石合约。欧洲中央对手方清算所（译者注：集中存托清算公司在伦敦的全资子公司）将在成本价基础上运营，这意味着任何超过运营维持成本的收入都将返还给清算所成员。

与绿松石的交易并不是美国集中存托清算公司首次试图进入欧洲市场的行动。欧洲中央对手方清算所早在六年前就成立了，但在 2000—2002 年熊市期间普遍出现了交易所萎缩现象，纳斯达克的欧洲扩张计划失败，该清算所因未能清算一笔交易而被封存。

然而，美国集中存托清算公司在伦敦保留了一个办事处，它纽约总部的执行官们经常在欧洲行业会议中发表演讲，利用这些机会与监管者和潜在用户发展关系。根据美国集中存托清算公司首席执行官唐纳德·多纳休（Don Donahue）所说，在绿松石计划公布之前、纽约证券交易所和泛欧交易所开始他们的合并进程后，欧洲中央对手方清算所的计划就被重启了②。

绿松石财团与欧洲中央对手方清算所之间的协议，展现了欧盟金融工具市场法规改革是如何克服欧洲证券跨境交易障碍的。欧洲中央对手方将首先在 14 个国家用 7 个币种提供证券清算。

"我们为欧洲中央对手方清算所设计的清算解决方案与欧洲市场的参与者需求相呼应，并且能够在泛欧层面上进行运营"，美国集中存托清算公司的高级主管，同时担任欧洲中央对手方清算所董事长的迈克·博德森（Michael Bodson）解释说③。欧洲中央对手方清算所的背后，是国家证券清算公司在美国的技术基础设施和业务连续性支持设施。"利用我们在美国国内市场的业务处理规模，我们具有非常低的单位成本的优势。这些好处也传递给了欧洲中央对手方清算所的用户。"

集中存托清算公司能轻易消化绿松石产生的任何额外业务量。"我们为欧洲专门设计了一套清算与结算方案，利用我们主机的可延伸中央处理能力"，博德森补充说，"看到一些预测显示整个欧洲的股票交易量约为 15 亿股，我们有十二分充足的能力支持绿松石以及其他交易平台。"

美国花旗银行的全球交易服务部门根据协议成为欧洲中央对手方清算的结算代理人。尽管与花旗的合作是绿松石的清算与结算基础架构的又一层面，但是结算服务外包（而非自行研发）的决定节省了在新的证券结算设施上的昂贵投资。通过利用花旗的分

---

① 美国集中存托清算公司（2007），"将客户放在首位：2006 年年度报告"。1 000 万亿就是 1 百万个 10 亿，即 2006 年集中存托清算公司的年营业额超过 1 500 000 000 000 000 美元。

② 2007 年 5 月 24 日在伦敦的蒙多威讯（Mondo Visione）交易所论坛上的讲话。2007 年 8 月多纳休从首席执行官升职到集中存托清算公司的董事长和首席执行官。

③ 与作者的谈话，纽约，2008 年 2 月 1 日，以及后续邮件。

支以及与众多中央证券托管机构的联系，欧洲中央对手方清算所可以从花旗的经济规模中受益。否则，为绿松石的 14 个市场开发结算设施的时间周期与成本将"非常巨大"。2007 年 11 月被任命为欧洲中央对手方清算所的首席执行官戴安娜·陈（Diana Chan）继续说道[1]：

> 一个中央对手方清算所可以在每一市场的中央证券存管机构中开立结算账户，但这可能是一个漫长过程，且必然产生更高的操作风险。你需要一些懂得如何在这 14 个市场开立并运作这些账户的人；他们了解报告、指令、处理时机、公司行为及其他一切。任何一个中央对手方清算所如果没有第三方提供商，并且不把这项工作外包给拥有市场运作经验的本地机构的话，都不太可能为跨市场的多边交易机构（MTF）——例如绿松石——提供服务。

欧洲中央对手方清算所对纽约的依赖意味着其伦敦员工数量较少，仅在 15 人至 20 人之间，他们强力集中在风险管理上，正如陈解释的：

> 风险管理不得不当地化，因为我们处于这个时区，我们要能够及时作出反应。我们必须能够监控保证金收取；在需要平掉违约参与者的头寸时，我们能够迅速作出反应；同样重要的是确保监管者能够随时联系到我们的风控经理。

2008 年 3 月底，欧洲中央对手方清算所被英国金融服务管理局批准成为认可清算所（Recognized Clearing House，RCH），按英国法律，这一地位允许它为多个交易平台提供合约清算服务。接下来一个月它签署了清算与结算的欧洲行为准则。

欧洲中央对手方清算所的志向已经远超越了绿松石计划。陈宣称，她的目标首先是使欧洲中央对手方清算所成为多边交易机构（MTFs）的首选中央对手方清算所，最终成为国家市场的首选中央对手方清算所。为绿松石及其他并行的多边交易机构提供清算服务，使得欧洲中央对手方清算所能跨越几个平台对同一股票进行轧差，进而为清算的参与者降低了成本。

这只是一些愿景。事实上，欧洲中央对手方清算所在多边交易机构清算市场中并未占据优势。绿松石计划的推出受到了延误——延误之久以至于金融城中有人戏称它为"乌龟"计划（译者注：该计划的英文名 Turquoise 与"乌龟（turtoise）"发音相近）。当绿松石计划在欧洲中央对手方清算所的支持下于 2008 年 8 月开始运营时，它已失去

---

① 与作者的谈话，伦敦，2008 年 2 月 21 日。

了先发优势。

2007 年，一家在清算业务上有悠久历史的比利时—荷兰银行——富通银行（Fortis）设立了欧洲多边清算设施公司（European Multilateral Clearing Facility，EMCF），作为多边交易机构及其他证券交易所的中央对手方清算所。2007 年 3 月 30 日，欧洲多边清算设施公司开始为 Chi－X 交易所上市的 5 只丹麦证券和 5 只德国证券提供清算服务，Chi－X 交易所是一家专门为算法交易者提供低成本快速服务的新多边交易机构。

江流终汇成大川。这个当时由极讯欧洲公司（Instinet Europe，Ltd.）所有，并受投行及对冲基金支持的 Chi－X 交易所获得了快速发展。在 6 个月时间里，Chi－X 交易所已经开始为英国和法国的蓝筹股提供交易平台；一年后，它已可以自称占有欧洲流动性较高股票的市场份额的 10% 以上。欧洲多边清算设施公司（EMCF）的清算服务随着 Chi－X 交易所的营业额同步增长，新的多边交易机构也签约使用它的中央对手方服务。

17.4 洲际交易所、伦敦国际金融期货交易所、彩虹计划和伦敦证券交易所

就在 2007 年 4 月欧洲中央对手方清算所赢得绿松石合同、发布声明的 12 天之后，总部位于亚特兰大的洲际交易所披露了它建立伦敦子公司即洲际交易所欧洲清算公司（ICE Clear Europe）的计划，用于清算洲际交易所伦敦交易平台上的柜台衍生品业务和能源期货。

洲际交易所为它的欧洲清算公司申请了被认可清算所（RCH）的资格。这对市场来说是个信号：洲际交易所确实想要建立它自己的清算业务，作为未来几年公司战略的一部分。

洲际交易所欧洲清算公司的计划，还涉及将洲际交易所合约的开放权益从伦敦清算所移出；据交易所估计，这造成伦敦清算所在 2006 年失去约 5 000 万美元的清算费收入，对于为几家交易所提供风险管理服务，并且在保证金和违约金上拥有规模优势的伦敦清算所来说，这是一个严重的打击。

还没有任何先例能说明洲际交易所的方案该如何实施。2003—2004 年芝加哥期货交易所的开放权益从芝加哥期货交易所清算公司转移到芝加哥商业交易所的清算部门时，倒有一些经验教训可借鉴，当时商品期货交易委员会在这个独一无二的美国特色案例中扮演了一个热心监管者的角色。

在伦敦，洲际交易所的转移成功与否取决于：洲际交易所期货（ICE Futures，前国际石油交易所）的使用者是否同意将他们的合约转移到一个全新的、未经测试的清算所。同时，洲际交易所欧洲清算公司必须得到英国金融服务局的批准；另外要成为一个

被认可清算所，它还要得到公平交易办公室的批准。

这之后洲际交易所与伦敦清算所之间的紧张关系持续了 15 个月。在 2003 年伦敦清算所集团的合并期间，国际石油交易所就它的清算合约进行重新谈判，达成的协议保护了洲际交易所的开放权益。洲际交易所发出通知，从 2008 年 7 月 18 日起停止使用伦敦清算所作为它的中央对手清算所，到时它会切断从洲际交易所到该清算所的交易数据流。

早期迹象表明，用户反对洲际交易所的这一举动，部分是因为该举动对他们形成了高成本的威胁，部分是因为洲际交易所未给他们提供清算场所的选择。但是，随着员工从美国流入以支持伦敦当地的团队，洲际交易所开始了密集行动以赢得监管者和用户的支持，并向相关各方保证，交易所拥有在伦敦开展清算业务的技术能力和人力资源。

洲际交易所决定向违约基金贡献 1 亿美元，理由是"共同投入"会使风险管理人员的关注焦点更集中，并促使那些面临更多出资的用户入资支持新基金。对那些在初期就承诺使用洲际交易所欧洲清算公司的用户，交易所提供了奖励，包括一个"创始会员计划"，在该计划下用户们将获得清算所 2010 年底之前收入的 10% 分成。

伦敦清算所进行了反击。2008 年 3 月，它宣布了与纽约商业交易所（Nymex）达成的一项协议，后者是一家总部位于纽约的能源交易所、洲际交易所期货（ICE Futures）的竞争对手。协议规定纽约商业交易所将把一系列全新的柜台交易和场内期货品种交给伦敦清算所进行清算，目的是从洲际交易所期货那里夺走用户[1]。

同时伦敦清算所基于系统性风险的理由，对 2008 年 7 月洲际交易所期货提出的合约和开放权益的转移建议提出了反对意见。伦敦清算所特别担心的是，洲际交易所转移计划（7 月 18 日开始的周五周末期间进行）将会面对这样的情形：伦敦清算所为清算该交易所的合约而使用的交易登记系统/清算处理系统（TRS/CPS）软件版本将一起发生转移，但如果出现问题将没有任何准备可以进行"逆转"操作，或者保留伦敦清算所对洲际交易所合约清算的能力。

但是到 2008 年 7 月初，洲际交易所欧洲清算公司的首席执行官保罗·斯旺（Paul Swan，一年前还担任伦敦清算所高管职位），设法获得了 44 家公司对转移的支持，这 44 家公司都交易洲际交易所期货合约，且通过伦敦清算所进行清算。洲际交易所和伦敦清算所开始就转移过程中差异点的桥接方式进行讨论。7 月 18 日至 20 日的周末已不是一个现实的时限选项，但是新的日期很快定下来了，9 月 13~14 日的周末期间。

几个因素造就了洲际交易所的成功。建立洲际交易所欧洲清算公司的申请已于

---

① 从伦敦清算所和纽约商业交易所处引用（2008 年 3 月 6 日），"纽约商业交易所和伦敦清算所宣布历史性的清算联盟"，新闻发布。

2008 年 4 月获得英国政府公平交易办公室的批准，它裁定这个新的清算所不会对市场竞争造成显著的负面影响。实际上，在评估洲际交易所欧洲清算公司对交易所之间的竞争所带来的潜在影响时，公平交易办公室暗示"这种竞争甚至会被加强"[①]。

5 月，金融服务管理局随后也批准了上述申请。尽管在洲际交易所发布通知后的几个月里，伦敦清算所集团的管理层不断表示抗议，但是金融服务管理局并没有理会清算所集团对于系统性风险的担心。

一年以后，系统性风险将成为全球政策制定者的首要议题之一。洲际交易所的申请恰好完成在这一时代的黎明阶段，黎明之后政策制定者们会像促进竞争性一样地关注系统性风险。

在处理洲际交易所的问题上，塔普克与里戴尔因前任经理人的失败而处于不利地位。洲际交易所向用户提出有力证明：有了自己的中央对手方清算所，它有能力更快地提供更多的合约。洲际交易所指出，纽约商业交易所自从引入类似产品以来，它在过去四年里推出的合约数量是洲际交易所的四倍之多 ，而这正是因为纽约商业交易所拥有自己的中央对手方清算所。

伦敦清算所与纽约商业交易所的联盟可能对洲际交易所期货的用户产生适得其反的效果。尽管纽约商业交易所的主席理查德·谢弗（Richard Schaeffer）预言了巨大的好处，包括"保证金及其他资本金的效率提高、与成熟全球市场的连接、增加产品种类以及全天几乎 24 小时交易的能力"[②]，洲际交易所却利用了人们对这个合资公司建立后竞争环境恶化的恐惧。

市场从洲际交易所和纽约商业交易所的竞争中获益。如果用户继续把伦敦清算所作为他们的清算所，他们将不得不放弃洲际交易所作为交易场所，然后纽约商业交易所可能会因此垄断场内能源合约，而那时它又有可能被位于世界主导地位的期货交易所集团——芝加哥商业交易所集团收购。现实事件的结果是，芝加哥商业交易所确实收购了纽约商业交易所，但纽约商业交易所与伦敦清算所的合资公司没有成立起来。

削弱伦敦清算所地位的另一个因素是：2008 年早些时候，该清算所被迫作出让步，同意将它的开放权益转移给另一客户。

人们说"事不过三"，这正是在绿松石合约落到欧洲中央对手方清算所手中，以及 2007 年 4 月洲际交易所清算公司成立后 6 个月时间里伦敦清算所遭遇的情形。这一年夏天，纽交所—泛欧交易所的首席执行官约翰·谭（John Thain）联系了罗杰·里戴尔，告诉他纽交所—泛欧交易所想开始谈判改变伦敦清算所和伦敦国际金融期货交易所之间

---

① 公平交易办公室（2008 年 6 月 30 日），"洲际交易所欧洲清算公司：申请成为认可清算所"。
② 伦敦清算所和纽约商业交易所（2008 年 3 月 6 日）。

的商业关系，后者是纽交所—泛欧交易所集团的国际衍生品业务平台，也是伦敦清算所的最大客户。

"在该公司生命中的这一特定时刻上，看起来它可能真会灭亡，"克里斯·塔普克后来回忆说，"我们上任已有一年，我们到绝路了。我们解决了 IT 的最初难题，然而此时突然间我们所在的地质板块开始向着我们不曾预料的方向移动①。"

很大程度上，新的管理层所遭受到的，是用户和交易所对伦敦清算所与清算所合并后三年里浮现的问题的强烈反应。

但是洲际交易所与伦敦国际金融期货交易所的举动也反映了新的市场现实。芝加哥商业交易所与芝加哥期货交易所于 2007 年 7 月完成合并。这一拥有巨大获利能力、纵向一体化的芝加哥商业交易所集团的建立，没有遭到美国竞争管理当局的挑战。如塔普克所述，芝加哥商业交易所似乎无法阻挡的上升趋势"迫使其他公开上市的衍生品交易所必须拥有自己的清算机构，从由此产生的盈利和提升的市盈率中获益"②。

纽约证券交易所前首席执行官、前高盛"校友"谭在 2007 年 4 月纽交所—泛欧交易所建立后担任首席执行官，他面临额外的压力。2007 年夏天，一个投行集团——其中大部分为绿松石财团成员——开始筹建一个名为彩虹计划的新公司，目的是为金融期货推出一个新的交易平台，与欧洲现有的衍生品交易所展开竞争。

在滞后的新闻报道之后，该财团的运作于 2008 年 1 月底公布③。彩虹团队中的成员有一些伦敦清算所的杰出用户，据说包括巴克莱、瑞士信贷、德意志银行、高盛、JP 摩根、雷曼兄弟、曼氏集团、瑞士联合银行和城堡对冲基金（Citadel）投资对冲基金集团，它们的主要目标之一是争夺伦敦国际金融期货交易所的交易最为活跃的品种——欧元与英镑利率期货市场。大卫·哈迪是彩虹财团顾问之一。

虽然洲际交易所的决定对伦敦清算所造成了直接威胁，但在洲际交易所收购了纽约期货交易所和它的纽约中央对手方清算公司之后，这是意料之中的事。然而投行架空欧洲现有衍生品交易所的威胁惹出了另一些难题。

彩虹计划的银行提出，由伦敦清算所清算那些可与伦敦金融期货交易所的合约进行互换的合约，从而这些合约可以与伦敦金融期货交易所在该清算所的合约开放权益进行互抵。如果允许该情况发生，那么伦敦金融期货交易所交易业务的流动性将被吸走。

彩虹计划于 2008 年 2 月 6 日被提上了伦敦清算所的董事会会议，这对于清算所来说是装在金杯里的毒酒。还没来得及看彩虹计划是否会推出，伦敦国际金融期货交易所

---

① 与作者谈话，2009 年 12 月 22 日。

② 伦敦清算所集团（2007），"合并财务报表和报告中的董事长声明"。

③ 金融消息（2008 年 1 月 28 日），"银行考虑欧洲衍生品交易所"。

就警告伦敦清算所放弃与该财团合作的任何念头，同时设法弥补交易所自身可能被攻击的弱点。它设法谈判修改与伦敦清算所的合同，这与洲际交易所和伦敦清算所之间的合同不同：在伦敦清算所与清算所合并时，并没有重新签订合同来为伦敦国际金融期货交易所的合约开放权益提供明晰的知识产权保护。

2008 年 2 月和 3 月伦敦清算所董事会对这个问题进行了讨论。在一个艰难的会议后，董事会同意开始与伦敦国际金融交易所展开谈判，内容是关于由交易所掌控自己的清算，大规模减少伦敦清算所为其提供的服务[①]。交易所将设立一个内部中央对手方清算所——伦敦国际金融期货交易所清算公司——用来保护它的合约开放权益，但风险管理任务和交易担保仍外包给伦敦清算所。

在 7 个月后伦敦清算所与伦敦国际金融期货交易所之间的协议公布时[②]，该协议安排向伦敦国际金融期货交易所的用户展现了一个介于垂直与水平结构之间的折中清算所。伦敦国际金融期货交易所清算公司替代了伦敦清算所成为交易所的合约开放权益的中央对手方，给交易所集团带来清算收入以及"垂直结构"的其他一些益处。但是交易所的用户无须对新的违约基金出资，而且能继续从伦敦清算所的多元化头寸组合的违约基金中获益。伦敦清算所将继续为伦敦国际金融期货交易所提供逐日清算功能，例如收取保证金。一旦违约发生，伦敦清算所将成为对手方并全权负责违约的管理。

这一安排使伦敦国际金融期货交易所获得了对其交易登记系统/清算处理系统平台更大的控制权，该平台之前出租给伦敦清算所，且在清算所建立通用清算系统（GCS）的失败尝试期间遭受了投入匮乏之苦。另外，交易所现阶段无意与伦敦清算所在更广阔的中央对手方清算服务的市场中竞争。它选择了建立伦敦国际金融期货交易所清算公司为自己提供清算服务，而作为一个认可投资交易所（RIE），它还可以作为自身业务的中央对手方。但与洲际交易所欧洲清算公司不同，伦敦国际金融期货交易所清算公司不具有被认可清算所地位，因而不能为其他交易所进行交易清算。

与伦敦国际金融期货交易所的关系调整意味着伦敦清算所的收入的进一步减少，尽管伦敦国际金融期货交易所所支付的、减少了的费用——估计是 3 000 万欧元每年——依然能覆盖清算所的管理费用；作为三年通知期限的补偿，纽交所—泛欧交易所将一次性支付给伦敦清算所 2.6 亿欧元，这相当于清算所从泛欧交易所获得三年的收入。

在执行其决策过程中，伦敦国际金融期货交易所努力避免与用户争吵，以及任何该决策（如果被认为引起伦敦清算所灭亡）可能产生的政治冲突。在 2007 年首次讨论重

① 纽交所—泛欧交易所（2008 年 3 月 15 日），"伦敦国际金融期货交易所将建立伦敦国际金融期货交易所清算公司"，新闻发布。
② 伦敦清算所集团（2008 年 10 月 31 日），"伦敦清算所和伦敦国际金融期货交易所达成新清算安排"，新闻发布。

新安排该交易所与伦敦清算所集团的关系时，后者灭亡的可能性被认为是存在的。然而后来谈判进行到 2008 年时，清算所的命运有了一些好转。

集团 2007 年的运营利润上升了 45% 至 2.57 亿欧元。尽管手续费率降低，剔除给清算会员的利息支付及类似费用后，净收入仍上升了近 13% 至 5.01 亿欧元。交易清算创下了 17.2 亿笔的纪录，较 2006 年上升了 36%，清算金额为破纪录的 616 万亿欧元[①]。

集团正朝新的领域扩张它的业务，例如运费。同时它还在能源领域及欧洲证券市场的交易平台中发现了新客户群。在欧盟金融工具市场法规和欧洲行为准则（见 16.9）下的市场自由化环境里，欧洲证券市场的多边交易机构（MTFs）正迅速涌现。

2007 年 11 月末，在沉寂了许多个月之后，伦敦清算所集团签下了它的第一个新交易所客户，它宣布将为诺达交易所（Nodal）提供中央对手方服务，这是一家北美地区的远期电力交易市场。2008 年 3 月，集团与柏林的一家多边交易机构（Borse Berlin Equiduct Trading）达成了为其提供清算服务的初步协议。同时，伦敦清算所巴黎为卢森堡证券交易所首次推出了中央对手方集中清算服务，该交易所挂牌上市了 30 000 只国际债券。随着 2008 年过去，这个之前创新缓慢的集团不断地发布新服务和新客户的声明。

尽管这些交易并不大，但它们部分抵消了失去洲际交易所期货和伦敦国际金融期货交易所业务的预期损失。然而清算所被用户进一步架空的风险仍然存在。

伦敦证券交易所（LSE）正是这样一个例子。伦敦清算所与伦敦证券交易所之间的关系几乎从未缓和过，但是自 1993 年创建自己的交易后基础设施 Taurus 的尝试失败后，交易所就开始支持欧洲清算与结算的水平模式。

然而在 2007 年 6 月，伦敦证券交易所同意与意大利博尔萨证券交易所合并，后者是意大利的一个纵向整合结构的交易所集团，持有意大利清算机构（CC&G）86.36% 的股权。意大利清算机构管理着意大利证交所的证券和衍生品市场的中央对手方清算服务。

合并最终于 2007 年 10 月 1 日开始生效。当寻求股东对本次合并的批准时，伦敦证券交易所发出了政策转变的信号。它暗示，合并后的集团将坚决定位于：充分利用欧洲行为准则下客户对于清算与结算服务的更大选择权[②]。不久后，该集团就开始试水。

伦敦证券交易所在 2006 年已向伦敦清算所施压，要求它允许会员公司为股票交易选择清算服务提供商。但该交易所在 2008 年 3 月宣布清算安排的战略回顾时，令伦敦市场、欧洲的中央对手方清算所和欧盟委员会吃了一惊。它居然阻止了伦敦清算所与

---

① 伦敦清算所集团（2008 年 4 月 29 日），"结果和声明"，新闻发布。
② 伦敦证券交易所（2007 年 7 月 23 日），"伦敦证券交易所集团和意大利证券交易所的提议合并"。

SISx – clear 清算系统之间对伦敦证券交易所交易的竞争性清算，后者经过将近两年的打造，现已做好实施的准备。

紧接着是几个月的僵局，直到伦敦证券交易所在金融城用户与欧盟委员会的压力之下作出让步。交易所对水平式的清算与结算模式已不再绝对忠诚。这进一步刺激了伦敦清算所去寻找自己的安全网以维持生存。它选择了寻找一个更强大的合作伙伴实现合并。

17.5 伦敦清算所向其他机构寻求安全

2007 年 7 月，伦敦清算所集团董事会被告知：可能需要变更与伦敦国际金融期货交易所的关系，以便交易所能对其开放权益进行经济控制。

在同一会议上，董事会讨论了未来的选择，包括伦敦清算所集团与更强大的伙伴合并。一个选择是与欧洲清算合并，而它正成为伦敦清算所最大的股东；另一个选择是与美国集中存托清算公司合并，它已经给伦敦清算所的主要用户群足够深刻的印象、以至于这些用户把绿松石合约交给了它；第三个选择是同时与这两个机构合并或者连接；第四个是坚持到底，在清算所的长期生存前景上冒相当大的风险。

在这四个选项中，公司首先选择了与欧洲清算和美国集中存托清算公司之间的三方解决方案。

纽约证券交易所与泛欧交易所 2006 年的合并协议，已经触发了伦敦清算所与美国国家证券清算公司之间建立联系的一些想法，目的是利用合并后纽交所—泛欧交易所集团的美国与欧洲两部分之间的协同效应。关于跨大西洋电子桥梁的一些讨论也涉及了欧洲清算和美国集中存托清算公司下的存托子公司，由它们对在纽约与巴黎双重挂牌和可互换的股票进行清算和结算。

2007 年，美国集中存托清算公司、伦敦清算所与欧洲清算就一个更具体的合资公司计划进行了初步讨论。从表面上来看，三家公司有很多共同点。它们都是用户所有、用户治理的公司，它们的股东公司中有许多是重叠的。三家中每一家公司都会有所贡献：伦敦清算所具备美国集中存托清算公司所缺乏的衍生品以及柜台市场的清算和风险管理能力；当建成运营时，美国集中存托清算公司的欧洲中央对手方清算所将提供证券清算能力，取代伦敦清算所巴黎子公司的高成本系统；欧洲清算在泛欧交易所市场上拥有国际中央证券存管中心和中央证券存管中心，将带来欧洲结算能力和技术，特别是在公司策略与抵押品管理方面，它同时还能为伦敦清算所的伦敦证券中央对手方清算服务提供轧差能力。

据熟知这一讨论的人说，最初的想法是欧洲清算和美国集中存托清算公司联手控制伦敦清算所，合并后将产生一个以成本价运营的中央对手方清算所。但这个三方方式存在困难之处。

由谁担任合并后公司的领导职位，这是个难题。同样重要的是，财务稳健的这两家合作者——欧洲清算与美国集中存托清算公司——结构不同。美国集中存托清算公司的成本价运营模式意味着，该公司拥有相对较少的普通资本，并且其股票估值相应处于较低水平；欧洲清算尽管自称是用户所有、用户治理的，但仍然以营利为导向，因此它的股票估值远高于美国集中存托清算公司和伦敦清算所的水平。

由于多年扩张过程中欧洲清算都将它的股票作为货币来购买中央证券存管机构，它拥有较大的股东群体，特别集中在法国金融机构中。这些股东不是欧洲清算的主要用户，而只将股权视做金融投资。欧洲清算的任何转向成本价运营模式从而更好地配合美国集中存托清算公司和伦敦清算所的行动都需要时间，并且不容易与这些股东的利益相协调。另外伦敦清算所也正处于向成本价运营模式转变的过程中。尽管欧洲清算已准备好牺牲部分收入以试图解除困境，但解决方案仍未找到。

几个月后，美国集中存托清算公司和伦敦清算所认为这个三角方案过于复杂，且欧洲清算应该先行减少其业务估值。这一决定使欧洲清算的布鲁塞尔总部受到了挫伤。谈判缩小到美国集中存托清算公司与伦敦清算所之间的双边讨论，这实际会演变为由规模更大的美国公司接管这一欧洲清算机构。2008 年 4 月 22 日，伦敦清算所集团的董事会批准管理层与美国集中存托清算公司展开谈判。谈判的代号"bicycle"强调了欧洲清算将不参与其中。

强烈的行业逻辑赞同合并。对柜台交易衍生品市场的担忧（特别是在美国），已在政策制定者的日程里不断上升。从伦敦清算所的角度看，合并将伦敦清算所在清算上（尤其是在掉期清算系统）的专长，与美国集中存托清算公司的衍生品服务（Deriv/Serv）和柜台交易信息库整合起来，之后用户们将从中极大受益。克里斯·塔普克还希望合并后的美国集中存托清算公司—伦敦清算所集团能够接管美国的清算公司（CCorp，译注：指芝加哥期货交易所的清算公司 BOTCC）[1]。

17.6　垂直结构重要性的上升

美国集中存托清算公司与伦敦清算所之间的相互追求，正值全球金融动荡在不断加剧。

---

[1]　克里斯·塔普克与作者之间的谈话，2008 年 12 月 8 日。有关为创建信用衍生品的中央对手方而推出清算公司（CCorp）的计划，见第 13 章，后续事件见第 18 章和第 19 章。

2007 年首次出现的危机裂痕随着 2008 年的进展而扩大。美国投行贝尔斯登于 2008 年 3 月倒闭，接着依照美国联邦政府的命令以低价融入摩根大通银行的臂弯中。始于美国次级债市场的金融危机向全球金融机构传播，一个银行的坏账会迅速传染其他银行。银行将劣质贷款打包及证券化后再出售给其他银行的做法，将病毒传播到整个金融界。在监管者未发觉的情况下，银行和金融机构间已经在传统银行体系之外建立起了高度的相互联系。"大稳健"时代即将走到可怕的终点。

中央对手方清算机构目前为止还未经过危机的检验。但是中央对手方清算所（CCPs）面临诸多不确定性，清算的未来充满了变数。

交易平台层面发生了快速的变化。清算所的客户——交易所间的股份化仍在持续进行，特别是在北美。洲际交易所于 2005 年、纽约证券交易所和纽约商业交易所于 2006 年纷纷效仿芝加哥商业交易所成为上市公司。

同时，现有的证券交易所面临着来自非传统交易平台的竞争，它们偏向专注于高交易量、低保证金的算法交易。这类交易平台往往由投资银行和其他大的交易所用户支持，这些用户在传统交易所股份化后就已经抛售了所持的股份，而将收益投资于这类新型平台以降低交易成本。

这类非传统交易平台在美国被称为电子交流网络（ECNs），它们在互联网繁荣期间发展起来，并于泡沫破灭期间萎缩，如今再一次大量涌现。

在欧洲，经欧盟金融工具市场法规指令的批准，多边交易机构出现激增。多边交易机构（MTFs）首先转向新的服务供应商例如欧洲中央对手方清算所和欧洲多边清算设施（EMCF），而非现有的清算服务提供者。尽管几年前权威人士和政策制定者预计欧洲的清算所数量会下降，但现在反而上升了。

现有交易所的股份化以及竞争的加剧，鼓励了通过兼并收购进行的、某种程度的一体化和多元化。芝加哥商业交易所在 2007 年收购了刚刚完成股份化的芝加哥期货交易所后，接着就在 2008 年收购了纽约商业交易所。

在收购了伦敦的国际石油交易所和纽约期货交易所之后，洲际交易所又冒失地与芝加哥商业交易所竞购芝加哥期货交易所。该目标失败后，洲际交易所于 2007 年收购了德高望重的温尼伯格商品交易所。2008 年夏天，洲际交易所收购了 Creditex GROUP 集团公司，这是一家处理和执行信用违约掉期的创新型经纪商。在证券方面，纽约证券交易所收购了美国最成功的新型现货证券交易平台——群岛交易所（Archipelago），这是该交易所集团向公开上市和营利性公司转变的一部分。

在欧洲，泛欧交易所和德意志交易所没能克服双方的差异而成功合并，这为 2007 年第一个跨洋交易所——纽交所—泛欧交易所集团的建立开辟了道路。这个跨洋交易所的形成引领了欧洲范围内一些同样出人意料的组合，例如伦敦证券交易所和意大利博尔萨证券交易所的合并，同时也为更多的跨洋收购及美国集中存托清算公司与伦敦清算所之间的对话开辟了道路。

清算驱动的并购在股份化和兼并的进程中占据了越来越大的比例。芝加哥商业交易所的股价从 2002 年 12 月首次公开发行时的 35 美元一直上涨，到 2008 年 1 月股价几乎达到了 715 美元峰值，这部分反映了清算业务所带来的财务成果。洲际交易所 2006 年并购纽约期货交易所（NYBOT）的动机很大程度上就是希望收购一个清算基础设施；清算功能也是意大利证券交易所对伦敦证券交易所的吸引力之一；2007 年 10 月，纳斯达克收购了波士顿证券交易所，动机在于它想拥有波士顿证券交易所清算公司。

对以盈利为目的的交易所集团而言，中央对手方清算的所有权从财务角度讲很有意义。在 21 世纪初期的几年间，金融基础设施提供商之间的股份化和以盈利为目标的公司治理，与交易所、清算所，以及（有时包括）结算机构之间纵向整合的重要性提升是密切相关的。

伦敦国际金融期货交易所以及其他的水平模式的长期拥护者也抛弃了这一模式。在瑞士，银行们曾拥有 3 类独立公司，分别提供交易平台、清算结算服务以及支付服务。然而就在伦敦证券交易所并购意大利证券交易所的同一年，银行在一个单一战略控股公司的支持下发起了这 3 类公司的合并。瑞士交易所集团 SWX、SIS 集团和 Telekurs 机构的合并于 2008 年初开始生效，形成的 SIX 集团目的在于将金融基础设施提供者整合为一个集团，从而强化瑞士的金融中心地位[①]。

尽管 SIX 集团公司表示它们无意创造一个垂直筒仓结构，但中央对手方的垂直整合对欧洲市场基础设施的吸引力不可否认。从某种程度上说，这一结果是欧洲行为准则的一个矛盾性后果，瑞士也须遵守。该准则对交易所、中央对手方、中央证券托管机构之间的使用权和操作互通的规定，加上欧盟当局对交易后服务不做任何特别结构强制要求的决定，给予了垂直结构集团中的中央对手方清算所以尊重。

准则表明，即使没有专有的筒仓结构，垂直整合也是有可能的。欧洲似乎无意中发现了介于极端的垂直模式与水平模式之间的中间道路。英国竞争当局对洲际交易所欧洲清算公司的认可，以及伦敦清算所和伦敦国际金融期货交易所之间让步（带来了"对角线"结构的伦敦国际金融期货交易所清算公司（LiffeClear）），也明显体现了类似的中间合成精神。水平结构、共同所有的交易后服务基础设施正处于不利境地，不仅仅是因为准则之下操作互通的不完美传递。

在美国，国会的法令仍继续区分垂直模式与水平模式。但是，这中间存在一些冲

---

① 集团于 2008 年 8 月采用了 SIX 集团的品牌名称以替代瑞士金融市场服务（Swiss Financial Market Services），后者是 2008 年初开始运营的控股公司的名字。重新命名之后，中央对手方 SIS x-clear 就被称为 SIX x-clear。

突。在 2008 年国家证券清算公司与存托公司垂直合并成立了美国集中存托清算公司之后，在集中存托清算公司的保护伞下，清算和结算供应商之间发生了进一步的合并。但是，合并带来的证券市场的清算与结算的垄断危险性，被集中存托清算公司的成本价运营、用户所有和用户治理的模式适当减轻了。而服务于所有美国期权交易所的期权清算公司（Option Clearing Corp.），也相似地在水平线上提供普遍清算服务。

直到 2008 年以前，垂直筒仓模式在美国衍生品交易所中似乎所向无敌。2003 年，美国商品期货交易委员会鼓励芝加哥商业交易所收购芝加哥商业交易所的中央对手方清算。在这一过程中，对芝加哥期货交易所清算公司试图成为众多交易所的水平式清算供应商的计划造成了致命打击。随后，2007 年芝加哥商业交易所与芝加哥期货交易所的合并未遭到美国司法部的反对，合并后的芝加哥商业交易所集团 2008 年对纽约商业交易所的收购也如此。

2008 年 2 月，证券市场证明了芝加哥商业交易所的垂直结构对其商业模式的重要性。2 月 6 日，芝加哥商业交易所集团和纽约商业交易所控股公司在纽约的股价创下18% 的跌幅纪录。股价暴跌就发生在芝加哥商业交易所对纽约商业交易所启动竞标（部分用股票支付）之后一个星期，让价值 110 亿美元的交易顿时减少了 17 亿美元。

混乱源于美国司法部的一份报告。它认为"目前与清算期货合约有关的规则与政策，可能不必要地抑制了期货交易所之间在金融期货合约发展和交易方面的竞争，对经济和消费者造成了损害"[1]。为回应美国财政部提出的、对监管研究置评的要求，美国司法部的报告支持"与其他措施一道，通过结束交易所对清算的控制"来增强交易所之间的竞争。它称赞了美国证券及期权市场的监管框架和清算结构，并暗示在这样的模式下，"期货清算所将可能为众多交易所提供清算，相同的合约即作为可互换合约处理。

这种材料有煽动性。它引发了芝加哥商业交易所集团、它的游说者和支持者的可预见的抗议嚎叫。商品期货交易委员会委员巴特·希尔顿（Bart Chilton）认为司法部的意见"在几个方面都引来了麻烦"。伊利诺伊州的参议员迪克·德宾（Dick Durbin）和国会议员拉姆·伊曼纽尔（Rahm Emanuel）致信财政部部长亨利·鲍尔森（Henry Paulson）和首席检察官迈克·穆凯西（Michael Mukasey），表达他们对司法部意见的"强烈反对"。

2 月 8 日，司法部将这一评论的责任推到内部的反垄断部门身上，并轻描淡写地把该意见仅作为司法部对财政部一项研究的几个供稿之一。

华盛顿内部人士暗示，该意见反映了司法部内部的持异议者对之前获批的、芝加哥

---

[1] 美国司法部对财政部要求其对金融机构相关监管结构置评的回答评论（2008 年 1 月 31 日）。

商业交易所与芝加哥期货交易所合并的反对。但当司法部对该收购点头同意时，那些预测芝加哥商业交易所集团对纽约商业交易所的竞标会遇到阻力的人感到疑惑不解。

芝加哥的伊利诺伊州参议员贝拉克·奥巴马 2008 年总统竞选获胜，这进一步扭转了局势，抗衡了任何反对垂直模式的联邦政府倡议。在美国司法部的信件公开一年以后，拉姆·伊曼纽尔去白宫担任奥巴马总统的幕僚长。

芝加哥商业交易所在华盛顿的几年辛勤游说，帮助支持了美国期货交易所的交易和中央对手方清算的垂直模式。21 世纪初，芝加哥期货交易所首先是作为一个独立的交易所、接着是芝加哥商业交易所集团，成功扫除了来自经纪商电子公司（BrokerTec）、欧洲期货交易所和泛欧交易所—伦敦国际金融期货交易所（Euronext – Liffe）争夺金融期货业务的挑战。但正如第 20 章将会说到的，这一系列的挫折并没有阻止新的挑战者去和这个芝加哥庞然大物进行较量。

17.7　跨大西洋的视角

2008 年随着金融危机的不断加重，中央对手方服务市场上的众多不确定性中存在一个趋势，而且似乎看来根深蒂固。

2007 年纽交所—泛欧交易所建立后，紧接着的是其他交易所间的跨大西洋的兼并收购。在放弃了收购伦敦证券交易所的企图后，纳斯达克收购了北欧交易所的运营商 OMX，2007 年 12 月诞生了纳斯达克 – OMX 集团（NASDAQ OMX）。同样在那一月，欧洲期货交易所完成了对国际证券交易所（International Securities Exchange，ISE）28 亿美元的收购，后者是总部位于纽约的、成长迅速的美国电子期权交易的先驱。

在美国集中存托清算公司的董事长兼首席执行官唐纳德·多纳休看来，纽交所—泛欧交易所的合并以及集中存托清算公司进入欧洲，标志了一个新的范例——"全球市场缝合为一体"。2007 年 5 月在伦敦的一个交易所会议上，他总结说：欧洲的交易后业务市场，再也不受国界的，或者是洲内区域如欧元区的限制①。

由美国机构所有的洲际交易所欧洲清算公司和欧洲中央对手方清算所于 2008 年同时在伦敦开始了它们的运营——这一年正好是伦敦农产品清算所建立 120 周年纪念。这一巧合加深了一个印象：美国的清算所将在全球市场的中央对手方服务中处于主导地位。

伦敦清算所被美国集中存托清算公司收购看起来只是个时间问题。正如伦敦清算所的董事长克里斯·塔普克指出："目前我们处在跨大西洋市场中。所以逻辑上说，如果

---

① 2007 年 5 月 24 日在伦敦的蒙多威讯（Mondo Visione）交易所论坛上的讲话。

市场的前端认可了这个跨大西洋环境，那么是到了管道部门（译者注：指后台）也认可它的时候了。"①

但是，伦敦清算所和美国集中存托清算公司希望在 2008 年 6 月之前达成协议是过于乐观了。美国当局同意雷曼兄弟在 9 月 13～14 日的周末宣布破产。5 周之后，当美国集中存托清算公司和伦敦清算所最终宣布它们的合并计划时②，它们业务活动下面的地质构造板块再次发生了改变。

正如罗杰·里戴尔解释的："清算是在雷曼兄弟违约的那一年走向成熟的"③，但是该美国投行的破产在全球金融市场引起的思考模式的转变，比纽约证券交易所和泛欧交易所的合并范围（引起的改变）要深广得多。

接下来的一章将描述中央对手方清算如何登上中心舞台，成为 20 世纪 30 年代大萧条以来一次最严重金融危机的应对措施中核心重要的一部分。但是，也正如本书第五部分解释的，中央对手方清算所地位不断上升的附带结果之一，就是美国集中存托清算公司和伦敦清算所合并以创造跨大西洋清算巨人这一远大计划的告终。

---

① 与作者的谈话，2008 年 9 月 8 日。
② 集中存托清算公司和伦敦清算所（2008 年 10 月 22 日），"集中存托清算公司和伦敦清算所宣布计划合并，成立世界领先清算所"，联合新闻发布。
③ 伦敦清算所集团（2008），"首席执行官的回顾、年报和合并财务报表"。

第五部分

新范例——危机后的清扫

第 18 章

化解柜台交易市场风险

18.1 大且关联到不能倒

在一种奇怪的方式下，雷曼兄弟控股公司的破产成为市场自由化的最后欢呼。美国当局拒绝对该受困投行施以援手，这反映出一个信念：市场能够应对其崩溃产生的后果。有论点认为，从对贝尔斯登施救开始，金融市场有六个月时间做准备，足以应对违约以及一个类似大型机构的逐步有序关闭。

24 小时之内，允许更多大型的、互相关联的金融机构倒闭的主张就消亡了。2008年 9 月 16 日，美国政府被迫向美国国际集团（AIG）提供 850 亿美元贷款换取该集团 79.9% 的股份，从而避免该美国保险集团的破产。它的救援最终消耗了纳税人 1 800 亿美元。

在雷曼兄弟公司走向破产之时，该美国保险巨头正经历巨量资本流出。2 月时这一问题就已暴露：在其子公司——美国国际集团金融产品公司——建立的一个"超高级"信用违约掉期组合的估值上，美国国际集团的审计人员发现它的内控机制中有一个"严重的弱点"。

9 月 13 日到 14 日的周末期间，当华尔街精英们齐聚纽约美联储大楼、徒劳地尝试拯救雷曼兄弟时，美国国际集团的前三个季度的累计损失高达 185 亿美元的事实已广为人知。9 月 12 日星期五当天，公司股价下跌了 30%，且于 9 月 15 日星期一紧接着急跌60%——因为美国三大主要评级机构先是准备，然后宣布了国际集团长期债务评级的下调。评级机构的行动导致该集团面临 200 亿美元的抵押品及其他支付的索要要求，而它没法支付。

美国国际集团很庞大。它是美国最大的工业和商业保险集团，拥有 1 万亿美元资产，2007 年的营业额达 1 100 亿美元，全球员工超过 10 万人，活跃于 100 多个国家，在亚洲有着特别强势的地位。它是美国最大的人寿保险公司之一，因其庞大的固定年金业务而成为退休金的重要提供者。通过一个在伦敦上流宅区（Mayfair）运营的不起眼的子公司，该集团运作了名义金额约为 2.7 万亿美元的信贷违约掉期、衍生品和期货合约，其中包括约 4 400 亿美元的信用违约掉期合约。

导致美国国际集团崩溃的信用违约掉期合约曾被评为"超高级"，即三 A 级的债务抵押债券类别，在"大稳健"（Great Moderation）的平稳时期为美国国际集团带来了稳定的收益。这些风险敞口中的许多没有抵押品的支持，而是由美国国际集团自己的 AAA 评级担保。美国国际集团还对评级较高的抵押支持证券进行了大量投资，并用证券借贷产生的资金支持这些投资。

次贷危机开始后，问题出现了。由于抵押支持证券和超高级投资的不断恶化和流动性丧失，美国国际集团遭遇了巨大的盯市亏损，进而卷入了一个下行涡流中。随着金融危机在 9 月的不断加剧，美国政府决定让抵押贷款机构房利美（Fannie Mae）和房地美（Freddie Mac）进入监管保护①，而美国国际集团的股票借贷计划的合作伙伴返还了手中的证券，并要求该集团退回共计 240 亿美元的现金。美国国际集团已资金耗尽，而此时信用评级机构在雷曼兄弟倒闭时还进一步调低了美国国际集团的债务评级②。

该公司管理层准备申请第 11 章破产保护。但对美国财政部而言，集团的这一步迈得太远了。

美国国际集团不是最后一个被救助的重要金融机构。一周之内，英国银行劳埃德银行（Lloyds TSB）被鼓励去收购它受困的竞争对手哈里法克斯银行（HBOS），而美国投资银行高盛和摩根士丹利也变身成为银行控股公司，以获得美联储的资金救援。在雷曼兄弟破产的一个月里：

- 美国设计了 7 000 亿美元的问题资产救助计划（TARP）并获得了众议院的通过，以拯救美国金融体系；
- 英国政府对其银行进行了资本重组和部分国有化；
- 比利时—荷兰的富通银行（Fortis Bank）被救助和分割，荷兰部分被国有化；
- 冰岛的银行破产。

---

① 美国的一个法律程序，即通过法庭命令、法令或监管当局将一个机构的控制权转到另一机构手中。监管保护通常被认为是为了避免国有化这一说法的负面联想。在房利美和房地美案例中，联邦住房金融机构在这两者得到财政部资金救援后，于 2008 年 9 月 7 日接管它们。

② 关于美国国际集团之危机的总结，来自作者与市场参与者的讨论；美国众议院监督和政府改革委员会（2008 年 10 月 7 日），"美国国际集团救援听证会"纽约州保险部门主任埃里克·迪纳罗（Eric Dinallo）、危机时美国国际集团的前首席执行官和董事长罗伯特·维尔伦斯坦德（（Robert B. Willumstad）、美国国际集团的前首席执行官和董事长马丁·苏利文（Martin Sullivan），以及欧洲中央银行的证言（2009 年 8 月），《信用违约掉期和对手方风险》。

政府有义务对美国的货币市场基金，以及在爱尔兰、英国和其他欧盟成员国的银行存款进行担保。在大量流动性紧缩和大范围破产引起新"大萧条"恐慌的同时，美国、欧元区和其他中央银行一致行动下调利率以支撑它们的经济。之后的几个月中，其他宽松的货币政策措施接踵而至，其中包括英国的激进措施——通过"量化宽松"直接向经济注入资金。

尽管这些进展引人注目，但事关中央对手方清算的未来的关键事件是：美国国际集团（AIG）的几近破产以及救援行动。与雷曼兄弟不同，美国国际集团过于庞大、内部关联性过高、在美国经济中的角色太过重要，以至于不能倒闭。信用违约掉期主要是在2003年到2005年的好年景发行的，后来被认为是导致国际集团悲剧的"罪魁祸首"[1]。具讽刺意味的是，美国国际集团并不是信用违约掉期市场的最大参与者。根据评级机构惠誉2006年的衍生品调查，它仅排在第20位[2]。

但是美国国际集团的"单边"卖方角色演变成了系统性风险。救助的巨额成本，以及约三分之二的初始救助资金通过国际集团流入了美国境外的对手方这一事实[3]，将该集团的救助和柜台交易衍生品的监管推到了一场正在进行的政治风暴的中心。

如果国际集团金融产品公司的业务遵循了中央对手方的准则，它们也许就不会被该保险集团拖累到如此境地。子公司本应该存入保证金，并对它持有的信用违约掉期合约采取逐日盯市措施。而正好相反，美国国际集团在信用违约掉期上的投资聚集的风险规模之大，已经威胁到了全球金融体系的稳定[4]。

清算成为政策制定者议程上的重要任务——在美国及国际上都是如此。中央对手方清算同时保证了短期和长期利益。短期利益在商品期货交易委员会代理董事长沃特·卢肯（Walter Lukken）2008年10月向国会的声明中被强调突出，他指出，没有任何一家美国期货清算所发生过担保违约，一天两次的逐日盯市操作降低了扩散效应的风险："尽管综合的金融改革需要花费时间，但鼓励集中清算是一个能降低市场风险且使美国经济受益的短期直接举措。"[5]

---

① 例如，商品期货交易委员会（CFTC）的主席盖瑞·詹斯勒（Gary Gensler）（商品期货交易委员会（2010年3月9日）Markit关于柜台衍生品市场展望会议上的主题讲话）说信用违约掉期在"金融危机事件中扮演了主导角色"且"是引发美国国际集团1 800亿美元救助的核心问题"。

② 出自欧洲中央银行（2009年8月）。

③ 根据詹斯勒对布鲁塞尔的一个柜台衍生品监管会议的评论准备：商品期货交易委员会（2009年12月25日）。

④ 正如国际货币基金组织指出："如果这些合约经过中央对手方的更替，抵押品要求对美国国际集团来说仍然是个问题，但它们会来得更快更频繁。因此，无抵押品担保的头寸不会有机会达到那么高的水平，以至于变成系统性风险。"国际货币基金组织（2010年4月），"全球金融稳定报告第3章：让柜台衍生品更安全：中央对手方的角色"。

⑤ 在众议院农业委员会面前的书面证言：商品期货交易委员会（2008年10月15日）。

从长期看，中央对手方清算承诺为监管者和市场操作者创造更大透明度，以及大幅简化复杂性——通过用买方、卖方及中央对手方之间大量的简单双边连接来取代由各种双边合约交易关系构成的极为复杂的网络。

政府部门试着通过众多国际会议相互协作，并宣布措施通过一系列国际渠道协调行动将柜台衍生品交易置于更大管控之下，清算随之成为交流峰会的主题。在欧盟，欧盟委员会、欧洲中央银行和欧洲证券管理委员会（CESR）的政策重点发生了变化：从推进跨境清算以增强证券市场竞争，转移到鼓励中央对手方清算发展以化解柜台交易衍生品市场的风险。在美国，国会听证会紧接着就是立法倡议，包括对标准柜台衍生品强制要求中央对手方清算的提议。

已开展的工作也加快了步伐。美联储纽约对美国衍生品交易商和清算提供商加大施压，以加速为信用违约掉期建立中央对手方清算所的进程。大西洋两岸的中央对手方清算所运营商都行动了起来直面挑战，提出了清算信用违约掉期合约的不同方案。同时，正如下一章描述的，现有供应商和新竞争者争相推出新的服务，将清算扩展到了金融工具上，并延伸到了之前被忽略的市场。这其中包括将中央对手方清算服务提供给大型"买方"投资者，例如共同基金和对冲基金。

这些方面的进展中，没有一个是一帆风顺的。2008 年 9 月的极端事件，引起了世界主要经济体的政治家、监管者和投票人的世俗心态的转变：从支持自由市场变为赞成政府干预。总之，随着危机蔓延到实体经济，美国和欧洲针对银行业和金融业的公众敌意不断上升。这样强有力的态度转变意味着，相关机构将在一个已经发生根本变化的环境里重新监管全球金融业。这个过程的风险更大了：政治、党派偏见和保护主义要么被利用来推进这一远大理想、要么被利用来阻碍法律制定者和清算所管理者提出的最佳方案。

18.2 清算成为高层政治

在雷曼兄弟破产和美国国际集团纾困两个月后，中央对手方清算被全球的领导者提上了议程。

2008 年 11 月 15 日在华盛顿召开的 20 国集团首脑会议，不仅标志着全球经济危机的规模和严重性，也象征着位于北美、西欧和日本 7 国集团的工业化国家影响力的相对减小。自 20 世纪 70 年代布雷顿森林体系瓦解后，这 7 个国家对全球经济承担着责任。尽管会议是由乔治·布什总统主持，但未来的国际经济合作将与"金砖四国"分享——巴西、俄罗斯、印度和中国以及其他快速发展的经济体都成功避免了导致近期全球金融系统崩溃的过度发展①。

尽管如此，因为美国和欧洲在大部分柜台市场业务中占主导，所以20国集团中这些国家的成员代表正是那些关注清算和衍生品的人。据报道，布什总统自己在峰会期间的某一时刻曾插话，强调了加强信用衍生品柜台市场的基础设施建设以降低系统性风险的重要性②。柜台市场的问题反映在了一份"行动计划"中，它与最终公告一起发布。公告中提到了中央对手方清算。

在"行动计划"的47个要点中有一个要点呼吁"一些国家的监督者和监管者，在立即为信用违约掉期推出中央对手方清算服务的基础上"，加速努力降低信用违约掉期和柜台衍生品交易的系统性风险。"行动计划"敦促他们向市场参与者施压，要求参与者支持场内的或电子交易平台上的信用违约掉期合约，增加柜台衍生品市场的透明度，并确保柜台衍生品的基础设施能够支持不断增长的交易量③。

人们容易对峰会冷嘲热讽。在它们严肃的意图背后是一个哗众取宠、政治争斗和闪烁其词的争吵的混合体，最常见的产物就是乏味平庸到引人注目的各类公报。

但20国集团"行动计划"非常及时地建立在正在进行的工作上。它主要是由金融稳定论坛（FSF）筹备的，论坛由7国集团中负责金融稳定的高级官员、国际货币基金组织和其他国际金融机构，以及中央银行和监管机构的国际委员会的代表组成④。为应对正在积聚能量的风暴，金融稳定论坛早在2008年4月就发布了第一份报告，阐述强化金融市场和机构的方法。

布鲁塞尔的欧盟委员会正在推动衍生品的集中清算。10月，欧盟内部市场部部长查理·马克里维（Charlie McCreevy）将信用违约掉期的中央对手方清算所描述为一个"迫切的需要"，并指令一个行业专家和监管者的工作组在年底前提出"如何化解信用衍生品风险的具体建议"⑤。

美国主要的监管机构采取行动，减少了任何倡议因他们内部的地盘争夺战而受损的风险。就在11月的20国峰会之前，美联储委员会、证券交易委员会和商品期货交易委员会签署了一份谅解备忘录，构建了"在信用违约掉期的中央对手方的相关问题上"

---

① 20国集团由来自以下国家的财政部长和央行管理者组成：阿根廷、澳大利亚、巴西、加拿大、中国、法国、德国、印度、印度尼西亚、意大利、日本、墨西哥、俄罗斯、沙特阿拉伯、南非、韩国、土耳其、英国和美国。外加欧盟，由理事会和欧洲央行代表。国际货币基金组织的总经理和世界银行董事长也出席G20会议。

② 根据一个"高级管理官员"会后在白宫对该发布做的总结。

③ 白宫（2008年11月15日），《金融市场和世界经济峰会的宣言》。

④ 金融稳定论坛（2008年10月10日），"金融稳定论坛关于增强市场和机构弹性的报告：对实施状况的跟进"。

⑤ 欧盟委员会（2008年10月17日），"马克里维委员在年底前关于衍生品市场回顾的声明"，声明标志着委员会的一个重大方向变化。直到雷曼兄弟倒闭以前，官员们在研究将上市衍生品纳入行为准则管辖之下的计划，通过操作互通条款，它的目的是促进中央对手方清算之间的竞争。

咨询和信息共享的框架①。

10 月的国会听证会以及 2008 年 11 月 7 日欧盟领导人的非正式首脑会议，表明了大西洋两岸采取行动的决心。当 20 国的领导人指出：柜台交易及清算方面的要点应该成为财长们的"即刻行动"，并应置于后续 20 国峰会的监控之下时，言论似乎有很大机会被付诸实践。

线路图已经在手。11 月 14 日，总统工作组为柜台衍生品市场制定了更加严格具体的政策目标，将"首要重点放在信用违约掉期上"②。尽管许多细节有待敲定，这些目标为美国和其他地区的信用违约掉期监管的后续辩论定下了基调，争论包括由中央对手方来集中清算全部"合格"柜台交易合约的想法；另外"标准化"信用违约掉期合约应当在交易所交易的观点也记录在白纸黑字。

18.3　美联储纽约的积极行动

中央对手方清算被纳入首脑峰会的公报中，这为美联储纽约早在 9 月中旬事件之前就已展开的行动倡议提供了额外支持。

在美国国际集团获救 3 周后，美联储纽约总裁蒂莫西·盖特纳（Timothy Geithner）大为光火，对于清算公司（CCorp，译者注：即芝加哥期货交易所清算公司）以及它的投行支持者们未能兑现的建立信用违约掉期清算所的承诺，他已失去了耐心。清算公司的柜台交易商所有者们似乎在拖延进度，而不是把信用违约掉期清算作为优先任务。在审视了清算公司的计划并发现它们存在不足之后，盖特纳开始与其他胸怀抱负的供应商展开接洽——欧洲期货交易所、纽交所—泛欧交易所、芝加哥商业交易所集团/Citadel（CME Group/Citadel）和洲际交易所。

2008 年 10 月 10 日，美联储纽约召集了这些公司，仔细研究了建立信用违约掉期中央对手方清算所的进程。在表明了它想要"市场加速采用中央对手方服务"后③，美联储将清算公司推入了洲际交易所的怀抱。两家公司宣布：洲际交易所已经与包括清算公司在内的市场参与者"联手针对信用违约掉期提供一个全球联合清算解决方案"④。这个包办婚姻在月末协调完成，达成的协议是洲际交易所将收购清算公司，并在 9 个主要

①　美国财政部（2008 年 11 月 14 日），"总统工作组（PWG）宣布强化柜台衍生品的监督和基础结构的倡议"。

②　金融市场总统工作组（2008 年 11 月 14 日），"柜台衍生品市场的政策目标"。

③　美联储纽约（2008 年 10 月 10 日），"美联储纽约将主持关于信用违约掉期中央对手方的会议"，新闻发布。

④　洲际交易所和清算公司（2008 年 10 月 10 日），"行业集团签订意向书，将建立信用违约掉期的全球中央对手方清算"，联合新闻发布。

信用违约掉期交易商的支持下推进信用违约掉期的中央对手方清算计划。[①]

与此同时，由交易商和买方机构组成的运营管理组的工作，在美联储纽约的监管下得到了加强。2008 年 6 月与行业达成的协议已转变为承诺和高层次目标，在 10 月底对外公布。

10 月 31 日发布的承诺和目标其实是一个范围广泛的、强化信用衍生品市场的项目。行业所指望的是，年底之前一个或多个信用违约掉期的中央对手方清算所将可投入运营，通过交易组合"压缩"或者"拆分"减少开放的信用违约掉期交易的笔数与金额。有助于减少神秘感和安定市场的一个措施是：美国集中存托清算公司决定发布它的交易信息库（TIW）中信用违约掉期交易的汇总数据[②]。

拆分服务计划——某些专业公司例如 TriOptima 据此清除相互抵消的交易——使报表上的市场规模迅速缩小。根据全球柜台衍生品行业协会"国际掉期与衍生品协会（ISDA）"所述，截至 2008 年年底，开放信用违约掉期的名义总金额从 6 个月前的 54 万亿美元下跌至 38.6 万亿美元，2007 年年底的数据是 62.2 万亿美元[③]。

美国集中存托清算公司数据库发布的数据，已经在继雷曼兄弟控股破产之后的危机顶峰时期帮助安定了市场的神经。2008 年 10 月期间，纽约谣传说市场参与者在雷曼兄弟债券上的信用违约掉期合约的头寸敞口达到了约 4 000 亿美元。为回应监管机构的担忧，集中存托清算公司于周六紧急发出了一份新闻稿，预计市场对雷曼兄弟的风险暴露的净名义总额约为 60 亿美元。集中存托清算公司后来公布，雷曼兄弟债务上发行的，并在雷曼兄弟破产时登记于其数据库中的约有 720 亿美元的信用违约掉期合约，只有相对较低的 52 亿美元合约最终从"保障"的净卖方转移到净买方[④]。

把行业的承诺公布在美联储纽约网站上是向行业不断施压的战略的一部分。紧接着是更多的会议，且这一过程囊括了买方的企业、覆盖了包括商品、证券和利率衍生品在内的其他柜台市场。在盖特纳 2009 年到华盛顿出任奥巴马政府的财政部长，以及威

---

① 洲际交易所和清算公司（2008 年 10 月 30 日），"洲际交易所、清算公司和 9 个主要交易商宣布了信用违约掉期清算方案的新进展。随着清算倡议推进，洲际交易所将收购清算公司"，联合新闻发布；出自作者和市场参与者的讨论。9 个交易商是：美国银行、花旗、瑞士信贷、德意志银行、高盛、JP 摩根、美林、摩根士丹利、瑞银。巴克莱资本后来加入该团队。

② 美联储纽约（2008 年 10 月 31 日），"美联储纽约迎接更多关于柜台衍生品的承诺"，与该新闻发布一起发表的是承诺书的复印件以及 23 页的细节附录。集中存托清算公司（2008 年 10 月 31 日），"集中存托清算公司将发布交易信息仓库的信用违约掉期数据"，新闻发布，纽约。

③ 国际掉期与衍生品协会的数据在此作为一个例证说明。还有其他数据来源，包括国际清算银行和集中存托清算公司的交易信息仓库，其提供的数值有所不同。然而，总的情形是一个剧烈下行趋势。

④ 集中存托清算公司（2008 年 10 月 11 日），"集中存托清算公司理清关于信用违约互换市场的误解"以及集中存托清算公司（2008 年 10 月 22 日），"集中存托清算公司完成对雷曼兄弟的信用事件处理"。

廉·达德利（William Dudley）在美联储纽约接任盖特纳之后，会议和承诺仍然继续①。

主要柜台交易商向美联储纽约呈递的承诺函越来越精确了，包括在监督者、政府部门、交易协会和基础设施供应商合作监督之下所要达到的目标。这一过程在 2009 年 9 月进入一个新阶段：针对绝大多数新的信用违约掉期的合格交易，以及它们自己之间进行的利率衍生品交易，15 个主要柜台交易商银行为中央对手方清算设定了带有明确完成期限和完成百分比的目标。它们还把自己历史交易量的重大比例定为中央对手方清算的完成百分比目标②。

然而，这一过程还远不够完美。美联储的要求遭遇了行业的向后反弹。承诺有时反映的是艰难的谈判之后的妥协，因此"视情况而定"和其他限定词出现在文本中。交易商和买方参与者之间的不信任是一个由来已久的问题。

早在 2010 年，当美联储为实现目标而争取买方投资者的支持时，这一过程就已明显容易遭受挫折：它引发了一些忧虑，即担心清算的潜在额外成本可能和资产管理人及对冲基金管理人的受托职责相矛盾，他们要为客户谋取最大限度的回报。

结果是一片含糊其辞。2010 年 3 月 1 日的承诺函保证，包括 14 家交易商和主要买方企业的缔约者们会"继续协作，为全球柜台衍生品市场带来结构性改善"，但加上了一个脚注说明：这个使命须"服从于缔约机构适用的受托责任，包括任何及全部具体到每个客户的职责、义务和命令"③。

18.4　大西洋范围和欧盟内部的不信任

诱导市场参与者改善信用违约掉期的交易后处理进程是"雷曼兄弟/美国国际集团（AIG）事件后议程"的一部分，稳定金融市场也一样。但为使 20 国集团倡议生效，一些措施也同样至关重要：克服政府间的不信任、协调司法管辖权范围之间的信用衍生品清算战略的差异。

---

① 进一步会议和承诺书出现在 2009 年 6 月 2 日、2009 年 12 月 8 日和 2010 年 3 月。

② 美联储纽约（2009 年 12 月 8 日），"市场参与者承诺扩大信用违约掉期的中央对手方清算"，这 15 家承诺：从 2009 年 10 月开始，分别将新的合格信用违约掉期交易的 95% 纳入中央对手方清算，总体将把全部合格交易的 85% 纳入中央对手方清算。在利率衍生品上，这 15 家柜台交易商同意：到 2009 年 12 月各自分别将 90%、总体将 70% 的新合格交易纳入清算，同时总体还将 60% 的合格历史交易纳入清算。各自纳入的交易比例以名义金额为基础；而总体纳入的比例以平均名义金额为基础进行计算，权重的根据是 15 个柜台对手方中每一个的历史合格业务。合格交易是指 15 个柜台对手方两两之间的那些交易，而它们每一个都与一个或多个中央对手方有清算关系，这意味着目标仅适用于交易商对交易商的交易。然而，交易商承诺努力扩大合格对手方的队列，以及清算的衍生产品的系列，并随着它们清算能力增强而提高目标。

③ 美联储纽约（2010 年 3 月 1 日），"美联储纽约迎接行业对柜台衍生品的进一步承诺"，与该声明一同发表的有 3 月 1 日参与者的承诺书复印件，以及它们承诺的摘要总结。

当 2008 年末全球金融体系处在崩溃瓦解的边缘时，围绕未来信用违约掉期清算的中央对手方清算机构的数量和地点问题，美国和欧洲监管者之间、欧洲内部的监管者之间的关系严重紧张。受到美国柜台交易商群体的鼓动，纽约和华盛顿当局迫切要求仅有一个中央对手方清算所为全球市场提供清算，且它的总部应在美国。

这一要求对于欧洲是无法接受的。欧洲对美国当局允许雷曼兄弟倒闭感到愤怒，这排除了将欧洲重要市场基础设施仅置于美国监管之下的任何可能性[①]。毕竟，美国监管者显然没能阻止雷曼兄弟和美国国际集团危机的发生，也没有发觉伯尼·麦道夫（Bernie Madoff）对投资者谋划实施的大规模诈骗。

关于信用违约掉期市场在多大程度上是一个单一的全球市场，也是个有争议的话题，大约一半的信用衍生品在欧洲之外进行交易。根据欧洲期货交易所清算公司（Eurex Clearing）统计，欧洲开放的信用衍生品合约的份额估计为 48%，美国 41%，其余大部分分散于亚洲、澳大利亚和日本。信用违约掉期指数产品占到了总交易量的 42% 左右，其中一半是非美国地区的 iTraxx 指数产品[②]。

考虑到这些事实，马克里维（McCreevy）部长集合了欧盟内行业集团和主要交易商银行在 2008 年 12 月承诺 "支持在欧盟建立一个或更多中央对手方"，目标是促进由中央对手方来清算欧洲参照实体（Reference Entity）的信用违约掉期合约，以及这些参照实体衍生的指数的信用违约掉期合约，并促进前期开放的合格合约的追补录入（译注：将集中存托清算公司的交易信息库建立之前的大量合约和交易录入到信息库里）[③]。

几乎在缔约者向他们银行的上头汇报之时，马克里维的这个承诺约定就解体了。欧洲监管机构中间疑心四起，认为在银行业撕毁与欧盟委员会的协议一事上，美国财政部起到了一定作用。

2009 年 2 月在欧洲国会的帮助下，上述计划回归到了轨道上。在马克里维的鼓动下，富有影响力的经济货币事务委员会（ECON）支持对资本要求指令（CRD，经欧盟修正过）进行一项改进，原来的指令意味着仅有通过中央对手方清算的信用违约掉期合约才能从有利的资本要求中受益。由于手中握有立法行动的威胁，马克里维得到了柜台交易商银行和交易协会对 12 月计划的再次承诺，以及在 2009 年 7 月 31 日前启用欧洲

[①] 这一愤怒在 2008 年 10 月华盛顿的 7 国财长部长会议中体现出来，后来在汉克·鲍尔森（Hanker Paulson）的《在边缘》一书中有生动描述。

[②] 出自 2008 年 11 月 14 日的欧洲央行 "欧元证券基础结构联络小组"（GOGESI）会议的一个 PPT 展示。欧洲期货交易所的数据来源于 2008 年 11 月的国际清算银行，以及 2006 年 BBA 信用衍生品报告等。

[③] 欧洲委员会发布（2008 年 12 月 18 日），"行业对欧洲委员会的承诺，关于欧洲的信用违约掉期的中央对手方清算"，签约者包括花旗、瑞士信贷、德意志银行、高盛、汇丰、摩根大通、摩根士丹利和瑞银。

的中央对手方清算所的约定①。

在推动欧盟的清算方面，委员会得到了成员国和欧洲央行（ECB）的支持②。央行管理委员会实际上走得更深更远。2008 年 12 月它发出一个有关欧元区中央对手方清算的最新政策声明，确认"至少需要一个欧洲中央对手方来清算信用衍生品，并且鉴于证券清算及结算潜在的系统重要性，这一基础设施应位于欧元区内③。"

欧洲央行的声明强化了欧洲对美国的立场，并在委员会与交易商银行的斗争中给予了委员会支持。但这丝毫不能缓解欧盟内部的紧张关系：英国和它的欧元区伙伴（特别是法国）的关系出现了紧张。

相反地，关于信用违约掉期清算设施地点的讨论增加了法国对于巴黎金融市场未来命运的担忧，并认为法国的伦敦清算所巴黎这一重要资产已受到了威胁。如在第 19 章中所述，那时伦敦清算所集团正在谈判由美国集中存托清算公司对它进行收购的条款，并且该集团成为了一个柜台衍生品交易群体的银行财团热衷投标的对象。

作为回应，法兰西银行为欧元区内信用违约掉期合约的一体化清算体系制订了秘密计划，作为证券、衍生品和固定收益交易清算服务进一步广泛整合的第一阶段。这个法国央行提倡"模块构建的方法"，它建议将欧洲期货交易所的衍生品清算体系和伦敦清算所巴黎的证券清算体系融合，作为"多产品和多极清算的公共平台的一部分"④。

法国计划的这一制订者承认，该计划预示着伦敦清算所集团分解的场景，在没有公共干预的情况下几乎不可能实现。且无论是英国财政部还是英国金融服务管理局，都不太可能支持这一想法。对于那些试图把信用违约掉期的中央对手方清算定址在欧元区的人来说，一个难以接受的事实是：柜台衍生品的交易集中在伦敦。伦敦金融城发表的一篇文章指出：2007 年英国的衍生品成交量占全世界的 43%，接下来美国占了交易的 24%。"而 2007 年，法国、德国和日本的柜台业务量合并加总也不足 15%"⑤。

法兰西银行的计划在 2009 年 1 月才得以公开流传，它表明，清算基础设施的控制权在很大程度上已经变成了欧洲内部以及跨大西洋一个重要的政治议题。紧接着，法国财政部长克里斯汀·拉加德（Christine Lagarde）写信给让—克罗德·特里谢（Jean Claude Trichet），呼吁欧洲央行为欧元区设计、监督并实施一个清算体系，她给的一个

---

① 2009 年 1 月 17 日给马克里维委员的信，内容是行业对欧盟委员会关于欧洲信用位于掉期的中央对手方清算的进一步承诺：巴克莱资本和野村国际后来也成为签约者。来自作者与官员、市场参与者的讨论。

② 欧盟部长委员会（2008 年 12 月 2 日），"欧盟经济财政部长会议（Ecofin）关于清算和结算的结论"。

③ 欧洲中央银行（2008 年 12 月 18 日），"欧洲央行管理委员会所做的决定（关于利率决定的补充）"。

④ 秘密的法兰西银行进程报告标题为"关于法国的清算以及欧洲对柜台衍生品的清算方式"，2009 年 1 月 16 日。

⑤ 林顿·琼斯（Jones, Lynton）（2009 年 4 月），"影响柜台衍生品市场的事件以及它对伦敦的重要性"。

理由是：法国和欧盟国家不想看到在欧洲监管机构控制之外的美国垄断①。

18.5　合作

2009 年 4 月 2 日，20 国集团领导人齐聚伦敦参加"雷曼兄弟后事件"的第二次峰会之时，美国和欧洲之间以及欧盟内部之间的分歧已得到了解决。最重要的是，提到中央对手方清算所时使用的词是复数。他们的最终公报中发誓"促进信用衍生品市场的标准化和弹性，特别是要建立有效监管和监督之下的中央对手方清算所"②。

伦敦协定反映了美国及欧盟监管当局和行业之间的相互谅解，协议规定：欧盟参照实体衍生的指数和单名信用违约掉期应该通过一个或多个总部在欧盟的中央对手方进行清算，而基于美国参照实体发行的信用违约掉期合约则应通过一个或多个总部在美国的中央对手方进行清算。与此同时，伦敦清算所集团照顾了法国的敏感神经，承诺年底之前在欧元区推出一项信用违约掉期的清算服务，由伦敦清算所巴黎（位于巴黎、在欧元区监管下的清算所）管理③。

跨大西洋的争议解决是源于一个认识：虽然信用违约掉期市场是全球性的，但美国与欧盟在信用事件的法律处理上存在着地区差异，这需要清算体系的包容。这一深刻见解是在行业努力推行信用违约掉期合约标准化的过程中得出的。目前该过程已取得进展。

伦敦峰会后的一周之内，行业机构国际掉期与衍生品协会（ISDA）为信用违约掉期的文件记录推行了一个协议，被称为"大爆炸"。作为迈向合约标准化的重要一步，2 000 家银行、对冲基金和资产管理公司加入了一个所谓"硬接线"的过程，它将拍卖结算条款纳入了信用违约掉期的标准记录文本之中。如果基于美国参照实体的信用违约掉期合约发生违约，该条款将为投资者提供一个更明确的现金结算程序④。三个月之后，国际掉期与衍生品协会推出了一个"小爆炸"协议，将这一方法调整应用于欧洲的市场环境。

"大爆炸"和"小爆炸"协议将和为信用违约掉期合约设立"标准固定收益"的市场惯例相结合，促进流动性分别集中到美国和美国以外的标准化信用违约掉期市场，这使得信用衍生品更适合于集中清算。

---

① 金融时报（2009 年 1 月 30 日），"巴黎通过呼吁清算系统而收紧监管界限"。
② 20 国集团（2009 年 4 月 2 日），"强化金融系统的声明"。
③ 伦敦清算所（2009 年 2 月 13 日），"伦敦清算所推出信用违约掉期的欧元区清算"，新闻发布。
④ 国际掉期与衍生品协会（2009 年 4 月 8 日），"国际掉期与衍生品协会宣布信用违约掉期的草案'大爆炸'的成功实施"。

跨大西洋以及欧盟内部在柜台衍生品清算的地点问题上分歧的解决，鼓励了政府官员层面上国际合作的加强。

在伦敦峰会之前，美联储纽约与柜台市场参与者的会议扩大到了外国监管者和央行银行家层面[①]。国际监管者之间的合作随后升级，时任美联储纽约主席和中央银行支付结算体系委员会主席的威廉·达德利（William Dudley）处在核心角色地位。

2009年7月，支付结算体系委员会—国际证监会组织专家委员会成立了一个工作组，目的是快速回顾它2004年为中央对手方提出的风险管理建议，并且必要时根据柜台衍生品的中央对手方处理要求对它们进行调整[②]。为监督保证现有及新的建议持续实施，美联储纽约几周之后宣布建立柜台衍生品监管者论坛，以促进中央对手方清算所及相关交易集存中心的国际监管者之间的合作和信息互换[③]。2010年初，支付结算体系委员会—国际证监会组织推出了关于金融基础设施（包括对中央对手方清算所的现行标准）的全面回顾，目的是在2011年初推出对修正后标准草案的公众意见征询。[④]

虽然上述举措缺乏立法效力，但它们标志着一个进步：为中央对手方清算服务于全球柜台衍生品市场而努力设立跨司法管辖区的一致监管。

18.6 通向立法的双轨道

经过80年来最严重的金融危机后，大西洋两岸的政治家们都很明了，需要新的法律来纠正失误并重建信任，柜台衍生品市场的强化监管必须是这重建工作的一部分。

在美国，国会听证会调查金融危机后很快引发了立法倡议。众议院农业委员会主席科林·彼得森（Collin Peterson）早在2009年1月就曾表示，他会提出一项法案为柜台衍生品强制执行清算。而奥巴马总统举行就职典礼的两天后，2009年1月20日，彼得森的参议院同事汤姆·哈金（Tom Harkin）提出立法，取消将掉期交易免除在监管之外的法令并将柜台衍生品交易置于被监管的交易所中。

5月，时任奥巴马政府财政部秘书的蒂莫西·盖特纳（Timothy Geithner）致信彼得

---

① 2009年4月1日的第五届会议，包含了10个外国监督者和央行的代表、12个美国监管者（包括东道主美联储纽约）4个美国行业组织、8个美国买方公司、15个主要柜台交易商。

② 国际清算银行（2009年7月20日），支付结算体系委员会—国际证监会组织工作组关于"中央对手方建议"的回顾"，新闻发布。

③ 美联储纽约（2009年12月24日），"柜台衍生的中央对手方和存管机构的监管合作全球框架"，新闻发布；论坛的代表是来自13个国家以及欧盟的35个国际金融监管者，加上支付结算体系委员会（CPSS）—国际证监会组织（IOSCO）。

④ 国际清算银行（2010年2月2日），"支付、清算和结算系统的标准：支付结算体系委员会—国际证监会组织的回顾"。

森、哈金及国会其他领导人，概述了政府监管柜台衍生品交易的计划。为限制系统性风险，他提出修订商品交易法（Commodities and Exchange Act）和其他法律，"要求所有标准化的柜台衍生品均需通过受监管的中央对手方进行清算"，审慎监督和监管所有柜台衍生品交易商，"将这些（衍生品）市场的标准化部分转移到被监管的交易所以及被监管的透明柜台衍生品电子交易执行系统中"①；那些不能由中央对手方清算处理的、个性化双边柜台衍生品的风险，将通过为交易商而设的"稳健的监管机制"进行处理，机制中包括保守的资本要求。

更多正式举措接踵而至。6 月 17 日，奥巴马总统公布了金融体系监管改革的一系列方案。财政部白皮书中包含对所有柜台衍生品——包括信用违约掉期合约在内——的综合监管承诺，以防止它们带来过多风险。美国计划的目的还在于：提高柜台市场的效率和透明度；防止操纵、欺诈和其他的权利滥用行为；确保柜台工具不会被出售给不成熟的投资者②。8 月，政府将其提案以详细立法文本的形式递交了美国国会③。

政府的立法草案要求如下：

- 标准化的柜台衍生品应由商品期货交易委员会监管下的衍生品清算组织进行集中清算，或者由证券交易委员会监管下的证券清算机构进行集中清算，以减少主要金融机构之间的双边关系网络对金融稳定造成的风险。
- 标准化的柜台衍生品应在商品期货交易委员会或者证券交易委员会监管之下的交易所进行交易，或在被监管的掉期执行机构中进行交易，以提高透明度，实现价格发现功能。
- 对非标准化衍生品实行更高的资本及保证金要求，以鼓励更多地使用标准化衍生品及因此带来的柜台衍生品向集中清算所和交易所的转移。
- 联邦政府首次对所有参与柜台衍生品交易和/或持有大量柜台衍生品头寸的所有公司进行监督和管理。

草案假定，由任何一个被监管的中央清算所接受，从而进行清算的柜台衍生品都是标准化的，并赋予商品期货交易委员会和证券交易委员会明确授权，制止市场参与者用"欺骗性客户定制"来逃避集中清算及在交易所进行交易。

---

① 美国财政部（2009 年 5 月 13 日），"蒂莫西·盖特纳对大多数议员领导哈利·雷德（Harry Reid）及其他人的信"。

② 美国财政部（2009 年 6 月 17 日），"金融监管改革：一个新基础"。

③ 美国财政部（2009 年 8 月 11 日），"政府的监管改革议程走到了新里程碑：立法文件的最终部分提交到国会"。

　　草案提议授权所有相关联邦金融监管机构，可以在保密基础上查看柜台衍生品交易和市场参与者的相关开放头寸，并可以公开获取开放头寸和交易量汇总数据。

　　白宫的草案建立在总统工作小组 2008 年 11 月勾勒出的框架之上。标准化柜台衍生品的强制中央对手方清算和强制在交易所进行交易，现已牢牢成为美国政策的一部分。但当 2009 年 7 月盖特纳出现在国会听证会上时，标准化的定义仍然模糊不清。

　　"我们将对柜台衍生品的标准化提出一个宽泛定义，它能随着市场发展而发展，并且将设计得难以规避。"他承诺，并继续说道：

　　　　"我们将做一个假定：任何由中央对手方接受并进行清算的衍生品合约都是标准化的。标准化合约的其他特征还将包括：合约的交易量大，并且该合约的条款和其他被集中清算的合约的条款之间没有经济意义上的差异。①"

　　尽管对"标准化"缺乏精确定义，美国的计划还是为包括欧盟在内的其他地区树立了新的标杆，欧盟委员会在此前刚刚启动了程序，可能对柜台衍生品及其清算立法。

　　在 2009 年 7 月早期，欧盟委员会就对如何提升衍生品市场的安全性开展了一项公开咨询，咨询将于 9 月 25 日的公众听证会上结束。出台的最初立场文件有利于中央对手方清算、集中数据存管和合格柜台衍生品的标准化，这被认定为采取其他措施的先决条件②。不出意料地，文件说有强大的理由将中央对手方清算设立在欧洲，从而纳入欧盟的规则和监管之下。然而对于将标准化柜台合约推向交易所这一行动的价值，委员会却不那么肯定。

　　委员会承诺在它的任期结束（10 月 31 日）之前得出"具有可操作性的结论"，并且在 2009 年底前"提出恰当的建议，包括合理的立法提案"。它承诺与美国当局合作，确保在政策制定上的全球一致性并避免监管套利。

18.7　匹兹堡共识

　　2009 年夏天出现了一个关于柜台衍生品政策的协议，被马克里维称为"跨大西洋共识"，在欧盟委员会 9 月听证会前夕的讲话中，马克里维列出了三个要素：

---

　　① 美国财政部（2009 年 7 月 10 日），财政部长莫西·盖特纳在众议院金融服务和农业委员会关于柜台衍生品监管的联合听证会上讲话。
　　② 欧盟委员会会议（2009 年 7 月 3 日），"保证高效、安全和良好的衍生品市场"。

- 使尽可能多的标准化柜台产品通过中央清算所进行清算；
- 集中数据存管中心使监督者全面了解系统风险；
- 对于那些太过"个性化"而无法适用中央对手方清算的市场部分，实行更严格和安全的双边清算①。

一天之后该共识即被正式化，并附加了一个截止期限，成为了美国匹兹堡第三次G20峰会最终公告众多目标中的一个。

"最迟到2012年底，所有标准化柜台衍生品合约都应在交易所或适当的电子交易平台上进行交易，并通过中央对手方进行清算。"G20宣布："柜台衍生品合约应向交易存管中心进行报告。非集中清算的合约须遵循更高的资本要求②。"

匹兹堡会议后不到四周时间，欧盟政策制定的下一步措施便接踵而至：委员会为柜台衍生品市场及清算制订了未来行动计划。尽管该计划采取了传达或政策声明的方式而非具体的立法提案，但马克里维形容它们标志着"认为衍生品是一种专业用途的金融工具而不需要太多监管的传统观点已发生了巨变③"。

沿袭在G20峰会共识的表述，欧盟委员会的政策声明在表达上比美国政府的草案更细致入微。它设定的目标为：增加柜台衍生品市场的透明度，减少对手方及操作风险；加强市场的完整性和监督。

它将中央对手方清算定义为"管理对手方风险的主要工具"。鉴于它们的系统重要性，委员会表示由欧盟立法来管理中央对手方清算所的业务并消除各国法律间的差别，以确保它们的"安全、稳固和适当监管"。

委员会将会出台一些规则，以确保中央对手方清算所不会采用较低的风险管理标准；对抵押品以及清算会员的客户头寸实行法律保护以鼓励中央对手方的更广泛使用；以及建立一个授权系统允许中央对手方在所有成员国提供服务。

计划的立法提议将强制要求标准化衍生品在欧盟金融工具市场法规定义下的、有组织的交易场所中交易④并集中清算，这与G20峰会的声明相呼应。为此委员会承诺和行业及美国合作，确定哪些合约可被定义为标准化。这一过程将需要设定"远大的欧洲目标，有着严格期限，在法律和程序上标准化"，同时适当考虑"欧洲的具体情况"。

---

① 欧盟委员会（2009年9月24日），"衍生品和风险分配"，查理·马克里维在衍生品会议演讲者晚餐上的评论。

② G20（2009年12月25日），"领导人"声明：匹兹堡峰会。

③ 欧盟委员会（2009年10月20日），"保证高效、安全和良好的衍生品市场：未来政策行动"，以及欧盟委员（2009年10月20日），"金融服务：委员会制定未来行动策略以强化衍生品市场安全性"，新闻发布。

④ 被监管的市场（交易所等），多边交易设施和系统内部化设施。

委员会认识到，并非所有的衍生品都适合进行清算。但在双边清算情况下，公司必须持有更多的抵押品并缴纳初始及变动保证金。依据 G20 集团在匹兹堡的声明，双边清算模式还将涉及更高的资本费用。为实现该目标，委员会将扩大"欧盟资本要求指令"中的集中清算和双边清算之间的资本费用差异。

为了提高透明度，委员会的设想是强制所有交易都必须向交易存管中心报告，例如集中存托清算公司为信用衍生品而设的交易信息库（Trade Information Warehouse）以及为柜台衍生品部门而设立的其他信息库。它强调，存管中心应纳入欧洲的监管及监督。但委员会未决定欧洲是否应该建立自己的存管中心，一个关键决定因素在于：欧洲监管者是否会被拒绝"无限制地访问非欧盟集存中心——例如交易信息库（TIW）——的完整全球信息"。在可能被拒绝的情况下，委员会将鼓励在欧洲建立和运营存管中心。

委员会的想法恰好出现在任期即将结束之时。但马克里维和其他部长们的"跛脚鸭"境地却没有让相关工作中止。在等待新一届委员会上任期间，委员们向拟定法律草案迈出了第一步，目标是"在 2010 年出台雄心勃勃的衍生品监管法案"。

18.8 设定界限

立法的构想并非凭空而来。美国与欧盟的清算提案构成了更大金融改革日程的一部分，而金融改革调动了大批华盛顿和布鲁塞尔的游说者。

在美国，公众对银行的愤怒表露在国会对衍生品及清算的审议会上。2009 年 12 月，众议院支持马萨诸塞州国会议员斯蒂芬·林奇（Stephen Lynch）提出的"大型掉期交易参与者"（指银行交易商）"总计"不得持有任何掉期清算所 20% 以上的股份。这一修正案遭到纳斯达克 - OMX 集团的大力游说，该集团在国际衍生品清算所（IDCH）中持有大部分股份，该清算所是一家新成立的美国中央对手方清算所，正设法挤进利率掉期清算市场。另外如果最终被无条件接受，林奇修正案将把伦敦清算所的掉期清算服务（SwapClear）从美国市场中驱逐。

鉴于公众情绪，大西洋两岸的行业代表及用户的目标并不是阻止对衍生品和清算的立法，而是要塑造它。

也许有些出人意料，当相关机构提出对柜台衍生品强制执行交易所内交易以及清算时，交易所高管们竟然最先指出了这一过度野心之危险性。纽交所—泛欧交易所的纽约证券交易所—伦敦国际金融期货交易所（NYSE Liffe）首席执行官马克·伊博森（Mark Ibbotson），是 2009 年夏秋季在各种行业会议上大声疾呼发言的人们之一。

伊博森（Ibbotson）恳求将这一强制令"维持在最低限度"，他强调：

某些产品本身并不适宜进入清算所的安全体系中。它们难以定价、难以设定保证金比例。如果硬把这些本不该进入清算所的产品强行推入清算所，实际上可能会损坏清算所的安全。[①]

第二个站出来反对的是柜台衍生品的企业用户群。令金融政策制定者相当震惊的是，包括美国卡特彼勒（Caterpillar）和波音公司（Boeing）、欧盟的德国汉莎航空公司（Lufthansa）和欧洲宇航防务集团（EADS）在内的企业在 2009 年秋天展开了密集的游说活动，警告说柜台衍生品的强制清算将使它们的商业对冲业务承受巨额的、不具经济效益的保证金要求。公司坚称这些对冲交易不会带来任何系统性风险。

学术界经济学家对新兴监管格局持保留意见。斯坦福大学的达雷尔·达菲（Darrel Duffie）和朱浩祥（Haoxiang Zhu）发表了一篇颇具影响力的论文，证明了对一个资产类别建立多个中央对手方的计划（例如美国和欧洲为信用违约掉期的清算建立多个中央对手方）会降低净额结算的效率，且可能增加违约情况下的对手方平均风险暴露[②]。

中央对手方虽具有价值，但并不是柜台衍生品市场风险管理的万能药。几个月后美联储纽约在其内部文件中强调了这一信息。这份文件由达菲及美联储纽约的两名工作人员共同撰写，它的论点是，目前用于保护中央对手方免于"极端但貌似合理"的市场情况的国际标准是不够的，同时还承认"仍将存在一部分个性化的衍生品，它们更适合于双边磋商或双边风险管理"[③]。

当考虑何种柜台衍生品应进行集中清算时，在标准化产品定义上的不确定性挥之不去。例如，英国当局提出：标准化并不是判断一个产品是否适用中央对手方清算的充分标准，且可能会使中央对手方暴露在风险之中。要使一种柜台衍生品"符合清算要求"，还必须考虑其是否具有：价格的频繁可获得性、市场流动性的足够深度，以及是否包含"不能被中央对手方化解的内生风险特征"[④]。

一些从业者的想法是，将清算的适当性判断建立在标准化流程而非标准化产品上。高盛国际的欧洲首席投资战略团队的联席主管保罗·克里斯坦森（Paul Christensen）竭力主张标准制定者应将精力集中于诸如交易处理、确认及抵押品管理上，而不是合约的经济条款。对于一份普通的利率掉期合约来说，经济条款即指合约开始日期、票息、合

---

① 2009 年蒙多威讯（Mondo Visione）论坛，伦敦，2009 年 6 月 3 日。
② 达雷尔·达菲（Darrel Duffie）和朱浩祥（Haoxiang Zhu）（2009 年 3 月 9 日），"中央对手方是否减少了对手方风险？"。
③ 达菲（Daffie）、达瑞尔（Darell）、李（Li）、艾达（Ada）、卢布克（Lubke）和西奥（Theo）（2010 年 1 月），"柜台衍生品市场基础结构的政策观点"。与美联储纽约的全体员工报告一样，观点仅代表这些作者，而并非银行或联邦储备系统。
④ 金融服务管理局和英国财政部（2009 年 12 月），"柜台衍生品市场改革，英国的见解"。

约到期日等。"使得合约标准化从而能被清算或在交易所进行交易的各种要求之间经常存在混淆",克里斯坦森说。"清算需要一个标准化的操作流程,而非标准化的产品,在交易所进行交易才需要标准产品"①。

早些年,那些从业人员及游说者们的意见挤入了华盛顿和布鲁塞尔密不透风的委员会会议室,并对立法框架起到了重要甚至可能是决定性的作用。这一次夹杂的却是投票人赤裸裸的愤怒,他们被金融危机和经济衰退所伤害,且由于政府对金融部门的救助而面临着更高的税负和更少的公共福利。在美国,2010 年 11 月的中期选举逐渐临近,任何国会成员都无法承受忽视普通民众对华尔街银行家们的敌意而带来的后果。

当辩论转向柜台衍生品的监管和清算时,普通民众发现,2009 年 5 月 26 日继任美国商品期货交易委员会主席的盖瑞·詹斯勒(Gary Gensler)极具表达能力和说服力。詹斯勒是全面综合监管的坚定倡导者。就在奥巴马政府陷入医疗改革泥潭、衍生品和中央清算机制的立法倡议淡出国会委员会的视野时,詹斯勒使柜台衍生品的监管和清算议题免于流产。以一个思想领袖的角色,詹斯勒将美国商品期货交易委员会从一个落败的美国监管机构提升成为了一个国际大舞台的演员。

作为克林顿政府的财政部团队成员,这位高盛投行的前合伙人曾有过失误,没有注意当时新兴的信用衍生品市场。现在他呼吁对整个掉期市场进行根本性改革,由监管健全的中央对手方扮演一个极强的角色:

> 柜台衍生品治理的监管构架应适用于所有交易商和所有衍生品,包括利率掉期、货币掉期、外汇掉期、商品掉期、证券掉期、信用违约掉期,以及未来可能推出的任何新产品②。

詹斯勒准备挑战权威,不仅要对所有标准化的产品实行强制集中清算,并且"应该要求清算所在非歧视基础之上清算来自任何被监管的交易所或交易平台的柜台衍生品交易","接受任何符合客观审慎标准的公司成为清算会员,无论它是交易商还是其他类型的交易实体"③。

詹斯勒的愿景涵盖了他所描绘的"可替代性"——对垂直式结构的美国期货交易所来说,这是以"F"开头的那个字(译者注:指口语里一个侮辱性的脏字)。该行业

---

① 欧元区金融论坛小组讨论上的评论,格森堡,瑞士,2009 年 10 月 1 日。

② 盖瑞·詹斯勒(Gary Gensler)(2010 年 3 月 18 日),"柜台衍生品改革",查塔姆研究所(英国皇家国际事务研究所)的一个会议上。

③ 商品期货交易委员会(2009 年 12 月 25 日),"盖瑞·詹斯勒准备的评论",商品期货交易委员会主席在一个由欧盟委员会组织的、布鲁塞尔的柜台衍生品监管会议上的发言。

中掉期产品的中央对手方清算所的构建将会类似于期权清算公司，他和《期货行业杂志》对话时这样概述道，一个掉期产品的清算所应当"有开放获取的权利，从一个交易平台带入到该清算所的合约应具有可替代性，并可通过另一个交易平台带出。①"

在商业公司反对集中清算它们的柜台对冲合约后，詹斯勒敦促国会为商业最终用户（译者注：指实体经济产业链用户）确定一个"明确且狭窄"的清算免除条款②。

他注意到，国际清算银行的数据显示，利率掉期市场的交易中仅有9%发生在交易商和商业客户之间，57%是交易商和金融客户之间的交易。因此，客户交易的清算豁免应仅限于"市场中这9%的、涉及商业客户的交易"，他这样告诉伦敦的银行家。"至关重要的是，我们直接解决市场里将交易商与金融系统其余部分关联起来的、这57%的强制清算"。鉴于信用违约掉期的特殊性质以及95%以上的交易发生在金融机构之间这一事实，"对这些合约就不应该适用终端用户清算豁免条款③"。

2010年3月，在医疗改革方案通过之后，国会重新展开了向柜台交易市场引入更多清算的立法工作。

在欧盟，2009年6月欧洲议会和欧盟新委员会的选举和确认工作之后，演员表发生了改变。接任马克里维担任单一市场部长委员的是前法国外交部长米歇尔·巴尼耶（Michael Barnier），他将2010年6月定为委员会针对柜台衍生品及其清算发布立法草案的目标日期。

距离雷曼兄弟破产及美国国际集团救助已有18个月左右，在美国和欧盟内部仍有许多未来监管的细节尚未解决。但是，对于信用衍生品的中央对手方清算解决方案，以及柜台交易的部署方案，大西洋两岸的清算所都已经有了足够的解读。

① 《期货行业杂志》（2009年11月18日），"詹斯勒日程，对威尔·阿克沃斯（Will Acworth）的一次采访"。
② 盖瑞·詹斯勒（Gary Gensler）（2009年11月18日），"在参议院农业委员会前的证言"。
③ 盖瑞·詹斯勒（Gary Gensler）（2010年3月18日），"柜台衍生品改革"，查塔姆研究所（英国皇家国际事务研究所）的一个会议上。

第 19 章

掉期合约的清算

19.1　新产品、新的竞争者、新的水平

2008 年 9 月和 10 月事件，引发了一些产品和金融工具（这些工具被认为适于清算）的快速扩张。新建以及原有的中央对手方清算所提出了大批新项目，为一系列广泛市场提供服务。项目目的在于回应关于对手方违约的忧虑和对柜台衍生品监管的立法预期。

四股力量帮助决定了哪一类资产将被引入（或考虑）清算：监管者的决心；用户需求——有时是新近被发掘的需求；清算提供者间的相互竞争；原有市场模式的中断——往往是通过疯狂的价格动荡。

然而，这些新项目"夭折率"很大。有的计划被大张旗鼓地宣传，却由于技术原因而未能进入发展阶段；其他的则在监管者的监视下凋谢。其中大障碍就是赢得金融市场的接受。在一个部落分隔的金融市场里，以柜台市场交易群体和交易所之间的藩篱最为突出。就像几个世纪的淘金热一样，在雷曼兄弟破产和美国国际集团纾困后，清算行业中充斥着狂热活动、创新和地位争夺，给市场带来动荡。2008 年到 2010 年的"清算克朗代克赛"中究竟谁胜谁负，要在几年之后才能揭晓。

来自市场监管者（例如美联储纽约）的压力，是推动中央对手方清算进入柜台交易信用衍生品市场的主要因素。在其他柜台交易市场，是监管压力、盈利动机和用户需求共同鼓励了行动倡议。

与一些预期相反，危机并没有引起衍生品交易所的迅速发展[①]。然而，它却激励了

---

① 根据国际清算银行统计，2008 年下半年，尽管全部柜台衍生品合约的开放名义价值减少了 20%，至 547.4 万亿美元。而比它小得多的交易所交易的合约总量却遭遇更大幅下降，为 29% 至 57.9 万亿美元。2009 年上半年，交易所交易和柜台交易的合约都出现了 10% 的反弹。但是交易所上交易的合约基数要小得多，这意味着截至 2009 年 6 月，交易所交易的合约名义金额要远远低于 2007 年记录的水平，但全球柜台衍生品市场则回到了 2007 年底的水平之上。国际清算银行（2009 年 12 月）"2009 年上半年的柜台衍生品市场业务情况"。

危机前通过投资或收购买进了清算设施的美国交易所经营者们充分利用它们的新资产。

洲际交易所自从 2007 年建立了自己的清算所以来就处于领先地位。纳斯达克和欧洲期货交易所紧随其后，利用他们各自并购的欧洲机构 OMX 和泛欧交易所的清算技能开发出了新的机会，向现有清算所挑战。

交易所的策略却不相同。以纳斯达克 - OMX 集团为例，它采用了一个"挑选与混合"的方法进行清算，在欧洲它继续使用 OMX 集团的基础设施对衍生品市场进行清算，而将证券清算外包给欧洲多边清算设施（EMCF，纳斯达克 - OMX 集团在其中占少部分股权）。在掌握 OMX 集团技术合作的同时，纳斯达克利用它在美国的并购来建立设施，以清算利率掉期和柜台交易的电力与天然气合约。

令芝加哥商业交易所集团沮丧的是，强大的柜台交易商银行对基于衍生品交易所操作的清算方案怀有敌意。作为回应，芝加哥商业交易所只能根据交易商的要求调整它的柜台清算产品。不过，2011 年初它还在伦敦建立了芝加哥商业交易所欧洲清算中心（CME Clearing Europe），以拓展其柜台清算服务的地理范围。

其他公司决定合并它们的专长，以发掘新机会。2009 年，华尔街重量级的纽交所—泛欧交易所和集中存托清算公司联袂发展了纽约投资组合清算（New York Portfolio Clearing），为现货债券和衍生品提供交叉保证金，且在此过程中挑战芝加哥商业交易所集团在利率期货交易和清算上的主导地位。

一个新现象出现：雷曼兄弟破产后买方机构对中央对手方清算产生了浓厚兴趣。对冲基金和大型资产管理者（译注：即买方机构）发现，它们的许多掉期头寸并没有处于中央对手方清算所提供的保护之下。这为中央对手方清算造就了巨大的买方压力。当然这让清算所感到满意，但同时给一些经销商提出了警示。

虽然安全第一成为了全球监管者的原则，但是重点的转移并没有扼杀竞争。在欧盟证券交易市场中，金融危机之前形成的、打破跨境清算和结算障碍的政策，催生了新的证券中央对手方清算所。

到 2009 年，雷曼兄弟破产在欧盟金融市场引发了旨在减少风险的转变（委员会称为"思维模式转变"），之后清算所之间展开激烈的价格战。由于中央对手方在证券清算中不断报告损失，监管者对中央对手方清算所之间引入操作互通的计划进行了特别详细的审查，担心它们可能会在风险管理的标准上恶性竞争（译者注：例如竞争者不断降低保证金要求来吸引客户等）。

在公司层面上，清算环境的变化动摇了一些危机前形成的宏伟计划。集中存托清算公司对伦敦清算所集团的收购计划便是其中之一，该计划在一个伦敦利率掉期交易商财团的密谋反竞标之后便失去了推动力。

新的竞争者出现，争夺这个 342 万亿美元的利率掉期市场的清算业务。一些机构意欲挑战 10 年以来伦敦清算所的掉期清算服务所占据的主导地位，芝加哥商业交易所集团和国际衍生品清算所（IDCH）就是其中两个，后者是新近建立的国际衍生品清算集团（IDCG）的运营机构，纳斯达克 - OMX 集团在 2008 年末持有其股权的 80%。

包括伦敦清算所在内的中央对手方清算所，为 48.8 万亿美元的柜台外汇合约市场进行清算制订了计划。期权清算公司与交易商们展开了谈判，为 6.6 万亿美元的柜台证券相关掉期和期权市场提供清算服务，这将充分利用到期权清算公司的系统及专长。可清算的金融工具范围不断扩大，包含了融券业务和差价合约。

尽管在 2009 年上半年，柜台商品合约 3.7 万亿美元的交易量不到柜台衍生品全球 600 万亿美元交易量的 1%[1]，但是商品和能源产品的大幅价格波动为中央对手方清算开启了许多新的狭缝市场机会。

中国对钢材的需求暴涨，原本矿业公司和钢铁制造商之间通过年度合约来设定铁矿石价格，这一 40 年历史的定价体系在 2009 年破裂，并于 2010 年彻底瓦解。由此导致的价格极端动荡催生了铁矿石合约对冲的全球市场，通过中央对手方进行清算。

新加坡的中央对手方清算所成为第一个对铁矿石进行清算的机构，这反映了另一方面的变化——中央对手方的地理分布在变广，以及 20 国集团的"新兴"经济体对中央对手方的兴趣在不断增大，尤其是在亚洲。

本章其余部分重点在于柜台衍生品的清算，首先介绍信用违约掉期的清算，之后回顾利率掉期清算的市场主导地位争夺战。下一章将剖析 2008 年 9 月危机过后，清算业的发展对于证券市场和衍生品交易所的影响。

19.2　信用衍生品清算

政治家和市场监管者对信用衍生品市场中的积极干预催生了一个"温室"氛围，使得美国和欧洲的那些基础设施提供商加快了在中央对手方清算信用违约掉期的竞争步伐。

2008 年 10 月洲际交易所并购清算公司（CCorp）并帮助其建立信用衍生品清算所的协议，为一个漂移不定的项目提供了一个必要的基石。它还破灭了伦敦清算所与集中存托清算公司合并的希望。

2009 年 1 月，集中存托清算公司宣布：它的交易信息库（TIW）将无歧视地支持所有提供中央对手方解决方案的公司，这样一来信用违约掉期清算基础设施的一个重要部

---

[1]　此处和上文中提及的名义金额截至 2009 年 6 月，来自国际清算银行的数据（2009 年 11 月）。

分就安排到位了①。

洲际交易所并不是第一家为信用衍生品提供中央对手方清算服务的公司，"第一"的殊荣属于纽交所—泛欧交易所的衍生品业务部门——伦敦国际金融期货交易所。纽交所—泛欧交易所在 2008 年圣诞节前刚和伦敦清算所集团在伦敦的清算所（伦敦清算所）进行合作，利用伦敦国际金融期货市场的清算服务系统（Liffe's Bclear）为信用违约掉期合约提供清算服务。该系统最初是在 2005 年为处理柜台证券衍生品而建立的，用来登记和处理基于 Markit iTraxx 指数的信用违约掉期指数合约。一旦变成了类似交易所上市的合约，该交易就将通过伦敦清算所进行清算②。

唯一的问题是没有承价者。正如克里斯·塔普克后来所说："伦敦国际金融期货交易所的 Bclear 系统没能吸引最重要的交易商群体"，原因是它"没有让交易商参与风险控制问题"③。经过 6 个月无人问津，这个服务被终止。此前在 2009 年 7 月初伦敦国际金融期货交易所已经宣布"正在审核"是否该终止这个服务。而洲际交易所却在交易商对其服务的支持下，于 2009 年 3 月成为了首家对信用衍生品进行清算的公司。

2009 年 3 月 4 日，一家纽约注册的公司洲际交易所—美国信托（ICE US Trust）经美联储批准对信用违约掉期展开清算。两天之后，洲际交易所对清算公司的收购完成，现金对价为 3 900 万美元。

在美联储纽约的监管下，洲际交易所—美国信托一周之内开始运营，并很快得到市场认可。到 2009 年 6 月中旬，它清算了名义金额为 1 万亿美元的信用违约掉期合约。截至 2010 年 3 月 22 日的第一年度中，洲际交易所—美国信托清算了名义金额为 4.4 万亿美元、覆盖 31 种信用违约掉期指数的 60 000 多个交易，以及名义金额为 710 亿美元、33 个单名信用违约掉期合约，开放权益总计 3 000 亿美元，压缩率达到 90% 以上④（译注：(1 - 3 000/44 071) × 100%）。

与伦敦国际金融期货交易所的 Bclear 系统不同，洲际交易所—美国信托（ICE Trust）非常明显地得到了一些市场参与者的支持，这些参与者在美联储纽约压力下同意于 2008 年 10 月将清算公司出售给洲际交易所。获得支持的原因部分在于该交易所信用违约掉期清算的商业计划能让交易商群体尝到甜头。更重要的是，洲际交易所—美国信

---

① 集中存托清算公司（2009 年 1 月 12 日），"集中存托清算公司支持所有柜台信用衍生品的中央对手方"，新闻发布。

② 伦敦清算所、纽交所—泛欧交易所集团下的伦敦国际金融期货交易所，"伦敦国际金融期货交易所和伦敦清算所引领了 Bclear 系统上的信用违约掉期推出"，联合声明。

③ 2009 年欧洲金融论坛上的评论，哥德堡，瑞典，2009 年 10 月 1 日。

④ 来自洲际交易所 3 月 4 日、3 月 5 日、3 月 6 日、2009 年 3 月 10 日、2010 年 3 月 9 日的新闻发布，以及 2009 年 7 月 2 日，6 月和第二季度结果的新闻发布。另外，联邦储备系统（2009 年 3 月 4 日生效），"洲际交易所美国信托公司，纽约，会员资格申请批准命令"。

托的信用违约掉期清算模式汲取了伦敦清算所掉期清算（SwapClear）的经验教训，并补充了现有柜台市场的结构。

那些将清算公司出售给洲际交易所的公司，被鼓励继续保持它们和清算所及新股东之间的联系。它们和巴克莱资本一起成为了洲际交易所—美国信托的创始清算会员，巴克莱是在收购雷曼兄弟的美国分支后加入该团体的。作为奖励，这些公司获得了一个非常有利的定价结构，且参与洲际交易所—美国信托 50% 利润分享，在初期收入的大部分被运营成本吸收之后，这一安排于 2010 年 4 月全面启动。

洲际交易所—美国信托 11 人董事会中大部分是独立董事，其中四名由清算会员任命。第一位董事长德克·普锐斯（Dirk Pruis）就是由清算会员群体推举出来的。作为负责高盛全球银行关系和市场结构的总经理，他曾经参与清算所的建立策划和设计。

过去的清算公司曾为洲际交易所—美国信托提供清算运营和风险管理基础措施，洲际交易所通过它的 T Zero 系统（一个信用违约掉期的确认和更替服务机构①）提供了从最近收购的 Creditex 系统公司（一个信用违约掉期的执行和处理经纪商）得到的技术。集中存托清算公司的交易信息库（TIW）为洲际交易所—美国信托清算的信用衍生品提供"黄金数据"，持续联系结算系统（CLS）则处理它的支付流。洲际交易所—美国信托与数据公司 Markit 达成协议，由后者提供盯市定价、保证金计算和清算所需的每日结算价格。

洲际交易所—美国信托的信用违约掉期的保证金池是与其他清算业务资金分隔专项使用的。公司照搬了伦敦清算所的掉期清算，对其清算会员实行了严格的资格要求：只有净资产在 50 亿美元或以上，并且信用评级为"A"级以上的公司才能成为会员，每一个候选会员需要证明它们拥有与信用违约掉期交易相关的系统、管理和风险管理专长。

洲际交易所—美国信托的清算业务由常用的"瀑布式"层级保护支持，它包括初始保证金、盯市保证金和压力测试。另外，公司要求每个清算会员向保障基金缴纳最低 2 000 万美元，外加基于清算会员预计风险敞口水平之上的额外金额，保障基金至少每季度评估一次。在违约事件中，如果保障基金不足以弥补损失，洲际交易所—美国信托可以要求非违约会员补充缴纳资金。截至 2009 年年底，洲际交易所—美国信托的保障基金达 24 亿美元。

洲际交易所—美国信托对清算会员的要求颇多，但它的母公司也投入了一些切身利益，以彰显它对这个新合资企业的承诺。除了在洲际交易所—美国信托公司建立之前的 3 500 万美元的资金支持，洲际交易所还从现金账户中向违约保障基金注入了 100 万美

① 后来称做洲际交易所连接（ICE Link）。

元的初始资金，并宣称它计划最终向这保证金注入 1 亿美元。

洲际交易所持续扩张产品范围和信用违约掉期的清算地域范围。它的欧洲子公司——洲际交易所欧洲清算公司在 2009 年 7 月 27 日开始对欧洲参照的、与 iTraxx 指数挂钩的信用违约掉期合约进行清算，这比欧洲期货交易所清算公司（Eurex Clearing）还要早几天。这一德国—瑞士的清算集团推出了欧洲期货交易所信用清算中心（Eurex Credit Clear），清算参照 iTraxx 标杆指数的欧洲信用违约掉期产品，以及 17 个单名的能源行业构成 iTraxx 指数，时间正好是之前与欧盟委员会协定的最终期限，即 7 月末。

2009 年 12 月中旬，洲际交易所—美国信托开始对买方信用违约掉期合约交易进行清算，而洲际交易所欧洲清算公司开始对单名信用违约掉期合约展开清算。就在圣诞节之前，洲际交易所—美国信托也将单名（信用违约掉期合约）加入了它的清算组合中。

与它的美国兄弟类似，洲际交易所欧洲清算公司迅速成为了所运营地区的市场领军者。截至 2010 年 10 月末，它清算了 1.48 万亿欧元的指数合约和 1 330 亿欧元的单名合约。

在洲际交易所的业务迅速以万亿和百亿美元欧元计的同时，它的竞争对手业务却衰落了。欧洲期货交易所的落差尤其显著，因为该交易所大约正是在洲际交易所欧洲清算公司建立的同时，推出了看似非常具竞争力的服务。

欧洲期货交易所信用清算中心和集中存托清算公司的交易信息库相连接，这使交易所能提供直通式处理并宣称"无缝整合到现有的柜台交易市场基础结构中"[①]。德意志交易所集团的传统是一贯坚持全资拥有垂直筒仓结构，而它所做的一个例外是，欧洲期货交易所清算中心将它的信用违约掉期清算所权益的 90% 交给了清算会员。在某些方面，欧洲期货交易所领先于其他所有竞争者：它提出从交易第一天开始就对信用违约掉期合约进行清算，且还为买方企业提供获取通道——条件是这些（要求）由清算会员提出。

7 月 30 日，欧洲期货交易所信用清算中心成功清算了其第一份信用违约掉期合约，在这之后不到一个月时间，它又清算了有史以来第一次单名信用违约掉期合约。但是这一基于能源巨人莱茵—威斯特伐伦电力公司（RWE）的信用违约掉期合约名义金额仅为 500 万美元。虽然达到了欧盟的截止日期要求并赢得了荣誉[②]，欧洲期货交易所信用清算中心的业务量只是洲际交易所—美国信托或洲际交易所欧洲清算公司业务的一个小分数。

---

① 欧洲期货交易所清算中心发布（2009 年 7 月 24 日），"欧洲的信用违约掉期的柜台清算方案——欧洲期货交易所信用清算中心于 2009 年 7 月 30 日开始运营"。

② 欧洲期货交易所信用清算赢得了《信用》杂志颁发的技术创新奖，该杂志是固定收益市场中的专业刊物，2009 年 12 月。

2010 年 3 月中旬，欧洲期货交易所的网站上列出了两种信用违约掉期指数的交易，总开放权益仅有 8 500 万美元，外加与参照莱茵—威斯特伐伦电力公司的单名信用违约掉期合约，金额 1 000 万美元。这些金额自 2009 年 10 月开始就没有变过，表明在此期间它没有清算过任何交易，并且欧洲期货交易所无法达到洲际交易所清算中心的开放权益所代表的经济规模。临近 2010 年 3 月底①，洲际交易所欧洲清算公司的网站估计，该交易所清算过的信用违约掉期合约 890 亿美元，单名合约为 1 050 亿美元。

尽管洲际交易所欧洲清算公司能够利用洲际交易所—美国信托的专业技术，但是相较欧洲期货交易所信用清算中心，它并没有明显的先发优势。然而洲际交易所欧洲清算公司的优异表现暗示着，其他的因素（更多是部落性的）正发挥作用，支撑着洲际交易所的继续上升发展。

虽然洲际交易所从天而降挽救了清算公司的信用违约掉期清算所，但是交易商群体明显觉得洲际交易所—美国信托才更是"它们自己的"信用违约掉期合约中央对手方清算所，并且相对来说还没有被洲际交易所控股的交易所染指。与此形成对比，欧洲期货交易所提供的服务则遭到了交易商群体的刻意回避。一个常听到的解释是：该服务被认为是"虎头蛇尾"，会随着合约被放在交易所交易而终结。

类似态度在伦敦国际金融期货交易所系统的失败中扮演了关键角色，该系统似乎也是基于交易所相关的交易技术。这些态度也给信用违约掉期合约清算的另一个竞争者——芝加哥商业交易所集团的前景罩上了阴云。

芝加哥商业交易所集团直到 2009 年 12 月中旬才启动它的信用违约掉期合约的清算倡议。它曾携手城堡对冲基金（Citadel）一起尝试过信用衍生品的交易平台和清算，但未能吸引大型华尔街交易商银行的支持。在经历 2009 年 9 月的那次挫折后，集团集中致力于创建一个基于清算接口系统（ClearPort）的信用违约掉期合约的清算服务。

推出之时，芝加哥商业交易所集团的信用违约掉期的倡议声称得到了许多主要柜台交易商银行的支持②，以及大型买方企业如联盟贝尔斯登（Allaince Bearnstein）、黑石（BlackRock）、蓝山资本管理公司（BlueMountain Capital Management）、西塔多（Citadal）、D. E. 萧集团（D E Shaw Group）和太平洋投资管理公司（Pimco）的支持。

但是，芝加哥商业交易所集团计划把用于满足保证金要求、保护或担保信用违约掉期清算的客户资金，与客户分隔账户中的其他资金混合起来，这遭到了反对。截至 3 月

---

① 欧洲期货交易所数据从 2010 年 3 月 18 日开始，而洲际交易所清算中心的数据则从 2010 年 3 月 22 日开始。

② 2009 年 12 月初，巴克莱资本、花旗银行、瑞士信贷、德意志银行、高盛、JP 摩根、摩根士丹利、瑞银、美国银行、美林、野村集团、苏格兰皇家银行被芝加哥商业交易所的倡议提名为初始会员或期望中的会员。见芝加哥商业交易所集团（2009 年 12 月 3 日），"芝加哥商业交易所集团宣布信用违约掉期倡议的交易商创始会员"（http：//cmegroup. mediaroom. com/index. php？ s = 43&item = 2968pagetemplate = article）（于 2010 年 12 月 2 日登录）。

底，芝加哥商业交易所集团清算的信用违约掉期指数合约的开放权益仅为 4 750 万美元①。

同样遭到一些延误的是伦敦清算所巴黎的总部位于巴黎的、得到法国交易商银行支持的欧元区信用违约掉期清算所②。在 2009 年 12 月的一个"技术性开业"之后，这个主要由客户所有的清算所将其信用违约掉期指数合约的清算推迟至 2010 年 3 月，目的是为了给客户时间调整它们的系统。

化解新市场中的风险对于金融基础设施提供者来说永远是一种赌博，洲际交易所在信用违约掉期清算市场中的成功证明了中央对手方清算行业"赢者通吃"的属性。但是，那些着手清算信用衍生品的中央对手方的错综复杂命运，同时还反映了这个市场的特质：清算的推动力来自于政治家和监管者，并且交易信用违约掉期的一小撮强大交易商公司给予了市场显著的部落特征，它们拒绝任何含有交易所基因的服务。

尽管在雷曼兄弟破产和美国国际集团救助后的信用违约掉期市场③变得声名狼藉，但这一有着 36 万亿美元名义金额（2009 年底）的市场在开放名义金额方面仅是一个相对较小的柜台衍生品市场之一，尤其是在互抵义务的成功拆分或压缩后。对清算所来说，一个更大的奖项是清算比它大 10 倍的利率掉期市场，这就是 2009 年伦敦清算所的控制权争夺战的核心。

19.3　美国集中存托清算公司和伦敦清算所宣布合并计划

伦敦清算所集团和集中存托清算公司之间的合并谈判经过了 6 个月，这宗交易才达成了临时协议。

2008 年 10 月 22 日这两家公司发布了"非约束性条款意向书"，见证伦敦清算所作为一个更大的跨大西洋清算集团的一部分，将在三年期间采用类似美国集中存托清算公司的成本价运营、用户所有、用户治理的结构。

集中存托清算公司对伦敦清算所的收购计划对外称为"合并"，该计划向用户们承诺了重大的利益。成本价运营模式将以回扣、折扣或是低费用的形式返还超额的收入。由于欧洲和美国的业务将被一个共同基础结构所支持，合并后集团的运营成本也会因规模效应、IT 节约和抵押品管理的合并而产生 7% ~ 8% 的节约。

两个集团拥有互补优势。伦敦清算所在衍生品方面强大，而美国集中存托清算公司

---

① 芝加哥商业交易所集团网站上 2010 年 3 月 24 日的数据，www.cmegroup.com（2010 年 12 月登录）。
② 最初为法国巴黎银行、法国兴业银行、法国 Natixis 银行和法国农业信贷银行。
③ 根据国际清算银行（2009 年 12 月）。

的主要业务是现货证券。对集中存托清算公司的董事长兼首席执行官唐纳德·多纳休来说，这宗交易的一个吸引力在于：将掉期清算系统在利率掉期清算上的专业技术与本公司在信用衍生品市场上的能力结合在一起的可能性。在欧洲，集中存托清算公司的欧洲中央对手方子公司，将为伦敦清算所巴黎的重要却成本高昂的证券清算服务提供一个替代，并且会进一步发展从而为欧洲的证券清算提供一个"无缝跨境基础结构"。[①] 欧洲中央对手方清算所清算一笔交易的单边收费为 0.05 欧元，而伦敦清算所巴黎平均为 0.14 欧元，后者仍在使用清算 21（Clearing 21）系统技术。

美国集中存托清算公司在金融设施的收购和整合方面有成功经验，尽管是在一个单一法律辖区（美国）之内。集中存托清算公司和伦敦清算所的全球几千个客户同时可以感到安慰：在 2008 年金融市场的混乱状况中两家公司运作良好，没有使它们担保的交易蒙受一分一毫的损失。

但该协议的财务细节却复杂得吓人。为了从营利性结构转到成本价运营结构，伦敦清算所需要得到股东们的支持，股东中既有对收入和股价感兴趣的金融投资者，也有更重视低价格和优质服务承诺的用户。

美国集中存托清算公司 2007 年处理了金额超过 1 860 万亿美元的证券交易，尽管业务规模巨大，但它是在一个较小规模的资本基础上运营的。与所有的中央对手方清算所一样，集中存托清算公司依赖于会员缴纳的保证金和违约基金来抵御清算风险。成本价运营模式意味着，公司的股票无法为持有者提供回报，因而价格很低，仅以公司的有形净资产为基础。作为两个集团合并的初步准备，伦敦清算所将不得不使其股价与集中存托清算公司的股价保持一致，这意味着市值和股价的缩减，大约要缩至合并前水平的十分之一。

伦敦清算所第一步于 2007 年首先减少了股东之中金融投资者的比例：在回购了泛欧交易所持有的大部分股权之后，清算所的市值从 12 亿欧元降至 7.7 亿欧元左右。但该回购却设立了一个每股 10 欧元的标准，其他股东也将会从集中存托清算公司的收购中期待这样一个价格。

建议的解决方案是，让伦敦清算所的股东在三年过程中获得最多不超过每股 10 欧元，或是总共 7.39 亿欧元的金额。7.39 亿元的大部分将由伦敦清算所集团的收入来支付，一部分将通过集中存托清算公司新发给伦敦清算所股东的 12 186 投票股来支付，赋予他们对合并后资本扩大的集团的 34% 股权。这一至多每股 10 欧元的支付的更大部分，将以一种特殊金融工具被赎回的形式来获得，使用一部分伦敦清算所的三年期利

---

① 集中存托清算公司（2008 年 10 月 29 日），"传递确定性、创造可能性以及管理风险"，唐纳德·多纳休在 2008 年集中存托清算公司主管论坛上的演讲。

润，外加清算所派发的一种收盘前（交易临成交前）的特殊分红。

在合并完成后的 12 个月到 18 个月期间，新集团的股东基础将根据集中存托清算公司的政策重新调整，使持股权与使用量相一致。对欧洲清算将实施"原则上"支持该合并交易的特殊规定条款，欧洲清算将售出所持的伦敦清算所 15.8% 的股份，然后买入相近比例的伦敦清算所控股公司的资本。集中存托清算公司的这一新的子公司将包含伦敦清算所和欧洲清算的业务，由罗杰·里戴尔担任其首席执行官，作为董事里的前伦敦清算所股东的"重要代表"，并且唐·多纳休将任董事长。

与欧洲清算的谈判比想象中花费的时间更长，主要因为欧洲清算"在欧洲交易后解决方案中巩固强健合作伙伴关系[1]"的愿望和"与其营利性业务模式相符的财务解决方案"二者之间需要调和。

如果伦敦清算所与集中存托清算公司要按计划在 2009 年 3 月 15 日签订最终协议，还有其他障碍需要清除。该交易需要得到伦敦清算所股东的支持、监管部门的批准、伦敦清算所巴黎的工作委员会支持，以及完成双方相互的尽职调查。

然而，监管者和股东的批准不再是必然结果。自 2008 年 4 月集中存托清算公司和伦敦清算所开始双边谈判，这个世界已发生了剧烈变化。

美国和欧洲金融当局及监管机构的关系在雷曼兄弟破产后的几周变得严峻。伦敦清算所集团的主要监管机构即法国当局，对美国允许该投行倒闭并导致全球危机的行为尤其愤怒。法国当局将伦敦清算所巴黎视为巴黎金融市场的一项重要资产，并且是最应值得保护的，因为他们认为：鉴于伦敦清算所集团伦敦过去的失败经历，清算所巴黎正处于风险之中。在纽交所收购泛欧交易所，以及纳斯达克收购 OMX 集团后，集中存托清算公司对伦敦清算所集团的收购对许多人而言似乎是一个遥不可及的交易，在巴黎尤其如此。纽约证券交易所被认为实际控制了合并后的纽交所—泛欧交易所集团。

雷曼兄弟倒闭后的危机已经证明了清算和中央对手方的重要性。鉴于伦敦清算所对种类如此繁多的产品提供清算，不难发现各类用户群体对集中存托清算公司的收购持形形色色的意见。尤其是衍生品交易商，他们感觉自己从伦敦清算所和清算所合并以来就遭受不公平待遇，担心伦敦清算所集团成为集中存托清算公司的子公司后，会出现在证券清算方向的更大倾斜。

尽管如此，惊喜仍然在 2008 年 11 月 20 日降落到罗杰·里戴尔、克里斯·塔普克和伦敦清算所其他董事的办公桌上：一个主要由柜台掉期市场上的活跃银行组成的财团

① 在集中存托清算公司和伦敦清算所中提及（2008 年 10 月 22 日），"集中存托清算公司和伦敦清算所决定合并，建立世界领先清算所"，联合新闻发布。

通知董事会，它意图发起一个反竞标。争夺伦敦清算所集团的战役打响了。

19.4 "百合联盟"的逼近

一个绰号叫做"百合"的联盟的到来，是因为一部分柜台衍生品交易群体试图增加它们在伦敦清算所集团治理上的控制权。联盟受到了伦敦清算所的掉期清算服务对于柜台衍生品业务的重要性所启迪，由德意志银行伦敦运营机构的交易员们领导，且得到了大通摩根部分交易员的强力支持。该倡议的根本源于这样一个观点：集中存托清算公司对伦敦清算所的收购将产生一个目标过多、股东过多的清算所，并且其成本价运营的业务模式是错误的，将使该联盟成员无法维持它们在掉期清算系统上的影响力。

在2008年9月成功管理雷曼兄弟9万亿美元的利率掉期组合后，伦敦清算所的掉期清算服务成为受过洗礼的资产，不断升值。掉期清算系统（自21世纪早期开始）是由清算所与OTCDerivNet的主要交易商银行合作发展而来，而OTCDerivNet提供了战略方向并分担了系统的治理和投资资金。然而，市场上普遍存在一个看法，认为掉期清算系统在某种程度上被伦敦清算所集团管理层忽视了。

尽管同样是由利率掉期交易商组成，百合联盟与OTCDerivNet的银行团体相比背景迥异，它比后者更欧洲化，而后者是由大型华尔街银行共同建立的，且在2009年2月因汇丰银行和摩根大通的加入而得到加强①。

百合联盟最初由8个会员组成：德意志银行、摩根大通的掉期交易业务部门、法国巴黎银行、汇丰银行、苏格兰皇家银行、瑞银、伦敦证券交易所以及毅联汇业集团（ICAP）。2009年1月又由8家扩大到10家，包括法国兴业银行和花旗银行。联盟的领导者（德意志银行和摩根大通的交易商）比OTCDerivNet的忠实拥护者（如摩根士丹利和美林）更安稳强健地度过了2008年9月和10月的危机，如今风头正盛②。

百合联盟的行事方法非常不透明。关于它存在的消息始终没浮现在报纸中，直到2009年它雇佣了一个公关代理、初次向一些指定机构有控制地透露它的一些活动。参与公司里只有一个（同业交易商经纪商毅联汇业经纪公司）曾公开承认它是该联盟的成员。就像刘易斯·卡罗尔笔下的爱丽丝奇幻记中的柴郡猫，百合联盟历经盛衰起伏后

---

① 伦敦清算所（2009年2月3日），"汇丰银行和摩根大通成为OTCDerivNet公司的股东，进一步强化了对伦敦清算所的掉期清算服务的支持"。新闻发布。

② 在2008年动荡和摩根大通及汇丰银行的加入后，OTCDerivNet拥有13个成员：美国银行、美林、巴克莱资本、法国巴黎银行、花旗集团、瑞士信贷、德意志银行、高盛、汇丰银行、摩根大通、摩根士丹利、苏格兰皇家银行、法国兴业银行和瑞银。来源：www.otcderivnet.com。

最终消失。但它还是彻底破坏了集中存托清算公司对伦敦清算所的竞标。

百合联盟银行的主要目标是取得伦敦清算所的控制权，发展掉期清算系统以维持联盟成员银行在利率掉期业务上的极高利润。正因为如此，他们为集团提出了营利性业务模式，而非美国集中存托清算公司的成本价运营方式。

尽管它们都是伦敦清算所某项服务的大规模用户，联盟里的银行却远非清算所最大的股东。2009 年 1 月这 10 家机构仅持有清算所股权的 13.34%，另外 2 个成员——伦敦证券交易所和毅联汇业经纪公司在目标公司中没有持股。

清算所总共约有 120 位股东，它们所持股份也仅"偶尔地"与它们的清算服务使用量保持一致。伦敦清算所最大的两个股东是处在交易及交易后价值链上其他部位的机构客户，而非用户。证券结算业里的欧洲清算集团是清算所的最大股东，持有 15.84% 的股权，大于"百合 10"的总共持股量。跨大西洋的纽交所—泛欧交易所集团为第二大股东，持有 5% 的股权。

百合联盟的组合之所以令人好奇，有几个原因。法国当局很快就注意到，百合中的大部分参与者是非欧元区的，这暗示着它们竞标如果成功，将有利于伦敦而非巴黎。

伦敦证券交易所（它本身是意大利一个清算所的所有者）现身于百合集团，对于伦敦清算所与纽交所—泛欧交易所集团（伦敦证交所在伦敦证券交易的竞争对手）之间的业务关系有潜在负面意义。非常不祥地，2009 年 2 月纽交所—泛欧交易所集团通知说，除非成本下降，否则它将寻找其他供应商为它的欧洲现货证券业务提供清算。15 个月后这一威胁兑现：它宣布将从 2012 年年底开始，把欧洲的证券和衍生品业务的清算交给在伦敦和巴黎专门成立的两个新的清算所[①]。

像其他许多共同体一样，百合联盟也不稳定。伦敦证券交易所在 3 月中旬撤出。4 月末，瑞士信贷、巴克莱和野村成为会员。一个月后，伦敦金属交易所加入，且据说高盛也成为了会员。此时，法国巴黎银行和法国兴业银行已经推出。

并非所有会员都如德意志银行那样坚决地想取得掉期清算的控制权。到 2009 年仲夏，观察者们披露，百合联盟核心团队包括德意志、摩根大通的一部分、苏格兰皇家银行、巴克莱和野村。在类似这样的联盟里，有些会员加入是为了监视竞争对手。伦敦金属交易所的坚持加入，似乎最初是因为它担心若非如此，在对诸如铁矿石或黄金期货这样的产品引入（或计划引入）清算的时候，自己可能会被视为一个二流股东。

为获得成功，该联盟需要打消监管者的忧虑，尤其是在巴黎；同时还需要赢得伦敦清算所广泛股东（包括那两个大的非用户投资者）的支持。这意味着百合联盟设计的

———————————

① 纽交所—泛欧交易所（2010 年 5 月 12 日），"纽交所—泛欧交易所宣布欧洲的清算策略"，同样可见 20.5 节。

任何竞标都必须吸引远比柜台掉期交易商更加广泛的群体。

19.5 伦敦清算所争夺战

对于罗杰·里戴尔和克里斯·塔普克，百合联盟的出现是不受欢迎的。尽管联盟里的机构都很重要，但其重要性被一个现实冲淡了：联盟的主要推动者不是该会员机构内的最高决策者。还有一点后来才变得明显，联盟是交易商们在事先没有拟订商业计划或要约的情况下组织的。

对塔普克来说，交易商们的这个动议让他联想到"彩虹"计划，那是一个由衍生品交易商联盟针对伦敦清算所与伦敦国际金融期货交易所之间业务关系而发起的攻击。伦敦清算所送别了彩虹计划，但在过程中被迫与伦敦国际金融期货交易所重新谈判清算安排，减少了它对该交易所的服务提供。支持彩虹计划的许多公司现在正支持着百合联盟。尽管伦敦清算所在12月终止了它与美国集中存托清算公司的排他协议，从而能与"百合联盟"进行对话，塔普克和里戴尔只是勉强在应付联盟，同时为公司寻觅其他选择。

到2009年3月仍未收到百合联盟的要约，伦敦清算所开始致力于一个自己的计划，购回那些大型投资者（但却不是活跃用户的股东）手中的全部股份。代号为"瓦尔凯莉娅"（译注：Valkyie，欧洲神话中奥丁神的任一女婢，她将阵亡将士的英灵引导入祠堂并在该处侍候他们）的这个计划，目的在于重组伦敦清算所的股东基础，从而能够给予百合联盟的会员更好的代表权，同时保证清算所的治理权不会落在一个小团体会员的手中，他们对掉期清算以外的其他服务并不真正感兴趣。

同时，伦敦清算所与海峡两岸的清算所监管者们大力沟通交流。它发现巴黎的监管机构比伦敦的金融服务管理局更乐于倾听。

"瓦尔凯莉娅"计划显示了伦敦清算所的命运是如何好转的。尽管高管层对百合联盟的动议全神贯注，但清算所引入了新产品，而且经历了危机后财政盈余扩充和清算活动激增所带来的盈利大幅增长。同时，美国集中存托清算公司的竞标似乎越来越不可能成功。合并交易完成的截止日期3月15日悄无声息地过去。

与此同时，百合联盟正在试着解决两个问题：赢得欧洲清算的支持，以及为欧洲大陆证券市场寻找一个清算方案以替代美国集中存托清算公司的欧洲中央对手方清算平台。法国巴黎银行和法国兴业银行提出将证券清算留在伦敦清算所巴黎，作为它们继续留在联盟里的条件，之后联盟的任务变复杂了。

巴黎的证券问题在几周内一直是关注的中心。联盟计划将巴黎证券清算的一些功能外包给欧洲清算的法国中央证券存管机构——欧洲清算法国，并试图赢得它的支持。然而这个举动证明是个错误：作为回应，欧洲清算的历史竞争对手法国巴黎银行退出了联盟，法国兴业银行紧随其后。

鉴于联盟中已没有法国的银行，法国监管者规定：伦敦清算所巴黎的证券清算业务的任何部分都不应外包给欧洲清算。伦敦清算所进行了反击，4 月末它宣布：从 2009 年 7 月 1 日起，将纽交所—泛欧交易所市场和相对较小的欧元区现货证券市场的清算费用降低 30%。

在清算费用削减消息公布的前一天，美国集中存托清算公司宣布放弃对伦敦清算所的收购谈判。集中存托清算公司 4 月 29 日的简短声明，反映了 6 个月以来对这一过程（唐·多纳休将之描述为伦敦"肥皂剧"）堆积的失望情绪[1]。声明饱含悔恨、浸满愤怒，包含了几乎毫不掩饰的威胁恐吓。集中存托清算公司将合并流产的责任归于伦敦清算所的管理层和董事会，但仍对未来与伦敦清算所的合作可能性留了条门缝。尽管宣称由于"别无选择，只好追求替代战略、发展跨大西洋的无缝衔接清算服务，从而满足其客户和整个行业的需求"，集中存托清算公司对未来合作仍寄予希望[2]。

5 月初，百合联盟（此时包括瑞士信贷、巴克莱和野村）对伦敦清算所作出了后者期待已久的要约。伦敦清算所并未因此感到兴奋。每股 11 欧元的出价，仅比现已失效的、美国集中存托清算公司的报价慷慨了那么一点点。其中的 3 欧元以现金支付，5 欧元以一个特殊股息的形式，取自伦敦清算所自己的公积金，另外 3 欧元将在 30 个月后从伦敦清算的证券清算收入中支付。该竞标对伦敦清算所董事会来说太低了，仅比清算所的资产高出每股 1.5 欧元，并且大部分是由伦敦清算所的自有资金支付。百合联盟的计划是在一个有限的、以营利为目的的基础上运营伦敦清算所，本来应该意味着一个更高的估价。

尽管百合联盟和伦敦清算所之间的关系从未友好过，但此时变得异常艰难。这一敌意被百合联盟一些成员银行的高管注意，摩根大通的期货及期权业务董事长理查德·伯立安德（Richard Berliand）自愿出面进行调解。伯立安德在伦敦清算所和清算所（Clearnet）合并前曾是伦敦清算所的董事会成员，一度与该清算所的管理层有着非常亲密的关系。伯立安德不仅是柜台专家，他还了解清算，在相对广泛的各个资产类别中有发言权。

---

① 集中存托清算公司（2009 年 3 月 23 日），"在 ISITC 在波士顿的第 15 届年度行业论坛上的评论"。
② 存管信托清算公司（2009 年 4 月 29 日），"伦敦清算所和集中存托清算公司的提议合并停止进行"，新闻发布。

19.6　敌意退去

伯立安德未能协调出结果。百合的竞标被伦敦清算所的独立董事们否决了,董事们被授权决定是否将竞标计划提交给股东大会。但此时最严重的敌意已经过去。

尽管百合联盟和伦敦清算所的关系依然艰难,但两边的立场已经开始趋于一致。到2009年夏,伦敦清算所管理层正努力将百合集团的一些目标融合到清算所的商业计划和结构中,目的是将非用户股东从股权登记簿中去除,并把百合的愿望与清算所其他主要用户的愿望进行协调。

这一计划的代码颇具意义:"金盏花"(Marigold)取代了"瓦尔凯莉娅"(Valky-rie),塔普克和里戴尔制定了一个新提案,用伦敦清算所集团的公积金来支持其股东基础结构的重组。

临近2009年年末,经过长时间延误之后,公司宣布了2008年经营结果和一个将公司所有权交给伦敦清算所主要用户的计划。纽交所—泛欧交易所和伦敦金属交易所这两个与公司有着清算关系的长老级交易所股东,将仍是重要的小股东。

"金盏花"涉及向清算所股东支付4.44亿欧元,方式是以每股10欧元的价格自主赎回3330万股,加上用2008年巨额利润的部分资金对每股支付1.5欧元股息,成本为1.109亿欧元。在纽交所—泛欧交易所与伦敦清算所的清算关系重调后,前者一次性支付的2.604欧元派上了大用场,弥补了回购成本。作为安排的一部分,欧洲清算出售它的15.8%股权,退出了伦敦清算所,同时承诺了一个"合作倡议",旨在为两家公司的客户带来成本节约和运营效率提升[①]。

该计划在伦敦清算所10月15日年度大会上得到97%股东的同意,实际标志着百合挑战的终结。一旦回购在11月初完成,该集团将83%为用户所有,17%由纽交所—泛欧交易所和伦敦金属交易所所有。大型用户——定义是对集团清算费用的贡献超过1%且它们总共占据了集团清算收入的80%以上——总持股从37%上升到了63%。

最后,该回购太过成功,以致不能为伦敦清算所的股份登记带来一个干脆利落的调整。它超额认购240万股,因而私人赎回被按比例缩减,将一些小股东留在了集团股东登记簿上,并且股东总数仍相对较高,为105个[②]。伦敦清算所从2010年1月起引入了一个撮合讲价机制,从而使小股东得以卖出它们不愿持有的股份,并允许那些未持股,

---

① 伦敦清算所(2009年12月29日),"伦敦清算所向股东返还4.44亿欧元",伦敦清算所经营成果及声明;伦敦清算所和欧洲清算(2009年12月29日),"伦敦清算所和欧洲清算合力改进交易后处理";伦敦清算所集团,"2008年年度报告和合并财务报表"。

② 伦敦清算所(2009年11月6日),"伦敦清算所成功重组股东基础结构"。

但意欲成为股东的清算会员买入该清算所集团的股权①。

百合联盟的撤退对伦敦清算所的高层管理而言来得正是时候。在艰难和忧心如焚的一年后，伦敦清算所的首席执行官罗杰·里戴尔终于可以再次把精力集中到清算所的运营上。伦敦清算所的争夺战导致了董事长克里斯·塔普克推迟了他在 2009 年期间离开集团的计划。当宣告解决在望，清算所的董事会于 9 月 21 日宣布，塔普克将在继任者被指定后于 2010 年退休。

好的方面是，在清算所与竞标集团的僵持期间，清算所的行业机会极大地增长。在通用清算系统（GCS）项目失败后，伦敦清算所启动了一个系统升级项目，使它的服务能力超过了需求。此外伦敦清算所还在为衍生品发展新一代多资产清算平台，名为 Synαpse。

为抵消 2008 年 11 月能源合约转移到洲际交易所欧洲清算公司，以及 2009 年 7 月末纽交所—泛欧交易所衍生业务的中央对手方清算功能转移到纽交所—伦敦国际金融期货交易所清算公司（NYSE Liffe Clearing）的影响②，集团的伦敦和巴黎的中央对手方清算所以一个前所未有的快节奏推出新产品。

伦敦清算所在动荡的大宗商品、运费和能源市场中尤其活跃，充分证明了如果某一产品可交易、足够标准化且在未来可交割，那它便可被清算。同时为扩张现有的干货运费清算业务，该集团为柜台集装箱运费掉期协议、铁矿石、化肥和煤的掉期推出了新的清算服务。系统性风险的担忧以及更大的透明度要求促使人们再次审视柜台市场，例如伦敦的黄金批发交易之前就被认为应进行清算，但由于种种原因从未启动。

在场内交易方面，伦敦清算所扩大了它对美国的区域性能源市场诺达交易所（Nodal Exchange）的清算服务。2010 年更重大的事是，纽交所—泛欧交易所决定从 2012 年晚期开始停止使用伦敦清算所作为它的中央对手方清算机构；伦敦证券交易所发展内部清算设施的可能性渐增。这些挑战以及欧洲证券清算市场的价格战升级，将在下一章讲述。

百合竞标的核心，即掉期清算服务在动荡期间蓬勃发展，且之后得到加强。更多交易商银行加入了该服务系统，2010 年 8 月会员数量达到了 32 个。掉期清算系统扩张了产品供给，包括以美元、欧元和英镑计价的 50 年利率掉期，以及隔夜指数掉期（OIS）合约的清算。

该服务系统的管理层也得到了扩充，2010 年 8 月迈克·大卫（Michael Davie）被任命为掉期清算的首席执行官。大卫曾供职于摩根大通，在金融服务方面有 20 年经验，

---

① 伦敦清算所（2010 年 2 月 16 日），"2009 年年度报告和合并财务报表"。

② 该中央对手方清算服务之前被称为伦敦国际金融期货交易所清算公司（LiffeClear）。

包括交易、市场和操作。他在这一新设职位上的主要职责包括针对买方提供服务，雷曼兄弟破产和美国国际集团救援后的监管变化在该领域中（译者注：买方服务领域）开启了新机会。

2009 年 12 月，伦敦清算所成为第一家向利率掉期的买方客户提供清算服务的中央对手方清算机构。到 2010 年 3 月，在必要的监管审批后，买方企业已经可以通过在美国、英国、法国、德国、爱尔兰和瑞士的清算会员获得该服务。

正如图 19.1 所示，经掉期清算系统清算的交易的总名义金额在 2009 年 1 月到 2010 年 10 月期间增长了 62%，达 247 万亿美元，在 2010 年期间该系统清算了全球利率掉期市场的 40% 以上份额。[1] 2009 年年末前后，掉期清算为交易商间的全部新掉期业务的 90% 左右提供清算[2]，这与柜台交易商银行对美联储纽约的承诺相符[3]。

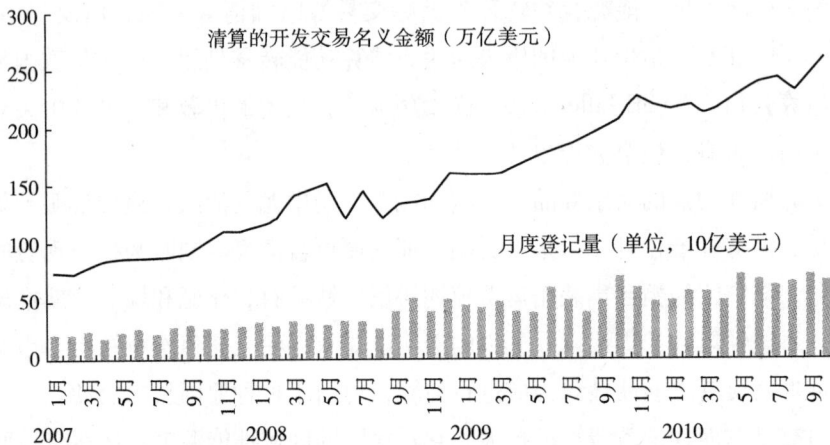

资料来源：基于伦敦清算所集团提供的数据。

图 19.1 掉期清算：危机中的增长

该集团更精细打磨的商业精明之处体现在，2010 年伦敦清算所开发了一项针对西班牙政府债券和回购协议的服务，这是清算所的回购清算（RepoClear）服务的一部分。该服务于 8 月推出，因此恰好在欧元区春季主权债务危机之后吸引了业务，它为交易西班牙债务的银行提供了匿名债券和回购协议交易，从而减少了对手方风险，并增加了财务报表对冲的潜在可能。不到一个月里，市场已通过该系统清算了 1 300 亿欧元以上的名义交易量，这帮助确立了伦敦清算所集团作为欧洲最大的债券和回购协议清算机构的地位。集团宣称它清算了欧洲政府债券和回购市场的 85% 左右，2010 年第二季度的清

---

[1] 数据来自伦敦清算所在 2009 年到 2010 年间发出的各种新闻发布。
[2] 伦敦清算所报告（2009 年 12 月 17 日），"伦敦清算所为全球柜台利率掉期推出买方清算"。
[3] 在 18.3 节中有详述。

算量比 2009 年增加了 37%，创下了 35 万亿欧元的纪录①。

百合插曲不乏讽刺意味。在挑战克里斯·塔普克的时候，百合联盟就是在和一个这样的人战斗：从伦敦清算所的董事长任期一开始，他就已经意识到必须把清算机构的股东结构基础和它的用户一致起来，并且采取行动最终达成了该目标。结果就是一个妥协，据一些估计，百合联盟实现了其最初目标的 80%。

同时百合的失败证明，在交易商获取对清算所的控制权上存在一些掣肘。事件进程在关键时刻受到了法国监管者行动的影响，比起英国同僚们，它们更多地参与伦敦清算所和百合竞标。法兰西银行和法国财政部施加压力，以保证证券清算能力留在巴黎。法国方面对清算的战略重要性的重视在某些方面与美联储纽约的观点相似。2008 年 10 月美联储纽约表明它反对交易商拥有重要中央对手方清算所：美联储纽约强迫美国主要的信用衍生品交易商接受洲际交易所对清算公司的援救，目的是为了完成信用违约掉期清算所的建设。

回过头来看，百合联盟的愿望看起来是堂吉诃德式的，且其行动在政治上是不恰当的。在大西洋两岸的大型交易商银行几乎成为社会弃儿的时刻，联盟成员却正在试图垄断利率掉期清算市场。不仅仅是美联储纽约采取了更高透明度，并为柜台信用和利率衍生品设定清算比例目标，而且随着美国国际集团救援的细节浮出水面，国会的氛围对交易商银行越来越不利。假使百合联盟成功了，由此引起银行手中的伦敦清算所股权的集中也会给予林奇修正案以额外推动力。百合竞标失败后，该修正案就立即出台了。

19.7 掉期清算的竞争对手

到百合联盟撤退之时，伦敦清算所已不再是全球银行间利率掉期市场清算的唯一争夺者。

在美国很快会立法对标准化柜台合约强制实施中央清算的预期下，两个美国供应商推出了它们的市场服务计划。首先是纳斯达克 – OMX 公司，通过它的国际衍生品清算集团（International Derivatives Clearing Group，IDCG）子公司提供了服务。

在纳斯达克于 2007 年年末收购 OMX 集团之后大约一年，纳斯达克 – OMX 集团将清算定义为首要增长领域。2008 年期间集团建起了清算资产的一个多样化组合：纳斯达克通过 2008 年 8 月收购波士顿证券交易所（Boston Stock Exchange）获得了美国清算的牌照；OMX 集团带着丰富的清算经验和清算技术加入了合并后的集团。集团的计划是由新近成立的纳斯达克清算公司（NASDAQ Clearing Corp）削弱集中存托清算公司在

---

① 伦敦清算所（2010 年 9 月 9 日），"公告：第一个月里清算的西班牙债务为 1 300 亿欧元"。

证券交易清算市场上的地位。

2008 年 10 月，纳斯达克－OMX 集团同意从富通银行全球清算公司（Fortis Global Clearing）手中买下欧洲多边清算设施（EMCF）22% 的少数股权，该清算设施为几个欧洲的多边交易机构（MTD）提供清算。当年末，该集团用 2 000 万美元收购了国际衍生品清算集团（IDCG）80% 的股权，后者是一个新成立的柜台利率掉期市场清算公司。国际衍生品清算集团下属的国际衍生品清算所于 2008 年 12 月得到了美国商品期货交易委员会的批准。

纳斯达克－OMX 集团对集中存托清算公司的威胁只是短暂的。集团在 2009 年 10 月放弃了该计划。集中存托清算公司通过较低费用和一个强力游说运动就送别了这一挑战，游说是基于这样的论据：在雷曼兄弟破产后全球金融体系仍旧脆弱的时候，"将美国的清算和结算分割开来"将会增加系统性风险。

然而，纳斯达克－OMX 集团在它的利率掉期清算计划上又向前迈了一步。

尽管掉期清算有着市场现任者的优势以及成功管理雷曼兄弟违约的美誉，新来者还是赢到了一些早期收益。

国际衍生品清算所是在一个前途充满光明的时刻获得了商品期货交易委员会的批准。正如前一章所述，美国将利率掉期的中央对手方清算作为 2009 年交易后政策的首要任务，由美联储纽约为柜台交易商银行间的利率掉期交易的中央清算设定百分比目标，从当年 12 月起生效。

2009 年 6 月，全球顶级资产保管人之一的纽约梅隆银行在国际衍生品清算集团中购买了小部分股权，并宣布为国际衍生品清算所提供保证金和抵押品管理服务。9 个月后，一个大型期货经纪商——新际公司（Newedge）成为了国际衍生品清算所的清算会员，目的是为客户提供利率掉期市场的中央对手方服务。

林奇修正案（Lynch Amendment）对国际衍生品清算所加以支持，因该清算所主要由公开上市的交易所集团拥有[①]。尽管林奇修正案最后退出了美国的柜台衍生品立法体系，但它被包含在了众议院 2009 年 12 月的金融改革法案中，这充分说明了纳斯达克－OMX 集团对国会的游说技巧之精湛，国会的许多评论员称其为"纳斯达克修正案"。

但是在 2010 年 3 月国际衍生品清算所作为房利美和房地美（两大美国房地产金融公司）巨大掉期组合的潜在清算机构出现时，该清算所才被正式定义为伦敦清算所集团的挑战者[②]。房利美和房地美利用利率掉期来对冲它们的按揭组合和借贷成本之间的利

---

① 见 18.8 节。

② 该消息出现于美国期货行业协会 2010 年 3 月 11 日在伯克莱屯的会议，联邦住房金融机构的清算工作组的一名负责人玛莎·提然南兹（Martha Tirinnanzi）透露，房利美和房地美公司通过国际衍生品清算所、伦敦清算所以及一个仍处于开发阶段且由芝加哥商业交易所集团所有的清算平台进行了一个影子掉期组合清算的测试。

率差，其按揭组合总额估计共为 2.5 万亿到 3 万亿美元。为这些机构提供掉期清算是伦敦清算所数月以来一直追求的业务。

2010 年 4 月，伦敦清算所对国际衍生品清算所的风险管理标准进行了一次措辞严厉的攻击，指出该中央对手方清算所进行的是恶性风险竞争，因此违背了清算行业的重要戒律之一。里戴尔（Lidell）警告说，这个伦敦清算所集团的美国竞争对手收取的保证金"几乎是鲁莽胆大妄为的"。[①]

里戴尔抱怨说，国际衍生品清算所居然用期货行业的标准来作为其掉期清算保证金的基础。一个尤具破坏性的指责是：伦敦清算所集团的这个竞争对手在设定保证金标准时，仅参考过去 125 天的掉期交易数据，这意味着它忽略了雷曼兄弟违约时期的价格波动。与此形成对比的是，伦敦清算所回顾过去 5 年的掉期价格变动。

指责遭到国际衍生品清算所的强烈反驳。但里戴尔的评论不同寻常地坦率和公开，将一个长期持续的争论摆到了公众眼前，即在清算所的标准方面"向底线竞争"的风险。

这场风险管理的论战强调突出了这两个供应商对掉期清算采取的不同方法。国际衍生品清算所模式是基于将利率掉期转化为利率掉期期货合约，该公司坚持说，期货特征使得它的保证金政策是合理的。然而伦敦清算所坚持认为，看似相同的掉期期货合约与掉期合约（经掉期清算处理的）具有相同的风险。

国际衍生品清算所的目标市场，也将这个新来者与掉期清算系统区别开来。

掉期清算系统的基础是伦敦清算所集团与交易商群体间的合作。这从交易商的一个承诺中反映出来：在必要时（向该系统）提供资产以帮助解决清算会员违约问题。

国际衍生品清算所，正如新际公司（Newedge）对其支持所显示的，目的是发展一个服务于期货经纪商（FCMs）的市场，它们是众多资产类别的经纪商。根据新际公司金融期货及期权全球执行部门的负责人约翰·鲁斯金（John Ruskin）所说，美国强制实行柜台产品的标准化，这为期货经纪商开启了机会。对于新际公司，国际衍生品清算所的清算会员资格是一个发展订单执行业务，以及为客户清算的策略的一部分[②]。

国际衍生品清算所在尝试利率掉期清算的方法上并不孤独。芝加哥商业交易所集团于 2010 年 10 月与掉期交易商、清算会员公司以及买方企业一同为柜台利率掉期开发[③]了一个多重资产类别清算服务，该服务许诺了一个新的系统，能实现柜台产品和基准国

[①] 伍德·当肯（Wood Duncan）（2010 年 4 月 5 日），"随着房利美和房地美清算战争升温，伦敦清算所的首席执行官称对手'无所顾忌'"，风险杂志。

[②] 鲁斯金在 2010 年 6 月 8 日一个关于"期货经纪商的新天地"小组讨论上的讲话，2010 年国际衍生品展览会（IDX），伦敦。

[③] 根据芝加哥商业交易所集团（2010 年 10 月 18 日），"芝加哥商业交易所集团开始清算柜台利率掉期"，新闻发布；http://cmegroup.mediaroom.com/index.php?s=43&item=3073&pagetemplate=article（2010 年 12 月 20 日登录）。

债及欧洲美元期货的交叉保证金计算。该系统一旦被商品期货交易委员会批准，将为用户带来资本效率并撼动市场。

19.8 对买方的保护

房利美和房地美作为中央对手方清算的潜在客户出现，表明在掉期终端用户间存在潜在的巨大清算市场。这些运用利率掉期的对冲基金、基金管理人和企业被统称为"买方"，在开放头寸总额中它们比进行掉期交易的银行所占份额更大。

2009 年 6 月，国际清算银行（BIS）预计，利率掉期的 341 万亿美元的市场名义总金额中买方占 208 万亿美元。2009 年 12 月，伦敦清算所为买方推出了掉期清算系统之客户清算服务（SwapClear Client Clearing Service），它预计名义金额 146 万亿美元的利率掉期"潜在地"可适合于掉期清算系统进行清算。

直至雷曼兄弟违约事件之前，买方企业对中央对手方清算几乎毫无兴趣。一夜之间这就发生了变化，对冲基金和管理人备尝艰辛才了解了清算所提供的安全保护。

雷曼兄弟违约事件 4 个月后，集中存托清算公司的唐·多纳休（Ton Donahue）在讲话中回忆，那些没有接受固定收益清算公司（FICC）的抵押支持证券清算服务的买方企业是如何受到了危机影响。固定收益清算公司是集中存托清算公司的子机构。

"有许多买方企业并不是固定收益清算公司的抵押支持证券（MBS）部门的会员，因而未受到该公司提供的风险保护，"多纳休回忆道。"当他们意识到自己的境地时大惊失色。他们的交易并不为集中存托清算公司所知，也并未缴纳保证金，因此固定收益清算公司（FICC）无法保全它们。危机之后，它们很快开始努力争取成为该清算机构的会员。[1]"

一些切实原因阻止了买方企业成为中央对手方清算所的清算会员。通常买方企业比卖方经纪交易商拥有较少的财务资源；它们缺乏清算所违约基金要求缴纳的资金、违约清理措施要求贡献的专业技术。任何买方企业都不太可能像掉期清算系统的交易商那样去协助伦敦清算所：交易商们在掉期清算的会员（雷曼兄弟特殊金融公司）违约后，帮助管理了雷曼兄弟 9 万亿美元的利率掉期组合。

这意味着，买方企业参与中央对手方清算所的方式通常是作为清算会员的客户。洲际交易所—美国信托于 2009 年 12 月在美国携手 12 个清算会员及 10 个买方企业合作推出了信用违约掉期清算的买方解决方案，该公司确实也选择了上述这一方式。

然而，通过清算会员来获取中央对手方清算服务，对欧洲的买方机构而言远不是一

---

[1] 与作者的谈话，伦敦，2009 年 1 月 12 日。

个显而易见的解决方案。如第 3 章所述，尽管在雷曼兄弟国际欧洲违约后，中央对手方清算所成功地将它的客户账户转移到了其他清算会员名下，但仍存在一些情况，客户保证金被归还给破产管理人普华永道，并被冻结数月。

欧洲期货交易所负责清算的执行董事会会员托马斯·布克（Thomas Book）告诫说，这对行业而言是一个重要的问题。雷曼兄弟违约后破产管理人的举动，质疑了"清算所为个人客户的价值主张"①。

布克说：

> "这是我们第一次发生大的居间失败，并且该居间对应的间接客户被锁在其中。说到底，如果我作为一个清算所的终端客户，我想知道的就是：面对中央对手方风险时我是安全的。我们作为一个行业必须解决这一问题，从而在类似违约情形下，不会再次发生抵押品、资产或头寸被冻结的情况。"

雷曼兄弟国际欧洲问题的一个原因是，英国体系下破产管理人的个人责任制。因此，在伦敦清算所和其他清算所推广买方清算之前，它们必须设法将客户资金置于破产管理人的控制之外。解决方法是：买方机构通过清算会员进行交易，但客户资金要隔离，并且在违约发生时头寸和保证金应具有增强的可转移性（译者注：在一个清算会员违约时，清算所通过指定或替代交易将该会员的交易头寸及相对应的抵押品"转移"给资信强健的一个或数个其他清算会员）。

当伦敦清算所 2009 年 12 月推出掉期清算之客户清算服务时，其结构设计使客户的头寸及抵押品能够在该客户的清算会员违约情况下被转移到另一清算会员处，或由与另一清算会员进行的新交易来替代。客户可以选择单独分隔账户。另外伦敦清算所设计了一个"资产转让契据"（deed of assignment），由客户和清算会员签订，防止客户资金被破产管理人冻结。

欧洲期货交易所也设计了一个"个人分隔方案"（individual segregation solution），在清算会员违约情况下为客户头寸及抵押品的迅速转移提供法律确定性，于 2010 年年末实施。据布克所说，该方案也将应用于欧洲期货交易所清算公司的上市交易产品业务。

在美国，关于房地美及房利美清算的讨论暴露了英国法律的持续不确定性，因而伦敦清算所对掉期清算系统进行了调整，使买方企业客户能以一种期货经纪商的方式获得服务。这种方式保护了客户抵押品及头寸的可转移性，且由纽约法律进行管辖。

---

① 2010 年 6 月 8 日在一个关于"进化中的清算模式"小组讨论会上的评论，2010 年国际衍生品展览会，伦敦。

在初期的几个月时间里，买方机构对清算的热情在上下起伏。随着雷曼兄弟破产危机的记忆渐渐退去，参与中央对手方集中清算的理由似乎变得不那么迫切了。清算所要求的保证金对一些资产管理人而言是个问题，因为它们带来了额外且陌生的成本。

然而，2010 年 12 月，意大利的银行（Banca Monte dei Paschi di Siena）的子机构 MPS 资本服务公司宣布，同意通过巴克莱资本在掉期清算上进行利率掉期清算。该交易的重要性体现在它的名义金额上——后期转入的交易金额超过 2 000 亿美元（译注：在清算系统启动之前交易的开放头寸，后期可自愿指定到清算系统进行清算）。

其他那些清算模式（基于将柜台产品转化为交易所交易或类场内交易产品）能有多大吸引力，还有待观察。而上述这一看起来很适合于买方的方式起初得到了芝加哥商业交易所集团的支持，2008 年它曾推出过这类服务（尽管短命而终）。集团 2010 年推出的利率掉期清算服务针对的也是该交易商群体，它的要点特征在于：交易执行过程、其他双边柜台合约的特征，以及对清算会员的 10 亿美元净资本要求[1]。

不管未来如何，清算所不再忽视买方。如芝加哥商业交易所集团清算部门（CME Clearing Division）总裁金·泰勒（Kim Taylor）2010 年 6 月所述："我们在柜台清算上努力开发的任何产品，也都将包含买方方案，这是我们未来业务的一个非常重要部分[2]。"

---

[1] 芝加哥商业交易所集团为利率掉期清算提供服务的消息发布于本书刚刚完成时，因此在书中未来得及做详细描述。

[2] 2010 年 6 月 8 日在一个关于"进化中的清算模式"小组讨论会上的评论，2010 年国际衍生品展览会，伦敦。

第 20 章

位 置 调 换

20.1 竞争、增长与扩张

柜台衍生品交易的清算热潮只是雷曼破产后几年清算发展故事的一半。清算同时也成为各大交易所在愈发激烈的竞争环境下巩固业务战略的一个重要部分。

金融危机之前几年的放松管制，使得交易业务层面上的竞争达到白热化，这同时破坏了大西洋两岸许多交易所的传统结构。

然而，股票交易所和衍生品交易所受到的影响却不相同。另外，在股票市场方面大西洋两岸的监管变化在范围上相似，但其对清算产生的结果却截然不同——因为两岸的交易所及其清算服务的结构和监管方式不一样。

在美国，30 年来股票市场监管的最大变化发生于 2007 年 3 月。国家市场监管体系（Reg NMS）目的在于刺激美国证券市场的竞争，而其中最强有力的一个条款要求所有经纪商必须保证投资者在买卖股票时获得最优价格，无论是在哪一家交易所交易。

该体系对历史悠久的美国证券交易所影响是巨大的：市场份额、收费和利润骤降。现有的交易所大量投资于电子交易技术，以加快交易速度并吸引日益重要的算法交易商。这些努力大多没有回报。例如，2010 年前几个月，纽约证券交易所（NYSE）在上市股票交易上的份额低于 30%，而 4 年前约是 75%。从纽交所、纳斯达克及其他股票交易所的市场份额下降中获益的是其他交易场所，例如总部位于密苏里州堪萨斯城的，由摩根大通、摩根士丹利及其他投资银行所支持的 BATS 交易所。

美国股票交易上的动荡几乎对清算没有任何直接影响。美国集中存托清算公司同时充当了处于窘境的传统交易所及新兴交易所的中央对手方清算所。它的挑战只在于处理日益增长的交易量，这一方面是由国家市场监管体系引起的，另一方面是由波动性的加剧引起的。[①]

---

① 据集中存管信托清算公司清算公司 2007 年年报，2007 年，即国家市场监管体系（Reg NMS）生效那年，集中存管信托清算公司的子机构——国家证券清算公司（NSCC）平均每天处理 5 400 万笔交易，而 2006 年为 3 400 万笔。2007 年处理的 135 亿笔交易，比前一年的 85 亿美元高 59%；轧差之前的交易额从 175 万亿美元上升为 283 万亿美元。2007 年，轧差将待清算交易金额减少了 98%，至 5.2 万亿美元。

然而，美国的新监管规则对清算产生了间接影响。美国的证券交易所和其他地方的交易所一样，认定它们未来的增长点在于发展衍生品交易市场。结果正如之前指出的，纽约证券交易所和纳斯达克在兼并收购热潮中购入了衍生品交易设施及中央对手方清算机构，使交易所场内的衍生品业务竞争更为激烈。

这些进展开始模糊期权、期货和现货证券市场及它们的清算所之间形成久已的界限，虽然仍未完全抹除。这鼓励了新竞争者参与上市交易衍生品的竞争，并利用创新的清算方案来达成目标。

欧盟金融工具市场法规（MiFID）与美国的国家市场监管系统（Reg NMS）类似。它也要求最好的交易执行，并且对多边交易设施（MTFs）及其他替代性平台开绿灯。正如美国的全国市场监管系统一样，金融工具市场法规引发了欧洲证券交易平台之间惨烈的价格战，反过来鼓励证券交易所（如伦敦证券交易所）向衍生品和清算领域扩展。

但与美国相反，欧洲价格战直接波及了现货证券清算业务，因为在欧洲没有类似美国集中存托清算公司的子机构——国家证券清算公司那样的垄断型中央对手方清算所，能为所有的不同证券交易场所提供清算服务。此外，因为金融工具市场法规以及清算交收行为准则主要侧重于证券市场，欧洲的衍生品交易所的进一步垂直化不可阻挡。

的确，一旦监管机构及竞争管理当局明显不会阻碍交易和衍生品清算垂直结构的发展趋势，垂直结构就会像在美国那般在欧洲普及。

激烈的竞争给原有的清算机构造成了压力，特别是欧洲的伦敦清算所和美国的芝加哥商业交易所集团（CME Group）。伦敦清算所面临一些尤为严峻的挑战，如证券清算的利润大幅下滑，并且其主要的交易所客户——纽交所—泛欧交易所宣布了自己全面掌控欧洲清算业务的计划。

20.2 欧洲证券清算的费用下降

在抵御百合联盟（见19.4节）的同时，伦敦清算所集团的管理层还必须面对欧洲证券清算市场的严峻挑战。

2006年开始的费用削减只是价格战的第一步。在2007年11月欧盟金融工具市场法规（MiFID）生效后战役进一步升级。诸如Chi–X交易所、绿松石（Turquoise）平台和BATS欧洲交易平台这类的多边交易设施（MTFs）从传统交易所手中抢走了市场份额，并且将交易费压得更低。多边交易设施的增长[1]，以及他们倾向于选择如欧洲多边

---

[1] 其他在2009年开始运营的机构包括：总部位于匈牙利的QUOTE MTF（名字相当怪异的北欧证券的地方性多边交易设施），以及纳斯达克OMX集团欧洲公司，或称为NEURO。因缺乏市场支持，纳斯达克于2010年关闭了这家独立于纳斯达克OMX集团北欧公司的企业。

清算设施（EMCF）和欧洲中央对手方清算这样的新清算机构，使得竞争扩展到了清算水平上，损害了原有以及新建的中央对手方清算所的盈利。

欧洲单笔证券交易的清算费用从 2007 年起骤减，且在 2009 年更加剧。4 月，在主要客户绿松石平台（Turquoise）经历了数月可怕的交易量和股价下跌后，欧洲中央对手方清算所将单边清算费由 0.06 欧元下调至 0.05 欧元。作为回应，欧洲多边清算设施也将英国证券清算的费用下调了 40%。伦敦清算所在 5 月也作出回应，把新证券清算系统（EquityClear）对伦敦证券交易所和多边交易设施的大型用户的收费调低至每笔 1 便士，清算所声称伦敦的现货证券清算费用比 2007 年 1 月降低了 60%。

随着各个中央对手方清算所竞相吸引算法交易商所使用的交易平台，以及行为准则之下预期的操作互通推广准备就绪，更多降价接踵而至。例如，欧洲中央对手方清算公司从 2009 年 10 月 1 日起将依据交易量把单边费率调整到 0.002 欧元到 0.03 欧元之间。

多边交易设施都在亏损。2009 年，推出绿松石（Turquoise）平台、使之与伦敦证券交易所竞争的那些投资银行，同意了伦敦证交所对绿松石的收购。投行们变为了该多边交易设施的小股东，而该设施之后与伦敦证券交易所的"贝加尔湖非公开定单册（Baikal）"业务合并。

这场混乱影响了证券清算中央对手方机构的收入和利润。伦敦清算所的费率下降导致该集团的证券清算费用收入从 2009 年的 1.146 亿欧元下降到 2008 年的 6 060 万欧元。由于费率降低对未来收入的影响，集团对其在伦敦清算所巴黎的投资做了 3.934 亿欧元的损失减值。这使得资产负债报表上的商誉估值由 5.18 亿欧元降至 1.104 亿欧元，并导致 2009 年净损失 9 100 万欧元[①]。

"按目前的收入和成本来看，我猜想没人在盈利"，伦敦清算所董事长克里斯·塔普克（Chris Tupker）在 2009 年 9 月说道。对伦敦清算所而言，欧洲的现货股票清算业务几乎已成为了一个"能否盈亏持平"的问题[②]。

几个月后，欧洲中央对手方清算公司报告，其第一个完整运营年度，即 2009 年的运营亏损达到 1 100 万欧元，而其启动那年，即 2008 年的年度亏损为 1 400 万欧元。在告诫说其亏损会持续至 2015 年的同时，该证券中央对手方清算所披露：它的母公司集中存托清算公司在 2010 年前 7 个月中对其注资 2 960 万欧元，以确保其满足监管者金融服务管理局的资本要求[③]。

对比之下，欧洲多边清算设施 2009 年报告盈利，每日平均清算 160 万笔交易，市

---

① 伦敦清算所集团（2009 年，2010 年）"年报及合并财务报表"。关于该集团财务报表中的商誉的背景，见 15.5 节。

② 在欧元区金融论坛上的讲话，瑞典高登堡，2009 年 12 月 30 日。

③ 欧洲中央对手方清算公司（2010），"2009 年 12 月 31 日报告及财务报表"。

场份额35%，其当年的净利润从2008年的300万欧元增加了120%到663万欧元，收入增长42%达1 720万欧元。但2009年它并未支付股息（对比前一年，它从留存利润中派发了142万欧元股息），而是选择了将股东权益从800万欧元扩大到1 463万欧元①。

竞争对手诽谤说欧洲多边清算设施的净利润来自其荷兰母公司基础设施的累积收益，并且不必像它成功显赫的主要客户 Chi－X 交易所那样有偿使用一个很大的资本基础。

在证券成交量乏力之时，欧洲多边清算设施2010年不顾一切地将价格战带入了新阶段，想以激进的定价计划吸引交易量大的清算会员。

8月末，伦敦清算所打出了王牌，至少是对伦敦的大交易量的清算会员而言。它实施了阶梯下滑的收费结构，对日均交易量超过15万手者提供免费证券清算。

约一周后，瑞士清算所 SIX x－clear 宣布新的费率表：平均收费削减15%，大客户费用削减30%，从2011年1月起生效。

回顾2010年9月之前，自集中存托清算公司的子机构——欧洲中央对手方清算公司带着它的成本价运营模式进入欧洲市场以来，其董事长迈克·博德森（Mike Bodson）估计欧洲证券清算成本在两年内降低了近80%②。

表20.1详尽体现了欧盟金融工具市场法规以及金融危机对于欧洲清算行业的影响。它表明了2007年后证券收入下降以及多边清算设施（MTFs）的竞争如何压低了证券清算服务收入，并导致了对大用户的清算收费下降。

欧盟金融工具市场法规（MiFID）以及金融危机的影响：

电子订单登记交易
主要交易场所 单位：10亿欧元
数据来源：欧洲证券交易所联盟（FESE），布鲁塞尔

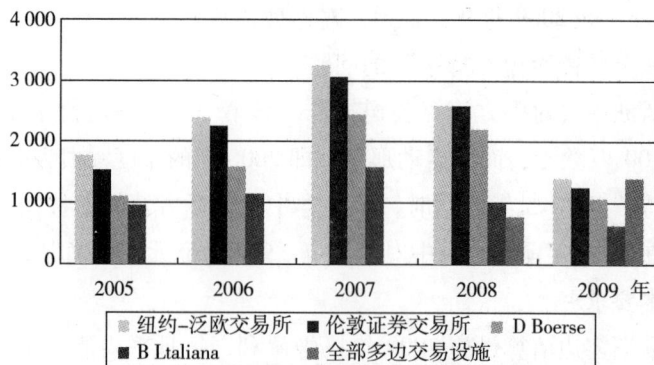

图20.1 电子订单登记交易

---

① 欧洲多边清算设施（2010），"让所有人看得到的清算解决方案，2009年年报"。
② 在一封给作者的邮件中的评论，2010年12月7日。

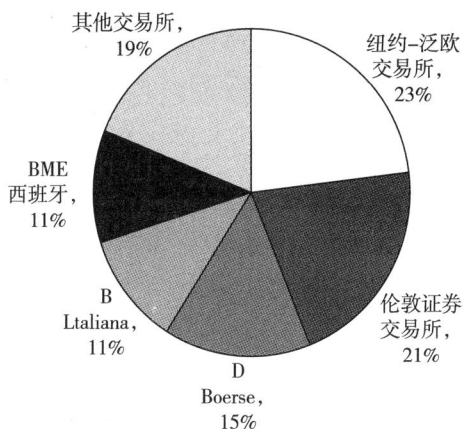

图 20.2　2006 年首收份额

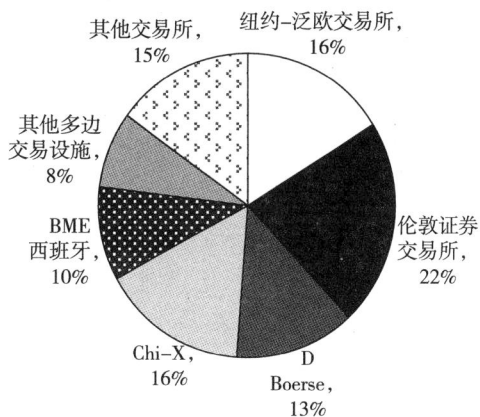

图 20.3　2010 年首收份额

\# 包括 BATS 4.7% 以及绿松石 2.9%；

* 包括意大利证交所

证券清算费用收入

伦敦清算所

单位：百万欧元，基于年报数据

图 20.4　证券清算费用收入

证券清算费用结构

伦敦清算所的例子

单笔交易费用　单位：便士

起始时间：2010 年

150 000 及以上	0
75 001～150 000	0.5
50 001～75 000	1
40 001～50 000	4
20 001～40 000	5
10 001～20 000	7
10 000 及以下	10

图 20.5　证券清算费用结构

20.3　算法交易和高频交易的清算

2010 年夏天结算费用的削减结构，印证了证券市场上算法交易和高频交易重要性的快速增长。两者常被相提并论。但尽管密切相关，"算法"和"高频"交易却是同一科属的不同物种。

21 世纪 10 年代末，几乎所有交易都在一定程度上涉及算法。然而高频交易却是另一回事。高频交易是利用计算机来执行交易策略，在极短的时间内捕捉交易机会，其发展带来了证券交易量的激增，而这些头寸持有时间极短，很少留隔夜。

高频交易（HFT）的发展，导致了原有交易平台（交易所）和多边交易设施（MTFs）之间的"军备竞赛"，它们用昂贵的系统升级来吸引交易商的业务订单流入，对交易执行速度的要求开始是用毫秒为衡量（千分之一秒），后来又提升至微秒（百万分之一秒）。这意味着，理论上数以千计的交易可能在眨眼间就被执行。

高频交易者首先被各类平台奉为流动性提供者，从而也是买/卖价差缩小过程中的重要贡献者，帮助平台确立它们的竞争地位。这就使这些交易者有了议价优势，得以压低费用，并且将新老交易平台都推向费用下降和投资成本上升的双向螺旋中。这个过程也不可避免地给证券清算费率施加下降压力。

高频交易对交易量的影响到底有多大，仍是个有争议的话题。但到2010年，人们普遍认为高频交易占到了美国交易的大约60%，而在交易量较低的欧洲，这个比例估计在40%左右。

尽管高频交易帮助投资者降低了交易成本，但它也有自己的缺陷。有些人认为，算法交易和高频交易技术被用于进行市场操纵，通过高速度来复制"领跑优势（front running）"。这是一种非法操作，即交易商为自营账户执行订单的同时，利用了提前知悉投资者订单信息的优势。另外高频交易在某些情况下的头寸持有时间以秒来计，显然在资本供给方面的价值不高。

更大忧虑凸显在2010年5月6日所谓的"闪电崩溃"中。在大约20分钟时间内，道琼斯工业指数暴跌近1 000点，之后突然扭转以347.8点收盘。

在一个个人退休金与股市表现密切相关的国家，"闪电崩溃"给个人投资者情绪带来了毁灭性的负面影响。在将近五个月之后官方才对此异常事件做了一个明确解释，这无济于事①。

"闪电崩盘"引发了激烈争论，主题是交易前的透明度以及断路器的升级换代，目的是在其失去控制前"阻止"高频交易。然而高频交易对于清算的影响相对没那么直接。"日平交易"的数量优势意味着，每个交易日终了时，对于中央对手方清算所和清算会员担负的隔夜风险来说，高频交易的影响是中性的。自从雷曼兄弟违约事件之后，中央清算所对于证券市场更大波动性的一致反应就是，提高证券清算的初始保证金以及必要时提高盘中保证金要求②。

---

① 闪电崩溃是在一个共同基金决定卖出价值41亿美元的75 000份电子迷你标普500期货合约时引发的，当时市场非常动荡而且稀薄，该基金用的是卖出算法交易。该算法仅在20分钟内执行了卖出计划，导致电子迷你、其他期货合约及个股的下跌。商品期货交易委员会和证券交易委员会（2010年9月30日），"关于2010年5月6日市场事件的调查结果"。

② 例如在雷曼兄弟破产之后，伦敦清算所提高了伦敦证券清算的保证金追加通知次数，每天5~8次。

尽管大多数经验教训似乎都是在交易前领域，"闪电崩溃"的绝对规模和速度对清算所的日内风险提出了一些令人不快的问题。风险可能是巨大的。

这反过来为证券交易实时清算的想法注入了新生命，该想法如果可行，将可以免去所有用于支撑证券中央对手方清算所业务模式的各种保护措施和保证金工具。韦纳·赛弗特（Werner Seifert）在担任德意志交易所的首席执行官时，曾经追求过实时清算的目标，这也正是他 1999 年否决法国、德国和卢森堡的证券结算基础设施的三方合并项目的原因之一①。

实时清算在新世纪伊始只是个遥不可及的梦。但到了 2010 年，至少有一家总部位于瑞典的公司（Cinnober，一个较小的公司但却是交易平台和报告平台的成功开发者）已开发出一个新的清算系统，专门与高频领域相匹配。在一连串的清算结算行业会议上，Cinnober 公司的董事长尼尔斯·罗伯特·珀森（Nils - Robert Persson）强力推荐其 TRADExpress 实时清算系统，该系统提供了一个多种资产类别清算体系，能实时计算风险。根据珀森（Persson）推介，该系统能以毫秒级的速度进行风险计算，是世界上最快的系统，能将违约风险降至最低。他声称该系统适用于现货股票、衍生工具或柜台的清算，在这个风险管理能力第一重要的世界里，它将给用户带来竞争优势。

清算的发展之路散落着许多被大肆宣扬的，但却辜负众望的技术突破，在 Cinnober 公司这里，可能还有机会将承诺与现实做个对比，因为该公司在 2010 年 2 月宣布接到了来自一名当时未透露姓名的客户的第一笔系统订单。

20.4　欧洲的操作互通：进展与阻碍

临近 2008 年年末，清算费用的螺旋式下降进一步推进：伦敦清算所和 Six x - clear 系统为伦敦证券交易所推出了竞争性清算。

两家清算所之间的操作互通连接，是它们在"欧盟行为准则"签署之前就于 2006 年 5 月达成协议的结果。为尽快利用用户选择权的优势，瑞银的投资银行部门 2008 年 12 月将其伦敦的证券交易清算从伦敦清算所转到了 Six x - clear 系统平台上，德意志银行几个月后紧随其后。

操作互通从协议阶段到付诸行动，是一个漫长且令人厌倦的过程，两年半的时期内充满了推迟、后退以及困惑。虽然 Six x - clear 系统平台的首席执行官马扣·史特里默（Marco Strimer）始终坚持着对操作互通的热情支持，伦敦清算所和伦敦证券交易所先后提出了反对，造成了延迟。

① 见 12.4 节及 15.2 节。

但在 2009 年，对于操作互通的兴趣突然开始上涨。1 月下旬时障碍被突破了：纳斯达克 OMX 集团完成了对欧洲多边清算设施（EMCF）22% 的股权收购，与荷兰富通银行一起成为了小股东，后者当时已由荷兰政府国有。纳斯达克 OMX 集团选择了欧洲多边清算设施为其北欧市场提供中央对手方清算服务，此前北欧市场仍没有证券的中央对手方清算。与该声明一起出台的是对欧洲操作互通的支持承诺。大量交易平台与中央对手方清算所之间，以及中央对手方清算所间的互通连接协议随之而来（见表 20.1）。

表 20.1　　　　　　　　　　互通操作协议：2009 年 2 月至 5 月

- 2009 年 2 月 3 日：欧洲多边交易设施（EMCF）和 Six x - clear 公司签署谅解备忘录，允许 Chi - X 交易所平台的用户选择两家中央对手方清算所。
- 2009 年 2 月 5 日：纽交所—泛欧交易所集团经营的非公开订单册业务 SmartPool 平台，开始和伦敦清算所合作清算比利时、法国、荷兰和葡萄牙的股票，同时与欧洲中央对手方清算机构（EuroCCP）合作为其他 10 个市场提供清算服务①。
- 2009 年 5 月 5 日：使用欧洲多边交易设施为其提供清算服务的 BATS 集团，任命伦敦清算所为它的第二家中央对手方清算机构，进行英国和瑞士的股票清算。
- 2009 年 5 月 6 日：伦敦清算所宣布了一项谅解备忘录，将为 Chi - X 交易所提供中央对手方清算服务。在那之后清算所又被选中为纽约证券交易所 Arca 欧洲（NYSE Arca Europe）提供中央清算服务，后者是纽交所—泛欧交易所集团的多边交易设施（MTF）之一。
- 2009 年 5 月 7 日：欧洲中央对手方清算公司和 SIX x - clear 公司签署关于操作互通的谅解备忘录，允许绿松石（Turquoise）以及绿松石所选择的其他平台在这两个中央对手方清算机构间提供竞争性清算。
- 2009 年 5 月中旬：德意志交易所首次同意放开它的证券清算筒仓，与 SIX x - clear 达成建立证券交易的相互清算连接的协议。
- 2009 年 5 月 19 日：欧洲多边交易设施和伦敦清算所签订关于操作互通的谅解备忘录，为与 SIX x - clear 系统的三方竞争清算铺开了道路，这将允许交易商为这三家清算所所服务的平台上的共同交易选择一个单一的中央对手方。

伦敦清算所的情形是，因为用户的规模效益以及 2008 年危机后资金逃向高品质项目，几个多边交易基础设施（MTFs）选择了该集团与新的清算所共同为交易提供清算服务。操作互通承诺减少了交易者在不同中央对手方清算所分别缴纳保证金的需要，从而降低了交易成本，使风险得到更有效的管理。BATS 欧洲公司（BATS Europe）则将伦敦清算所与欧洲多边清算设施一同作为它的清算所，这样一来，一些交易者能够把 BATS 欧洲平台上的交易与原来在伦敦清算所清算的、其他交易平台上的交易相加总，从抵押品的效率节约以及成本降低中受益。

---

① 尽管该协议未符合准则定义的运营互通，但仍标志着现货证券清算的欧洲市场开放的更进一步。

2009 年 10 月，欧洲的证券清算进入了一个新地理领域。纳斯达克 OMX 集团北欧公司（Nasdaq OMX Nordic）为 9 种北欧证券（在该公司哥本哈根、赫尔辛基和斯德哥尔摩运营的交易所上市）引入了强制性中央对手方清算①。但该战略的下一步，即从 2010 年 1 月开始允许欧洲多边清算设施、SIX x-clear 系统以及欧洲中央对手方清算公司提供竞争性清算服务，却受到了阻挠。

2009 年期间签署的各种协议和谅解备忘录须得到监管者的批准。10 月，监管机构暂停了伦敦清算所、SIX x-clear 系统、欧洲多边清算设施和欧洲中央对手方清算公司之间即将达成的协议，担心它们提出的交互保证金安排（中央对手方清算所之间）在极端情况下会导致系统性风险。德意志交易所与 SIX x-clear 系统间的协议也被叫停。

在操作互通安排下，一个清算所在交易量到达峰值时，可能无法提供足够的抵押品以覆盖与其他参与清算所的头寸，荷兰、英国和瑞士的监管机构是在发现这点后采取的行动。伦敦清算所与 SIX x-clear 系统之间原有的证券清算（伦敦证券交易所交易的证券）的操作互通安排仍继续运行。

监管者的决定体现了雷曼兄弟破产事件后一个新的认识：即操作互通的中央对手方清算所之间的风险蔓延。在危机之前，欧盟委员会曾考虑将行为准则延伸至衍生品领域。现在，监管机构共同意识到了之前某些清算所管理人员提出的疑虑。

例如，在欧洲证券基础设施联络小组（COGESI）2008 年 6 月的一次会议上，欧洲央行被告知"市场参与者极为关注操作互通对于清算所的业务稳健性的影响"。当讨论到中央对手方清算所冒风险竞争的危险性时，据报一位未透露姓名的参与者警告说，中央对手方清算所之间的互通连接可能产生"一个致命的漏洞"②。

为打消这种疑虑，欧洲清算所协会（EACH）已在 2008 年 7 月发布标准，提供了一个框架，以帮助清算所从风险管理的角度评估准则下的操作互通请求③。

但疑虑仍挥之不去。继 2009 年 5 月一系列的谅解备忘录之后，欧洲中央对手方清算公司的首席执行官戴安娜·陈（Diana Chan）提出了一个"操作互通欧洲公约"，要求所有的中央对手方清算所接受透明的风险管理标准，以避免"风险从一家中央对手方

---

① 斯堪的纳维亚半岛上较晚出现中央对手方清算所，这是个历史奇事。作为该区域中央证券存管机构（CS-Ds）股权的重要地方性管理机构，该地区的大银行多年以来坚决抵制引进证券的中央对手方，显然是担心中央对手方清算所的轧差业务将意味着该地区中央证券存管机构（CSDs）的业务下降和收入降低。然而 2008 年，总部位于布鲁塞尔的中央证券存管机构的运营商——欧洲清算（Euroclear）收购了北欧中央证券存管中心（Nordic Central Securities Depository），而后者拥有并运营着芬兰和瑞典的中央证券存管机构的业务，几乎是瞬间，斯堪的纳维亚半岛对于中央对手方引入的阻碍就消失了。
② 摘自欧洲中央银行（ECB）（2008 年 6 月 19 日），"欧洲证券基础设施联络小组（COGESI）第 18 次会议的会议摘要"。
③ 欧洲清算所协会（2008 年 7 月），"中央对手方间的风险管理标准"。

传导至另外一家"而可能造成系统性风险蔓延①。

然而与此同时，欧洲现货证券市场的用户仍然希望建立互通性，以施压降低成本并撼动垂直结构根深蒂固的地位。受到影响的清算所没有放弃它们的计划，相反，它们提出了建议以克服监管阻力。

欧洲中央对手方清算公司建议，操作互通的中央对手方清算所应提高自己的违约金金额，以在"极端但是合理的情况下"覆盖自身和其他清算所作为对手方的风险敞口②。欧洲多边清算设施敦促修改欧盟法律，目的是协同中央对手方清算所的立法③。作为对辩论会的贡献，伦敦清算所和 SIX x‒clear 系统公布了它们的《全球连接主协议》(Global Master Link Agreement)，该协议经受住了雷曼兄弟破产事件的考验④。在后来公布的协议全文中⑤，它授权每个清算所决定交易是否适合于清算，并归纳了一个保证金管理过程，以保证每个中央对手方清算所的完整性和安全性。协议还包括保护性条约，在一家中央清算所违约情况下尽量减小风险蔓延。

这时伦敦清算所对监管耽搁已经非常恼怒。具讽刺意味的是，尽管最初对互通性持保留态度，该清算所急切希望开始为多边交易设施（MTFs，2009 年已与它签署谅解备忘录的那些）提供服务，现在它感觉到与其他中央对手方清算所相比自己拥有竞争优势：因为收费降低、"成本价运营"模式的采用，以及多资产类别业务模式。

2010 年 2 月，来自荷兰、瑞士和英国监管机构的一封联名信，给伦敦清算所及其他清算所带来了一些希望⑥。只要参与的中央对手方清算机构能够有效化解风险，监管机构从概念上不反对操作互通。

然而，由操作互通性引起的清算机构之间的信用风险敞口必须要"计入定价"，并且每一中央对手方在常规抵押品和违约基金（用于化解对手方风险）之上，必须恰当增加抵押品来与此风险相匹配。只要这一额外保护是透明的、具有流动性的，并以"事

---

① 与作者的谈话，2009 年 6 月 3 日；以及欧洲中央对手方清算公司（2009 年 6 月 17 日），"欧洲中央对手方清算公司提出欧洲运营互通公约"，在几个中央对手方清算所同意进行操作互通的情况下，该公约在理论上可被用于替代激增的双边保密协议。正如陈（Chan）女士指出的，加入的中央对手方清算机构越多，就会需要越多的双边合同：4 家操作互通的中央对手方清算机构，需要 6 个双边协议；而 6 个操作互通的中央对手方清算机构则需要 15 个双边协议，等等。从而引起不为相关各方察觉的潜在的权利义务冲突。

② 欧洲中央对手方清算公司（2010 年 1 月），"关于减少操作互通中央对手方清算机构风险的建议：讨论文件"。

③ 欧洲多边清算设施（2009 年 12 月 29 日），"中央清算机构间的操作互通：未来的方向"。

④ 据 2010 年 2 月发布的伦敦清算所和 SIX x‒clear 公司间达成的连接协议的摘要，《全球主要连接协议》规定，每个中央对手方清算机构与其他中央对手方机构的净头寸都需要满足保证金和抵押品的要求，该要求应与中央对手方清算所对其会员的要求大体上相同。

⑤ 2010 年 9 月 6 日。

⑥ 英国金融服务管理局、荷兰金融市场管理局（AFM）、挪威最大金融机构集团 DNB、瑞士金融市场监督管理局（FINMA）以及瑞士国家银行（SNB）（2010 年 2 月 12 日），"对操作互通的监管态度交流"。

先入资"方式持有，一个操作互通的清算机构就可以通过增加违约基金，或从参与方获得补充保证金来履行它的保证金义务，从而化解额外风险。

在操作互通方案通过之前，监管者要求中央对手方清算机构保证：其额外风险的管理安排能升级，并且在操作上、技术上、法律上、结算上以及流动性上的风险，甚至包括互通性协议下的一家或者多家清算机构失败的风险，都可以被妥善化解。从系统性角度来看，另一个重要的要求是：在一家中央对手方清算机构违约的情况下，其他中央对手方清算机构的资产不会受困。

相关中央对手方清算机构提交了新证据以支持它们的计划。到 2010 年夏天，中央对手方清算机构的高层私下满怀信心认为操作互通将被批准。然而，在本书写作之时，监管机构似乎还不急于让操作互通方案继续前进。

20.5　纽交所—泛欧交易所设立欧洲清算所的计划

当各大中央对手方清算所在证券（清算）费用下降和操作互通协议受阻的局面中挣扎时，纽交所—泛欧交易所集团却计划全面控制其在欧洲市场的清算业务，这震惊了整个金融市场和清算行业。2010 年 5 月，这一跨大西洋交易所集团宣布计划割断它与伦敦清算所仅存的合作关系。这标志着它对水平清算体系的放弃，而十年之前泛欧交易所曾是这一体系的领先者及拥护者。

纽交所—泛欧交易所集团称它将建立两个新的专用清算所，总部分别设在伦敦和巴黎，于 2012 年晚些时候开始对欧洲的衍生品及证券进行清算[1]，那时该集团与伦敦清算所和伦敦清算所巴黎的合同安排将到期终止，无须向该清算所支付任何终止费用或罚金。

该战略需要根据纽交所—泛欧交易所的资产类别线来重新安排其清算业务。伦敦的新清算所将提供已上市的利率、商品和外汇产品的清算服务，巴黎的清算所将为证券和证券衍生品提供清算。

纽交所—泛欧交易所的决定表明，垂直清算结构现在被认为对交易所的生存和繁荣发展至关重要。通过对其清算业务的全面控制，纽交所—泛欧交易所能"更好地与周围的其他垂直清算所进行竞争"——据纽交所—伦敦国际金融期货交易所清算公司（NYSE Liffe Clearing）的执行董事迪克兰·沃德（Declan Ward）所说[2]。

---

[1]　纽约—泛欧交易所（2010 年 5 月 12 日），"纽约—泛欧交易所宣布欧洲清算战略"。
[2]　迪克兰·沃德（Declan Ward）2010 年 6 月 8 日在伦敦参加国际衍生品展览会（IDX）上的一场小组讨论的谈话，关于"演变中的清算模式"。

该集团承诺，这一未来的改革性项目将使得客户及股东受益。尽管伦敦和巴黎的清算所将分别在英国和法国法律下运营，纽交所—泛欧交易所计划的目标是通过共同技术而获得跨境协同效应，正如伦敦清算所和清算所2003年在合并前，以及通用清算系统（GCS）失败前那样。

"我们需要将所有的衍生品市场统一放到单一清算技术平台上"，纽交所—伦敦国际金融期货交易所的固定收入证券分支的董事保罗·麦格雷戈（Paul MacGregor）在伦敦的交易所论坛上说道，他还提到①：

> 对于客户非常、非常重要的是，清算所不能在伦敦使用一套清算技术，在巴黎又使用另一套，而这正是当前的情况。如果你使用两套技术，那么任何清算会员都会告诉你说这非常昂贵，而且你必须作出代价高昂的选择：要为客户提供哪一个市场的服务。一个统一的技术平台会降低客户的成本。

沃德（Ward）还描述了在证券方面的类似好处。两个清算所的单一技术解决方案，将为清算会员带来"运营效率的提升，这是使用单一的程序及外围相关流程的好处"。

在控制其欧洲的现货和衍生品清算业务的同时，纽交所—泛欧交易所集团还计划在其他市场竞争，其声明中谈道，"计划通过具有吸引力和竞争力的商业条件，将清算服务扩展到柜台市场和其他交易平台上"。

对于股东而言，转变为垂直清算体系的战略需要在2012年末前投入总共6 000万美元。但从2013年开始，该集团的欧洲证券及衍生品清算业务由外包改为内部提供将至少产生预计1亿美元的收入增加，另外停止使用伦敦清算所伦敦的清算服务将带来"显著的"年度成本节约。

纽交所—泛欧交易所集团提出的战略，是2009年纽交所—伦敦国际金融期货交易所清算公司建立后的一个合理延伸，清算公司为集团子公司（纽交所—伦敦国际金融期货交易所）的伦敦衍生品业务进行中央对手方清算。集团将"完全撤出它与伦敦清算所集团的子机构的所有外包合同安排"。

纽交所—泛欧交易所的战略变化，为欧洲的场内衍生品的水平清算体系敲响了警钟。水平体系只能在操作互通存在的情况下存活，这要求政策上的支持：要么是通过行为准则例如现货证券市场的欧盟准则，要么是通过立法。

这对伦敦清算所来说是一个严重打击，尤其是在2009年期间它为纽交所—伦敦国

---

① 保罗·麦格雷戈对于作者提问的回答，在2010年6月2日伦敦举办的蒙多威讯（Mondo Visione）交易所论坛上。

际金融期货交易所提供的服务被大幅削减之后。同时这是对雅克·艾格兰（Jacques Aigrain）的烈火洗礼，艾格兰 2010 年 4 月接替克里斯·塔普克担任伦敦清算所集团的董事长，之前是一个投资银行家，曾担任瑞士再保险公司的首席执行官。

纽交所—泛欧交易所集团在巴黎设立证券清算所的计划，使伦敦清算所巴黎尤其深感忧虑，因为它的主要业务就是清算纽交所—泛欧交易所在法国、比利时、荷兰和葡萄牙的现货及衍生品市场业务。伦敦清算所巴黎在 2009 年已大幅降低现货证券清算收费，以至当年收入降低了近 9%，但这无济于事[1]。

伦敦清算所的首席执行官罗杰·里戴尔勇敢面对现状。他强调，伦敦清算所非常适时地得益于监管机构和政策制定者减少系统性风险的工作，集团将从新交易所和柜台市场中继续寻求业务收入的多元化[2]。

纽交所—泛欧交易所集团的声明，保留了重新考虑对伦敦清算所集团和/或其子公司的"潜在的结构重组"进行讨论的可能性。虽然双方在 2010 年夏天开始谈判，纽交所—泛欧交易所的高管使人们几乎毫不怀疑本集团执行其计划的决心。会谈似乎是公司间许多次独立接洽后的结果，讨论的是纽交所—泛欧交易所集团采取行动后行业重塑的不同场景。

在这一决定发布后，评级机构标准普尔将伦敦清算所的对手方信用评级列入"带有负面含义信用观察"名单。然而，该机构同时将纽交所—泛欧交易所的评级下调一档，原因是它的清算计划改变了"该公司的风险状况，引进了一定程度的、迄今为止还未反映在评级中的信用及财务风险"[3]。

20.6　挑战芝加哥商业交易所

在欧洲施展新清算策略之时，纽交所—泛欧交易所（NYSE Euronext）已经在美国推行一个具有同等变革性的合资清算计划。2009 年 6 月该交易所与美国集中存托清算公司合作，将组建纽约组合清算公司（New York Portfolio Clearing，NYPC），这家由两个机构对半持有的合资清算企业计划在 2010 年开始运营。

对于那些记性好的人，该计划有一种家庭重聚的感觉：直到 2006 年与泛欧交易所合并之前，纽交所（NYSE）是集中存托清算公司最大的股东，持有其 27% 的股份。但是对纽交所—泛欧交易所来说，纽约组合清算公司承载着极为严肃的使命：打破芝加哥

---

① 伦敦清算所巴黎报告称，2009 年收入为 1.795 亿欧元，其中 8 900 万欧元来自清算费用。

② 伦敦清算所集团（2010 年 5 月 12 日），"纽约—泛欧交易所清算服务"。

③ 法新社（AFP）（2010 年 5 月 13 日），"标普降低纽约—泛欧交易所的评级"，以及（2010 年 5 月 14 日），"标普降低纽约—泛欧交易所的评级，因其清算计划将伦敦清算所放在'信用观察带有负面含义'名单中"。

商业交易所集团（CME Group）在美国的交易所场内固定收益衍生品的交易和清算服务的几近垄断地位。

纽约组合清算公司的独特卖点是：对纽交所—伦敦国际金融期货交易所（NYSE Liffe US）上交易的衍生品和固定收益清算公司（FICC）清算的现货固定收益证券进行"同池"保证金计算，前一机构是纽交所—泛欧交易集团在美国的期货交易所，而后一机构是集中存托清算公司的子公司①。这一想法在风险管理上能为交易商提供更多操作和资金上的效率，并且能清算美国国债的期货和现货市场之间的"自然对冲"。

在与泛欧交易所合并之后，纽交所迅速行动将该欧洲交易所的衍生品专长带到美国，于2008年成立了纽交所—伦敦国际金融期货交易所。这个新衍生品交易所最初是为一些贵金属期货及证券指数产品提供平台，通过期权清算公司（Options Clearing Corp., OCC）进行清算。

纽约组合清算公司（NYPC）的建立旨在将纽交所—伦敦国际金融期货交易所（NYSE Liffe US）推上一个更高水平，使它能够与芝加哥商业交易所集团在欧洲美元和美国国债期货市场上（芝加哥商业交易所的核心业务）竞争，同时打破该芝加哥交易所集团在芝加哥期货交易所交易的国债期货上的几近垄断地位。

固定收益清算公司不是一个交易平台。它为美国政府债券的交易和按揭抵押支持证券市场提供交易撮合、风险管理、轧差和其他服务。2008年在固定收益市场上它每天处理4.5万亿美元的交易，大约是国家证券清算公司（NSCC）所清算的证券交易的4倍。其业务活动中有一项是清算交易商之间第二天要交割的现货美国政府债券，在过程中赚取少量盈利。

纽约组合清算公司计划的设想是：纽交所—伦敦国际金融期货交易所将为美国国债期货的交易提供一个平台，就像芝加哥商业交易所集团所做的那样；但那些现货国债和期货上有开放头寸的投资者相互之间可以通过纽约组合清算公司进行轧差降低保证金，从而不必提供那么多资金以覆盖清算风险。

"在美国，那些持有现货国债头寸远远大于国债衍生品头寸的投资者，被安排在一个完全分隔的清算所进行清算。"纽交所—伦敦国际金融期货交易所的保罗·麦格雷戈（Paul MacGregor）于2010年6月解释道②，"通过与固定收益清算公司合作成立纽约组合清算公司，我们希望能释放那些被锁在大型清算所的大量资金，目前这些清算所不得不分别使用保证金交易衍生品头寸，对应各自在美国的现货头寸。"

---

① 纽约—泛欧交易所和集中存管信托清算公司（2009年6月18日），"纽约—泛欧交易所和集中存管信托清算公司将成立联合企业，以更有效清算美国的固定收益证券及衍生品"。联合新闻发布。

② 保罗·麦格雷戈在蒙多威讯（Mondo Visione）交易所论坛上的讲话，伦敦，2010年6月2日。

"同池"制度或者说交叉保证金制度，使芝加哥商业交易所集团的这个最新挑战者与众不同。之前在 2004 年，泛欧证券交易所—伦敦国际金融期货交易所曾试图与该芝加哥集团在欧洲美元期货市场上"正面"竞争。在与纽约证券交易所合并之前，泛欧证券交易所曾通过伦敦国际金融期货交易所连接（Liffe. Connect）的电子平台在美国推出过欧洲美元期货合约，并由伦敦清算所进行清算，但最终失败，原因是芝加哥商业交易所阻止了泛欧交易所获取其开放权益。

纽约组合清算公司坐落在美国有它的优势，它可以利用固定收益清算公司的风险管理、结算、银行及参考数据系统，以及纽交所—泛欧交易所的交易登记系统/清算处理系统技术（TRS/CPS）。芝加哥期货交易所清算公司的前首席执行官丹尼斯·杜特勒（Dennis Dutterer）被任命为组合清算公司临时首席执行官。2010 年 5 月 1 日，美国商品期货交易委员会前代理主席沃特·卢肯（Walter Lukken）接任纽约组合清算公司的首席执行官职位，同时承担了确保委员会批准纽约组合清算公司的衍生品清算组织（DCO）资质的责任。

早期的估计表明，纽约组合清算公司在运营的第一阶段能够释放 30 亿~40 亿美元的资金，而原本这些资金将被绑定在市场参与者的保证金账户中[①]。为进一步增加这个清算新概念对投资者的吸引力，纽交所—泛欧交易所向违约基金中贡献了 5 000 万美元的担保金。

纽交所—泛欧交易所还将纽交所—伦敦国际金融期货交易所期货平台的一小部分股权出售给六个最大的用户，目的是打破交易所和使用者之间的部落藩篱。这一部分"再互助化"将高盛、摩根士丹利、瑞士联合银行、全球电子交易公司、城堡证券（Citadel Securities）和 DRW 公司（总部位于芝加哥的自营交易商 DRW 集团下属的一家子公司）增加到了纽交所—伦敦国际金融期货交易所的股东名册上。之前与此类似，纽交所—泛欧交易所（NYSE Euronext）将一小部分纽交所—美国运通（NYSE Amex）期权市场的股份出售给了一些大型银行和流动性供应商。

尽管如此，纽约组合清算公司项目对投资银行群体来说存在争议。当声明称这个股权 50 对 50 的合资企业是纽交所—泛欧交易所和集中存托清算公司之间的"独家安排"时，这引起了 ELX 期货交易所的敌意反应。ELX 期货交易所是一家刚成立的小型交易所，也胸怀大志要挑战强大的芝加哥商业交易所集团。

集中存托清算公司回应说纽约组合清算公司"在最初的'开放前'访问期之后，

① 据沃特·卢肯（Walter Lukken）所述，2009 年 9 月 9 日在纽交所—泛欧交易所的因特拉肯的比尔根山会议上。卢肯于 2009 年 7 月 13 日作为副董事长加入该集团，在法律事务总监办公室中负责全球市场结构事宜。

会接受并清算来自任何交易平台、包括 ELX 期货交易所的交易", 这未起任何安慰作用①。尽管集中存托清算公司解释说推迟是必要的, 是为了确保纽约组合清算公司的"系统与风险管理能够达到最佳效果并符合监管部门的要求", 纽交所—伦敦国际金融期货交易所还是在早期的关键几个月里享有了纽约组合清算公司的独家使用权, 期间它的期货合约正式打造成为了芝加哥商业交易所集团的一个竞争产品。

在一系列由投行支持的、从 2000 年以来就意图打破芝加哥交易所圈对美国国债市场与欧洲美元期货市场控制权的电子交易平台中, 总部位于纽约的 ELX 期货交易所是最新出现的一个。

ELX 期货交易所的基础是在 2007 年 12 月奠定的。那时在一个投资群体中(包括一些潜在流动性提供商中新生代的高频交易者在内)流传着一个期货交易所计划, 当时暂称为"四季"(Four Season)。2008 年 5 月, 该企业宣布自己的名称为电子流动性交易所(Electronic Liquidity Exchange, ELX, 本书中称为 ELX 期货交易所)时, 其支持者名单中包括一些我们熟悉的名字②。

名单中有一些投行和其他交易机构, 它们曾在欧洲推出过彩虹(Rainbow)计划, 并曾支持打破芝加哥商业交易所集团对美国场内期货交易的主导权。ELX 期货交易所与早先的企业一样, 聘请了一个富有经验精力充沛的首席执行官, 他是尼尔·沃克福(Neil Wolkkoff), 美国证券交易所(American Stock Exchange)的斗志旺盛的前董事长兼首席执行官, 在那之前是纽约商业交易所(Nymex)的首席运营官。

ELX 期货交易所于 2009 年 7 月开始运营。纽交所—泛欧交易所是基于纽约组合清算公司的新"同池"(single pot)清算方法与芝加哥商业交易所集团竞争, 而 ELX 交易所的计划是基于低廉交易费用以及监管机构批准其"清算关系可移植性"(Portability)——译注: 原文如此, 但此处为误用, 因为清算关系移植(Porting)只在会员违约时发生, 经原作者同意, 中文版改为"(为交易)指定清算方"), 即允许期货交易商在清算所之间转移头寸, 从而将之合并到一个统一的中央对手方清算所下。

获得期货市场的"合约可替代性"(Fungibility)(译注: 这是个美国市场的称谓)的关键, 在于 ELX 期货交易所能否争取到商品期货交易委员会对"期货对期货交易规则"(Exchange of Futures for Futures, EFF)的批准。据该交易所所述, 这一场外规则允许市场参与者在相同产品的两个不同合约市场之间, 即 ELX 期货交易所和芝加哥商业

---

① 伯兹蒙特, 莫里(Pozmanter, Murray)(2009 年 12 月 10 日), "为何竞争才是真正的未来", 给金融时报的一封信。伯兹蒙特是集中存管信托清算公司的固定收益清算交收团队的总经理。

② 花旗集团、城堡对冲基金(Citadel)投资集团、德意志银行、美林、美国银行、巴克莱资本、瑞士信贷、亿讯(eSpeed)、全球电子商务公司(Getco)、大通摩根银行、匹克 6(Peak 6)、苏格兰皇家银行, 据当时新闻报道。

交易所集团的芝加哥期货交易所之间，交易他们的头寸。如得到商品期货交易委员会批准，这个"期货对期货交易规则"将允许交易商在一家交易所建立头寸而在另一交易所平掉该头寸，这就破坏了芝加哥商业交易所对其开放权益的保护。

商品期货交易委员会似乎对 ELX 交易所的申请持赞同态度[1]，在几个月深思熟虑以及双方各自激烈的游说之后，委员会在 2010 年 8 月致信芝加哥商业交易所集团，支持 ELX 期货交易所的期货对期货交易规则，而该规则之前曾被芝加哥期货交易所禁止。然而，在对外公布之前该规则仍需要得到最终裁决。与此同时，ELX 交易所在美国国债期货产品上获得了 3% 的市场份额，显然未被期货对期货交易规则的缓慢进展所阻滞，在 2010 年 7 月它还将产品扩展到欧洲美元期货合约上。

ELX 期货交易所能与芝加哥商业交易所集团竞争，根本上是因为美国期权市场上水平结构的中央对手方清算所，即期权清算公司随时能为那些没有自己的清算所的期货交易所提供清算服务。

纽交所—伦敦国际金融期货交易所美国分部选择用期权清算公司来清算其金和银的期货合约以及金和银的期货期权合约，两个月之后 ELX 交易所在 2008 年 12 月也选择了该清算公司作为它的清算机构。在一个垂直结构主导的行业中，期权清算公司将促进交易所间的竞争视为己任。截至 2009 年，它已经为美国 5 家期货交易所以及证券期权市场提供清算[2]。

与位于芝加哥南北瓦克大道另一边的芝加哥商业交易所集团及其清算所保持对抗，这是期权清算公司基因的一部分。但它甘愿充当那些芝加哥商业交易所集团的挑战者的中央对手方清算所，表明了在美国证券、期权和期货清算所之间的传统分界线正在褪色。

固定收益清算公司对纽约组合清算公司项目的参与，标志着传统界限（依据资产类别来划分美国清算行业结构）很可能遭到更彻底的突破。

当 2009 年 10 月集中存托清算公司与纽交所—泛欧交易所最终正式达成一致建立纽约组合清算公司时，集中存托清算公司宣称：它将通过公开使用权模式来"支持美国期货交易市场的竞争"，并把纽约组合清算公司的风控方法论推广到"多个市场和产品"。[3] 这暗示着集中存托清算公司将进一步支持那些对芝加哥商业交易所集团的期货

[1] ELX 期货交易所（2009 年 10 月 14 日），"商品期货交易委员会批准了 ELX 交易所的期货对期货交易规则"，新闻发布。

[2] 根据期权清算公司（2010），"好消息及新机会"，期权清算公司 2009 年年报。这五个交易所为：芝加哥期权交易所的期货交易所，芝加哥；ELX 期货交易所，纽约；纳斯达克 OMX 期货交易所，费城；美国纽约—伦敦国际金融期货交易所，纽约；OneChicago 交易所，芝加哥。

[3] 纽约—泛欧交易所与集中存管信托清算公司（2009 年 10 月 13 日），"纽约—泛欧交易所与集中存管信托清算公司最终达成合资企业协议，建立纽约组合清算公司"，联合新闻发布。

市场霸权地位发起挑战的交易所。美国不同清算所结构下的地质板块正在活动——缓慢但确凿无疑在活动。

20.7 伦敦证券交易所的清算：行业不断变化的征兆

美国商品期货交易委员会步步为营应对 ELX 期货交易所和芝加哥商业交易所集团之间的冲突，从而帮助放缓了美国的变化发生速度，然而欧洲却没有这样的刹车机制。当纽交所—泛欧交易所集团宣布成立自己的清算所时，在所有清算服务提供商中引起了一轮疯狂的接洽与谈判。

尽管有些机构对纽交所—泛欧交易所能否将计划付诸行动表示怀疑，但任何一个竞争对手都不能忽视该交易所集团的决定：也许这些决定最终标志着期待已久的行业结构重组。在 1999 年至 2004 年期间，兼并收购的各种计划被提出、讨论、弃置，只有一些提议为公众所知。如果说过去是一面镜子，那么这些商业计划中，以及那些未被报道的其他计划中，只有极少数出得了设计室。

在 2008 年其母公司富通集团被纾困后，欧洲多边清算设施被拍卖，成为了众多流言的中心。

集中存托清算公司 2009 年被伦敦清算所拒绝后，四处寻找机会增强其子公司欧洲中央对手方公司的业务。为此，在 2010 年春季末它召集欧洲的交易所和多边交易设施（MTFs）参加了一个会议。这次聚会被行家称为"希斯罗团体"，意味着这次接洽注定不会一次就终了。

另一个揣测的焦点是伦敦证券交易所。泽维尔·罗烈（Xavier Rolet）面临严峻考验。他之前是一位投资银行家，于 2009 年 3 月在伦敦证券交易所董事会任职，并于当年 5 月接替克拉拉·费斯（Clara Furse）成为首席执行官。

欧盟金融工具市场法规（MiFID）引发的竞争升级和交易及清算费用的下降，对伦敦这个欧洲最开放的金融中心造成了重大影响。罗烈（Rolet）有着 25 年投资银行工作经历，其中最近的八年是在雷曼兄弟，他敏锐地洞察到伦敦证券交易所的大客户想要的是什么。罗烈急于弥合自从股份化以来该交易所和卖方客户之间出现的裂痕。

罗烈有着丰富的证券市场经验，正是对于这个市场，相比其他国际竞争对手，他的新雇主更有过分依赖性。他还面临其他问题，包括伦敦证券交易所的交易执行技术比 Chi－X 交易所的系统和其他多边交易设施（MTFs）要慢，而且容易中断。

在 2007 年伦敦证券交易所和意大利证券交易所集团（Borsa Italiana Group）合并前，罗烈的前任（克拉拉·费斯）花了许多时间来抵御那些来自其他交易所的、不受欢迎的收购竞标。意大利证券交易所为伦敦证券交易所带来了衍生品交易和交易后设施，包括清算所 CC&G。但对伦敦证券交易所来说，该意大利交易所是一个确有价值的资产还是一颗毒药，还尚未有定论。

在金融工具市场法规实行之后，随着来自多边交易设施和投行所有的交易场所的竞争增加，伦敦证券交易所的收费，以及在伦敦证券市场的份额面临重大压力。罗烈立志为投资者把交易所变得更大、更快、收费更低。他削减了伦敦人员数量。2009 年 10 月，交易所以 3 000 万美元收购了斯里兰卡的一个系统制造商——MilleniumIT 公司，以替换其交易平台和开发其他技术。正如已经提到的，伦敦证券交易所还收购了绿松石平台（Turquoise），实现了在证券交易业务上的泛欧延伸。

伦敦证券交易所同样也把交易后成本，特别是清算视为增长和利润的阻力。2009 年 11 月，罗烈瞄准了欧洲清算英国及爱尔兰公司（Euroclear UK and Ireland，EUI）收取的费用，该费用是在交易到达该交易所的清算所之前的轧差费用。在一个艰难并且时而激烈的谈判后，双方同意在 2010 年 2 月调整收费表。根据欧洲清算（Euroclear）所述，这等于客户的交易轧差成本与 2006 年相比降低了 90%。

2009 年和 2010 年期间，罗烈对伦敦的交易后费用一直在抱怨[1]。但在他上任的第一年，伦敦证券交易所的清算业务只是渐进式增长，而非激增。

2009 年 7 月，伦敦证券交易所获得了英国金融服务管理局（FSA）对 CC&G 清算机构在英国运营的批准，并开始用该中央对手方来清算该交易所在英国的衍生品业务。2010 年 1 月，罗烈任命 Xtrakter 公司的前任首席执行官凯文·米尔恩（Kevin Milne）为交易后服务的主管。Xtrakter 公司是一家交易撮合和风险管理公司，2009 年被欧洲清算收购。米尔恩的职责是"促进该交易所的交易后服务的增长和多样化"，而交易后服务被伦敦证券交易所当做它"最重要的三个主要业务"之一[2]。

2010 年 6 月，罗烈指出了伦敦证券交易所的宏伟目标所在[3]，他把该公司定位为和衍生品行业中的"巨人"——纽交所—伦敦国际金融期货交易所、欧洲期货交易所、芝加哥商业交易所集团进行对抗的"大卫"（译注：引用的是圣经中牧羊人大卫杀死巨人的典故）。罗烈宣称伦敦证券交易所的目的是：在 9 个月内成为一个泛欧证券衍生品交易所。他预言了一个神圣的竞争优势：风险相关资产的交叉保证金，并声称在欧洲没有任何交易所和清算所曾提供这样的服务。

在交叉保证金项目中清算将扮演重要角色。然而，眼下伦敦证券交易所的未来清算安排还迷雾重重。

---

[1] 交易后成本对伦敦证券交易所业绩的"拖累"是该交易所的首席执行官泽维尔·罗烈反复述说的主题。一个典型例子是罗烈 2010 年 6 月 1 日在伦敦的蒙多威讯（Mondo Visione）交易所论坛上的主要讲话。
[2] 伦敦证券交易所（2010 年 1 月 18 日），"伦敦证券交易所集团指定新的交易后服务主管"，新闻发布。
[3] 在 2010 年 6 月 8 日伦敦的 2010 年国际衍生品展览会（IDX）上的主题讲话。

各种可能性被提出来讨论。有报道说，2010 年的头几个月里伦敦证券交易所正进行谈判，意欲收购荷兰富通银行手中持有的欧洲多边清算设施 78% 的股权。但这些传言明显都落空。自从收购了 Millenium IT 公司后，伦敦证交所就已有能力开发自己的中央对手方清算软件。

关于伦敦证交所计划割断与伦敦清算所的合作关系的流言反复出现，这与罗烈自身有关。尽管从欧洲证券的清算中盈利明显困难，但 2010 年 8 月该流言获得了可信度：消息传出，罗烈 7 月退出了伦敦清算所集团的董事会。

2011 年 2 月，伦敦证券交易所宣布，伦敦清算所将是该交易所的新衍生品市场的中央对手方清算机构，然而其他的清算计划仍未明晰。这标志着在纽交所—泛欧交易所的决定之后，欧洲清算行业仍处于变化不定的状态。

20.8 伦敦清算所的不同未来

在雷曼兄弟违约事件和纽交所—泛欧交易所决议期间的这段时间里，快速且无法预料的变化为伦敦清算所集团带来了特殊的挑战。

在最初的惊讶之后，集团的管理者很快接受了失去伦敦国际金融期货交易所的伦敦清算业务的事实，并意识到期货交易所的垂直化趋势是不可阻挡的。同时，尽管泽维尔·罗烈并未急于摊牌，但他于 2010 年夏天从该清算集团董事会退出的决定，被认为是一个相当可信的暗示：伦敦证券交易所也可能与伦敦清算所分道扬镳。

尽管这些事件在雷曼兄弟违约之前可能意味着天大的灾难，但伦敦清算所现在向世界展示了一个充满信心的面孔。交易所清算方面的剧变是令人不安的，但与此同时，一个光明未来在向它召唤——清算柜台衍生品，还是多个的！

如前面章节讲述的一样，掉期清算发展良好，并且在柜台衍生品监管的全球浪潮中获益颇丰，该监管浪潮始于 2010 年 7 月美国通过的《多德—弗兰克法案》。远大的计划不断出台，呼应了伦敦清算所的主要银行股东的想法：为柜台市场上交易量巨大的外汇衍生品推出清算服务。

对于该集团在欧元区的信用违约掉期清算业务的发展前景，管理者保持乐观态度，尽管洲际交易所在欧洲和美国拥有先发优势。由于其总部在巴黎，伦敦清算所巴黎（LCH Clearnet Paris）被法国监管者和主要法国银行所偏爱。在大约 6 个月的运营后，清算所巴黎的信用违约掉期清算服务已经清算了名义金额 220 亿欧元、开放权益 16 亿欧元的 622 个合约①。然而相比之下，洲际交易所—美国信托（ICE Trust US）清算的信用违约掉期的名义金额为 7.4 万亿美元，洲际交易所—欧洲清算公司清算的信用违约掉期的名义金额为 3.5 万亿欧元，两者带来的开放权益分别为 4 970 亿美元和 4 410 亿欧元②。

尽管清算行业因造成过于不切实际的希望和期待而臭名昭著，该集团甚至可以告诉自己说：从纽交所—泛欧交易所中分离出来可能也还存着一线希望。多亏了 "Synαpse" 系统（最初为伦敦金属交易所的业务开发的清算系统），伦敦清算所具有资格在衍生品清算上争夺任何一个新客户，包括那些敢于挑战伦敦国际金融期货交易所与欧洲期货交易所在欧洲交易上双头垄断地位的后起之秀。

在证券方面，得知欧洲业务无利可图是一种慰藉。同时，纽交所—泛欧交易所的决定，以及伦敦证券交易所意图的不确定性已引发了如此多的猜测和流言，任何事情似乎都有可能——甚至是欧洲设施重组的伟大梦想，即欧洲的合并支持者们盼望已久的、巴黎与法兰克福清算所之间的合并。

在日常运营中，集团的中央对手方清算所表现良好，几乎没有失误。除了对 Synαpse 系统的投入，该集团还在系统升级上大力投资，并获得了回报。

因此当 2010 年 7 月罗杰·里戴尔决定次年退休时，大卫·哈迪 2006 年辞职时引发的疑惧一点都没有出现。巴克莱资本的全球负责人伊安·埃克斯（IAN AXE）随后被指定从 2011 年 4 月开始接任首席执行官。里戴尔信号明确的离职，遵循了克里斯·塔普克的一个公司治理原则：像伦敦清算所这样的公司需要高层的规律性变化，从而使它自身适应掌控变化。

2010 年的清算议程全都是有关变革。当该行业——尤其是在欧洲——处于自身导致的不确定性中时，一个新的监管海啸冲击了清算业高管：首先是美国，之后是欧洲，对近乎摧毁世界发达经济的这场危机作出了回应。

---

① 伦敦清算所（2010 年 10 月 5 日），"伦敦清算所加强信用违约掉期清算服务：2010 年 3 月 31 日到 9 月 24 日的总数"，新闻发布。

② 洲际交易所（2010 年 10 月 4 日），"洲际交易所报告期货清算量记录：清算的信用违约掉期价值 12.1 万亿美元，从洲际交易所信托公司和洲际交易所欧洲清算各自成立的时间起到 2010 年 9 月 30 日"，新闻发布。

第 21 章
前方的道路

21.1 《多德—弗兰克法案》

2010 年 7 月 21 日，美国总统奥巴马签署了自大萧条以来最重大、最全面的金融监管彻底改革的法律。

正如其标题所显示的，《多德—弗兰克华尔街改革和消费者权益保护法》（*Dodd – Frank Wall Street Reform and Consumer Protection Act*）（以下简称《多德—弗兰克法案》）是一部范围广泛的立法①，以参议员克里斯托弗·多德（Christopher Dodd）和众议员巴尼·弗兰克（Barney Frank）的名字命名。这两个立法者设法使该法案得到了国会通过，长达 2 319 页的法案意在废除"大到不能倒"的信条。

国会通过之前是疯狂的谈判、游说、妥协，直至最后投票，立法者们设法调和该法案的众议院和参议院版本并赢取东北部各州共和党代表的支持，从而避免这一由民主党支持的立法受到"阻挠议事"（Filibuster，译者注：议会的一种议事程序，允许一个或多个议员延长辩论的时间，有时议员会利用此程序阻挠或阻止对某个提案的投票）的阻截。最终它以 60 比 39 票得到参议院通过。

尽管金融部门坚持不懈地游说并且最后一分钟还在讨价还价，该法案比一年之前财政部发表草案时看起来还要强硬。这反映了整个美国其他部门的民众失业率高升情况下对华尔街、其利润和奖金的愤怒情绪高涨。

《多德—弗兰克法案》扭转了三十多年来的金融监管自由化，其目标是确保美国的大银行不会再次把世界推向经济和金融崩溃的边缘，使美国消费者得到更大的金融保障，并且堵住危机中暴露出来的资本市场监管缺口。

《多德—弗兰克法案》并不是危机后 G20 国家里的第一个立法倡议。例如，日本金

---

① 《多德—弗兰克华尔街改革与消费者权益保护法》，国会第 111 号（2009—2010）。

融服务管理局在 2010 年 3 月向议会提交了一份立法草案，要求强制执行中央对手方清算、交易信息数据存储和报告要求等。但是该美国法律获得了全球的共鸣，它为 G20 国家及其他国家的金融行业重新监管设置了一个参照基准。

该法第七篇首次将柜台衍生交易纳入监管范围内。这一旨在为掉期、掉期市场及掉期市场参与者建立一个新监管架构的立法是复杂的，该篇由 73 部分组成，几乎占了整个法案全部字数的五分之一。

为了防范美国国际集团事件的再现或清算会员违约的连锁反应风险，作为一般规则，该法律规定：在相关委员会，即商品期货交易委员会和证券交易委员会作出规定的情况下，掉期交易必须被清算且必须缴纳保证金。为给柜台衍生品定价带来透明度并加强柜台衍生品市场的风险管理，作为一般规则，它还规定：被清算的掉期必须通过交易所或掉期执行设施（该法案设立的新型被监管平台）电子化执行，并向交易集存中心汇报。

《多德—弗兰克法案》根据掉期产品和相关市场的性质，把掉期领域一分为二，对应的是商品期货交易委员会和证券交易委员会的监管职责划分。这一划分意味着：市场、金融工具和市场参与者的工作将适用不同的规则和不同的名称，取决于立法是与商品期货交易委员会监管的"掉期"相关，还是与证券交易委员会监管的"基于证券的掉期"相关。

因此，商品期货交易委员会被赋予 22 类掉期的管辖权，包括利率、货币、商品、政府证券、天气、能源、金属、排放量和对广泛证券指数的信用违约掉期。证券交易委员会则负责单一证券或贷款、窄基证券指数和单名信用违约掉期。结合了两类掉期元素的混合掉期则由这两个机构共同负责监管。

市场参与者需进行登记。他们被分为由商品期货交易委员会监管的"掉期交易商"和主要掉期参与者"，以及由证券交易委员会监管的"基于证券的掉期交易商"和"基于证券的掉期主要参与者"。为简单起见，除非有必要，本书今后将简单称为掉期交易、掉期交易商和掉期交易主要参与者，不论是由商品期货交易委员会或证券交易委员会监管。

通过对掉期交易主要参与者实行监管，该法案延伸并覆盖了有下列行为的公司：

- 在掉期市场有相当数量的头寸；
- 其头寸暴露可能对美国经济或银行及金融系统有重大不利影响；
- 高杠杆且未被银行资本金要求所覆盖。

与经销商一样，这些机构须将它们的掉期交易纳入清算范围。

清算要求的一个主要的例外是针对商业性最终用户，它们运用掉期交易来对冲或减少商业风险。根据定义，最终用户不能是一家金融公司，除非它是一个所谓的"附属金融分支机构"（Captive Finance Affiliate），即那些运用掉期来对冲保值的制造业公司的金融子公司，但其业务至少要有90%与母公司或集团其他公司的商业或制造业活动相关。

随着《多德—弗兰克法案》在国会通过，国会山内外的争论极大部分集中到几个引人注目的修正案上。最受关注的大概是沃尔克规则（以美联储前任负责人保罗·沃尔克的名字命名）。这个规则禁止银行开展自营交易业务，并限制它们在对冲基金和私人股权上的投资。

紧随其后，对掉期市场和清算非常重要的是林肯规则，以参议院农业委员会主席、阿肯色州参议员林肯的名字命名。它的目标是禁止对任何掉期交易机构施行以紧急财政支持为名义的联邦援助，从而迫使银行剥离它们迄今为止利润丰厚的掉期交易活动。

林肯参议员的"迫使退出"建议，在国会讨价还价过程中被修改。但作为通用原则，《多德—弗兰克法案》绝对禁止向掉期交易商和掉期交易参与者提供联邦金融援助。虽然例外允许一些银行从事经法律认可的对冲活动，以及国家银行参与投资的参照资产的掉期交易，林肯规则的期望是：迫使那些希望继续活跃于掉期交易市场的银行创建独立注资的附属机构来从事掉期业务。

这些规定吸引了多数注意力，而林奇修订案未被列入该立法，它本应能限制交易商银行和掉期交易主要参与者在任何掉期清算所中拥有总和超过20%的股权。然而，所有权的限制问题留给了商品期货交易委员会和证券交易委员会。这一点早在商品期货交易委员会起草的法案实施详细规则中已经浮现。

虽然《多德—弗兰克法案》为清算指明了方向，但大量细节仍有待填补。商品期货交易委员会、证券交易委员会以及其他联邦机构大概要在360天时间内拟定数百个精确规则和定义。

某些情况下商品期货交易委员会和证券交易委员会需通力合作，例如决定究竟什么才构成掉期、掉期交易商或市场主要参与者；必须通力合作的另一方面是混合掉期。在其他领域，这两个机构会与其他机构征询、协调、合作，包括联邦储备委员会、纽联储、美国财政部和联邦存款保险公司。所有这些机构都将参与《多德—弗兰克法案》框架细节填充工作。

立法并没有为清算定义"标准化"柜台衍生品。清算所和监管机构之间需要合作，从而决定哪些掉期交易需要清算。

清算所将向机构提交那些它们计划接受进行清算的掉期交易产品，商品期货交易委员会和证券交易委员会将决定哪些需进行清算。在做决定时，两个机构须考虑诸多问题，例如开放名义风险暴露、交易流动性、定价数据、规则的框架、清算该合约所需的操作专长和信贷支持架构、对系统性风险和竞争的影响、在清算所或其一个或多个清算会员资不抵债的情况下客户及掉期对手方头寸的处理是否存在法律确定性等。

法案规定，清算所对必须进行清算的掉期合约应提供开放的非歧视性访问权，因此法案似乎允许对条款相同的合约执行互抵。然而，在该法案诸多模棱两可的条款中，有一条是为了使系统性风险最小化：在任何情况下，指定清算机构都不得"被迫接受另一清算机构的对手方信用风险"。

监管机构——包括银行的审慎监管机构——负责为掉期交易商及掉期主要参与者设定进行非清算掉期交易时的最低资本要求、初始保证金和变动保证金要求。立法表示，这些要求要比进行清算的掉期交易的要求更加严格，以对应其所涉及的更大风险。这个问题同时也是国际银行监管者之间谈判的问题，监管者们正共同努力制定巴塞尔协议III，对国际清算银行下巴塞尔银行监督委员会的银行资本充足率规定进行更新。

《多德—弗兰克法案》要求商品期货交易委员会和证券交易委员会负责制定掉期产品的交易及价格的实时公共数据报告规则，以促进价格发现机制。它要求掉期数据集存中心进行注册，并允许清算所注册为集存中心。

这两个监管机构还将为掉期交易商和掉期主要参与者制定新的业务行为准则，内容涉及记录保存和欺诈处理、操控和其他滥用职权行为。

除了商品期货交易委员会和证券交易委员会监管下的清算所以外，法案还对第三类机构做了规定。该法案设立的新监管者超级论坛——金融安全监督委员会（Financial Security Oversight Council，FSOC），有权将一些衍生产品清算所指定为具有"系统重要性"的机构。

金融安全监督委员会于 2010 年 10 月 1 日举行第一次会议，成员由美国主要的金融监管机构组成，包括美联储、商品期货交易委员会和证券交易委员会，由美国财政部长担任主席。委员会有权将清算所和其他金融基础设施挑选出来，定为"指定金融市场设施"，这些机构在财务资源、风险管理和审慎规则上必须符合更高的标准。

金融安全监督委员会的主要目标是识别风险，并防止相互关联的大型银行和其他金融机构再次给美国经济造成毁灭性威胁。它目标之一是在具有系统重要性的机构间推行市场纪律，打破股东、债权人或交易对手方对政府将保护它们免受损失的任何期望。

然而，法案对指定金融市场设施做了例外规定。为减轻系统性风险及促进金融稳定，这些机构可以在极端情况下向美联储请求贴现和借款特权。提供这些支持的条件是"在异常或紧急情况下"、获得联邦储备委员会的确定大多数投票、与财政部长咨询协商，并且所涉及的机构证明"它无法从其他银行机构获得足够的信贷支持"。

法案的这一部分似乎标志着：为了美国和世界经济的利益，可以允许一类机构"重要到不能倒"。法案的另一部分则赋予联邦存款保险公司"决议授权"，决定那些具有系统重要性的金融机构的有序破产清算，以确保任何机构都不会变得"大到不能倒"。

尽管范围广大，《多德—弗兰克法案》并没有涵盖所有美国金融体系需注意的问题。

其内容中缺少对房利美和房地美的新规则。该法案不是美国金融法律制定上的最终定论。

奥巴马总统签署该法案后，商品期货交易委员会立即确定了实施该立法所需制定规则的 30 个"主题领域"。商品期货交易委员会的主席盖瑞·詹斯勒（Gary Gensler）描述了相关工作："该机构的员工团队被分配到每一个规则制定领域并全程参与，从分析该立法要求到广泛咨询、到提出规则制定建议、到发布最终规则"。共有 6 个团队被指派去制定与清算相关的规则[1]。

根据詹斯勒所述，初步估计显示 200 多个机构将登记为掉期交易商。他估计，除 16 个已纳入商品期货交易委员会监管下的期货交易所以外，《多德—弗兰克法案》可能会导致 20 到 30 个公司登记为掉期执行设施或"指定合约市场"。此外，美国登记的指定清算机构（DCOs）或清算公司的数量预计将从 14 个上升到 20 个左右[2]。

商品期货交易委员会和证券交易委员会向华盛顿观察家们展示了一个异乎寻常的情景：这两个机构在它们存在的大部分时间里真正地相互厌恶，如今却明显地和谐共事，由总统签署该法案不到 24 小时内，商品期货交易委员会规则制定团队的 20 多个负责人已在证券交易委员会与他们的同僚们开会。

然而，《多德—弗兰克法案》的细节实施将不会是"走过场"，拟议的规则变化将进行公众咨询。当然监管机构内部在方法上也存在差异，商品期货交易委员会 2010 年 10 月 1 日的第一个规则制定会议说明了这一点。

商品期货交易委员会主席詹斯勒支持提出指定清算机构的治理规则，这样一来商品期货交易委员会能够对清算所会员的投票权加以限制，包括某些情况下总股权 40% 的上限以及在投票人更多样化的情形下，每一清算会员或指定机构 5% 的股权上限[3]。但委员会的一名共和党专员吉尔·索莫斯（Jill Sommers）提出反对意见，理由是投票权限制会阻碍竞争。为支持自己的观点，她让人们注意欧盟委员会 2010 年 9 月 15 日对这些措施的否决。另一位委员会专员斯科特·欧玛丽娅（Scott O'Malia）则呼吁一个更灵活的方式[4]。

对于华盛顿的游说者，该法案拉开了又一年疯狂活动的序幕，从而试图改变最终条款。

---

[1] 商品期货交易委员会（2010 年 7 月 21 日），"商品期货交易委员会发布柜台衍生品的规则制定领域"，新闻发布。

[2] 商品期货交易委员会（2010 年 9 月 16 日），主席盖瑞·詹斯勒，"在国际掉期衍生品协会（ISDA）地区会议前的评论"。

[3] 对伦敦清算所来说，这一限制提议比林奇修正案的威胁要小，因为该清算所已经对它的所有者实行了最高 5% 的投票权限制。

[4] 商品期货交易委员会（2010 年 10 月 1 日）：詹斯勒、萨默斯、欧玛丽娅关于指定清算机构治理的声明已发布在委员会网站（www.CFTC.gov）上的新闻中心，讲话以及声明栏下（2010 年 12 月 20 日登录）。

对于世界各地的立法者来说，尽管《多德—弗兰克法案》存在不确定性，但在制定各自的柜台市场监管的立法时，该法案还是成为了参考风向标。

21.2 欧洲市场基础设施监管规则

在奥巴马总统签署《多德—弗兰克法案》不到两个月，欧洲委员会同意了范围广泛且内容详细的立法提案，对柜台衍生品市场和中央对手方清算所实施监管。

内部市场委员迈克·巴尼耶（Mike Barnier）2010 年 9 月 15 日提交了该提案[①]，采用了立法草案形式。这一类型的欧盟法律一经通过，即在 27 个成员国无自行裁量权地施行。

雷曼兄弟破产之后的整两年，该草案的揭幕标志着一个过程的开始：即欧洲议会及欧盟各成员国就监管的最终形态启动了共同决定（Co - decision）的过程。法案的工作名称为"欧盟市场基础设施监管规则（EMIR）"，草案是在向交易后部门、成员国和欧盟关键议员进行详尽且具备多方面典范意义的咨询之后才推出的。

委员会与美国机构进行过大量的准备性讨论以限制监管套利风险。它参考了更远范围的清算实践和立法，例如日本及巴西。它还考虑了《多德—弗兰克法案》及其他地方为达成 G20 在 2012 年底通过中央对手方来清算所有"标准化"柜台衍生工具的目标所采取的措施。

该监管草案是巴尼耶在任的第一个立法提议，并且反映了派特里克·皮尔森（Patrick Pearson）九个月的不懈努力，他在 2009 年底开始担任委员会的金融基础设施的负责人。因该法案将应用于 27 个主权成员国家，所以它比《多德—弗兰克法案》的对应部分更为详细。

为履行 2009 年匹兹堡峰会 20 国集团领导人达成的"2012 年底中央对手方清算"的承诺，委员会的建议是：

- 要求对满足预先定义的适当性标准的柜台衍生品进行中央对手方清算；
- 为它们的法律和处理方面的标准化设定具体目标；
- 为柜台衍生品交易的双边清算设置条件，一些条件仍需在巴塞尔协议 III 的程序下明确化；
- 要求市场参与者必须向交易集存中心报告它们柜台衍生品组合的"所有必要信息"，为迄今不透明的行业带来透明度。

---

① 欧盟委员会（2010 年 9 月 15 日），"关于柜台衍生品、中央对手方和交易集存的监管建议"。

在几个重要方面，提议的立法在柜台交易清算上比匹兹堡承诺涉及了更广泛的问题。它第一次将中央对手方清算所和交易集存中心纳入欧盟监管之下；草案规则将中央对手方的授权和监督推广到所有清算所，而不仅仅是柜台衍生品清算所。提议概述了一些规则，以确保交易集存中心的良好运营及信息的安全性和可靠性。

然而，对于20国协议中呼吁柜台衍生品合约"应该在适当的交易所或者电子交易平台上交易"的这部分规定，草案中没有覆盖。这一问题随后会在委员会公布的修改后的欧盟金融工具市场法规（MiFID）指令中解决。

监管草案为以下各方规定了统一要求：柜台衍生品交易的金融对手方、超过某些临界值的非金融（或企业）交易对手方，以及所有类别的柜台衍生品交易合约。

它详细阐述了定义标准化柜台合约所需的程序，以达到G20集团的匹兹堡承诺：在2012年底对所有标准化柜台衍生品进行集中清算，同时避免将该行业塞入定义的紧身衣里。

标准化合同的解释为：那些适合通过中央对手方清算所进行清算的合同。对它们进行定义需要双管齐下，以保证尽可能多的柜台合约得到清算，同时避免强迫中央对手方清算那些它们无法控制风险的合约（那样可能会影响到金融系统的稳定）。因此将采用：

- "自下而上"方法：由中央对手方决定清算某些合同，之后其所在国家的监管机构对此授权。监管机构（即委员会所说的中央对手方清算所的"合格管理当局"）承担义务通知欧盟证券及市场监管委员会（ESMA，2011年1月新建立)[①]，该委员会有权决定这些合同是否都应该通过欧盟清算。
- "自上而下"的方法：据此方法，欧洲证券及市场监管委员会和另一个新机构欧盟系统风险委员会（European Systemic Risk Board）共同决定哪些合同应可以被清算，这一规定是为了识别和捕捉市场上还未被中央对手方清算的合约。

在决定某一柜台合约是否适合被清算的时候，欧洲证券及市场监管委员会和美国监管机构非常相似，它将考虑系统性风险降低的潜在可能、流动性、定价信息的可获得性、中央对手方清算所处理合约数量的能力，以及清算所提供的客户保护水平。

委员会认为这两种方法都是必要的，因为履行G20清算承诺的工作不应留给行业。

---

① 欧洲证券及市场监管委员会是三个欧洲监督机构之一，它们与欧洲系统风险监管委员会形成了金融监督欧盟系统（ESFS）。金融监督欧盟系统是为回应危机而设立的，它为欧盟的金融监督提供了一个严格得多的机制，且是根据国际货币基金组织的前任常务董事及法兰西银行的管理者雅克·德·拉霍歇尔（Jacques de Larosière）起草的一份报告中的建议而来的。欧洲证券及市场监管委员会已替代了欧洲证券监管委员会（CESR）。另两个管理当局替代了银行及保险业监管委员会。

该程序还将提供一个针对清算安排之适当性的欧盟层面的预先监管检查。

那些负有柜台衍生品清算义务的对手方，将无法通过选择不参与中央对手方清算而逃避该要求。那些不愿或无法成为中央对手方清算会员的机构，必须作为清算会员的客户使用中央对手方清算所。

为保护柜台衍生品市场的全球性特征，以及保持一个公平竞争环境，合格衍生品合约的清算所必须在一个非歧视基础上对这些合约进行清算，无论它们的执行场所在哪里。在欧洲将不存在柜台衍生品清算的独家垂直筒仓结构：禁止中央对手方清算所只接受那些与它们有特殊关系，或与它们同属一个集团的交易场所达成的交易。

立法草案确定：原则上非金融对手方或商业企业对手方将不必履行清算义务，除非它们的柜台衍生品头寸达到一个具有系统重要性的临界值。监管草案假设这类企业的衍生品业务通常是与商业活动而非投机相关联。这一区分标志着企业游说者的一个重要成果，例如欧洲企业财务主管协会（European Association of Corporate Treasurers）展开了激烈游说运动，目的是为使其客户的合法对冲业务免受 G20 清算义务的约束。

然而，欧盟委员会草案并没有完全将非金融公司免除在柜台衍生品合约清算之外。那些在柜台衍生品市场上特别活跃的企业必须清算它们的交易。委员会认为：对于减少金融系统风险、避免监管套利及保持欧盟法律与美国《多德—弗兰克法案》的一致性来说，这是必要的；另一个原因是，必须消除金融公司通过建立新的非金融实体来操作其柜台衍生品的业务逃避其清算义务的可能性。

在得到欧盟证券及市场监管委员会（ESMA）及其他管理机构的反馈意见后，委员会提议定义两个明确的临界值，将在柜台衍生品合约上确实具有系统重要性的非金融对手方纳入清算义务之下：

- "信息（报告）临界值"：达到该临界值的非金融企业须向一个合格管理机构报告其头寸，该管理机构由它们所在的欧盟成员国指定；
- "清算临界值"：达到该值后，企业须对其所有的衍生品合约进行清算。

在定义这些临界值时，相关的合约必须被冲销压缩到对系统有意义的数量，而且重要的是，如果合约"是为了覆盖由客观可衡量的商业活动引起的风险而设立的"，那么这些合约不应被包括在清算范围内。

这意味着，在实践中（对于非金融企业）清算义务只适用那些柜台衍生品投机头寸，欧洲一些大型能源供应商可能属于这一类别。

鉴于不是所有的柜台衍生品都适合清算，那些继续采用双边管理的合约的处理及安全性仍需改善。

在这种情形下，监管草案要求对合约条款尽可能地进行电子确认、对合约进行每日盯市的风险管理流程操作、"及时、准确、适当分隔的抵押品交易"以及"适当按比例的"资本金持有。委员会将在监管规则即将生效之前出台具体的抵押品和资本金水平的具体标准。

为保证柜台市场对监管者、政策制定者和市场参与者更具透明性，金融对手方必须向一个登记过的交易集存中心报告所有衍生品合约交易的细节，以及任何后续更改合约更替或终止等。委员会将负责根据欧洲证券及市场管理局未来拟定的技术标准，来决定不同类别衍生品的报告细节、类型、格式及频率。

该草案的一个重要部分规定了中央对手方清算所的授权和监督的具体规则。责任将落于成员国家的监管机构身上（即所谓的合格管理当局）。但鉴于清算所的系统重要性及它们业务的跨境特点，欧盟证券及市场监管委员会也在过程中担当核心角色，这将通过以下措施实现：

- 以监管规则的形式来拟定立法，明确欧洲证券及市场监管委员会的中心角色及其统一实施该规则的责任；
- 要求欧洲证券及市场监管委员会出台大量技术标准草案，以保证监管规则的正确实施；
- 让欧洲证券及市场监管委员会和国家监管机构一起，共同负责对中央对手方清算所的授权、取消授权及改变授权。

2009年期间，委员会建议授权欧洲证券及市场监管委员会对欧盟内部的中央对手方清算所进行完全监督。在英国及其他国家坚持认为该责任应留给中央对手方所在的国家之后，该建议才作罢——毕竟本国纳税人可能需要对破产的清算所进行纾困。

因中央对手方清算所被认为是具有系统重要性的机构，它们的国家监管机构、欧洲证券及市场监管委员会、其他涉及中央对手方清算所之清算会员及相关市场的监管机构将不得不形成一个"学会"，制订应急计划以应对紧急情况。委员会当时正处于制定单独的危机管理和解决倡议的阵痛之中，它负责具体政策措施的制定，以解决"系统性相关的机构"如中央对手方清算所的危机。

欧洲证券及市场监管委员会将直接负责第三方国家清算所的认可工作，前提是欧盟委员会已认为该国的法律和监管框架与欧盟框架等同，并且欧洲证券及市场监管委员会已建立与第三方国家监管者的合作安排，并对中央对手方的风险管理标准感到满意。

草案规定，中央对手方清算所必须有充足的流动性使用权：流动性来自央行或"资信可靠且值得信赖的商业银行"。早期版本中，欧盟委员会曾设想将中央对手方清算推向"成为拥有中央银行流动性使用权的银行"这一方向。在英国的激烈干涉后，这一提法被淡化了。英国的干涉得到了美国的支持，因为美国担忧该规定会被解读为"要求中央对手方清算所的总部必须位于欧元区内"。

最终的版本让当时的欧洲中央银行感到不安，它感觉该草案在总体上淡化了中央银行尤其是它自身的特权，特别是在发生危机时。欧洲中央银行负责金融基础设施的执行委员会成员格特鲁德·坦普尔·古吉瑞尔（Gertrude Tumpel‑Gugerell）强调，任何央行流动性的提供都应完全由欧洲中央银行来决定，在任何情况下都不应影响货币政策，且在欧洲央行和欧元区的情形下，流动性仅被提供给那些自身是银行的中央对手方①。

监管草案密切关注中央对手方清算所的稳健性及监管，它坚持对中央对手方设定强有力的治理安排，处理所有者、管理层，清算会员，以及间接参与者之间的潜在利益冲突，尤其是在柜台衍生产品的清算上。草案特别强调了董事会独立董事的角色，并清晰定义了风险委员会的角色和职责。草案规定，中央对手方的风险管理应直接向董事会汇报，而不应受到其他业务线的影响。同时它还要求：治理安排应对外发布，且中央对手方清算所要有置于独立审计之下的、适当的内部体系及运营与管理程序。

由于中央对手方清算所承担了对手方违约的风险，而对手方自身也担负着清算所可能违约的风险，法律草案特别关注清算所规避对手方信用风险的要求。为此它规定，中央对手方清算所应具有严格但非歧视性的会员参与资格要求、适当的金融资源及其他的担保。

鉴于中央对手方清算所的新 G20 强制性责任，委员会判定：几乎在所有情况下，清算所的违约将会对整个金融体系造成潜在威胁。因此委员会强调了在欧盟层面上中央对手方清算所的严格审慎监管的必要性，认为目前各成员国家之间关于中央对手方监管的不同的法律造成了一个不公平竞争环境，使跨境提供中央对手方服务潜在地变得更不安全且更昂贵。巴塞尔协议Ⅲ及支付结算体系委员会—国际证监会小组（CPSS‑IOSSO）中的监管机构在修订中央对手方风险管理的国际标准方面进行的工作，也将填补这一空白。

每个中央对手方清算所都被要求建立一个共同违约基金，由会员缴纳资金组成。草案条款相当大程度已经深入到中央对手方应如何处理风险的细节上，例如，明确规定保证金应足够覆盖"在适当时间范围内，至少 99% 的风险暴露变动"所导致的损失，还规定中央对手方清算所的违约基金和其他后备资源须能使它承受风险头寸最大的两个清算会员的违约。

在支付结算体系委员会—国际证监会和欧洲央行体系—欧盟证券风险管理（ESCB‑CESR）的建议之上，草案将授权欧盟委员会—（权限范围以后再明确规定）对不同类

① 2010 年欧元区金融论坛上的评论，布鲁塞尔，2010 年 9 月 28 日。

别金融工具的保证金"制定明确百分比和时间限度的监管技术标准"。与此类似，对于清算会员可接受的抵押品类型以及这些资产的"垫头"（Haircut，译者注：接受抵押品时将其市场价值折扣下去的一个百分比），它有权制定监管的技术标准。委员会还有权规定中央对手方清算所可以投资的"高流动性金融工具"的类型。

监管草案对头寸和抵押品的隔离以及"清算关系转移"（Portability）也做了重要规定，反映了该领域内公平竞争环境的必要性以及雷曼兄弟破产的一些经验教训。委员会提议强烈偏向于客户，例如给予中央对手方清算所无须征得清算会员的同意就能转移客户资产和头寸的权力；草案显然是从普华永道处理雷曼兄弟欧洲违约的经验中吸取了教训，它提出：（资金）隔离和"清算关系转移"的要求"应高于任何成员国国内与之冲突的、阻止其完成的法律或监管和行政管理条例。

与以前一样，委员会自我节制不干预市场结构。它认为，与其他任何形式的、限制中央对手方清算所所有权的监管相比，它提出的措施将更有效地处理潜在利益冲突。

因此，提案并未处理垂直筒仓结构（即中央对手方清算所为交易所所有）的问题，也并未设法限制交易商银行对中央对手方清算所的所有权。然而，中央对手方清算所的股权变动必须提前告知监管机构，给予"合格的管理机构"一个机会能对那些达到或超过清算所10%、20%、30%或者50%的投票权或者股权的收购或售出提出反对。

提案对中央对手方职能的外包作出了严格规定，指出只有在不影响清算所的正常运作及其风险管理能力的情况下才能被允许。同时委员会强调：新成员中央对手方必须拥有一个最小资本金（实际操作中是 500 万欧元）才能获批，因为在一个或多个清算会员违约的情况下，中央对手方的自有资本金将是最后一道防线。在为委员会的提案做准备时，皮尔森不安地发现：中央对手方清算所的资本金差别巨大，从一个极端9.8万欧元到另一个极端超过 1 亿欧元。

草案还建议，操作互通性安排应得到监管批准，反映了行业行为准则在这方面有欠完善。在宣布互通性操作将成为实现欧洲交易后市场有效一体化的重要工具的同时，委员会也承认，该操作也将把中央对手方清算所暴露在额外风险中。

由于衍生品市场的复杂性以及柜台衍生品的中央对手方清算仍处于初级发展阶段，委员会决定：除了对现货证券以外，不对其他资产类别强制要求互通性操作。然而草案将 2014 年 9 月 30 日设为截止日期，届时欧盟证券及市场管理局将报告是否要扩大操作互通性的范围。同时，衍生品清算所在安全并符合监管规定的前提下，可自愿进行操作互通安排。

关于交易集存中心，草案赋予欧洲证券市场管理局以登记、撤销登记以及对交易集存中心实施监控的权力。选择欧洲证券市场管理局而非各成员国监管机构来担任这一关键角色，是为了保证公平竞争环境。

能在欧洲证券及市场监管委员会登记的交易集存中心"必须建立在欧盟",巴尼耶（Barnier）声明发布时，斯德哥尔摩的 Trioptima 公司已经运营一家全球利率交易报告集存中心（Interest Rate Trade Reporting Repository）达 5 个月之久，同时集中存托清算公司刚在伦敦成立了证券衍生品报告集存中心（Equity Derivatives Reporting Repository），这家经英国金融服务管理局批准的、美国集团公司的衍生品集存子公司还保存了全球信用违约掉期交易的数据，与集中存托清算公司纽约总部的交易信息库（TIW）相同。

根据委员会的提案，第三国的集存中心例如交易信息库同样也能在欧洲证券及市场监管委员会登记，前提是它服从于同等规则和适当监督。尽管如此，（市场的其他参与者）对第三国存管中心保存的数据须保有自由访问权，并由国际协议对此访问权进行保障。没有这样的协议支持，欧洲证券及市场监管委员会将无法承认第三国的集存中心。

委员会的提案远比《多德—弗兰克法案》详细得多，但在欧洲市场基础设施提供者对未来监管局面有一个完整看法之前，障碍仍然存在。

该立法草案只是一个提案，需服从于欧盟各成员国及欧洲议会在共同决策过程中的修订。这给商业游说势力留了一个影响最终结果的机会。

大部分工作将留给欧盟证券及市场监管委员会这个全新的、尚未经过考验的机构，而且该机构需要在各成员国的压力之下艰难前行，尤其是在英国倾向于限制它的权力的情况下。对于中央对手方清算所地点的管理规则，成员国之间也意见不一。

清算及中央对手方交易所将受到仍未成形的政策措施影响。例如，要到 2011 年初之后，巴尼耶和其他官员才会出台建议，根据修订后的欧盟金融工具市场法规（MiFID）把合格的衍生品合约放到有组织的场地中交易，这给欧洲的交易所和多边交易设施（MTFS）留了时间说服欧盟参照《多德—弗兰克法案》的榜样。

委员会已经为柜台衍生品的中央对手方清算留下了喘息时间，直至 2011 年初，在中央清算的合约与非中央清算的合约的差别化资本要求上如何实施"萝卜"和"大棒"政策，委员会都还无法提出建议。它必须根据新巴塞尔协议Ⅲ的银行资本金要求来推出欧盟资本金要求修订草案。

21.3 巴塞尔协议Ⅲ和中央对手方清算所

《多德—弗兰克法案》及欧盟委员会的建议草案，标志着向 G20 集团目标即基本一致的危机后全球监管架构迈出的重要步伐。在 G20 匹兹堡会议将柜台衍生品转移到中央对手方清算所的承诺中，另有一点被明确指出，即要求"非中央清算的合约服从于更高资本金要求"。明确规定这些要求的任务落在了巴塞尔银行监督委员会肩上，它负责强化现有银行资本金标准即巴塞尔协议Ⅱ，并用巴塞尔协议Ⅲ取代之。

巴塞尔协议 II 在金融危机期间已被证明不足。该协议解决的是银行对非清算柜台衍生品的头寸暴露问题，规定在违约情况下为对手方信用风险账户赋予 20% 的风险权重。但这未能确保银行对雷曼兄弟破产前后浮现的某些柜台衍生品风险保有充足资本金。巴塞尔协议 II 对非清算柜台衍生工具交易的不足，在危机后被欧盟委员会记录下来，并且委员会发现[①]：

- 巴塞尔协议 II 框架将对手方信用风险（CCR）作为违约和信用转移风险来处理，但没有全面考虑未构成违约的市场价值损失。它并没有对信用估值调整（CVA）造成的盯市损失做直接资本金要求，尽管大约三分之二的对手方信用损失是由信用估值调整造成的，仅有三分之一是由实际违约造成的。

- 巴塞尔协议 II 没有充分捕捉"错向风险"（Wrong‐way Risk）的问题，即对手方位违约概率与一般市场风险因素呈负相关关系。错向风险的产生，是因为危机中交易对手方的资信恶化和违约恰好发生在市场波动、对手方风险暴露比平时要高的时期。

- 大型金融机构比巴塞尔协议 II 认识到的要更为相互紧密关联。当金融市场进入下行阶段，银行对其他金融机构的对手方风险暴露也随之增加；银行对系统性风险的敏感度要比非金融公司高，且它们的信用质量随着市场下行而同步恶化。

- 用持有大量净额结算集（netting set，译者注：与同一对手方的一组许多交易，从确定风险暴露的角度讲只有它们冲抵后的净额是有实质意义的），或净额结算集的构成复杂且流动性差的对手方来替代柜台交易对手方，其平仓时间比巴塞尔协议 II 下资本充足率计算所允许的时间要长，所以监管设置的资本金要求极大低估了所可能发生的损失。

- 当证券化债券被用做抵押品时，它们经常被认为与类似等级的公司债券工具拥有相同风险暴露；金融危机之后，证券化债券继续表现出比类似等级公司债券更高的价格波动。

- 巴塞尔协议 II 对于在周期的每一点都保持充足的初始保证金（的做法）缺乏足够激励。后果是当危机开始并随混乱增长而膨胀时，初始保证金非常之低。较高的初始保证金保护了一些银行，但高的初始保证金也可能导致了对手方违约或者减少头寸，从而加剧危机。

---

① 欧盟委员会服务（2010 年 1 月），"关于进一步可能改进资本金要求指令的员工工作文件"。

危机也暴露出银行在对手方信用敞口风险管理上的重大缺陷，包括回溯测试和压力测试的缺失。这些缺陷导致了潜在损失的低估。欧盟委员会认定了抵押品管理程序操作上的一些应注意的问题，包括：系统及数据的完整性、员工是否充足、风险报告，以及抵押品协议的法律条款，这些在整个行业中引起了更大且时间更冗长的抵押品争议。由于对手方的抵押品资产被重复使用（例如再担保或再投资）但在接到通知很短时间内又必须归还，一些银行出现损失或流动性紧张。

由于规定的资本充足机制不够严格，巴塞尔协议Ⅱ没有充分的激励机制把双边柜台衍生品合约推向中央对手方清算所的多边清算，结果交易没有广泛使用中央对手方清算。

2010 年 9 月 12 日，全球主要央行的领导层宣布了巴塞尔协议Ⅲ的改革协议，提升全球银行最低资本金标准。欧洲央行总裁、巴塞尔委员会的监督机构"央行行长及监督机构负责人组"主席让－克罗德·特里谢（Jean－Claude Trichet）在宣布这一揽子计划时，称赞该协议是"对全球资本金标准从根本上的强化"。巴塞尔协议Ⅲ将多年分阶段进行。特里谢预测改革将对长期金融稳定和增长作出"重大"贡献[①]。

公布出来的仅是巴塞尔协议Ⅲ资本金要求的"主要设计元素"。尽管《多德—弗兰克法案》和欧盟委员会的欧洲市场基础设施监管规则提案都很全面，且使用的语言非常易于广大民众理解，巴塞尔协议Ⅲ资本金要求的很多部分是模糊的。多数与对手方信用风险、中央对手方清算所和柜台衍生品相关的建议，都是用银行监督机构和柜台衍生品专家的专业术语来表达的[②]。

巴塞尔协议Ⅲ开辟了新天地。它将银行对中央对手方清算所的盯市和抵押品风险敞口赋予了一个适度的风险权重（它建议在 1%～3%的范围内，而不是零），从而让银行意识到它们的中央对手方头寸暴露不是零风险的。

委员会关于非清算的柜台衍生品交易的其他决定，针对的是信用估值调整波动和银行相互关联性引发的风险，巴塞尔协议Ⅲ还要求，对手方信用风险的评估应包括市场承

---

① 国际清算银行（BIS）2010 年 12 月 12 日，"中央银行行长和监督负责人小组宣布了更高的最低资本标准"，巴塞尔银行监督委员会，新闻发布及附件。

② 国际清算银行巴塞尔委员会于 2010 年 7 月 26 日和 2010 年 12 月 12 日公布附件和新闻发布，总结了这些日期上巴塞尔协议Ⅲ的"主要设计元素"。每一附件包含一个标题为"对手方信用风险"的部分，给出 4 个要点，即关于激励持有非清算柜台衍生品头寸暴露的银行使用中央对手方清算所。附件下的第四要点提到：建议给银行对中央对手方清算所的盯市和抵押品风险暴露赋予一个风险权重，这在主要文件中曾提及。其他三个要点总结了对那些持有非清算柜台衍生品暴露的银行施以额外资本金要求的措施，如下：

——对债券等值方法进行修改，以处理对冲、风险捕捉、有效到期和重复计算；

——解决信贷价值调整的过度校正，取消 2009 年 12 月建议的 5×乘数；

——将资产价值相关性调整维持在 25%，以反映对其他金融机构的内生更高风险暴露，并帮助解决互相关联问题，当将临界值从 250 亿美元提高到 1 000 亿美元。

尽管有提问，但在本书写成时，国际清算银行未给出进一步解释。

压时期的数据，从而使该协议比迄今为止更为保守。

结果是：根据巴塞尔协议Ⅲ的规则安排，那些持有非清算或无法清算的柜台衍生品头寸的银行提高了必须留出的资本金额。对那些对协议决定感到困惑的人而言，幸运的是，委员会预计将在晚些时候公布一些更清晰的指导，可能会针对柜台衍生品头寸的一系列资本风险权重。这些将在委员会与支付结算体系委员会—国际证监会组织的央行官员及监管者小组的一个协调方法协议发布之后才发布。该小组还另外单独行动，更新支付结算体系委员会—国际证监会对中央对手方风险管理提出的建议，将金融危机的经验教训以及标准（且合格）的柜台衍生品合约的强制清算计划考虑进去①。

与此同时在幕后，银行监管者和支付结算体系委员会—国际证监会组织小组正在更仔细地观察中央对手方清算所背后可能潜伏的风险，尤其是在清算会员层面。

"瀑布流程（Waterfall）"——中央对手方清算所在处理危机事件中应使用的财务资源的顺序——受到了更为严密的检查。银行的违约基金贡献是一个重点讨论区域。在巴塞尔协议Ⅱ下它被自动赋予一个零风险权重，但危机之后监管者突然意识到，这些贡献并非完全无风险，因为中央对手方的违约基金在一个清算会员倒闭的情况下可能被动用。

另一个讨论领域是中央对手方的资本，以及它和初始保证金及风险的关系。中央对手方拥有越多资本，它就越可能向清算会员要求更少的初始保证金或违约基金。类似这些议题可能对竞争以及风险都有一定的含义，并提出了一个问题：国际间协议的规则在多大程度上可应用在传统不一的不同司法管辖区里。

在9月12日声明之后的几周，巴塞尔协议Ⅲ持续提出诸多问题。有一点能肯定：它将使监管者、监督者、银行和中央对手方清算所的法律与合规部门在未来几年中彻底忙碌。

21.4 设想中央对手方违约

《多德—弗兰克法案》、欧盟的欧洲市场基础设施监管规则草案以及巴塞尔协议Ⅲ明确承认了中央对手方潜藏的风险以及清算会员所承担的风险。这些风险状况离更严峻的状况仅一步之遥，让我们设想一个不堪想象的状况：中央对手方违约。

到2010年，清算所已经处于巨大的、具系统重要性的市场的中心位置，例如政府债券和信用违约掉期市场。这引发了重要的问题。如果类似雷曼兄弟的一个国际投行违约能把世界推至金融崩溃边缘，那么几个银行同时倒闭的影响将会有多大？在当今国家

---

① 见18.5节。

对银行系统纾困（例如 2007—2009 年它们所做的那样）会面临很大压力的世界上，如果清算会员中几个国际银行多重倒闭，中央对手方清算所能应付多久？

在雷曼兄弟破产和美国国际集团崩溃后，中央对手方清算所被迫跳入了未知环境中，使以上这些问题变得更为尖锐。正如一个大型投行负责清算业务的高级主管所评论的：

> 我完全支持将标准化柜台衍生品放到中央对手方清算所的做法。但那些坐在那说这跟房子一样安全的人们是错的。我们正将最大量的风险堆积到数量相对少的机构身上，总的来说它们拥有非常好的规则。但我们在信用衍生品市场上相对来说几乎没有违约的经验，而该市场风险极度复杂。我们几乎没有人能处理清盘，也就是投资组合的竞标①。

将中央对手方清算所升至吸收系统性风险的前线角色引发了疑问：如果中央对手方自身违约，当局又该扮演什么样的角色？将会发生什么？

尽管中央对手方清算所在雷曼兄弟违约前后都表现良好，但本书已揭示，在它们对雷曼兄弟破产的成功处理中，运气是起了一部分作用的。况且中央对手方清算所在过去也曾有过违约。1974 年巴黎糖市场和 1983 年棕榈油期货市场的危机，对一些不具系统重要性的市场上的小型机构造成了影响。1987 年香港危机的不同之处在于它涉及了金融合约的清算，但是紧急救援奏效了，且相对几乎没花什么代价。

2008 年以后的环境大不一样了。如果一个清算政府债券工具或信用违约掉期的中央对手方在主要金融中心发生违约，将不会如此轻易恢复平静。

官方文件极少谈及中央对手方违约的可能性，谈及时就用精心设计的语言将结果轻描淡写。然而，中央对手方清算所违约的暗示还是令人惊恐。支付结算体系委员会—国际证监会组织在解释为什么监管者和央行对中央对手方的风险管理有浓厚兴趣时，明确指出：

> 中央对手方的风险管理失败，将潜在扰乱相关市场以及在那些市场上的工具的结算系统的其他部分；该扰乱可能会传导到支付系统及其他结算系统②。

金融危机经历在纽联储的员工脑海中仍清晰，他们在 2010 年谈及该问题时稍微更坦率一些：

---

① 与作者的背景谈话，2010 年 3 月。
② 国际清算银行（2004 年 11 月），"对中央对手方的建议"。

中央对手方清算所的违约可能会突然将许多主要市场参与者暴露在亏损中。另外，任何这类违约都可能由一个或多个大型清算会员违约引发，因而可能发生在市场极度脆弱时期①。

欧盟委员会金融市场基础结构部门的负责人、负责欧洲市场基础设施监管规则的官员派特里克·皮尔森（Patrick Pearson）更直言不讳，他警告说清算所的违约可能带来"金融末日"②。

为中央对手方清算所提供某种形式的安全保障网的问题，在清算所管理者之间一度曾是不怎么热烈的话题。许多人坚信，在中央对手方清算所陷入困境时，只要中央银行作为最终贷款人介入，问题就迎刃而解。

该话题变成了一个公开的讨论。伦敦证券交易所的首席执行官泽维尔·罗烈在2009年12月建议，中央银行"应至少与一个清算所建立资金援助关系"，以防清算会员在违约情况下无法满足保证金要求③。

罗烈的提议打破了遵循已久的"创造性模糊"原则，该原则允许央行自行决定是否要对机构贷款。国家与国家之间的规则和操作各不相同，使该问题更复杂。

在那些中央对手方清算所必须是银行的国家——如法国和德国，清算所已拥有央行账户及央行日间流动性的使用权；在瑞典和瑞士，国家央行向被监管的非银行金融机构包括中央对手方清算所提供日间流动性；在英国和美国，情形有意地模糊不清，反映了当局经深思熟虑后的小心谨慎，以避免促进道德危机。

但2008年后，监管者和立法者不得不接受现实，随着对美国国际集团的纾困和随后全球金融系统的救援，对抗道德风险的战役已经失败——至少暂时是这样。

英国金融服务管理局和财政部在2009年12月的一个共同文件中提出了对中央对手方清算所违约的恐惧，同时进一步承认纳税人可能不得不对清算所纾困的可能性。在指明"在最极端情况下，中央对手方清算所几个会员的违约可能会导致中央对手方自身的违约"这一风险后，这两个监管机构说：

> 随着中央对手方清算所的系统重要性增加，违约将导致当局可能需要介入以提供支持，例如作为最终贷款人支持中央对手方清算所克服暂时性流动性问题。中央

---

① 杜菲（Duffie）、达瑞尔（Darell）、李（Li）、艾达（Ada）、卢步科（Lubke）和西奥（Theo）（2010年1月），"关于柜台衍生品市场架构的政策观点"。

② 2010年5月11日皮尔森在伦敦的一个会议上的表述：金融时报（2010年5月12日），"布鲁塞尔关于'广泛'变化的清算所规则的警告"。

③ 金融时报（FT.com）（2009年12月29日），"罗烈要求对清算所的安全保护"。

对手方清算所的破产可能会给所在国的纳税人带来直接成本①。

在 2010 年 4 月的全球金融稳定报告中，国际货币基金组织提出了一些关于支持中央对手方清算所的想法：

　　至少，中央对手方清算所应该拥有来自银行和其他金融机构的流动性支持承诺，这些机构最好不是清算会员，从而解决那些仍具清偿能力的清算会员所遇到的暂时性支付困难，并作为合约履行的额外资源支持。这一流动性措施的计价币种应当与所清算合约的计价币种相同。

报告承认，在出现额外风险情况下央行的支持可能是正当的：

　　因此，那些据判断具有系统重要性的中央对手方清算所应当拥有央行紧急流动性的使用权。但是，这些紧急贷款应有高质量流动性的证券抵押品支持，其品质应与货币政策操作所需的抵押品的品质相同。同时，在可能损害央行货币政策或外汇政策运行的情况下，绝不应进行该操作②。

问题在于，任何更大程度的紧急救援——尤其是来自纳税人的——在政治上已经变得难以构想，尤其是在美国。

商品期货交易委员会（CFTC）的詹斯勒（Gensler）和证券交易委员会主席玛丽·沙碧罗③（Mary Schapiro）都对美联储为清算所提供紧急流动性的价值表示怀疑④。在 2010 年 5 月一个银行操作员工大会的讲话中，美国集中存托清算公司的董事长兼首席执行官唐·多纳休警告：在多个清算会员违约的极端情况下，美联储绝不会允许集中存托清算公司使用其贴现窗口的流动性，尽管有过贝尔斯登和美国国际集团的先例：

　　与美联储在这一非常问题上长久以来一直相当明确的政策立场不同，我们都知

　　① 金融服务管理局和英国财政部（2009 年 12 月），"柜台衍生品市场改革，英国观点"，英国表达了该观点的同时，反对赋予欧盟机构——这次是未来的欧洲证券及市场管理局——对英国的中央对手方清算所的监督授权的想法。

　　② 国际货币基金组织（2010 年 4 月），"全球金融稳定报告，第 3 章：让柜台衍生品更安全：中央对手方的角色"。

　　③ 与詹斯勒一样，沙碧罗任职于奥巴马政府，且在 2009 年 1 月 27 日被任命为证券交易委员会的第一任女董事长。

　　④ 路透（2010 年 4 月 28 日），"商品期货交易委员会及证券交易委员会不同意对清算所的更大安全保障"。

道，任何可能意味着再一次为私人部门金融机构进行纾困的举动，都会遭遇公众强烈的反对。我们必须自己想出解决方案，而不是指望联邦政府。①

像许多清算专家一样，伦敦清算所的首席执行官罗杰·里戴尔不喜欢紧急央行支援的想法，因为它意味着专业上的失败。当被英国上议院主席和欧盟委员会问到"中央对手方清算所在极端情况下是否该拥有央行流动性使用权"时，里戴尔回答：

> 我认为，中央对手方希望得到央行资金有两个可能原因。一个是为了潜在提高它的日常运营的确定性，特别是其日间即时支付的最终性，这通过在央行的直接账户能够更好地完成；另一个它可能需要用到央行资金的原因可能是：作为在实际危机情况下提供流动性的最后担保手段。这两个原因截然不同，因此对于第一个问题的答案是绝对肯定的，因为它使系统更为强健；对第二个问题的答案是，在某些情况下临时流动性可能是有好处的。每个清算所的业务模式设计都应该防止出现那样的需要，但在非用不可的情况下，它是一个可以采取的、合情合理的手段。然而，对像我们这样的机构提供明确的担保涉及一些道德风险，我对此非常紧张。我确实坚信，原则上我们根本不该觉得自己拥有来自任何机构的任何担保，并且应在这样信念的基础上运营。
>
> 我们的业务设计应基于这样的假设：除了那些在我们控制之下的资源以外，我们根本没有任何东西的使用权。如果那样行不通，那说明我们失败了②。

2010 年期间，随着美国上议院重新慎重考虑并形成后来的《多德—弗兰克法案》，各方态度有了一些变化。

5 月在对一个上议院下设委员会的证言中，詹斯勒和沙碧罗的讲话都支持清算所对联邦贴现窗口的紧急使用权。从 5 月到 9 月，他们得到了美国的交易所和清算所领导人的呼应。芝加哥商业交易所的泰瑞·达菲（Terry Duffy）、期权清算公司的韦纳·卢瑟林肖森（Wayne Luthringshausen）、洲际交易所的杰弗瑞·斯普瑞彻（Jeffrey Sprecher）在不同的场合都分别呼吁对联储资金的使用权，尽管他们对触发这些支持所需的紧急程度分别做了不同强调。

然而，2010 年 12 月让–克罗德·特里谢提醒银行家、基础设施高管和监管者，如

---

① 在美国证券业与金融市场协会（SIFMA）年度运营大会上，2010 年 5 月 5 日，加利福尼亚州棕榈沙滩。
② 给上议院欧盟委员会的证言，2010 年 2 月 9 日：上议院（2010），"衍生品市场的未来监管：欧盟在正轨中么？"。

果危机再次出现，依赖纳税人的支持将是不理智的。纳税人已提供了"巨大支持"，并承担了大致相当于大西洋两岸 GDP 27% 的风险，从而拯救了世界。"如果非常不幸，我们需要再次面临同样尖锐的挑战，我坚信这次我们不会再从政治民主中获得如此巨大的支持，之后萧条将无可避免①。"

在《多德—弗兰克法案》中，有关于对"指定金融市场设施"的紧急资金支援的条款以及一个志向远大的"解决机制"计划，允许美国当局在不依赖纳税人支持的情况下管理具有系统重要性的金融机构的倒闭。它似乎提供了解决这一难题的一个方法。然而，该法案在美国实施期间是否会出现任何不可预见的问题，以及《多德—弗兰克法案》架构在多大程度上能照搬到其他 G20 国家或别处，还有待检验。

国际方面出现了不一致信号。一方面，G20 和金融稳定委员会（Financial Stability Board）② 的官员们在 2010 年期间为 11 月 11—12 日的首尔 G20 峰会制定了政策建议，内容是关于如何最好地在不依赖纳税人支持的情况下关闭具有系统重要性的金融机构（SIFIs）。

另一方面，由于美国与中国之间的宏观经济政策紧张关系加剧，G20 的和谐前景在那年夏季后变得暗淡。美国指责中国人为压低利率，而中国指责美国通过超宽松货币政策破坏了世界新兴经济体的稳定。在重要但是政治上却处于二线的问题上，达成早期协议的希望渺茫，例如是否应该将中央对手方清算所放入具有系统重要性的金融机构行列中，以及随之产生的职责问题。

21.5 中央对手方清算在全球传播

2010 年主要 G20 集团国家之间的压力，丝毫没有减缓中央对手方在主要工业化国家以外地区的清算高速发展。

经济强劲增长、金融市场快速发展和风险管理意识的加强，刺激了世界上那些增长快速，且避开了最严重金融危机的地区对清算服务的需求增长。

G20 集团对清算总体上鼓励的态度，以及集团的匹兹堡峰会承诺在 2012 年年末之前实现对标准化柜台衍生品合约进行中央对手方清算，鼓励了各个国家（如南非和俄罗斯）提议或至少考虑出台监管中央对手方清算所的法律。结果，中央对手方清算所在主

---

① 欧洲中央银行（2010 年 12 月 29 日），"保持金融改革的势头"。欧洲央行董事长让·克罗德·特里谢在 2010 年布鲁塞尔欧洲金融论坛的主题讲话。

② 金融稳定委员会是在 2009 年 4 月的 G20 峰会后成立的，为的是在国家金融政策制定者和国际标准制定者间协调和促进有效的监管和监督金融政策。金融稳定论坛（见 18.2 节）升级并扩张了，包括来自以下地区的官员：G20 集团成员、中国香港、荷兰、新加坡、西班牙和瑞士；主要国际金融机构；主要国际监管者委员会。

要工业化国家之外快速发展，在亚洲急风暴雨式的增长。

对国家的政府和国际组织来说，中央对手方清算所的建立越来越标志着一个国家金融部门的现代化程度。智利2010年建立证券清算所的一个原因，就是为了达到经济合作发展组织的会员资格，该组织是一个总部位于巴黎的发达国家俱乐部①。

对俄罗斯国家清算中心（National Clearing Center）来说，欧洲清算所联盟（European Association of Clearing Houses）的会员资格既是一枚得到国际认证的勋章，也是一个从现有的欧洲中央对手方清算所获取风险管理技术和清算方法的途径。俄罗斯国家清算中心由莫斯科银行间货币交易所（Moscow Interbank Currency Exchange）全资所有，该清算中心从2007年开始清算货币交易，并且有清算证券、远期交易、商品、政府证券市场的雄心壮志。它2009年11月加入了欧洲清算所联盟。

然而，技术的流向并不总是单方向的。欧盟委员会在为柜台衍生品和中央对手方清算所准备监管草案时，仔细参考了巴西的清算操作，认可了它在1999年一次严重银行危机后建立的强健金融基础设施。

中央对手方12集团的清算所会员资格在地理范围上的多样化及数量快速增长，使之与其名称日渐不符。这表明了清算在全球的迅速传播。

到2010年年中，中央对手方12集团的网站上列出了28个会员机构，它们在北美和南美、欧洲和亚太地区，以及以色列和南非运营着35个中央对手方清算所。在这28个会员中，有13个总部不在G7集团国家。在21世纪，建立清算所几乎看起来是一个国家爬上国际经济排名表的一个通过仪式，就像在20世纪50年代或20世纪60年代建立一个国际航线那般。

美国和欧洲的大型交易所及清算所有着在本土之外发展国外业务关系的悠久传统。在雷曼兄弟破产后的世界中，纽交所—泛欧交易所、芝加哥商业交易所集团、欧洲期货交易所、纳斯达克OMX集团（Nasdaq OMX）和伦敦清算所向"金砖四国"（巴西、俄罗斯、印度、中国）以及拉美、中东和亚洲的其他较小但活跃的经济体伸出双手建立战略伙伴关系。

21.6　集中清算的亚洲世纪

正是在亚洲，清算于2008年后正式起航。标志着清算在这一地区被迅速采用的事件是，2009年4月新加坡交易所（SGX）推出了世界上第一个被清算的柜台交易铁矿石掉期合约。这比伦敦清算所2009年6月1日开始清算类似合约还早几个星期。

---

① 金融时报（2010年5月31日），"智利交易所的清算改革"。

对铁矿石定价改革作出回应的第一个衍生品市场坐落在亚洲，这不仅凸显了中国钢铁行业对原材料的巨大需求，同时还说明危机之后该地区在全球经济地位提高。这只是交易所和金融基础设施领域的经济重心从西方向东方转移的众多例子之一：

- 2009 年在世界交易所联合会（World Federation of Exchanges）中，16 个亚太地区会员交易所交易的股票总值超过了 26 个欧洲、非洲及中东的会员交易所交易的总值。从 2000 年到 2009 年 10 年间，亚太地区交易所上交易的股票值从 5 万亿美元上升至 18.6 万亿美元左右，而对比之下，欧洲、非洲及中东（EMEA）的交易所上交易的股票值从 17.4 万亿美元下降至 13.1 万亿美元[①]。
- 金融基础设施供应商——尤其是欧洲的——加快了它们与新兴亚洲市场的业务合作步伐。在这些供应商中，欧洲期货交易所于 2009 年在中国香港、新加坡和日本建立了办事处。
- 与此同时，西方的中央对手方清算所和股票交易所正从亚洲获取新技术。例如，2008 年，伦敦清算所委托印度塔塔咨询服务公司（India's Tata Consultancy Service）的子机构—塔塔咨询服务金融方案公司（TCS）帮助开发了 Synαpse 系统，这一系统被该清算所称为世界上第一个多资产衍生品平台，能处理所有交易所交易的合约及大部分柜台合约；2009 年 10 月，伦敦证券交易所（LSE）收购了斯里兰卡的 Millenium IT 公司。

雷曼兄弟破产后亚洲的发展，似乎在复制欧洲过去的趋势，尽管速度远快得多。新交易平台和交易所出现，随之带来的是竞争、分裂，往往还有外来清算提供商。

例如，2008 年香港商业交易所（HK Mercantile Exchange）作为中国与国际商品市场的一座桥梁而建立，在 2009 年要求伦敦清算所成为它的中央对手方清算所。几个月后，Chi－X 交易所和新加坡交易所的合资企业——Chi－East 交易所也指定伦敦清算所为它的澳大利亚、中国香港和日本上市证券提供清算，这些证券将在它的非显示交易平台上交易，即所谓的"非公开订单册"（Dark pool）交易。

新加坡交易所（SGX）和澳大利亚交易所（ASX）宣布这两大交易所集团将在 2010 年 10 月末进行跨境合并的计划，突出了亚太地区令人目眩的变化节奏。尽管这一通过市场资本化来建立该地区第二大交易所集团的举动在澳大利亚面临强大监管障碍，该举动在亚洲和其他地区燃起了金融基础设施变化和合并的期待。

---

① 世界交易所联盟（2010），"世界交易所联盟 2009 年市场要点：www. world－exchanges. org（2010 年 12 月 20 日登录）。

2009 年 G20 峰会后，很显然亚洲国家也将参与到柜台衍生品合约的清算中来。在 G20 集团成员的 6 个亚太国家中，中国、印度、日本和韩国建立了专家组，研究柜台产品清算所的利弊；[①] G20 集团之外，新加坡和中国台湾采取了类似行动。

行动最快的是新加坡交易所，它运营着新加坡原油、运费、铁矿石合约的柜台衍生品交易中央对手方清算所——亚洲清算。该交易所宣布计划在 2010 年 10 月开始对以美元和新加坡元计价的利率掉期进行清算[②]。

印度储蓄银行鼓励印度清算公司（Clearing Corporation of India Ltd.，CCIL）将业务扩大到柜台利率及远期外汇衍生品，"最初是为了（交易信息）报告，逐渐为了更替结算[③]"。相应地，印度清算公司最终完成了它的业务模式，包括对卢比利率掉期和远期利率协议的风险管理流程[④]。

日本证券清算公司（JSCC）将"清算服务的进一步扩张"作为 2012 年 3 月前其商业计划的首要任务[⑤]，并且它与东京证券交易所（TSE）一起建立了一个工作组，发展利率及信用违约互换的清算。

日本证券清算公司、东京证券交易所和日本证券集存中心（Japan Securities Depository Center）与主要交易商们于 2009 年 3 月共同完成了关于日本交易后处理的研究。以此为基础，日本金融服务管理局（Financial Services Agency）建议：对普通利率掉期和信用违约掉期合约强制实行中央对手方清算[⑥]。日本的金融服务管理局甚至向包括伦敦清算所在内的国外清算所发出了措辞谨慎的邀请，吸引它们与日本合作。尽管监管者称，掉期清算最好应该由日本国内的中央对手方清算所来执行，它还是承认：国外中央对手方清算所也能被采用，因为它们已经成熟运营。

然而，在实际中日本当局对国外清算所的欢迎程度如何，尚不清楚。这一邀请是有条件的：国外中央对手方清算所所处的监管环境须与日本的清算所监管环境相当，且在清算类似信用违约掉期那样的衍生品时，需利用日本中央对手方清算所的技术专长，因为这些衍生品受日本破产法律的影响。在合约数量多至具有全局意义的情况下，其清算应该由日本国内中央对手方清算所负责，而基于 iTraxx 日本信用违约掉期指数的合约应该接受日本中央对手方清算所的强制清算。

---

① 澳大利亚、中国、印度、印度尼西亚、日本和韩国。

② 新加坡交易所（2010 年 12 月 20 日），"新加坡交易所—首次在亚洲进行柜台金融衍生品清算"，声明发布在 www. sgx. com（2010 年 12 月 20 日登录）。当发布时，该项服务还在等待监管通过。

③ 印度储蓄银行（2010 年 3 月），"金融稳定报告"。

④ 根据 www. ccilindia. com，"未来计划"部分（2010 年 12 月 20 日登录）。

⑤ 日本证券清算公司（2010 年 3 月 24 日），"三年期商业计划"，http：//www. jscc. co. jp/en/news/2010/3/Three - year% 20Business% 20Plan（FY2010 ~ FY2012）. pdf（2010 年 12 月 20 日）。

⑥ 金融服务管理局（2010 年 1 月 21 日），"与金融和资本市场相适应的机构框架发展"。

中国也加入了柜台交易衍生品清算的潮流中。上海清算所于 2009 年 11 月由中国人民银行行长周小川宣布正式成立，成为了一家"专业且独立的银行间清算所"①。

尽管对具体清算哪些产品，这个新中央对手方清算所含糊其辞，周小川说"该清算所的存在是为更好满足日渐增长和多样化的需求"。行长在开业典礼上的讲话中提到了集中清算"保证柜台衍生品市场的安全有序发展"的需求，他把提供"一个高效和节约成本的清算服务"放在 G20 集团议程内容的背景下，同时将其列入人民银行"解决全球金融危机"的工作中，作为国内金融市场改革，以及促进上海成为国际金融中心工作的一部分。

亚洲的清算发展得到了全球市场参与者的支持。2008 年到 2009 年期间协助进行日本柜台衍生品的交易后处理研究的 14 个小组成员公司中，有 6 个是国外投资银行的分支机构。该小组与美国集中存托清算公司开会交换意见，同时它的报告建议，日本在建立自己的利率掉期清算所时与伦敦清算所的合作是必要的②。

中国上海清算所的开业典礼是一块磁石，西方金融基础设施提供商的参与代表们包括伦敦清算所、欧洲清算银行（Euroclear Bank）、持续联系结算（CLS）集团和德意志交易所。开业典礼成为上海清算所和德意志交易所的一个合作协议签订的好时机③。

上海清算所开业典礼的来客名单说明了西方清算机构及其他金融基础设施提供商已经将注意力集中在亚洲。对雷曼兄弟破产后世界的清算所和清算专业人士来说，在 21 世纪第二个十年里，亚洲将是充满机会之地。

---

① 中国人民银行（2009 年 11 月 28 日），"行长周小川在上海清算所开业典礼上的讲话"，http：// www. pbc. gov. cn/publish/english/956/2010/20100524152218896622313/20100524152218896622313 _ . html （2010 年 12 月 20 日登录）。

② 日本证券清算公司、东京证券交易所及日本证券集存中心研究小组（2009 年 3 月 27 日），"关于日本柜台衍生品交易的交易后处理改进的报告"，以参考为目的的翻译本由柜台衍生品交易的交易后处理研究小组发表。

③ 中国人民银行（2009 年 11 月 28 日），"银行间市场清算所有限公司在上海成立"，www. pbc. gov. cn/english （2010 年 12 月 20 日登录）。

第 22 章

反思与结论

这部著作穿过一座巨大的历史拱形门追溯了中央对手方清算的发展历史，以亚洲为结尾。正是在亚洲，现代中央对手方清算所的先驱在 280 年前出现，为大米期货合约提供清算。

当 18 世纪 30 年代大阪的清算所开始担负起为堂岛大米市场完成期货交易的责任时，世界大部分主要的经济活动发生在亚洲。

1750 年工业革命以前，中国占了世界制造业产出的将近三分之一，比当时欧洲全部份额高约 40%，并且是今天中国约 16% 份额的 2 倍左右；那时印度次大陆占了另外四分之一。日本 1750 年占世界制造产出的比例估计为 3.9%，是英国在工业革命以前的 2 倍，几乎是当时一系列北美殖民地（后来组建成为美国）的 40 倍①。

随着亚洲强劲增长并重新恢复在工业革命期间让位给了西方的经济实力，亚洲的崛起以及随之而来的清算创新重心东移，不过是个合乎逻辑的期待而已。

今天全球化的市场里发生这样一个转移，与本书描述的模式相符。正是随着在 19 世纪末期间欧洲和美国经济实力的增强，富有企业家精神的经纪商和商人建立起了期货市场，清算所的支持使得它们在全球化市场上的交易获益最大化；正是源于西欧的港口和美国中西部的交易中心，现代中央对手方清算所才得以发展建立起来，而非源自堂岛的清算所。

但是，尽管清算服务需求在新兴世界特别是亚洲强烈增长，那些认为欧洲和美国只是在"边线外"观战的看法是错误的。

尽管美国和欧洲的成熟经济体在挣扎着从 80 年以来最严重的危机中复苏，现代清算所高管们正在从一件事情上受益（对于他们 18 ~ 19 世纪的前任们来说是完全怪异的）：一场监管海啸即将促进它们业务的繁荣增长，而不是约束其发展。

---

① 历史数据来自肯尼迪·鲍尔（Kennedy Paul）《大国兴衰》。2009 年中国制造业总产值（MVA）的全球份额为 15.6%，使它成为世界第二大的工业制造国，根据美国工业发展组织（UNIDO）所述。

　　因为在雷曼兄弟破产前后，中央对手方清算所是少数运行良好的金融市场组件之一，它们成为了政策制定者防止近年金融危机重燃的工具箱里的一个重要部分。

　　由于多德先生和弗兰克先生以及欧盟委员会的努力，在杜绝 2007 年开始的那场危机重演的战略里，中央对手方清算所处于一个核心角色。仅仅因为这一原因，在可预见的未来里清算在美国和欧洲将是一个增长行业。

　　确实，美国、欧洲和其他地区的许多监管新细节仍有待补充，另外它的影响（不光是在清算经济上）仍未完全可知。

　　商品期货交易委员会的专员斯科特·欧玛力亚（Commissioner Scott O'Malia）表达了一个观点，即"市场参与者不该有错觉，认为清算成本会剧烈增长。[①]"他解释说，《多德—弗兰克法案》和巴塞尔协议Ⅲ更严格的资本金要求，将被传递到美国衍生品指定清算组织（Designated Clearing Organizations，DCO）的清算会员和客户身上。如果真这样，这也很可能运用到 G20 集团其他的管辖区，因为它们也对清算和柜台衍生品进行监管。

　　但是，在金融部门整体面临新监管浪潮带来的成本飙升的同时，也存在着使清算成本下降的压力。持续的技术进步允许规模增长并带来收益；并且技术进步与清算量的增加共同作用，应能使得单位成本下降，并鼓励持续的收费竞争。

　　尽管不确定性依然存在，但政治家和监管机构至少为未来清算划定了框架。相比之下，行业却处于不断变化的状态中。

　　这一点在大局层面上并不明显。目前期货及现货证券清算的不同模式看来似乎将持续，而在柜台衍生品清算这一新领域，行业针对监管预期所采取的行动产生了一个似乎具有持久性的结构。

　　早在奥巴马总统签署《多德—弗兰克法案》及欧盟委员会提出它对中央对手方清算所的监管建议之前，清算所已采取行动以建立或巩固它们在关键柜台衍生品市场的地位。尽管伦敦清算所的掉期清算服务已经在利率掉期市场上建立了领先地位，其他竞争对手还是决定迎接挑战。同样的，在信用违约掉期清算的市场上，洲际交易所在美国和欧洲树立的早期优势令人瞩目，但这并未阻碍其他清算机构（例如伦敦清算所巴黎的中央对手方清算所或芝加哥商业交易所集团）推出竞争性的服务。

　　重要的是：每一种不同的柜台衍生品交易类别要有一家以上的中央对手方清算所，这一结构已被美国和欧盟的政策制定者和监管机构所接受。假定提供的交易品种数量保持在一定限度内，那么中央对手方清算所之间的竞争同样符合用户的需求：用户们既担心把所有清算服务寄托在一个供应商身上所带来的操作风险，但又不希望同时与几个机

---

① 商品期货交易委员会（2010 年 10 月 1 日），专员斯科特·欧玛力亚（Scott O'Malia）"在公共治理会议上的公开声明，金融资源，临时最终规则：颁布前的掉期交易"。

构发生关系而导致成本和复杂性增加。只要新公司出现并挑战现有机构的空间还存在，那么形成的结构就有希望是高效及节约的。

期货合约清算方面，向垂直化发展的趋势似乎不可阻挡的，并是全球化的。芝加哥商业期货交易所集团在美国建立已久、已成为标准的模式，成为了亚洲和拉美期货市场的规范。在欧洲，纽交所—泛欧交易所集团决定于 2010 年建立自己的衍生品和证券交易清算所，敲响着欧洲期货的水平式清算方法的丧钟。

在证券清算方面，我们有必要对美国和欧洲进行区分。在成功挥别 2009 年纳斯达克的挑战后，集中存托清算公司仍然是美国竞争激烈的、众多交易平台的清算服务市场的垄断供应商，自 20 世纪 70 年代中期以来，它的几近成本价运营的模式就处在股票和债券的交易清算监管框架保护之下。

在欧洲，欧盟金融工具市场法规对金融市场的监管放松释放了清算和交易层面的竞争，清算行业处于骚动中。欧洲的证券中央对手方清算繁荣成长，而在相关市场中跨国证券交易的障碍已经被金融工具市场法规授权下的多边交易设施回避掉。证券中央对手方清算所由于竞争所迫，不得不削减费用并苦苦挣扎维持盈利。

纽交所—泛欧交易所 2010 年 5 月决定在伦敦和巴黎建立自己的清算所，这一决定是一副催化剂。充满矛盾的是，它在欧洲分隔的市场基础结构里唤起了合并的想法。所有的中央对手方清算所突然互相之间进行谈判，没有一个机构想错过扭转战局的机会。一时间，世界上主要的一些交易所公司进入秘密谈判，催生了大量充满戏剧性的合并计划。如果实现，这些合并将彻底改变欧洲的清算行业。

在本书于 2011 年 2 月最终修订时，伦敦证券交易所集团和加拿大的 TMX 集团宣布了一个合并协议。而 24 小时内它们的风头就被抢镜：德意志交易所和纽交所—泛欧交易所也在计划一个等股权合并，这将产生世界上收入最高的交易所集团，而且其背后有强大清算结算设施的支持。如果计划如宣布那般完成，德意志交易所和纽交所—泛欧交易所的联姻将意味着，纽交所—泛欧交易所建立欧洲中央对手方清算所的计划作废，相反新集团将使用德意志交易所的清算和风险管理资产。另外，伦敦证券交易所和 TMX 集团曾提出发展它们的清算设施以创造跨大西洋的操作互通性。

1999 年至 2004 年间的类似合并潮留下了一个依旧分隔的欧洲交易后行业；金融危机后的这一次合并潮有了不同的企业领导人以及正在制定的欧盟监管新法规，结果可能会不同。即便如此，中央对手方的合并在欧洲依然存在障碍——在欧盟推出金融服务单一市场的行动计划 12 年后。

在美国的单一市场里，清算业务的分界线是由对应的不同金融产品来划定的；而欧洲的障碍一直是随国界划分，在国界的背后不同的国家法律系统、破产法、监管传统以及有时保护主义和地方观念，使得差异进一步加重。

这些障碍极难清除。但是美国和欧洲清算服务市场的不完美同样还反映了这个行业部门的不干涉竞争的政策。

曾有一时，似乎欧盟委员会的竞争部门将采用垂直筒仓结构，但这一决心在 2006 年消失了，因为德国明确表态，它会阻止任何可能扰乱德意志交易所集团已有筒仓结构的清算结算监管措施。美国司法部官员 2008 年对美国期货市场清算的垂直结构发表坦率而彻底的批评性回顾，但很快遭到高层否认。

总体来说，大西洋两岸的竞争管理当局一直明显置身于清算发展的历史之外。它们是否有任何动机或倾向参与到金融危机所创造的变化巨大的环境中，还有待观察。

监管发出的信号是混杂的。为鼓励竞争，欧盟委员会在对清算部门的立法建议中，为欧洲现货证券市场的操作互通性做了准备；在写作之时，商品期货交易委员会透露出一些意愿，想让 ELX 集团作为芝加哥商业交易所集团的一个竞争者，通过它的"期货对期货交易"规则获得芝加哥商业交易所开放权益的使用权。

但是在欧洲，操作互通性似乎总会遭到监管者的阻碍，2009 年后伦敦清算所、SIX x – clear 系统、欧洲多边清算设施（EMCF）和欧洲中央对手方清算所之间达成的互通性协议在实施时遇到了广泛僵局，该情况说明了这一点。欧盟的监管提议改变不了这一局势。

在美国，ELX 期货交易所或其他挑战者削弱芝加哥商业交易所集团垂直筒仓结构的尝试成功几率仍然很小，除非国会或其他对此负责的监管机构之一决定努力促进变革。

达到最佳的竞争水平从来不容易。在清算中，自从交易所带着一体化的中央对手方清算所（它们拥有该清算所）实现股份化以来，这一问题就开始显现。自 20 世纪 90 年代和 21 世纪早期股份化以来就有一个不幸的巧合：即监管机构对清算所的结构采取了一个中立态度，而竞争管理当局不愿意为清算所运营者营造一个公平竞争环境。只要当局不干涉公司结构，清算行业的重塑就几乎不可能。

但是，鉴于危机还记忆犹新，且欧元区主权债券危机又提出新挑战，如果试图在清算行业的安全性和竞争之间寻找适度平衡时，政客们、监管机构和清算所专家们过于偏向安全性的话，我们很难不理解他们。

从市场自由化到安全第一的"思维模式转变"，出现在一个动能强烈相反的时刻（相当反常，如果不是极度不同步的话）。关于这点在雷曼兄弟破产后监管机构有所暗示，本书的第五部分也有所描述。尤其对欧洲证券的中央对手方清算所来说，新监管浪潮出台时，清算所同时还必须承受驱动金融市场增加竞争和提升竞争力的那些因素的影响，这一直是 20 世纪 80 年代以来 20 多年宽松监管的特点，直至 2007 年金融危机袭来。

目前状况仍存在风险。迄今为止，中央对手方清算所之间在风险管理上的冒险竞争，对此反对声音是一致的并且站住了脚，这是个良性信号。但尽管大家信誓旦旦这不会发生，诱使清算所卷入"无底线"风险管理标准竞争的因素并未消除。

尽管中央对手方清算所自身在雷曼兄弟危机前后表现良好，但其中有一定的运气成分。

自从进入信用违约掉期清算的未知领域，中央对手方清算机制就向清算所管理者、清算会员及监管机构提出了重大问题。例如：由于信用违约掉期类产品不寻常的"断崖式违约"（Jump to Default）风险特征（译注：市场快速变化如利差突然增大或流动性不足以致头寸无法动态对冲时，使信用突然违约，而市场还未来得及将其突然增加的风险反应到现在的价差上——详见脚注①），如果那些对此类产品提供清算的中央对手方陷入困境，是否完全听任市场规则把握这些清算所的命运？

这一问题引发了一个复杂议题，即那些追逐公共政策目标（同时期待从中盈利）的中央对手方清算所，在危机发生时，是否应该期待最终贷款人机制的使用权，抑或得到国家纾困？在新的监管环境中，体制设计将保证纳税人不会再次对一个过大且过于关联而不能倒闭的公司负责，那么，清算所的所有者和/或违约基金的共同缴纳者是否应该承担财务冲击呢？

尽管商品期货交易委员会的主席盖瑞·詹斯勒（Gary Gensler）总是提醒他的美国听众，服务于期货市场的美国清算所从未倒闭过，但其他司法辖区下的中央对手方的情况却不是这样。

中央对手方清算所聚集了风险这一事实，一直是本书里反复出现的主题。中央对手方清算并不消除风险；清算只是控制了风险，将它聚集到中央对手方清算所并由清算所会员共同承担。

在这种情景下，一个现象就丝毫不奇怪了：世界上一些主要金融机构的系统性风险管理者都在对相关清算所的违约基金规则进行仔细梳理，以确定在危机时刻它们各自机构的责任范围。与此类似，为清算所制定新法律规则的监管机构也格外关注违约的"瀑布流程"问题（译者注：指出现违约情形时动用各种抵押资产覆盖风险支付的顺序），确定"谁"在"哪一时间"该付出"什么"。

如果这些是中央对手方清算所面临的风险，那么该如何化解它们？

第一层防护是谦恭。清算并不是处理危机余波的万能灵药，并非所有双边交易工具都适合清算。如果要求中央对手方清算所对复杂、缺乏流动性且难以定价的产品进行清算，那么它们自身的安全可能面临威胁。中央对手方只能是全球金融整体的一个组成部

---

① 感兴趣的读者可参考看这里的原文：CDS poses "jump‑to‑default" risk is the risk that a credit defaults suddenly before the market has had the time to factor its increased default risk into current spreads. It would yield a very significant financial payment obligation by CDS protection sellers. The risk presented by CDS is asymmetrically larger for protection sellers（short positions）than for protection buyers（long positions）—https：//www. theice. com/publicdocs/ice_ trust/FIA_ magazine_ CDS_ risk_ management。

分，其他基础结构和流程在风险控制中也要扮演重要角色，包括交易信息库和投资组合压缩（Portfolio Compression）。

《多德—弗兰克法案》和欧盟委员会的建议均承认，清算并非使一切问题迎刃而解的法宝。下一步是在管辖柜台衍生品和中央对手方清算所的法律的实施中，以及对哪类衍生品该进行清算作出选择时，确保这一原则得以运用。

下一道防线，取决于中央对手方管理者和监管机构之间的关系。在监管者对清算所、清算所对监管的参与程度上，近年来发生了革命，中央对手方清算所、监管机构和监督者的命运从未如此交错在一起。

今天的情况与一个世纪前清算所（例如伦敦农产品清算所）在欧洲新生的商品市场逐渐牢固立足时的状况截然不同。如果把伦敦农产品清算所的董事会会议记录当做指导的话[1]，那么董事们在清算所成立到第一次世界大战期间这四分之一个世纪中根本就不需要考虑监管机构，因为只在第一次世界大战时英国政府才对商品交易进行管制。

如今的清算所管理者和董事会成员需要与国内外的监管机构及监督者保持经常联系，形成一个共生关系。

洲际交易所的董事长兼首席执行官杰弗瑞·斯普瑞彻（Jeffrey Sprecher）描述了监管机构蜂拥到该公司的洲际交易所信托（ICE Trust）学习信用违约掉期清算知识的情景，迫使该交易所和清算所运营者重新安排其办公地场地：

> 毫不夸张地说我们等于是不得不搬到新办公室去，只为了给监管者们腾出地方工作……我想，对于经清算所清算的每一资产类别来说，这只是未来我们将看到的情景的一瞥。这意味着，现在许多在交易所层面上的合规功能，将来会搬到清算所层面上来，或至少复制一份。在清算所层面上将会有一层合规和监督功能[2]。

今天的中央对手方清算所的领导人不仅需要权衡用户、交易所及创造可清算产品的实体之间的利益。他们需在信任理解基础上与监管机构和监督者保持经常和紧密的联系。此外，鉴于游说在影响立法和监管上扮演如此重要角色，这也越来越适用于清算所与制定法律的政治家之间的关系。

前方还有其他的挑战。寻找有天赋和有经验且有广阔视野的领导者，在现代社会的复杂情况下驾驭这个已成为增长性行业的领域，就是其中之一。

另一个挑战，是将那些损害了清算所、所有者以及用户之间关系的分歧消除掉。管

---

① 见第 6 章。
② 在 2010 年国际衍生品展览会（IDX）上与其他交易所领导人的小组讨论会评论。伦敦，2010 年 6 月 8 日。

理者需要谨慎应对交易所和投行间的文化分歧。自从 20 世纪末和 21 世纪初的交易所股份化以来，这些分歧扰乱了（在某些情况下毒害了）清算机构、用户和交易平台之间的三方关系。

这里有些充满希望的祥兆。商品期货交易委员会提议限制清算的投票权，发出的信号应该会在全球范围得到回应，并且给未来任何"百合"类型的、可能引致混乱的商业冒险一个警告。尽管看来只取得了有限成功，交易所通过"重新共有"或"共同投资"努力找到了与交易商群体的共同点，体现了良好意图。

也许更重要的是交易所、清算所和投行间的人员互换（尤其是与高盛的前任雇员之间），形成众多机构间的网络。邓肯·尼德洛尔（Duncan Nieerauer）在高盛工作 22 年后，于 2007 年成为了纽交所—泛欧交易所的首席执行官；泽维尔·罗烈在 2009 年接任伦敦证券交易所的首席执行官以前，曾在雷曼工作 8 年，还由于之前在高盛工作过，他与尼德洛尔彼此之间相熟；罗杰·里戴尔在 2006 年到 2011 年间担任伦敦清算所的首席执行官，他也是高盛前雇员。

但在危机中，中央对手方清算所只能依赖自己的资源。如果清算所的风险管理或治理不达标的话，任何交易所与用户间的共同企业文化基因，或是对监管机构或政治家的溜须拍马都不管用。

自 1987 年 10 月股市崩盘以来，改进就一直持续。"正是在那时，我们意识到自己所处的是风险管理行业，而非交易处理行业，"欧洲清算所联盟（European Association of Central Counterparty Clearing Houses）的董事长、伦敦清算所公共事务部总经理罗瑞·康宁汉（Rory Cunningham）回忆说[1]。

1987 年之后的这二十多年来，中央对手方清算所在金融市场的一连串惊恐和危机中学习进步。制定标准的委员会（例如支付结算体系委员会—国际证监会组织）以及监管机构组织（例如欧洲中央银行系统—欧洲证券监管委员会）提供了建议，使操作有了可比照的标准。治理问题在 2010 年的中央对手方清算所监管条例中（不论是已通过的或是建议中的）尤为突出。在 2010 年 9 月欧盟委员会对中央对手方清算所、柜台衍生品和交易集存中心监管建议的 72 个条款中，"对中央对手方清算所的要求"占了不下 27 条。

当世界经济 2008 年 9 月跌入深渊，中央对手方清算机制过去多年的准备使自己受益良多，成功帮助金融市场度过了雷曼兄弟破产危机。随着世界迈向一个不确定的未来，希望它们的成功记录会完好无损。

---

① 与作者本人的邮件交流，2010 年 10 月 14 日。

附录一

参考文献

AFEI (France), ASSOSIM (Italy), FBF (France), LIBA (UK) (20 February 2006), 'European Trade Associations' call for EU action on European Exchanges and Market Infrastructure', joint statement issued through AFEI and LIBA, London and Paris.

AFP (13 May 2010), 'S&P cuts credit ratings on NYSE Euronext', Paris.

Baehring, Berndt (1985), *Börsen-Zeiten*, Frankfurt: Frankfurter Wertpapierbörse.

Bank for International Settlements (March 1997), 'Clearing arrangements for exchange traded derivatives', Committee on Payment and Settlement Systems of the central banks of the Group of Ten Countries, Basel.

Bank for International Settlements (June 1997), '67th annual report', Basel, www.bis.org.

Bank for International Settlements (June 1999), '69th annual report', Basel, www.bis.org.

Bank for International Settlements (November 2001), 'Recommendations for securities settlement systems', Basel: Committee on Payment and Settlement Systems of the central banks of the Group of Ten Countries, with the IOSCO Technical Committee (CPSS-IOSCO), www.bis.org.

Bank for International Settlements (November 2004), 'Recommendations for central counterparties', Basel: Committee on Payment and Settlement Systems of the central banks of the Group of Ten Countries, with the IOSCO Technical Committee (CPSS-IOSCO), www.bis.org.

Bank for International Settlements (December 2004), 'Triennial and semiannual surveys on positions in global over-the-counter (OTC) derivatives markets at end June 2004', Basel: BIS Monetary and Economic Department, www.bis.org.

Bank for International Settlements (June 2006), 'International convergence of capital measurement and capital standards: A revised framework', Comprehensive Version, Basel: Basel Committee on Banking Supervision, www.bis.org.

Bank for International Settlements (March 2007) 'New developments in clearing and settlement arrangements for OTC derivatives', Basel: The Committee on Payment and Settlement Systems of the Bank for International Settlements, www.bis.org.

Bank for International Settlements (13 November 2007), 'Triennial and semiannual surveys on positions in global over-the-counter (OTC) derivatives markets at end June 2007', Basel: BIS Monetary and Economic Department, www.bis.org.

Bank for International Settlements (November 2008), 'OTC derivatives market activity in the first half of 2008', Basel: BIS Monetary and Economic Department, www.bis.org.

Bank for International Settlements (20 July 2009), 'CPSS-IOSCO working group on the review of the "Recommendations for Central Counterparties"', Basel, CPSS-IOSCO press release, www.bis.org.

Bank for International Settlements (September 2009), 'The Joint Forum Report of Special Purpose Entities', Basel: Basel Committee on Banking Supervision, www.bis.org.

Bank for International Settlements (November 2009), 'OTC derivatives market activity in the first half of 2009', Basel: BIS Monetary and Economic Department, www.bis.org.

Bank for International Settlements (2 February 2010), 'Standards for payment, clearing and settlement systems: review by CPSS-IOSCO', Basel, CPSS-IOSCO press release, www.bis.org.

Bank for International Settlements (March 2010), 'International banking and financial market developments', *Basel Quarterly Review*, www.bis.org.

Bank for International Settlements (26 July 2010), 'The Group of Governors and Heads of Supervision reach broad agreement on Basel Committee capital and liquidity reform package', Basel Committee on Banking Supervision, Basel, press release plus Annex, www.bis.org.

Bank for International Settlements (12 September 2010), 'Group of Governors and Heads of Supervision announces higher global minimum capital standards', Basel Committee on Banking Supervision, Basel, press release plus Annex, www.bis.org.

Bank of England (1999), 'Central counterparty clearing houses and financial stability, *Financial Stability Review*, June, London.

Bank of England (April 2009a), 'Rethinking the financial network', Speech by Andrew Haldane, Executive Director for Financial Stability, at the Financial Student Association, Amsterdam, www.bankofengland.co.uk.

Bank of England (April 2009b), 'Payment systems oversight report 2008', Issue No. 5, London, www.bankofengland.co.uk.

Bank of England (8 May 2009), 'Small lessons from a big crisis', Remarks by Andrew Haldane, Executive Director for Financial Stability, at the Federal Reserve Bank of Chicago 45th Annual Conference, *Reforming financial regulation*, www.bankofengland.co.uk.

Bank Mees & Hope NV (1987) 'Annual report', Amsterdam.

Becker, Ursula (2002), *Kaffee Konzentration: Zur Entwicklung und Organisation des Hanseatischen Kaffeehandels*, Stuttgart: Franz Steiner Verlag.

Bernanke, Ben S. (1990), 'Clearing and settlement during the crash', *The Review of Financial Studies*, 3(1), 133–151.

Binder, Jim (2008), 'Seven exchanges, one clearing house, intense competition', *Swiss Derivatives Review*, 37, Summer, Zurich.

Black, Fischer and Scholes, Myron (1973), 'The pricing of options and corporate liabilities', *The Journal of Political Economy*, 81(3) (May–June), Chicago: University of Chicago Press.

Board of Banking Supervision (18 July 1995), Report of the Board of Banking Supervision Inquiry into the circumstances of the collapse of Barings, London: HMSO.

BOTCC, By-Laws (Editions of 1925, 1930 and 1935), Chicago.

BOTCC, Board of Trade Clearing Corporation (1925), Certificate of Incorporation, Wilmington, Delaware.

BOTCC (2002–3), 'Trusting, Growing, Leading, Clearing: a History', Company brochure.

BOTCC (14 July 2003), Email from Dennis Dutterer, BOTCC President and CEO, to the CFTC, Chicago.

Boyle, James Ernest (1920), *Speculation and the Chicago Board of Trade*, New York: McMillan Co.

Boyle, James E. (1931a), 'Cottonseed Oil Exchanges', *The Annals of the American Academy of Political and Social Science*, 155, Part 1, Philadelphia.

Boyle, James E. (1931b), 'The New York Burlap and Jute Exchange', *The Annals of the American Academy of Political and Social Science*, 155, Part 1, Philadelphia.

Brady Commission (January 1988), 'Report of the Presidential Task Force on Market Mechanisms', named after Nicholas Brady, Chairman, Washington. DC, http://www.archive.org/details/reportofpresiden01unit.

Brockhaus Konversationslexikon, 14th edition 1892–95, Leipzig, FA Brockhaus.

Chicago Board of Trade (14 June 2003), Letter from Bernie Dan, CBOT president and CEO, to the CFTC, Chicago.

CCorp (2006), 'A History: Trusting, Growing, Leading, Clearing', Chicago: CCorp.

CCorp (20 December 2007), 'The Clearing Corporation announces restructuring and investment by global financial institutions focused on OTC derivatives clearing', press release, Chicago.

CCorp (9 July 2008), 'Testimony of the Clearing Corporation to the US Senate subcommittee on securities, insurance and investment; committee on banking, housing and urban affairs', Washington.

CCorp and DTCC (29 May 2008), 'The Clearing Corporation and The Depository Trust & Clearing Corporation announce Credit Default Swap (CDS) Clearing Facility linked to DTCC's Trade Information Warehouse', press release, Chicago and New York.

CCP12, The Global Association of Central Counterparties (April 2009), 'Central counterparty default management and the collapse of Lehman Brothers', www.ccp12.org.

C Czarnikow Ltd (15 September 1938), 'Weekly price current'.

CESR, the Committee of European Securities Regulators, (23 March 2009), 'The Lehman Brothers default: An assessment of the market impact', Paris, www.cesr.eu.

CFTC (1988), 'Final report on stock index futures and cash market activity during October 1987', Washington DC.

CFTC (11 March 2002), 'Summary report of the Commodity Futures Trading Commission on the Futures Industry Response to September 11th', Washington.

CFTC (15 October 2008), Written testimony before the House Committee on Agriculture, Walter Lukken, acting CFTC Chairman, Washington, DC.

CFTC (25 September 2009), 'Prepared remarks of Gary Gensler', CFTC Chairman, to an EU Commission conference on *OTC Derivatives Regulation,* Brussels, www.CFTC.gov.

CFTC (9 March 2010), Keynote address by Gary Gensler to Markit's *Outlook for OTC Derivatives Markets* conference, New York, www.CFTC.gov

CFTC (21 July 2010), 'CFTC releases list of areas of rule-making for over-the-counter derivatives', press release, Washington DC, www.CFTC.gov.

CFTC (16 September 2010), Gary Gensler, 'Remarks before the ISDA Regional Conference', New York, www.CFTC.gov.

CFTC (1 October 2010a). Commissioner O'Malia, 'Opening statement on Public Meeting Governance, Financial Resources, Interim Final Rule: Pre-Enactment Swaps', Washington DC, www.CFTC.gov.

CFTC (1 October, 2010b), Commissioners' statements on DCO governance, Press Room, Speeches & Testimony, Washington DC, www.CFTC.gov.

CFTC and SEC (30 September 2010), 'Findings regarding the market events of May 6, 2010', joint report, Washington DC, www.CFTC.gov.

Chalmin, Philippe (1990), *The Making of a Sugar Giant*, London: Harwood Academic.

Chancellor, Edward (1999), *Devil Take the Hindmost*, UK: MacMillan.

Chicago Journal of Commerce (30 July 1925), 'Pit clearing house plans hit obstacle'.

Chicago Journal of Commerce (26 August 1925), 'Board of trade to vote again on changing clearing methods'.

Chicago Mercantile Exchange (15 June 1921), 'Constitution, by-laws and clearing house rules'.

Clearnet SA (April 2000), *Clear News*, Issue 1, Paris.

CME Group (8 June 2006), 'Efficient clearing and settlement systems: The case for market-driven solutions', Speech of Craig Donohue, CEO of the CME, to FESE's 10th *European Financial Markets Convention*, Zurich.

CME Group (3 December 2009), 'CME Group announces dealer founding members for CDS initiative', Chicago, http://cmegroup.mediaroom.com/index.php?s=43&item=2968&pagetemplate=article, (accessed 20 December 2009).

CME Group (18 October 2010) 'CME Group begins clearing OTC interest rate swaps', news release; http://cmegroup.mediaroom.com/index.php?s=43&item=3073&pagetemplate=article (accessed 20 December 2010).

Commodity Futures Modernization Act, HR 5660, US law, 106th Congress (1999–2000).

Competition Commission (29 July 2005a), 'Notice of provisional findings made under rule 10.3 of the Competition Commission Rules of Procedure in respect of i) The anticipated acquisition of London Stock Exchange PLC by Deutsche Börse AG and ii) The anticipated acquisition of London Stock Exchange PLC by Euronext NV.

Competition Commission (29 July 2005b), 'CC considers LSE mergers would harm competition', news release 46/05, London.

Conant, Charles A. (1905), *Principles of Money and Banking*, Vol. II, New York and London: Harper & Brothers.

Counterparty Risk Management Policy Group II (CRMPG-II) (25 July 2005), 'Toward greater financial stability: a private sector perspective', New York.

Counterparty Risk Management Policy Group III (CRMPG-III) (6 August 2008), 'Containing systemic risk: The road to reform'. New York.

Cranston, Ross (2007), 'Law through practice: London and Liverpool commodity markets c. 1820–1975', LSE Law, Society and Economy Working papers 14/2007, London: London School of Economics, Law Department.

Czarnikow (5 December 1974 to 29 January 1976), *Czarnikow Weekly Review*, Editions numbered: 1209, 1211, 1213, 1217, 1250, 1259, 1264 and 1268. London.

De Lavergne, A. (1931), 'Commodity Exchange in France', *The Annals of the American Academy of Political and Social Science*, 155, Part 1, Philadelphia.

Den Heijer, Henk (2002), *The VOC and the Exchange*, Euronext Amsterdam NV and Stichting VvdE with the Nederlandsch Economisch-Historisch Archief (NEHA), Amsterdam.

Deutsche Börse (February 2001), 'Verkaufsprospekt/Börsenzulassungsprospekt', Frankfurt, www. deutsche-boerse.com.

Deutsche Börse Group (2008), *The Global Derivatives Market: An Introduction*, Frankfurt, www. deutsche-boerse.com.

Deutsche Börse, MATIF, MONEP, SBF-Bourse de Paris and SWX-Swiss Exchange (17 September 1997), Frankfurt, Paris and Zurich Exchanges extend their alliance, joint press release, Frankfurt, Paris, Zurich.

Deutsche Bundesbank (January 2003), 'Role and importance of interest rate derivatives', Monthly Report, Frankfurt.

Dodd-Frank Wall Street Reform and Consumer Protection Act, HR 4173, US law, 111th Congress (2009–2010).

DTCC (1999), 'How we serve the financial industry'. Company brochure, New York.

DTCC (1 June 2006), 'Donald F Donahue elected President and CEO of DTCC', press release, New York, www.dtcc.com.

DTCC (2007), 'Putting customers first; Annual report 2006', New York, www.dtcc.com.

DTCC (11 October 2008), 'DTCC addresses misconceptions about the Credit Default Swap Market', press statement, New York, www.dtcc.com.

DTCC (22 October 2008), 'DTCC Trade Information Warehouse completes Credit Event Processing for Lehman Brothers', press release, New York, www.dtcc.com.

DTCC (29 October 2008), 'Delivering certainty, creating possibilities, managing risk', Presentation of CEO and Chairman Donald Donahue to the DTCC Executive Forum 2008, New York, www.dtcc.com.

DTCC (30 October 2008), DTCC successfully closes out Lehman Brothers bankruptcy, press release, New York, www.dtcc.com.

DTCC (31 October 2008), 'DTCC to provide CDS data from Trade Information Warehouse', press release, New York, www.dtcc.com.

DTCC (12 January 2009), 'DTCC to support all central counterparties for OTC credit derivatives', press release, New York, www.dtcc.com.

DTCC (23 March 2009), Remarks by Donald Donahue at the ISITC 15th annual industry forum in Boston, www.dtcc.com.

DTCC (29 April 2009), 'Proposed merger between LCH.Clearnet and DTCC not proceeding', press release, New York and London, www.dtcc.com.

DTCC (2009), 'Annual report 2008', New York, www.dtcc.com.

DTCC (2010), 'Making a difference', Annual Report 2009, New York, www.dtcc.com.

DTCC and LCH.Clearnet (22 October 2008), 'DTCC and LCH.Clearnet announce plans to merge and create world's leading clearing house', joint press release, New York and London, www.dtcc.com and www.lchclearnet.com.

Duffie, Darrell, Li, Ada, Lubke, Theo (January 2010), 'Policy perspectives on OTC derivatives market infrastructure', Staff Report no. 424, Federal Reserve Bank of New York, www.newyorkfed.org.

Duffie, Darrell and Zhu, Haoxiang (9 March 2009), 'Does a central clearing counterparty reduce counterparty risk?', Stanford University.

EACH (July 2008), 'Inter-CCP risk management standards', www.eachorg.eu.

EACH (August 2009), Comments on the European Commission communication, Enhance the resilience of OTC Derivatives Markets, of July 2009, www.eachorg.eu.

EACH, ECSDA, FESE (7 November 2006), 'European Code of Conduct for Clearing and Settlement', Brussels, published respectively by: the European Association of Central Counterparty Clearing Houses (EACH), the European Central Securities Depositories Association (ECSDA) and the Federation of European Securities Exchanges (FESE), www.eachorg.eu.

EACH, ECSDA, FESE (28 June 2007), 'Access and interoperability guideline, Brussels, www. eachorg.eu.

Eberhardt, Jörg and Mayrhofer, Thomas (2002), 'Die Entwicklung der Magdeburger Börse', in *Jahresbericht, Studentischer Börsenverein Magdeburg e V, 2001–2*. Magdeburg, Germany.

ECB (27 September 2001), 'The Eurosystem's policy line with regard to consolidation in central counterparty clearing', Frankfurt, www.ecb.eu.

ECB (2005) 'Integration of securities market infrastructures in the Euro Area', Schmiedel, Heiko and Schönenberger, Andreas, ECB Occasional Paper No. 33, Frankfurt, http://www.ecb.int/pub/pdf/scpops/ecbocp33.pdf (accessed 10 December 2010).

ECB (19 June 2008), 'Summary of the 18th meeting of the Contact Group on Euro Securities Infrastructures (COGESI), Frankfurt, www.ecb.eu.

ECB (18 December 2008), 'Decisions taken by the governing council of the ECB (in addition to decisions setting interest rates)', Frankfurt, www.ecb.eu.

ECB (August 2009), 'Credit default swaps and counterparty risk', Frankfurt, www.ecb.eu.

ECB (29 September 2010), 'Keeping the momentum for financial reform'. ECB President, Jean-Claude Trichet's keynote address at the *Eurofi Financial Forum* 2010, Brussels.

ECB and CESR (May 2009), 'Recommendations for securities settlement systems and recommendations for central counterparties in the European Union', [the ESCB-CESR standards], Frankfurt and Paris.

Ellison, Thomas (1886), *The Cotton Trade of Great Britain*, London: Effingham Wilson.

ELX Futures (14 October 2009), 'CFTC approves ELX "EFF" Rule', press release, New York, www.elxfutures.com.

EMCF (29 December 2009), 'Interoperability for CCPs: A way forward', www.euromcf.nl.

EMCF (2010), 'Clearing solutions for all to see, Annual report 2009', www.euromcf.nl.

Emery, Henry Crosby (1896), *Speculation on the Stock and Produce Exchanges of the United States*, Studies in History, Economics and Public Law, volume 7, number 2, New York. Also published as an Elibron Classics Replica Edition by Adamant Media in 2005.

Eurex Clearing (22 July 2008), 'Eurex clearing plans to build European CCP platform for clearing services in OTC derivatives', Frankfurt.

Eurex Clearing (24 July 2009), 'Eurex Credit Clear – the European OTC clearing solution for credit default swaps – to start on 30 July 2009', Frankfurt, www.eurexclearing.com.

EuroCCP (17 June 2009), 'EuroCCP proposes European Convention on interoperability', London.

EuroCCP (2010), 'Report and financial statement for the year ended 31 December 2009'.

EuroCCP (January 2010), 'Recommendations for reducing risks among interoperating CCPs: A discussion document', London, www.euroccp.co.uk.

Euroclear (20 July 2006), 'Sir Nigel Wicks to become Euroclear Chairman as of 1 August 2006', Brussels. Archived and dated 24 October 2006 under Media Releases on www.euroclear.com.

Euronext NV (2006), 'Notes to the consolidated financial statements: Registration document and annual report 2005'.

European Commission (May 1999), 'Financial services: Implementing the framework for financial markets – Action plan', Brussels, Com (1999) 232, 11.05.99. www.ec.europa.eu.

European Commission (May 2002), 'Clearing and settlement in the European Union. Main policy issues and future challenges, Brussels, COM(2002)257.

European Commission (28 April 2004), 'Clearing and settlement in the European Union – The way forward', Brussels: COM(2004)312, www.ec.europa.eu.

European Commission (30 June 2005), 'Securities trading, clearing, central counterparties and settlement in EU 25 – An overview of current arrangements', Brussels: London Economics commissioned by DG Competition, European Commission. www.ec.europa.eu.

European Commission (13 September 2005), 'Fund management – Regulation to facilitate competitiveness, growth and change', Brussels: Commissioner McCreevy at the 14th annual *ALFI-NICSA Europe-USA Investment Funds Forum*, Luxembourg, www.ec.europa.eu.

European Commission, Competition DG (May 2006), 'Competition in EU securities trading and post-trading: Issues paper'. Brussels: DG Competition, European Commission www.ec.europa.eu.

European Commission, Internal Market DG (May 2006), 'Draft working document on post-trading', plus Annex I, 'Analysis of studies examining European post-trading costs', Brussels.

European Commission (11 July 2006), 'Clearing and settlement: The way forward', Brussels, McCreevy remarks to the Economic and Monetary Affairs Committee of the European Parliament, www.ec.europa.eu.

European Commission (November 2006), 'Clearing and Settlement Code of Conduct', Brussels: McCreevy speech at press conference, 7 November 2006, www.ec.europa.eu.

European Commission (17 October 2008), 'Statement of Commissioner McCreevy on reviewing derivatives markets before the end of the year', Brussels, www.ec.europa.eu.

EU Commission (18 December 2008), 'Industry commitment to the European Commission regarding central counterparty clearing of credit default swaps in Europe', Brussels, www.ec.europa.eu.

EU Commission (17 February 2009) 'Letter to Commissioner McCreevy, from signatories of the industry commitment to the European Commission regarding central counterparty clearing of credit default swaps in Europe'. Brussels, www.ec.europa.eu.

EU Commission (3 July 2009), 'Ensuring efficient, safe and sound derivatives markets', Brussels, Communication COM 332 final; plus Commission Staff Working Paper Accompanying the Commission Communication, SEC (2009) 905 final, www.ec.europa.eu.

EU Commission (24 September 2009), 'Derivatives and risk allocation', Remarks of Commissioner McCreevy at the Derivatives Conference Speakers' Dinner before a Commission Derivatives Conference, Brussels, www.ec.europa.eu.

EU Commission (20 October 2009), 'Ensuring efficient, safe and sound derivatives markets: future policy actions', Brussels, Communication COM (2009) 563 final, www.ec.europa.eu.

EU Commission (20 October 2009), 'Financial services: Commission sets out future actions to strengthen the safety of derivatives markets', press release, IP/09/1546, Brussels, www.ec.europa.eu.

EU Commission (15 September 2010), 'Proposal for a regulation on OTC Derivatives, Central Counterparties and Trade Repositories', COM (2010) 484/5, Brussels, www.ec.europa.eu.

EU Council of Ministers (2 December 2008), 'Ecofin Council conclusions on clearing and settlement, Brussels, www.consilium.europa.eu/ueDocs/cms.../en/ecofin/104530.pdf.

European Commission Services (January 2010), 'Staff Working Document on possible further changes to the Capital Requirements Directive', Brussels, www.ec.europa.eu.

European Financial Services Round Table (December 2003), 'Securities clearing and settlement in Europe, Brussels: EFR, www.efr.be.

European Monetary Institute (1996), 'Payment systems in the European Union' [The Blue Book], Frankfurt.

European Securities Forum (15 June 2000), press release, London.

European Securities Forum (2 December 2000), 'EuroCCP: ESF's blueprint for a single pan-European central counterparty', London.

Falloon, William D. (1998), *Market maker: A sesquicentennial look at the Chicago Board of Trade*, Chicago: Board of Trade of the City of Chicago.

Federal Reserve Bank of New York (9 June 2008), 'Statement regarding June 9 meeting on over-the-counter derivatives', New York, www.newyorkfed.org.

Federal Reserve Bank of New York (10 October 2008), 'New York Fed to host meeting regarding Central Counterparty for CDS', press release, New York, www.newyorkfed.org.

Federal Reserve Bank of New York (31 October 2008), 'New York Fed welcomes further industry commitments on over-the-counter derivatives', New York, www.newyorkfed.org.

Federal Reserve Bank of New York (1 March 2010), 'New York Fed welcomes further industry commitments on over-the-counter derivatives', New York, www.newyorkfed.org.

Federal Reserve Bank of New York (8 September 2009), 'Market participants commit to expand central clearing for OTC derivatives', New York, www.newyorkfed.org.

Federal Reserve Bank of New York (24 September 2009), 'A global framework for regulatory cooperation on OTC derivative CCPs and trade repositories', press release, New York, www.newyorkfed.org.

Federal Reserve Board (7 April 2003), 'Interagency paper on sound practices to strengthen the resilience of the US financial system', Washington: Office of Comptroller of the Currency, SEC.

Federal Reserve System (Effective 4 March 2009), 'Ice US Trust LLC, New York, Order Approving Application for Membership', Washington DC, www.federalreserve.gov.

Federal Trade Commission (1920), 'Report of the Federal Trade Commission on the grain trade, Volume 5', Washington DC: Government Printing Office.

Felloni, Giuseppe and Laura, Guido (2004), *Genoa and the History of Finance: A series of firsts?* www.giuseppefelloni.it (accessed 3 December 2010).

FIA Global Task Force on Financial Integrity (June 1995), 'Recommendations for regulators, exchanges and clearinghouses, forming part of Financial Integrity Recommendations for Futures and Options Markets and Market Participants', Washington, DC: FIA.

Financial News (28 January 2008), 'Banks mull European derivatives exchange', London.

Financial Services Agency (21 January 2010), 'Development of institutional frameworks pertaining to financial and capital markets', Tokyo, www.fsa.go.jp/en/news/2010/20100122-3/01.pdf.

Financial Services Authority and HM Treasury (December 2009), 'Reforming OTC derivative markets, A UK perspective', London, www.fsa.gov.uk/pubs/other/reform_otc_derivatives.pdf (acccessed 13 December 2010).

Financial Stability Forum (10 October 2008), 'Report of the Financial Stability Forum on enhancing market and institutional resilience: Follow up on implementation', Washington/Basel, www.financialstabilityboard.org.

Financial Times (13 February 1888), 'Mincing Lane in feeble form: A proposed innovation'.

Financial Times (FT.Com) (19 June 2003), 'CME and CBOT fight foreign rivals: Open warfare breaks out over plans of world's largest derivatives exchange to enter the US market'.

Financial Times (15 October 2003), 'Eurex sues its rivals in Chicago'.

Financial Times (7 January 2005), Letter to the Editor from Chris Tupker, Euroclear Chairman.

Financial Times (15 March 2005), 'Interview: Charles Carey, Chicago Board of Trade'.

Financial Times (5 July 2006), 'Teaching a gorilla to tap-dance', article by Richard Beales.

Financial Times (FT.Com) (17 October 2006), 'Merger bolsters Chicago's business profile'.

Financial Times (30 January 2009), 'Paris toughens regulation line with call for clearing system'.

Financial Times (FT.Com) (29 December 2009), 'Rolet urges safeguards on clearing houses'.

Financial Times (12 May 2010), 'Brussels warns on 'widely' varying clearing house rules'.

Financial Times (31 May 2010), 'Clearing reforms for Chile's Exchange', Buenos Aires.

Finextra (14 May 2010), 'S&P cuts NYSE Euronext rating on clearing plans; puts LCH.Clearnet on "creditwatch"'.

FSA, AFM, DNB, FINMA and SNB (12 February 2010), 'Communication of regulatory position on interoperability'.

Fukuyama, Francis (1992), *The End of History and the Last Man*, New York: Avon Books.

Futures Industry Magazine (September 2009), 'The Gensler Agenda, an interview with Will Acworth'. Washington DC: Futures Industry Association. www.futuresindustry.org/futures-industry.asp.

Geithner, Timothy (9 June 2008), 'Reducing systemic risk in a dynamic financial system', Remarks of New York Fed President Timothy Geithner at the Economic Club of New York, New York.

Gensler, Gary (18 November 2009), 'Testimony before the Senate Committee on Agriculture', Washington DC: CFTC, www.CFTC.gov.

Gensler, Gary (18 March 2010), 'OTC Derivatives Reform' to a meeting at Chatham House, London, Washington DC: CFTC, www.CFTC.gov.

Gidel, Susan Abbott (2000), '100 years of futures trading: From domestic agricultural to world financial', *Futures Industry Magazine*, December 1999/January 2000, Washington, DC: Futures Industry Association, www.futuresindustry.org/futures-industry.asp.

GAO (April 1990), 'Report to congressional committees: Clearance and settlement reform'. Washington DC. Appendices contain responses supplied by the CFTC, CME, NSCC, OCC and SEC.

Gelderblom, Oscar and Jonker, Joost (2005), 'Amsterdam as the cradle of modern futures and options trading, 1550 to 1650': in Goetzmann W.N. and Rouwenhorst K.G. (eds) *The Origins of Value: The financial innovations that created modern capital markets*, Oxford, UK: OUP.

Geljon, P.A. (1988), 'Termijnhandel in Nederland', published in *Termijnhandel en termijnmarkten*, Deventer, Kluwer.

Giovannini Group (November 2001), 'Cross-border clearing and settlement arrangements in the European Union', Brussels: European Commission, www.ec.europa.eu.

Giovannini Group (April 2003), 'Second report on EU clearing and settlement arrangements', Brussels: European Commission, www.ec.europa.eu.

Gowers, Andrew (21 December 2008), *Sunday Times*.

Greenspan, Alan (5 May 2005), 'Risk transfer and financial stability', remarks delivered via satellite to the Federal Reserve Bank of Chicago's forty-first Annual Conference on Bank Structure, Chicago.

G20 (2 April 2009), 'Declaration on Strengthening the Financial System', London, www.g20.org/Documents/g20_communique_020409.pdf.

G20 (25 September 2009), 'Leaders' statement: The Pittsburgh Summit', September 24–25 2009, Pittsburgh, www.pittsburghsummit.gov/mediacenter/129639.htm.

G30 (March 1989), 'Clearance and settlement systems in the world's securities markets', New York and London: Group of Thirty.

G30 (July 1993), Derivatives: Practices and principles, New York and London: Group of Thirty.

G30 (January 2003), Global clearing and settlement: A plan of action, New York and London: Group of Thirty.

Harding, John and Miller, Robert (21 November 1979), 'Financial futures in London?', London, report commissioned by ICCH.

Harris, Siebel (1911), 'The methods of marketing the grain crop', *The Annals of the American Academy of Political and Social Science*, **38**, Philadelphia.

Hay Davison, Ian (May 1988), 'The operation and regulation of the Hong Kong securities industry: Report of the Securities Review Committee', Hong Kong: Government Printer.

Hendricks, Darryll, Kambhu, John and Mosser, Patricia (May 2006), 'Systemic risk and the financial system', New York, background paper commissioned by the Federal Reserve Bank of New York.

HKEx, Hong Kong Exchanges and Clearing Ltd (January 2009), *Exchange*. A quarterly newsletter, Hong Kong, www.hkex.com.hk.

HM Treasury (February 1999), 'Financial Services and Markets Bill: Draft recognition requirements for investment exchanges and clearing houses', London.

House of Lords (2010), 'The future regulation of derivatives markets: Is the EU on the right track?' European Union Committee. Report with evidence published as HL Paper 93, 31 March 2010, London: the Stationery Office Ltd.

Hutcheson, John M. (1901), *Notes on the Sugar Industry*, Greenock, Scotland: John MacKelvie and Sons.

ICE (14 September 2006), 'IntercontinentalExchange enters into agreement to acquire New York Board of Trade', press release, Atlanta, www.theice.com.

ICE, The Clearing Corp (10 October 2008), 'Industry Group signs letter of intent to establish global central counterparty clearing for credit default swaps', joint press release, New York, www.theice.com.

ICE, The Clearing Corp (30 October 2008), 'IntercontinentalExchange, The Clearing Corporation and nine major dealers announced new developments in global CDS clearing solution. ICE to acquire The Clearing Corporation as clearing initiative advances', joint press release, New York, www.theice.com.

ICE (2 July 2009), June and second quarter results, New York/Atlanta, www.theice.com.

ICE (4 March, 5 March, 6 March, 10 March 2009 and 9 March 2010), News releases on CDS clearing, New York/Atlanta, www.theice.com.

ICE (4 October 2010), 'ICE reports record futures volume; $12.1 Trillion cleared in CDS: Totals from respective launches of ICE Trust and ICE Clear Europe to 30 September 2010', news release, Atlanta, www.theice.com.

IMF (September 2003), 'Global financial stability report. Chapter III Appendix: Case studies', Washington DC, www.imf.org.

IMF (April 2010), 'Global financial stability report. Chapter 3: Making over-the-counter derivatives safer: the role of central counterparties', Washington DC, www.imf.org.

International Commodities Clearing House (1988), *100 Years of ICCH*, London: ICCH.

ISDA (8 April 2009), 'ISDA announces successful implementation of "Big Bang" CDS protocol', New York, www.isda.org.

ISDA (2009), *ISDA 2009 Operations Benchmarking Surveys*, www.isda.org.

Janes, Hurford and Sayers, H.J. (1963), *The Story of Czarnikow*, London: Harley Publishing.

Jevons, William Stanley (1875), *Money and the Mechanism of Exchange*, London: Kegan Paul, Trench, Trübner & Co.

Jones, Lynton (April 2009), 'Issues affecting the OTC derivatives market and its importance to London', Bourse Consult, London.

JSCC (24 March 2010), 'Three year business plan' (FY2010-FY2012), Tokyo, http://www.jscc.co.jp/en/news/2010/3/Three-year%20Business%20Plan(FY2010-FY2012).pdf (accessed 10 December 2010).

JSCC, TSE, Japan Securities Depository Center study group (27 March 2009), 'Report on improvements of post-trade processing of OTC derivatives trades in Japan', Tokyo, www.tse.or.jp/english/news/200903/090330_a1.pdf (accessed 20 December 2010).

Kennedy, Paul (1988), *The Rise and Fall of the Great Powers*, London: Unwin Hyman.

Kenney, Dave (2006), *The Grain Merchants: An illustrated history of the Minneapolis Grain Exchange*, Afton, Minnesota: Afton Historical Society Press.

Kuprianov, Anatoli (1995), 'Derivatives debacles: Case studies of large losses in derivatives markets', *Economic Quarterly*, **81**(4), Fall, Federal Reserve Bank of Richmond.

Lacombe, Robert (1939), *La Bourse de Commerce du Havre (Marchés de Coton et de Café)*, Paris, Librarie du Recueil Sirey.

Lamfalussy Group (November 2000), 'Initial report of the committee of wise men on the regulation of European securities markets', Brussels: European Commission, http://ec.europa.eu/internal_market/securities/docs/lamfalussy/wisemen/initial-report-wise-men_en.pdf (accessed 10 December 2010).

Lamfalussy Group (February 2001), 'Final report of the committee of wise men on the regulation of European securities markets', Brussels: European Commission, http://ec.europa.eu/internal_market/securities/docs/lamfalussy/wisemen/final-report-wise-men_en.pdf (accessed 10 December 2010).

LCH (1991–2, 1992–3, 1993–4, 1994–5, 1995–6, 1996–7, 1998, 1999, 2000, 2001, 2002), Report and Accounts; and 'Interim Report for Half Year to 30 April 2003'.

LCH (October 1992), *Open House*, A journal published by LCH.

LCH and Clearnet SA (4 April 2000), 'Clearnet and LCH to create consolidated European clearing house', joint press release, London and Paris.

LCH and Clearnet (2003), 'Creating the central counterparty of choice', London and Paris.

LCH.Clearnet Group, Annual reports and consolidated financial statements: 2003, 2004, 2005, 2006, 2007, 2008, 2009, London, www.lchclearnet.com.

LCH.Clearnet Group (25 June 2003), 'An interview with David Hardy', London: LCH.Clearnet.

LCH.Clearnet Group (29 August 2006), 'Interim report for the half year to June 2006', London.

LCH.Clearnet Group (2007), 'Chairman's statement from the report and consolidated financial statements'.

LCH.Clearnet Group and Euronext NV (12 March 2007), 'LCH.Clearnet and Euronext announce repurchase by LCH.Clearnet of shares held by Euronext to more closely align customer and shareholder interests', joint announcement, www.lchclearnet.com.

LCH.Clearnet Group (9 August 2007), 'LCH.Clearnet requests interoperability links under Code of Conduct with Deutsche Börse and Borsa Italiana', press release, London, www.lchclearnet.com.

LCH.Clearnet Group (20 September 2007), 'LCH.Clearnet to implement Code of Conduct internally', press release, London, www.lchclearnet.com.

LCH.Clearnet Group (2008), 'Chief Executive's review, annual report and consolidated financial statements'.

LCH.Clearnet and Nymex (6 March 2008), 'Nymex and LCH.Clearnet announce historic clearing alliance', press release, New York and London.

LCH.Clearnet Group (29 April 2008), 'Results and announcements', press release.

LCH.Clearnet Group (8 October 2008), '$9 trillion Lehman OTC interest rate swap default successfully resolved', LCH.Clearnet Media Centre, London, www.lchclearnet.com.

LCH.Clearnet Group (31 October 2008), 'LCH.Clearnet and LIFFE agree new clearing arrangement', press release, London, www.lchclearnet.com.

LCH.Clearnet, Liffe, NYSE Euronext (22 December 2008), 'Liffe and LCH.Clearnet lead the way with the launch of Credit Default Swaps on Bclear', joint announcement, Amsterdam, Brussels, Lisbon, London, New York, Paris, www.lchclearnet.com.

LCH.Clearnet Group (2009) '2008 annual report and consolidated financial statements'.

LCH.Clearnet (3 February 2009), 'HSBC and JP Morgan become OTCDerivNet shareholders, further consolidating support for LCH.Clearnet's SwapClear service', press release, London, www.lchclearnet.com.

LCH.Clearnet SA (13 February 2009), 'LCH.Clearnet to launch Eurozone clearing of Credit Default Swaps', press release, Paris, www.lchclearnet.com.

LCH.Clearnet Group (29 September 2009), 'LCH.Clearnet to return up to €444 million to shareholders', London; LCH.Clearnet Group results and announcements, London, www.lchclearnet.com.

LCH.Clearnet Group with Euroclear (29 September 2009), 'LCH.Clearnet and Euroclear to jointly improve post-trade processing', joint announcement, London and Brussels, www.lchclearnet.com.

LCH.Clearnet (6 November 2009), 'LCH.Clearnet successfully realigns shareholder base', London. www.lchclearnet.com.

LCH.Clearnet (17 December 2009), 'LCH.Clearnet launches buy-side clearing for global OTC interest rate swaps', London, www.lchclearnet.com.

LCH.Clearnet Group (16 February 2010) '2009 annual report and consolidated financial statements'.

LCH.Clearnet Ltd and SIX x-clear AG (8 February 2010), Link agreement summary, London and Zurich, www.lchclearnet.com.

LCH.Clearnet Ltd (12 February 2010), 'Cross margining agreement review', London, Circular No 2581, www.lchclearnet.com.

LCH.Clearnet Group (12 May 2010), NYSE Euronext Clearing Services, Statement, London, www.lchclearnet.com.

LCH.Clearnet Group (9 September 2010), 'Notification: €130 bn of Spanish debt cleared in the first month', London, www.lchclearnet.com.

LCH.Clearnet Group (5 October 2010), 'LCH.Clearnet enhances CDS Clearing Service: Totals for the period from 31 March to 24 September 2010', press release, Paris, www.lchclearnet.com.

Levine, Allan (1987), *The Exchange: 100 Years of Trading Grain in Winnipeg*, Winnipeg: Peguis Publishers.

London Stock Exchange (23 July 2007), 'Proposed merger of London Stock Exchange Group plc and Borsa Italiana SpA'. Circular to shareholders and Notice of Extraordinary General Meeting, London.

LPCH (April 1888a), *Preliminary General Rules as to Membership*, London.

LPCH (April 1888b), *Preliminary Regulations for the Admission of Brokers authorised to deal with the London Produce Clearing House Ltd in Coffee Business for Future Delivery*, London.

LPCH (May 1888), *Regulations for Coffee Future Delivery Business*. London.

LPCH (July 1893), *Regulations for Future Delivery in Rio Coffee*, London.

LPCH, Annual Reports, 1888–1949.

LSE Group (18 January 2010), 'London Stock Exchange Group appoints new Director of Post Trade Services', press release, London, www.londonstockexchangegroup.com.

Lurie, Jonathan (1979), *The Chicago Board of Trade 1859–1905*, Urbana: University of Illinois Press.

Meier, Richard T and Sigrist, Tobias (2006), *Der helvetische Big Bang*, Zurich: Verlag Neue Zürcher Zeitung.

Melamed, Leo (June 1987), 'The way it was – An oral history', *Institutional Investor Magazine*.

Melamed, Leo (1988), 'Evolution of the International Monetary Market', *Cato Journal*, **8**(2), Fall.

Melamed, Leo (October 1988), 'Black Monday; What we know a year after the fact', Chicago: Chicago Enterprise.

Melamed, Leo, with Tamarkin, Bob (1996) *Escape to the Futures*, Chichester, UK: John Wiley & Sons, Ltd.

Merrill Lynch Europe Ltd.(12 December 2008) 'London: Winning in a changing world – Review of the competitiveness of London's Financial Centre', Report commissioned by the Mayor of London, London, www.thecityuk.com.

Miller, Merton H. (May 1986) 'Financial innovation: The last twenty years and the next', Graduate School of Business, The University of Chicago, Selected Paper Number 63.

Minneapolis Chamber of Commerce (1902; 1915; 1917; 1920; 1922; 1926 and 1934), Rules and by-laws.

Minneapolis Tribune (24 July 1891), 'The grain clearing house'.

Minneapolis Tribune (3 September 1891), 'They don't want it: The Chamber of Commerce Clearing House Scheme dies a'bornin'.

Minneapolis Tribune (2 November 1891), 'A perfect clearing house: The one established by the Chamber of Commerce works like a charm'.

Miyamoto, Matao (1999). 'The Dojima Rice Exchange, the world's first commodity futures market', *Journal of Japanese Trade and Industry*, May/June.

Morris, Virginia B. and Goldstein, Stuart Z. (2009) *Guide to Clearance & Settlement: an introduction to DTCC*, New York: Lightbulb Press.

Moscow, Michael H. (4 April 2006), 'Remarks' to a Joint Conference of the European Central Bank and Chicago Fed on *Issues Related to Central Counterparty Clearing*, Frankfurt.

Moser, James T. (1994), 'Origins of the modern exchange clearinghouse', Working Paper Series, *Issues in Financial Regulation*, Federal Reserve Bank of Chicago, Chicago, USA.

Norman, Peter (2007), *Plumbers and Visionaries: Securities settlement and Europe's financial market*, Chichester, UK: John Wiley & Sons, Ltd.

NYSE Euronext (25 March 2008), 'Liffe to create LiffeClear', news release, Amsterdam, Brussels, Lisbon, London, Paris, New York, www.euronext.com.

NYSE Euronext (12 May 2010), 'NYSE Euronext announces European clearing strategy', Amsterdam, Brussels, Lisbon, London, New York and Paris, www.euronext.com.

NYSE Euronext and DTCC (18 June 2009), 'NYSE Euronext and DTCC to create Joint Venture for more efficient clearing of US Fixed Income Securities and Derivatives', joint press release, New York, www.dtcc.com.

NYSE Euronext and DTCC (13 October 2009), 'NYSE Euronext & DTCC finalize Joint Venture Agreement to create New York Portfolio Clearing', joint press release, New York, www.dtcc.com.

NYSE Group and Euronext NV (1 June 2006), 'NYSE Group and Euronext NV agree to a merger of equals', joint news release, New York and Paris.

Office of Fair Trading (30 June 2008), 'ICE Clear Europe Ltd: Application to become a recognised clearing house'; report submitted to the UK Treasury on 15 April 2008. OFT 1003: non-confidential report under section 303(3) of the Financial Services and Markets Act 2000, published as crown copyright.

Operations Management Group (OMG) (31 July 2008), 'Summary of OTC derivatives Commitments', New York. Further commitments covered in the book followed on 31 October 2008, 2 June 2009, 8 September 2009, 1 March 2010, www.newyorkfed.org.

The Options Clearing Corp (2010), 'Good News and New Opportunities', 2009 Annual Report, Chicago, www.optionsclearing.com.

Orbell, John (2004), 'Czarnikow, (Julius) Caesar (1838–1909)', *Oxford Dictionary of National Biography*, Oxford: Oxford University Press.

Paulson, Hank (2010) *On the Brink*, New York: Business Plus.

People's Bank of China (28 November 2009a), 'Speech of Governor Zhou Xiaochuan at the Opening Ceremony of the Shanghai Clearing House', http://www.pbc.gov.cn/publish/english/956/2010/20100524152218896622313/20100524152218896622313.html (accessed 20 December 2010).

People's Bank of China (28 November 2009b), 'Interbank Market Clearing House Co Ltd set up in Shanghai', News release, www.pbc.gov.cn/english (accessed 20 December 2010).

Poitras, Geoffrey (2000), *The Early History of Financial Economics, 1478–1776*, Cheltenham, UK: Edward Elgar.

Pozmanter, Murray (10 September 2009), 'Why competition really is the future'. Letter to the *Financial Times*.

President's Working Group on Financial Markets (14 November 2008), 'Policy objectives for the OTC derivatives market', Washington DC, www.ustreas.gov/press/releases/hp1272.htm.

PwC (7 November 2008), 'Unsettled trades – market update'. PwC communication regarding LBIE (in administration), London, www.pwc.co.uk.

Rees, Graham L. (1972), *Britain's Commodity Markets*, London: Paul Elek Books.

Reserve Bank of India (March 2010), 'Financial stability report', New Delhi.

Reuters News (17 July 2001), 'Banks see no pan-European share trade counterparty', London.

Reuters (14 April 2010), 'Firms reaped windfalls in Lehman auction: examiner', New York/Chicago: Reuters.

Reuters (28 April 2010), 'CFTC, SEC frown on bigger safety net for clearers', Washington DC.

Rodengen, Jeffrey l. (2008), *Past, Present and Futures: Chicago Mercantile Exchange*, Write Stuff Enterprises.

Roy, Siddhartha (2006), 'India's experiment with a new settlement system for its domestic foreign exchange market', http://www.ccilindia.com/RSCH_ATCL.html (accessed 9 December 2010).

Rufenacht, Charles (1955), *Le Café et les Principaux Marchés de Matieres Premieres*, Le Havre: Ste Commerciale Inter-Oceanique.

St Paul Daily Globe (3 September 1891), 'They voted it down'.

Sano, Zensaku and Iura, Sentaro (1931), 'Commodity exchanges in Japan', *The Annals of the American Academy of Political and Social Science*, 155, Part 1, Philadelphia.

Santos, Joseph (2008), 'A history of futures trading in the United States, *EH Net Encyclopaedia*, Whaples, R. (ed.), http://eh.net/encyclopaedia/article/Santos.futures (accessed 3 December 2010).

SBF Paris Bourse MATIF (24 January 1997), 'MATIF opts for NSC for off-hours trading. Joint SBF Paris Bourse–MATIF subsidiary to manage index futures', press release, Paris.

SBF (1 June 1999), 'SBF Group restructures, specialising to meet international competition even more effectively', press release of ParisBourse [SBF] SA, Paris.

Schaede, Ulrike (1983), 'Forwards and futures in Tokugawa period Japan: A new perspective on the Dojima rice market', *Journal of Banking and Finance*, 13, 487–513. Also in Smitka, Michael (ed.) (1998), *The Japanese Economy in the Tokugawa Era, 1600–1868*, New York and London: Garland Publishing.

Securities Commission (1 November 1990), 'Report on the enquiry into the trading in the five year government stock No 2 futures contract on the New Zealand Futures and Options Exchange in 1989', Wellington: New Zealand.

SEC (February 1988), 'The October 1987 market break', Washington DC.

SEC (28 December 1999), 'Government Securities Clearing Corporation; Notice of filing of proposed rule change relating to the formation and involvement in the European Securities Clearing Corporation'. *Federal Register*, 65(3), Washington.

Securities Industry Association (May 2005), 'Organisation in the US Market for Clearing and Settlement', New York, Background note prepared by the Cross-Border Subcommittee of the SIA for the European Commission, www.ec.europa.eu.

Seifert, Werner with Voth, Hans-Joachim (2006), *Invasion der Heuschrecken*, Berlin: Econ Verlag.

SGX (20 September 2010), 'Singapore Exchange – First in Asia to clear OTC traded financial derivatives', Singapore, www.sgx.com (accessed 20 December 2010).

Shimoda, Tomoyuki (2006), 'Exchanges and CCPs: Communication, governance and risk management'. Presentation to the joint conference of the *European Central Bank and the Federal Reserve Bank of Chicago on the role of Central Counterparties (CCPs)*, 3–4 April 2006, Frankfurt.

Storry, Richard (1960), *A History of Modern Japan*, London: Penguin Books.

Swan, Edward (2000), *Building the Global Market: A 4000 year history of derivatives*, New York: Kluwer Law International.

Tamarkin Bob (1993), *The Merc*, New York: Harpercollins.

Teweles, Richard J., Harlow, Charles V. and Stone, Herbert L. (1974), *The Commodity Futures Game*, New York: McGraw-Hill.

The Times, London: Following editions are referred to: 12 February 1909; 21 April 1909; 1 January 1913; 31 January 1914; 5 February 1916, Law Report; 25 October 1921; 4 December 1969; 3 November 1971; 16 May 1972; 18 December 1974; 3 December 1979; 31 January 1981; 12 October 1981.

Thistlethwaite, Frank (1955), *The Great Experiment*, Cambridge: University Press.

Tupker, Chris (12 September 2008), Speaking at the 2008 *Eurofi Conference, EU Priorities and Proposals from the Financial Services Industry for the ECOFIN Council*, Nice.

US Department of Justice (November 1998), 'Antitrust Division versus American Stock Exchange, CBOE, Pacific Exchange and Philadelphia Exchange: Civil Action No. 00-CV-02174(EGS)', Washington DC.

US Department of Justice (11 September 2000), 'Justice Department files suit Challenging Anticompetitive Agreement among Options Exchanges', press release, Washington DC.

US Department of Justice (31 January 2008), 'Comments of the US Department of Justice in response to the Department of Treasury's request for comments on the Regulatory Structure Associated with Financial Institutions', Washington, DC, www.justice.gov/.../comments/229911.htm.

US Department of the Treasury (14 November 2008), 'PWG announces initiative to strengthen OTC derivatives oversight and infrastructure', press release, Washington DC, www.ustreas.gov/press/releases/hp1272.htm.

US Department of the Treasury (13 May 2009), 'Letter of Timothy Geithner to Senate Majority Leader Harry Reid and others', Washington DC.

US Department of the Treasury (17 June 2009), 'Financial regulatory reform: A new foundation'. Washington DC, www.ustreas.gov.

US Department of the Treasury (10 July 2009), Timothy Geithner, US Treasury Secretary, before the House Financial Services and Agriculture Committees joint hearing on regulation of OTC derivatives.

US Department of the Treasury (11 August 2009), 'Administration's regulatory reform agenda reaches new milestone: Final piece of legislative language delivered to Capitol Hill', Washington DC, www.ustreas.gov.

US House of Representatives Committee on Oversight and Government Reform (7 October 2008), 'Hearing on the AIG bailout'. Washington, DC, http://oversight.house.gov.

Valukas, Anton R. (2010), 'Examiner Report re Lehman Brothers Holdings Inc. to the US Bankruptcy Court Southern District of New York'. Volume 5, Section III.B,3,(h) CME Avoidance Analysis. Published in redacted form 12 March 2010 and unredacted 14 April 2010, Chicago and New York: Jenner & Block LLP.

Various authors (1911), The Exchanges of Minneapolis, Duluth, Kansas City, Mo., Omaha, Buffalo, Philadelphia, Milwaukee and Toledo, *The Annals of the American Academy of Political and Social Science*, 38, Philadelphia.

Vega, Joseph de la (1996), *Confusión des Confusiones*, Marketplace Book edition, New York: John Wiley & Sons Inc.

Weber, Max (1988), 'Die Börse', in *Gesammelte Aufsätze zur Soziologie und Sozialpolitik*, Tübingen, Germany: Marianne Weber; also available at http://www.zeno.org/Soziologie/M/Weber,+Max/Schriften+zur+Soziologie+und+Sozialpolitik/Die+Börse/II.+Der+Börsenverkehr (accessed 3 December 2010).

White House (15 November 2008), *Declaration of the Summit on Financial Markets and the World Economy*. Washington, www.iasplus.com/crunch/0811g20declaration.pdf.

Winnipeg Grain and Produce Exchange Clearing Association (March 1901), 'Clearing Association, Agreement and Subscription List'.

Winnipeg Grain and Produce Exchange Clearing Association (28 June 1901), 'Certificate of Incorporation'.

Winnipeg Grain and Produce Exchange Clearing Association (12 July 1921), 'Nature of Organisation and Historical'.

Wood, Duncan (15 April 2010), 'LCH.Clearnet CEO calls rival "reckless" as Fannie, Freddie clearing battle heats up', *Risk Magazine*, London.

World Federation of Exchanges (2010) *WFE 2009 Market Highlights*, www.world-exchanges.org (accessed 20 December 2010).

ADDITIONAL READING

Boland, Vincent (2009), 'Banking: The first chapter', *FT Weekend Magazine*, 18–19 April 2009.

Coste, René (1959), *Les Cafiérs et les Cafés dans le Monde*, Paris, Editions Larose.

Deutsche Börse Group (2009), *The Global Derivatives Market: A Blueprint for Market Safety and Integrity*, Frankfurt, www.deutsche-boerse.com.

Hasenpusch, Tina P. (2009), *Clearing Services for Global Markets*, Cambridge University Press.

LCH (2002), *Market Protection*, London, London Clearing House Ltd.

Lee, Ruben (January 2010), *The Governance of Financial Market Infrastructure*, Oxford Finance Group, www.oxfordfinancegroup.com.

Leick, Gwendolyn (2002), *Mesopotamia. The Invention of the City*, London: Penguin Books.

Tett, Gillian (2009), *Fool's Gold*, London, Little Brown.

Young, Patrick L. [editor] (2004), *An Intangible Commodity*, Swiss Futures & Options Association.

附录二　词汇表^①

Algorithmic trading（also automated or algo trading）　算法交易，指使用计算机作与交易相关的决策，例如下单的时机、价格、数量等，通常无须人工干预。也可参见高频交易（high-frequency trading），高频交易随着算法处理的速度和能力的提升而迅速增加。

Arbitrage　套利，指利用相关联市场之间的价格差别营利。

Back office　后台，指企业内部负责交易后活动的部门。

Back testing　后向测试，指将测试之前和之后观察到的结果与期望得到的结果作比较。

Bilateral collateral agreement　双边抵押品协议，指确定非清算场外衍生品合约下对手方之间抵押品登记与转移的条款和规则。

Central Counterparty（CCP）　中央对手方，指处于一个或多个金融市场里交易合约的对手方之间，成为所有买家的卖家和所有卖家的买家的机构，它存在的目的是在一个或多个对手方违约时保证交易能够完成。

Central counterparty CCP link　中央对手方连接，指两家或多家中央对手方之间的一种安排，对所涉及中央对手方的参与者之间的交易进行清算，不要求其中一家中央对手方的会员成为另外一家中央对手方的会员。

Central securities depository（CSD）　中央证券登记存管，指持有或者控制物化或非物化金融工具的持有状况的一个基础设施，这些金融工具属于某一证券市场中的所有或大部分投资者。中央证券登记存管设施通过记入其账簿和记录来进行这些证券的所有权集中转让。

---

　　① 此词汇表是从几个不同的资料来源整理而来，其中包括：经国际结算银行许可后选用的 2004 年 11 月由国际结算银行出版的《支付结算系统委员会—国际证监会组织（CPSS-IOSCO）向中央对手方提供的建议》词汇表中的一些词条；欧盟委员会 2010 年 9 月的《柜台衍生品、中央对手方以及交易存管中心的监管条例》提案附加的"幕僚人员工作文件"的词汇表；欧盟委员会的通信，即 2009 年 7 月的"维护衍生品市场的效率、安全和良性运行"；2009 年 5 月欧洲中央银行系统和欧洲证券监管委员会（ESCB-CESR）的《向欧盟的证券结算系统和中央对手方提供的建议》，以及作者本人 2007 年发表的著作《管道工程与远见卓识》（*Plumbers and Visionaries*）。作者感谢罗伊·卡宁汉（Roy Cunningham）对词汇条的选择所提供的建议。

Clearing　清算，指证券市场中确立结算头寸的过程，包括计算净头寸，以及确信证券、现金或二者皆达到结算要求；在交易衍生品的情况下，这个过程也被称为每日盯市、头寸冲净、每日仓位结算、直至建立最终以现金、商品或证券交割的机制；这可被总结为管理头寸敞口风险的过程。

Clearing house　清算所，指一种中央机构或中央处理机制，通过它金融机构同意进行它们之间的资金、商品或证券转让。如本书所提到的，清算所越来越多地为它们的参与者提供中央对手方的职能，并在这一过程中承担着巨大的金融风险。

Clearing member　清算会员，指清算所的成员，与清算所有直接的合同关系，因此受清算所的对手方信用保护。在中央对手方清算所的背景下，一般清算会员（GCM）为自营、客户以及没有清算资格的非清算会员进行清算，直接清算会员和个人清算会员的角色在每个清算所是不同的，但通常是为自己的交易进行清算或代客户进行清算。

Code of Conduct　《行为准则》，2006 年 11 月 7 日由欧盟委员会撮合并由证券交易商与交易后服务提供商的首席执行官共同签字，主要目的是为了向市场参与者提供在交易链的不同层面（包括交易、清算和结算）选择不同服务提供商的自由。但是《行为准则》并没有达到它的这一主要目的，因此也没有帮助欧盟成员国克服它们之间在跨境证券交易方面的障碍。

Collateral　抵押品，指一种资产或第三方承诺，它可被抵押品提供者用来从抵押品的接受者那里换取某种义务。清算所或其他接受者使用抵押品来保护自己，应对清算会员或客户可能的违约。也可参见保证金。

Collateral management service　抵押品管理服务，指一种集中式服务，它具有为客户机构处理任何与各种抵押品相关的职能，包括抵押品估值、对手方估值的确认、抵押品使用的优化以及抵押品的转让。

Complete clearing　完整清算，描述清算所职能的术语，19 世纪晚期美国引入清算制度后的早些年，清算所承担着每个卖家的买家和每个买家的卖家的职能，这一术语现在被称为中央对手方集中清算（CCP）。

Confirmation　确认，指由交易对手方同意的、确定交易细节及主导交易的法律记录文件，它是交易的最终记录。也可参见"核实"（Verification）。

Counterparty　交易对手方。

Credit event　信用事件，指可能引发一个信用违约掉期合同执行的事件，包括到期无法支付利息或者本金、破产或重组。

Cross – border trade　跨境交易，指处在不同国家的对手方之间的交易。

Cross – margining agreement　交叉保证金协议，指两个中央对手方清算所之间的一种安排，它将在两个清算所均参与清算的机构的头寸与抵押品作为一个组合对待，以降低其保证金需求。

Default 违约，指到期无法按照系统的条件和规则满足义务。到期日无法支付、合同违约、启动资不抵债程序都可构成违约事件。违约通常与交易失败相区别，后者是由技术原因或暂时原因导致。

Default fund 违约准备金，指由清算所的会员出资组成的一个基金，它可被用来在一些情形下覆盖由会员违约所带来的损失及应对流动性压力，也被称为清算基金（clearing fund）。

Default waterfall 违约风险分级覆盖机制，指在发生清算会员违约时，事先确定好的保护中央对手方的工具的使用顺序，这些包括保证金、违约准备金、其他资源，例如保险和母公司担保。

Delivery 交收、交割，指一种证券或金融工具的最终转移。

Delivery versus Payment（DvP） 付款交收，指一个将资金的支付与证券或其他金融工具的转让相连接的程序，只有当资产的交割发生时才发生支付。

Derivative 衍生品，指一种金融合约，其价值取决于一种或更多的标的资产、利率或指数。衍生品合约包括远期、期货、期权、掉期及上述工具的组合。

Directive 指令，一种欧盟法令，其约束力适用于欧盟范围，但由各成员国通过转换（transposition）的过程，决定以各自需要的形式与方法通过国内法律达到所要求的结果。

Discount 折扣，用百分比表示的低于标准价格的价格，例如如果价格是100，则3%的折扣价就是97。

EMIR（European Markets Infrastructure Regulation） 欧盟市场基础设施规则，指2010年9月欧盟委员会向欧盟立法委员会提出的对中央对手方、衍生品市场及存管机构进行监管的工作标题。

Equity 股东权益，指在一个公司里以普通股或优先股形式存在的所有者利益，代表所有权的证券可以是在证券交易所挂牌或上市交易的股份，也可以是没有挂牌或上市的股份，或者其他形式的权益，股东权益构成一个公司所有者承担风险的资本部分，通常产生红利形式的收入。

Euro 欧元，欧洲单一货币，通常以小写"euro"或者符号€表示。

Eurosystem 欧元体系，包括欧盟中央银行以及使用欧元的国家的中央银行，但注意不要将其与欧洲中央银行系统（European System of Central Banks，ESCB）相混淆，后者包括欧盟中央银行以及所有欧盟成员国的中央银行（即所有欧盟国家的央行）。只要欧盟内还有没使用欧元的国家欧盟中央银行存在，这两个系统就会共存。

Exposure　暴露，指处在风险状态的资金金额，也就是投资中可能损失的金额部分。

Fail or failed transaction　失效交易，指一个到合约结算日期无法结算的交易，通常是由技术原因或临时性资产交割困难所导致。失效交易在性质上与违约不同。

Final maturity　最终到期日，指一个债务证券、投资信托或优先股发行的足额还款日期。

Final settlement　最终结算，指以资金、证券或商品的转让所完成的对义务的免除，是不可撤销和无条件的。

Financial resources　财务资源，指在违约风险分级覆盖（default waterfall）的情况下，中央对手方持有的用于应对清算参与方违约的资源组合，通常由清算参与方为满足中央对手方的各种要求所提供的抵押品（包括保证金）、违约准备金以及中央对手方本身的资本金和留存收益等构成。中央对手方可能还有应急的后备资源如非违约会员的基金、母公司以及保险公司等。

Financial Services Action Plan（FSAP）　金融服务行动计划（欧盟的计划），包括42项措施，于1999年制定，目的是建立金融服务的单一欧盟市场。到本书付梓时欧盟仍在向单一市场努力。

Fixed income security　固定收益证券，指一个提供固定周期回报及最终在到期日收回投资资本金的投资。与可变收益证券不同，固定收益证券的收益是事先知道的，而可变收益证券的收益根据标的的变动而变动，如短期利率。

Front office　前台，指一个公司的交易部门及其他负责开发与维护对手方关系的部门。

Fungibility　可替代性，指衍生品市场里的合约可以对冲掉。只有可替代合约可以用来结束敞口头寸。

Futures contract　期货合约，指一个按现在约定的价格买卖标准数量的一种特定资产并在将来某一固定日期交割的法律合同。

Governance　治理程序，指制定法人实体公司的目标、确认实现这些目标的手段、衡量业绩表现的程序。这特别涉及法人实体的所有者、董事会、管理层、客户、监管者以及其他影响这些后果的利益相关者之间的关系。

Group of Seven（G7）　七国集团，包括美国、日本、德国、法国、英国、加拿大和意大利。这由主要工业化国家组成的七国集团是1987年至2008年之间协调经济政策的主要论坛。

Group of 10（G10）　十国集团，包括比利时、加拿大、法国、德国、意大利、日本、荷兰、瑞典、瑞士、英国和美国共11个国家，建立于20世纪60年代，在国际货币基金组织（IMF）需要的时候通过综合贷款安排（General Arrangements to Borrow，GAB）向其提供资源，其成员国曾经是也依然是金融市场的重要参与者。这个组织起到了一个金融政策协调论坛的作用。

Group of Twenty（G20）　二十国集团，指在七国集团的基础上增加了阿根廷、澳大利亚、巴西、中国、印度、印度尼西亚、墨西哥、俄罗斯、沙特阿拉伯、南非、韩国、土耳其和欧盟。2008 年 11 月，在当年 9～10 月的金融风暴之后，这个组织接过了七国集团的经济政策协调合作角色。

Group of Thirty（G30）　三十国集团，一个杰出的金融智囊团。

Haircut　垫头，指的是一种资产的市场价与抵押价之间的差额，收押方用垫头以保护自己免遭可能遇到的抵押品变现时市价下跌所带来的损失。

Hedge　对冲或套保，在一个市场里建立起与另一个市场里头寸相对、金额相等的头寸以对冲风险。

Hedging　套保，指建立一个衍生品合约头寸以免遭将来价格波动损失的做法。

High‐frequency trading（HFT）　高频交易，执行计算机化交易策略，在毫秒或微妙之间买卖金融资产并在极短的时间内持有。利用算法，计算机在一瞬间可进行千百次交易。对高频交易的担忧在 2010 年 5 月 6 日的"市场闪崩"之后开始出现，当时道琼斯工业指数在 20 分钟里暴跌 1 000 点。

Horizontal integration　水平整合，清算业务和结算业务均与交易活动分开所有及控制，但同时这三种业务其中之一或全部都按照功能与其他提供商整合。

Initial public offering（IPO）　首次公开募股，指一个公司第一次对公众销售自己的股票。

International Central Securities Depository（ICSD）　国际中央证券存管设施，指一个进行国际证券与各种国内证券跨境交易结算的实体。类似中央存管设施，国际中央证券存管设施保存并管理证券及其他金融资产，参与新证券的发行，通过账面记录对交易进行处理。欧洲的两大国际中央证券存管设施欧洲清算银行（Euroclear Bank）与卢森堡清算银行（Clearstream Banking Luxembourg）分别建立于 1968 年和 1970年以结算欧元债券。

International securities identification number（ISIN）　国际证券识别码，指一个 12 位数的安全识别码。该体系的注册与维护归属于国际编号代理机构协会（Association of National Numbering Agencies，ANNA）。

Interoperability　操作互换性，指资本市场两个基础设施服务提供商之间建立的通常是水平的、在比较少数情况下也有跨层的业务关系，以提供跨系统的执行服务，例如清算与结算。操作互换性要求相关系统之间在技术上具备通用性，但只有在相关系统之间达成商业合同关系之后才会生效。

Interoperable systems　操作互换系统，两个或更多系统的操作者达成了一项安排，包括两个系统之间的连接，以进行跨系统的交易执行。

Intraday credit 日间信用，其信用有效期通常在一个工作日之内，有时由中央银行提供。

Investment Services Directive（ISD） 投资服务指令，欧盟 1993 年立法的初衷是为欧盟建立统一的资本市场，但作用有限的。

Issuer 发行方，指对某种证券或其他金融工具承担义务的实体，例如得到授权在初级市场发行证券的公司或政府。

Issue price 发行价，指一个金融工具的初次发行价格。

Margin 保证金，指被对手方接受作为履行实际或潜在义务的保障或为覆盖未结算交易的市场波动所产生的损失的一种资产（或第三方承诺）。

保证金的类别包括：

- Initial margin 初始保证金，指交易对手方在市场开始进行交易时向清算所提交的可返还的保证金。初始保证金是在正常市场条件下，对手方违约对假定的封闭期内某一合约或资产组合的仓位所遭受损失的最坏估计。

- Variation margin 变动保证金，指一个对手方因结算其在市场里的敞口头寸产生的损失或盈利所需支付或收受的资金。在有些市场里这个词也用来描述对手方提供抵押品以覆盖盯市的亏空。

Margin call 增补保证金通知，指当抵押价值低于一定水平时，对手方被要求增加现金或证券的过程。

Markets in Financial Instruments Directive（MiFID） 欧盟金融工具市场指令，是 2007 年生效的欧盟立法，它大幅度修改了 1993 年的投资服务指令（Investment Services Directive，ISD），其立法的目的是整合与促进欧盟金融市场的竞争。

Marking to market 盯市，指将金融工具的敞口头寸按照当时的市场价格进行重新估值并测算自从上次估值以来的损益。

Matching 撮合，指将对手方以书面或电子形式提供的交易和结算细节进行比对以保证双方同意交易条件的过程。

Moral hazard 道德风险，指由于对政府保护或政府保险的存在或对其的预期，金融机构的人员具有从事不当风险活动的动机。

Multilateral netting 多边净值冲抵，指在多边的基础上将每个参与者与其他参与者的双边净头寸相加得到的多边净头寸。这样的冲抵经常是通过一个中央对手方进行的，但也可以由其他实体进行。

Netting 冲抵，指事先同意的义务或头寸的相互抵消，例如中央对手方的参与者之间。冲抵降低了中央对手方及其成员的总风险，也可以大幅降低清算会员进行平仓操作或结算交易的交易成本，还可以降低后台运行的复杂性及交割的失败。在证券清算方面，冲抵将大量的总头寸或总债务降低为小数目的净债务或净头寸，并大幅降低了结算量。

Notional amount 名义额度，指衍生品合约上记录的参考量。

Novation 合约更替，指一个由新的合约方（例如中央对手方）作为买方的卖方和卖方的买方替代原来的买卖双方、解除它们之间原来的义务并形成两个新合约的过程。

Open interest 未平仓量，指一种特定标的物未平仓的衍生品合约的总数。未平仓量须登记在一个中央对手方的账目内。

Option 期权，指一个使持有人有权利但没有义务以事先确定的价格在将来某一日期或之前买卖一种特定资产的合约。买入某一资产的权利被称为看涨期权，卖出某一资产的权利被称为看跌期权。

Over – the – counter（OTC）market 场外交易市场，指在有组织的交易所之外的市场，在场外交易市场交易是通过电话或是将市场参与者连接起来的计算机网络达成的，直到最近也无须通过中央对手方达成交易。

Oversight 监督，通常是由中央银行执行的。对金融基础设施的监督通过监测现有的及计划开始业务的服务提供商来促进安全性与效率，这种监测使用适用的标准与原则来评估服务提供商，在必要时引导他们改进服务。

Plain vanilla transactions 普通交易，通常指一种交易条件简单、普通、可由电子平台处理的衍生品交易；具有不寻常或少见特性的交易经常被称为新奇的、结构性的或定制的交易。

Position 头寸，指一个投资者对于市场所处的相对位置。当一个投资者买或卖一种金融工具时，他所处的位置为多头或空头。在期货或期权市场上，空头是敞口卖出头寸，卖空者即卖出一个自己之前不曾拥有的现货资产；头寸常用来指一个投资者或中间商的证券或衍生品整体组合。

Premium Price 溢价，指用百分比表示的高于票面价的价格，例如，当票面价为100时，溢价3%就等于价格为103。

Principal 当事人/委托人，指交易中以自己名义行为的一方。作为当事人，投资者以自己的账户买卖或借贷证券。

Proprietary trading or"prop trading" 自营，指一个公司以自己的资金交易从市场获利，而非使用客户的资金获取处理交易的佣金。

Reference entity 参考实体，指一个发生了债务并且在债务上建立了信用违约掉期合约的公司、主权国家或任何其他形式的法律实体。

Regulation 法规，指在欧盟范围内无须转换为成员国国内法的、在全欧盟有约束力的统一欧盟法律。

Regulator　监管者，指为规范市场、市场参与者及基础设施以及市场里不同参与方之间的关系而制定规则的一个政府机构或自律组织。

Repo or sale and repurchase agreement　回购或销售与回购协议，指卖出并在随后以特定的价格在特定的时期回购证券的合约，涉及以证券担保的现金贷款，并带有不可撤销的承诺，即卖方将在约定的日期以约定的价格回购证券并偿还现金。在交易之初，卖方是证券的提供者，买方是现金的贷方；在交易到期时，累计的利息回报一般是支付给现金贷方。

Risks Categories include　风险的类别包括：

- Counterparty credit risk　对手方信用风险，对手方在契约债务到期或之后不全额兑付的风险，这个风险包括重置成本风险（replacement cost risk）和本金风险。

- Custody risk　保管风险，由于保管人的破产、过失、资产滥用、欺诈、管理低劣或不当记账所导致的保管中证券的损失风险。

- Investment risk　投资风险，指面临损失的风险，例如一个中央对手方以自己的资源或将客户的保证金进行投资时，由于其在市场里所承担的市场、信用、流动性等义务所可能发生损失的风险。

- Legal risk　法律风险，由于法律或规定不支持合约规则（例如一个清算所的）、不支持物权或其他（通过清算所）所持有的利益时，一方所遭受损失的风险。如果法律或规定的应用不明晰也可能产生法律风险。

- Liquidity risk　流动性风险，指一个对手方在一项债务到期时无法足额履约而只能在不确定的将来某个日期履约的风险，这由此导致该对手方在自己的债务到期时无法履约（例如日内交易）。

- Market risk　市场风险，指由于市场价格变动产生损失的风险。

- Operational risk　运营风险，指由信息系统或内部控制的缺陷、人为失误、管理失职以及外部事件如自然灾害或恐怖袭击等产生预期之外损失的风险。

- Principal risk　本金风险，指一种资产的卖方提交了资产但他没有收到支付的资金，或者是买方支付了资金但没有收到资产。在这种情形下，资产的全部本金价格或转让的资金的全部金额都会处于风险之中。

- Replacement cost risk　重置成本风险，指一个未来完成的交易的对手方可能在最终结算前违约的风险。结果留下的敞口为按当前市场价格取代原来交易的成本，也可称为"结算前风险"。

- Settlement bank risk　结算银行风险，指一个中央对手方的结算银行可能倒闭，从而对中央对手方及其参与者产生信用损失及流动性压力的风险。

- Settlement risk　结算风险，一般泛指基金或证券转让体系里结算无法如约完成的风险，包括信用风险与流动性风险。

- Systemic risk　系统性风险，指一个机构在到期时无法承担其债务会引起其他机构无法承担它们的到期债务。这样的事件可能引起巨大的流动性和信用问题，而且危及市场的稳定及人们对市场的信心。

Security　证券，一种代表着在公司中所有权、与一个公司或政府机构的信用关系或其他所有权的工具。

Securities lending and borrowing　证券借贷，指收取一定的费用出借证券，既可以包括有担保或无担保的转让全部所有权，也可以包括卖方承诺或者不承诺按约定的日期和价格将该证券购回。

Segregated account　隔离账户，指用来隔离客户资产的账户。

Segregation　隔离，指一种将客户资产与托护人资产及其他客户资产分开保管的保护客户资产的方法。

Settlement　结算，即交易的完成，指卖方向买方转让证券或商品而买方向卖方支付对价。

Settlement bank　结算银行，指在中央对手方及其参与者之间执行现金结算的银行。

Settlement interval　结算间隔，指证券结算在交易日和结算日之间的时间，时间的计算与交易日相关，例如，交易日之后三天，则结算间隔为 T + 3。

Settlement price　结算价，指中央对手方使用的作为保证金计算基础的价格。这个价格可以是市场官方闭市价或是中央对手方规则定义的资产价格。

Side　边，指中央对手方作为所有买方的卖方和所有卖方的买方，其所清算的交易的半边；每个在中央对手方登记的交易都有买卖双方；中央对手方经常以清算的边数计算交易量。

Silo　筒仓，指基础实施提供商排他性的垂直整合结果，这经常发生在一个公司实体里；一个筒仓可以包括交易链条的所有要素，如从交易到通过中央对手方清算，再到结算，它经常被称为垂直筒仓。

Straight Through Processing (STP)　直通式处理，指从终端到终端的自动交易处理，包括相关的确认、撮合、交易生成与清算和结算，不需要人工重新输入或重新格式化数据。

Stress testing　压力测试，指对极端的价格波动所可能产生的信用与流动性敞口的估计。

Swap　掉期，衍生品合约的形式一种，对手方之间同意在两种金融工具的名义本金金额的基础上以其中的一个现金流交换另一个。掉期合约有几种形式，它们有不同的风险特征。利率掉期（IRS）是一种重要的套期保值工具，使用得最多。此外，还有信用违约掉期（CDS）、股权掉期、商品掉期和外汇掉期。

Target2 – Securities（T2S）　一种欧盟央行为欧元区与其他欧洲国家推出的证券结算服务，计划于 2014 年开始，T2S 将会由欧元体系（Eurosystem）全资拥有并运营。

Trade repository　交易资料储存库，指保管未平仓场外衍生品合约的电子数据库的集中注册处。

Underlying　标的物，指衍生品合约所基于的金融工具、证券或商品。

Verification　核实，指交易或结算细节的比较和必要时理顺差错的过程，通常是在交易发生地点或其附近处理，包括核实交易的价格、数量、结算日等；这个过程先于清算与结算过程，而非其中一个环节。

附录三

企业、行业组织和监管机构名称缩写

ACCC   Adler, Coleman Clearing Corporation – Adler, Coleman   清算公司

ACP   Autorite de Controle Prudential（France）   法国审慎监察总署

AFM   Autoriteit Financiele Markten（Netherlands）   荷兰金融市场监察总署

ALK   Amsterdamsche Liquiciatiekas   荷兰阿姆斯特丹清算所

Amex   American Stock Exchange   美国证券交易所

AMF   Autorite des Marches Financiers（France）   法国金融市场监察总署

ASX   Australian Securities Exchange   澳大利亚证券交易所

BaFin   Bundesanstalt fiir Finanzdienstleistungsaufsicht（Germany）   德国联邦金融监督局

BCC   Banque Centrale de Compensation（France）   法国中央清算银行

BIS   Bank for International Settlements   国际清算银行

BOTCC   Chicago Board of Trade Clearing Corporation   芝加哥期货交易所清算公司

Cb   Commission bancaire（France）   法国银行委员会

CBOE   Chicago Board Options Exchange   芝加哥期权交易所

CBOT   Chicago Board of Trade   芝加哥期货交易所

CCIFP   Chambre de Compensation des Instruments Financiers de Paris   巴黎金融工具清算协会

CCIL   Clearing Corporation of India   印度清算公司

CC&G   Cassa di Compensazione e Garanzia（Italy）   意大利清算机构

CCorp   The Clearing Corporation   清算公司

CEA   Commodity Exchange Authority   商品交易监管当局

CECEI   Comité des Établissements de Crédit et des Entreprises d'Investissement（France）   法国信贷机构及投资公司委员会

Cesame	The（EU Commission's）Clearing and Settlement Advisory and Monitoring Expert Group （欧盟）清算及结算的咨询和监测专家组	
CESR	Committee of European Securities Regulators 欧盟证券监管委员会	
CFTC	Commodity Futures Trading Commission （美国）商品期货交易委员会	
CLAM	Caisse de Liquidation des Affaires en Marchandises（of Paris） 法国巴黎商品事务清算所	
CME	Chicago Mercantile Exchange, now part of the CME Group 芝加哥商品交易所，现在是芝加哥商业交易所集团的一部分	
COGESI	European Central Bank's Contact Group on Euro Securities Infrastructures 欧洲中央银行的欧元证券与基础设施联络组	
CPSS	Committee on Payment and Settlement Systems 支付结算系统委员会	
CRMPG	Counterparty Risk Management Policy Group 对手方风险管理政策组	
CSFI	Centre for the Study of Financial Innovation 金融创新研究中心	
DG Comp	European Commission directorate general for enforcing EU competition law 欧盟竞争法实施总署	
DG Market	European Commission directorate general for the internal market 欧盟内部市场总署	
DKV	Deutscher Kassenverein 德国基金协会	
DNB	Dutch National Bank or De Nederlandsche Bank 荷兰国家银行	
DoJ	US Department of Justice 美国司法部	
DTB	Deutsche Terminborse 德国期货交易所	
DTC	Depository Trust Company 美国存托公司	
DTCC	Depository Trust and Clearing Corporation 美国存托与清算公司	
EACH	European Association of Central Counterparty Clearing Houses 欧洲中央对手方清算所协会	
ECB	European Central Bank 欧洲中央银行	
ECOFIN	The formation of the EU Council of Ministers comprising economic and finance ministers from all member states 欧盟部长委员会，包括所有成员国的经济部长和财政部长	
ECON	European Parliament's economic and monetary affairs committee 欧洲议会的经济货币事务委员会	
ECSDA	The European Central Securities Depositories Association 欧洲中央证券存管协会	

EMCC	Emerging Markets Clearing Corporation	新兴市场清算公司
EMCF	European Multilateral Clearing Facility NV	欧洲多边清算设施
ESCB	European System of Central Banks	欧洲中央银行系统
ESF	European Securities Forum	欧洲证券论坛
ESIUG	European Securities Industry Users' Group	欧洲证券行业用户组织
ESMA	European Securities and Markets Authority	欧洲证券及市场监管委员会
ESRB	European Systemic Risk Board	欧洲系统性风险委员会
EuroCCP	European Central Counterparty Ltd.	欧洲中央对手方清算所
FDIC	Federal Deposit Insurance Corporation	（美国）联邦存款保险公司
FESE	Federation of European Securities Exchanges	欧洲证券交易所联盟
FGC	Futures Guarantee Corporation (of Hong Kong)	香港期货担保公司
FIA	Futures Industry Association (of the US)	美国期货行业协会
FICC	Fixed Income Clearing Corporation	固定收益清算公司
FINMA	Swiss Financial Market Supervisory Authority	瑞士金融市场监督当局
FOA	Futures and Options Association (of the UK)	英国期货与期权业协会
FSA	Financial Services Agency (of Japan)	日本金融服务管理局
FSA	Financial Services Authority (of the UK)	英国金融服务管理局
FSB	Financial Stability Board	金融稳定委员会
FSF	Financial Stability Forum	金融稳定论坛
FSOC	Financial Security Oversight Council	金融安全监督委员会
FSSCC	Financial Services Sector Coordinating Council (for Critical Infrastructure Protection and Homeland Security)	金融服务部门协调委员会（负责核心基础实施保护与国土安全）
FTC	Federal Trade Commission	（美国）联邦贸易委员会
GAO	General Accounting Office	美国审计总署
GNMA	Government National Mortgage Association	政府国民抵押贷款协会
GSCC	Government Securities Clearing Corporation	政府证券清算公司
HKFE	Hong Kong Futures Exchange	香港期货交易所
HKEx	Hong Kong Exchanges and Clearing Ltd.	香港交易及清算所有限公司
HKMEx	Hong Kong Mercantile Exchange	香港商品交易所
HKSCC	Hong Kong Securities Clearing Company	香港证券清算公司
ICC	Intermarket Clearing Corporation (US)	美国跨市场清算公司
ICCH	International Commodities Clearing House (UK)	英国国际商品清算所

ICE	Intercontinental Exchange　洲际交易所
IDCG	International Derivatives Clearing Group（US）　美国国际衍生品清算集团
IDCH	International Derivatives Clearinghouse（US）　美国国际衍生品清算所
IMF	International Monetary Fund　国际货币基金组织
IMM	International Monetary Market（US）　美国国际货币市场
IOSCO	International Organization of Securities Commissions　国际证监会组织
IPE	International Petroleum Exchange（UK）　英国国际石油交易所
ISB	Inter Sociétés de Bourse（of Paris）　巴黎公司间证券交易所
ISDA	International Swaps and Derivatives Association　国际掉期与衍生品协会
ISE	International Securities Exchange（US）　美国国际证券交易所
ITC	International Tin Council　国际锡矿委员会
JSCC	Japan Securities Clearing Corp.　日本证券清算公司
KLCCH	Kuala Lumpur Commodity Clearing House　吉隆坡商品清算所
KRX	Korea Exchange　韩国交易所
LBH	Lehman Brothers Holdings　雷曼兄弟控股集团
LBI	Lehman Brothers Inc.　雷曼兄弟有限公司
LBIE	Lehman Brothers International Europe　雷曼兄弟国际（欧洲）
LBSA	Lehman Brothers Securities Asia　雷曼兄弟证券（亚洲）
LBSF	Lehman Brothers Special Financing Inc.　雷曼兄弟特别金融公司
LCE	London Commodity Exchange　伦敦商品交易所
LCH	London Clearing House　伦敦清算所
LPCH	London Produce Clearing House　伦敦农产品清算所
LIFFE	London International Financial Futures Exchange　伦敦国际金融期货交易所
LME	London Metal Exchange　伦敦金属交易所
LSE	London Stock Exchange　伦敦证券交易所
Ltd.	LCH. Clearnet, Ltd.　伦敦清算所有限公司
LTOM	London Traded Options Market　伦敦交易期权市场
MATIF	Marchéà Terme d'Instruments Financiers（France）　法国国际期货交易所
MBSCC	Mortgage – Backed Securities Clearing Corporation　抵押证券清算公司
MICEX	Moscow Interbank Currency Exchange　莫斯科银行间货币交易所
MONEP	Marché des Options Négociables de Paris　法国巴黎期权交易所
NASD	National Association of Securities Dealers（US）　美国国家证券交易商协会
NCC	National Clearing Centre（of Russia）　俄罗斯国家清算中心

NMS	National Market System（US）	美国国家市场系统
NSCC	National Securities Clearing Corporation（of the US）	美国国家证券清算公司
NSCCL	National Securities Clearing Corporation Ltd.（of India）	印度国家证券清算有限公司
NYBOT	New York Board of Trade	纽约期货交易所
NYMEX	New York Mercantile Exchange	纽约商品交易所
NYPC	New York Portfolio Clearing	纽约投资组合清算公司
NYSE	New York Stock Exchange	纽约证券交易所
NZFOE	New Zealand Futures and Options Exchange	新西兰期货与期权交易所
OCC	Options Clearing Corporation	期权清算公司
OFT	Office of Fair Trading（of the UK）	英国公平交易办公室
OMG	Operations Management Group（of OTC dealers）	衍生品经销商的运营管理团队
OSE	Osaka Securities Exchange	大阪证券交易所
PwC	PricewaterhouseCoopers（UK）	英国普华永道
SA	LCH. Clearnet SA	巴黎的伦敦清算所
SEC	Securities and Exchange Commission	证券交易委员会
SEHK	Stock Exchange of Hong Kong	香港证券交易所
SFC	Securities and Futures Commission（of Hong Kong）	香港证券与期货委员会
SFE	Sydney Futures Exchange	悉尼期货交易所
SFOA	Swiss Futures and Options Association	瑞士期货与期权委员会
SGX	Singapore Exchange Ltd.	新加坡交易所
SIFMA	Securities Industry Financial Markets Association	证券业和金融市场协会
SIMEX	Singapore International Monetary Exchange	新加坡国际货币交易所
SNB	Swiss National Bank	瑞士国民银行
SOFFEX	Swiss Options and Financial Futures Exchange	瑞士期权与金融期货交易所
TSB	Trustee Savings Bank	信托储蓄银行
UDT	United Dominions Trust	联合多米诺信托
VOC	Verenigde Oost–Indische Compagnie（Dutch East India Company）	荷兰东印度公司
WFE	World Federation of Exchanges	世界交易所联盟

译者后记

从 2012 年 9 月开始翻译彼得·诺曼先生的《The Risk Controllers》，到 2013 年 5 月中文版付梓，其间衍生品交易与中央对手方清算的世界跨过了一个重要的时间点——G20 峰会匹兹堡共识所承诺的 2012 年底前将标准化衍生品纳入中央对手方集中清算体系。

如英文版作者诺曼先生所说，在 2011 年 4 月他的这部著作出版时，它是描述中央对手方集中清算历史沿革与现状的第一部著作。中国国内目前仅有一些教材章帮助普及中央对手方清算的概念，这本书今天应该也是国内这一题材的第一部专著。

诺曼先生在自己的著作中，将中央对手方清算置于历史的坐标上，帮助读者梳理了整个行业的由来、演变与各路力量之间的纵横捭阖。在叙述欧洲清算发展时，他介绍了它是如何随着欧洲中世纪的香槟酒交易及各个行业发展而形成雏形，如何在法国的勒阿弗尔发展壮大并在整个欧洲大陆传播开的；对于清算体制，他注重介绍了它的进化与市场推动的自我完善，涉及了清算的各个阶段，包括共同清算及北美完整清算。

自 2000 年以来所发生的股份化、公开上市募股、电子化和并购中，各交易所和清算所制定并实施了许多技术策略、用户与股东策略、收购兼并策略。今天全球交易所、衍生品市场与中央对手方清算的格局，是在市场力量和监管部门的角力与博弈中以及各国监管部门在国际舞台上的互动中产生的。

在译作过程中，我一直在与作者诺曼先生交流，力图在译作中完整准确表达他的本意。在英文版的一些内容存在歧义的情况下，经过协商我获得了他的同意，在中文译作里进行了修改或更正，以帮助读者获得完整准确的理解。

　　这是我在译作方面的第一次尝试。现在搁笔的时候，我的心情很复杂。萦绕在心头的，是忘记了在哪里看到的一位译作高手的话，大意是：完美的译作是不存在的，它永远都留有修改和完善的空间，它是一种孤独和带着缺憾的工作。但是，想到这项工作可能为中国金融行业尤其是交易所、清算所、衍生品、风控及相关行业的监管者、企业管理者和从业人员提供参考和思考的原料，我们又感到莫大的欣慰！

　　最后，由于我本人与读者们一样，也是金融从业者而非教学和研究人员，对衍生品市场、中央对手方清算体系的认识和经验难免囿于自己的职业生涯经历以及它所带给我的视角与视野。这一点在本书译作这项极有意义又充满挑战的工作开始之后，变得更加明显。在译作中如果有片面、失当或不妥之处，皆由我本人承担。我诚挚邀请并衷心感谢广大读者随时与我们交流、探讨，我十分期待这样一个有益的过程，来函件请至 w. liang @ live. com。

译者

2013 年 5 月